不吼不叫
好家教

U0597110

口才好
家的孩子

王桂兰 / 编著

应急管理出版社
·北京·

图书在版编目（CIP）数据

不吼不叫好家教：全五册／王桂兰编著．－－北京：
应急管理出版社，2020
ISBN 978 - 7 - 5020 - 7821 - 8

Ⅰ. ①不… Ⅱ. ①王… Ⅲ. ①家庭教育 Ⅳ. ①G78

中国版本图书馆 CIP 数据核字（2019）第 270393 号

不吼不叫好家教（全五册）

编　　著	王桂兰
责任编辑	高红勤
封面设计	月婷设计
出版发行	应急管理出版社（北京市朝阳区芍药居 35 号　100029）
电　　话	010 - 84657898（总编室）　010 - 84657880（读者服务部）
网　　址	www.cciph.com.cn
印　　刷	北京一鑫印务有限责任公司
经　　销	全国新华书店

开　　本	880mm×1230mm$^1/_{32}$　印张 25　字数 600 千字
版　　次	2020 年 3 月第 1 版　2020 年 3 月第 1 次印刷
社内编号	20192975　　　　　定价 125.00 元（全五册）

前　言

口才并不是一种天赋的才能，它是靠刻苦训练得来的。古今中外历史上一切口若悬河、能言善辩的演讲家、雄辩家，他们无一不是靠刻苦训练而获得成功的。

美国前总统林肯为了练口才，徒步30英里，到一个法院去听律师们的辩护词，看他们如何论辩，如何做手势，他一边倾听，一边模仿。他听到那些云游八方的福音传教士挥舞手臂、声震长空的布道，回来后也学他们的样子。他曾对着树、树桩、成行的玉米练习口才。

日本前首相田中角荣，少年时曾患有口吃病，但他没有被困难吓倒。为了克服口吃，练就好口才，他常常朗诵、慢读课文，为了准确发音，他对着镜子纠正嘴和舌根的部位，严肃认真，一丝不苟。

有口才的人说话具有"言之有物、言之有序、言之有理、言之有情"等特征。有学者将口才更加明确地定义为：在口语交际的过程中，表达主体运用准确、得体、生动、巧妙、有效的口语表达策略，达到特定的交际目的，取得圆满交际效果的口语表达的艺术和技巧。目前而言，立足于运转高速的现代生活，良好的口才更符合当今社会的生活节奏，也越来越受人们重视。

　　良好的口才可以让孩子受益终生，在未来的人生之路上获得更多机会的青睐，收获更好的人际关系。作为家长，要从小培养孩子的口语表达能力，让孩子赢在起跑线上。希望本书的写作可以为广大家长朋友提供有益的参考和借鉴！

编　者

2019 年 9 月

目录 CONTENTS

第一章

营造家庭氛围，
让孩子赢在起点

由于后天所受的教育不同，因此人们有了口才优劣之分。当孩子长大成人后，有的人能言善辩口若悬河，有的却口齿拙笨表达不清。

显然，表达能力欠缺的孩子只是由于没有受到良好的、科学的教育，他身上所具备的潜能未能获得有效的培养。也就是说，任何一个孩子，哪怕他被人认为是愚笨的，他的身上都蕴藏着不可估量的、让人惊讶的巨大潜力。每个孩子都是未来的口才大师，关键的问题在于父母如何去开发和教育，发掘出这种潜力。

父母启蒙是关键

语言是思维的外衣，一个人的智力发展如何，由他的思维能力的强弱来决定，而思维能力的强弱最终要通过语言表达出来。因此，从婴幼儿甚至怀孕期就可以开始语言能力的启蒙。

佳佳一岁半了。一天，爷爷带她下楼，出门时爷爷说："佳佳，爷爷抱你下楼。"她回答说："爷爷累了，佳佳自己走，下楼玩。"一连三个短句，吐字清楚，条理清晰，你能相信是一岁半孩子讲的话吗？前几天，奶奶抱着她问爸爸、爷爷在干什么？她回答说："爸爸在炒菜，爷爷切辣椒，奶奶抱佳佳，妈妈上班了。"奶奶再问："叔叔呢？""叔叔也上班了。"一连串的短句，不仅回答内容完整，一个"也"字的运用，充分显示了孩子语言的成熟和表达的精确。

一岁半的孩子能有这样的口才，全靠佳佳的妈妈实施的"语言胎教启蒙"。佳佳的妈妈于蓝是一名幼儿教师，她决定在怀孕期间就开始对孩子进行有计划、分阶段的胎教启蒙，并着重在语言上下功夫。据胎教资料上讲，胎儿到5、6个月，语言中枢已基本形成。因此，于蓝从怀孕4个月起就有意识地对胎儿进行语言刺激。5个半月后感觉到胎动了，除每天坚持语言训练外，于蓝还着重于对胎儿观察力、记忆力的培养，比如通过户外散步、上下班路上和睡前对胎儿讲述所见事物的名称、外形等方式，往往同一个地点会专程去上三四次，每次至少要讲述三遍。晚上，还要念儿歌、讲故事给胎儿听。

怀孕到第 7 个月，胎儿的脑、四肢等器官均已形成，于蓝开始与孩子做游戏，对胎儿进行语言和动作的协调训练。例如：于蓝有每天临睡前喝牛奶的习惯，她就每天都轻轻地拍着腹部说："宝贝，喝牛奶了，你听见妈妈的话就动一动。"起初几天都没有任何反应，没想到到了第 4 天，孩子果真用脚向放手的部位踢过来了。于蓝高兴极了。而后，只要于蓝拍着肚子和她说话，她都会有所反应。怀孕到 8 个月，于蓝侧重于训练胎儿的思维想象能力，常念一些朗朗上口像散文诗那样的儿歌给她听，如《牵牛花》："牵牛花，藤儿长，爬上篱笆爬上房。爬上房，吹喇叭，吹出一轮红太阳。"这样的儿歌对于胎儿来说难度较大，于蓝一有时间就给她念，每次念一首，一首念三天。母亲的悉心培育，成就了小佳佳出众的口才。

现在看来，佳佳的语言启蒙教育是成功的。妈妈于蓝根据科学方式亲身体验的经历可以帮助父母对胎教有一个正确的认识：对孩子进行科学启蒙有利于孩子语言智力的开发，能够为孩子有个好口才打下坚实的基础。

为了培养孩子的口才，父母可以为孩子创设一种宽松愉悦的精神环境，使孩子沉浸在"说话"氛围中，乐于说话，满怀好奇和热情地接受语言训练。

1. 给孩子爱的声音

孩子学说话是从听说话开始的。随时提供听说话的环境，最简单的方法是父母随时说出自己正在做的事，在话语中满盈慈爱和关怀，用爱的声音开拓孩子的"听—说"系统。在跟孩子说话的时候，选用较慢、重复的话语，好让孩子能充分理解和模仿父母的话语，在无形之中，扩大了孩子的词汇量，也提高了理解力。

孙蕾的儿子旭旭一出生的时候，母亲就开始对他进行有意识的语言培养。一岁以内的孩子大部分时间在睡觉，只要他醒来，孙蕾就会主动与他沟通，用标准的普通话对他讲很多正在发生的事情。母亲会带着愉快的心情，用轻快的语气给他讲与他有关的很多事情，边说边用鼓励的眼神看他，用爱抚的动作逗他。

母亲看书的时候对孩子说："妈妈在看书，宝宝长大了也要看书。"还可以说孩子正在做的事，如孩子在喝奶，爸爸说："宝宝在喝奶，好喝吗？"三岁的时候，旭旭已经可以自如地运用语言表达要求。

2. 跟孩子说话一定要使用清晰、正确的语言

父母跟孩子说话的时候使用准确、清晰的发音和表达方式，帮助孩子从小养成良好的语言习惯。对孩子来说，学语言也是"十年树木"，一旦养成口齿不清、发音错误等习惯，想要改正就比较困难。不要小看了规范化地使用语言，它才是口才大厦的基石。孩子6岁以后，父母不仅应该注意语言的准确，还应该讲究逻辑和条理，比如让孩子按照时间顺序讲述这一天在幼儿园或者学校发生的事情；与孩子一起分析探讨问题，可以锻炼孩子的逻辑思维，进一步提高语言能力。

丛林刚刚学会说话的时候，一天，妈妈带他到动物园。看到

狮子，小孩子奶声奶气地问妈妈，这是识字卡片上的"西几"吗？妈妈听到以后，不但不纠正，反而觉得很好玩。从此，丛林一直把狮子称呼为"西几"，甚至无法掌握与这两个字相近字的发音。小学入学的时候，老师检查孩子识字水平的时候发现了这个问题并提了出来。

不得已，妈妈只好开始纠正孩子的错误发音。孩子迷惑不解地问妈妈："我不是一直就这样说吗？怎么错了呢？"

养成一个良好的习惯需要时间，改掉坏习惯则更加困难。特别是孩子表现出的抵触情绪，让母亲束手无策。后来，他甚至觉得自己很多发音都是错误的，干脆闭口不言。

3. 营造多彩的生活环境

在孩子的小房间挂上可爱的动画人物的壁画；床头用皱纹纸布置一个"亲情园地"，贴上孩子从小到大独自的、和父母一起拍摄的照片，父母用录音机录下和孩子一起说笑的磁带放给孩子听；在家里养一些花花草草或巴西龟这样的生物，给孩子创设丰富多彩的生活环境，让孩子既能感受到日常生活的温馨，又能体会到童趣。

小朋友常常分不清左右脚的鞋子，若父母只是单纯地说这是左脚鞋子，那是右脚鞋子，说得再多孩子可能还是分不清。这时，父母可以编一个童趣味十足的小故事："宝宝看看，两只鞋子背对着背，都生气了，他们为什么不高兴呢？因为他们在说：'把我们穿错了，我们要面对面说悄悄话'。"随后，父母帮孩子把穿错的两只鞋对换，再说："瞧，两位好朋友正面对面地点头微笑呢，他们为什么会这么高兴？因为他们穿对了。"父母还可配上一幅人物化了的两只生气鞋子的卡通漫画和一幅正在微笑的两只鞋子的卡通漫画让孩子边看边说。这样，孩子不仅很快就能分清左右鞋子，而且以后也会用这么有趣的语言去和穿错鞋子的小伙伴说话。

4. 用适合孩子年龄的语言对话

孩子慢慢地长大，父母和孩子说话时使用的语言也要随之"长大"，也就是选择适合孩子年龄的表达方法和谈话方式。如果孩子的语言水平长期停留在幼稚的低水平阶段，他该如何以学生的身份走向校园，如何以一个成年人的角色走向社会？

美国心理语言学家 F．R 施莱伯说："要想知道你孩子将来的语言如何，就必须先研究你本人现在的言语。"如果父母在孩子面前粗话、脏话随便说，对孩子的身心健康和语言发展都会产生不良影响。为此，年轻的父母在孩子面前一定要注意自己的一言一行，万万不可粗心大意。

5. 做"阳光型"父母

开朗的父母培养的孩子多半也有着和父母一样明朗的个性。即使和陌生人相处，性格开朗的孩子也能迅速地攀谈起来，而且滔滔不绝，令人钦佩；而天性比较内向的父母往往不善言语交际，孩子受到影响，也逐渐形成内向寡言的性格，缺少与他人交流，口语训练则成为"纸上谈兵"；有些家庭民主意识浓，父母给予孩子很大的言语空间，愿意倾听孩子的心里话，和孩子聊天；而有的家庭对孩子约束较多，父母忙于事业，疏于与孩子交流，如何能提高孩子的口才呢？

做"阳光型"的父母，每天清晨给孩子一个灿烂的微笑，用阳光般的语言照亮孩子的心。在温暖的感召下，孩子的语言也会感染上清新的阳光味道。

6. 简化家庭语言环境

父母尽量为孩子创造一个讲普通话的环境，用规范的语言来教孩子。如果家庭成员使用方言，对正处在锻炼口才黄金时期的孩子来说，把声音符号和周围实物联系起来就会比较困难，就会推迟孩子开口讲话的时间。而且，家庭成员的语言水平、文化修养、父母对孩子教育的兴趣等，都会对孩子的语言能力发育产生很大的影响。家庭成员如果说话粗俗、词汇贫乏，模仿力相当强的孩子也会感染到这些"语言病毒"。

家庭语言环境太复杂、夫妻口音相差过大，都会导致儿童语言发育迟缓。有关儿童语言教育专家指出：在教孩子说话的最初期，应该尽可能地用标准的普通话，减少方言、外语等复杂混乱的语言环境。

7. 给孩子愉快的谈话经验

愉快的谈话经验会让孩子爱上说话。对于孩子而言，语言是用嘴变魔法的魔杖。在他蹒跚学步的时候，一不小心摔倒在地，孩子会马上告诉最亲近的人，"爸爸，疼""妈妈，破了"就是简单的信号弹，父母一听到，马上会焦急地跑到孩子面前；他说"饿了，渴了"，父母就会端出美味的饭菜或者甜甜的饮料，于是，孩子从这"魔法"中尝到了"甜头"，有过了愉快的体验，他便会产生继续使用、探索、研究和驾驭这种魔法的兴趣。

与父母聊聊天，和爷爷奶奶说笑可以让孩子从中获得更多的技巧、实践经验和情感体验。对于愉快的事情和经历，人们总是记忆深刻并且希望能够重温当时的幸福感受，孩子也不例外。

8.别过分满足孩子的愿望

孩子用手指着桌上的闹钟，大声地说："我要那个！"这个时候，父母该怎么做？是不假思索地拿给孩子，还是蹲下来，微笑地对他说："你想要什么？把名称说出来好吗？"如果孩子还不知道"那个"叫闹钟的话，告诉他并让他记下这个单词。

即使已经理解了孩子的意图，也别在他还没说出来的时候就给予满足。让孩子对父母说出自己想要什么，才能锻炼他站在别人面前表达自己的愿望和想法的能力。

父母花一些时间和心思，把孩子的小天地装点得像个语言天堂；和孩子聊聊自己小时候的事，听听他们的意见；耐心教给他那些对他来说陌生又实用的单词，精心营造出学习语言的家庭氛围，让孩子喜欢语言表达之前，先爱上交谈的气氛、沟通的环境吧，那会是支持他继续寻找语言表达趣味的重要体验。

父母要尽早地扮演"启蒙者"的角色，才能早些开通孩子的口才大师之路。

另外，也要注意培养孩子的口才能力，让他们做个沟通高手，赢在人生的起跑线上，在以后的生活中顺风顺水。这也是父母最大的心愿。

孩子的话题千奇百怪，因为他们好奇心强，想象力丰富，特别是他们提出的问题有可能是世界上最难解答的。比如："我为什么不是一只小鸟""太阳为什么是圆的"等。听到这样的问题，大多数父母会厌烦甚至嘲笑孩子："你怎么这么烦呢！总问这些无聊的问题"或者"没看见大人正忙着吗，一边玩儿去！"

殊不知，如果父母总是这样嘲笑孩子，孩子就不敢向老师提问，会失去探索问题的勇气。而且一些研究机构的调查结果也表明，正是父母的态度使孩子感到沮丧，使孩子的好奇心随着年龄的增长而渐渐泯灭了。

其实这种追根究底的精神，正是语言教育的精髓，这样，孩子不仅能够学到更多的知识，还会学会如何与小伙伴和老师沟通和交流。因此，作为父母，应该支持孩子多提问。不管孩子提出什么样的问题，父母都应该表达对孩子提问的兴趣，做出注意倾听孩子说话的姿态，目光注视孩子，用点头和微笑鼓励他，这样孩子才会乐于和你沟通。

有时，孩子们会把自己认为很得意的故事讲给你听，此时，无论他们怎样语无伦次，也要表现出对他们所讲故事的兴趣，并且随声附和他们。

有个7岁的孩子远远地就扯着尖尖的嗓子喊道："妈妈，妈妈！我要告诉你一件有趣的事情。"

"好啊！"只见妈妈停下正在洗衣服的手，向孩子这边侧过身来说："来，让妈妈听听，你想说些什么？"接着，孩子语无伦次地向他描述着自己编造的故事。虽然颠三倒四，但是妈妈的脸上始终保持着充满好奇的表情。她不时随声附和说："啊！我

的效果。孩子语言的发育经过发音、理解和表达三个过程，具体可分为六个阶段：

预备期（0岁至1岁）是简单发音和初步理解阶段，又称"先声期"。孩子8个月左右时这种发声练习达到高峰，并会改变音量以模仿真正的语言。

语言发育第一期（1岁至1.5岁）。这个时期的语言特点是使用单字，还会运用手势、表情辅助语言来表达需要；以动物的声音来代替其名；会模仿自己听到的声音。如：父母逗孩子的时候会问：宝宝可爱吗？孩子就会鹦鹉式复述：可爱。如同回音一样，医学上称为"回音语"（"回音语"一般要持续到2岁左右消失）。

语言发育第二期（1.5岁至2岁）又称"称呼期"。这个时期的幼儿开始知道"物有其名"，喜欢问名称，词汇量迅速增加。不过，这时孩子还只是知道名称，常常闹出张冠李戴、指鹿为马的笑话。

语言发育第三期（2岁至2.5岁）。能说短句，会用代词你、我、他，开始接受母语所表现出的独特的语法习惯，如：用感叹句来表示感情，用疑问句询问等。

语言发育第四期（2.5岁至3岁）。这个阶段孩子已经会使用复杂的句子，喜欢提问，称"好问期"。

完备期（3岁至6岁）。这个时候的孩子说话流利，会使用大量词汇，能从成人的言谈中发现语法关系，修正自己错误的暂时性的语法，逐渐形成真正的语言。

语言分为口头语言和书面语言两种。孩子口头语言发育的关键期是 2 岁到 3 岁，所以要特别重视这个阶段的口语培养。

当孩子躺在摇篮里只会发出简单的声音时，一位妈妈就有意识地对孩子说话，有时还唱歌给孩子听。从 2 岁开始，更注意教孩子说美好的语言。后来，她发现孩子特别爱听故事，在她讲故事的时候听得聚精会神目不转睛。于是她就买了录有童话故事的磁带，让奶奶在父母上班以后放给孩子听。童话故事中的语言不仅规范，而且生动、美妙、有韵律，有利于儿童语言的发展。这个孩子在成长的过程中，语言表达能力始终比同龄人领先一筹。

通过父母耐心的启蒙教育，可以让孩子早开口说话，为日后的教育多争取一些时间。在孩子只会哭不会讲话的阶段，父母和孩子相配合，经常逗他玩，带着表情和他说话。孩子虽然不懂得父母说话的意思，但是爸爸妈妈的形象和声音是可以分辨出来的。父母在说话时，将词和相应的物体联系起来，比如拿着苹果对他说"苹果"，用这种更加直观的方法进行训练，效果更好。

6 岁之前是培养孩子语言能力的黄金时期，7 岁的孩子已经可以开始独立阅读神话和寓言故事并进行复述，但此时的语言能力尚受到记忆力和理解能力的限制。在小学阶段，随着年龄的增长和知识面的扩展，孩子的语言开始飞跃式地发展：记忆力的黄金时期使孩子的大脑能够快速储藏丰富的知识和大量的词汇；理解力的提高增强了孩子对事物的分析能力和事件编排能力，从而可以让他们更加清晰地表达出自己的意愿和意见；逻辑思维得到锻炼后孩子的语言更加有条理，这一阶段父母会觉得自己的孩子不仅"言之有物",而且讲得"振振有词""头头是道"。到了小学高年级,孩子就能够独立寻找和整理资料充实自己的语言,性格外向、活泼的孩子乐于主动参加学校的演讲、朗诵等锻炼表达能力的活动。

因此,对于孩子来说,6岁到13岁才是练就好口才的最佳年龄段。经过父母和老师有目的的教育,拥有一副好口才指日可待。作为父母,了解每个阶段儿童语言发育的特点非常必要,把握6岁到13岁这个口才教育的关键时期,挖掘孩子学习语言的天赋和潜力,抓紧时间行动起来吧!

口才培养须规划

对孩子来说,童年的幸福意味着什么?是玩耍、游戏,是与小伙伴和父母分享快乐时光。因此,制订计划需要考虑方法的趣味性以及时间的合理性,让孩子在玩中学习,带着愉快的心情进步。而且,儿童语言的发展计划如果过于认真并严格遵循,也会很危险。因此在制订计划之前,应该先了解孩子的语言水平、爱好兴趣,草拟一份计划,根据执行情况及时调整。孩子会慢慢长大,越来越独立、有主见,父母不妨与孩子一起制订这个计划,在轻松、浓厚的语言学习氛围中共同体验,既锻炼口才,又能增进亲子关系。

李明是一位年轻的父亲,和许多家长一样望子成龙。因为自己是个不擅言谈的人,李明深知口才不好会给工作和生活带来障碍，所以他决定从幼年时期开始培养孩子的口才。

他先着手从网上寻找各种幼儿口才教育的方法。嗬！不看不知道，原来如此多的儿童教育网站都有关于口才教育的良策。"陪孩子聊天""边读书边交流""给孩子讲讲童话""学习朗诵和演讲对口才大有帮助"……简直令人目不暇接。到底该选择哪种方法呢？李明因此犯了愁。他回头看了看正坐在地板上沉浸在一堆四驱赛车模型中玩兴正酣的5岁的儿子，做出了一个大胆的决定——一周七天，每种方法用一天！他觉得只有这样，才能知道哪种方法对儿子最有效。

于是他马上到附近的书店选购了许多儿童故事书和磁带，甚至朗诵、演讲技巧训练的书籍也网罗回家，准备开始实施他的"伟大"策略。

周一聊天、周二读书、周三讲故事、周四朗诵唐诗……起初，李明对自己的安排十分满意。只是刚刚一个礼拜过去，他深感白天工作晚上再进行"培训"实在辛苦，便开始"偷懒"。而孩子呢，本来就十分反感每天晚上都被迫"陪"爸爸"玩"那些无聊的游戏。于是，从开始的雄心勃勃每晚必训，变成了三天打鱼两天晒网，不但孩子的口才没有提高，反倒养成了做事情三分钟热度的坏习惯，李明不得不开始反省。

李明失败在哪里？答案是：无计划无目的更没有选对方法。孩子好像一棵幼小的树苗，父母怎样培养就怎样成长。即使培养孩子的口才，也要针对孩子的兴趣爱好选择科学的方法，盲目行动非但不会奏效，还会产生反作用。要和我们的工作、学习计划一样，给孩子列一个语言发展计划，分阶段有针对性地确立目标，交替选择方式，积累点滴进步。培养口才不是一个简单的过程，想要一蹴而就是不可能的。要把好口才这个长期的大目标化为无数短期的小目标，制订详细可行的计划，逐一实现。

佳佳是五年级一班的语文课代表，上个月全市中小学生诗歌朗诵大赛上，小佳佳以一首优美、深沉的抒情诗朗诵《致橡树》获得了小学组冠军。

与其他小选手不同的是，佳佳没有选择"红色"题材的爱国主义诗歌，而是别出心裁地选择了这首有着深刻含义的抒情诗。她用甜美的童声，表达出纯真的、炙热的，而且是高尚的、伟大的爱，她的朗诵像一支古老而又清新的歌曲，拨动着评委和在场所有观众的心弦。评委们说，作为一名小学生，能够如此充分地理解诗歌的内涵并通过声音和感情传递给观众，实在难能可贵。不仅是这次比赛，在平时的学习和生活中，小佳佳已经表现出过人的语言表达能力：学校的联欢会，她是聪明大方的小主持人；年级的辩论赛，她是言语犀利的最佳辩手；语文课上的即兴演讲，她是从容不迫的演说家。

对于女儿取得这样优异的成绩，佳佳的母亲———一位中学语文教学研究工作者，张老师有着自己独到的见解。面对许多陪同孩子参赛的家长热切的"取经"，张老师拿出了两大本小佳佳的成长札记，其中一本专门记录着孩子学习说话的过程和点滴进步。翻开这本札记，赫然钉着10张"语言发展计划表"。

原来，在佳佳尚未出生的时候，母亲的语言教学计划就已经开始，而且，这位智慧而又细心的母亲每一年都会为孩子制订一份语言发展计划，并且根据进行的情况随时修改调整。

"2002年8月，孩子即将入学，教她学会自我介绍和与新同学交流。"

"2002年12月，从这个月开始口头小作文练习，每天五分钟，帮助孩子纠正语言中的错误，顺便了解她在学校的情况。"

……

"2003年4月，唐诗背诵。"

"2003年9月，已经背诵完了全唐诗，现在开始要能讲述自己对诗歌的体会了。"

"2005年7月，暑假开始，觉得孩子对现代诗歌更感兴趣，所以为她选了几本书。"

"2005年9月，新学期，语文老师非常注重孩子的语言表达能力，10月将进行班级辩论赛，要开始为此做准备。"

……

"开始是我做计划，她配合，到后来，已经是她做计划然后我们一起协商，这样有计划有针对性地训练，我认为对佳佳的语言表达水平的提高起到了非常重要的作用。孩子取得成绩不可能一蹴而就，需要循序渐进，作为父母要把握好。而且，在制订计划的时候，一定要参考孩子的意见，否则与'填鸭'式的传统教育就没有区别了。"张老师认真地对其他家长说。

年轻的父母，想要自己亲手打造一代口才大师吗？从现在开始行动，为孩子制订一个语言发展计划吧！

　　在父母和孩子的交流沟通中，尽管大人的口才要胜于孩子，但是也要让孩子唱主角。毕竟，孩子也是独立的个体，孩子有自己的思想、想法，更有表达的权利，千万不要因为以为自己过的桥比他们走的路都多，就随意打断孩子。要先听孩子把他们的意思表达完再说不迟。

　　一位父亲问刚上初一的儿子："你长大了想干什么？"

　　12 岁的儿子想了想，忽然冒出几个字："我不想长大！"

　　父亲闻此言勃然大怒："男子汉当顶天立地，你怎么这样没出息！"儿子不明白父亲为什么发怒，马上愣住了。

　　这位父亲就是不明白孩子的内心，在他看来，永远不长大天真快乐是很好玩的，可是，父亲却粗暴地打断了他的话，以为他胸无大志。难怪孩子们会抱怨说："父母太小瞧我们了，一点也不给我们讲话的机会。""我们心里有许多话要说给父母听呀！"

　　如果你细心观察就会发现，经常被无情打断话头的孩子，慢慢就会变得沉默，懒得跟父母说话交流。一旦出现这种情况，孩子的语言表达能力就会逐渐降低，这对于他的成长是非常不利的。相反，如果你稍微耐心一点，听孩子把话说完，你会发现自己能更多地了解孩子。

　　一位母亲和 5 岁的儿子一起去旅游，玩到中午，又累又渴。此时，带来的水都喝完了，附近又没有超市，于是，妈妈东找西找，终于从儿子的小书包里发现了两个苹果，她万分欣喜地拿在手里给了儿子一个。可是，儿子歪着头想了片刻说："我想要两个苹果。"

　　母亲听了儿子这么说，大失所望。她本想训斥孩子一句"没良心的东西"。可是，儿子毕竟还小，于是她想教育儿子怎么做。她摸了摸儿子的脸，轻声地问："能告诉妈妈，你为什么要这样做吗？"

　　儿子眨了眨眼睛，认真地说："因为……因为我想尝尝哪个最甜，再把最甜的一个给妈妈！"

　　霎时，母亲的眼里闪动着泪花。

　　孩子虽然小，但是他们的心事大人未必懂得。因此，要给孩子充分的话语权，要让他们把自己的想法说出来。这样，你才可以根据孩子说的话进行有针对性的教育。他的理解出现偏差的时候，你可以给予纠正；他有片面看法的时候，你可以给予补充。这样，孩子的判断能力和思维能力以及语言表达能力都能得到提高。

　　特别是当孩子长大成人后，他们做出的选择在一定程度上都是深思熟虑的结果，当父母的更要学会尊重他们的话语权，让他们把自己的想法表达清楚。当你明白了他们的想法后再做评判不迟。这样，在孩子的心目中也会对父母留下好的印象。

　　聂鑫森的儿子曾经在中国人民大学读新闻专业，后来，儿子想放弃新闻专业，学习中文。但是，做出这样的决定毕竟需要勇气。人大是全国有名的重点院校，而且新闻系是热门专业。因此，当儿子鼓起勇气终于说出"不想在北京读书"时，做爸爸的当然是大吃一惊。北京的高等学府是莘莘学子向往的地方啊！他当然不明白儿子要做出这样的决定。可是，他并没有马上责问儿子，而是很快就镇静下来了，温和地问："为什么呢？"

儿子说出了自己的理由："我想学中文，新闻课程……可学的东西不多。我想重新参加明年的高考，然后好好地读几年书，打牢基础。"原来儿子是这样认为的，他的话也有一定的道理。可是，父亲又担心地说："可北京的时光就白费了。"是啊！青春时光是最宝贵的，如果选择错误不就是白费时间吗？

可是，儿子不这样想，他说："不，没有白费，我认识了不少人，积累了不少的生活经验，我想，对于写作是有用的。"

儿子的观点有理有据，父亲被说服了。他觉得儿子的决定不是草率的，能下这样的决心，从心底里说也是令他欣赏的。于是，支持儿子说"好。离高考还有几个月，你就拼此一搏吧。"

结果，儿子经过短时间的拼搏，信心满怀地又一次参加了高考，最终被湖南文理学院中文系录取。

试想，这种情况如果被其他家长遇到，能有几人像聂鑫森这样开明，让孩子说出原委，并且理解支持他们呢？多数恐怕都会封杀他们的话语权，要孩子按照自己的意见办。他们认为这是替孩子着想，殊不知，正是他们的这种做法扼杀了孩子选择的权利。

毕竟，时代不同了，孩子们对世界、对人生都有自己的价值观。有时，他们的选择并非都是错误的。而且，就连那些少不更事的小孩子的心理，家长们也未必都了解。因此，家长们和他们沟通时切不可先入为主，武断地打断他们。明智的做法是要先听懂他们的意思，看看他们的选择是否有道理，不要争着当口才表演的主角。

创造机会多展示

培养孩子的口才不能是纸上谈兵，光说不练，父母也应该主动为孩子创造展示口才的机会，让他们在实践中积累成败经验。

1. 让孩子多参与社交活动

逢年过节或者是周末休闲，让孩子经常参与亲朋聚会、小伙伴的生日庆祝派对、班级组织的集体活动等社交活动，非常有助于孩子口才的锻炼。热烈的场合会大大激发孩子说话的兴趣，也就是我们平时所说的"人来疯"，孩子会非常热衷于向叔叔阿姨、小伙伴们讲自己看过的书和动画片，吸引大家的注意。即使是性格比较安静的孩子，也会受到气氛的感染活跃起来。

下周日是姗姗的爸爸老战友聚会的日子。姗姗想和爸爸一起参加，于是她软磨硬泡，爸爸终于答应了。到了周日，姗姗一早就起床，穿上自己心爱的白纱裙和白色皮凉鞋，又请妈妈给自己梳了个漂亮的金鱼头，简直就是童话故事中的小公主。爸爸看着漂亮活泼的女儿，心里别提多自豪了。

到了聚会的饭店，姗姗的爸爸发现带女儿来还真带对了，其他的战友也都带上了自己的孩子。15个成年人加上8个孩子，显得格外热闹。大人们谈得情绪高涨，孩子们也玩得不亦乐乎，兴高采烈地谈论着电视最近热播的动画片还有欢乐谷好玩的游戏。一个顽皮的小男孩儿在模仿动画人物的时候，不小心打碎了酒杯，此时，他的父亲大声斥责道："臭小子，安静点，再打碎东西看我不揍你。"姗姗的爸爸急忙劝解，小男孩儿委屈得眼泪都快掉下来了，接下来的聚会，这个小男孩儿真的就安安静静地坐在位子上。

吃饭的时候，一位战友提议让孩子们表演个节目，几个孩子凑在一起，嗫嚅着不愿意表演，而姗姗大大方方地站出来，为大家讲了一个风趣小故事《豆豆找豆》。看着女儿幼稚却认真的表演，听着她清脆而流利的话语，爸爸觉得欣慰至极。他看着刚才活泼现在却格外安静的小男孩儿，笑着对他说："东东，刚才你模仿的'孙悟空'惟妙惟肖，现在再给叔叔们和小朋友表演一下好吗？"东东看了看姗姗爸爸，又望向自己的父亲，虽然得到了"特许"，但是却不如刚才表演得那样惟妙惟肖、风趣生动了。

带孩子出席社交场合，能够让孩子运用到平时学习到的知识和词汇，积累孩子与他人交际的经验，不过，带孩子出席的时候，父母也应该注意几个问题。

首先，父母切忌对孩子发号施令，严加管束。即使是孩子也有尊严，父母的呵斥会打击孩子说话的积极性。

其次，别给孩子"下定论"。一位母亲带着 7 岁的孩子到朋友家做客，孩子对陌生的环境缺乏安全感，胆小羞涩，不肯向主人问好。这位母亲不好意思之余大谈自己的孩子"没出息"，不爱说话，说也说不好，她越说越激动，甚至数落起孩子的种种不是，主人夫妇只好打岔转移了话题。从此，孩子再也不愿意跟着家长去做客，家里来了客人，他也是把自己关在小房间里不出来。

对于不善表达的孩子，这位母亲非但没有进行鼓励和教育，反而大肆宣扬孩子的缺点，加重了孩子的心理负担，使其产生强烈的自卑感，进入了恶性循环的误区。

再次，让孩子自己做主。父母带孩子外出做客，主人若拿出食物或者玩具礼物等给孩子，不要替孩子回答，让他自己说。美国人最忌讳提早代替孩子回答"不吃""不要"之类的话，也不会在孩子表示出想吃的时候制止孩子。他们认为，孩子想要什么或是想看什么，本身并没有错，因为孩子有这个需要，任何人都没有理由来指责，只能根据情况适时适当地做出解释和说明，以做引导。如果有必要，父母可以提前在家叮嘱孩子，而不是"越俎代庖"地剥夺孩子讲话的权利。

最后，父母要学会"推销"自己的孩子。一位母亲的女儿已经上小学三年级，表达能力并不差，但是胆小怕羞，不敢当众讲话。学校组织活动，孩子虽然非常想参加，却没有勇气。母亲十分了解孩子，为了避免孩子形成胆小懦弱的性格，她亲自到学校，向教师介绍自己孩子的某些特长。孩子升初中后，她又向班主任介绍自己的孩子非常喜欢朗诵、讲故事，而且知识丰富，阅读面广。开学后，这个孩子在老师的心目中有了一定印象，不久就被选进了校广播站，使其锻炼出一副好口才。父母推波助澜地"展示"孩子的口才，能让孩子的才能得到迅速发挥。

2. 常举办家庭晚会

无论是一家三口还是四世同堂，孩子几乎都是日常生活的主角，是家人欢乐的来源。茶余饭后，父母与孩子一起组织策划一场小型家庭晚会，让孩子担当主持人，培养孩子组织策划能力，锻炼口才。

开家长会的时候，爸爸从老师那里了解到了林森在学校不爱讲话的毛病，也引起了他的重视。父亲分析孩子主要的一个心理障碍是当众讲话紧张。于是，他想了一个办法，每周末在家里搞一个诗歌文章朗诵会，除了爸妈和林森，还邀请林森的叔叔、小姨、姑姑这些亲戚来参加。这个活动让一家人的气氛特别活跃，大人和孩子都很积极。而他们给林森留出的时间最多，一般都要让林森朗诵好几篇（别人也就一篇）。在自家人面前，孩子没那么紧张，表现还不错。林森姑姑的朗诵非常精彩，声音优美，还饱含感情。每次她朗诵的时候，爸爸都在一边给林森讲评，让他学习朗诵的技巧。这样，林森在这个家庭聚会的朗诵表现越来越出色，亲戚们对孩子的夸奖也越来越多，他的信心也越来越强，在学校里也变得开朗多了。

家庭晚会的形式多种多样，有综合晚会、文学作品朗诵会、才艺表演等形式，晚会的主角自然是孩子，父母和其他家庭成员也参与其中，孩子面对众多"观众"会更加投入，还锻炼了他当众讲话的能力。

综合晚会讲求花样繁多，灵活多变。这样的晚会，最锻炼人的角色并不是演员，而是主持人。不难见到现在电视节目中的综艺节目主持人都是伶牙俐齿，而且都具有非常强的场面掌控能力和安排能力。只是有的风格诙谐幽默，有的稳重大方。因此，孩子做家庭晚会的"小主持人"具有一定的挑战性。孩子要提前熟悉整个晚会的节目流程和进程，话语的衔接、气氛的营造都需要反复练习。多观看一些著名主持人的节目，比如《鲁豫有约》《文涛拍案》会有很大的帮助，父母在"场下"也可以给予一些提示。

朗诵会节目比较单一，父母和孩子根据个人的兴趣事先选择好要朗诵的文学作品，提前练习，朗诵会举办之后，父母和其他成员对孩子的朗诵提出中肯的意见，帮助他进步；而父母也应该听取孩子的意见，因为当孩子指出他人不足的时候，自己会注意在讲话或者朗诵的时候避免同样的问题。除了家人的参与，邀请孩子的同学、小邻居参加，既能活跃气氛，又能促进孩子之间的交流。

对于有文艺特长的孩子，才艺晚会是一个绝佳的展示舞台，不过，我们的重点是锻炼口才，因此，父母要注意把握家庭小晚会的方向，引导孩子始终以"说"为主，演艺为辅。

家庭晚会的规模虽然不大，但是真的举办起来，也比较耗费精力。因此，不宜过于频繁地举办，一来会占用太多的时间，二来过多地举办会让孩子失去兴趣，一到两个月举办一次最好，可以根据节日或孩子在幼儿园、学校学习内容来确定主题。

3.让饭桌变成演讲台

白天，父母忙于工作，孩子要上学，一天之中能够当面交流的时间变得有限。于是，饭桌成了父母与孩子交流的重要平台。而孩子在饭桌上的口才表现，需要父母给予充分的重视。

姗姗刚刚上小学，每天放学回家，都迫不及待地把在学校发生的事情讲给爸爸妈妈和爷爷奶奶听，特别是吃饭的时候，一坐到饭桌前，就兴致勃勃地开始她的"演讲"：讲她和同学一起怎么做游戏，讲老师今天上课的时候提问了，很多同学没有答上来而她答对了，讲她在校园里看到的、听到的、想到的所有事情，讲得眉飞色舞甚至忘记了吃饭。这个时候，奶奶总会唠叨着教育姗姗要"食不言寝不语"，有话等吃完饭再说。孩子会兴味索然地噘起小嘴儿，不情愿地开始吃饭。

饭后，爷爷抱着姗姗，边给她剥橘子边逗她继续刚才未完成的"演讲"，可是姗姗却顾左右而言他，不想讲了，有时甚至只是复述吃饭时候讲的趣事她也讲不全。

其实，这时孩子的智力开始飞跃发展，饭桌上的演讲是身心发展的必然结果。作为父母应该对这种现象给予适当的引导，将这种自发的"饭桌演讲"发展成为有目的、有组织地培养口语表达能力的自觉行动。比如：组织"家庭演讲会""星期日家庭演讲比赛""邻里间的小朋友聚会演讲会"等活动，以培养孩子的观察、思维、记忆、言语表达等各种能力。父母需要指点孩子把事情讲清楚，把话说明白，可对孩子的演讲题目划范围，提要求，但不要限定过多过死，可通过录音机把孩子所讲的过程录下来，再播放给孩子听，以提高孩子的兴趣。简单、甚至粗暴地制止不如让孩子痛快地说完。

孩子刚开始"饭桌演讲"时，因为情绪激动可能讲得不那么流畅自然，父母一定要耐心细致地帮助孩子克服语病，锻炼孩子的观察力、感受力、想象力，提高口语表达的完整和准确程度。

如果孩子吃饭时说话太多，耐心地告诉他，吃饭之后，可以专门地听他演讲。这样的承诺一定要兑现。孩子刚开始演讲时，内容会受到孩子社会活动范围的限制，所以父母可以利用一些生动有趣、丰富多彩的儿童读物、录音磁带上的小故事让孩子复述、演讲。也可以出一些适于孩子知识范畴的演讲题目：如"我和我的同桌""勤劳的妈妈""我的遥控车""我的布娃娃"等。当孩子对这些演讲感兴趣的时候，孩子就不会在吃饭时只顾着说话了。

父母听孩子讲话的时候，要多鼓励孩子，对他们的努力要有具体的表扬，如"我很喜欢你描述的人物，很生动，你能不能再多讲一点？"要让你的鼓励成为孩子锻炼口才的巨大动力。

鼓励孩子讲故事

培养孩子的口才，还有一个特别有效的方法就是鼓励孩子讲故事。讲故事可以有效地启发孩子的思维，训练孩子声情并茂的表达方式。

一位外国爸爸讲述了鼓励自己女儿讲故事，并使他从中受益的经历。上小学以来，女儿的书包里除了一沓沓的贴画剪纸外，慢慢地多了几本薄薄的书，那是文森太太借给她看的儿童读物。

从那时开始的很多年里，我们几乎每天要做的事，就是在饭桌上长时间的交谈，到了我们该收拾饭桌的时候，她就从书包里抽出那些图书读了起来。为了刺激她的学习欲望，增强她的自信，一开始，我装作对她的读书能力表示怀疑，或者根本就不信她能读得懂。我总是问她："你能看懂吗？"

"当然！"

"你是只能看懂一个一个的单词呢，还是真的看明白了整个故事？"

"当然是看懂了整个故事呀。"

"真的吗？"

"真的！"

我打开书，指着其中一篇。

"你能把这个故事讲给我听吗？"我问她。

"可以。"接着，她就绘声绘色地讲起了书里的故事。

听完她讲的故事，我带着非常夸张的表情，瞪大眼睛，看看书，看看她，再看看书，说："真不敢相信！你真能看懂？真看懂了！太了不起了！你怎么能看懂呢？谁教你的呢？"

"我自己看懂的，要不要我接着读下一篇，读完了再讲给你听？"

这正是我想听到的。

她看起来颇为得意，觉得自己只需稍稍花些工夫，就把爸爸给震惊到。

此后，我给她买了一本厚达750页的《麦克米兰儿童词典》，又给她买了麦克米兰公司出版的《365夜睡前故事》。这本书收集了365个世界著名的故事。借助词典，她天天都认真阅读，把这本两百页的书看完了。在那之后的一两年里，是她给我补课，为我讲述许多我从未听过的故事。而当她正正经经地告诉我，这些故事那么有名，"爸爸你是'应该'知道的呀"时，颇让我汗颜。

她在我所构筑的这种"学术"气氛下，认认真真"诲人不倦"地把那300多个故事讲完了。这时，她已经几乎成为一个故事大王了，在别人嘴里普普通通的话，她说出来就绘声绘色，文森太太总是跟我说，你女儿的口才实在太棒了！

我微笑着同意她的话。

这位聪明的父亲没有像许多忙碌的中国家长那样，在承受工作生活的压力之外，还要去找一个又一个故事，自己先读，然后，把孩子拉到身边，不管他是否喜欢，也不管他是不是打瞌睡，辛辛苦苦讲给孩子听。实际上，那样做，不仅家长劳累，效果也不一定好。相反，这位父亲还比较轻松地从女儿那儿"学"到很多，听了许多世界著名的故事。在孩子讲故事的时候，父亲做的事很简单，就是瞪大眼睛，微笑、大笑。当然，父亲也是真正地享受了女儿的故事。听完了故事，家长该做的事就是，提问——再提问——赞扬。

多轻松的事儿，家长们为什么要勉为其难，给自己添麻烦呢？每天辛苦工作，下班回来，理当放松放松，抓紧享受人生，为什么还要自找麻烦，再为教育孩子加一次班？听听孩子清脆的童声讲述出来的美好的故事，让自己放松，更重要的是锻炼了孩子的口才，帮孩子成为思维敏捷、口齿伶俐的小小故事大王。

听孩子讲故事的时候，父母使用一些小技巧，如采取接续、复述、编排、改错等办法，激发孩子的兴趣，启发思维。

（1）留有余地，让孩子为故事接龙。孩子年龄小的时候，语言表达能力不强，直接讲故事还是有困难的。因此，父母先给孩子讲一小段，同时有意识地给孩子留下想象的余地，在故事的紧要处"打住"，让孩子顺着情节发展，构思出顺理成章的结果来。

（2）提供素材，考验孩子编故事的能力。六七岁的孩子知识面虽然有限，但是想象力非常丰富，他们会幻想和海豚一起在水下生活游戏、套上游泳圈在天空驰骋。而且孩子的思维已经显示出一定的逻辑性，可以完全凭想象编排出完整的故事来。找一些故事素材，给孩子一点提示，"编造"出或者生动或者感人甚至有点匪夷所思的故事，让孩子的思想天马行空，让孩子的口才自由发展。

（3）制造"错误"，激发孩子改写故事。孩子自我意识增强，对学过的知识、听过的故事记忆深刻，时常喜欢用自己学到的东西"指导""评说"大人的所作所为。父母不妨利用这一点，给孩子讲点错故事，激发孩子来纠正的兴趣，从而调动孩子讲故事的积极性。

女儿缠着母亲要听故事，妈妈抱着她，耐心地娓娓道来。

"森林里有只可爱的大熊猫，在树上飞来飞去……"

"妈妈，错了，熊猫不会飞！"

"为什么呢？"

"它没长翅膀呀！"

"真聪明，说说看，什么会飞呀？"

"蜻蜓、燕子、喜鹊、大老鹰……"

"给妈妈讲个飞行比赛的故事怎么样？"

"好吧。嗯……让我想想。"

几分钟后，聪明的小女孩儿开始讲故事。

妈妈的"错误"像把金钥匙，打开了女儿的话匣子。父母故意地讲错故事，可以错在开头，引导孩子反驳，巩固所学知识；错在中间，激发孩子纠正，锻炼思辨；错在结尾，启发孩子想象，让孩子创作出理想的结果来。

（4）假日休闲，现编情景故事。节假日或朋友团聚，也是孩子们聚会的好时机。几个孩子围坐在一起，即兴编一段小故事。故事的主人公就是在座的小朋友，情节可以选择聚会上发生的事情。当孩子们之间熟悉之后，还可以把故事表演出来。大人们不需要指导孩子该如何说，让他们尽兴地说出自己的思想，不失时机地予以赞美就足够了。

除了父母，其他家庭成员也可以成为孩子的听众。利用孩子的自豪感、自信心，让孩子在大人面前充分展示自己的口才和勇气。

孩子讲故事，不要苛求白璧无瑕，而应力求顺理成章；平时，父母从语气、手势、声调等方面做些指导，效果会更好些。周末的时候，还可以邀请邻里小朋友搞故事比赛，买些故事书作奖品，更能激发孩子讲故事的兴趣。

没事勤说绕口令

绕口令不仅可以增强孩子的记忆力、快速反应能力，更是一种锻炼口才的好方法。经常教孩子学说绕口令无疑会大大提高他们的口头表达能力。

学习这种独特的语言艺术的时候，需要一定的技巧。

方法一："慢"工才能出细活儿

慢，就是要循序渐进。就是指说绕口令的时候节奏适度，学的时候步步深入，练的时候由慢至快。对孩子来说，学说绕口令不外乎练唇舌、练口齿、练记忆、练思维，只要能将整个段子说得清楚、流利、连贯、完整即可，不必像曲艺演员那样巧舌如簧，快捷如飞。过于求快，一来容易使孩子吐字发音含混不清，令人不知所云；二来也会加重孩子的心理负担，孩子自己先"犯糊涂"，产生适得其反的效果。因此孩子初学绕口令，务必讲究慢工出细活儿。

方法二："准"才能有所成就

准，就是发音准确，吐字清楚。绕口令是一种有趣的语言游戏，同时也是一项复杂的语言活动。一方面，大量的同音异调、字音相近、叠字重句是其鲜明特色，稍有失误，便会出现差错。另一方面，说绕口令又需要唇、舌、口等器官的整体协调性。舌头的部位、嘴唇的形状、口腔的开闭等，都直接影响着发音的准确与否。因此，学说绕口令，必须注重一个"准"字。

方法三："勤"才会有收获

勤，就是勤于练习，坚持不辍。教孩子学说绕口令，着实不易，为此，可以在以下几个环节多下功夫。

（1）随时训练，见缝插针。让孩子在家里练、公园练、广场练、走路练、玩时练等等，让孩子随时随地得到锻炼，口齿自然更加伶俐。

（2）纠错对练，矫正发音。让孩子长时间独自说练，可能会使他们感到有些枯燥，父母与孩子一起练习，通过相互纠错的方式，使孩子的吐字发音更为准确清楚，也会激发孩子的兴趣。

（3）公开演练，增强信心。孩子练到一定程度时，会期望得到众人赞许。父母鼓励孩子在众人面前大胆表演，这样容易激起他的好胜心，锻炼胆量，也会使孩子增强自信心，学说绕口令更会精益求精。

（4）讲解助练，增强记忆。遇到一些知识性的东西，父母可以通过讲解让孩子明白，让孩子更容易记忆。实践表明，学说绕口令可使孩子的综合能力得到大幅度提升。那些性格孤僻、胆小，甚至说话有些结巴的孩子，也可通过这种方式得到很好的锻炼。有兴趣的家长不妨一试。

在选择绕口令的时候，不妨选择一些具有童趣的、生动活泼的段子，如"小猪扛锄头，吭哧吭哧走。小鸟唱枝头，小猪扭头瞅，锄头撞石头，石头砸猪头。小猪怨锄头，锄头怨猪头"。当孩子理解了风趣的内容后，会产生极大的兴趣，学起来也容易多了。

当孩子的"口腔体操"训练持续一段时间后，用下面的测试可以看看小巧嘴儿已经达到了什么"等级"。

本测试共分7个等级：

（1）初入江湖：化肥会挥发

（2）小有名气：黑化肥发灰，灰化肥发黑

（3）名动一方：黑化肥发灰会挥发；灰化肥挥发会发黑

（4）天下闻名：黑化肥挥发发灰会花飞；灰化肥挥发发黑会飞花

（5）一代宗师：黑灰化肥会挥发发灰黑讳为花飞；灰黑化肥会挥发发黑灰为讳飞花

（6）超凡入圣：黑灰化肥灰会挥发发灰黑讳为黑灰花会飞；灰黑化肥灰会挥发发黑灰为讳飞花化为灰

（7）天外飞仙：黑化黑灰化肥灰会挥发发灰黑讳为黑灰花会回飞；灰化灰黑化肥灰会挥发发黑灰为讳飞花回化为灰

面对问题有绝招

在训练孩子口才的过程中，孩子有可能出现各种各样的问题，面对这些问题，作为家长该如何处理呢？下面我们将提供一些有益的方法，可供参考和借鉴。

1. 发现特爱说话的孩子怎么办？

随着知识积累的增加和接触到更多的新鲜事物，孩子对说话越来越有兴趣，一张小嘴每天说个不停。不过话多，并不代表有口才。中国有句古语叫"言多语失"，说明话说得多容易犯错误，而且难免使人厌烦。孩子从小话多，会养成说话啰唆、跑题的坏毛病。事实上，有口才的人，讲话有中心、有主题、不说废话、不跑题，那么孩子如何做到这一点呢？

方法一：确定主题

（1）让孩子学会总结中心思想和段落大意。学课文和讲故事时，家长采用提问的方式，启发孩子思考：这则故事说明了一个什么道理？它告诉了我们什么？这段讲的主要是什么……多进行看图说话训练，让孩子看图后说出每幅图的中心意思。

（2）让孩子学会确定主题。比如，家长讲一则故事，让孩子为这个故事定个题目。看图说话的时候，让孩子为整个故事定一个题目，而且为每一幅图画都定一个小题目。

（3）学会围绕主题。家长定一个大主题，让孩子根据这一大主题，自己想一些小话题，这些话题不能偏离大的主题。例如，家长确定主题为"污染"，孩子可选定一些小话题，例如，如何防止空气污染，不要喝被污染的水，绿化可缓解污染等。

方法二：监控和自我监控

（1）提示法。选定一个话题，让孩子表述。在发言的过程中，家长一旦发现有跑题现象，立即大声念一遍题目。将孩子的发言用录音机录下，然后放给他听，看看自己的跑题情况。记录孩子跑题次数，如果发现被提示次数有所减少时，立即予以表扬。

（2）提问法。在孩子发言时一旦出现跑题现象，家长及时插入与主题有关的问题，从而把孩子的思路拉入正题。同时，教孩子在每说完一个意思后，在心里问自己："我有没有跑题？我是不是正在说这个主题？"用这一方法提高孩子的自我监控能力。

（3）对比法。用录音机录下一些有明显跑题的讲话，放给孩子听，让其体会跑题对听者的影响，从而认识确定主题，不跑题对语言表达的重要。

方法三：游戏训练

（1）家长出一个主题，让孩子讲一段话，这段话必须包含主题内容。例如：妈妈确定主题"游泳"，孩子说：游泳可以增强体质，我们要认真学好游泳动作。父亲可以说：游泳是个好的运动项目，我们平时要多游泳。然后家长与孩子轮流说，只要包含游泳话题，都算扣住主题。

（2）家长定一个主题，让孩子进行接龙游戏。孩子既可以说一段话，也可以只说一句话，但说话内容必须紧扣主题。例如，爸爸定主题为"参观美术馆"，孩子可从起床开始说：我今天一大早就起床了，为了早点到，我赶快穿好衣服。爸爸说：妈妈为我们准备了丰盛的早餐，我们吃得饱饱的准备出发了。孩子接着说：我们乘的公交车是无轨电车……

以上方法，是针对平时话比较多的孩子。但是，如果孩子讲话成癖，不分昼夜，而且"口才"特别好，动辄与人争论不休，或者不停地自言自语的时候，父母则要注意孩子是否有多动症、抑郁症或者孤独症。情况严重的时候，应该及时到医院就诊。

2. 发现孩子说脏话怎么办？

当一句脏话从孩子的嘴里吐出时，父母既惊讶又生气。但是，责骂之前，父母不妨冷静地想想：孩子为什么骂人、说脏话？世上没有无因之果啊。赶紧想办法，帮助小家伙"改邪归正"！

首先，不管孩子因为什么原因"出口成脏"，父母首先要做的事情就是，让孩子知道这是绝对不允许的！孩子骂人也多是用来表达自己的不满情绪，或者是由于还不了解语言的真正含义，只是认为这样的语言绝对能让人惊讶而已。这是不是与孩子的生活环境有关呢？是否有人在孩子的面前"大放厥词"？模仿能力超强的小朋友听到这样一句"新鲜话"，怎能错过"学习"的机会。

对付孩子说脏话，有以下几个好的方法：

（1）冷淡处理。当孩子说脏话的时候，父母控制住自己的情绪，既不要因为好奇而大笑，也不要因为吃惊而去呵斥，因为这样会让孩子觉得自己的行为能够得到别人的关注，有可能再犯。对他们来说，能够让大人发笑或者生气都是很有本事的体现。对他的行为不动声色，让他自讨没趣，渐渐地，孩子对自己的这种行为也就不感兴趣了。

（2）语言替代。如果孩子在某些场合无意间说出让大人忌讳或者尴尬的话语，父母可以尝试着教他用另外一种形式来替代，同样可以表达自己的情绪，比如小精灵的咒语，或者自编的童谣。如果孩子的语言能力还无法帮助他充分地表达自己的愤怒与失落，可以鼓励他大喊："我要疯了！""我生气了！"发泄出来之后，就舒服了，不会再去想那些不好听的话了。

（3）设置底线。如果孩子的语言很难听，就需要为他设限，严肃地告诉他："我听不懂你在说什么。"不要和孩子解释清楚含义，也不用告诉他为什么不能说。只是让他清楚一点，要遵守规定："在家里外面，都不能用这句话，否则，没有人会喜欢你！"

（4）酌情惩罚。如果孩子不听警告，一而再，再而三地犯规，启用下一步：冷静、严肃、坚定地对他说："你说了这句话，罚你去静坐！"（对于年纪比较小的孩子静坐时间不能太长。执行的地点可以是汽车后座、大厅角落、朋友家的小房间等。）如果静坐不起作用，立刻"剥夺"孩子的权利："如果你再说这句话，妈妈不会给你买那本科幻小说！"或者"今天下午不允许你看动画片！"但在处罚孩子的同时，父母也要考虑清楚，为什么孩子会出言不逊，是不是有什么事情让他很郁闷，找到答案，也许更有帮助。

（5）学会尊重。让孩子知道骂别人是不对的，是对别人的不尊重，反过来问问他，"如果别人也这样说你，你会喜欢吗？"告诉孩子，这些语言会让别人伤心。时刻提醒孩子为他人着想，知道自己的言行举止对别人是有影响的。

（6）管住自己的嘴。当然，如果孩子经常在父母的谈话中听到脏话，不可避免地就会"传染"过来，因为他一直把父母当作自己的榜样。所以，父母要管住自己的嘴，规范自己的行为，做一个优秀的榜样。

3. 发现孩子有语言表达障碍怎么办？

一般情况下，2 岁以上的孩子已经能通过简单的词汇来表达自己的意思，与父母及亲近的人进行沟通交流。而患有语言障碍的孩子，却不能凭借语言来进行表达、沟通，甚至进入托儿所、幼儿园还被错误地当作智力落后的孩子。语言行为极为复杂，有语言障碍的孩子被家长注意时，往往比较晚了，矫治需要花费较长的时间。因此，早期发现语言障碍对孩子的健康成长及治疗有着重要的意义。

父母如果发现孩子在幼儿期存在下列情况，应及时带孩子去医院咨询：

★年龄已大于 1 岁，还只能发元音。

★超过 1 岁半，孩子发音还不正确，在大多数话中有区分不清的音节。

★超过 2 岁半还不会讲话。

★超过 3 岁，说话还不能连成句子。

★超过 5 岁，还把难发音换成易发音，有不少造句错误，语言不流利，节奏、速度和抑扬都表现得异常。

★说话吃力，感到为难，并能自我意识到。

★声音过大或过小，或过度嘶哑。

★声音的强度和孩子的年龄、性别不相称，声音带鼻音。

有的孩子性格特别内向，不愿意与别人说话，大人问他什么，他总是"摆头"和"点头"，长此以往，会造成语言障碍。那么，父母怎样帮助孩子克服语言障碍呢？

★对孩子说话要挑简单的字，并配合手势表达。

★不管孩子说什么都应给他及时、适当的反应。

★给孩子换衣服或拿玩具时，不妨顺便告诉他衣服、玩具的名称，也可反过来问他衣服的颜色、玩具的形状等。

★多讲一些有趣的故事给孩子听，并鼓励他模仿着讲故事。

★多和孩子进行词组游戏，如："这件衣服真好看、多吃蔬菜营养好。"

★寻找机会和孩子多交流，如问："幼儿园里玩具好玩吗？

你今天做了什么游戏？"

★多买一些光碟，让孩子从音乐和故事中学习。

如果这样做了一段时间还没有改观的话，必须马上去正规医院诊断。

4. 发现孩子喜欢说"另类"或"恶搞"的语言怎么办？

在这个求新求变的时代，要求孩子用"标准"语言讲话似乎有点食古不化。孩子的语言中适当地出现流行词汇反倒显得语言新鲜有趣。不过，并非所有"流行"的语言都是美好的语言，有的甚至会给孩子造成心灵上的伤害。

镜头一："床前明月光，李白推开窗，举头望天庭，低头砸了缸。""春眠不觉晓，处处蚊子咬。打上敌敌畏，不知死多少。"这种改动古代诗歌的娱乐方式正在小学生中流行。对此，有些家长和教师表现出极度的担心和愤怒，认为这是糟蹋国粹，是低级趣味，并且和目前社会上流行的娱乐"恶搞"联系起来，认为会严重影响孩子的学习和成长。

镜头二：许多学生追捧电视连续剧、综艺节目，耳濡目染之下，不知不觉不文明语就成了口头禅。两个孩子因为一点小事发生口角，一个孩子大喊："我毙了你。"出处一般为港台黑帮电影中出场的老大。或者是孩子看到同学做事情不合自己心意，就大喊一声"你去死吧"，希望能够震住对方。

像这样具有恶搞和攻击意味的语言在如今的孩子之间确实普遍存在。培养孩子的口才，让他们知道说出美好的、激励人心的、让人心悦诚服的语言才是一个有素质的表现，而恶语相向或者胡乱调侃却是没有修养、道德品质低下的表现，因此，父母要担当起孩子学习语言的"卫兵"这一重任，帮孩子把好关。

（1）拒绝暴力、恶搞语言。唐诗、宋词以及古代的神话传说是我们中华文明传承下来的瑰宝，肆意地篡改只是起到一时哗众取宠的作用，正确的使用才是提高口才的正途。而对于一些影视作品中的"黑社会"式的语言，尽量让孩子少接触，否则，一旦形成这种语言"风格"，对将来的人际交往大大不利。

（2）"个性"不是学出来的。孩子们在语言上追赶潮流，不外乎为了使自己的话听起来更有个性、更时髦。现代心理学一般把个性定义为一个人的整个精神面貌，即一个人在一定社会条件下形成的、具有一定倾向的、比较稳定的心理特征的总和。个性不是模仿影视作品、学几句网络用语就能达到的，要形成自己独特的"语言个性"，就要有丰富的人生积累。

第二章

克服心理障碍，
让孩子畅所欲言

古代甘罗凭借出色的口才，十二岁成为吕不韦的幕僚；美国总统林肯凭借出色的口才和智慧，使自己不到三分钟的演讲名垂青史……太多的名人口才故事，都可以激发孩子说话的积极性，让他们从一个个鲜活的事例中感受好口才的魅力，体会口才的犀利，领会到拥有好口才可以帮助我们运筹帷幄之中决胜于千里之外，这样，孩子怎么会不向往、怎么会不期待、怎么会不积极地开口说话锻炼口才呢？

鼓励孩子多讲话

在普通的家庭中，我们常常听到父母焦急的责备声："怎么说了这么多次还是念不好！""你动动脑子！"爱说话的孩子喜欢和父母分享在学校以及游玩时候的趣事，或者发表自己的看法，有的家长却显出极不耐烦的情绪："没看见我在工作嘛！你的嘴就不能歇会儿，哪那么多话！"这个时候，孩子有如被当头泼了一盆凉水，说话的积极性遭到打击。这是非常危险的，轻则让孩子情绪低落，怀疑自己，重则会造成孩子的自闭倾向。

培养孩子说话的积极性，父母看看自己是不是做到了以下三点。

1. 给孩子足够的信任

当孩子讲话遇到困难的时候，请相信这只是暂时的；当孩子的口才锻炼遭遇"瓶颈"时，请相信他依然有潜力；当孩子失败的时候，请相信他会用加倍的努力来获得成功。对孩子来说，没有什么比父母的信任更能鼓舞他的勇气、使他保持自信了。

在孩子因为好奇而提一些稀奇古怪的问题的时候，耐心地跟他一起查找资料，解开他小脑袋中的疑惑。在孩子吞吞吐吐词不达意的时候，给他一个温和的笑容，轻声提示下面要说的内容。

不要因为自己工作和生活上的烦恼迁怒于孩子。要知道，孩子幼小的心灵脆弱得不行，父母一句不经意的否定就有可能击毁他好不容易建立起来的自信。

2.善意的谎言胜过单纯的鼓励

白色"谎言"犹如黑色幽默一样，二者都能产生不可限量的效果，只是白色"谎言"能在人落魄时催人奋进，启发人的心智，是不可不令人另眼相待的。莎士比亚曾说过："谄媚是煽动罪恶之鞭。"也许大家都这样认为，说谎是一种最要不得的行为，但人与人之间的相处，偶尔还是需要些善意的谎言。

"刚到美国的时候，最不适应这里生活的是我们的儿子。"现年38岁，在硅谷工作的张先生如是说。

在中国，孩子上课的时候很少需要提问和发言，但美国不一样。哪怕孩子的试卷答了满分，如果上课讨论不发言，教师会给你一个B-。在课堂上，张先生的儿子——10岁的"哈利"（他自己取的英文名）发现课堂上每个人都滔滔不绝，不管自己的主意有多笨，都会说出来。而他，即使英语水平完全达到和同学老师交流的程度，也还是张不开嘴。

"那段时间孩子放学回到家非常沮丧，甚至沉闷。一天，我们回到家，他眼睛含泪对我说：'爸爸，我觉得自己真的很笨，真的。在同学们面前我连一句完整的话都说不出来。'我这才意识到问题的严重性。"

"我只能告诉孩子，你是最聪明的，你一定能讲好，只是面对异国新同学太紧张。以后，每个星期天爸爸妈妈都会带你到社区的儿童乐园，那里大部分是华人小朋友，在他们面前你一定能说得很好。"

　　从那之后的每个周末，张先生一家几乎都要去社区的儿童乐园。第三次，他们的小哈利鼓起勇气站在孩子们中间，用响亮的声音开始推行他的"网络社区"计划。当他讲完，在场的孩子和家长纷纷鼓掌表示同意，有的家长提出可以提供自己家的电脑做服务器，有的孩子愿意担任管理员。哈利真诚的语言吸引了他们，让他们迅速地投入到这件已经具有初步设想却因为无人提议而没有实施的事情。

　　那一次，哈利也受到了极大的鼓励，他看到了自己语言的魅力，这种自信让他保持着在课堂上的活跃。虽然他并不知道，那一次是爸爸妈妈提前和十几位家长沟通好了的。

　　如今，哈利已经上了高中，成为学校的辩论高手。父亲和邻居们同谋的善意的谎言，帮助他成为一名有口才的人。

　　"赏识"也是一种善意的谎言。好口才并不是靠父母和老师强行灌输的技巧，而是要在心理和情感环境都很轻松的情况下，把学到的技巧和自己头脑中原有的知识进行消化融合，最后吸纳。因此，父母在教授孩子知识的同时，首先应当营造一个良好的心理和情感环境。对于那些不善于表达自己思想和意愿的孩子，或者在老师的眼里不太起眼儿的孩子，营造良好的心理和情感环境的最好办法就是多给他们赏识。美国有一种自然教学法，只要是孩子乐意做的事，父母、老师的评价永远是两句话："太好了，除了不对的地方。"为什么"太好了"的评价对孩子有着如此神奇的魅力呢？对于孩子来说，不管表面上多么骄傲，内心都是脆弱的，弱小的心灵常常担心自己不行，一个"太好了"，仿佛是春雷一声响，孩子吃了定心丸，情感闸门一下全部打开。父母接着乘虚而入——"除了不对的地方"，孩子就听得进去，容易接受，也会迅速地改正。

这种赏识，可以传达出几个方面的信息：

父母对他没有失望，在他身上依然寄托着很大的希望；

父母十分信任他，并没有因为他在某些方面表现不好而嫌弃他；

父母时时刻刻都在关怀着他，父母总是牵挂着他；

父母的态度总是那么慈祥，语言总是那么亲切，会让孩子时刻感受到父母最真挚的爱。

于是，孩子就会考虑自己应当怎样对待父母的培养，怎样才能不辜负父母的期望，从而从内心深处产生一种情感，那就是对父母的敬重。我们绝对不可小看孩子的这种心理上的变化，他是产生说话的动力和积极性的一个十分重要的源泉。

由此，我们能够领悟到——善意的谎言比单纯的鼓励效果更大。

培养孩子的积极性，让孩子爱说话、多说话，自信心能够在一次次的实践中快速地建立起来。当孩子开始爱上说话，积极说话的时候，父母已经能够看到一丝成功的曙光。让孩子努力争取更多说话的机会，得到实际锻炼的机会。宝剑锋从磨砺出，梅花香自苦寒来，好口才正在不远处招手。

把握机会多发言

无论是家庭生活还是校园中，当众说话的机会很多，父母可以在家里通过各种模拟情景，带头"争取"机会，孩子在情绪受到家长的感染后，会给予积极的回应，成为一位积极的发言人。

有的孩子对事物常有极为出色的点子与想法，却很少被采用和重视，原因就在于无法适时、准确地把自己的观点表述出来，由于害怕面对人群，而不敢在众人面前开口说话。主动争取上台说话的机会，可以使孩子懂得如何面对听众；当孩子懂得如何面对听众，并且不再害怕听众时，便可以在众人面前侃侃而谈，让更多人了解自己的想法和主张了。现实中，我们有很多上台说话的机会：

1. 课堂上主动出击

上课多举手回答问题，这是从上学的第一天起，老师就反复提出的要求。这也是孩子最容易遇到、最容易把握的机会，一定要好好珍惜。每当孩子举起手臂，同时扬起了自信的旗帜，这面旗帜无声地向老师宣布：我可以回答得很好，我有勇气。所以，孩子尽量多举手回答问题，信心的旗帜便会一直不落。为了让孩子回答得更好，在家庭中，父母可以和孩子一道预习，来个"模拟课堂"，让孩子有了充分的准备。到了课堂上，孩子自然会积极地争取回答问题的机会，而且态度自然，答得出色。

2. 做讨论会上的焦点

讨论会中，你甘心永远只是跟在别人的观点后面点头吗？要表达你的独到见解或者反对意见，那么请你站起来，大大方方地说出你的观点，成为让人瞩目的焦点吧。

3. 上台演讲和发言

要尝试在成百上千的听众面前讲话，让他们都注意你，演讲和发言就是机会。这不但需要智慧，更需要勇气，一旦孩子真正做到了，就是一个智勇双全的"说话者"。

4. 争取做伙伴们的"代言人"

如果孩子有不错的"群众"基础，身边的人有什么事情都很乐意求助于孩子，那么请好好珍惜这个机会。成为小伙伴公认的"代表"，就意味着孩子有了更多到台前说话的机会。当然，把话说好的责任也更重了。

锻炼口才，树立说话的信心，不能"光说不练"。

战国时代的韩宣王非常爱马，有一天，他到马房查看，发现自己养的骏马非常瘦弱，便困惑地问大臣周市："马儿草料充足，马房的环境也非常好，但为什么还是这么瘦？"周市思索了片刻，回答道："管马匹的人如果真的让马儿吃饱，那么就算不让它肥，它也会肥；但是，如果管马的人只是用嘴巴说让马儿吃饱了，可实际却只给它吃一点点，就算不让马儿瘦，马儿也会瘦的。大王您不实际去调查清楚，并追究相关负责人的责任，而光是在这里说，那马儿也是永远不会肥的。"

周市虽然在这里暗示的是养马的人偷工减料，但是他却指出了光说不做是没用的。锻炼口才也是这个道理：想改变自己薄弱的口才，光有充分的思想准备而不付诸行动，那么，再好的愿望也终会化为幻想的泡影。想真正成为一名说话高手，需要经过一次次磨炼。

孩子爱上了说话，会为自己争取更多当众讲话的机会。上课积极发言、做小伙伴们的发言人，他们会说得开心，说得自信，越说越高兴。可见，只有通过实践积累经验，才能够真正地获取成功的信心。

孩子讲话认真听

每个人都要倾诉，孩子也不例外。父母是孩子最亲近的人，孩子最希望父母耐心地听听自己的心声。

小南的父亲是一位律师，母亲在外企，平时工作非常忙，因此，把刚刚两岁的小南送进幼儿园全托，每周只接一次。

孩子从幼儿园回来，总是说："妈妈，咱们谈谈话。"有一次，竟然哭着向妈妈请求："妈妈，我知道你很忙，没时间陪我在家，可你能不能把我转到每天都能回家的幼儿园？"

父母没有满足孩子的愿望，忙碌的工作使他们无暇照顾孩子。

每次孩子回家，总是兴致勃勃不厌其烦地给爸爸妈妈讲幼儿园里的事，孩子需要的是一个忠实的听众，而父母是最合适的人选。遗憾的是，开始父母没有意识到孩子的这个需求，觉得听孩子说话，浪费了他们搜集资料或写计划书的时间。所以，每次孩子和父母讲话，总是做出很忙的样子，眼睛左顾右盼，要么就是在电脑跟前纹丝不动。

然而父母的"忙碌"给孩子的语言表达带来了障碍。小南是个思维能力很强的孩子，为了在有限的时间里把话说完，他就讲得很快，慢慢地变得讲起话来结结巴巴的。此时父母才意识到问题的严重性。

父母倾听孩子的话，得到的是生命的信息，而孩子得到的是人的自信。这种交流，是心灵的沟通，它让一个孩子从小体味到自己是被父母重视的。孩子是父母的希望，在繁忙的工作之余，抽出一点时间耐心地听听孩子说话，不要像小南的父母那样，等到孩子的语言表达出现了问题才后悔。

男孩子需要父母倾听。父母的倾听，培养了男孩子讲话的幽默，而幽默是男人的魅力；女孩子更需要父母的倾听，父母的倾听，会使女孩子成为有素养的女性。父母要善于倾听，有倾听的耐心，有倾听的激情，更懂得倾听的艺术。

方法一：做出听的姿势

（1）父母的视线与孩子齐平。如果父母站着听孩子说话，孩子需要仰视父母，这种身高的距离会给孩子造成压力。平等是沟通的基本前提，拉近父母与孩子之间的距离能够帮助孩子自然地说出心事。家长蹲下来听孩子说话，用微笑、轻松的神情鼓励他。如果是绷着脸，虽然没有了身高的距离，心灵的距离还在，还是无法让孩子畅所欲言。

（2）身体稍稍向前倾，这是表示有兴趣的姿势。父母感兴趣的表现会给孩子说下去的勇气。

（3）不要制造"墙壁"。如用手捂着嘴巴，两手抱着胳膊，或翻看着书，这些举动对孩子来说，都是一种障碍。

（4）用眼睛"听"。与孩子进行目光交流，很自然地用眼睛来表达你的兴趣和愉悦。在孩子说话的时候，你要用目光去接触孩子的眼睛，而不要游离；或者一边手里做事，一边听孩子说话。

这些做法效果都不好，因为你不仅会给孩子一种心不在焉的感觉，还会让孩子感到你不重视他，会影响孩子说话的欲望。所以，学会倾听就需要家长与孩子进行目光接触，专注地看着孩子的眼睛，要注意力集中，倾听孩子的心声。你注视孩子时的目光一定要温柔，充满鼓励和肯定。这样孩子才会不恐惧，才会大胆地说出自己想要说的话。

（5）不要打断孩子。别轻易打断孩子说话，更不要总是指出孩子发音有错误。因为这样会使孩子的思路被打断，有时孩子会因为紧张而忘记自己要说的话。于是他倾诉的欲望就会被削弱，受到干扰。当倾诉者不能畅所欲言时，倾诉也就不能顺利地进行。父母耐心倾听的时候，一边温和地点头，一边用鼓励的眼光示意孩子继续说下去，有时候可以说："嗯，对！"有时可以说："噢？是吗？再给我讲一下好吗？"启发孩子一步步把他想说的话全部说完。

方法二：表现出听的兴趣

（1）假装无知。讲话中最扫兴的是听到对方说："我早就知道了。"父母在听孩子讲话的时候，即使这件事、这个笑话已经听过，也要假装一无所知。在孩子说的过程中，流露出惊讶、难以置信的神情满足一下他的小小虚荣心，这样就能进一步激发他表达的欲望。如果孩子才说两句，大人就不耐烦了："知道了，早知道了。别烦我！"于是，孩子十分扫兴，以后也不乐意和父母交流了。其实，父母也并非知道一切的事情，耐心地听听孩子的话，说不定能从中找到灵感，解决自己工作中的问题呢。

（2）强迫自己产生兴趣。也许你会发现，不论孩子的话题多么简单，如果想要表现出有兴趣的姿态，那么兴趣也会自然而然地产生。如果父母总是沉着脸，一言不发，一副漫不经心的样子，就会令孩子十分失望。慢慢地，他也会养成对什么事都不关心的毛病。那些在课堂上发呆、不爱发言的孩子，幼年时可能就缺少好的听众。孩子从小没有感受过自己语言的魅力，必定会对自己的语言表达能力失去应有的信心。作为父母，关心孩子不应只是关心他的冷暖、吃住，还要关心他感兴趣的事。对孩子关心的话题产生了兴趣，你同孩子谈话的兴趣便也具备了。

方法三：让孩子看到你的专注

让孩子看到你的专注，可以让他知道自己所说的每一句话，你都认真听到了。

（1）使用表情变化来传达。比如：保持微笑，并常常做出吃惊的样子。孩子最爱吃惊，用大人的话是"大惊小怪"，他们希望看到大人对自己所说的事情表示出吃惊的表情。能把大人吓住，说明自己很有本事。

（2）语言表达。在倾听孩子谈话的过程中，用简单的诸如"太好了！""真是这样吗？""我跟你想的一样。""你的想法太好了，请继续说！""我简直不敢相信！"等话语来表示你的兴趣。

（3）即使没有时间，也不要敷衍孩子。如果孩子想对父母说什么，而父母很忙没有时间，最好先问问孩子这件事情是否非常紧急，跟孩子解释爸爸妈妈现在非常忙，并跟他约定谈话的时间和地点。在孩子说话的过程中，要不时地做出反应，比如说"嗯""然后呢"等，让孩子知道父母在用心地听他讲话。

这些都是帮助父母用心倾听孩子讲话的良策，试试看，效果很快就会显现。当孩子长大成人，像山一样站在父母的面前，需要仰视他时，他仍然会习惯地俯下身来，像小时候爸爸妈妈对他那样，听父母说话。那时，年迈的双亲，会从内心里感到做父母的宽慰和满足。

年幼的孩子都有一颗敏感而脆弱的心，他们能够从父母慈爱的笑容中得到鼓励和安慰，也会从父母冷漠或者不屑一顾的语气中受到伤害。用心的沟通与交流是人与人之间的基本法则，对于孩子当然也不例外。如果孩子不爱说话，或者一说话就紧张，听别人讲话时漫不经心，父母应该想想，是不是自己的不耐心倾听让孩子丧失了表达的兴趣和信心，甚至养成不良习惯。

谁的话有人听，谁有人关心，谁就能长智慧，谁的口才就能更进一步。被倾听，意味着被接纳、被了解。今天，通过语言，孩子把自己的心情和思想分享给父母；明天，通过口才，他能把心情和思想分享给世界，感动这个世界。

在宽松愉悦的家庭氛围中，父母用心倾听孩子的话，会建立一种民主、和谐的相互尊重的亲子关系。孩子敢于在大人面前说话，喜欢与父母交流的感觉，与家人分享语言的魅力。对孩子的口才教育来说，再没有比这更重要的事了。

当众勇敢把口开

害怕当众说话并不是只属于某一个人的心理感受，即使是职业演说者，也无法完全克服登台的恐惧。这种恐惧在开头的几句话里会表现出来，只不过他们能很快地克服这种怯意，进入镇静的状态。可见，克服当众说话的恐惧也是有好方法的。

方法一：让孩子事先做好准备

（1）知识积累，给语言来个"闪亮"包装。

多读书，拥有丰富的知识，会让孩子在台上或者与人交谈的时候充满自信，慷慨激昂，有所谈、有所讲。也就是说，腹有"诗书"，才能在场上自由自信地发挥。如果自身的知识匮乏，每次发言的时候都不知道该说什么，更没有什么可说的，站在观众面前，结结巴巴，语无伦次，不能表达出自己的思想和观点，那么，又怎么能克服恐惧和紧张呢？只有有备而来的演说者才能获得自信和成功。这就像一个人上战场一样，带着有故障的武器，身无弹药，怎能奢谈猛攻"恐惧"之堡呢？

（2）放弃底稿，临场发挥感染听众。

为了保护自己，以免在听众面前大脑一片空白，许多人会首先记忆要发表的讲话的底稿。这并不是一种好的习惯，不但浪费时间和经历，而且容易导致失败。因为我们平时与人说话是很自然的事，从不会费心思推敲字眼。我们随时都在思考，只要思想清晰，语言就会像呼吸的空气，在不知不觉中自然流出。

（3）整理思路，帮助你流畅地表达。

一个人思路清晰的时候，语言表达就会非常流畅。父母要让孩子学会留心生活中有意义的、引发孩子感触的、让孩子受到教育甚至教训的经验，然后把这些经验中的思想、理念、感悟等进行汇集整理。通过这样的整理，在孩子面对某一话题需要发表意见时，大脑会自发地调动相关的信息，加以安排和组织后形成完美的语言表达。

（4）事先演示，让朋友提点建议。

当孩子的准备进行到一定程度的时候，可以让他到要好的小伙伴中间去，在一群天真可爱的"小听众"面前讲话，或者是在游戏中为某个突发奇想而争论不休。在非正式的场合下，当听众是自己熟悉的小伙伴时，孩子更容易轻松地讲话。不管孩子得到的是同龄人的赞同还是批评，他都能从中获取经验，分析成功和失败的原因。

方法二：教孩子积极的自我暗示

（1）多想想愉快的事情。

孩子在讲话的时候总是设想自己可能会犯语言错误，或中间突然讲不下去，这些消极的想法很有可能成为现实。在当众讲话之前，将注意力从自己身上移开，集中精神观察听众的反应，或者是捕捉对方的信息，这样能够缓解恐惧。想想自己家里那只可爱的小狗还等着自己给它洗澡，想想和它一起在草地上玩耍是一件多么令人兴奋的事儿，孩子的嘴角会在不知不觉间绽开一丝浅笑，恐惧早已经被抛在脑后了。

（2）对自己说："我能行！"

孩子当众讲话的时候，是孤零零一个人站在讲台上，即使是父母，也只能站在台下或者远处着急。所以，孩子不断地对自己说："我能行！我的讲话是来自自己的经验，我比任何一个人都更适合谈论这个话题。"告诉孩子如果自己感觉到恐惧，不妨"假装"成勇敢无畏的样子，反复鼓励自己，用"精神胜利法"帮助自己克服讲话的恐惧。

方法三：充沛的感情让孩子忘记恐惧

（1）听听别人怎么说。

当众讲话，先对其他发表意见的人的讲话和听众的反应做一些了解，这是一个关键因素。如果别人的意见正好是观众所抵触的，自己讲的时候就不要谈及；对听众喜爱的话题，可以多说一些。总之，通过搜集这些信息让自己做到心中有数，自然也就不再恐惧。

（2）说话是一件伟大的事。

在孩子讲话之前，父母应该告诉他，听众听别人的演讲和与人交谈的时候，是为了获取知识和信息，而非挖苦嘲讽演讲者；作为演讲者和交谈主体的时候，则肩负着传播知识和信息、让听众接受自己的见解的职责，这是一件伟大而光荣的事，要勇敢地、坦然地尽自己最大的努力去完成。去做一件对人对己都有益的事，为什么要害怕呢？

（3）先感动自己。

不管演讲还是与人交流，用真情打动人、感染人，将自己融入语言情感之中，达到"忘我"，紧张和恐惧的心理自然可以得到舒缓。因此，在表达上要注意感情色彩，把说理和抒情结合起来。既有冷静的分析，又有热情的鼓动；喜怒哀乐，运用自如；爱憎分明，挥洒适度，在感染别人的同时自己也会逐渐进入放松的境界，这样一来，从容而谈自然不在话下。

方法四：学会自嘲，以不变应万变

自嘲在讲话中具有非常重要的作用，可以活跃气氛，化解尴尬，展现自信，利于沟通。在我们的生活中，很多人都有一种怕丢面子的心态，总把自己的面子看得很重要，讲话小心、谨慎，可结果却是恰恰相反，往往面子丢得更大。

法国有一位演说家是个大胖子，每次上台演讲的时候，听众总会发出一阵令人信心大减的嘲笑声。但演说家却假装没听见，总是在演说开始的时候说："我是个比别人亲切3倍的男人，每当我在车上给别人让座的时候，我的一个座位都可以坐下3个人。"

在这种轻松的自嘲中，我们体会到的，是演说家高度的自信心和演说才能。

所以，在口才训练的过程中，克服恐惧心理的一个"妙招"就是学会自我解嘲，学会不把自己当回事，在讲话的过程中放松心情，拿自己开"涮"。对于孩子来说，不仅要学会自嘲，掌握自嘲的分寸和火候更是关键，父母给孩子讲明白，自嘲并不意味着过分使用自己的缺点，以免"贻笑大方"，只是避重就轻地让听众忽视那些比较明显的缺点，将注意力集中于讲话的内容；相反地，还可以通过放大自己的优点吸引别人的注意。

方法五：父母对孩子要多鼓励与安慰

父母的鼓励能够给予孩子勇往直前的胆量。在上台之前，父母给予孩子精神上的鼓励能够让孩子稳定情绪，一句"相信自己""你能行"，一个满含慈爱和鼓舞的眼神，可以让孩子自信地站在众人面前，自信地克制出现问题时情绪的波动。

孩子的听众和交际对象绝大多数情况是父母、老师和同学。面对父母和老师的时候，即使演讲或者交谈出现问题，成年人也会给予孩子宽容和指导，然而孩子之间却不能完全做到这一点，相反地，总会有一些孩子带头嘲笑和讽刺自己的小伙伴。在孩子登台之前，父母提醒孩子可能要面对某些"打击"，做好心理准备，经过一段时间，孩子自然就学会泰然处之。

如果孩子的当众讲话不幸遭遇了失败，父母应该以及时的安慰来驱赶孩子心中的失败阴影，让孩子有勇气再次接受挑战，通过努力获得成功。针对自身的弱点不断地弥补，才能对下一次讲话充满信心。在不断的成功中积累自信，走向一个又一个成功。孩子集中精力准备下一次演讲的时候，失败的记忆会慢慢被淡忘。

演说结束后，问问孩子对自己刚才的表现有什么感想。同时，父母从侧面给一些建议，让孩子领会到问题的关键，"哦，原来刚才我说话速度太快了。""看来还需要把话题结构安排得更紧密一些。"而不是一味懊恼。孩子还需要听听老师和同学们的意见，全方面地提高口才。

在生活中，随时都会有让我们当众讲话、表达自己意见的情况，每个人的内心深处也都希望有与人沟通、向大家发表观点、看法的机会。但是，有不少孩子总是因为存在害羞、自卑、恐惧心理无法坦然地面对听众流畅地讲话。帮助、鼓励孩子克服恐惧、勇于当众讲话，是培养孩子良好口才的重要环节。

自言自语益处大

在孩子的成长过程中，家长可能会发现，孩子在某一个阶段会特别喜欢自言自语。发现孩子经常自言自语，不必担忧，这是他思维发展的重要阶段，也是他学习语言的有利时机，可以善加利用。要多跟孩子说说话，可以随时随地告诉他一些常识：这是什么，那是什么，干什么用的，我为什么这样做。

不管是男孩子还是女孩子，幼年时期非常喜欢的一项游戏就是"过家家"。细心的父母可以发现，不管是一个孩子还是一群孩子，都可以把这个游戏进行得有声有色。几个孩子聚在一起的时候，你当爸爸，我演妈妈，他扮孩子，每个人都有角色分配，每个人都能自己准备"台词"，而且这些小演员配合得十分默契，语言表达既生动有趣，又符合"角色"的身份特点。只有一个孩子的时候呢？他（她）往往会一人独揽，既当"爹"又当"妈"，自言自语却说得头头是道。孩子自言自语的内容往往包括不同的形式：

（1）问题语言。

这是孩子日常遇到新奇事物或者不知道该怎么办时所产生的疑问。比如：画画的时候他可能会寻找蜡笔："咦，蜡笔到哪里去了？"或者考虑用什么画，怎么画："这朵花用什么颜色好呢？""这是小兔子的长耳朵，红眼睛。"这些信息可能是以前他曾经看到过、听到过的，现在他通过语言再次唤起记忆并强化它们。父母可以趁机提问，延伸孩子的思维。

（2）故事语言。

孩子在游戏中需要进行很多思维活动。孩子在游戏中，会思考自己要先做什么，再做什么，这本是一个思考的过程，但是他会把自己要做的一件件事情，像讲故事一样说出来。比如：玩"过家家"，他可能会说："我先给娃娃穿上衣服……然后洗脸刷牙。好，现在我们一起去散步吧！"

这时，父母不要干扰孩子,让他独自发挥自己的想象力和情景、语言的编排能力。孩子的口语能力发展到一定水平的时候会出现自言自语的现象,父母不要打断孩子的思路,或者让他们"闭嘴""安静"。自言自语其实正是他将内部语言转为外部语言的一种表现,这其实是他们把内心思考的内容用语言表达了出来。此时孩子的思维能力正在飞快地发展,但尚未成熟,所以他们无法像成人那样只用大脑思考就可以了,他需要具体的语言来帮助自己思考,慢慢地理顺思路。所以你就会发现他经常"自言自语"。

其实，孩子能从自言自语中获得极大的安慰和自信，有时他说完一段话，甚至会煞有介事地表扬起自己来，父母见了难免忍俊不禁。可是，正是孩子这种"给自己喝彩"的独特方式，唤醒了沉睡在心底的信心和勇气。孩子的自言自语，不仅是孩子活动的一部分，而且伴随并加速了孩子的其他活动。它也是一种语言的自我调节机能，能调节孩子的行为，帮助孩子驱除孤独，建立信心，帮助他大胆地和别人说话，在众人面前说话。

准备打响第一炮

　　第一次讲话如果能取得成功，会让孩子受益终生。孩子长大以后，慢慢地会遇到许多当众讲话的场合，如干部竞选、课堂小演讲、班会发言等。在这样的场合下，讲话成功的标准是什么？是夸夸其谈，博得喝彩？还是滔滔不绝，语言丰富？对孩子来说，光是这种不切实际的目标本身已经能让他手脚发抖，叫苦连天，还怎么以轻松的心态面对听众呢？因此，孩子第一次当众讲话，只要他能勇敢地走上讲台，说出心中最想表达的话语，哪怕只是三言两语，都是胜利地打响了口才的"第一炮"。

　　1. 选取自己最感兴趣的话题

　　孩子第一次当众讲话的时候，从自己最感兴趣的题材入手，不仅有话可说，更有一种狂热的激情——让所有人都知道他为这项活动投入了多少心血、收获了多少快乐。孩子会因为这种激情而忘记羞怯，更不会恐惧。小孩子得了一件自己稀罕的"宝贝"，都想在别人面前炫耀一番。所以，如果是自己非常感兴趣的话题，孩子甚至会迫不及待地开口。比如前文中提到的许鹏，因为他热爱航模，投入了大量的心血和时间，在这方面有话可讲，更愿意与大家分享自己的乐趣，因此有勇气走上讲台，开口讲话。

　　2. 刻意营造轻松的氛围，帮助孩子开口

　　试想一下，如果台下的听众个个正襟危坐神色肃穆，周围安静得鸦雀无声，在这样的环境下走上讲台，双腿不打战才怪！反之，如果大家坐姿轻松，神色和蔼，甚至有一些小小的议论声，这样活泼的氛围能够帮助孩子舒缓内心的紧张。即使孩子不能带给听众一次"完美的演讲"，至少也会让孩子感受到勇气带给自己的力量和喜悦。所以，当孩子讲话时如果周围的环境过于严肃，那么，先讲个自己在家里、学校里的小小趣事吧。微笑能够挂在听众嘴角边，也能够挂在孩子的脸上。

3.不过分看中结果。

想一想，自己能站在这里自然地讲上几分钟，而且听众的反应都还不错，间或还有一些笑声，已经是取得了很大的"胜利"，何必非要赢个"满堂彩"才罢休？成败的思想包袱容易给孩子造成巨大的心理压力，特别是在第一次当众说话时，轻装上阵才容易发挥出自己最大的热情，才能够让孩子敢开口、讲好话。况且，如果第一次过分成功，反成了日后的障碍。下一次说的时候，孩子会害怕不如上次发挥得好，本来平和的心态，会一下子紧张起来。

（4）亲友团"场下助阵"。

如果情况允许，父母和朋友不妨也参与进来，成立孩子专门的"粉丝团"，为孩子加油。《超级女声》里面的很多选手，正是靠着亲友等组成的"粉丝团"才一直努力坚持。不过，"粉丝"们也不要在场外指手画脚地教孩子怎样说，或者是提醒他们出现了什么问题，更要避免的是流露出焦急的神色，这样会使得孩子觉得自己讲得不好，因而更加紧张。

有了第一次，就能够有很多次；有了第一次的成功，加上辛勤的锻炼，孩子未来的口才之路将会变得更加平坦。

讽刺幽默大师萧伯纳的口才让每一个跟他接触过的人惴惴不安。可是让人意想不到的是，这个人见人"恨"的老家伙在他 20 岁的时候，竟是一个地地道道的"胆小鬼"。他胆小的本事绝对令人想象不到，当他初到伦敦时，别人请他去做客，他到了人家门口竟然徘徊不前，甚至鼓不起勇气按门铃。

一次，一位朋友邀请他参加学者辩论会。在会上他揣着一颗活蹦乱跳的心诚惶诚恐地站起身来，鼓足勇气做了平生第一次讲演。效果别提多差了——他一讲完，听众就争先恐后地回报他花样迭出的讥笑。他觉得自己蠢极了，辛辛苦苦地努力却当了大家的笑料。但是，他认为自己今天取得的最大胜利就是第一次演讲敢开口，而且坚持到了最后。他不但没有就此"沉沦"，相反，一种挑战自我的求胜欲望在他体内急速膨胀。

一到周末，他就积极找寻机会当众演讲。他丝毫不理会那些异样的眼光。每次演讲过后，他都要回到家中回味整个演讲过程，从中吸取经验教训。这样，在公园、市场、码头、学校……挤满成千上万听众的演讲大厅抑或寥寥数人的地下室，到处都有他慷慨陈词的身影。理所当然，付出绝对有回报。

父母帮孩子回想成长过程中无数个第一次，发现困难总是会伴随左右：第一次走路时的跌倒，第一次说话时的含混不清，第一次去幼儿园时候的哭闹不止。在孩子年纪更小的时候都能够克服的这些困难，现在又有什么好担心的？在孩子第一次当众说话之前，随时做好充足的准备，获取成功并不难。而第一次的成功，会让之后的口才之路更加顺畅。

面对尴尬巧化解

尴尬是一种情绪反应，只要想办法使自己的心理和情绪稳定下来，交往中就会从容得多。

遇到尴尬的场面，沉着镇静地根据情况选择一条计策，保证孩子能够不着痕迹地应付过去。

出现了尴尬局面的时候，呆若木鸡只能让气氛更加糟糕，运用适当的方法、技巧，可以将尴尬化解掉。这里提供借鉴的方法主要有以下 5 种：

1. 不动声色

尴尬常常是自己造成的。如果自己的尴尬引起了别人的注意，就会造成紧张的气氛，从而进一步加深了自己的尴尬。对付这种尴尬局面的办法最好是不动声色，坦然处之。

2. 诚实恳切

一般来说，误会很容易通过坦诚的沟通得以消除。比如孩子在无意间说出一件让朋友不悦的事情，告诉孩子向对方坦言自己的无心之失，也会得到体谅。

3. 打岔转移

孩子问别人一个问题，人家不愿意回答怎么办？不妨把话题岔开，对方也能心领神会。有时孩子说漏了嘴，也赶快另起话题，为双方提供避免尴尬的台阶。

4. 大智若愚

别人如果话中带刺，孩子假装听不懂，既可以避免自己的尴尬，又显示了宽宏大度，这时，对方被你的人格魅力所感化，也会有积极的反应。

5. 以守为攻

比如有些不想为人所知的事，被人意外地指了出来，这时干脆承认，别人一般也就讲不下去了。

一位专家曾说："在口才训练系统中，有两个举足轻重的环节：一为思维环节，一个人思维水平的高低直接决定了此人口才水平的高低；另一环节为心理素质环节，心理素质是否良好，决定了人的口才能否在需要的时候得到应有的显现。"

如果把口才比成开启成功之门的金钥匙，那么，培养坚定的信心就是为孩子插上自由飞翔的翅膀，积极性是腾飞的意愿，勤于实践是腾飞的保证，有了这些武装，口才的作用将会得到最大限度的发挥，一切问题都将迎刃而解。

有自信能让孩子挥洒自如。充满自信的孩子，在他讲话或演讲时不会紧张、恐惧。因此，他讲每一句话、做每一个动作，都能够从容不迫，自由发挥。有自信才能处变不惊。充满自信的人，当他在演讲中遇到意想不到的事情时，不是恐慌、害怕，而是沉着冷静，勇敢面对。因为他坚信自己一定能够解决这些问题，所以会从容应对。有自信可以超常发挥。充满自信的人，有时会盼望意想不到的事情发生，并且还会庆幸遇到了一次展示自己才华的机会。

良好的心理素质，是口才天平的定盘星。克服当众讲话的恐惧，找到这个至关重要的标称，才能逐渐地加上自信、知识、幽默、礼仪等砝码，让孩子的语言表达水平逐渐向着口才的一端倾斜。

第三章

丰富知识储备，让孩子言之有物

知识是基础，是能源；口才是形式，是工具。就像一个人劳动，有体力，没工具，有劲儿使不上；有体力，工具差，事倍功半。但是，如果没体力，再好的工具也没有用，因为他连使用工具的力气都没有，等于白费。

所以，我们应该追求的是体力与工具的完美统一，也就是知识与口才的协调一致。

读书学习益口才

具有超凡口才的美国总统林肯，从小酷爱读书。而且他读的书大都是借来的，有时为了借一本书，他要跑上十几英里的路。有一次，小林肯看见邻村大叔家的桌子上放着一本新书，正是他渴望已久的《华盛顿传》，于是他帮助这位大叔挖树桩、种玉米，用劳动换来了读这本书的机会。即使如此，他仍然孜孜不倦地阅读。正是这些书籍帮助他成功地登上了口才的巅峰。

在书籍种类极大丰富的今天，父母为孩子选购他们感兴趣的图书一起阅读；或者在闲暇时间里跟孩子聊聊读过的书。在轻松愉快的读书过程中，孩子对自己的想法和评价不再掩饰，遇到问题也乐于向父母求教。全家人围书共话，分享阅读心得。你一言我一语地讨论，你一句我一句地讲述，既锻炼说话能力，又扩大知识面，何乐而不为？

和孩子一起读书，我们先要明确目的——锻炼口才，在读的时候还要配合朗读、讲解、听说练习和谈话。

1. 享受共同读书的乐趣

进行亲子共读前，父母首先要有正确的观念和心态，那就是亲子共读是快乐的、没有压力的，父母和孩子都能体会到乐趣。为什么孩子喜欢和父母一起做游戏，一起看电视，实际上是父母在这些活动中体会到了乐趣，不知不觉地投入。父母的投入反过来会感染孩子，激发孩子的兴趣。很多家长都希望孩子读书，也做出了陪孩子读书的样子，但是自己心不在焉，孩子自然也没有胃口，怎么谈得上交流心得、锻炼口才呢？有一些家长名为"亲子共读"，实际上是随时准备考问和测试孩子，不断生硬地提出问题，搞得气氛很紧张，孩子很快就会厌恶这种"共读"，不少父母进行亲子共读时都有"陪太子看书"的错误心态。所以，和孩子一起读书应该是一件温馨又愉快的事，父母在情绪上是享受的。这样，才能愉快地和孩子交谈和交流，达到亲子共读的目的。

2. 布置温馨的共读空间

父母可以在家里布置一个类似幼儿园的读书角的空间，那儿有配合孩子身高的书架、坐垫。看书的时候，父母坐在写字台的另一边或者不太远的地方，方便交流。有的家长喜欢抱着孩子，或者搂着孩子躺在床上看书，这些不正确的读书姿势会对孩子的视力造成影响。

固定共读时间，让孩子养成习惯。共读时间最好能定在晚上，那时候家务做完了，是比较轻松的时间。另外，家人要配合，在亲子共读的时候不要将电视打开，以免孩子分心。

所以，特意规定阅读的时间和空间的效果会很不错，有心建立孩子阅读习惯的父母可以试试看。不过，当孩子的精神状况不是很好时，或是处于非常兴奋的状态下，就不要勉强孩子阅读。

3. 大声地读出来

别忘了，我们阅读的目的是锻炼口才。因此父母为孩子朗读是与孩子交流的一种特别有效的方式。朗读所提供的语言信息是经过加工提炼的、优美的、规范的书面语言。如果从一出生就为孩子读儿歌、唐诗那样的韵文，父母会发现孩子很快会对节律感很好的发音很敏感。实际上无论读什么，孩子在一岁前后就已经能跟着大人的朗读，有目的地哼哼唧唧。孩子这是在模仿，大人应该特别鼓励，可以通过调整朗读的节奏感让孩子更容易参与。如果朗读的是韵文，则能使孩子注意到语言中的逻辑停顿和语调中的抑扬顿挫，这有助于培养孩子语言的韵律美和对作品的理解能力。美国已发起一场"运动"——号召父母在一天的24小时之内抽出宝贵的20分钟，坚持为孩子朗读，从婴儿起直至中学阶段，以作为对抗电视机、游戏机的有力武器。

用"朗读"这种特殊方式与孩子交流，被不少父母忽视，以下是为孩子朗读的4个要点，供父母们参考：

（1）朗读的开始：朗读开始的时间宜早不宜迟，可以从新生儿期就开始。

（2）朗读的规律：最好是睡前朗读，以养成习惯。"习惯"即为"三定"：定时、定地点、定朗读者。

（3）作品的选择：选择好书，不仅儿歌、故事可以朗读，经典著作、名篇佳作都未尝不可。

（4）朗读的方式：朗读者一定要有表情地、抑扬顿挫地朗读。

父母只要先读起来，孩子紧随其后跟着读就是了。跟读可以有以下几种形式：

（1）顿读：父母读一个字，孩子跟读一个字。这样既轻松又准确，"音""形"容易对上，还可以起到纠正读音的作用。

（2）顺读：父母完整地读一句话，孩子也完整地跟读一句话。

（3）跳读：当孩子熟练了以后，就可以由父母读上句，孩子读下句。

当孩子稚嫩的童声与父母的读书声交融的时候，父母可以逐渐放低声音，让孩子成为朗读的主角。朗读要自然，声音要明亮。要采取一切方法让孩子的朗诵更具魅力。朗读的意义，是提高孩子的表达能力及洞察力，这样会使孩子的讲话更具说服力。

4. 聪明的提问锻炼口才

父母在和孩子共同阅读时，不妨就书籍的内容，通过提问的方式和孩子进行交流。提问有各种不同的类型，每一种都有不同的功能和作用，常用的有五种：

（1）补充型提问。父母说出一句不完整的句子让孩子补充完整。当图书中有押韵或重复多次的句子或短语时可以采用这种方式。补充型提问帮助孩子更多地了解故事中语言的结构特点，逐步产生对语言结构顺序的敏感，使孩子的语言变得条理清晰，结构严谨。

（2）记忆型提问。让孩子回忆刚刚读过的故事内容。回忆型提问可以帮助孩子理解故事情节，描述事件发生的前后顺序，更能培养孩子的记忆力。

（3）开放型提问。引导孩子对图书内容或书中的图片发表自己的意见。开放型提问没有标准答案，可以提高孩子语言表达的流利程度，方便孩子将自己当时的想法和已有的相关经验融入图书阅读的过程之中，同时也能引起他们对图书画面细节的注意。

（4）引导型提问。以"是什么""在哪儿""什么时候"和"为什么"等形式提出问题，其主要功能是引导孩子学习新的词汇以及对图书中重点内容的关注。

（5）联想型提问。"故事里的小写为什么会……？""我们要向小白兔学习什么优点？"孩子将书中的图片或故事内容与他们自己的实际经历联系起来，有利于孩子建立故事中的想象世界与现实世界之间的联系。

与孩子聊书通常也是从一些问题开始的，但这些问题并不是要考查他是否理解正确，而是引导他说出自己的想法。因此这种聊书应当是无压力的、发散性的、结论开放的。与孩子聊书最好以"说来听听"这样轻松的用语开始，而不要以"……是什么意思"这样有点儿咄咄逼人的口吻。

我们都曾有过这样的经历：与他人共同经历过某件事情后，共同参与者就这件事情有许多可以交流的话题，也更加容易在交流中获得认同。亲子共读中父母与子女的关系就类似这种关系。我们的真正目的是帮助孩子理解书，从中获得快乐。所以孩子的回答无所谓正确与否。将父母对虚构故事与现实生活的理解也自然而然地传导给孩子。

亲子共读应该是一件快乐有趣的事，只有成人将提问与直接阅读相结合、不同提问方式交叉使用、提问与游戏或表演等活动相结合，才有可能引起孩子的兴趣，激发孩子口头表述，参与回答或提问的积极性。

5. 一起表演书中的情节

读完一本书，孩子对书中的内容有着自己独到的分析能力和见解，可以组织并运用语言技巧将人物和故事情节展现出来。父母与孩子一起表演书中的情节，是非常有趣的锻炼口才的方法，一定会赢得孩子的喜欢。

《小口袋文学》丛书中有一篇童话《善良的吃人巨魔》，讲两个孩子在森林边的一个城堡里遇到一个善良的巨魔，最终与它成为好朋友的故事。当故事讲到孩子与巨魔初遇时，两个孩子尖叫："哇，吃小孩的巨魔！"而巨魔也大叫："哇！吃巨魔的小孩！"两个孩子吓得在原地动弹不得，而巨魔却也吓得一下子蹦上楼梯。这是故事里最幽默、最热闹的一场，听过几遍的孩子每到这里就会特别兴奋。在类似这样的地方，如果我们能让孩子一起参与进来，比如学故事里的孩子那样大叫，而大人学巨魔那样大叫，这会让阅读过程变得非常有趣。这么做并不单单是为了让孩子学会在阅读中投入，同时也是让孩子学会体验故事里的语言，从阅读中获得最大的乐趣。

6. 选好书籍是关键

选择一本内容健康、适合孩子阅读水平的好书是通过亲子共读锻炼孩子口才的关键。

孩子年龄还小的时候（3岁至5岁），应选择色彩鲜艳、图多字少、绘图准确的书籍，这样的书既能吸引孩子的目光，又能让他在阅读的时候体会到趣味。书不必太厚，否则在孩子眼里只是一块"板砖"，玩一会儿就丢开了。内容应该以简单为原则，如认识颜色、大小、形状，或者是简单有趣的小故事、朗朗上口的儿歌、拟人童话都可以。这样的书可以让孩子边看边念，积累大量的词汇，提高视觉能力、认知能力，为锻炼口才打好基础。

孩子开始上幼儿园或者是小学低年级，买书仍以图为主，画面不必太复杂，绘图一定要准确。有些儿童书里的小动物非牛非马，大人看着也许觉得可爱，但对孩子却可能起着误导作用，难免出现"指鹿为马"的笑话。选书的重点逐渐从以画为主向以字为主偏移，像《成语故事》《安徒生童话》《上下五千年》《伊索寓言》《一千零一夜》这类书。孩子读得多了，可以把故事讲给父母听，或者自己重新设计故事情节讲出来。

据观察，有些孩子由于偏爱某些玩具，对于这种玩具相关的知识都表现出极大的兴趣。此时，父母不妨从"专业"书中挑些书让孩子看，在看时，做一些深入浅出的讲解。一些原以为孩子根本学不了的知识，在这种玩中学，孩子却能很快掌握，有时孩子俨然一位小专家，谈起某些方面的知识能够头头是道，让成人也自叹弗如。

注意内容的准确性。有些家长想，孩子反正也是瞎看，买书往往只注意趣味性。当孩子就书中内容提问时，也往往敷衍一句，糊弄过去。这看似小事，但却为孩子读书不求甚解埋下了伏笔。在这时给孩子的错误知识，孩子可能因"先入为主"而始终当作正确的来掌握，当孩子在与同龄人或者课堂上说出自己的错误意见时，万一遭到同伴的嘲讽会使孩子产生心理压力，使得他们不愿意再轻易开口。

图书的趣味性必不可少，形式内容都要多样化。小故事、小知识、小测验、儿歌、歌曲、动手填图、手工制作……可大大调动孩子读书的兴趣。书是被人看的，它影响看书人的想法，所以书和人是互动的，有些书里的内容要求读书人要参与进去回答问题、和书里的人对话。孩子读这样的书，兴趣一定会更高，而且愿意与小伙伴或者同学分享，将书中的情节讲述给其他的孩子听。

孩子逐渐开始形成自己的兴趣爱好的时候，父母再不能武断地"给"他们买书，而是要从一个辅导者、建议者的角度来"帮助"他们选购图书。一方面，父母要注意保护孩子可贵的兴趣爱好，另一方面也要启发和引导孩子将兴趣投入更多的领域。让他在两个甚至更多的领域有所涉足，既丰富人生，又能获得大量语言素材。

阅读科普书籍可以提升语言的"品质"。到了小学中高年级，孩子的识字量大增，理解力也有了很大提高，孩子不可能只靠说童话和讲故事与人交流，他们需要了解更多的科学知识以及社会常识；科普读物还可以帮助孩子提高理解力，锻炼逻辑思维。有了这样的知识底蕴，孩子才有勇气参与校园中的演讲比赛，参与各种社会交际活动。像《十万个为什么》系列丛书能让孩子了解大千世界的奇妙；法布尔的《昆虫记》是具有自然科学价值和文学价值的双重著作。读了这些书，孩子将其中的知识消化吸收，成为口才的一部分。

读书破万卷，开口如有神，多读书可以让孩子锦心绣口。书里，有生动的图画、动人的文字，犹如跳动的音符，充满了孩子的头脑。经过大脑的"谱写"，孩子的语言变得如同乐曲一般流畅丰盈，美妙动听。古今中外富有口才的名人，无不酷爱读书，博学多才的言辞往往能赢得更多的喝彩。

涉猎广泛有裨益

语言的内容和内涵是让口才一鸣惊人的基础。孩子要想在讲话的时候文思泉涌，内容丰富，见解独到，出口成章，就要读"万卷书"，就要成为一个博学的人。从现在开始，让孩子沐浴在知识的阳光下；历经春华秋实，会收获红彤彤的口才果实。

书籍记述了人类的历史，记录了所有的新发现，记载了古今历代所积累的知识和经验。它将各种信念注入我们的脑海，使我们的脑海充满崇高欢乐的思想，从而使我们的语言有了精神的支撑。好书，是前人的知识概括，是经验的总结，是智慧的结晶，是思想的记录。只有多读书，读好书，才能不断扩大知识面，才能讲起话来思如泉涌，滔滔不绝。

除了给孩子购买书籍之外，还有很多途径让孩子读到更多的好书。

（1）图书馆里天地宽。父母的经济能力有限，未必能够满足孩子的全部阅读欲望，把所有他想读的书都购买回家。给孩子办一张图书卡是个好方法。让他在浩瀚的书库中选择自己喜爱的书籍。而且，在图书馆静谧的阅览室中，在周围人的感染之下，孩子能摆脱心灵的浮躁，完全沉浸在书中，感受文字与思维的撞击，可以获得在家里读书时无法感受到的宁静平和。当孩子合上书本走出来的时候，会产生强烈的表达欲望，把自己读书的心得体会讲给别人听。

（2）和小伙伴交换书籍。孩子与同学、朋友、邻居小伙伴交换书籍，也是良策。一本好书，可以让更多的人分享阅读。大家读过以后，可以聚在一起谈谈你的见解、我的看法，讨论甚至争论，如此的"百家争鸣"才能达到我们的最终目的——锻炼口才。

（3）把书作为馈赠亲友的礼物。套用一句广告语："逢年过节不收礼，收礼只收好书籍。"

把书籍作为礼物馈赠亲友和孩子，既能表达心意，又充实了头脑。大家都把书籍作为礼尚往来的首选礼物，自然能让孩子看到更多的新书、好书。

孩子的学校一般都会有图书馆，有的还成立了班级图书角，这些都是可以充分利用的资源。读书不是自己一个人埋头读，应与更多的人交流和分享。把知识作为语言的血肉，鲜活而生动地展示在众人面前。

选择好书，用心阅读。今天，知识是书中散发着淡淡墨香的文字；明天，知识在孩子的脑中融会贯通，蕴于心而发于外，用灵巧的嘴将知识传播给更多的人。莎士比亚说："书籍是全世界的营养品。"书籍是打开口才大门的金钥匙，只要我们博览群书，就可以获得这枚金钥匙。

网络上也有很多有利于锻炼口才的知识。古今名人故事、名人幽默口才、成语、寓言应有尽有。孩子接触的事物较少，眼界不怎么开阔，求知欲望极其强烈。他们常常提出一些稀奇古怪的问题，连家长和老师都难以作答，甚至《十万个为什么》也解不开他们内心的疑团。在这种情况下，网络的独特作用就越发凸显出来了。网络就像一位知识渊博的学者，不论孩子提出多么高深的问题，它总能给你一个令你十分满意的答案。孩子的"求知欲"完全可以在网上得到满足。我们知道，书本上的信息和内容是有限的，而网络的知识容量则是无限的，它就好比世界上最大的一个图书馆，可供孩子尽情阅读每一本他们想要的图书。

现在，人们对口才越来越重视，各种口才学习的网站也如雨后春笋般大量出现。在这些网站上，孩子可以找到演讲技巧、辩论方法，甚至能收看某某学校最新的辩论会实况，直接感受唇枪舌剑的激烈。

除了学习功能，网络也适合娱乐。给孩子一个小时的时间，让他通过一台计算机与世界相联通，获得最新的消息、最有趣的逸闻、最感人的故事。第二天，孩子一准儿会带着自己眼中的"猛料"，把它投放到同学中，引起同学们的注意。孩子们对这些新闻"议论纷纷"，各抒己见，既活跃充实了校园生活，又在无形中增加了说话的机会，使他们的课前、课间、课后都成为练习说话的时间。

不过，利用网络满足孩子求知欲的同时，还必须提防孩子接触到网络上低级下流的内容和沉迷于网络。孩子如果对网上的一些"少儿不宜"或对身心成长不利的内容深为迷恋，久而久之就会沉浸其中无法自拔，就像吸毒成瘾一样，会使人丧失理智，精神颓废，堕落沉沦。所以，家长们必须提防孩子染上吸食这种"精神毒品"的恶习。父母要给孩子树立榜样，不在电脑中"种植"

下不良网站的地址，让孩子无法接触到不健康的内容。此外，父母和孩子立下友好的"君子协定"，只能在认真做完作业之后才能上一个小时网。如果到了时间孩子还是恋恋不舍，父母耐心地跟他说，明天作业完成之后还可以上网呀，总上网对眼睛和身体有害。粗暴地关掉电脑、拔下网线只能激发孩子的逆反心理。

不可否认，互联网是目前世界上信息量最大的载体，它的出现，使我们的生活成为真正的 E 时代，为正处在强烈求知欲阶段的孩子提供了丰富的信息资源，甚至可以说是最合适的"学校"和"教师"。E 时代的口才锻炼，网络是不可或缺的一部分，它能在最短的时间内带给孩子最新鲜的知识，让他的口中时刻都有新鲜的话题诞生。

报纸、杂志、广播、电视这些媒体也承载了大量的知识和信息。经历了一天的学习生活，孩子难免有些疲劳，看看新闻报道、杂志上的美文小品，听听广播相声、电视动画，在休闲娱乐中也能把知识深刻地印在脑海之中。

为孩子订阅有关口才的报纸杂志也是直接学习口才的方法。孩子看电视的时候，一般都有自己固定收看的节目，也有自己特别喜爱的少儿节目主持人，以他们为榜样进行模仿，让孩子多争取一些当小主持人的机会，对提高口才大有益处。

有位作家说过："你要给人家一杯水，自己最好有一桶水。千万不要把仅有的一杯水，当作一桶水迎着太阳洒去，看上去金光闪烁，实际上水过地皮湿，很快就被蒸发掉了。"在当今的信息社会，即使孩子"口若悬河，言谈机智"，如果没有丰富、深刻的内涵，也无法吸引听众，说出的话只能是"水过地皮湿"，既不能让人留下深刻印象，更不能起到说服的作用。

文章背诵不可少

仅仅阅读，知识就像海洋的潮汐，在沙滩上留下浅浅的水印，无法铭刻在脑海之中。通过背诵，在必要的时候将大脑中储存的有关知识，信手拈来，稍加组织，为我所用：平时记住了大量的至理名言、名家作品、科学术语、成语典故、寓言故事、史地常识、奇闻轶事等知识，表达时就能得心应手，娓娓道来。

1.选择内容的原则：健康、情趣、经典

对正处在记忆能力的黄金时期的孩子来说，看书几乎可以达到过目不忘的程度。所以，在孩子刚刚上小学的时候，内容健康、富有情趣的儿歌、古诗和小故事是背诵的首选。这些作品内涵丰富、文字优美，孩子能从中受到熏陶，也为形成自己丰富生动的语言风格打下基础。

经典诵读和背诵唐诗是再好不过的方法。《红楼梦》中的林黛玉对一心想学作诗的香菱推荐，将王维、李白、杜甫的诗读上几百首，不愁不是"诗翁"；让孩子每天背一首唐诗，不愁他不能"出口成章"。

许老师的语文课常常是"听取蛙声一片"，因为每天上课他要给出十分钟经典诵读时间。他说，现在的孩子课业负担重，没有什么读课外书的时间，那么，就由老师给出这部分时间，帮助孩子选定读书的范围，让他们坚持读和背，慢慢地领会经典文学的精髓。

如今，许老师的学生几乎个个下笔能文、出口成章。翻开许老师学生的作文，很难相信这是小学生的作文。诗词、名言、警句随处可见，学生在作文中出现的生字、词汇量更是大大超过了小学生的要求：写思念，学生会用"人生不相见，动如参与商。今夕复何夕，共此灯烛光"，写秋天，学生会引"洛阳城里见秋风，欲作家书意万重"。听许老师的课，听着孩子们用精确概括的语言回答问题，听他们慷慨激昂、引经据典地陈述自己观点的时候，会让人感觉到经典照耀的童年，确实是美丽的童年。

孩子到了小学高年级，也对生活和学习有了一定的感悟，需要抒发情感。背诵名言警句、美文小品、哲理散文，这些能引起孩子精神共鸣的文章宛若珍珠，将孩子的语言装饰得温润却不刺目。

只要是孩子喜欢的、有感触的文章、句子都可以背诵。不过，篇幅过长的文章孩子背起来会非常吃力，因此尽量选择简短精致的内容。

2. 讲究背诵方法：听背、死背、读背

许多家庭都有故事书、VCD、DVD 碟和录音磁带，通常孩子都是看和听而已，父母可以利用这些材料进行"听背"。对于孩子来说，并不需要过去的教育方式中的死记硬背，可以讲每个小故事先给孩子听两次，然后让孩子复述，父母在旁提点。然后再重复播放一次，再复述……直到孩子能够熟练讲述为止。既是背诵，也是用语言将故事"复原"，边背边练讲故事，一举两得。

背诵，有时需要死背，但不要背死。一些原文、原句等经典名言，有时需要死背，不能随便更改；但不是说所有的都要死背，也可以活背。所谓活背，就是背诵孩子需要的部分，引发感情共鸣的段落，或是记住它的思路、意境、方法等。所以，父母不需要过分地苛责孩子记下大段的古文、长篇的诗句，只要是孩子喜欢的，自然能够轻松地背诵下来。晦涩难懂的文言文，也不必通篇背诵，只需选择其中的经典句子就可以了。

唐诗以及名人的散文、诗歌、名言等内容是固定的，应该完整地背诵下来。父母可以在家中贴上名言警句的书法条幅，既是高雅的装饰物，又可以让孩子通过每天瞧看而铭记在心；送给孩子一个制作精美印有优美诗歌的小台历摆在写字台上，孩子在不经意地翻看之中就能把诗背下来；印有励志名言的书签，带有散文名篇扉页和插页的笔记本，这些小物品带给孩子潜移默化的作用不可小觑。

3. 看看背诵的效果

对于刚刚上小学的孩子，只要能够掌握大概的故事情节和一些优美、生动的句子即可，不必过于严格，以免造成孩子的腻烦心理。

随着孩子知识积累的增多，背诵的内容会有意无意地体现在他们的言谈话语、日记和习作中，这也是检验背诵效果的好方法。不过，如果父母把这种培养口才的背诵搞成考试的形式，孩子会产生腻烦的心理。所以，检验也是需要在不经意中进行的。

李白斗酒诗百篇，曹植七步能成诗，但即便是如此才思敏捷的大诗人，也是要站在巨人的肩膀上。没有人刚会讲话就妙语连珠，世界上最伟大的演说者，也要借助阅读的灵感汲取书本的知识。想要增加及扩大词汇储存量的人，必须经常让自己的头脑接受文学的洗礼。对于一本好书，不但要阅读，还要背诵，将优美的、警世的、感人至深的句子铭记在心，经过积累沉淀，经过人生的考验，就可以糅合成为自己的字字珠玑。

好口才离不开背诵。背诵是人脑的一种功能，是读过的、听过的语句在人脑中的反映和再现。通过背诵，可以储存信息，把有准备的讲话材料和无准备的知识铭刻在脑子里。即使没有稿子或抛开稿子走上讲台，孩子照样可以说得轻松婉转，连贯流畅。

初次见面聊什么

运用简单巧妙的开场白，会帮助孩子轻松地赢得初次见面的人的喜爱，给对方留下良好的第一印象，以后再交往起来，就顺利多了。不过，不管是用哪一种方式，如果再加上甜美的笑容，都可以很快就能打开双方的"话匣子"。

美国人有一句名言："第一印象绝不会有第二次。"与新朋友初次见面，好口才会给第一印象加分，让孩子赚足"人气"。那么，如何在初次见面时展示自己的好口才呢？答案是：说好"第一句话"——开场白。下面几种开场白是互不相识的人之间常用的方式，却能收到让彼此一见如故的奇效。

1. 从赞美开始

"我刚刚看了你表演的舞蹈，真是轻灵飘逸，将舞蹈的主题恰如其分地用肢体语言表达出来。"一位热爱舞蹈的小观众见到自己钦佩已久的校舞蹈队成员，真诚地赞美道。

"谢谢。"小演员高兴地回报给她一个美丽的笑容，"如果你喜欢舞蹈，可以加入舞蹈兴趣小组啊，我们舞蹈队的成员也参加的。"

一句真诚的赞美，使原本陌生的两个人开始了亲切的交谈。

每个人都有自己的优点和缺点。我们与人交往的时候，希望对方更多地注意自己的优点，一句赞美的话就可以极大地激发双方交谈的积极性。与人第一次交谈，孩子选择直接或者间接地赞美对方的长处作为开场白，会让对方觉得心情愉快，对你产生好感；反之，如果有意或无意之间触及了对方的短处，伤害了对方的自尊心，人家会觉得扫兴，即使继续交谈，也会觉得兴味索然。

可见，赞美他人的长处，了解对方感兴趣的话题，不仅可以顺利地达到交流的目的，有时候还能带来意外的收获，真可谓是有心栽花花也开。在日常生活中，父母就可以多多赞美孩子，让他感受到被人认可和重视的喜悦；同时让孩子学会观察别人的优点，比如赞美对方的歌声动听、笑容甜美、头脑聪明、沉着稳重等，哪怕是最不起眼的人，都有自己的闪光点。让孩子找到这些闪光点，发自内心地表达出钦佩之情，给予朋友充分的满足感和尊重感。

有一句话叫"予人玫瑰，手有余香"，让孩子学会赞美他人，将赞美作为和朋友见面时的第一句话。因为当孩子赞美别人的时候，也会受到同样的礼遇。

2. 擅用体贴入微的语言

运动会上，小亮刚刚参加完接力赛跑走向场边时，一瓶矿泉水不失时机地递了过来："累了吧，赶紧喝点水，别喝得太急。"面前的小女孩儿笑眯眯地望着自己，她的胸前挂着"采访证"，原来是校园广播台的小记者。小亮道谢后接过了矿泉水，女孩儿接着说："今天的天气真热，你们参加比赛辛苦了，刚才你作为最后一棒，为班级夺回了领先的地位，可以对你进行一次采访吗？"小亮不好意思地看了看女孩儿，点头同意。

如果不是因为女孩儿体贴入微的语言关怀，刚刚做完剧烈运动的小亮肯定没有力气和心情接受采访，因此，不能不称赞女孩儿的聪明和细心。

恰到好处地表达对对方的友好情谊，或者是祝贺生日，或是肯定其成就，或同情其处境，或安慰其不幸，顷刻间就会温暖对方的心田，让对方产生相见恨晚的感觉。

美国艾奥瓦州的达文波特市，有一个极具人情味的服务项目——全天候电话聊天。每个月有近两百名孤单寂寞者使用这个电话。主持这个电话的专家们最得人心的是第一句话："今天我也和你一样感到孤独、寂寞、凄凉。"这句话表达的是对孤单寂寞者的充分理解之情，因而产生了强烈的共鸣作用，难怪许多人听后都向主持人倾诉知心话。

所以，在交际的时候，孩子多为他人着想一下，有点儿"眼力见儿"，用轻柔的语言安抚和温暖对方的心灵，对方则会心怀不尽的感激和谢意，彼此的交谈将始终处于温馨的氛围之中。

3. 以轻松的语言开场

"我是聪明美丽的小白兔，跳呀跳到你面前，咱们一起玩游戏好吗？"佳佳忽闪着明亮的大眼睛对刚刚转学到班里的新同学发出了邀请，原本有些紧张的新同学被活泼的佳佳感染，很快融入游戏之中。

用轻松活泼的语言扫除和陌生人初次交谈时的拘束感和防卫心理，会起到活跃气氛，增添双方交谈兴致的作用。

孩子正处在天真烂漫活泼好动的年龄，用自然的真我去打动别人，是个简单易行的好方法。在开场白讲个小笑话或者是幽默的歇后语，赢得对方的喜爱，两个人就能愉快、轻松地进入交谈主题。

开场白最好选择常见的、不带个人观点和感情的话题，比如：天气、交通等每个人都接触和熟悉的事情，只是需要注意自身的态度诚恳，语气亲和，在逐步的交谈中打消初次交谈者的拘束防卫心理。如果以个人喜好或者对某件事情的评论作为开场白，倘若对方与自己观点不一致或者完全不了解这方面的事情，交谈则很难继续进行。

语气、语调要注意

口才好，不仅指讲话的内容说服性强，有感染力，还需要注意语气和语调。

1. 语气

把话说好，不但需要字斟句酌，而且还要在语气表达上下点功夫，这样说出的话才准确、鲜明、生动。孩子学会了驾驭语气，会将平淡的语言讲得活灵活现绘声绘色。不过，要达到驾驭语气的基本要求可不简单，参考以下三点建议，再加上大量的练习，收效定然不菲。

我们先来了解语气的特点。语气包含思想感情和声音形式两方面的内容，而思想感情、声音形式又是以语句为基本单位的。因此，语气的概念又表述为具体思想感情支配下的语句的声音形式。语音是语气表达所依据的支持物。语气有阐述概念、抒发情感、表达志向的作用。

阐述概念。指的是向对方传递某种信息如陈述、建议等。一般陈述句的语气比较平淡，不使用语气词，而给别人建议的时候，可以说："这道题用一元一次方程解更容易吧？""游泳的时候要注意安全呀。"

抒发感情。表情语气是谈话中表现的感情。如赞叹、惊讶、不满、兴奋、讽刺、疑问、警告等。运用"呵、啧、哎、哟、咦、唉、呸"等语气词可以增强情感的表达，如："今天的天气真晴朗啊！""咦，我的铅笔怎么找不到了？""哼，你说的话真让人接受不了。"

表达志向。就是对自己说话的内容表示某种态度，如表达肯定、不确定、否定、强调、委婉、和缓等意思时可以使用"啊、吧、呢"等助词："这样回答到底对不对啊？""好了，别生气啊。"

根据不同的表达需求运用这些语气词，能够避免语言干涩平淡，抒发情感更加准确强烈。同时，学会运用语气也要改变不良的习惯语势。由于受家庭、校园、社会和个人的某种语言习惯影响，孩子会形成独特的习惯语势，这些语势有时候会成为交往的障碍。比如说，有的孩子讲话声音变化很大，刚开口的时候声音很高、很强，到后来越说越低、越弱，结尾的话几乎听不见。这种虎头蛇尾的语势容易造成听话人的疲劳感；有的孩子讲话喜欢拖长声，声音下滑，造成某种指示的意味；有的孩子则喜欢"头轻脚重"，句尾短促、有力，容易让人产生强烈和武断的感觉，父母要帮孩子克服这些毛病。

改掉了不良的习惯语势，可以开始学习把握语气了。让孩子注意语句中句首的起点要参差不一，句腹的流动要起伏不定，句尾的落点要错落有致，这样能够使语气丰富多彩，富有感染力。

最后，要根据不同的场合调整语气。有声语言的表达，必须考虑场合、对象、时机、话题等因素，灵活恰当地运用多种形式，做到适时而发。

因地而异。一般来说，场面越大，越要注意适当提高声音，放慢语速，把握语势上扬的幅度，以便突出重点。相反，小场面要注意适当降低声音，加大词语密度，并把握语势下降的趋向，追求自然。

因时而异。同样一句话，在不同的时候说，效果往往大相径庭。抓住时机，恰到好处，才会产生好的效果。在热烈愉快的场合选择轻松幽默的语气；庄严肃穆的场合选择平和稳重的语气；质问他人的时候最好在语气中加入愤怒和焦急的情绪。

因人而异。驾驭语气最重要的一条是语气因人而异。语气能够影响听话者的情绪和精神状态。如，是喜悦的会引发对方的喜悦之情，是愤怒的会有激怒对方之意。语气不适应于听话者，则会引发对方的不悦，如，生硬的语气会引发对方的不悦之感，埋怨的语气会引发对方的满腹牢骚，等等。

其实，哪怕简单如"你好"这两个字，添加不同的语气元素，能说得铿锵有力、热情开朗、温婉平和甚至哀怨徒生。所以说，语气是个人内心情感的反映，是有声语言重要的表达技巧。掌握了丰富、贴切的语气，才能使我们的思想感情处于运动状态，孩子的口才在这金色"流苏"的轻轻摆动中显示出无穷的活力。

2. 语调

语调是指整句话和其中某个语言片段在语音上的抑扬顿挫，包括全句和句中某一片段的声音的高低变化、说话的快慢以及轻重等。在口语中，语调往往比语义能传递更多的信息，对听众的心理产生极其微妙的作用。所以，如果说语气是口才外套的金色流苏，那么，语调就是流苏下缀角的珍珠，互相撞击发出时而紧凑时而舒缓的韵律，让语言声势起伏，动听悦耳。

波兰有位明星摩契斯卡夫人，一次她到美国访问演出，观众提出请求——请她用波兰语讲台词。于是她站起来，开始用流畅的波兰语念出台词，观众们虽然不了解她台词中的意义，却觉得听起来令人非常愉快。摩契斯卡夫人接着往下念，语调渐渐转为低沉，最后在慷慨激昂、悲怆万分时戛然而止。台下的观众鸦雀无声，同她一起沉浸在悲伤之中。而这时，台下传来一个男人的

抓住问题的要领，用尽可能简洁的语言把你的意思表达出来；在关键的中心句子上，还应进一步放慢节奏，加重语气，把你答语的核心突显出来。

做介绍时，适宜用适中的语速。除了在想强调的地方说得慢一点；为了增大介绍的信息量，其他部分可以在不影响表达的情况下，适当把话说得紧凑些。

表达意见时，要看具体的情况。如果孩子想表达反对的意见，宣泄心中的不满，慢语速可以加重流露的感情，而快语速则可以突出不满的程度。如果孩子要表达赞成的意见，抒发心中的愉快，轻快的语速就最合适不过了。

与人闲聊时，说话的节奏最自由。孩子不需要过分留意自己的语速，否则会显得很不自在。只要控制好闲聊的时间，说快说慢就以便于配合情感为准则。

总之，说话的目的就是交流信息，节奏的处理是灵活的，只要你觉得什么样的说话节奏能把你的意思表达清楚，你就选择什么节奏。

最后，培养表达心声的语调。语调对于有声语言表达的效果有重要的作用。语调不仅能成功地展现一个人的心理和性格，还可以表达说话者微妙的感情。

把握时机再开口

说话的时机是由说话的时境提供的。说话的时境包括自然环境、社会环境、心理环境、语言环境，涉及的范围相当广。可以说，说话是以整个社会生活为背景的。

如何把话说得恰到好处，著名口才大师卡耐基强调最重要的一点就是把握住说话时机。孩子对说话时机的把握，比掌握、运用其他说话技巧更难、更重要。如果掌握得好，轻描淡写的语言也能起到四两拨千斤的作用。

墨子有个学生叫子禽，有一次他问墨子："老师，您认为多说话有好处吗？"墨子回答说："你看那生活在水边的蛤蟆、青蛙，还有逐臭不已的苍蝇，它们不分昼夜地叫，以此来显示自己的存在。可是，即使叫得口干舌燥、疲惫不堪，也没有谁会去注意它们到底在叫些什么，因为人们对这些声音早已充耳不闻了。现在你再来看看这司晨的雄鸡，它只是在每天黎明到来的时候按时啼叫，然而，雄鸡一唱天下白，天地都要为之震动，人人闻鸡起舞，开始新一天的劳作。两相对比，你以为多说话能有什么好处呢？只有准确把握说话的时机和火候，努力把话说到点子上，才能引起人们的注意，收到预想的效果啊！"子禽听了墨子的这番教诲，频频点头称是。

墨子看来，青蛙、蛤蟆虽然整天"说话"，却没有把话说在恰当的地方，而雄鸡清晨的报晓，却给人们带来开始工作的信号。

战国时，楚王的宠臣安陵君能说善道，很受楚王器重。但他并不遇事张口就说，而是很讲究说话的时机。他有一位朋友名叫江乙，对他说："您没有一寸土地，又没有至亲骨肉，然而身居高位，享受优厚的俸禄，国人见了您，无不整衣跪拜，无不接受您的号令，为您效劳，这是为什么呢？"安陵君说："这是大王太抬举我了。不然哪能这样！"江乙忧虑地指出："用钱财相交的人，钱财一旦用尽，交情也就断了；靠美色相交的人，色衰则情移。因此，狐媚的女子不等卧席磨破，就遭遗弃；得宠的臣子不等车子坐坏，已被驱逐。如今您掌握楚国大权，却没有办法和大王深交，我暗自替您着急，觉得您的处境太危险了。"安陵君一听，恍然大悟，毕恭毕敬地拜问江乙："既然这样，请先生指点迷津。"江乙说："希望您一定要找个机会对大王说'愿随大王一起死，以身为大王殉葬'。如果您这样说了，必能长久地保住权位。"安陵君说："谨依先生之言。"但是，过了很长时间，安陵君依然没有对楚王提起这话。江乙又去见安陵君，说："我对您说的那些话，您为何至今不对楚王说？既然您不用我的计谋，我就再不管您了。"安陵君急忙回答："我怎敢忘却先生的教诲，只是一时还没有合适的机会。"又过一段时间，机会终于来了。此时楚王到云梦泽打猎，一箭射死了一头狂怒奔来的野牛。百官和护卫欢声雷动，齐声称赞。楚王也高兴得仰天大笑，说："痛快啊！今天的游猎，寡人何等快活！待寡人万岁千秋之后，你们谁能和我共有今天的快乐呢？"此时，安陵君抓住机会，泪流满面地走上前来，说："臣进宫就与大王同共一席，出宫与大王同乘一车，如果大王万岁千秋之后，我愿随大王奔赴黄泉，变作芦草为大王阻挡蝼蚁，那便是臣最大的荣幸。"楚王闻言，大受感动，随即正式设坛封他为安陵君，对他更加宠信了。

　　如果安陵君只是随便选择一个场合表达自己的心意，只会让楚王觉得他心存谄媚、蓄意巴结。正是因为安陵君明智地选择对了说话的"点"，才感动了君王，赢得了更加深厚的宠信。

把话说在"点"上，这里的"点"包括说话时所处的时间、地点和周围的情况。

欢乐的场合，助兴的语言能推波助澜。如联欢晚会、茶话会、游园等，要尽量使自己融入活动的愉快气氛里，说话也要愉快。孩子说出来的话不但要使自己舒心，更要令别人开心。在气氛最融洽或者热烈的时刻，说上几句助兴的话，能够使场面更加热烈，也会使自己脱颖而出。最忌讳的就是在这种场合说晦气或抱怨的话，也不要在这种场合下发脾气，如果确实有急需处理的事情，可以默默地离开，千万不要打扰别人的兴致。

严肃的场合，冷静的语言能稳住阵脚。如听报告、表彰会、座谈会等，应该谨慎对待。如果在这样的场合有孩子发言的机会，那么话在说出口之前，应该好好琢磨，用谦虚、恳切、清晰的语言来说话，让听众感受到讲话者的威严和话语的可信度高。不要在这种场合开玩笑，或说一些夸张的话，否则，会显得你很轻浮，让人觉得你没有礼貌。

悲伤的场合，用真情表达来巧妙控制哀伤。如送别某位老师，或在大家刚看完一部催人泪下的影视剧时，说话更有考究。既需要控制好自己的情绪，说话不过分渲染悲凉的气氛；又不可全然麻木，说话丝毫也不悲伤，如果周围的环境被浓重的悲伤笼罩，也可以通过真情的话语请大家振作起来。这个时候如果还打打闹闹、嘻嘻哈哈的话，就只能招人反感了。

和长者说话的场合，巧妙插言不失尊重。不论他比你大多少岁，孩子首先要表现出的就是尊重。说话要实事求是，别不懂装懂。在没有得到特别示意的情况下，不要无故地结束谈话；有什么想法要礼貌地提出，或者是利用长者语言中稍长时间的停顿简短地插入自己的意见，趁机长篇大论地插话会引起长辈的不悦。

在我们的现实生活中，那些像蛤蟆、青蛙和苍蝇一样，不顾时间、地点与场合，整日喋喋不休，废话连篇的人还真不少。孩子应当从这个故事中吸取教训，改掉空口说白话的坏毛病，向司晨的雄鸡学习，顺应时势，恪尽职守，少说空话。

把握谈话的节奏

我们总是希望在交谈的过程中，情况能够按照自己的方式和意愿发展，一切都能在自己的掌握之中。只要孩子动一动灵活的头脑，做到这一点并不困难。

（1）知道为什么交谈。交谈，如果不是漫无目的的闲聊，总会带有一定的目的性，或是咨询，或是求助等。那么，我们首先要明确交谈的目的，并在交谈之初明确主题，让语言时刻围绕主题进行。俗话说：三句话不离本行，交谈也应该是"三句话不离其宗。"比如：孩子想和某一位小伙伴搭档参加学校的文艺会演，在找到小伙伴的时候不妨开门见山地说："我希望可以和你一起为文艺会演准备一支小提琴长笛合奏曲……"如果不是先明确目的，上来就东拉西扯，不仅浪费时间，还会让小伙伴觉得是你的心血来潮、不负责任的想法而不愿意合作。

在交谈之前，想清楚目的，准备好充分的理由和材料，整个谈话中要围绕交谈的目的进行，节省了时间，还能更快地达成目的。

（2）知道在和谁交谈。从某种意义上讲，与人交谈也是一种兵对兵、将对将的正面交锋，特别是我们希望对方能够帮助自己达到某种目的的时候。因此，事先了解交谈对象，也就是说，不仅要明白自己的优势和缺点，也要熟悉和掌握对方的优势和缺陷以及对方的意图，站在对方的立场上想想，如果自己提出要求，根据他的情况是否会拒绝我？我又需要用什么理由来说服他？掌握好这些"情报"，方能在交谈中稳操胜券。

（3）用提问掌握主动权。在交谈前，准备好要问的三个中性问题，比如："你是从老师那听说的还是从同学那里了解这件事情的？""你愿意参加这次活动吗？""你以前参加过这种活动吗？"或者"你是否喜欢参加这项活动？"如果孩子希望控制这次交谈，就多提一些回答"是"和"不是"的问题，最好不要给对方太多发表主观意见的机会，否则，主动权将会在不经意的时候转移。

（4）坚持自己的原则。如果交谈已经偏离了事先设计的主题，那么不管对方说什么，都要继续坚持自己的原则，想尽一切办法寻找空隙向对方发动进攻，让他了解你的主张。当然，你的行动不能到此为止，而要持之以恒，不断努力，促使他们去影响对方，改变他的意志，从而达到目的。

（5）不必急于求成。想要说服别人帮助自己，不仅仅靠语言的魅力，而且还是智慧和耐性的竞赛。达成任何一个共同目标，从某种意义上说，都是磨出来的。在意见无法达成统一的时候，适当地休息一会儿，使用拖延战术放慢对方的思维进程，以达到控制交谈节奏的目的。而通过拖延时间，孩子聪明的小脑袋可以想出更多的理由、更棒的主意！

（6）巧妙拒绝违背原则的请求。谈话中，总会有一些拒绝与被拒绝的事情发生。对于不合理的要求或无法予以承诺的事情，该拒绝的一定要坚持原则，予以拒绝。但这需要把握一个度，掌握一定的技巧，使自己轻松愉快地说出"不"字，也能使对方高高兴兴地接受"不"字。在说话的时候要认清对方，避免别人反感，坦白率直，细心谨慎。比如，在交谈中，同学邀请孩子周末一起去游乐场，但孩子已经去过了，这时，孩子可以嬉笑着说："我觉得森林公园可能更好玩一些吧，而且，自然课老师还让我们自己去观察一种动物，下次上课的时候要做报告呢，我们去森林公园怎么样？"这样说，既不会扫对方的兴，又有充分的去森林公园的理由，言之有理才能让人口服心服。

（7）用转折夺回主动。"咦，奇怪，刚刚还是我提问他回答，怎么一会儿工夫颠倒了？"孩子可能会对不知不觉间丧失的主动权感到莫名其妙，没关系，我们来运用一些小技巧，帮孩子"夺"回主动。

熟练而准确地使用一些转折语是最佳的方法。日常生活中最常用的一个转折语是什么？是"不过"。或者说使用"不过"是很多人自然而然的一种谈话技巧。与"不过"同义的转折词还有许多，如"但是""可是""然而"等，这些词不但用于日常生活中，更大量地使用于交谈当中，达到预期的目的，使对方不得不作回答，同时又不会因太过突兀而产生对立与反感情绪。另外，使用转折词还有一个好处，那就是缓和紧张气氛。当孩子回答完对方的问题时，加个转折词，就可以重新阐述自己的观点了。

（8）别谈得太久。当交谈的目的已经达到或者因为某种原因而无法实现的时候，应该适当地寒暄几句，找借口离开。谈话是运用头脑的事情，时间过长，会使人疲倦，而且，当谈话的目的无法达到时，继续下去只能是浪费时间，不如暂时结束，另外选择时间和方式。

在交谈中，把握张弛有度的节奏，讲话时而如暴风骤雨，时而不紧不慢，逐步地掌握对方的情绪，用语言把他带入自己的感情世界，才能从容不迫地达到交谈的目的。

第四章

礼貌幽默并重，
让孩子广受欢迎

培养孩子的「彬彬有礼」，更是培养孩子一种感恩的心态与习惯，因此请一定不要忽视礼仪的训练与培养。愿我们所有的孩子都可以「彬彬有礼」地走向社会、走向舞台，用礼貌得体的语言收获更多的快乐与幸福。

礼貌用语要记牢

一个有口才、有教养的人，必须有良好的文明礼仪，才会受到尊重和欢迎。从心理学上讲，被众人接纳的程度越高，越有利于建立和谐的人际关系，有利于打开局面，发展事业。孩子年龄小，可塑性强，文明礼仪在此时培养，有利于形成良好习惯。除了能说会道，还要知礼守礼，才能称得上有口才。

我们来看看经常使用的礼貌用语有哪些。

敬语是表示恭敬、尊敬的习惯用语。这一表达方式的最大特点是，当与宾客交流时，常常用"你（您）好"开头，"请"字在中间，"谢谢"或"再见"收尾，"对不起"常常挂在嘴边。日常工作与生活中，"您好、请、谢谢、对不起、再见"等字用得最多。"请"字包含了对宾客的敬重与尊敬，体现了对他人的诚意。如"请走好""请老师帮我讲一下这道题""请稍等"。

谦语是向人们表示一种自谦的词语。以敬人为先导，以退让为前提，体现着一种自律的精神。在交谈中常用"请问我能为您做点什么"等；日常生活中惯常用法有"太客气了""过奖了""为您效劳""多指教""没关系""不必""请原谅""惭愧""不好意思"等。

雅语又称委婉语，是指一些不便直言的事用一种比较委婉、含蓄的方式表达双方都知道、理解但不愿点破的事。如当对方提出的要求一时难以满足时，可以说"您提出的要求是可以理解的，让我们想想办法，一定尽力而为"。"可以理解"是一种委婉语，这样回答可以为自己留有余地。

中国传统中约定俗成的礼貌谦辞如下：

初次见面说久仰，看望别人说拜访。

请人勿送用留步，对方来信用惠书。

请人帮忙说劳驾，求给方便说借光。

烦人指导说请教，请人指点说赐教。

赞人见解说高见，归还原物叫奉还。

欢迎购买叫光顾，老人年龄叫高寿。

等候客人用恭候，接待客人叫茶候。

客人来到说光临，中途要走说失陪。

送客出门说慢走，与客道别说再来。

麻烦别人说打扰，托人办事说拜托。

与人分别用告辞，请人解答用请问。

接受礼品说笑纳，好久不见说久违。

当然，对于处于小学阶段的孩子，使用最频繁的礼貌用语就是"请""谢谢""对不起""你好""再见"，这是保持人际关系的基本用语。这些温文尔雅的辞令，看似简单、平凡，却有着非同寻常的魔力，因为这是心与心的交流。父母在日常生活中，请注重培养孩子运用礼貌用语。可以适当引导孩子站在对方听者的角度，用心体验他人的感受，让孩子明白礼貌用语的使用是一种受人欢迎的行为，从而乐意去说、去用，使礼貌用语真正融入他们的血液，成为他们日常词汇的重要部分。许多幼儿教育专家都认为，要孩子养成适当地使用礼貌用语这个好习惯，父母得以身作则。如果孩子常听到爸爸妈妈用"请"字与人沟通，自然而然会明白它该怎么使用。

幼儿园里正在活动，文文专心地搭积木，大卫跑过来，把文文精心搭起来的"大楼"碰倒了。"我不是故意的。"大卫居然先替自己辩解了。老师看到后坚持要他向文文说对不起，并提醒他："上次，雷雷不小心把你的积木撞倒了，他也不是故意的，但你很难受，记得吗？"大卫若有所思，犹豫了几秒钟，还是向文文道歉了。

衣来伸手、饭来张口，一切在孩子看来似乎都是理所当然的，作为父母，你也这么认为吗？是时候让孩子学会用"请""谢谢""对不起"了。

不论生活中或游戏中，只要孩子与人接触，父母就可以利用一切机会使用"请"和"谢谢"，如吃饭的时候对孩子说："请给我汤匙。"孩子拿给你后也别忘了说"谢谢"。到超市购物，鼓励孩子付款后对售货员说"谢谢""再见"。如果希望小孩有良好的礼貌用语使用习惯，父母就要在日常生活中以身作则。模仿是幼儿在交往中的一个重要方面，家长是孩子的第一任老师，同时又是孩子的主要模仿对象。

每位父母都希望自己的孩子能够成为彬彬有礼的小淑女或小

绅士，得到人们的疼爱与尊重。语言是人与人之间情感交流的重要工具，礼貌用语的使用，往往可以帮助孩子达到目的，获得帮助。当见到认识的人时，主动上前打招呼，说一声"你（您）好"，或许可以给别人带来一天的快乐；当希望得到他人的帮助时，一个"请"字，使你的语言充满了谦逊，会帮助你赢得别人的爱心；当接受了别人的帮助或礼物时，感恩地说声"谢谢"，听者受用，说者受益，更重要的是也学会了"感恩"；做错事或影响到了别人时，真诚而主动的一句"对不起"，润滑剂一般，可以减少人们之间的隔阂，甚至能够起到"冰释前嫌""化干戈为玉帛"的作用。

谈话礼仪不能忘

口才不是单纯意义的口头表达能力，是个人内在修养和礼仪道德修养的综合体现。我国是礼仪之邦，素有四大文明古国之称，礼仪底蕴浓厚，对孩子的礼仪教育有着得天独厚的条件。家长是孩子礼仪的最好老师。所以家长首先要学会讲礼节，有礼貌，在待人接物时要有规矩，在教育孩子时要让他们懂得尊重他人。作为家长，要有意识地培养孩子的良好习惯，不时地引导孩子有意识地重复练习礼仪。

孩子长大，意味着除了父母他要接触更多的人。把礼仪体现在细微之处，会让口才更加出众。

1.服饰语言，先入为主

口才是内在的修养、有声语言和体态语言的综合。其中的服饰会首先作用于人的视觉并给人冲击。在人们的第一眼中，首先引起注意的往往是服装和仪表。交往中要给人留有一个好形象，首先要注意服装仪表。

对服装和仪表最起码的要求就是干净、端庄、整齐，给人以清爽、精神的感觉，让人看着比较舒服。作为孩子，应该穿与自己年龄和学生身份相符的服装，发型和配饰选择青春活泼的式样。有些孩子，盲目模仿潮流，要么把自己打扮得"另类"，走新新人类路线，要么衣着过分成熟，显得呆板。其实，对于中小学生来说，青春是最华丽的服装，活泼是最闪耀的饰物。

2. 姿势语言，优雅无声

姿态语言是指通过坐、立等姿态变化表达语言信息的身体语言。一般人们在各种场合的身姿都是一种无意识的心理表现。俗话说："坐有坐相，站有站相。"《礼记·冠义》中也有这么一句话："礼义之始，在于正容体，齐颜色，顺辞令。" 在交谈的时候保持良好的姿态，能够帮助孩子拉近与交谈者的距离。

（1）站姿挺拔使你精神百倍。

与人交谈之前，保持抬头，挺胸，身体放松站直，双手自然下垂，落落大方的站姿，会给孩子自信，同时给对方留下一个稳重、自信、自然的第一印象。歪斜和松懈的身体会让人觉得不雅。可以引导孩子通过体育锻炼舒展身体，生活中随时提醒和纠正孩子的身体姿势。

据说人们在别人接近他的重要部位时，会本能地产生压迫感。而人的心脏是在身体左侧，所以在站立的交谈中，应该尽可能地站在对方的左边，这样就容易掌握主动权，控制形势。

若是与比较熟悉、亲近的人站着交谈时，可以适当地用手轻轻拍打对方的肩或背部，这样容易产生亲近感，也会消除对方的压迫感。

孩子正处于生长发育阶段，挺拔的站姿是将来良好体态的基础，父母要纠正孩子的错误姿态，站要站正，别摇来晃去，斜肩弓背，破坏自己的形象。

（2）坐姿端正使你气宇轩昂。

坐椅子的正确姿势应该是：身体上半部稍微向前倾；背部不要靠着椅背；手要端正地放在腿上；臀部要坐满椅面；坐时鞋跟要靠拢。如果面对面谈话时，身体稍微倾斜而坐，双膝间的距离小于一拳。坐着说话要四平八稳，别挪来移去，左顾右盼，好像不耐烦的样子。

（3）表情亲和使你更富吸引力。

在孩子精神饱满站立的同时，脖子放松，面带微笑，内心的友好与善意就通过脸上的微笑自然地传达给了对方，使他感到温暖，感到自己是被接纳的。冰冷的面孔和木然的表情给人拒绝感，使人感到难以接近。可以让孩子通过照镜子看自己微笑的样子，既要自然也要适度。在交谈过程中，面部表情应该随着内容的变化有适当的改变，如表示惊讶、赞同，但切忌神情夸张。

孩子与人交谈或者参加演讲比赛的时候，非常重要的一点是眼睛一定要看着对方或者观众，形成目光对视，使别人感到自己被重视和接纳。孩子目光会流露出内心的想法和情感，也会自然而然地带动脸上的表情，使人感到讲话者是可亲近的人，同时可以感染对方。游离的目光或下垂的目光都会使人感到说话人心不在焉，同样给人拒绝感。父母平时和孩子交流时，就要重视这种目光的交流，一方面可以缩短与孩子心灵上的距离，真正地用心沟通，另一方面也可以让孩子学习集中目光与注意力。

（4）主动握手表示尊重对方。

握手一般用于第一次与人见面，或离别长久后与熟人、朋友的见面，它可以增进人与人之间的信任感和亲切感，消除隔阂感与陌生感，同时也表现你的礼貌和对人的接纳。平时就要教孩子在自我介绍的同时主动与人握手，并注意教孩子握手的部位、力度和时间长短。受到一些影视电视作品的影响，有的孩子在和小朋友或者亲戚朋友第一次见面的时候小大人一样地主动与人握手，这样做固然是有礼貌的表现，但是握手毕竟是一种成人社交礼仪，低年级的孩子不必盲目模仿。

（5）礼貌问候争取主动。

问候是伴随以上的礼貌动作而进行的，它使人感到你的主动和关怀。问候的过程中应教孩子学会使用"您（你）好！""见到您（你）很高兴！""很高兴认识您（你）。""您（你）身体好吗？""很久不见，很想念您（你）。""我很高兴受到您（你）的邀请，谢谢您（你）！"等，以此表达内心的情意。

不打断别人的说话。认真倾听他人的说话，也是对他人尊重的一种表现。但如果事情紧急，迫不得已一定要打断别人说话时，一定要告诉孩子先说"对不起"。

学校门口，母亲正和一位家长说话，4岁的安安走了过来："妈妈，我的鞋带松了，请你帮我系一下。"妈妈并没有马上帮他，而是温和地说："安安，你看，妈妈正在与天天的妈妈讲话，等我们讲完了再帮你好吗？"安安乖乖地等在旁边，妈妈很快结束了谈话，边系鞋带边认真地告诉他："刚才安安需要妈妈帮助系鞋带，说了'请'，是个懂礼貌的孩子，不过打断了别人的谈话是不礼貌的。"安安点点头，告诉妈妈记住了。

现在的孩子习惯以自我为中心，当别人在交谈的时候，他往往会不顾场合、不顾情况地打断别人说话。在家里也就罢了，可是在公众场合老出现这样的情况确实是令家长头痛的一件事情。父母千万别在孩子插嘴时立刻回答他们，不妨心平气和又非常认真地告诉孩子：打断别人的谈话是没有礼貌的行为。如果孩子插嘴，你立刻做出应答的话，孩子会以为这种行为没有什么不对，自然会重复这样的行为。在你的谈话告一段落后，要主动问孩子："你想做什么？我现在可以来帮你。"这会让孩子明白，当别人结束谈话后才能听他说话，与他交流。

站立、微笑、目光对视、握手和语言问候，这五个见面礼仪中的基本因素在实际生活中是同时进行的，父母可以在平时的生活中把它们分解开，逐一引导孩子学习和体验，然后在家庭生活的各个细节中通过自己的表现引导孩子综合运用。不断地运用这些见面礼仪可以使礼貌和修养内化于孩子的生命中，成为他良好行为规范的自然流露，他也因此可以成为一个懂礼貌、有教养的好孩子。

电话问候要学习

现在的孩子大多是独生子女，又生活在城市的"石头森林"里，很少懂得与父辈祖辈们进行浓厚的亲情沟通。久而久之，他在与人交往中，会逐渐变得冷漠、自私。让孩子学着给亲人打电话送祝福，可以让他体会到，亲人之间的关怀和呵护是如此温暖和可贵。

张先生在美国工作，妻子和儿子随行，年迈的父母则留在了家乡。因为相隔太远，他经常打电话问候父母，每次，他都会叫5岁的儿子和爷爷奶奶说几句，小家伙接过电话，一本正经地问爷爷奶奶好，说想念爷爷奶奶，那样子真的很可爱，一通电话，在加强孩子亲情沟通意识的同时，也可慰藉长辈对儿孙的思念之情。

孩子打电话时，首先要使用恰当的称呼问候，这时，父母要教会孩子，面对长辈怎么称呼，可以事先用自家的电话"彩排"，反复几次，慢慢地，孩子就会熟悉这些称呼，等真正打电话称呼长辈时，自然就流畅了。不少父母担心孩子打电话会语无伦次，趁机"捣乱"，或者胆小、说话吞吞吐吐，因而拒绝让孩子碰电话。这样的做法是不可取的。

除了亲戚，还可以给自己的老师打电话，慰问辛勤耕耘的恩师。如果当面不好开口，可以通过电话和老师交流在学习或者校园生活中遇到的困难。

通过让孩子打电话送祝福，可以让他知道，除了爸爸妈妈这些身边人外，还有很多人和自己熟悉亲近，教他积极与人交往接触。同时，亲朋好友们在接到孩子打来的祝福电话时，会感到无比惊喜，惊喜之余，还会对孩子的行为大加赞赏，而孩子从中获得成功的喜悦，也就渐渐变得大胆、开朗、自信，成为一个受欢迎的人。

不过，父母在听电话时，孩子也常常因为好奇喜欢抢着听电话，这时，父母最好不要打击孩子的积极性，如果不是有紧急的事情，可以让孩子尝试接听电话。

锻炼孩子的口才需要一个良好的语言环境，要多说、多练。由于年龄尚小，孩子常常会"怯生"，遇到不熟悉的人，或者不吭一声，或者焦急、羞怯、说话结巴。这时，父母有意识让孩子打电话给亲朋好友，次数多了，孩子的口才自然得到锻炼。

以下9条要让孩子知道的基本礼仪要求，可供父母借鉴。

（1）孩子接电话的时候要学会说"你好""请问""请等一下"等礼貌用语。

（2）接电话时声音要放轻一些，不要在电话中大声嚷嚷。

（3）接电话时要有问有答，回答问题时要大方，不可以长时间不回应对方的问题，也不要在不知如何回答时，把电话一扔跑到别处去。

（4）大人打电话时，孩子不要在一旁插嘴或抢话筒。

（5）打电话时要先做自我介绍，并说明要找的人。

（6）不要一边吃东西一边接电话。

（7）挂话筒时，要轻拿轻放。

（8）打完电话，要学会说"再见"，然后再挂机，不要只管自己讲完就挂电话。

（9）要注意打电话的时间，通话时间不可太长，也不要选择太早或太晚的时间打电话，以免影响别人休息。

训练孩子主动打电话，不同年龄的孩子要求不同。3岁以下孩子，只做简单要求："我是小明，祝爷爷奶奶新年快乐！""我和爸爸妈妈祝福姑姑新年好！"3岁以上8岁以下的孩子，则让他转述："姥姥姥爷，我代表爸爸妈妈问候您新年快乐！祝福您新年健康、幸福！"祝词可以因人而异，打电话之前训练好孩子，这样，孩子的表达能力就会逐渐增强。

孩子除了具备良好的心理素质，自信的气质，雄厚的知识积累，幽默风趣的性格，风度翩翩的仪态，还需要付出辛苦和努力，具备足够的经验和灵活运用技巧的能力，那么，有个好口才指日可待。

日本心理学家多湖辉把幽默称作"语言的酵母"。创造出幽默就是创造出快乐。恩格斯曾经说过："幽默是具有智慧、教养和道德的优越感的表现。"

幽默能表事理于机智，寓深刻于轻松，给周围的人以欢笑和愉快。幽默运用得当时，能为谈话锦上添花，叫人轻松之余又深觉难忘。

逢年过节，给亲朋好友打个电话，送声祝福，是我们中华民族的新习俗。父母可以让孩子也参与进来，锻炼他的社交能力。

幽默语言力量大

幽默是一种高层次的心灵欢乐和精神享受。幽默不是毫无意义的插科打诨，也不是没有分寸的卖关子、耍嘴皮。幽默要在入情入理之中，引人发笑、给人启迪，善于使用它需要一定的素质与修养。幽默可以帮助我们增强活力。从幽默中汲取力量我们可以应付任何困境，摆脱种种烦恼。不懂幽默的人，很难懂得调节情绪的方法，导致其所遇到的困难会越多，其情绪也最容易消沉。面对困难重重的人生，我们应该训练和学会培养自己的幽默感。

幽默可以让人急中生智，化解困境，或者从危险的境地中脱身，创造性地、完善地解决问题。

有一天，德国诗人歌德在公园里散步。在一条只能通过一个人的小道上，他迎面遇到了一个曾经对他的作品提出过尖锐批评的评论家。这位评论家高声喊道："我从来不给傻子让路！""而我则相反！"歌德一边说，一边满面笑容地让在一旁。

每一个孩子都是天生的幽默家。幽默者之所以语言风趣幽默，是因为他的内心永远都是一种豁达开朗的境界。当一个人心地空明心性高洁，不计功名与荣辱的羁绊时，其思想之笔就能蘸着人性之美的墨汁创作奇文妙章，其语言之鸟就能展开轻松的翅膀，在心灵的天空中无碍地飞翔。孩子单纯、天真、善良，不会用世俗的心态去推量，因此，孩子的幽默才是最纯净的幽默。

一位父亲带着 5 岁的女儿去吃麦当劳，父亲看着正在辛勤"耕耘"的女儿，忽然想起来要教育孩子珍惜现在的生活，便说："你们现在多幸福啊，还可以吃麦当劳，你知道吗，我小时候就没吃过麦当劳——知道为什么我小时候没吃过麦当劳吗？"这位父亲的"小时候"是 70 年代末期的中国，麦当劳这种洋快餐尚未进军中国。

父亲满怀期待地望着女儿，小姑娘抬起头，眨了眨眼睛一脸认真地对父亲说："因为……因为你小时候没长牙！"让这位父亲哭笑不得。

对这个 5 岁小女孩而言，"小时候"就是指没长牙的婴儿期，那时候没牙当然也就没法吃了。看，这就是孩子天真的幽默。

6 岁的山姆和 8 岁的帝琪来到银行门口，警卫走过来对两个孩子说："这是大人办事的地方，小孩子不要捣乱，当心把你们抓去警察局。"说着，还按了按腰里别的电棍。山姆撇了撇嘴，看样子要哭。这一幕正好被银行经理看到，他走到两个孩子跟前，和蔼地说："小朋友，有什么需要帮忙的吗？"帝琪看了看凶巴巴的警卫，又看了看经理，从包里掏出一小袋面包交给经理："叔叔，麻烦你把这个转交给警卫先生。"

"没问题。"经理对着两个孩子一笑，转身把面包交给了警卫。警卫接过面包，扬扬得意地说："哦，小家伙，你们怎么知道我最喜欢吃斯帝芬面包房做的面包呢？"

"事实上……"山姆耸了耸肩膀，无奈地对警卫说："事实上我们刚从动物园回来，面包是喂大黑熊剩下的，我们认为你也应该会喜欢，是吧，警卫先生。"

两个年幼的孩子用自己的幽默的小智慧"报复"了凶巴巴的警卫叔叔。这就是天真，这就是童趣，这就是孩子的智慧。所以说，每一个孩子都具有幽默的潜力，而轻松和谐的家庭氛围有助于幽默感的发挥。

为什么孩子长大以后，幽默感都没了呢？一上台说话碰到困难，都不会用风趣幽默去解决，这就是口才的重要性。所以，让他一直生活在安全、幸福的环境中，让孩子从小时候起始终保持着一颗健康快乐的心，掌握好了幽默的尺度和技巧，就能将幽默风趣的语言运用得恰到好处。

友善的幽默能表达人与人之间的真诚、友爱，拉近人与人之间的距离。当一个人要表达内心的不满时，若能使用幽默的语言，别人听起来会顺耳一些；如果需要把别人的态度从否定变为肯定时，幽默具有很强的说服力。关系紧张的两个人，也可以用幽默的语言使双方从容地摆脱窘境或消除矛盾。

人是群居动物，免不了要与人打交道，而相互说话便是交往的桥梁。然而有时在交谈时，一不小心就会把气氛搞得很紧张。如果能从这种危急的情况中发现其中所包含的幽默成分，就能调和谈话气氛，建立和谐的人际关系。

幽默可以沟通感情，融洽气氛；而且幽默还是调节矛盾的润滑剂、缓冲剂，有幽默的地方没有冲突。幽默好比温润的细雨，好比融融的春光，它把人与人之间的气氛变得愉快、祥和，甚至使剑拔弩张的双方相视一笑，握手言和。这样，不但能大展人格魅力，还能得到别人的赞许，对结交朋友、扩大人际关系有百利而无一害。

玩笑不可开过头

让孩子成为一个具有幽默口才的人，并不意味着让他用笑话哗众取宠；成为一个幽默的人，首先要成为一个快乐的人。帮助孩子成为快乐的人，最好的办法就是父母自己生活得快乐，讲些快乐而幽默的事情给孩子听，让孩子知道乐观是一种积极的人生态度，慢慢地，他会知道如何去珍惜快乐和制造幽默。

1. 要根据具体情况使用幽默

对于长辈、女性和初次相识的人，幽默可要慎用。而且幽默还要注意"度"，一旦过了头，很可能会被对方误解为取笑与讥讽，造成双方关系的紧张。如果孩子具备了幽默的天分，那么应该恭喜孩子。不过，也要让他明白，在关键的时候巧妙地运用幽默，能够起到点石成金的作用，但是如果一味哗众取宠，只能让人厌恶。因此，孩子应该先明白以下几点：

（1）人们很少像他们自己认为的那样滑稽。

（2）玩笑是主观和伤人的，没有人人都喜欢的笑话，几乎每个笑话都会有一个受害者。在开玩笑之前，你应该问问自己：我的受害者能否承受得住？

（3）玩笑完全在于时机的选择。玩笑对象不是太忙的时候，可能认为这个玩笑有趣；当他人正在忙碌时，玩笑可能就变得没那么有趣了。如果开玩笑的次数多过上厕所，那么你就有问题了：你是个制造麻烦者。

（4）制造一个影响整个班级或家庭的恶作剧不是件好事。每个人的幽默感不同，总有一部分人认为你愚蠢。

（5）记住玩笑对象的特殊性。对于有宗教信仰或者有身体缺陷的人，即使是善意的玩笑也可能让他们怒不可遏或是伤心不已。

在别人伤心的时候，不适当的幽默可能会刺痛他的心；当别人烦恼的时候，不适当的幽默可能会让他更加烦躁；当别人忧郁的时候，不适当的幽默可能会加重他的思虑。因此，谨慎地使用幽默才能获得和谐的人际关系。

2. 用真实自然的幽默打动人

人们经常看到和听到一些政治家的幽默言行。他们大多把幽默的力量运用得十分自如，真实而自然。没有耸人听闻，也不哗众取宠，更不是做戏。这是因为，他们都知道太精于说妙语和笑话对个人的形象并无帮助。

但是有的政治家就不那么高明了，他们摇头摆尾、手势又多又复杂。有的人智力平平，却非要附庸风雅，企图以成串的笑料和廉价的笑来博得听众的欢心。他们硬要把自己塞进别人的肚子里，不顾别人是不是有这个胃口。

结果也许是真的打动了听众，赢得了掌声，但很可能是笑他形象的滑稽和为人的浅薄。

芝加哥有个人，他一心想得到某俱乐部主席的位置。在一次对俱乐部成员的演说中，他表现过了头，在不到两小时的演说过程中，至少说了 50 则笑话，并配以丰富的表情和确实引人发笑的手势，听众被逗得哈哈大笑。末了，在他讲完最后一则笑话时，有人大叫"再来一个！"这位老兄也真的再来了一个，再次把人逗得疯狂大笑。但是他没有当上俱乐部主席。他的票数是候选人中的倒数第二。

当他闷闷不乐地走出俱乐部时，他问那位喊"再来一个"的听众："你说我比他们差吗？""不，一点儿也不差，"那人说，"你比他们有趣多了，你可以去当喜剧演员。"这个人就是没有将幽默运用到合适的场合，从而失去了自己期待已久的机会。

使用幽默，妙在恰到好处、点到为止。这个人刻意使用幽默，只是在哗众取宠，虽然惹人发笑，却让他无法达到自己的目的。这样的幽默是完全没有意义的。所以说，要让他孩子明白不要为了逗别人而去说笑话，孩子又不是跳梁小丑。

锁孔里进了水，生了锈，钥匙很难把锁打开。只在锁孔里滴一滴油，钥匙又能灵活地转动开锁。说话也是如此。在起承转合之处加入一两滴"纯天然"的幽默，能让孩子与他人的交谈更加顺利。

3. 先幽自己一默

海利福斯第说："笑的金科玉律是，不论你想笑别人怎样，先笑你自己。"笑自己的观念、遭遇、缺点乃至失误，有时候还要笑笑自己的狼狈处境。在某些场合，笑自己能够缓解紧张气氛，避免正面冲突。

一个孩子非常讨厌刚刚当选的班长。一次班会，他突然问班长："卡尔，你刚才那么得意地夸夸其谈，是不是因为当上了班长？"卡尔立刻回答说："是的，我得意是因为我当了班长。这样我就可以实现从前的梦想，让妈妈多给我准备几个三明治，三文鱼的最好。"

卡尔敏捷地接过对方取笑自己的目标，让它对准自己，于是他获得了一片笑声。连那个发难的孩子也忍不住笑了。

先幽自己一默，实现双方完满的沟通。有一位校园棒球队的队员长得高大威猛，和同学一起吃饭的时候，总是吃得最多，他也觉得有点儿尴尬，于是他说："要是我少吃一顿饭，非洲的难民就少了仨。我这饭量，以一敌三啊！"大家被他的直率幽默感染，都笑起来。这样的人没理由不受到大家的喜爱。

幽默作为一种"错位"的语言艺术，常常运用意外的甚至驴唇不对马嘴的移植或组合，构成令人捧腹的幽默，因此，要突破常规思维，这样才能巧发奇中。多听听说话诙谐有趣的人讲话，孩子能够发现幽默的俏皮话并非格调低下的哗众取宠，表达时要恰到好处。幽默用得太多会让人觉得孩子缺乏稳重，油嘴滑舌。幽默风趣的目的是"激活"语言的输出，调剂人际关系，绝不是不顾场合的挖苦和嘲弄。高明的风趣和幽默益智明理，折射出一个人的美好心灵，它是以不损害别人为前提的。

适度幽默有技巧

人们都喜欢听幽默的语言，就像喜欢听动人的音乐、欣赏美妙的诗篇一样。我们和谈吐幽默的人在一起，往往就像置身于蔚蓝的大海边或壮美的大山中一样让自己陶醉。幽默风趣的人，是我们生活的一道最亮丽的风景，让聪明的孩子经过父母智慧的培养，也成为一道轻松亮丽的风景吧！

在一家百货大楼里，一位女顾客正在对售货员大发雷霆。她指着售货员的鼻子说："我没见过像你这样对待顾客的，因为你根本不是一个合格的售货员。幸好我没有指望在你这里找到优质的服务。我看你还是改行吧。"

售货员气愤地说："没有你这么挑剔的顾客，我这样服务没有其他人提出批评，你纯属挑眼拨刺。既然不想买东西，就不要耽误我的时间。"

旁边一位老大爷把这一事件的全过程看在了眼里，他走到柜台前，客气地对售货员说："小姐，这里卖'吵架'吗？"

售货员一听便笑了。那位女顾客对老大爷说："对不起，打扰您买东西了。"说罢，转身离开了。

由此可见，聪明人往往不会使自己陷入与别人争吵的旋涡中去。他们能以机智而充满善意的言语打破僵局，在愉己悦人的同时化解他人的怒气，因此，可以说幽默也体现了一个人良好的品质和社交能力。具有幽默口才的人使自己与他人的关系变得更为和谐离不开良好的心态：

1. 乐观，看到事物的积极一面

将这种例子发挥到极致的是威灵顿公爵。一次在海上旅行，威灵顿公爵乘的船遇上了风暴，有沉没的危险。船长匆匆赶到威灵顿的包舱，说："我们就要完蛋了。"威灵顿正想上床睡觉，便说："那好，我就用不着脱鞋了。"

快乐的人说出的幽默既好笑又能让人感受到他内心的乐观。

2. 自信，勇于嘲讽自己

《围城》畅销后，拜访者众多，钱钟书深以为苦，极力躲避。有一次，一位外国女士打电话求见钱钟书，他在电话中说："假如你吃了一个鸡蛋觉得不错，又何必要认识那个下蛋的母鸡呢？"回答风趣而委婉。

不要怕幽默的时候把自己也搭了进去，相信自己的睿智、从容和想象力。

3. 机智，语不惊人死不休

没有想象力是无法幽默的，拿捏不好分寸更容易流入油滑。一位教师在最近一篇强调千纸鹤乃一千只纸鹤的文章中，最后写道："如果还有人对我说她折了一只'千纸鹤'，那我就打算给她挖个一个人的'万人坑'！"

"吓人一跳"的幽默，虽然不能经常用，却能起到震撼人心的效果。

如何让孩子具备以上良好的心态，可以从以下几方面入手：

（1）学会观察生活。在日常生活中寻找喜剧素材，从孩子的特殊角度出发，发掘和表现这些素材。

（2）学习幽默技巧。幽默不是天生就会的，是后天学习掌握的。许多关于幽默的书籍和先人的经验，都为人们提供了不少范例，值得广泛涉猎，作为借鉴。

（3）敢于表达幽默。幽默能力只有在表达幽默的过程中才能得到检验和提高，因而积极实践极为重要。选择适当的场合，针对适当的对象，都可显示自己学习的幽默技巧。

语言幽默的方法有很多，诸如比喻、转折、双关、故作曲解、谐称等也都为人们所喜闻乐见。不过，对于孩子来说，最好的幽默武器就是天真，因为天真能让幽默成为一种真诚的智慧流露。仅仅懂得了幽默方法还不足以表明富于幽默，正像有了毛笔不一定就能成为书法家一样，问题的关键在于运用。

孩子锻炼口才，最终的目标也是用语言反映在生活和社会中产生的思想，与社会中的人进行交流，需要的是平民化的语言、普遍的技巧和适当的幽默，而相声是这三点要求的综合载体。因此，多听听相声，可以让孩子放松在学业中紧绷的神经，将幽默在不知不觉中植入孩子的大脑。

第五章

掌握谈话技巧，让孩子游刃有余

人在一定时间，一定地点，不同场合，面对着不同的人和不同的事件，就应该说不同的话，用不同的方式说话，所以，开口说话不能只照着自己的思路走，要考虑对方对自己说的话是否有兴趣，要考虑对方的立场，以及自己的观点能够被接受的程度。

一个具有高明演说技巧的人，能够很快地发现听众所感兴趣的话题，同时能够说得适时适地，恰到好处。换言之，他能把听众想要听的事情，在他们想要听的时间之内，以适当的方式说出来，这是一种无与伦比的才能。

与人交往勤赞美

人，总是有希望被人肯定、被人赞扬的心理。然而赞美也是一门学问，其中包含了无数奥妙。

赞美出效益，赞美使人自信，赞美使人精神焕发。恰到好处地赞美别人的语言技巧是孩子交际能力成熟的标志。

1. 有特点的赞美能深入人心

亮亮的伯父是一名地质勘探队员，一年中长期在外面漂泊，偶尔回到家，他都会跟亮亮讲起在外面工作时候的经历。听到伯父在敦煌遇到沙漠风暴的时候，亮亮紧张得睁大眼睛屏住呼吸；伯父说到他凭借丰富的经验及时找到了避风的地点时，亮亮长舒一口气，大声说："真是令人震惊的经历。伯伯您真棒！不愧是经验丰富的地质勘探学者。"听到孩子的赞扬，伯父乐得合不拢嘴。

称赞一位老师，可以从他讲课生动、关心同学等方面突出对他工作的肯定；称赞自己的同学和小伙伴，可以说他乐于助人、聪明活泼……总之，为不同的人"量体裁衣"，根据他们的性格特点或者是给予自己的帮助，明确地赞美，让他们感觉到你的赞美独一无二。

2. 富有真情的赞美令人愉悦

虽然人都喜欢听赞美的话，但并非任何赞美都能使对方高兴，基于事实、发自内心的赞美才能引起对方好感。相反，孩子如果无根无据、虚情假意地赞美别人，对方不仅会感到莫名其妙，更会觉得孩子油嘴滑舌、诡诈虚伪。例如，对一位其貌不扬的同学说："你真是太漂亮了。"对方立刻就会认定你所说的是虚伪之至的违心之言。但如果你着眼于她的服饰、谈吐、举止，发现她这些方面的出众之处并真诚地赞美，她一定会高兴地接受。真诚的赞美不但会使被赞美者产生心理上的愉悦，还可以使你经常发现别人的优点，让自己对人生持有乐观、欣赏的态度。

3. 赞美也要选择恰到好处的时间

赞美的效果在于寻机行事、适可而止，真正做到"美酒饮到微醉后，好花看到半开时"。当别人计划做一件有意义的事时，开头的赞扬能激励他下决心做出成绩，中间的赞扬有益于对方再接再厉，结尾的赞扬则可以肯定成绩，指出进一步的努力方向，从而达到"赞扬一个，激励一批"的效果。如果句句都是赞美的语言，只能引起对方的反感，甚至怀疑你的真诚。

4. 有效的赞美是"雪中送炭"

俗话说："患难见真情。"最需要赞美的不是那些取得了优异成绩的同学，而是那些遇到挫折产生自卑感或身处逆境的伙伴。他们平时很难听到一声赞美的话语，一旦被人当众真诚地赞美，便有可能振作精神，大展宏图。因此，最有实效的赞美不是"锦上添花"，而是"雪中送炭"。

此外，赞美并不一定总用一些固定的词语，见人便说"好……"有时，投以赞许的目光、做一个夸奖的手势、送一个友好的微笑也能收到意想不到的效果。把赞美的种子广泛地撒向人间，让人际间充满真诚和善意的赞美，孩子也许很快会接到那生根发芽茁壮成长的橄榄枝条。

马克·吐温曾经说：凭一句赞美的话我就可以充实地活上两个月。在与人交谈的过程中，适时地加入恰当的赞美之语，会有"美言一句三冬暖"的效果，给别人带来愉悦的情绪，给别人以鼓励和信心，激发其主动性和积极性，增进彼此间的感情。

讲话先要有条理

好口才不仅应当凭借强大的逻辑力量征服读者和听众，而且还要有具体生动的形象。精彩的发言一定是具体形象的，它拒绝人云亦云的陈词滥调，讲求生动活泼的思想展示。

具体形象、生动活泼的语言可以使语言神质兼美，情理并具，使其逻辑力量得到更好的发挥，升华语言所表达出的思想境界；在锻炼口才的过程中，如果能够熟练掌握将语言具体化的方法，以具体化的形象代替枯燥的理性抽象，会达到出口不凡、绘声绘色，让人听之如临其境，如见其形的奇特效果。

讲话有条理，是具有良好口才的必要条件。不过，年幼的孩子往往存在不少讲话颠三倒四、层次不清的问题。

琳达的女儿今年5岁，正是活泼好动的年纪，而且小女孩儿非常爱说话，最喜欢讲故事给妈妈听。不过，孩子的口语表达却存在着一个让琳达头疼的问题——缺乏条理。明明上一句还在说今天和邻居家的小狗一起玩耍，下一句却开始问妈妈苏珊的生日礼物准备得如何，常常是四五件事连在一起说，若不仔细地听，完全无法理解她要说的内容。

很显然，琳达的女儿在学习讲话之初就缺乏条理性的练习。以致坏的习惯已经养成，而母亲琳达感觉束手无策。如果你的孩子也存在这样的问题，先不必着急，通过以下几点的训练，能够有效地帮助孩子说话时简明扼要、突出重点、思路严密、条理清楚，使得听众能准确地理解孩子讲话的意图。

（1）先点一个"圆心"。在孩子讲话之前，父母可以询问一下他讲话的主题是什么，也就是帮他点一个"圆心"，比如："是想让我了解你今天在学校里的生活吗？""准备和妈妈聊聊哪方面的话题呢？"当孩子选定了圆心，就要让他时刻牢记自己的主题。说话不是照本宣科，有时会插一些题外话，有时会发现前面讲过的问题有遗漏需要补充，这样孩子就容易产生思维混乱。在交谈的过程中，父母发现孩子不自觉地"跑题"，就应该及时地"拉"回来，"刚才关于鱼的心脏的问题妈妈还没有听明白呢，继续下去好吗？""先把种花的事情讲完再关心其他的事情，好吗？"经过几次，孩子也能自觉地围绕话题的中心。

（2）按顺序进行。在我们讲述一件事情的经过时，往往会根据时间的先后顺序、地点的转移或者情节的发展来描述，使用"首先""其次""再次""最后"等连接词进行衔接。孩子年纪比较小，过于复杂的逻辑关系既不能理解也无法表达，最基本的训练说话条理的方式是选择按时间和地点顺序来叙述校园生活。比如："今天是星期一，早上8点，全校同学和老师都集中在操场上，进行升旗仪式……第三节数学课，老师讲一元一次方程，因为妈妈在家里给我预习过，所以听起来很轻松……下午活动的时间，我们在沙坑边玩儿，三班的李小蒙推了我一下，鞋子里弄得都是沙子……放学的时候，因为我今天上课的时候回答出了 4 个问题，所以得到一朵小红花。"当孩子已经能够完全掌握这种时间顺序的时候，父母可以尝试着提一些简单的问题，打断孩子的思路，看看他们能不能迅速地回到自己的主题和逻辑顺序之中。随着坚持不懈的训练，无论是时间、空间还是更加高级的逻辑顺序孩子都能一一掌握。

（3）把首尾连起来。孩子顺利地讲述一件令他有所感受的事情，结尾之处，父母可以提醒他："那么，你对这件事有什么看法？""你认为自己从中学到了什么？"让孩子学会在结尾进行归纳，总结要点，点明主题，加深听者的印象。

（4）剪掉语言的"零碎"。那些与主题无关的废话，言之无物的空话，装腔作势的假话，都只能让听者感到厌烦。

马克·吐温曾经说过，有一次他去听一位牧师传教，开始很有好感，准备捐献身上所有的钱。过了一小时，他听得厌烦，决定留下整钱，只捐零钱。又过了半小时，他决定分文不给。等到牧师说完了，他不仅不给，还从捐款盘中拿出钱作为时间的补偿。

这是对说话冗长者的绝妙讽刺。因此，剪掉孩子语言中的"零碎"，让他学会用简练的、不重复的语言表达一个意思，注意句式的变化，多用短句，少用长句、复合句，不久，孩子就会发现自己的语言越来越有吸引力。

下面介绍几种将语言形象化的方法：

方法一：用具体形象的诠释代替抽象的定义

这种方法就是通过"感性具体—思维抽象—思维具体—意象的物化"这个形象思维的过程，把抽象的概念定义转化为具体可感的形象。从而化枯燥为生动，化"腐朽"为"神奇"。

例：责任感

这是一个高度抽象的词语，抽象的定义把它说成是"指人们自觉地把分内的事做好的心情"。我们可以这样形象地诠释，如："责任感是诸葛孔明'鞠躬尽瘁，死而后已'写就的《出师表》；责任感是贝多芬挑战人生、超越自我谱写的《命运交响曲》；责任感是保尔·柯察金顽强拼搏、热爱生命铸造的烈火金刚。"

这样的话说出口，能够直接唤醒听者脑海中对文章、事迹、乐曲的印象，产生更加强烈的共鸣。

方法二：用图景代替纯逻辑推理

有些时候，"就事论事"的语言会让人听起来乏味，如果能用形象化的图景来说话，达到化虚为实的目的，可以打开听者的思路，给予充分想象的空间。

例：那远行的航船，是我们放飞的理想，它在碧海蓝天里乘风破浪，宛如我们为梦想所做的努力、经受的磨炼，当它顽强地抵达彼岸的时候，我们的梦想也就成为现实。

"理想"到底是什么？是高喊的口号，是不切实际的计划？用航船、风浪、彼岸这些直观事物的更迭代替逻辑推理的演绎，能够更加深入浅出，让听者理解。

方法三：将纯自然的形象转化为审美形象

如果我们赋予事例形象以丰富深刻的精神，使事例具有审美价值，将提升语言境界。否则，离开了丰富深刻精神的这些形象，我们所描述的形象就是没有深度、没有美感的形象。

例：书是我的精神支柱，它重塑了我的灵魂。

方法四：运用形象化的修辞手法

修辞的作用就在于使语言生动活泼，情趣盎然，增强表达效果，为话语锦上添花。

例：落红不是无情物，化作春泥更护花。

运用拟人的修辞手法展现出"落花有情"的高尚情操，形象生动，颇有文采。

常用修辞方法的作用：

比喻——化平淡为生动。

几个孩子在雪地里打雪仗，欢笑声让大家都感觉不到雪的寒冷。莉莉摘下手套，笑着对旁边躺在雪地上的朋友说："看，我的手冻得像胡萝卜呢！"小伙伴哈哈大笑着说："看看你的鼻子吧，像是个红色柿子椒！"

借代——以简代繁。

"他是个'飞毛腿'，每次大队接力都跑第一棒。"

"她长大立志当'白衣天使'"。

拟人——描绘形象，表意丰富。

"这些小树姿态挺拔，像一队精神的'童子军'。"

夸张——烘托气氛，增强感染力。

"天呀，你说话这么大声，在美国都能听见！"

爸爸走路很慢，蚂蚁看见他的脚底，都来得及逃走。

对偶——有音乐美，表意凝练。

我们在地上边笑边跑，它们在天上越飞越高。

排比——增强气势，长于抒情。

过了一会儿，月亮果然又露出弯弯细钩，接着像眉毛，像弯刀，像小船，天色越来越亮。

我的抽屉里摆满了东西：小小的玩偶，厚厚的字典，长长的铅笔。真是应有尽有！

设问——引人注意，启发思考。

"我是个不爱帮助朋友的人吗？我不是啊！"

反问——加强语气。

如果不努力练习足球，难道指望对方把球踢进自己的球门吗？

在语言中充分地使用这些修辞方法，让别人听孩子说话时，感觉像是看到一幅幅生动的景象。孩子的语言，应该像他们的生活一样丰富多彩。用生动的语言为听者描绘出一幅幅情节连贯、充满情趣的画面，能让孩子的口才更具吸引力。

设身处地安慰人

月有阴晴圆缺，人有旦夕祸福。在人内心最为痛苦的时候，朋友的安慰、家人的关心就是减轻痛苦的良药。在交谈中安慰别人，也要讲究方法，安慰得当，能够滋润别人的心田，而安慰不当，即使主观愿望再好，也会产生不好的效果。

当孩子不确定"说什么话来安慰"和"如何安慰"的时候，一定要记住以下原则，它会令孩子变成朋友心中的安慰天使。

第一，充分聆听。

聆听不是保持沉默，而是仔细听对方说了什么、没说什么，以及真正的含义。聆听也不是指说话或发问：通常我们会急于询问朋友事件的原因和经过，以为这样就是聆听该有的姿态。然而，所谓的聆听，应该是用眼、耳和心去听对方的声音，同时不急着立刻知道事情的前因后果。孩子必须愿意把自己的"思想对话"暂抛一边。所谓的"思想对话"，是指聆听的同时，在脑海中不自觉进行的对话，包括动脑筋想着该说什么，如何响应对方的话，或盘算着接下来的话题。

第二，适当停顿。

在对话之间，有时说，有时听，当听到自己心里响起"我不明白……"的声音时，就该暂时停顿一下词对方："我是否错过了什么内容？"孩子还需要提醒自己，放慢不自觉的机械式反应。例如，想快速解决对方的不安，因而没有正面思考问题，便直接跳到采取行动的阶段——说些或做些孩子自认为对朋友有益的事。

适当的停顿有助于在重要的时刻发挥同情心，如果没有做这样的停顿，孩子可能会在某个时刻，说出稍后会反悔的话。停顿就像开过程中变换排挡时所需使用的离合器：先减速到某种程度，扣上齿轮之后，才能加速。

安慰的艺术，在于在适当的时机说适当的话，以及不在一时冲动下说出不该说的话。对朋友遇到的不幸，要及时地安慰，不要时过境迁再拿出来说，以致加深对方的痛苦；探望生病的同学，就不要过多地谈论他的病情，以免加重他的心理负担；当朋友十分愤怒的时候，孩子则需要冷静，如果也表现得"同仇敌忾"，只会火上浇油，不利于解决问题。

第三，感同身受。

当孩子忙着试图帮助他人时，可能会忘记对方会察觉到自己内心的波动——没有说出来的想法和感觉。尽管对方无法确知孩子的想法，但通常可以察觉到孩子是否惊慌，或是否为他们感到难过。面对面安慰别人的效果，和自己内心真正的状态，有很大的关联。因为对他们的遭遇感同身受，孩子不仅分担对方的痛苦，也需要忍受自己内心的煎熬。不论面临的处境如何，善意的安慰，即是给予对方的一份礼物。

第四，设身处地、主动帮忙。

当我们问："有没有我可以帮忙的地方？"有时候有答案，有时候他们也不知道需要什么样的帮忙。然而，人们有时会对自己真正的需要开不了口。设身处地地考虑人们可能需要的协助，是有效助人的第一步。

第五，善用自己的故事。

即使我们遇到过类似的体验，也无法百分之百了解别人的感受，但是我们可以善用自己的故事去启发对方。切记先耐心听完别人的故事，再考虑有没有必要让其分享自己的故事，以及分享的结果是否对对方有益。

学会安慰别人，不是做表面功夫，而是抱着真诚同情的态度。真诚的同情不仅能使痛苦、懊丧的消极情绪得到宣泄，而且有助于消除心理上的孤独感，增强战胜困难的信心。用孩子真诚的心去贴近朋友，感染朋友，会使对方在情感上得到温暖。

面面俱到无破绽

把话说得滴水不漏，展现的是孩子能言善辩的口才、严密的思维能力和分析判断能力。因此，说话滴水不漏，也就不仅仅是语言的技巧，还需要配合情绪的控制和思维的运动。

镇静自若，保持平静。当孩子遭遇到刻薄的或者是揭露隐私等不怀好意的提问时，保持镇定才能有利于分析思考。如果自乱阵脚、仓皇应对，则会落入对方设计的陷阱。

分析意图。提问尖酸刻薄，往往有着各种各样的目的：设计陷阱、使人尴尬、搬弄是非……或者只是卖弄口才和资历吸引注意。面对这类情况时，首先应当弄清楚对方的意图，继而暗下针砭，选择应对方式。

寻找漏洞，反击回应。当对犀利、不怀好意的提问无法避而不谈，更无法正面回答的时候，就先从他的问题中寻找哪怕微小的漏洞，这样能借题发挥，巧妙周旋或者是给予对方有力的反击。

留有余地。说话不能太"绝"。即使对方不友善，我们只需要反击回应，让他知趣，最多使其颜面无光。如果过分讽刺，引起口角，会显得双方都缺乏涵养。

从小锻炼孩子思维缜密，讲话严谨，不给他人可乘之机，能够避免无意义的唇枪舌剑。

避重就轻巧说服

语言交往中也有这样一类问题。虽然说不是故意找碴儿，但要回答起来不是短短几句就能说清楚的，这时候同样可以采取这种方法，无须实言相告，而是虚言应之。

赵太后当政之初，秦国便攻打赵国城池。无奈之下，赵国只好向齐国求救。然而，齐国提出要以赵国王子长安君作为人质才肯发兵救赵。作为母亲，赵太后自然不愿意让自己的骨肉到他国为人质。无论大臣们如何进谏，太后都不肯答应，还下令如果再有人说要以长安君做人质，就要当面侮辱。

左师触龙禀报参见太后。太后在盛怒之下接见。触龙亦步亦趋，慢慢地走进宫中，刚到太后面前，先致歉说："老臣的腿有病，不能快步走路，很久没有见到太后。担心太后的身体，所以想觐见太后。"太后说："老妇靠车辇行路。"触龙问："每天的饮食没有减少吧？"太后说："只靠喝粥罢了。"触龙说："老臣现在饮食没有胃口，强迫自己走路，每天走三四里路，稍微有益于饮食，对身体也有好处。"太后说："我做不到啊。"说到这，太后的神色已经有所缓解。

左师说道："老臣我最疼爱的是小儿子舒祺，年纪最小，也不成材。但是我已经老了，私下里非常喜爱他，希望能让他充当黑衣侍卫，保卫皇宫。"太后说："可以，多大了？"答道："十五岁了，虽然年纪小，但还是希望在我这把老骨头没有填沟壑的时候将他托付。"太后说："男人也喜爱小儿子吗？"触龙说："比妇女更厉害呢。"太后说："还是妇女更爱小儿子。"

触龙答道："老臣认为太后喜爱燕后胜过长安君。"太后说："你错了，不如爱长安君多！"左师说道："父母热爱子女，就要为他们做长远的打算。太后送走燕后的时候，握着她的脚跟对着她哭泣，感念她远嫁，也非常伤心。已经走了，仍旧想念。每逢祭祀，必祷告说：'千万不要让她回来。'这不是长远打算，希望她的子孙相继成为燕王吗？"太后说："是的。"

左师说："从现在的三代之前，赵国侯爵的子孙，依然继承父位的，还有吗？"太后说："没有。""除了赵国，其他的诸侯有吗？"太后说："老妇没听说。""这就是灾祸近能让自己遭殃，远的会殃及子孙。难道那些主子的子孙一定不好吗？地位高却没有军功，俸禄多却没有贡献，所以遭到怨恨比较多。现在您尊与长安君地位，给他富饶的封地、大量的兵器，却不让他对国家有功，一旦您百年之后，长安君如何在赵国立足？所以我认为您爱长安君不如爱燕后。"太后说："好吧，就按照你的意思。"于是为长安君准备了百辆车，送他到齐国做人质，齐国发兵救赵。

《触龙说赵太后》是《战国策》中的名篇，也是成功说服别人的经典实例。当正面的说服难以奏效的时候，触龙选择了避重就轻的方式，将目标的明确性与战术的灵活性结合起来，避开锋芒，攻其不备，在貌似迎合对方心理的同时，由外而内，层层扫除障碍，步步逼近，最后使对方无所遁形，束手就擒。或许孩子需要说服同学与他合作完成某项活动，也许孩子准备劝说一位有能力却因为怕浪费时间而不愿意参加班干部竞选的朋友，此时，可以让孩子学多绕几个弯，走"曲线"之路说服别人。不过，"曲线"之中，也有几个必然轨迹。

轨迹一：取得对方的信赖，这是成功说服的第一步。只有对方信任你，才会正确、友好地理解并接受你的观点。在和别人谈话时，要显示出自己的诚意，善于站在对方的立场上考虑事情，营造真诚、和谐的谈话环境。

轨迹二：了解对方的心理，抓住说服点。先要了解别人是怎么想的，摸清他人的想法，才能够清楚他们内心的忧虑，解开内心的怀疑。说服别人，也要建立在事实的基础之上，如果对方确实有苦衷，或者无能为力，再怎样劝说，也无济于事。在说服赵太后时，众大臣用国家安危来"强谏"，虽然很有道理，但是由于没有真正深入赵太后的内心，所以均以失败告终。而触龙则掌握了太后疼爱子女、怕长安君受委屈的心理，找准了说服点，提出了怎样才算真正疼爱子女的问题，一击中的，扭转了赵太后的看法。

轨迹三：不急不躁，循序渐进。说服别人可不是一件容易的事，所以不能着急，要耐心地对待说服对象，给对方转变的时间，切忌将自己的观点强加于人。

轨迹四：掌握方法，事半功倍。进行说服时，还要善于综合运用各种技巧，以退为进、正反举例、情感激励、施加诱导、层层递进等都可以帮助孩子达到成功说服的目的。

轨迹五：简短有力。说得太多，不但没有用，还起到了反作用。林语堂早在几十年前就俏皮地说："绅士的讲演，应该像女士的裙子，越短越好！""林肯总统的最著名演讲就很短。讲到要害就可以了，讲得太多令人厌烦，大家走神都走到月球上去了。"

当孩子按照这些轨迹确定基点，耐心地画出"曲线"，也就圆满成功地完成了说服的目的。

在某些特殊场合，由于某种原因或需要，对别人提出的某些问题，孩子既不能拒绝回答，又不能明确回答的时候，往往要采取虚实相对的方法，做出似是而非、模棱两可、实为空洞的"废话"式的回答。

1945 年，美国在日本投放了两颗原子弹后，美国新闻界都在猜测苏联有没有原子弹以及有多少颗。当苏联外长莫络托夫率领一个代表团访问美国时，在下榻的旅馆前被一群美国记者包围了。有位记者问莫络托夫外长："苏联有多少颗原子弹？"莫络托夫绷着脸仅用了一个英语单词来回答："足够！"

这两个字的回答既暗示了不能公开的态度，避免了记者的继续纠缠，又表达了苏联政府和人民的自信与力量。可谓言简意赅，恰到好处。然而最大的妙处还在于：它是一种似是而非的巧妙闪避。说"似是"，因为它就问而答，答对所问；说"而非"，是因为答的内容空洞浮泛，且有意识地让对方得不到满足，从而使"答"事实上变得毫无意义。因此，这是一种以虚答对实问的策略，是一种充满智慧的"语言敷衍"。它在让对手无法探底的同时，又巧妙地将自己或者事物真相隐藏起来，从而达到一种扑朔迷离的语言境界。

拒绝别人要委婉

英国思想家培根说过："交谈时的含蓄与得体，比口若悬河更可贵。"在言谈中，有驾驭语言功力的人，会自如地运用多种表达方式。委婉含蓄比直截了当说话表达效果会更佳，但也更需要多动脑筋，它是一种语言修养，也是一个人智慧的表现。

总之，孩子拒绝别人，通常要用最委婉、最温和的方式表达自己的不同意见。必要时，要向对方详细解释不能答应其要求的理由。解释理由的语气必须是委婉和坦诚的，而不是生硬和冷淡的。生硬冷淡地拒绝只能伤害并有可能失去朋友。但是，当对方向你提出某种无理的不正当的要求时，以上所说拒绝的方法都不适用，这时你对他拒绝的语气毫无疑问必须是坚决而不容商量的。

严寒是班里出名的有求必应的好人。同学找他借东西，只要他有，尽管拿去用；同学请他帮忙值日，他比自己值日还认真；甚至有的同学要抄他的作业都不拒绝。问起缘故，才知道严寒本意并不想事事答应，只是他不知道该如何拒绝同学，生怕自己说错了话破坏同学间的友谊。

孩子是不是和严寒同学一样，即使并非发自内心地答应别人的请求，也不会拒绝，或者是拒绝的时候含糊其词，起不到应有的效果。但是，孩子也不是"超人"，能够满足所有人的所有需求。

在他无法帮助别人却又不会拒绝的时候，反倒让朋友觉得孩子说空话，甚至认为孩子不诚实，对朋友不热心，孩子实在有苦难言。特别是一些原则问题，比如借作业抄、考试作弊这样的问题如果不拒绝，则会害人害己。所以看看下面两则小故事，让孩子学点用艺术的方式说出"不"字。

美国华盛顿有一位著名的推销商，曾挨家挨户推销闹钟，一次他叩开了一户人家的门，只有一个小男孩儿在家，他依然认真地说："年轻的先生，您应该有个闹钟，每天早晨好叫您起床。"小男孩回答说："我看不要买闹钟，有我妹妹就足够了，你大概不知道，她每天凌晨5点准时'闹'，让所有邻居都知道她要吃奶。"

推销产品，在我们的生活中随处可见。对于不需要的产品，我们则应当拒绝推销员。在这个故事中，小男孩儿拒绝推销商时借助了幽默的力量，既拒绝了推销商，又留有余地，不让推销商难堪。因此，用幽默的语言拒绝是最佳的选择。

一次，齐宣王召见颜斶，露出骄慢之态呼唤道："颜斶，走过来！"

颜斶见其态度傲慢、不可一世，决定拒绝接受齐宣王的要求。于是颜斶也表现出高贵的样子，对齐宣王招呼道："王，走过来！"

齐宣王听后，正要发怒，左右侍臣赶快对颜斶说："王是君，你是臣，你也敢叫王走来吗？"

颜斶辩道：按道理来说应该这样。因为我果真走去，那是仰慕王的势利，而我叫王走过来，是让王表示他趋奉贤士。如果叫我做仰慕势利的事，还不如让王做趋奉贤人的君主好啊！"齐宣王听后觉得有道理，不再叫颜斶走过去了。

在这里，颜斶就巧妙地利用了理趣诱导的方法，拒绝了齐宣王傲慢的要求。

除了上面介绍的方法，以下几条也是常用的拒绝方式。

（1）直接解释拒绝的理由。正面说明自己的困难和处境，向对方表示歉意，力争获得别人的理解。解释时应注意将原因说清楚，态度真诚，言辞恳切。例如，有同学约你周末去公园玩，你可以直率地对他说："这个周末我叔叔从外地来，他一年才回来一次，我要陪他，实在抱歉，不如我们改个时间，等他回去了我们再到公园玩好吗？"面对如此诚恳的语言，你的朋友一定会理解和体谅你的。

（2）转移话题，寻找托词。如果你不想答应别人的要求，可以通过转移话题，顾左右而言他，甚至可以用含糊其词的方法，来达到拒绝的目的。同时，为自己的拒绝找一些合理的借口也是一个比较好的方法。

（3）晓以利害，妥善处理。把一件事的危害说清楚，让对方认识到严重性，往往可以使其退缩，如果能够在拒绝的同时找到别的方法妥善处理，效果就更好了。遇到向你提出在考试时"互助"的同学，你可以这样讲："听说这次监考的老师特别严格，上次被他抓到的同学已经被处分！其实这次考试并不难，我们把互助的时间提前，就从现在开始一起复习吧！"这样的拒绝，既让对方认识到你的原则，也让他感受到你的真诚和热情。

对于别人对我们提出的要求，我们有时必须拒绝。拒绝对方，当然会引起对方的不快。因此，我们就要尽可能把这种拒绝可能引起的不快控制在最低限度之内。

（4）在拒绝别人之前，可以明确表示你很希望满足对方的要求。这样做，至少可以在心理上使对方得到满足。有人邀请你双休日去郊游，而你对这个时间早已做了安排。怎样拒绝他呢？"郊游？太棒了！我早就想和你一起好好到郊外玩玩了，可是……"由于你对没有答应他的要求表示了遗憾，他虽遭到拒绝，但心里还是感激你的。

（5）学会通过诱使对方否定自己提出的要求来达到拒绝的目的。有人提出请你帮他写作文，你可以微笑着对他说："那么，你一边说，我一边写，我非常乐意做你的抄录员？"对方肯定会说："我要是说得出来还用你写吗？""既然你说不出来，我也写不出来呀。"

生活中，有时要直言不讳，有时还非得含蓄、委婉些不可，才能使其效果更佳。

人们谈起《水浒传》里的鲁智深，便会立即想起他那心直口快"直炮筒"的形象来。其实，即使是最直率的鲁智深，有时也离不开委婉，说话也有含蓄的时候。电视剧《鲁智深》写鲁智深三拳打死镇关西后，为了逃避官家的追捕，只得削发为僧。剧中有这样一段台词："法师：尽形寿，不近色，汝今能持否？智深：能。法师：尽形寿，不沾酒，汝今能持否？智深：能。法师：尽形寿，不杀生，汝今能持否？智深：（犹豫了）法师：（高声催问）尽形寿，不杀生，汝今能持否？智深：知道了。"

要叫鲁智深不近女人不饮酒，他能做到，倘要他不惩杀世间的恶人，实在难办。但此时若回"不能"，则法师必不许他剃发为僧，就无处藏身了，因此来一个灵活应付的回答"知道了"，法师面前过得关，又不违背自己的本意，两全其美。

在社会交际生活中，处处有委婉，常常用委婉，它可增强你的交际效果。委婉实在妙不可言。

美国有一位传奇式的篮球教练，叫佩迈尔。他带领的迪泡尔大学的篮球队曾获得39次国内比赛的冠军，使球迷们为之倾倒。可是有一年，他的球队蝉联29次冠军后，遭到一次空前的惨败。比赛一结束，记者们蜂拥而至，把他围个水泄不通，问他这位败军之将此时此刻有何感想，他微笑着，不无幽默地说："好极了，现在我们可以轻装上阵，全力以赴地去争夺冠军，再也没有冠军的包袱了。"

两度竞选总统均败在艾森豪威尔手下的史蒂文森，在他第一次荣获提名竞选总统时，他承认的确受宠若惊，并打趣说："我想得意扬扬不会伤害任何人，也就是说，只要人不吸入这空气的话。"

在他竞选第一次败给艾森豪威尔的那天早晨，他以充满幽默的口吻，在门口欢迎记者："进来吧，来给烤面包验验尸。"

几年后的一天，史蒂文森应邀在一次餐会上演讲。他在路上因为阅兵行列的经过而耽搁，到达会场时已迟到了。他表示歉意，解释说："军队英雄老是挡我的路。"

史蒂文森使用巧妙含蓄的语言，用一句句轻松、微妙的俏皮话，说得很委婉，改变了他在人们心目中的形象，使听众感到他并不是一个失败者，而是赢者，使他在人们心中不可消失，值得纪念。

所以，让孩子学会"兜着圈子"说话，委婉地表达自己的看法，会比较容易让人接受和信服。学会"兜圈子"说话却又不啰唆，先得掌握委婉的特点：言在此而意在彼，能够诱导对方领会你的话，寻找言外之意。从心理学的角度来看，委婉含蓄的话，不论是提出自己的看法还是劝说对方，都能比较适应对方心理上的自尊感，使对方容易赞同、接受你的说法。委婉的方法，根据本意所需语言特点划分，一般分为隐晦式、借用式和曲语式三种类型。

（1）隐晦式委婉法：是用委婉的词语表示不便直说或使人感到难堪的方法。

（2）借用式委婉法：是指借用事物的特征来代替对事物实质性问题直接回答的方法。

（3）曲语式委婉法：是用曲折含蓄的语言、商洽的语气表达自己看法的方法。

委婉是一种既温和婉转又能清晰明确地表达思想的谈话艺术，是指在不便于直说的情况下所使用的一种曲折含蓄的表达方式。这种表达方式，要求孩子说话时态度和顺谦虚，内容曲折回环，表达含蓄、有回味。委婉的表达方式既发人深省，又容易被对方接受。

以退为进是良策

以退为进，实际是用退一步的方法，取得优势，而最终说服别人接受自己的意见。通过退，可以积蓄更大的力量，比平平而进的效果更好，与"以柔克刚"有异曲同工之妙。

清代著名才子纪晓岚善于驾驭语言，留下了许多千古佳话。有一回，乾隆皇帝想开个玩笑以考验纪晓岚的辩才，便问道："纪爱卿，'忠孝'二字怎么解释？"

纪晓岚答道："君要臣死，臣不得不死，是为忠；父要子亡，子不得不亡，是为孝。"

乾隆立刻说道："那好，朕要你做个忠臣。"

"臣遵旨！"

"你打算怎么个死法？"

"跳河，溺水而亡。"

"好吧！"乾隆当然知道纪晓岚不可能去死，于是静观其变。

纪晓岚走到水边，望着水嘀咕起来，好像在和人说话一样。不一会儿，他又回到乾隆皇帝跟前，乾隆笑道："纪卿何以未死？"

"我碰到屈原了，他不让臣死。"纪晓岚回答。

"哦？此话怎讲？"

"我走到河边，刚要往下跳，三闾大夫从水里向我走来，他说'纪昀，你真是糊涂！想当年楚王昏庸，我才不得不死；可如今皇上如此圣明，你为什么要死呢？如果你死了，不是让后人评说当今皇上也和楚王一样昏庸无道了吗？"

乾隆听后，放声大笑，连连称赞："好一个如簧之舌，真不愧是当今雄辩之才。"

乾隆根据纪晓岚提出的"君要臣死，臣不得不死，是为忠"之论叫他去死，顺理成章。纪晓岚只有先退一步，领旨赴死，方能主动创造契机，指出"如果我死了，那么后人会说皇上是昏君"。乾隆当然要做流芳百世的明君，所以，纪晓岚很自然地把自己解救出来。

正是因为纪晓岚巧用"以退为进"的技巧，在不损害皇帝威严的情况下，点出他的无理，不仅为自己找到了充分的不死的理由，还博得了皇帝的欢心。

古代齐国晏子出使楚国，因身材矮小，被楚王嘲讽："难道齐国没有人了吗？"晏子说："齐国首都大街上的行人，一举袖子能把太阳遮住，流的汗像下雨一样，人们摩肩接踵，怎么会没有人呢？"楚王继续揶揄道："既然人这么多，怎么派你这样的人出使呢？"晏子回答说："我们齐王派最有本领的人到最贤明的国君那里，最没出息的人到最差的国君那里。我是齐国最没出息的人，因此被派到楚国来了。"几句话说得楚王面红耳赤，自觉没趣。

这个故事中晏子的答话就是采用以退为进之法，貌似贬自己最没出息，所以才被派出使楚国，这是一"退"；实则是讥讽楚王的无能，这是"进"。以退为进，使楚王侮辱晏子不成，反受奚落。

清代大文学家蒲松龄以秀才的功名终老一生，生活始终不宽裕。一天，他穿着粗布衣服应邀去一个有钱的朋友家赴宴。席间，一个穿绸裹缎的胖财主阴阳怪气地说："早就听说蒲松龄先生文才出众，可是怎么老不见金榜题名呢？"

蒲松龄微微一笑说："我已经无意功名，最近投笔从商了。"

另一个绫罗加身的瘦高个儿故意装出吃惊的样子，说："经商可是挺赚钱的。可先生为何衣冠平平，是不是亏了老本啊，哈哈！"

蒲松龄叹气道："大人说得不错。我最近跑了趟登州，碰上从南洋进来的一批象牙，大都是绫缎包裹，也有用粗布包的。我原本以为，绫缎包的总会名贵些吧，就多要了些，只要了少许粗布包的。谁知带回来一看，咳！绫缎包的竟是一钱不值的狗骨头，粗布包的倒是货真价实的名贵象牙。"

那几个财主听了，神情尴尬又愤怒，却找不到反驳的话。

对这种趾高气扬、狗眼看人低的有钱人，蒲松龄当然不会"嘴软"。但这是在熟人的宴席上，弄得火药味儿十足太不给主人面子，聪明的蒲松龄便采用言外有言的方法，通过虚构一个经营象牙买卖失败的例子，将"绫缎包的狗骨头"与"粗布包的真象牙"进行鲜明的对比，坚定地维护了自己人格的高洁和尊严；同时，毫不留情地讽刺了这群裹着绫罗绸缎、事实上是酒囊饭袋、行尸走肉的富人，并使他们在遭到痛击的时候却如哑巴吃黄连，有苦说不出。

这是此时此地最佳的说话方式。它充分利用语言充满言外之意的特殊张力，达到一种曲径通幽、耐人寻味的神奇效果。

诚恳道歉获尊重

人非圣贤，孰能无过。有则改之，无则加勉。只要你能以一颗真诚之心来对待道歉，他人也一定会以宽恕之礼回敬。然而，道歉是通过与人对话实现的。敢于道歉，让道歉成为你交谈中最有亲和力的话语吧。

田大妈发现钱包里少了50元钱，就一口咬定是上寄宿制中学的儿子拿了。儿子说没拿，妈妈不信，先是"启发"孩子："你这个月的零花钱我还没来得及给你呢？可你不能自己动手去拿啊！"后来就越说越生气，警告孩子说："不经允许拿妈妈的钱，就算是偷！你再这样，以后我不给你零花钱了。"

妈妈这样平白无故地冤枉儿子，孩子当然不服气，结果母子俩吵了起来。

后来，田大妈在晾晒衣服时发现原来50元钱在她的毛衣口袋中，可是，她并没有向儿子道歉。他认为，家长向孩子道歉，以后在孩子面前还有权威吗？自己说的话孩子还会听吗？

相信，在生活中，有田大妈这种想法的人在家长中不下少数。他们总认为，在孩子面前，家长就要树立处处正确的形象，哪怕做错了事也不能让孩子知道，担心孩子会因此小看他们。至于冤枉孩子后向道歉，他们更做不到。其实这种想法大错特错。

对于孩子来说，最大的伤害莫过于受到冤枉。因为孩子的世界往往是敏感脆弱的，很多时候，他们在对待事情时总显得比成年人较真，何况是被父母冤枉的时候。如果一旦受到最亲近的人的怀疑与冤枉，会感到十分委屈。如果父母不在乎孩子的感受，错怪了孩子仍理直气壮、不愿道歉的话，伤害的将是孩子的心灵。如果孩子有一天明白了事情的真相，他们会对父母另眼相看，感觉父母是虚伪的，太要面子了。久而久之，对父母正确的教诲，孩子也会置之脑后。

俗话说："金无足赤，人无完人。"家长们不可能因为"为人父母"了就不会犯错。其实，父母说错了话，办错了事，甚至冤枉了孩子，都是难免的，关键是发生问题后父母怎样处理。虽然每个人犯错误都不可避免，但是每个人也有改正错误的义务。因此，父母要改变观念，放下思想包袱，将精力放在改正错误上，用自己的行动来补救自己的"过失"。

父母和孩子相处，应该是民主平等的，错怪了孩子主动道歉并没有使家长的身份和尊严得到损失。父母向孩子认错，孩子就会懂得承认错误并不是一件可耻的事，会由衷地敬佩父母的为人和修养，从而更加信任父母。这样，父母的威信不但不会降低，反而会提高，同时也可以为孩子创造健康成长的良好环境，让孩子从中受益。

那么，在向孩子认错时，父母又应注意些什么呢？

（1）父母道歉的态度很重要，不能太过于生硬、轻描淡写。如果父母采取错误的态度，即使道歉了也不能挽回什么，只会加深误解，因为孩子是十分敏感的，很容易就能意识到父母是不是在敷衍他。因此，父母应用真诚的态度来道歉，不要只是随意地说一下就算了。

（2）父母要能够接受孩子受到冤枉后表现出来的情绪，比如适度的哭闹；之后，自然应该好好地去安慰孩子，设法使孩子的情绪在爆发后能够渐渐平复下来。

（3）要想让孩子从心理上接受父母犯错误的事实，让孩子认识到父母也是可以犯错误的。这样做是为了让孩子明白在成长过程中每个人都难免会遇到这样那样的小挫折，这些挫折也许就是来自自身。从而提高自己孩子的心理成熟度和帮助父母的愿望。

总之，当父母做错了事，要敢于向孩子承认错误。父母勇于向孩子认错，这是一种无言的人格力量，对孩子的一生都会有着深刻的影响。因为凡是要求孩子做到的，父母自己带头去做并认真做好是家长的义务。孩子只要感受到父母的悔过之情，自然就会理智地对待犯错误的父母了。当然，最重要的是，一定要首先给孩子解释的机会，让孩子把事情的经过说清楚，然后再下结论。这样就可以避免冤枉孩子事情的发生了。

在生活中我们应该怎样做呢？

（1）鼓足勇气。道歉并不是丢面子的事情。当孩子犯了错误，道歉是大度、诚实的表现，勇敢真诚地多说几句"对不起"，可以挽回与朋友和亲人的友谊和亲情。在道歉前，整理一下自己要道歉的话，争取一见到对方，就把话清楚、恳切地说出来。要是遇到突然情况，一时不知道该怎么道歉，就多说几遍"对不起"。

等稍微稳定，自然就会有话说了。

（2）找准时机。如果是小小的错误和摩擦，及时道歉是最有效的，这时"对不起"绝对是一句万用万灵的"道歉三字经"。如果对方的情绪比较激动，或是自己感到很委屈，彼此的误会很深，道歉就要放在事后。等大家的气都消减了再说，否则道歉也是徒劳。

（3）道歉语应当文明而规范。有愧对他人之处，宜说："深感歉疚""非常惭愧"。渴望见谅，需说："多多包涵""请您原谅"。有劳别人，可说："打扰了""麻烦了"。一般场合，则可以讲："对不起""很抱歉""失礼了"。

（4）道歉可能借助"物语"。有些道歉的话当面难以启齿，写在信上寄去也成。对西方妇女而言，令其转怒为喜，既往不咎的最佳道歉方式，无过于送上一束鲜花，婉"言"示错。这类借物表意的道歉"物语"，会有极好的反馈。

（5）掌握道歉的原则。不该向别人道歉的时候，就千万不要向对方道歉。不然对方肯定不大会领情，搞不好还会因此而得寸进尺。即使有必要向他人道歉时，也要切记，更重要的，是要使自己此后的所作所为有所改进，态度真诚，不要言行不一，依然故我。让道歉仅仅流于形式，只能证明自己待人缺乏诚意。

说话是一种艺术，也是一门学问。所谓的学问最基本的就是要知道什么话该说，什么话不该说，什么场合该说什么话，什么场合不该说什么话。教孩子把握谈话技巧，可以使孩子的话在不经意间达到意想不到的效果，成就孩子的好口才。

不吼不叫
好家教

读懂孩子的心

王桂兰 /编著

应急管理出版社
·北京·

图书在版编目（CIP）数据

不吼不叫好家教：全五册／王桂兰编著． －－北京：
应急管理出版社，2020

ISBN 978 - 7 - 5020 - 7821 - 8

Ⅰ.①不… Ⅱ.①王… Ⅲ.①家庭教育 Ⅳ.①G78

中国版本图书馆 CIP 数据核字（2019）第 270393 号

不吼不叫好家教（全五册）

编　　著	王桂兰
责任编辑	高红勤
封面设计	月婷设计

出版发行	应急管理出版社（北京市朝阳区芍药居 35 号　100029）
电　　话	010 - 84657898（总编室）　010 - 84657880（读者服务部）
网　　址	www.cciph.com.cn
印　　刷	北京一鑫印务有限责任公司
经　　销	全国新华书店

开　　本	880mm×1230mm^1/$_{32}$　印张　25　字数　600 千字
版　　次	2020 年 3 月第 1 版　2020 年 3 月第 1 次印刷
社内编号	20192975　　　　　定价　125.00 元（全五册）

前　言

　　家庭教育是一门需要学习的艺术。每个父母都关心自己孩子的未来，但是很多父母非常忙，而社会上流行的教育样本五花八门，究竟有没有省时省力的捷径来提高家庭教育水平呢？

　　走捷径就需要抓根本问题。所有事物繁复的变化都发端于根，有句话叫作"万变不离其宗"，只要你抓住了它最本质、最根本的核心问题，那你就控制住了整个局面。那么家庭教育的本质是什么？为什么孩子会表现出那么多一致、普遍的行为，比如孩子为什么都贪玩？为什么要到一定的年龄阶段才会说话、走路？为什么对任何事情都那么好奇？为什么小时候爱跟妈妈一起睡，而到了一定年龄阶段就自然疏远父母？为什么在小学时学习积极性很高而到初中时就不那么努力了？为什么到了青春期就会对异性产生朦胧情感？等等。

　　有人说，在所有重要"职业"中，唯一不需要上岗证的就是"家长"。这种低门槛必然会导致教育方式的不同。但归根结底，作为家长的我们，最重要的是"懂"孩子。只有读懂了孩子，理解了孩子，才能如庖丁解牛般去应对孩子身上的各种问题。懂，比爱更重要。

教育专家陶行知早就指出，孩子的成长和发展需要有一个宽松的、开放的、积极的环境。而作为家长，要懂得并遵循孩子的天性，不能任意抹杀孩子的创造欲望和玩乐心态，要给予孩子自由的空间，要倾听孩子的心声。

愿你与孩子和谐相处，愿你与孩子一起成长。

编　者

2019 年 9 月

目录 CONTENTS

第三章　所谓的叛逆其实是成长

第四章　用行动表达对孩子的爱

第五章　好妈妈胜过好老师

第六章　再累也要做好爸爸

第一章

爱孩子，还要懂孩子

正如泰戈尔说的：「使卵石臻于完美的，并非锤的打击，而是水的且歌且舞。如果我们不尊重孩子的感受，不了解他们的需要，我们的教学必定是失败的。」只有了解孩子，懂得体会并去认可孩子，倾听他们心灵的声音，才能让他们的能力和个性得到最好的发展。

努力读懂孩子的心

孩子哭闹不止，父母以为孩子是任性，不但不劝慰，反而一顿打骂……

孩子说长大了要开一间世界上最大的玩具店，却被父母斥责为异想天开……

孩子爱画画，却陷入程式化中，父母直摇头："孩子怎么这么笨……"

类似这样的场景时常发生在我们身边，父母总是抱怨孩子不懂事、调皮捣蛋、没天赋……但父母有没有想过，孩子真的是这样的吗？

有人把教育者比作园丁。父母希望孩子早日成才的心情和农民希望庄稼快快成长的心情是完全一样的，可做法却往往不同。

农民日思夜想的是庄稼需要什么，怎样满足庄稼的需要。父母为教育孩子彻夜难眠，有没有想到孩子心灵深处的需求是什么？怎样满足孩子的精神需求呢？

庄稼长势不好时，农民从不埋怨庄稼，相反，总是从自己身上找原因；孩子有缺点时，许多妈妈却一味指责，很少想过自己的责任，很少在自己身上找原因。作为家长，你是否真正关注过孩子的内心世界？你是否真正与孩子一起成长？你是否真正读懂孩子的需求？

诚然，孩子需要父母的关爱，这种爱不仅仅是给孩子丰富的物质生活，还要求父母进入孩子的内心世界去了解他们，让孩子接受父母。而父母要想被孩子接受，就要选择合适的位置，倾听孩子的心声，了解他们的内心世界。如果父母动不动就居高临下审视孩子一番，或是没头没脑训斥孩子一番，孩子就会在心里对父母产生反感，从而排斥父母。试想，当孩子对父母有了这样的心态，还怎么会听父母的话呢？

有个上初中的男孩说："我一听到母亲的训斥，心里就烦，恨不得把耳朵堵上，不得不听时，我就在脑子里想别的事情，想一些能让我高兴的事情；有的时候必须边听歌边听他们的'魔音'，要不就会控制不住自己，有想摔东西的欲望。"

还有一个小男孩，总结出了"对付"母亲训斥的经验：每次母亲让他站着开始训话时，他就找来两团棉花塞进耳朵里，面对着墙，脑子里面开始神游，一会游到课堂上，一会游到网络游戏里。而当他想到开心的事时，甚至会不由自主地笑出声来，对于母亲的话，他却一句也没有听进去过。

这样的教育自然是徒劳的。父母不能和孩子进行有效的交流，没有给孩子的心灵足够的"爱"，不仅不知道孩子的真实想法，反而让孩子与自己成为"敌人"。其实，只要父母多观察、了解孩子的心理特点，就会明白：不是孩子不听话，而是我们不懂孩子的心。

现实社会中，我们每一个人都渴望能和别人平等交流，能有人坐下来认真地听听自己的心里话。而我们的孩子也一样有这种需求，也许我们认为孩子所做的许多事情不尽如人意，也许我们觉得孩子的有些想法根本就不屑一顾，但请记住，不要对孩子过多地挑剔指责，也不要将不屑一顾的表情尽情展现。否则，孩子不会和你说心里话。

如果家长不能与孩子在心灵上进行沟通，那么即使掌握了再多教育孩子的知识和方法也是没有用的。反之，家长如果能真正放下架子，走进孩子的内心世界，那么，许多困扰父母的问题也就迎刃而解了。

著名教育家陶行知说过："我们必须要变成小孩子，才配做小孩子的先生。"他还说："你不可轻视小孩子的情感！他给你一块糖吃，是有汽车大王捐助一亿元的慷慨；他做了一个纸鸢飞不上去，是有齐柏林飞艇造不成功一样的踌躇；他失手打破了一个泥娃娃，是有一个寡妇死了独生子那么的悲哀；他没有打着他所讨厌的人，便好像是罗斯福讨不着机会带兵去打德国一般的怄气。他想你抱他一会儿而你偏去抱了别的孩子，好比是一个爱人被夺去一般的伤心。"在此，陶行知所提倡的，即是父母要走进孩子的内心世界，读懂孩子的心。

跟孩子换位思考

随着现代社会的竞争加剧，父母和孩子同时成为"重压人群"。父母每天周旋于家庭和工作之间，疲于奔命。而面对教育、升学压力，孩子们在专才和通才之间兜兜转转。这两类"同一屋檐下"的家庭成员，却鲜有机会沟通、交流。久而久之，父母和孩子间的距离越来越远。家长总是凭借自己既成的经验和思维去理解孩子，教导孩子，自以为是在帮助孩子，事实上却只能像是一条直线的两端永远背道而驰，不可能相交。

慧慧妈妈下班一进门就被女儿慧慧吓坏了。原来8岁的女儿正在给家里的小狗洗澡，家里的地板已经被水淹没了，而慧慧还在给小狗认真地洗着。慧慧见到妈妈回来，高兴地告诉妈妈："妈妈，我在给小哈比洗澡呢！"

看着女儿不但不知道自己已经酿成大错，还一副兴致勃勃的样子，妈妈一把把慧慧拽到一旁，一边赶紧去厕所把拖把拿来拖地，一边吼道："你怎么这么淘气啊！你看你把家里都弄成什么样了！真是要气死我了，你看这不知道要弄多久才能弄干净。赶紧回你房间去！快去快去！"

不知所措的慧慧看到妈妈突然这么生气，赶快乖乖地回到房间了。等妈妈收拾完毕，爸爸也回来了，看到女儿耷拉着脑袋，孩子妈一脸怒气，赶忙问是怎么回事，这一问不打紧，慧慧就开始抽泣起来。

妈妈看慧慧一哭，没有去哄她反而更严厉地批评道："你哭什么哭，看看你做的好事！我上班那么累你还尽给我堆些烂摊子！你知道我花了多大工夫才弄完吗！"

爸爸赶紧给妈妈递眼色叫妈妈别说了，妈妈生气地扭过头去。然后爸爸蹲下身，看着委屈的慧慧问："怎么突然想起给哈比洗澡了呢？"

慧慧看了眼爸爸，回答道："天气热，哈比都好几天没洗澡了，臭臭的。爸爸妈妈工作忙，所以我想帮帮忙，我不是故意把地弄湿的。"

爸爸听完后，安慰孩子说："孩子，爸爸知道你是一片好心，爸爸觉得慧慧真是个好孩子。可是给小哈比洗澡是很难的，下次如果要洗的话，告诉爸爸妈妈，我们一起给哈比洗好吗？"

慧慧听完这些，终于停止了哭泣，点了点头。然后爸爸转头跟妈妈说了几句，妈妈也不再生气了，并且给女儿表达了歉意。

生活中，遇到类似这样的事，许多父母的第一反应往往是孩子故意搞破坏，于是他们不问青红皂白就是一顿教训，脾气不好的甚至会打骂孩子，很少有父母去考虑孩子的动机和孩子的特点。这就是父母站在自己的角度考虑孩子的问题的典型表现。

孩子和成年人不一样，他们有自己的思维逻辑，一般来说，自我中心、直观性、情绪性等是他们理解和认识事物的特点。孩子往往都是按自己的感觉和知觉来推知其他事物，特别是一些年龄小的孩子，更是考虑不到做一件事情的结果。心理学研究表明，孩子往往只知道他"想做什么"和"不想做什么"，而无法明白"这样做会有什么后果"和"为什么不应该这样做"的道理。

一般来说，孩子最初开始思考问题时是大胆的、自由的、无拘无束的。正是这样，他们经常说出荒诞不经的话，让爸爸们觉得很无知。于是很多爸爸喜欢纠正孩子的错误，这是应该的，但也要注意，如果过于频繁地纠正孩子，甚至嘲笑孩子的错误，就会伤害孩子的自尊心，打击孩子的自信心。当孩子再考虑问题时，就会担心犯错，畏首畏尾。久而久之，孩子的思维就受限了，只会从成人那里接受现成的结论。正确的做法应该是，鼓励孩子大胆思考、积极想象，如果是新奇的，即使孩子做错了，父母也应该鼓励孩子，给孩子肯定，帮助孩子改进。

有个孩子和爸爸妈妈一起去乘坐地铁，列车快来时，孩子对他们说："爸爸妈妈，等一下我们三个人要坐在一起！"爸爸妈妈听了随口答应："好，好！"一会儿车门开了，大家走进车厢才发现，只剩两个连在一起的空座位。于是爸爸妈妈对孩子说："只有两个空位子了，只能两个人坐，不能三人坐在一起了。"

孩子想了想，说："那我不坐了，我要和爸爸妈妈站在一起。"孩子的父母听到孩子这么说，立刻开始规劝孩子说："去，去，去，有座位不坐！你快先去坐上，座位不够了，你不要闹了……"可孩子坚持不同意。最后弄得一家三口谁也没坐成，而且全家人都非常不高兴。

为什么有的大人对孩子的很多想法都不能理解，甚至不耐烦呢？

因为孩子问的问题，大人觉得早就都知道了，所以觉得这些问题没什么可问的。可是对于孩子来说，这些都是未知的，跟大人当初年少时一样。孩子毕竟是孩子，他们的思维方式还不成熟，生活经验不丰富，不可能有大人般的思想来周全考虑问题，他们不自觉地凭着自己幼稚的思想认识行事，错误当然难免。教育中如果只从大人的思想角度来说教，采取想当然的简单粗暴的教育方法，是无法起到作用的。所以父母一定要学会站在孩子的角度想问题，这样孩子长大之后才能站在父母的角度想问题。

善于倾听孩子心声

古时有一个国王，想考考他的大臣，就让人打造了三个一模一样的小金人，让大臣分辨哪个最有价值。最后，一位老臣用一根稻草试出了三个小金人的价值，他把稻草依次插入三个小金人的耳朵，第一个小金人稻草从另一边耳朵里出来，第二个小金人稻草从嘴里出来，只有第三个小金人，稻草放进耳朵后，什么响动也没有，于是老臣认定第三个小金人最有价值。

同样的三个小金人却存在着不同的价值，第三个小金人之所以被认为最有价值，是因为其善于倾听。其实，人也同样，最有价值的人，不一定是最能说会道的人。善于倾听，消化在心，这才是一个有价值的人应具有的最基本的素质。可是，在现如今的一些家庭中，有些家长并没有认识到倾听对孩子的重要性。

孩子一旦有问题，家长总爱以成人的思维方式去评判孩子所做的一切，把自己的意愿强加给孩子，不给孩子解释的机会，轻则呵斥重则打骂。孩子因失去说话的权利或者自己的想法得不到家长的重视，只好将委屈和不满埋藏在心里，长此以往，家长就很难知道孩子的所思所想，这样对孩子的教育就会无所适从。另外，孩子的说话权得不到家长的尊重，家长不让孩子把话说完，一方面不利于孩子语言表达能力的提高，另一方面也使孩子产生自卑情绪。久而久之，孩子就会与家长产生对抗情绪，以致双方相互不信任，沟通困难，甚至还会造成孩子的不良心理。

外国有句谚语："用十秒钟的时间讲，用十分钟的时间听。"善于倾听，是说话成功的一个要诀。据美国俄亥俄州立大学一些学者的研究，成年人在一天当中，有7%的时间用于交流思想，而在这7%的时间里，有30%用于讲，高达45%的时间用于听。这说明，倾听在人们的交往中居于非常重要的地位。

同样，对于家长而言，与其做一个能说会道的家长，不如做一个会倾听孩子心声的家长。

事实上，倾听不仅仅是一种简单的行为，它也需要一定的技巧。尤其是家长倾听孩子说话，更要注意掌握倾听的方法：

（1）向孩子显示你正在听他讲话。孩子向家长诉说时，家长的关注表示家长对孩子的尊重和表示家长愿意分享孩子的想法和感受。当孩子开口向家长讲话时，家长应停下正在做的事情，转向孩子，与孩子保持目光接触，并仔细地听孩子说话。同时还要通过点头或不时地"嗯……是的……"等来显示家长在注意听他说话。当然，家长在听孩子说话的时候，不要对孩子进行无端的批评和责骂。因为受委屈的人，很少去反省自己有什么过错，而被感动的人则更容易自省，并且因为感动增加内心的勇气和自信，同时他的自制力也会增强。

（2）告诉孩子你所听到的以及你的想法。孩子说话时，无论你有多忙，一定要用眼睛看着孩子，不要随意插嘴，尽量表现出你听得很有兴趣。让孩子发表他们的观点，完整地听他的讲话，如果你在某一重要原则上表示不同意他的看法，应告诉他你不赞同他的什么观点，并说出理由。在提出反对意见时不要过于武断，不应否定一切。即使孩子是在信口胡说，也要控制你的情绪，不要妄下定论，直到完全理解清楚。

（3）让孩子投入谈话之中。交谈需要花费一些时间，同时，最好是在一种让孩子与大人有同等机会参与的轻松氛围中进行。谈话应自由自在，任意发挥。不要有什么仪式安排或预期达到什么结果，尝试着与孩子随意交流观点和看法。

（4）接受孩子的所有感受。孩子向家长诉说时，家长应安静、专心地倾听，但不给予评判。家长不必接受孩子的所有行为表现，而只是接受他的感受。例如，孩子告诉家长他对小伙伴有多生气，这时家长要理解孩子的感受，可以安慰一下孩子，但家长要教育孩子不可通过嘲弄或打人来表达他的生气。

（6）别打断孩子的话。我们时常能看见孩子刚刚要说话，妈妈就在一旁打断孩子，自己说自己的。比如，孩子刚说一句"妈妈，在学校里，我和小朋友一起玩'老鹰捉小鸡'的游戏，真有意思。"妈妈马上打断孩子说："玩'老鹰捉小鸡'的游戏了？妈妈也喜欢玩……"妈妈的打断有可能让孩子忘记自己刚才想说什么了。

（7）在孩子说话的时候，不要让孩子难堪。一些家长因为没有注意自己的倾听习惯，难免让孩子尴尬、难堪。

有一次，月月从外面跑进来兴奋地对妈妈说："妈妈，我刚才去了文具店，看到一种神奇的组装机器人。"

月月的妈妈马上认为孩子想要买那个机器人，赶紧打断孩子说："妈妈没有钱，你该知道吧。"结果，孩子不高兴了，他�‌嘟起嘴巴气愤地说："我又没有说我想买，你每次都没听完别人说什么就发表意见，我讨厌你！"

顿时，月月的妈妈也愣住了！

其实，即便孩子想买，家长也应该等孩子把话说完了，再提出自己合理的建议，用自己的理由说服孩子，而不是武断地掐断孩子的幻想，这对孩子来说也是一种伤害。

做孩子的知心朋友

父母与孩子做朋友，就能在全面了解孩子的情况下，有针对性地纠正孩子的缺点，及时改变孩子错误的思想认识，有效减少不良行为。而孩子因为父母像朋友那样与自己交流，也会乐意接受父母的指导与教育。这样，父母就可以更好地帮助孩子，使他们更加健康快乐地成长。

彬彬今年12岁了，从小就被妈妈无微不至地照顾着，是妈妈的心肝宝贝。12年了，妈妈从来不肯撒手让彬彬独行，甚至离家几步之遥的地方都不让他独去。妈妈担心他一个人过道车碰着、遇到突发事件不会处理等，彬彬有几次挣脱妈妈的手，想独立地办自己的事，都被妈妈硬给拽回来了，彬彬满腹委屈。

有一次，彬彬想自己去新华书店看书，妈妈没有答应，彬彬非常正式地跟她说："妈妈给我一次机会，信任我吧，我肯定没有问题。"面对孩子近似祈求的语气，妈妈决定给孩子以信任。

两个小时后，彬彬高高兴兴地从书店出来了，一种自豪的表情挂在脸上，看到儿子这种表情，妈妈也意识到自己以前对彬彬的能力太不信任了。从这以后，凡是彬彬能自己处理的问题，妈妈就放手让他去做，有时还把一些重要的事情交给彬彬办，彬彬完成得都还不错。彬彬感觉到了妈妈对自己的信任，变得懂事多了，还告诉妈妈很多知心话，把妈妈当成他的一个好朋友。

孩子从懂事开始，便有了自己的思想，就跟成人一样，渴望被理解、被尊重以及被信任。可是，很多父母忽略了这一点，结果使孩子产生诸多不听话行为。

源源小时候有一段时间特别喜欢打游戏机，甚至背着父母偷偷去游戏厅。父母通过咨询一些专家得知，适当打游戏机，对开发孩子的智力有好处，所以就托朋友从外地捎了一台游戏机，对于一直以为父母会反对他打游戏的源源来说，这件事对他的震动很大。后来源源到国外留学，有一次父母在他的博客上看到，有同学问他"到目前为止你最感动的一件事是什么"，源源回答说是"妈妈给我买了游戏机"。

家庭教育是在父母和子女的共同生活中，通过双方的语言交流和情感交流来进行的。父母与孩子的相互信任是成功家教的重要因素。孩子如果信任父母，就会把父母看成是自己学习上的良师，德行上的榜样，生活上的参谋，感情上的挚友。他们也特别希望能得到父母的信任，像朋友一样和父母平等地交流。在孩子的心里，只有父母的信任，才是真实、可靠的。父母的信任意味着压力、重视和鼓励，这是真正触动孩子心灵的动力。

作为父母，不必处处以长者的身份自居，否则孩子会对你关闭心灵之门，让你一无所知。茶余饭后可以和孩子聊聊天，谈谈心。两代人之间的心理距离缩短了，就可以在不知不觉中掌握孩子的脾气、性格、兴趣、爱好等。这一代孩子几乎都是独生子女，他们需要朋友的愿望非常强烈，家长应该和孩子站在同一平台，平等交流，把孩子当作最知心的朋友，孩子就会理解父母，父母和孩子沟通起来也就更轻松、更融洽。

别随便侵入孩子的领地

人人都有自尊心。如果把自尊心比喻为花瓶，那么隐私就是瓶上细小的裂纹。父母如果肆意侵犯孩子的隐私，那么裂纹就会慢慢扩大而造成不可修复的伤痕。孩子如果有秘密，那么家长就应该尊重孩子，让孩子心中保留属于自己的一块秘密基地。如果孩子强烈抵抗，作为家长还是要强行侵入，那么最后只会弄得两败俱伤。

孩子渴望被尊重、被承认。千万不要以为"请勿打扰"这四个字只会出现在宾馆的门把手上。实际上，很多孩子也会在自己房间的门把手上留下这类话语："请勿打扰。有事请先敲三下，允许了才可以进入。"孩子之所以要求父母"请勿打扰"，根本原因在于父母无视孩子的独立性和自尊，不尊重孩子的人格与尊严。

这天晚饭的时候，雅雅和妈妈吵了一架，她还发誓说："再也不和妈妈说话了。"气得妈妈冲她吼道："没良心的东西，现在一天到晚也说不上两句话。看看你的日记不也是关心你吗？竟还敢跟我闹脾气！"

"我说过再也不想和您说话！"说完，雅雅就转过头不再理妈妈了。

事情是这样的，今天下午，学校因为市里要来卫生消毒，就提前放学了。雅雅回到家，发现自己房间的门开着，走近一看，见妈妈正手忙脚乱地在书桌前收拾东西。雅雅惊呼道："妈妈！你在干吗？"

妈妈没有想到女儿会提前回来，也显得很惊慌："没干吗，妈妈给你打扫一下房间，看你桌子太乱了给你收拾一下。"

"您是在给我收拾书桌吗？我每天自己都会收拾得整整齐齐的，你是不是在看我的日记？"雅雅问道。

妈妈见状已经掩盖不了，便理直气壮地说道："我不就是关心一下你最近都在干些什么。平时问你什么都不说。"

雅雅见妈妈不但不道歉，反而为自己找借口，便说道："我还以为自己的妈妈和别人的妈妈不一样，因为妈妈受过很高的教育，会尊重自己的孩子，决不会像别的妈妈那样偷看孩子的日记、窥探孩子的隐私。所以我从来不把日记锁上，但我错了，真错了。你和那些妈妈同样的卑鄙！"

听女儿竟然说自己卑鄙，妈妈急红了脸。于是母女俩吵了起来，她俩还是第一次吵得这么厉害。

应该说绝大多数妈妈都做过这样的事情，随着孩子逐渐地长大，许多父母对孩子的关心，慢慢转变为不放心和不信任。于是一些父母偷听电话、偷看日记，甚至更离谱的是还有家长去"跟踪"自己的孩子。殊不知这些做法会伤害孩子的自尊心，这是一种非常不信任、不尊重孩子的表现，会给孩子造成沉重的精神压力，甚至产生敌意和逆反心理，结果选择采取更激烈的方式来对自己的父母进行防备，导致父母与孩子关系的恶化。理智的做法是尊重孩子的隐私权，也就是尊重孩子的人格。给他们一个自由的空间，但并非放任自流，对孩子的隐私要给予充分的关注和积极的引导。即使知道了孩子的行为不合适，也要理智处理。

在孩子成长的过程中，作为父母应主动以平等的态度与孩子多交谈，不要以打探的心理去向孩子问话。只要父母能做到尊重孩子，尊重孩子的一切想法，给孩子足够的空间，真诚真心地倾听孩子的意见和想法，使自己成为孩子可以信赖的朋友。一段时间后，孩子通常都会愿意把自己心中的秘密告诉父母，这样才能及时正确地了解和掌握孩子的隐私，并给予必要的指点和教育。

随着年龄的增长和独立人格的形成，孩子的"保密性"越来越强，如日记、书信、与同学交往和谈话的内容，都不愿主动向父母透露。这时父母可以主动地找孩子交谈，实现与孩子情感上的沟通，营造家庭中平等、民主、轻松的氛围，使孩子感到自己和父母之间不仅仅是血缘上的亲子关系，更是生活中可以彼此信赖的朋友。这样一来，孩子也很愿意把自己心中的秘密告诉父母。

知道了孩子的隐私，即使父母认为有些不正确或不良的因素，也不必大惊小怪、责备训斥，可以与孩子一起讨论未来、事业、社会现象、人生观、价值观等问题，引导孩子自己悟出做人的真理，提高孩子按道德规范调整自己行为的能力。当孩子有了这种自我调节能力，那么对于那些隐私中的某些危险倾向，父母就不必担心了，孩子们都有可能会自我解决。

孩子有了自己的秘密和隐私，是独立意识和自尊意识觉醒的一种体现。孩子渴望被尊重、被承认，尤其是在面对自己的秘密和隐私时，更希望能够得到尊重和保护。如果孩子的自尊心被肆意地侵踏损害，那么品德也会瓦解。父母要明白，尊重孩子的秘密和隐私，是对孩子自尊心的保护，给孩子一份私密的自由空间，能够让孩子的心理成长得更健康。父母尊重孩子的隐私、秘密，并给予保护，才能获得孩子的尊重和爱戴。当然，父母还要允许孩子有自己的秘密，每个人内心都有秘密，从这个意义上讲，尊重孩子的"隐私"，就是尊重孩子的人格。

和孩子分享喜怒哀乐

日本作家森村诚一说过："幸福越是与人分享，它的价值便越会增加。"所以说，"分"的人是幸福的，因为他实现了自己存在的价值；"享"的人是快乐的，因为他感受到了真爱和友谊。

分享是快乐的大门，学会分享，你就进入了快乐的城堡。

独享是痛苦的大门，只去独享，你就走进了痛苦的泥潭。

分享的回报在很多时候都是生活的惊喜，分享的习惯除了拥有朋友，拥有关怀，还拥有不一样的体验和经历。分享的时候让我们感受更多的是一份纯粹的快乐和一种回归的质朴与真诚，与这个浮躁的社会相比，分享的过程让人彼此心里充满阳光。

我们每个人都有这样的心理体会：当自己有何喜怒哀乐时，总想和人一起分享。我们成年人，有和人分享的心理需要，同样，孩子也需要人与他分享生活中的喜怒哀乐。因此，家长要注意和孩子一起分享喜怒哀乐。

其实，家庭教育的过程就是家长与孩子互相融合的过程，与孩子一起分享喜怒哀乐，意味着家长更多的是展示，而不是灌输；是引领，而不是强制；是平等的给予，而不是居高临下的施舍。如果因为忙而忽略了与孩子分享情感的需要，也就等于剥夺了孩子健康成长的养料，阻碍了孩子全面发展的进程，还会给孩子造成性格和心理的缺陷，这样的家长不管有什么样的理由，都是不称职的。

有位家长是长途运输司机，经常出差在外，他对所有人都十分豪爽，唯独对自己的孩子深感内疚，他感叹，尽管给予了孩子丰足的物质生活与优越的家庭环境，却很少有机会与孩子分享喜怒哀乐。

比起这位家长，很多家长要"幸运"得多，他们有足够的时间在家里陪伴孩子，可是，他们却不懂得体验孩子的心理感受。

孩子背着沉重的书包回家，迎接他们的常常是苦心的说教，然后在严厉督促下埋头写作业。孩子的情感得不到理解、支持和疏导，会感到压抑，容易造成自信力下降，变得沉默内向，甚至会产生逆反心理。孩子作为一个独立的人，有着自己的喜怒哀乐，作为家长，应该允许孩子自由地表现他们的喜怒哀乐，还应该与他们一起分享各自的喜怒哀乐。

无论工作压力有多大，美国总统贝拉克·奥巴马都会尽量与妻女共进晚餐，分享一天的喜怒哀乐，有时还玩一种名叫"玫瑰和刺"的游戏。身为"总统老爸"和"第一夫人妈妈"，奥巴马夫妇秉持几点准则，努力为11岁的马莉娅和8岁的萨沙营造一个严格而自由的环境，希望她们能像普通孩子一样健康、快乐成长。

家庭应是充满理解信任、能够让孩子身心轻松的场所。家长是孩子的第一任教师，这样孩子才会觉得家长是可信赖的朋友，乐于和家长交流商讨，从而有利于孩子的开朗、坦诚、坚韧等良好心理素质的形成。作为家长，应向奥巴马学习，懂得在孩子的生活中设置快乐的元素，因为与人分享快乐就是给予别人的一种爱，如果快乐没有人分享就是一种惩罚。分享快乐还包含欣赏别人的含义，欣赏别人其实就是真诚地去分享对方的闪光之处。有人说，我们不见得都喜欢我们所赏识的人，但一定喜欢赏识我们的人。人同此心，心同此理。家长与孩子分享快乐，孩子就一定会更亲近家长。

家长和孩子分享喜怒哀乐，对孩子来说，孩子会感觉到家长对自己的爱，也会感受到家长对自己的尊重。这样，孩子不但满足了与人分享的心理需要，而且知道了自己在家长心目中的重要位置，就会更珍惜家长对自己的爱，同时会对家长的教育和引导产生积极情绪。家长和孩子分享喜怒哀乐，对家长而言，因为和孩子分享了一切，对孩子有了更多的了解、更全面的认识，从而更有效地因材施教，也就不会轻易地对孩子进行批评与指责，或武断地下结论。因此，家长和孩子一起分享喜怒哀乐，无论是对于孩子还是家长，都是非常有益和重要的。孩子在分享后对家长更加敬重，家长在分享后学会了对孩子理解和宽容。有了分享，家长可以及时地发现孩子的缺点与问题，并根据情况进行有效的引导、解决；有了分享，孩子对家长抵触的情绪减少了，逆反心理没有了，更容易接受家长的教育。

在孩子眼中，这个世界是如此新颖、神奇，而对于大人来说，这个世界也许更多的是饮食男女名利的机械重复。和孩子们在一起，家长还应做好"预习"，那就是要不断擦亮自己日渐浑浊的眼睛、装修自己日益倦怠的灵魂。

分享使孩子不再孤单，分享给孩子带来爱的曙光，分享给孩子送去前行的希望，分享能使孩子身心健康地成长。因此，家长要学会和孩子分享喜怒哀乐。

拥抱是对孩子最好的爱

当前，在不少父母特别是年轻父母身上，有着很多时尚的元素，他们喜欢潮流、喜欢浪漫。双方下班回到家，拥抱成为他们习以为常的表达爱的方式之一。然而，在对待下一代的教育问题上，他们是否也意识到拥抱是对孩子最好的爱呢？

是的，拥抱是一个大家都熟悉的身体动作、是一种表达感情的方式。发自内心的拥抱能迅速传递内心的感受和爱，把语言无法表达的情感传递给对方。美国著名的心理学家赫洛德·傅斯博士研究发现，拥抱可以让人更年轻、更有活力，并能让家人之间更亲密。父母常常拥抱自己的孩子，能提高他们的心理素质，让他们变得更坚强。同时，拥抱也是对孩子最好的肯定。

心理学研究发现，人类都有皮肤饥饿感，当一个孩子被拥抱时，他的幸福感和安全感也是比较强烈的，这是促进孩子情感发展的重要基础。拥抱，是一种亲密接触，是心灵真情的表露，是爱心火花的迸发，孩子需要用拥抱来宣泄、表达、欢庆和抚慰生活中的喜怒哀乐。一个长期不被别人拥抱的人，他的心灵和情感都是孤独的，容易形成敏感退缩、脆弱的人格特征。所以，父母平时应多拥抱孩子，以解其"皮肤饥饿"。

情景一：

一天，父亲去学校接生病的儿子去医院输液，儿子见到父亲，赶紧从后门来到他跟前，他习惯性地用嘴巴靠了靠儿子的额头，感受一下热不热。一会儿，老师从教室走到门外告诉这位父亲：同学们都嫉妒你儿子呢，说他爸爸在拥抱他，他真幸福。这时，父亲看到儿子得意的样子，甭提心里有多高兴了。

情景二：

放学了，母亲去接儿子。"儿子快来，妈妈抱抱，宝贝儿，今天好像有点儿不开心耶，告诉妈妈好吗？"儿子便一一道来，他俩边走边聊，一会儿儿子就非常开心了。

情景三：

睡觉了，每次，4岁的女儿总要妈妈帮她脱衣服，然后把腿在妈妈身后绕一圈，双手拥抱着她，然后问她："妈妈，你爱我吗？""妈妈爱你！妈妈永远爱你！宝贝睡觉吧！"女儿美滋滋地闭上眼睛睡觉了。

看吧，拥抱有多么神奇的能力！给孩子一个拥抱，用身体去接触孩子，让孩子感受到父母的力量、父母的爱，父母的爱和拥抱将会给予孩子无比强大的自信。

诚然，每个人在成长过程中都有一个重要的照料者，被照料者和照料者之间紧密的情感联系被心理学家定义为依恋。当父母张开双臂拥抱孩子时，他们在大人的臂弯里感受到了体温。这让亲子之间的依恋关系进一步加强，也给孩子带来了安全感，让他们感到自己无论做什么，都有父母作为坚强的后盾，于是，这样的孩子更有勇气，遇到挫折时也不会感到孤独和惧怕。

事实上，能经常获得拥抱的孩子，性格和智力会得到更好的发展。反之，如果缺少拥抱，孩子的性格发展可能会出现偏颇，甚至产生孤僻性格。另外，温暖的拥抱还能赋予孩子战胜压力的力量。孩子从小到大要承受各种压力：上学时有考试压力，交友时有人际压力。而拥抱就是一种无言的力量，让孩子在身心放松的同时，也感受了父母用肢体传递给他们的动力，就像在说"宝贝儿，你一定能行一样"。所以，在孩子受到压力时，这种潜藏在内心的力量就会给予他们勇气和信心，使得他们尽快战胜压力轻装上阵。

有的父母抱怨，一方面每天的工作都很忙，压根儿没有时间拥抱孩子，另一方面也不知道在什么情况下应该拥抱孩子。其实，只要父母用心，一天中的任何时候任何情况下都可以拥抱孩子、给孩子鼓励。

在不少家庭中，孩子的一天始于父母对自己的唠叨指责："你怎么搞的？这么慢吞吞的。""你怎么只吃这么一点？""你到底是缺了哪条筋？丢三落四的。"……父母着急上班就不停地催促孩子，让孩子也跟着忙碌，孩子还需要适应这个忙碌的节奏，并且孩子对于这些情绪化十足的负面言语，只会感到不舒服，从而影响他一天的情绪，久而久之就会影响父母与子女间的关系。相信这些不是任何人想看到的。那么不妨换种方式，效果会出乎你的意料。即使孩子做错了事，或是任性、发脾气，也不妨先给他一个拥抱，让孩子在你的拥抱中稳定下来，然后再说一些你想说的话："刚才你的书还在沙发上，装上了吗？""我们一起抓紧时间，这样就不会迟到了。"这时哪怕你再唠叨，孩子也乐意接受。美好而快乐的一天便由此开始了。

傍晚，经过了一天的劳累，大家都回到了家里，进家门的时候给孩子一个拥抱，像朋友一样欢迎他，这样可以博得孩子的信任。一天中有可能发生很多事情，也许孩子得到表扬了，会兴高采烈地跟你分享；也许孩子受到委屈了，那么即使你什么都没说，一个拥抱，孩子也能感受到爱和温暖，一个拥抱可能让孩子的小委屈情绪一扫而空，刚刚还抵触吃饭的情绪得到缓解，避免了对孩子健康的影响。

夜深了，要睡觉了，这时，父母要认识到，不能让孩子带着一天的不良情绪入眠，睡前给孩子一个拥抱，安抚孩子的情绪，可以让他有一个甜美的梦。

总之，拥抱这个再平常不过的动作，对孩子有着魔法般的赞赏效果。父母们，让孩子在拥抱中成长、在爱中成长吧，这样，孩子也就会懂得如何去拥抱别人、关爱别人。

放手孩子与异性交往

孩子进入青春期后，性别意识开始增强。这一时期，他们在关注自身的同时，也开始关注异性，希望了解异性，并希望得到异性的友谊。这是一种很正常的心理现象，也是孩子成熟的一种表现。可是，有些家长对此却非常敏感、非常担心，唯恐自己的孩子在与异性交往中不慎"出轨"——早恋。因此，他们总是不断提醒、干涉孩子，将孩子的感情生活过度曝光。

其实，西方人认为，应该从小就鼓励孩子们和异性交往，孩子有了异性朋友是一件值得开心的事情，孩子们之间的感情是纯真的，令人羡慕的，是要保护的。通过交往，可以让孩子们学习如何与异性相处，了解异性的心理，为将来的人际关系，以及真正的爱情来临做准备。

事实正是如此，青春期是个体从性机能未唤醒发展到性机能成熟阶段，其发展变化迅速而短暂。随着生理在激素作用下的急剧变化，孩子产生了性心理适应，即与性生理、性欲、性行为有关的心理问题，当然也包括与异性交往的心理。这个时期生理机能的发展速度远远超过心理发展速度。随着第二性征、性器官和性机能迅速发育，少男少女们开始意识到两性在生理、行为和社会角色方面的差异，产生了一些特殊的情感体验，于是进入心理学上的异性期，开始对异性感兴趣，并产生思慕情结。在这个特殊的年龄段里，男女孩子之间互相产生好感和爱慕，出现向往、接近、眷恋异性交往的渴求，如喜欢一起学习，结伴参加各种社会活动等；有的女孩子在日记中倾诉自己对身边某个男孩的爱慕之情；有的孩子追星等，都是这种心理的表现形式。孩子热衷于与异性交往是成长中的正常心理现象，这种感觉几乎每个人都会经历，但绝不是早恋。

异性孩子在一起活动、交朋友，有很多好处：可以使孩子消除性别的神秘感，培养自由交往、自由发展的天性；有利于孩子社会交往能力的增强；有利于孩子心理的健康发展。

如果家长禁止异性孩子在一起活动，会使孩子对异性产生神秘感，不利于其心理的健康发展。同时，孩子也会因此失去与异性交往、学习的机会，使其以后可能因缺乏与异性交往的经验而导致对社会的难以适应。

上课铃声刚响过，曹老师走进四年级三班教室。

"老师，小菊给我写纸条！"一个男孩大声地说，周围的一些同学在窃窃私语，还有的同学在偷笑。

曹老师不以为意地问："写的是什么？"

"我爱你"，话刚说完，班级就像开了锅，同学们又是哈哈大笑又是冷嘲热讽。就在这时，小菊正巧进来了，同学开始指手画脚地说着，小菊好像也觉察到了什么，不好意思地低下了头。

曹老师忽然意识到事情的严重性，她甚至有些生气起来，小小的年龄，怎么能说出如此不负责任的话呢？

于是，曹老师追问起女孩来："你这是干什么？从哪里学来的？"

小菊本来就感到意外，现在一听老师的问话，不禁更紧张起来："我，我……不知道。"

"你懂吗？你这是在早恋。"曹老师的音调又提高了一倍。

小菊一时不知如何是好，呆呆地站在那里，"哇"的一声哭了。

从此，同学们发现，原本开朗活泼的小菊完全像变了个人似的，沉默寡言、不喜欢参加班级活动，总是独来独往。

显然，曹老师的做法是错误的，对于一个四年级的孩子来说，仅仅凭一句话"我爱你"就断定小菊的行为是早恋行为，这实在是谬论。也许，小菊只是对那个男孩产生交往的欲望罢了，并不能真正体会到"我爱你"3个字的含义，在她看来，那只不过是一种交友的表达方式。本来，孩子之间的爱慕和相互吸引是人之常情。但由于此段时期是求学的黄金时期，某些老师、家长担心孩子幼稚、冲动，影响学业，常持反对态度，戴"有色眼镜"，凭主观臆测，给孩子施加压力，用"早熟""早恋"来界定孩子们的这种情感需求，禁止孩子与异性交往或者向孩子发难。这样做，不仅伤了孩子的自尊心，还易造成性心理偏差，影响孩子将来的人际交往和社会适应能力，有时还会让孩子错误地认为：两性交往是低级的、丑恶的。以至于与异性之间相处紧张、恐惧而形成社交障碍。另外，来自不同方面的"批评"与"帮助"，还可能会迫使那些有逆反心理的孩子真的谈起恋爱，以示抗议。

那么，家长应该如何正确引导孩子与异性交往呢？

（1）持正确的态度。孩子在区分男女时，往往是根据衣服、发型或语声，如果改变了人的外表特征，许多孩子就认为性别也随之改变了。所以，男女孩子在一起游戏时，家长不要担心孩子会因此而早熟，要用正确的眼光来看待他们之间天真纯洁的友谊。

（2）顺应孩子心理规律。孩子热衷于与异性交往是成长中正常的心理现象，家长对于孩子与异性的交往应采取客观、积极的态度，这样才有利于孩子形成正确的异性交往观。家长坦然、积极的态度能消除孩子过强的好奇心和逆反心理，从而学会与异性融洽相处。

因此，家长要根据孩子自身发展的规律，引导孩子从小习惯与异性小朋友友好相处，上学期间不光结交同性伙伴，也与异性同学健康地交往。

（3）交往情感要适度。随时提醒孩子，与异性交往要把握一个"度"，也就是要有分寸。男女同学之间的交往，是以情感上的相互吸引为基础的，但要保持适度，不要投入太多的感情，更不能痴迷于对方，应只把对方当作朋友。不要刻意疏远，也不宜过分亲密，要保持适当的心理和空间距离，既要热情、亲切、随和、融洽，不拒人于千里之外，又要把握好分寸，做到近而不狎，疏而不远。要尽量避免身体部位的接触，做到诚恳待人和热情大方，既不过分夸张，也不闪烁其词。既不盲目冲动，也不矫揉造作，要恰当地表现自己。在彼此尊重的基础上与异性落落大方、合理、适度地交往。

（4）对孩子感情持宽容、理解态度。如果发现孩子在与异性交往中萌发了"早恋"苗头，不可训斥打骂，要冷静清醒地对待已经发生的感情。家长应理解和尊重孩子的情感，并告诉他们：青春期是学习的最佳时期，过早陷入感情的泥潭，错过黄金般的学习时机，可能会给今后的成长和发展留下很大的遗憾。同时，应及时了解孩子的心理和情绪变化，增进与孩子之间的感情交流，增强家庭生活对孩子的吸引力，避免孩子过多地从外界寻求关怀与理解。

总之，家长在面对孩子与异性交往的问题上，要把握住分寸，要留给孩子更多自由选择的空间，要让孩子自己做决定。

信任是最好的沟通桥梁

信任是人与人之间的黏合剂。朋友之间、同事之间都贵在信任。在家庭里，家长与孩子之间，也同样需要信任。

心理学家认为，追求信任，这是一种积极的心态，是每个正常人的普遍心理，也是一个人奋发进取、积极向上、实现自我价值的内驱力。信任的心理机制对孩子良好心理品质的形成具有积极的鼓励作用。

在家庭教育中，家长的信任可使孩子感到他们与家长处于平等的地位，从而对家长更加尊重、敬爱，更加亲近、服从，心里话更乐于向家长倾吐。这既增进了家长对孩子内心世界的了解，又使家长教育孩子更能有的放矢，获得更好的效果。

其实，对一个孩子的信任，就像相信一粒种子，只要给它水分，一定会长成一棵大树，一定会开出花朵，结出果子。要知道，相信是一种生命状态，是大自然。我们只要相信孩子是一颗种子，相信孩子一定会按照一定的自然机制去发展，就不会把自己的焦虑传递给孩子，就会让孩子去自由发展。如果我们不相信孩子会长成一个健康的成人，我们就会用我们能想到的所有的方法去扭曲孩子，最终破坏他们的自然发展机制，使他们身心受到伤害，给他们一生带来痛苦。

是呀，若家长对孩子持不信任或不够信任的态度，就无法了解孩子的愿望和要求，孩子的自尊心和自信心必然会因此而受到伤害，他们对家长的信赖也势必减弱。这样，家庭教育的效果也会减弱。

所以，家长应该信任孩子，做他们的朋友，从而更有利于教育好孩子。

以下是专家给家长们出的十个有关信任方面的问题：

（1）你有没有让孩子独自一人在家里待过一天以上的时间？

（2）孩子是否经常抱怨你很啰唆？

（3）你偷看过孩子的日记吗？

（4）你是否经常叮嘱孩子多穿衣服，小心着凉？

（5）你是否总是担心孩子没吃饱或营养不足？

（6）你是否经常要督促孩子做功课？

（7）你若不催孩子起床，孩子上学会迟到吗？

（8）你是否会让孩子独自一人上街购物？

（9）你是否每天要催促孩子早点睡觉？

（10）你会经常找老师了解孩子的情况吗？

作为家长，如果你回答"否"越多，证明你越信任孩子，这是非常好的结果，但是，如果你的答案"是"比较多，那就该警觉了，这预示着你与孩子之间缺乏信任，需要修补。

在教育史上，有一个著名的实验后来被称为"暗含期待效应"。其原理就是信任，这种效应被广泛运用于现代教育中，教育工作者从对孩子的信任出发，培养孩子们的积极性，让孩子在别人的信任中不断取得进步。

家长对孩子的信任，做孩子的朋友，能够激发孩子内心的动力，让孩子体会到被尊重和认可的快乐。他们会在家长充满信任和友谊的目光与言语中，自己从摔倒的地方爬起来，一步一个脚印地走向成功，实现他们心中的理想。

当然了，家长不能只是在嘴上对孩子表现出信任，还要表现在行动上，尤其是那些学习成绩不理想的学生的家长要特别注意这个问题。因为任何孩子都希望自己是最棒的，有些孩子成绩上不去，屡遭挫折，心里很压抑，心情十分烦躁，他们多么希望家长说几句鼓励的话，以减轻心里的负担。如果家长不理解孩子此时的心情，偏要在孩子耳边一遍遍唠叨此事，即使家长的用意是好的，招来的也会是孩子对家长的反感，而且因此伤害孩子的自尊心，导致孩子自卑、怯懦、缺乏进取的勇气，甚至厌学。相反，如果家长对孩子有足够的信任，即便孩子遇到了困难，他们也能够充满自信，积极发挥主观能动性，有效地进行自我调整，把困难转化为激励自己努力进取的动力。这不仅有利于激发孩子的学习兴趣、保持良好的学习情绪和心理环境，从而提高孩子的学习效率和学习成绩，同时也锻炼了孩子的自主性、创造性以及对自己和他人负责的能力。

那么，家长怎样才能做到信任孩子，做孩子的好朋友呢？

（1）培养孩子的自信心。有位哲人说："自信心是每个人事业成功的支点，一个人若没有自信心，就不可能大有作为。有了自信心，就能把阻力化为动力，战胜各种困难，敢于夺取胜利。"

因此，家长要注重培养孩子的自信心，要引导孩子尊重别人但不迷信别人，要用科学的态度对待别人的成功与失败。正确看待自己的进步，要有终会成功的自信心。

（2）正确对待孩子的缺点。当孩子有了错误时，不要用偏激的言辞去斥责，而要循循善诱，晓之以理，和孩子一起分析事情的来龙去脉，引导孩子得出犯错误的原因以及造成的危害，然后，帮助孩子改正错误。一生中不犯错误的人是没有的，特别是人生观和道德观正在形成中的孩子，有缺点、错误的可能性更大。做家长的要充分理解他们、信任他们，引导他们正确地对待错误。

（3）要为孩子提供施展才能的机会。在日常生活中，对孩子的有关事宜，切忌热心包办和冷淡蔑视。凡是孩子能做的事，只要是有益的，家长应支持他们去做。孩子缺乏经验和技术，有时失败了，或者有什么失误，这是正常现象。当孩子遇到挫折和失败时，家长应多进行安慰和鼓励，帮助他们找出原因，使他们的自信心得到充分的保护。

（4）对孩子宽严相济。要做孩子的朋友，既对孩子严格要求，善于从日常生活中发现问题，随时给孩子以引导和指引；又要把孩子作为平等的伙伴，与孩子一起学习一起玩，尊重孩子的一切；还要给孩子确实到位的帮助，让孩子心里踏实、心理安全、健康长大。

总之，家长应该同孩子建立起相互信任、相互平等、相互尊重的朋友关系。因为孩子不仅需要在生活上能帮助自己的家长，也需要年龄大、阅历广、愿意倾听、能够给予自己忠告和帮助的"忘年交"。

　　如果家长还没有和孩子建立起平等尊重的朋友关系，双方不妨现在就坐到一起，开诚布公、推心置腹地进行沟通和交流，把彼此的想法告诉对方，这样才能更好地消除隔阂，化解代沟。其实家长慢慢地就能体会到，同孩子做朋友是一件非常有趣、非常快乐的事情。

第二章

孩子性格内向怎么办

性格没有好坏之分，每种性格都有其长处和短处。所以，如果你家里有性格内向的孩子，最需要做的就是尽快掌握教育内向孩子的方法，通过富有针对性的教育，使他们的长处进一步发挥拓展，短处得到有效的弥补。

内向的孩子有"内秀"

我们常听一些家长赞叹邻居家的孩子胆子大、敢于在众人面前表现自我，而对于自己内向的孩子则抱怨不已："不知道他是怎么了，总是躲在人后，甚至不敢见生人，这么胆小，真没出息。"

我们也常听一些家长夸奖别人的孩子在班里成绩拔尖，羡慕之情溢于言表，并认为这样的孩子将来一定会有出息，干任何事业都会成功。因此，对自己成绩不理想的孩子感到很失望，甚至失去了信心。

我们不否认胆子大、学习好的孩子将来事业成功的机会大一些，但是也不能说胆子小、学习成绩不好的孩子就没有出息。作为家长，要清楚，我们每个人的智能是多元的，内向孩子只是语言智能或者人际智能不尽如人意，但完全可以通过后天有意识的训练得以改善。再说了，孩子内向不等于孩子一无是处，他们也有很多优点。

美国哈佛大学教授加德纳曾提出多元智能理论，此理论有助于家长在认识与评价孩子以及对孩子能力把握等方面有更加完整、清晰的认识。加德纳认为，人类的智能是多元的，这些智能包括语言智能、数学逻辑智能、空间智能、身体运动智能、音乐智能、人际智能、自我认知智能及自然观察智能。

（1）语言智能。语言智能是指语言理解、语言表达和欣赏语言的能力。语言能力对于人类的每一个新生命来说都是至关重要的。当孩子逐渐掌握了与别人正常交流和沟通的能力后，才逐渐成为完整意义上的人。

（2）数学逻辑智能。数学逻辑智能是指人能够进行数学运算、分析综合和逻辑推理的能力。比如让孩子数一数自己有几只眼睛、几个鼻子、几只耳朵、几张嘴巴，或者让孩子数数有几朵花，说出周围哪些东西是圆形的，完成这样简单的游戏所需要的就是数学逻辑智能。

（3）空间智能。空间智能是指人们对物体的大小、形状、上下、前后、左右、远近等空间概念的认识，以及对物体空间位置关系的认知。在生活上，空间智能是必不可少的能力。如果一个孩子对物体的形状、空间关系、色彩等的认识发展得早，很小的时候就开始自己画意象画，而不只是模仿别人的画，喜欢用图形或画来表达自己的思想和情感，喜欢看画展，喜欢画各种各样的东西，极为反感别人在自己画画时打扰自己，能欣赏或评价别人的绘画作品，绘画作品的立体感强，比例关系得当——这些信号便昭示孩子具有空间智能优势。

（4）身体运动智能。身体运动智能是指人能巧妙地操纵物体和调整身体的技能。比如运用身体语言来表达想法和感觉，用双手灵巧地摆弄玩具，使用工具，还有像平衡、协调、敏捷、力量、弹性和速度等身体技巧。

（5）音乐智能。音乐智能是指人能敏锐地感知音调、旋律、节奏和音色等的能力。有研究表明，接受音乐教育的孩子与没有接触过音乐的孩子相比，前者的阅读、写作、数学和语言成绩比较好，注意力集中程度比较高，空间推理能力也比较强。学习音乐还对口语学习有很多好处，能够帮助孩子快速掌握语言的节奏和音调，无论是母语还是外语。音乐教育还可以帮助孩子积累社交和情感技能，减少表演焦虑，协助运动发育，增强创造性。所以，从小让孩子听各种不同的音乐，特别是古典音乐，对于促进孩子的想象力、帮助孩子学习用音乐表达自己的感情、用音乐来放松，都是非常有好处的。如果一个人从小就能安静地听各种歌曲、乐曲，节奏感很强，听觉敏锐，尤其对音乐的听觉非常精确，听到熟悉的乐曲或歌曲时极易兴奋和激动，常常会情不自禁地低声附和、识谱、记谱的能力很突出，对弹奏练习有浓厚兴趣，喜欢合唱和演奏，对演奏有"天生"的好感，喜欢各种乐器并有持久的兴趣，能演奏一种或多种乐器，能用歌曲或音乐表达自己的思想和情感——这便是一个具有音乐智能优势的孩子的重要表现。

（6）人际智能。人际智能指能够有效地理解别人和与人交往的能力。整个幼儿期的孩子都无法摆脱以自我为中心，他们很难站在他人的角度来思考问题，无意识之中就认为自己所想即他人所想，自己所感即他人所感。所以，家长应该给孩子留出时间和空间，让孩子与同龄人充分交往。在与同伴交往的过程中，尤其在角色扮演等游戏活动中，让孩子学习了解他人的想法和情感体验，就显得非常重要和有意义。

（7）自我认知智能。自我认知智能是指正确地认识自己、喜欢自己，并且会根据周围的环境调整自己行为的能力。比如学会判断自己行为的对错，会自己做计划并且对自己的生活负责，这些能力都是自我认知智能。对于年龄尚小的孩子，我们可以通过问孩子"希望长大做什么，你喜欢什么，不喜欢什么"等问题来帮助孩子了解自己。

（8）自然观察智能。自然观察智能是指善于观察自然界中的动物、植物、天气变化等自然现象的能力。具有自然智能特质的孩子，在生活中会表现出敏锐的观察力与强烈的好奇心。培养孩子认识自然、接触自然是必要的，因为人类本是自然界的一员，了解自然界生生不息的力量，他们才会懂得重视生命、珍惜生命。对于内向的孩子，可以通过经常带他们晒太阳、看风景、玩水来让孩子喜欢大自然；可以和孩子一起在阳台上种一些简单的植物或者在家里饲养乌龟、小鱼等小动物，让孩子学习自己照顾动植物，让他体会生命成长的可贵；也可以和孩子一起阅读有关大自然的书籍，提高孩子对大自然的兴趣和关注度。

人类的智能是多元的，多元智能在个体身上的表现侧重点也是不尽相同的：孩子内向，可能只是人际智能方面有所欠缺，并不能因此而否定孩子的其他所有智能。孩子内向但是却酷爱读书，说明他的语言智能比较突出，不妨有意识地培养训练孩子的写作能力，说不定会培养出一个小作家呢！孩子内向但是爱玩积木，说明他的空间智能比较突出，动手操作能力比较强，不妨加大对孩子空间能力方面的训练。

总之，家长切不可因为孩子内向而对孩子的其他优势智能漠然处之，或者在自己孩子和其他孩子之间进行不恰当的对比。明智的做法是，及时发现并对明显展现在孩子身上的某项优势智能因势利导，强化内向孩子的自信心。只要正确了解和掌握了培养教育孩子的方法，让自己的孩子"成龙、成凤"的愿望就不难实现。

鼓励孩子大胆与人交往

近年来，我国独生子女经历着特殊的"四、二、一"家庭结构，"四"即爷爷奶奶外公外婆、"二"即爸爸妈妈、"一"即孩子，如此，孩子的家庭生活方式被简化为：一人玩耍或只能与家长一起玩耍。同时，随着现代居住环境不断变化，人们居住的场所逐渐具有高层封闭的特点，邻里之间咫尺天涯，互不往来，影响着人与人之间的沟通。凡此种种，使得孩子缺乏与人交往的机会，造成交际能力低下。同时，对于那些性格内向的孩子来说，自我封闭的个性又限制了他们交往的范围，以至于他们的交际能力越来越差劲。据相关资料显示，许多成人不能与他人正常交往的原因，就在于他们在生命的早期没有学会基本的社会交往技能。

君不见，一些性格内向的孩子平时在家里尚且活泼、调皮而又捣蛋，可是一见到陌生人，就变得扭扭捏捏、不大方，甚至害羞地躲到大人身后，完全变了一个样。在这个越来越开放、越来越需要交流和表达的世界里，这样的孩子很容易被忽视和被边缘化。他们在生人面前局促不安、不敢说话，在带有竞争性的活动中，更是畏缩不前、胆怯害羞。改变孩子不善交往的个性，使其变得自信大方起来，越早越好，因为害羞的壳关闭得越久，就越不容易将它打开。

美国的乡村里有一个小女孩，她有一副百灵鸟般动听的歌喉，非常想成为一个歌唱家，可惜的是，她的性格太过羞怯，每当一个人唱歌的时候，她能够唱出自己最高的水平，但每当在别人面前表演的时候，她就会紧张得不得了，不是跑调，就是忘词。这让她感到非常苦恼，甚至打算放弃当歌唱家的梦想。

父亲知道以后，鼓励她："只要你用心唱出自己的歌声，人们会被你的歌声打动的。你应该克服自己的羞怯，把自己最高的水平向别人展示出来。"

听了父亲的劝告，她坚守住了这份梦想。从此之后她有意识地去改变自己的性格。她开始主动与别人交往，在人多的场合，她不再像以前一样躲在角落里，生怕别人看到，而是站到人群之中，与大家一起说笑，大家都很惊讶这个小女孩的转变，但惊讶之后，他们都给予她足够的赞扬，因为他们都知道她有一副好嗓子，都希望她能够成功。

就这样，在大家的鼓励和帮助下，小女孩的胆子渐渐大了起来，在大家面前表演的时候，她的脑子里想的不再是：唱跑调了怎么办？忘了歌词怎么办？而是把全部的精力都投入到为她的观众歌唱中去。渐渐地，人们为她的歌声所感动，开始喜欢她、热爱她。这个女孩就是凯丝·达莉，长大以后，她成为美国历史上最著名的歌唱家之一。

如果你的孩子同样胆小、害羞，总是一个人躲在角落里不敢表现、不敢与人交流，那么，家长就应该多鼓励他向这个小女孩学习。因为，她用自己的行动告诉我们，担心和害怕是没有用的，要想克服这些缺点，就应该大胆地站到人群中去，让别人发现自己。这才是最有说服力的。

家长培养孩子的人际交往能力可以从以下几方面做起：

（1）培养孩子的语言能力。提高孩子运用语言的能力，就是帮助他们架起通向他人的桥梁。家长要从小培养孩子会说爱说的习惯，为他们进行交往活动打下必要的基础。

（2）利用各种机会指导孩子与人交往。比如：去别人家做客，要教育孩子有礼貌；家里来了客人，要让孩子主动打招呼，帮助做些接待事宜；成人间谈话，如果没必要让孩子回避，可以让他们参与，并允许他们发表自己的意见，这是他们学习人际交往的极好机会。若孩子敢于在别人面前说出自己的看法，家长对此应给予鼓励，对他们正确的见解及时进行肯定。对孩子的一些不妥做法，如只顾自己说话，随便打断别人谈话等，要及时提醒，并在事后进行必要的教育和指导。

（3）鼓励孩子多参加集体活动。参加集体活动是提高交际能力的重要途径。孩子在集体活动中，不仅可以结识许多的小伙伴，还可以在了解他人的基础上了解自己，学会用集体交往的规则调节自己的言行，学会尊重他人、谅解他人、乐于助人，学会调节集体和个人的关系。

（4）尊重孩子的交往兴趣。让孩子明白与同伴交往是自己的权利，处理同伴交往中出现的问题也是自己的责任和义务。这是对孩子独立人格的肯定，也是培养孩子独立性的重要一步。

（5）为孩子提供一个宽松的民主家庭氛围。民主的家庭氛围很重要，因为在这种氛围下能培养出性格平和的孩子，孩子能平和地与别人交往，成为别人心目中的好伙伴。让孩子在充分善良、宽松的环境中长大，保证他健全的人格、健康的个性品质，这是孩子受他人欢迎的很重要的基础。

（6）正确对待孩子交往过程中出现的冲突。孩子在交往的过程中出现一些冲突和争执是很自然的，家长不应过多干预，要尽量让孩子自己来解决问题，通过独立解决冲突和争执，使他们学会协调、同情、忍让等处世技巧，这往往是在与成人的交往中学不到的。同时，家长要注意培养孩子化解矛盾的责任心和能力，使孩子在调解冲突的过程中学会倾听对方的陈述和观点，从而掌握解决问题和化解矛盾的能力，并学会判断，能够创造性地解决争端，而不是采取被动或侵犯的方式，懂得必须照顾每一方、每个人的需要，使各方都在最小矛盾的情况下和平相处。

克服孩子的社交恐惧症

我们都曾有过这样的经历：在众目睽睽之下讲话往往感到有些紧张；在社交场合与陌生人打交道或在不得已的情况下把自己介绍给大家认识时，同样也会有些迟疑与害怕。对于大多数人来说，这些紧张与害怕只是短暂的，并随着年龄的增大、智力的发展、知识的积累，惧怕感会不断地消失。但在那些内向、怯懦的孩子当中，害怕见生人的状况暴露得十分明显，他们有时甚至在与熟人讲话时都会感到紧张与脸红，更有严重者，在与人交往的过程中，还会出现口吃、出汗、惶恐不安、心跳加速、轻微颤抖的现象。我们称这种现象为社交焦虑障碍或社交恐惧症。这种心理问题在内向的青少年中较为常见，成为困扰教师与家长的一大问题。

这天，某高校心理咨询中心闯进了一个女生，她的名字叫王小磊。可是，当她见到心理医生时，竟不知道该如何开口说话。后来，在心理医生的一再鼓励下，她才吞吞吐吐说起了自己的情况。

原来，王小磊有个"害羞"的毛病，两年多来，她很少与人讲话，即使与人讲话，她也是不敢直视对方，像做了什么亏心事似的。她还说到，平时一说话脸就发烧，心怦怦跳，好像全身都在发抖。她不愿与班上同学接触，觉得别人讨厌自己，在别人眼中是个"怪人"。最怕接触男生，即使在教室里，只要有男生出现，就会不知所措。对老师也很害怕，上课时，只有老师背对学生板书时才不紧张，而只要老师面对学生，她就不敢朝黑板方向看。常常因为紧张，对老师所讲的内容不知所云。更糟糕的是，如今在亲友、邻居面前说话也"不自然"了。由于这些毛病，她极少去社交场所，很少与人接触。

显然，王小磊患上了严重的社交恐惧症。她对于在陌生人面前或可能被别人仔细观察的社交或表演场合，有一种显著且持久的恐惧，害怕自己的行为或紧张的表现会引起羞辱或难堪。我们要想帮助孩子克服社交恐惧症，就要深入了解社交恐惧症的表现分为哪几类。

（1）赤面恐惧。一般人在众人面前时，经常会由于害羞或不好意思而脸红，但赤面恐惧患者却对此过度焦虑，感到在人前脸红是十分羞耻的事，最后由于症状固定下来，就会非常畏惧到众人面前。患者一直努力掩饰自己的赤面，希望尽量不被人觉察，并因此十分苦恼。有一位学生患者，因赤面恐惧而不能乘公交车，只好坐出租车或干脆步行。在必须乘公交车时，他就事先喝上一杯酒，使别人认为他脸红是喝酒所致，以此自我安慰；或拼命奔跑急匆匆上车，解开衣服的纽扣，让别人相信他脸红是由于奔跑所致，以掩饰赤面。这些症状在正常人看来似乎很可笑，但对患者来说却像落入地狱般痛苦不堪。他们觉得不治好赤面恐惧症状，一切为人处世等都无从谈起。

（2）视线恐惧。这种患者主要是与别人见面时不敢正视对方——自己的视线与对方的视线相遇就感到非常难堪，以至于眼睛不知看哪儿才好。患者一味注意视线，并急于强迫自己稳定下来，但往往事与愿违，终于不能集中注意力与对方交谈，谈话前言不搭后语，而且往往失去常态。有的学生患者在上课时，总是不由自主地去注意自己旁边的同学，或总感到旁边的同学在注意自己，结果影响了上课，并让自己无比痛苦。

（3）表情恐惧。患者总担心自己的面部表情会引起别人的反感，或被人看不起，对此惶恐不安。表情恐惧多与眼神有关，患者认为自己眼神令其他人生畏，或认为自己的眼神毫无光彩等。有一位表情恐惧患者，他固执地认为自己的眼睛过大，黑眼球突出，这样子被人瞧不起，又认为自己的表情经常是一副生气的样子，肯定会给别人带来不快，他冥思苦想，竟然使用橡皮膏贴住自己的眼角，认为这样就会使眼睛变小，但眼睛承受了极大的拉力，非常痛苦，也很难持久。最后，患者下决心动手术。当然没有一个眼科医生会给他做这样的手术。

（4）异性恐惧。主要症状与前几种情况大致相同，只是患者在与异性或者自己领导上级接触时，症状尤其严重，感到有极大的压迫感，不知所措，甚至连话也说不出来。与自己熟识的同性及一般同事交往则不存在多大问题。

（5）口吃恐惧。口吃恐惧可归类于社交恐惧的一种。患者本人独自朗读时，没有什么异常，但到别人面前时，谈话就难以进行，或开始发音障碍，或才说到一半儿，就说不下去了。

社交恐惧症是一种因心理紧张而造成的疾病，只要积极治疗，做好心理疏导，就能克服恐惧。为此，家长应注意以下几点：

第一，多给孩子一点关爱。没有爱的滋润，孩子的生命就像无源之水。无论父母多忙，请你都不要忽视孩子，每周至少与他们交谈一次，同时可以带他们多出去玩一玩，送点小礼物给他们，给他们的生活带来一点惊喜的色彩。总之，家长无论多忙，对孩子提出的问题或表现出的一些不明显的心理问题症状，都不能不闻不问，这样才能及时发现、及时治疗，让他们感受到一份亲切与温暖。

第二，对孩子多一点耐心。不少"社交恐惧症"的孩子都极其自卑，这时，父母、老师只有以足够耐心、真诚的态度，才能走进他们的生活空间，走进他们的心灵。只有产生了情感共鸣后，才能收到良好的诊疗效果。

第三，请教专家。当家长与老师实在无法自己解决孩子的问题时，应该及时向专家请教，向心理医生寻求帮助，以便孩子及早走出心理阴影。

让孩子学会与他人分享

分享是与人快乐相处中一项非常重要的内容。家长有必要让孩子表现出一定程度的慷慨大方，体会到分享的快乐。尤其是内向的孩子，本身不善交流，如果再不懂分享的话，他的人际关系就很难有改善。

赵振发是个 11 岁的男孩子，他有一次对老师说："我不快乐！虽然我家有两个保姆，上百本图书和数不清的玩具。可是，我就是不快乐！"

于是，老师就问他："你把这些书分给没有书的小伙伴看过吗？"

"没有。"

"那你把那些玩具分给别人玩过吗？"

"也没有。"

"你的压岁钱用来帮助过有困难的同学吗？"

"更没有了。"

"所以你不快乐！"老师这样对他说，"如果你能把这些东西拿出来和别的伙伴分享，快乐自然就会来到你的身边！"

这次谈话后，赵振发了解到贫困地区有许多爱学习的孩子没钱买课外书时，他真的很吃惊，就和妈妈一起捐出一万块钱，要求为 5 所农村小学建立"手拉手"书屋。

几个月之后，赵振发真的收到了上百封农村孩子的来信，赵振发的班主任当时惊讶不已，还以为这个男孩干了什么惊天动地的"大事"。

在这些信中，农村孩子对赵振发表达了最真挚的感谢，说他们从来没有看到过这么多的书，还说这些书让他们产生了许许多多美好的梦想，给他们带来了不曾有过的快乐，更说他们一定会好好读书……

赵振发被感动了，他忽然觉得，自己是多么重要，自己的这些书是多么神奇！

慢慢地，赵振发变得快乐了，他还和妈妈商量好，每年都要省下一些钱来捐书，送给山里的孩子。第二年，他又捐了1000册书……

分享是快乐的大门，学会分享，懂得分享的孩子就进入了快乐城堡；独享是痛苦的大门，只去独享，只会独享的孩子就走进了痛苦的泥潭。所以，让孩子学会分享，是让孩子学会交往，变得快乐的必要手段。

家长应从以下几方面教孩子学会分享：

（1）不要溺爱孩子。由于当前很多家庭的孩子都是独子，家长对孩子的溺爱更严重了。很多家长出于对孩子的爱，把好吃的、好玩的全让给孩子，孩子偶尔想与父母分享，父母却在感动之余说："我们不吃，你自己吃吧！"长此以往就强化了孩子的独享意识，他们理所当然地把好吃的、好玩的全据为己有，导致孩子只会独享，不愿与他人分享。

（2）帮助孩子建立安全感。在物质比较丰裕的今天，让孩子建立安全感不难办到。物质匮乏多会导致孩子以自我为中心，如果你给了他满足，他在获得安全感后，孩子自私的想法就会淡化。比如，如果孩子只有一颗糖果，他当然不会喜欢把它分给别人，但是如果他有很多的糖果，他就会留出自己的部分，乐意让别人去分享剩下的部分，当他体验到分享的快乐时，逐步减少他自己的分量甚至完全共享是完全可以做到的。黄妈妈经常在放学接儿子的时候，给儿子带很多小食物，要他分给小朋友们。开始儿子不肯，妈妈告诉他家里还有很多很多，他才放心了，看到朋友们拿到东西的喜悦，孩子慢慢开始变得热心了，主动给每个小朋友分发。

（3）不能让孩子有特权。家长要教育孩子在看到自己的同时，也要想到别人，知道自己与其他成员是平等的关系。好东西应该大家分享，不能只顾自己，不顾别人。自己有需要，别人也一样有需要。不要让孩子凡事把自己放到第一位，这样的孩子容易表现出自私自利的行为。

（4）让孩子明白分享不是失去，而是互利。孩子之所以不愿与人分享，是因为他觉得，分享就是失去。要让孩子明白，分享表现了自己对别人的关心与帮助，自己与别人分享，别人可能也会回报给自己同样的关心与帮助，这样彼此关心、爱护、体贴，大家都会觉得温暖和快乐。分享其实不是失去，而是一种交流，一种互利。

（5）让孩子多结识大方的同龄朋友。大人有大人的世界，孩子有孩子的世界。虽然大人的榜样是很重要的，但是同龄人的表现更加刺激孩子下决心向同龄人学习和比较。如果孩子身边的朋友大都是大方不计较的好孩子，那么自己的孩子也不会自私自利斤斤计较。要知道，环境是很重要的因素。

（6）给孩子分享的实践机会。一般来说，父母都疼爱自己的孩子，但爱的方法各有不同。父母千万不可对子女百依百顺，要什么给什么，更不要把孩子当成贵宾一样，要穿最好的，要吃最好的，导致孩子有好的东西只想到自己。众多家人意见中，老是以孩子意见为优先，久而久之，孩子就成了"小皇帝"。这些孩子在家里有这样的表现，到外面自然也习惯如此。因此，家长要给孩子分享的实践机会，让他们真正懂得如何与人分享。

在教育孩子与人分享的同时，家长还要注意一定的原则和技巧，比如要让自己的孩子和别的孩子分享他所喜爱的玩具，切忌强迫他，也无须向他讲一些空洞的大道理。不妨这样跟他说："你玩一会儿，让他玩一会儿，你们俩都高兴，不是很好吗？"适当地引导孩子，积极有效地对孩子进行鼓励、赞美，能让孩子感到分享对他不是一种剥夺，而是一种增添更新更多乐趣的机会。当孩子较小时，家长不妨就对孩子进行这方面的"分享训练"。比如，当孩子手中拿着画册时，家长可以拿着一个玩具，然后温柔地、慢慢地递给他玩具，并从其手中换走画册。这样通过反复训练，孩子便学会了互惠与信任。此外，家长还可以从侧面出发，想一些比较特别的点子，让孩子体验到与人一同分享玩具时可以玩出一些新的花样，可以体验到更多的快乐，这样做能吸引孩子主动尝试着与小伙伴分享。

跟内向孩子沟通的技巧

孩子之间存在很大的个性差异，教育的目的就是要开发每个孩子的差异性、独立性和创造性。父母要根据孩子的个性，选择不同的说话方式，只有这样，才会达到理想的教育效果。

有些孩子性格内向，不爱说话，你问他什么他也不爱回答。不认识的人他不去接触，陌生的小朋友在玩，他在旁边看，没有高兴或不高兴的感觉；还有的孩子，稍微批评她一下就哭鼻子，父母心疼也不是，生气也不是，平时也不敢多说她什么。这样焦急的父母不在少数。面对内向的孩子，不知道如何去跟孩子沟通。父母们会觉得：他们平时不爱说话、不合群、遇事胆怯不自信。因此别人常常忽略他们，或者担心他们。真不知道这样的孩子我们应该如何去启发他们、帮助他们。

其实，内向个性的孩子会更依赖父母，更亲近父母，更容易教育，只是我们没有找到恰当的方法和技巧。在和内向的孩子沟通之前，我们必须知道，每个孩子的个性发展是有阶段性的，小时候内向并不等于以后也内向，开放式的生长环境与鼓励式的交流方式对形成开朗的个性尤其重要。

1. 从小开始多跟他交流

说话这个看似平常，只要不是哑巴人人都会的事情好像没有什么好说的，但是这个问题在当今社会却越来越严重，特别是孩子。有些孩子不喜欢说话，不愿意开口说话，不能很好地表达自己，很多父母都在为这个发愁，不知道怎么做才能让孩子乐于说话，善于说话，能够和父母、朋友很好地交谈。与人交流是正常人的一项基本能力，只要生活在社会中，和人接触，孩子基本都能学会交流。但是只有父母善于交流，经常引导孩子，孩子才能喜欢交流，愿意与父母和他人交流。

喜欢说话与先天的遗传有一定的关系，但是最主要的还是后天环境的影响。孩子生长在一个什么样的环境中、父母如何引导孩子对孩子的语言表达能力起着决定性的作用。无论孩子先天禀赋如何，只要父母通过科学的教育方法就一定能激发孩子说话的欲望，使他乐于并善于开口说话。

像吃饭、说话、走路这样的基本行为，如果父母能够在孩子很小的时候就教他，他就能很早学会。我们都知道，如果父母不怎么过问孩子，不经常与孩子交流，孩子语言、行动发展就比较缓慢。如果父母多和孩子说话，多与孩子交流，孩子就能很早学会说话，会比较喜欢说话。并且说话也具有感染性，一个健谈的父母，也能使孩子受到感染，愿意与人交流。

家长要养成与孩子聊天的习惯，可以在每天的睡前，躺在床上，让孩子说说今天在幼儿园都发生了什么事儿，有什么高兴事儿，有什么不高兴的事儿。孩子的表述过程就是一个很好的概括归纳过程，同时家长也能从孩子的表述中了解到孩子在幼儿园都发生了什么事，对孩子在幼儿园的情况有所了解，也能及时了解孩子的心理需求。对于孩子的心理变化也能通过与孩子的每天聊天有所洞悉。

2. 留给孩子足够的说话空间

在亲子沟通的过程中，有许多影响沟通的因素，由于家长是沟通过程的主动一方，他们往往会意识不到自己的做法是错误的。如经常指责、埋怨孩子，认为孩子做得总是不对的；对待孩子的问题经常是啰唆、打岔，一个问题没解决，却想起孩子的一堆"不是"；对待孩子过于干涉，凡事都要问个究竟，没有考虑孩子自己的空间和隐私。

最初孩子会试着对父母说出自己的想法，但如果父母对孩子说的话和做的事情总是唠叨，孩子就会产生很多不良的情绪和感受，就会用沉默的方式来反抗父母的唠叨。在这样的家庭环境中，孩子不愿意和父母说话，久而久之就会削弱孩子语言表达和沟通的能力。父母不要总是只扮演让孩子听话的角色，而不给孩子自我表达的机会，这样孩子就不会主动说话。很多父母习惯于对孩子唠叨，这是父母身上存在的不良习惯，它会使孩子生活在无奈、嘈杂的环境中。在这种环境中，孩子难以对父母说出自己的心里话。

3. 鼓励孩子多交朋友

沉默寡言、不善于表达的人很难适应当今的社会，无论是在日常生活中还是工作中都需要大家很好地表达自己。生活中一个沉默寡言的人无法使别人了解自己的想法，他也不会很好地把自己的要求、需要表达出来。父母要让孩子走出家门，多见识世面，多交朋友。知识丰富、视野开阔不仅能为孩子的发言提供内容，也能锻炼孩子人际交往的能力。

浩浩以前很不爱说话，总是沉默寡言。只有妈妈问他他才会简短地回答几句，但一般他都不会主动找爸爸妈妈聊天，而是让自己生活在沉默的世界里。父母很为儿子沉闷的性格担心。最近，浩浩经常出去和社区里的孩子踢足球，结识了几个好朋友，经常跟他们一起玩，有时候还会把他们邀请到自己家里来。孩子在家和父母说的话也多了，和父母一起看足球比赛时也总会给父母评论一番。有时候还会给妈妈讲一些朋友间的趣事。看到孩子的变化，父母更加支持他走出去结交更多的朋友，参加一些集体活动。

父母应该鼓励孩子，让他们学会玩，学会交朋友，学会与人交往，不要总是生活在自己的世界里，这样有助于孩子打开语言的大门。

多给孩子说话发言的机会

内向虽然有先天因素，口拙却主要是后天的。对于不擅长表达自己想法的孩子，父母更是要着重培养他的说话能力。

孩子的说话能力相差很大，有的孩子18个月才会说一个单字，而有的孩子已能背诵儿歌，这并不一定是智力差，关键是大人的教育和训练。其中，家长为孩子创造说话的机会最重要。

当婴儿6～7个月已经能喃喃发音时，父母要多和孩子攀谈，用简单的语言谈及孩子关心的事或正在做的事，说话要慢，发音要清晰，核心的字词要加重语气，不断重复，让孩子观察到大人的口形和亲切的表情，还让孩子看到"字或词"所表示的实物，尽管此时孩子听不懂，也不会说，但对孩子的视力、听力都是锻炼，也使孩子逐渐熟悉说话的音调、节奏，为以后开口说话打下基础。9～10

个月的婴儿已经能听懂父母的话，此时应该教他模仿成人发音，这要在愉快的气氛中进行。家长教孩子说话时，一定要表情丰富，让孩子看清成人说话的口形、嘴的动作，加深对语言、语调的感受，能区别复杂的音调，逐渐模仿成人的发音，比如孩子指着帽子，要戴帽，就教他说"帽"，如这是宝宝的帽，帽子，戴帽子。学习发音时，家长应一个字一个字地慢慢教，一定要有耐心，不能急于求成，当孩子努力发声时，家长应显得高兴，要表扬他，鼓励他。

对 11 ～ 12 个月的孩子，家长要给他创造更多的说话机会。要多和孩子聊天，在谈话中要不断增加新的词语，要读书给孩子听，要和孩子多做游戏，游戏时鼓励孩子说话；如果孩子仍用表情或手势、动作提出要求，家长就不要理睬他，要拒绝他，促使他不得不使用语言，如果孩子发音不准，先猜猜孩子发出来的词句是什么意思，然后用正确的语言向他做示范，帮助他讲清楚，绝对不能笑话他，否则他会不愿意或不敢说话了。

家长要关心和培养满 1 周岁的孩子的语言发展，只有多听、多说、多练才能熟练掌握，运用自如。当孩子逐渐有表达能力的时候，父母就要鼓励孩子主动说出心里的话，要站在孩子的角度，不能因为孩子的想法幼稚就对他冷嘲热讽，这样会挫伤孩子说话的积极性。对于性格内向的孩子，父母要尽量让他多和外界接触，在和他人接触的过程中培养自己外向的性格以及养成和别人交流的好习惯，学会向他人表达出自己内心真实的想法。

莹莹是个优秀的孩子，可是小时候却十分害羞，甚至有点孤僻。妈妈是个医生，每天工作繁忙，照顾女儿的责任主要落在爸爸身上。爸爸是个细心的人，每天莹莹放学回家，吃完饭，写完作业，父女俩都会有雷打不动的一小时谈话时间。

在这一个小时的时间里，莹莹告诉爸爸学校里的各种事情，如老师的脾气个性、同学的趣事、学校的活动、学习上的喜悦和烦恼，还有自己心里的各种情绪体验等，在这个过程中，爸爸主要做一个忠诚的听众，与莹莹一起感受与经历。

若是莹莹有什么问题想得到解决的办法，爸爸也不会马上说应该怎么办，而是与莹莹一起讨论、商量，引导莹莹自己想出办法。这每天宝贵的一小时，从莹莹上幼儿园到中学，从不间断，伴随着她度过了宝贵的成长阶段，改变了她小时候害羞孤僻的性格。

给孩子说话的机会，父母就要学会倾听。倾听孩子的诉说，充分尊重孩子说话的权利，这不是纵养孩子的行为，也不能视作听任孩子的狡辩，这是一种家教艺术。首先，这有利于双方的交流。只有充分尊重孩子的权利，孩子才会信任父母，愿意把真心话掏出来。家长教育孩子也就能有的放矢，从而帮助孩子端正思想。其次，有利于孩子建立一个健康的心理环境，促进身心的良好发展。孩子有了向父母倾诉内心感受的机会，就会走出压抑的心境，克服自卑感，从而增强自信心。这对锻炼孩子的社会交往能力是个极好的途径。

很多孩子在外人面前会害羞，对于这类孩子，父母要学会尊重，站在朋友的位置，用心去感化孩子，帮助孩子矫正害羞的习惯，让孩子学会交流，掌握融入人群中的方法，以便得到他人的理解和支持。少责备、少催促，只有这样才能更好地与他沟通。内向的孩子常常不自信，所以更不敢说话，父母不妨以孩子最感兴趣的事情或他做得最好的事情为话题，在不经意中和孩子交流、沟通，也许会取得意想不到的效果。不要老去说孩子性格不好。

内向孩子的心灵常常是封闭的，父母要想办法让他打开，而不要去逼他打开，要给孩子自由，尊重并理解他，不要老去说他性格不好。其实内向性格没有什么不好，他们往往柔韧性强。所以，多去发现孩子的长处，鼓励他多参与集体活动。多和孩子一起出去玩玩，这样一来，他得到了充分的快乐，就会主动和父母沟通，从而慢慢得到很好的说话锻炼。

内向的孩子更脚踏实地

内向的孩子与人接触的时候往往很少，也就往往容易"沉"下心来，他们很少被外界诱惑，所以更能成就一番事业。

诚然，在这个越来越趋于浮躁的社会里，心浮气躁成了一种社会通病。越来越多的人无法静下心来踏实做事，每个人都匆匆忙忙，每个人都迫切地希望用最快的方式获得成功。孩子也一样，因为过于急功近利，导致很多事情不能做好。这样一来，越是心情迫切，离成功也就越远。

因为"罗马不是一日建成的"，任何成功都是日积月累的结果。内向的孩子做任何事情都踏踏实实，反而更容易接近成功。

猪妈妈有三个孩子：老大、老二和老三。他们的性格截然相反，老大比较外向，老二属于中和——内外向兼之，老三则比较内向。

一天，猪妈妈说："孩子们你们都已经长大了，每个人去盖一间房子，看谁的本领大！"

老大用稻草很快就盖了一间漂亮的稻草房子睡起觉来。

老二一看哥哥的房子都盖好了，他听说木房子既结实又好看，于是就拾来几根木棍，盖起了木房子。很快，木房子也盖好了，老二开心地睡起午觉来。

只有老三想好好建一间结结实实的砖房子。老大、老二睡醒了来找老三玩，但老三还是认真地盖房子，没有时间理他们。到了傍晚，老三终于盖好了一间又结实又漂亮的砖房子。

有一天，从树林里来了一只大灰狼。这只大灰狼已经很久没有吃东西了，它饿得嗷嗷直叫。

大灰狼看见老大的稻草房，就"呼"地吹了一口气，草房子被吹散了。

老大拔腿就跑到老二的木房子里，大灰狼追上来恶狠狠地说："别以为躲进木房子我就吃不了你们，我照吃不误！"说着，大灰狼又使劲地吹了几下，不一会木房子也被吹散了。

老大、老二连忙跑到老三的砖房子里躲了起来。大灰狼追过来，用尽全身的力气，"呼""呼"地吹起来，可是砖房子却纹丝不动。

大灰狼又气又累，他看见屋顶上有一个烟囱，便想从上面爬进老三的房子里。

聪明的老三早已在烟囱下烧开了一大锅滚烫的热水。大灰狼爬进来时正好掉进了大锅里，不一会儿就被烫死了。

老大、老二觉得很惭愧，都是因为贪快才建了不结实的房子，导致自己差点被狼吃掉了。他们决心以后向老三学习，做什么事情都踏踏实实、不贪快了。

瞧，性格内向的老三做事是多么踏实，而老大、老二则不然。通过这个寓言故事，我们可以知道，做事不踏实的人最终要吃大亏。

做事不踏实的孩子行动盲目，缺乏思考和计划，他们做事心神不定，缺乏恒心和毅力，急于求成，不能脚踏实地。因为谁也不会信任一个做事情毛毛躁躁、缺乏定性的人的，所以，这样的孩子可能最终一事无成。

做事情不踏实的孩子经常心浮气躁，做事情总是半途而废、朝三暮四。他们对任何事物都患得患失，心情经常处于焦虑不安的状态，这无疑是自寻烦恼。因为惯性地"坐这山望着那山高"，耐不住寂寞，无法静下心来，所以，他们经常会稍不如意就放弃，不肯为一件事倾尽全力。做任何事情，总是"东一榔头西一棒槌，既想要鱼也不想放弃熊掌"。因为根本无法将心专注在某一件事情上，做什么事情都只是浮光掠影、蜻蜓点水似的，所以导致劳而无效。

内向的孩子更容易脚踏实地，家长应多给予肯定，让他们的优势能够持续下去。

孩子的情商要趁早培养

"情商"即"情感智力商数"，简称"情商"。"情商"指的是一个人运用理智控制情感和操纵行为的能力。它是衡量一个人情感、情绪智力水平高低的一项量化指标；是一种洞察人生价值、揭示人生哲理的悟性；是一种克服内心矛盾冲突、协调人际关系的技巧；是一种生活智慧。也是我们平常所说的心理素质。

情商理论的创始人塞拉维教授和梅耶教授把情商界定为：对情绪的知觉力、评估力、表达力、分析力、习得力、转换力、调节力，涵盖了对自我情绪的控制调整能力、对人的亲和力、社会适应能力、人际关系的处理能力、对挫折的承受能力、自我了解程度以及对他人的理解与宽容等。

20 世纪 90 年代中期，美国心理学家丹尼尔·戈尔曼在以往众多理论的基础上，经过一段时间的研究和分析，发表了他的"情商"理论。这个理论认为，"情商"是个体的重要生存能力，是一种发掘情感潜能、运用情感能力影响生活各个层面和人生未来的关键的品质因素。他甚至认为，在人的成功要素中，智力因素是重要的，但更为重要的是情感因素，即人的"情商"。他将"情商"大致概括为五个方面的内容：

（1）自我认识能力。就是能准确地识别、评价自己的情绪、情感，对自身的优缺点、气质、性格等方面了解的能力。一个人只有具备有自我认识的能力，才能正确地评价自我，扬长避短。同理，一个人只有认识自己的情绪，才能更好地调节生活，成为自己生活的主宰。

（2）妥善管理、调控自己情绪的能力。在对自我情绪觉察的基础上，一个人还要适应性地调节、引导、控制、改善自己的情绪，让自己克服自己的情绪冲动，摆脱忧郁、焦虑、沮丧等消极情绪，并能积极应对危机，增强实现目标的情绪力量。

自控包括自我监督、自我管理、自我疏导、自我约束和尊重现实。自控是有目的地疏导自己的情绪，是积极地释放升华性的情绪。高度自控者能认清和融入自己的工作环境，摆正和适应自己的角色，自己可以清醒地认识到，自己能做什么，不能做什么；应做什么，不应做什么；现在能做什么，将来能做什么。

（3）自我激励、自我发展的能力。它是一个人无论受到多大的委屈，遇到怎样的艰难，陷入怎样的困境，总能鼓励自己振作精神、不怕挫折、奋发向上，始终保持高度的热忱、乐观的驱动力。自我激励能够使人走出生命中的低潮，重新出发。凡是能够进行自我激励的孩子，做任何事情的成功率都比较高。

（4）认知他人的情绪。善于了解他人情绪的人会从细微处觉察识别他人的情绪，并能够真诚地去理解他人、帮助他人。它是一个人与他人正常交往，实现顺利沟通的基础。

（5）人际关系的管理，即领导和管理能力。一个人如果能够掌握这项能力，那么将会获得很好的人缘，能够在复杂的群体中与人和谐相处，被人推崇，常可以成为领导者。

情商是相对于智商而言的，智商是一种综合性的认知能力，其基本构成要素为注意力、观察力、记忆力、想象力和思维能力，其中思维能力是智力的核心，智商就是对一个人的智力因素的测定。也就是说，它主要表现人的理性的能力。智商的高低反映着智力水平的高低。情商用以描述一个人对自己和对他人的情绪的认知和控制，被誉为除智商以外，人的另一个生命科学的参照元素。如果说智商分数更多地被用来预测一个人的认知能力和学业成就，那么情商分数就是指一个人的感受、理解、控制、运用和表达自己以及他人情感能力的总和。智商代表了人的一般智力水平，智商的高低反映着智力水平的高低；情商则代表了人的情感智力水平，情商的高低反映着情感品质的差异，它对于一个人的成功起着比智商更加重要的作用。如果一个人性格孤僻、怪异、不易合作，自卑、脆弱、不能面对挫折，急躁、固执、自负、情绪不稳定，他智商再高也很难有成就。可以说，情商是 21 世纪衡量一个人素质的关键因素。

情商的水平不像智力水平那样可用测验分数较准确地表示出来，它只能根据个人的综合表现进行判断。心理学家们发现，情商水平高的人一般都具有如下特点：社交能力强，外向而愉快，不易陷入恐惧或伤感中，对事业较投入，为人正直，富有同情心，情感生活较丰富但不逾矩，无论是独处还是与许多人在一起时都能怡然自得。

情商是一种能力，又是一种技巧，它形成于婴幼儿时期，成型于儿童和青少年阶段，是在后天的人际互动中培养起来的。因此，要把孩子培养成高情商人才，家长应该趁早。要从小给孩子多一点启发，多一点训练。

第三章

所谓的叛逆

其实是成长

自从孩子进入青春期后，父母发现，孩子的脾气变了，爱顶嘴，不听父母的话，凡事就爱跟父母对着干……孩子怎么越长大越「叛逆」了？你说孩子「叛逆」，孩子还说你「专制」呢！

其实，叛逆不是孩子的错，所谓的叛逆，其实是孩子在成长，是孩子在迈向成熟、迈向独立过程中的表现。孩子在用叛逆向父母昭示：爸爸妈妈，我长大了。每个父母要学会读懂孩子叛逆背后蕴藏的成长的契机。

智思考、分析，做出理性的判断。青春期叛逆，就是一种"本能叛逆"。

青春期处于"感性主导"的阶段，青春期的孩子会靠着感觉，迁就容易、舒服的事，即以"好恶"来判断事物。但喜欢的事情未必就是正确的。所以，父母要帮助孩子通过发展理性思维，促进本能叛逆向理性叛逆的转化。用理性叛逆取代感性叛逆，是一个重要的转换过程。因此，要教会孩子先认知本能叛逆，避免用好恶去判断任何事情。

青春期的孩子思想观念多为感性，理性思考习惯尚处于发展初期。他们也逐步表示出对家庭、学校的种种束缚的反感，对所有的事情一律加以排斥。一旦这种叛逆过了头，就会出现行为偏差，如厌学、早恋等，做出令父母惋惜的事。每个孩子的成长过程，都是经由青春期的本能叛逆，经过不断地学习、理解、体悟，注入理性思维，逐步提高理性思维的比重，直至转换到成年后的理性叛逆的过程。

面对青春期孩子的"本能叛逆"，父母应该退居到孩子的背后，少替孩子做决策，多征求他的意见，比如："你是怎么认为的呢？""你打算如何处理呢？"当知道孩子的想法后，父母再进行判断，并对其失误加以修正。在与孩子交流的过程中，要注意自己的语气，比如："我认为那样做可能会导致不好的结果""你认为爸爸的意见对吗？"

青春期的孩子有着自己的判断力。所以父母要把他们当成一个大人，用正确的态度对待他们。请记住：你只是帮助者而不是决策者。

孩子"叛逆"并不是坏，只是孩子的行为不符合父母的期望和目标。青春期叛逆并不能都算是坏孩子的表现。

叛逆心理是青春期孩子成长过程中经常会出现的一种心理状态，是孩子走向成熟和独立的必经之路。他们在经济上依旧需要依附于父母，心理上期盼摆脱父母，两种力量开始"交战"，孩子通过各种手段和方法来确立自我与平等的地位，这样，"叛逆"就产生了。

有叛逆，才有个性，孩子才会不拘泥于既往，并趋向于创新；有叛逆，才能抛弃陈旧的束缚，勇于开创一片天地。经历历练，孩子的羽翼才会日益茁壮，孩子的心理才能健全发展。

所以，不要急于去改变孩子，要顺应孩子成长的自然规律，顺应孩子的天性，给他更好地引导和保护，让孩子顺利度过青春期。

父母的态度最重要

青春期叛逆的出现，是由孩子的成长规律决定的，意味着孩子的成长在加速。父母应多了解孩子的这一规律，并以正确的态度来面对，才能帮助孩子有效地解决问题。

而其实，青春期孩子叛逆的真相，只是父母对孩子的一系列表现的定义而已，是父母以自己为中心下的定义。家有青春期叛逆的孩子，父母往往会在不经意间走进两个误区。

一是全面"镇压"、打击。有的父母一见到孩子的叛逆言行，如顶嘴、不听话等，就会大为恼火，觉得不把孩子这股"邪劲"镇压下去，孩子就会变坏。于是，开始采取各种措施，力图让孩子恢复到从前的"乖巧"。实际上，孩子早已关闭了心灵深处与父母交流的大门，孩子即使顺从于你，也是因为孩子无力反抗父母，而不是孩子有所改变。

还有一种可能，即放任自流。面对不听话的孩子，一些父母在几经管教不见奏效后，对孩子的教育感到无奈、失去了信心，开始对孩子放任自流，不再过问孩子的言行、心里在想什么，当孩子的行为开始发生偏差，一步步走向堕落时，父母才开始懊悔，孩子的一生被耽误。

面对青春期孩子的叛逆，父母总是不自觉地用惯有的方式对待孩子，原因就在于，父母自己也曾经被这样对待，于是将这些自己的父母对待自己的经验，套用在孩子的身上，而且，这样做所花费的代价也是最小的，但是父母并没有看到真正的代价——孩子的未来。你说孩子叛逆，孩子还会说你叛逆呢。因此，所谓的叛逆，其实根源在于父母的先入为主，在于孩子所有的行动和想法都由父母做主。于是，孩子到了青春期以后，父母和孩子往往就会就各种主动权和控制权展开激烈的对话。孩子会通过叛逆的行为来告诉父母：我已经长大了，我有权利决定自己的事情。

"叛逆期"，更准确地应该被称为"探索期"。在这个探索期内，孩子的任务就是要知道"我可以怎么做"。青春期的孩子是半成熟的，但父母要把孩子作为成熟的人去看待，要尊重孩子的独立，允许孩子提出自己的要求，拥有美好的愿望，为孩子创造宽松、有利于成长的环境，并帮助其实现愿望。哪怕我们不赞成孩子的选择，也要鼓励孩子坚持自己的选择。

也许在这一点上，你一下子还想不通，看完下面这个故事，你就会茅塞顿开。

两个即将高三毕业的孩子，分别向父母提出准备搬到外面去住的想法。一个父亲说："怎么了，家里容不下你啦，好好在家给我待着，别出去鬼混不学好。"另一个父亲则说："好啊！准备搬到什么地方，需要爸爸帮忙就说。"

但结果却很出人意料，没有阻拦孩子搬出去住的父亲，他们家的孩子反而选择不搬出去住了，你让孩子在家待着不能搬出去住，孩子反而就是要搬出去，为此，父子俩还发生了争吵。原来，第一个孩子听到父亲的话那么武断，感觉一点商量的余地都没有，即使在家里待着也确实没意思，不如搬出去好。另一个孩子则从父亲的话语中感到了亲情的温暖，觉得家里住着更幸福、更温馨，于是决定留下来了。

可见，面对青春期的孩子，父母的态度非常重要。青春期的孩子已经有了独立的想法，渴望摆脱父母的依赖。如果孩子事事依赖父母，那才真正让父母操心呢。不必担心这样一来孩子一点都没有制约，会放纵孩子。依靠父母的强权或是威严并不能真正制约孩子。面对孩子的叛逆，父母最重要的就是认清叛逆背后的本质和真相：并不是孩子对你的叛逆，只是一个倔强的孩子翅膀长硬了，要飞了而已。

别把自己的愿望强加给孩子

生活中，很多父母都有这样的想法：孩子还小，很多事情他们都不懂，父母们为他们做出的选择对他们有好处。殊不知，孩子虽然年龄小，但是他们也有鲜活的思想和情感，有自己的兴趣、志向和理想。孩子为了自己这些目标而努力的时候，是自觉自愿、积极主动的，而且学得又快又好，同时又能享受到学习的乐趣。如果父母把自己的意愿强加给孩子，让孩子担负起父母的愿望，那孩子就会感到身上的担子太重了，压力太大了，孩子就会觉得学习是一种痛苦的过程，同时也会使孩子失去自己的成长空间和独立意识，这就可能导致孩子产生抵触、反叛与对抗的情绪，出现与父母关系紧张、厌学等现象，甚至走上歧路。也有些孩子会变得精神萎靡，对生活、学习感到迷茫、失去信心等等，这些都对孩子的心理健康极其不利，甚至可能引发心理障碍与心理疾病。

每个人都有自己的愿望，许多家长曾设想过自己的人生，可是因为某些原因并没有圆梦，于是竭力把自己未实现的梦想交给孩子，把全部的希望都寄托在孩子身上。

从上幼儿园开始，爸爸妈妈就在琪琪的耳边念叨"一定要好好学习""一定要争气""一定要考上清华"这样的话语，琪琪的人生就在父母为她设计好的框架中开始了。

　　转眼间，琪琪已经 12 岁了，她没有辜负父母的期望，以优异的成绩考进了市里的重点初中。琪琪觉得，自己没有辜负爸爸妈妈的苦心，考上了他们希望她考上的学校，这个暑假应该可以松口气了。

　　可是，她想错了。晚上，妈妈下班回来的时候，手里拎着一个大口袋。琪琪急忙迎上前去，打开口袋，琪琪呆住了，里面全是初一的课本和辅导材料。妈妈并没有理会琪琪的惊讶，严肃地对琪琪说："你呀，别以为进了重点初中就万事大吉了。要知道，凡是考进这所学校的学生都是尖子生，你要想出头，就得提前做准备。"琪琪说："妈妈，我知道。可是，这个假期是不是……"妈妈打断了琪琪的话："是不是什么？你还没到可以休息的时候，我和你爸爸早就打算好了，你的目标，就是清华。当年，你爸爸因为一分之差没有考上清华，这是他一辈子的遗憾，这个遗憾只能靠你去弥补了。"见琪琪没有回应，妈妈缓和了语气，语重心长地说："琪琪啊，我和爸爸都是为你着想。清华是我国最高学府，如果能考进这所学校，以后无论是出国深造还是找工作，都是不费力气的事。我们为你创造这么好的条件、替你操这么多心，对你没有什么别的要求。只要你考上清华，到时候你想要干什么，我和你爸都不再管你。"

　　听了妈妈的话，望着一堆辅导资料，琪琪无言以对，禁不住流下了眼泪。第二天，琪琪就离家出走了。

　　很多家长一辈子没有特别的成就，便把所有的希望都寄托在孩子身上，希望孩子替父母实现他们自己无法完成的梦想。于是，常可以看到有些孩子被迫变成十项全能选手：弹钢琴、学跳舞、踢足球、唱歌、滑冰、参加智力竞赛、当班干部。凡是好的东西样样不缺，孩子看起来像个超人，心里却对父母的严厉压迫充满怨恨。父母这种不顾孩子的爱好和理想，强迫孩子按照自己设计的轨道发展的方式，是对孩子的不尊重，并不是真的为孩子好。为了孩子能有一个好的前途，给孩子过大的压力，结果让孩子不堪重负而走向极端，反而是害了孩子。因此，作为父母要学会不把自己的愿望强加给孩子，让孩子自由地发展。

父母不要把自己的愿望强加在孩子的身上，不要等着孩子来实现自己的愿望。孩子有自己的人生，有自己的理想，作为父母要尊重孩子的理想，让孩子自己规划自己的未来，给孩子留一个空间，让孩子快乐自由地成长，最大限度地实现自我发展。虽然父母给了孩子生命，但是父母不能代替孩子生活，孩子是独立的生命个体，父母可以给孩子爱，但是不能给孩子思想，因为孩子有自己的思想。

压力越大，反弹越大

期望过高、压力过大、限制过多，是导致叛逆的主要外部因素。近年来，父母对子女的期望值不断升高，希望自己的孩子考第一，希望孩子在各类竞赛中争得名次，希望孩子的英语水平领先一步，希望孩子学会弹钢琴、拉小提琴、绘画、跳舞……这些期望往往与孩子的实际水平不相符，与孩子的兴趣爱好不吻合，与孩子的发展潜力不一致，因而当孩子发现随着父母期望值的不断攀升，实现的可能性越来越小，不管自己怎么努力也不能实现父母的期望时，便会以叛逆来对抗父母日趋提升的期望值。

有个孩子叫小飞，正处于青春期叛逆阶段，他不太喜欢学习，对于父母整天拿他跟别人家的小孩比较的事，小飞生气地说："我就是我，不要拿我和别人比。"面对父母对自己永远不满的神情，孩子很无奈："我经常不知道自己在想什么，也不知道自己想要什么。好像从记事起，我的爸爸妈妈就不断地拿我和别人比，尤其在每次开完家长会后。他们既然认为别人好，就让别人做他们的儿子好了。再说，我不是不想学好，我也在努力，可为什么我的成绩他们都看不到呢？我甚至都不想再待在家里了，我讨厌任何人。为什么他们都不能了解我呢……"

而小飞的妈妈一说起儿子的学习就特别激动："为什么别人行，你就不行？我们这么拼命工作是为了什么？舍不得吃舍不得穿的，可你就不给我们争气。你看，我那姐妹的孩子，比你还小一岁，学习从来就没让父母操过心！我横看竖看，你不比别人差到哪啊？为什么不能向人家学习？"

但小飞的父母除了在学习上对孩子严格要求外，生活上真可谓是无微不至了，不让儿子受一丝的委屈。然而，小飞和爸妈却怎么也亲近不起来。这其中最大的根源，一方面是父母和孩子之间的相互不理解、不信任；另一个方面就是，父母对孩子的期望过高，当孩子无法达到父母预期的状态时，父母就会产生比较心理。

父母对孩子有所期望、有所要求是应该的，也是必要的。但重要的是，父母对孩子的期望要切合实际，符合孩子的规律和特点，不能按照自己的愿望和设计的轨道来让孩子发展，这种期望值要在孩子能接受和实现的能力范围之内，就像跳起来摘桃一样，要比手能伸到的范围略高一点。在此范围内，可以适当提高期望值，以最大限度地调动孩子的积极性，激发孩子的自信心。过高的期望值，对孩子是另一种形式的"拔苗助长"，给孩子造成沉重的压力和精神负担，长此以往，孩子的积极性和自信心会受到严重打击，于是感到失望，开始变得懒惰，失去对学习和生活的兴趣，丧失生活的勇气和前进的信心，丧失积极性，从而产生挫败感。同时，孩子由于缺乏成功的体验而容易产生自卑和消极的情绪。

我们并不否认叛逆中蕴含着一些积极、合理的因素，但还带有强烈的情绪化色彩，叛逆的孩子由于缺乏理性的分析，往往连正确的意见和有益的建议也会一并否定，这种盲目的叛逆对于孩子的健康成长是极为不利的。因此，父母有责任帮孩子走出叛逆。

1. 要对孩子有不切实际的期望

总有一些父母望子成龙心切，对孩子提出不合理的期望，或是把孩子的学习分数看得过重，希望孩子不要重复自己的遗憾，给自己"长脸"，于是，动辄就会拿自己的孩子与别人的孩子做比较，每天给孩子念叨着："你要给我好好争气啊。"于是，孩子变成了学习和考试的机器。父母自己也活得很累，而结果，造就出来的孩子，如果经过努力满足不了父母的愿望，就会丧失上进心，产生自卑感，心中蒙蔽着一种失败的压抑感。即使满足了父母的期望，孩子的内心也失去了学习的兴趣，孩子成了父母"强扭的瓜"，"不甜"。

这种比较教育法，一面攀比一面打击孩子的做法，极易使孩子产生挫败感，是在慢慢毁掉孩子的自信心，而缺乏自信的孩子最终会失去自信，导致一生碌碌无为。每个孩子都有其性格和特点，这种比较教育法忽视了孩子之间的差异。因此，父母要接受和承认孩子之间的差异，帮助孩子取长补短，根据自己孩子的特点进行教育，确定合理的期望值。只要孩子努力了，已经尽其所能，父母就不要对孩子提出过高要求。

2. 用发展的眼光调整期望值

对青春期孩子的期望，要用发展的眼光来调整和评价。

一分期望。父母对孩子寄予期望的心情是可以理解的，但这种期望不能背离孩子身心发展的内在规律，否则是不明智的。父母不妨降低期望的高度，为孩子设定一个他努力后能实现的目标。待他实现后，再调高目标值，使孩子逐步朝自己的最终目标迈进。如此才能有效避免孩子产生叛逆心理，并促使孩子不断进步。对孩子的期望，不能只是让孩子顺着自己设计的模子去成长，完全忽视孩子的兴趣爱好，忽视孩子的实际情况，如性格、智力等因素，片面地从自己的美好愿望出发，给孩子定指标，画蓝图，最终，使孩子无法实现期望，只能是"烂尾楼"，还会造成孩子的逆反，甚至产生对父母的仇恨。因此，父母要根据内外条件的变化，根据孩子的天赋和兴趣并考虑孩子的年龄和个性发展而"量身定做"孩子的期望值。这种期望值应该以最适合的为标准，要符合实际，尊重孩子的选择，与孩子达成共识。

三分教诲。父母对孩子的期望，最恰当的值应该是比孩子的实际能力略高一筹，让孩子"跳一跳能摘到树上的果子"，也就是说，孩子经过努力能达到目标。父母的教诲过多，就成了唠叨，孩子会心烦。适量的教诲就好。

六分等待。孩子实现目标值是一个长期的过程，父母要耐心等待。不要指望把树栽下去就能吃到果子，欲速则不达。耐心等待比盲目催促和拔苗助长更有效。

总之，父母对孩子的期望要以孩子自身的客观实际和能力为基础，让孩子经常享受到跳起来就能摘到果子的喜悦，经常能体验到成功的快感、成就感，培养孩子的自信心。

唠唠叨叨加重叛逆

父母在批评孩子、教育孩子时，往往不自觉地就唠叨个没完没了，让孩子产生习惯性的模糊听觉，即明明在听，却怎么都听不进去。有的父母抱怨："我的孩子就是不长记性，你跟他说话，他左耳朵进，右耳朵出，从来都不用心""我说了孩子许多次，可越说他越不听；帮了孩子许多次，可孩子一点反应都没有；教育孩子多次之后才发现孩子的表现与自己的期望恰恰相反……"

这是说孩子对父母的话不以为意，听过就忘，其实，从心理学方面来看，这是忽视心理的一种表现，是孩子对信息的选择性遗忘。因为话语的频繁刺激会使孩子的耳朵生茧，进而对所说的话置若罔闻。其实这并不是孩子的错，而是父母过度唠叨所致。父母的唠叨，其实是一种重复刺激，同一内容重复的次数多了，就会在大脑皮层产生保护性抑制。最后，就会产生"你越说，他越不听"的逆反心理。在这种心理下，这种认为他们什么都不懂、依然把他们当孩子似的唠叨，会被他们认为是对自己莫大的侵犯，父母的唠叨无论是针对什么，都是对自己的不尊重，因为这种指手画脚的唠叨剥夺了自己独立自主的权利。

徐峰今年读高二，是班里的体育委员，他身高一米八七，而且还很壮，同学们都管他叫"小姚明"。有一次，徐峰和另一个班的同学因为争篮球场地而发生了矛盾，最后争执激烈的双方就打了起来。打斗中，徐峰为了保护自己的同学，用砖头把其他班的一个同学的头给打破了，送到医院后缝了十来针。随后，受伤学生的父母闹到了学校，要求学校对徐峰进行记过处分。

受处分之后，徐峰认为这件事就这样过去了。可是，没想到父母竟然还对自己不依不饶的。每天，徐峰的父母都会就这件事对他进行没完没了的批评。父母还把这件事当成他的把柄，时不时地拿出来唠叨两句："你别忘了你是个带着处分的学生！""你要是再打架，后果可就更惨了！"

"你以后老实点，再跟人动粗出了事情我们可不管你！"

一开始，徐峰听着爸妈的批评，确实意识到了自己的错误，态度很好，想着既然自己犯了错，被父母唠叨几句也是应该的。可是到后来，只要徐峰有一点点不对，父母就会抓住这件事情唠叨个没完，让徐峰不胜其烦。

终于有一天，徐峰再也忍受不了父母这样无止境的唠叨了，对父母吼道："我早就已经改了，你们唠叨起来有完没完了？我犯一次错，你们就判我死刑吗？是不是要提醒我再去打一架，好让学校开除我啊！"说完，徐峰跑到学校里故意挑事打架，结果被学校开除了。

在校长办公室里，看着在校长面前苦苦哀求的父母，徐峰冷笑一声，心想："这可不能怪我。这都是你们逼的！"

父母为什么不反思一下：自己是不是太唠叨了，让孩子不爱听自己讲话，结果导致孩子越发叛逆呢？当父母对他们唠叨时，孩子并不会考虑父母唠叨的内容，他们强烈抵触的是唠叨本身。将心比心，如果让我们整天面对着父母一串串的唠叨话语时，恐怕我们也会感到心烦意乱。而父母唠叨时，孩子们的对立情绪、反抗情绪也会更加强烈。

因此，父母千万不能总是对孩子唠唠叨叨没完。为了不使孩子在自己的唠叨下产生过激的行为，父母也要做出相应的改变。应该学会观察孩子，了解孩子的内心世界，以正确的方式与孩子进行交流沟通。

唠叨是一种无效的沟通，经常唠叨的父母通常没有意识到这种无效性，从而陷入在这种唠叨复唠叨的循环中。同样的话，像复读机一样在孩子耳边循环播放，会让他产生听觉疲劳，进而变得厌烦、不在乎。长此以往，还容易引发父母和孩子之间的矛盾。所以父母要学会控制自己，尽量避免唠叨。

再说，孩子成长本身就是错误的不停出现以及不断改正的过程。但是父母如果因为这些不完美、小错误，然后像唐僧对待孙悟空那样唠叨的话，"孙悟空"也有离家出走的那一天。孩子不一定非要按着父母的路线走下去，对于必须做的事情，孩子有权利去接受或者拒绝父母的想法。父母完全可以尝试着停止唠叨，把权利放回给孩子，让他们自己去决定该怎么去做。父母只要在旁边做好指导工作就行。

进入青春期的孩子，自尊心越来越强，为了不伤害孩子的自尊心，父母在说教的时候要点到为止，不必事无巨细，更不能没完没了。很多时候，父母只要稍微提一下，孩子就能理解大人的意思了。比如，"要用功学习"，这句话本来只是提醒孩子，可是经常把它放在嘴边，就会无形中给孩子增加压力，催生出孩子的逆反心理，长此以往，就让孩子陷入一个恶性循环中。结果，"要用功学习"这句话成了重复性的唠叨，孩子开始变得心烦，同时对父母的唠叨产生依赖感，成了不用功的孩子。

学会适度地放手

有的父母偏执地对孩子处处管制，把孩子像风筝一样牢牢地牵在手中，为孩子规划好人生、替孩子导演好生活，相信孩子只要按着规划好的道路走下去，必定能够出类拔萃。这种"精心呵护"可能给孩子带来一生难以治愈的心理伤害，孩子更容易出现心理问题，甚至成为人们眼中的"坏孩子"，这样的成长答卷显然与父母当初的设定相去甚远。

父母的过度干涉和保护、控制也可能成为青春期叛逆的"催化剂"，造成孩子的叛逆心理，使孩子"偏向虎山行"。父母容易忽视青春期孩子的成人感，包办孩子的衣食住行，看孩子的网络聊天记录，让孩子感觉自己的自我选择权利被剥夺，隐私被侵犯。

任何一个走进美国超大公司纽约总部的人，都会被大厅中央摆放的漂亮鱼缸吸引。鱼缸里有十几条来自热带的杂交鱼，它们个头相当，长约三寸，每条鱼的脊背上都有一片红色，分外妖娆夺目，它们开心地畅游着、嬉戏着，来往的人都忍不住驻足观看。这些热带鱼在鱼缸中快乐地生活着，它们时而玩耍，时而小憩，煞是安逸。两年时间很快，这些热带鱼的"个头"没有发生什么变化，依旧三寸来长，在鱼缸中优哉游哉地游来荡去。

这一天，董事长的小儿子来到总部大厅，小家伙一下子被这些长相奇特的热带鱼吸引住了，他兴奋地伸出双手，试图抓出一只鱼来。慌乱之下，鱼缸被他从台子上推了下来，碎了一地，那十几条热带鱼可怜巴巴地在地上蹦跳着。

鱼缸碎了，把它们安置在哪里呢？工作人员指着大厅门口的喷泉说："放在那里！"大家把热带鱼放进了喷泉池，继续工作去了。

两个月过去了，一只新的鱼缸被抬进大厅，人们这才想起热带鱼，纷纷跑到喷泉池里捞这些鱼，却惊讶地发现，那些热带鱼都长到了一尺来长！有人说是因为喷泉池里的水是活水，含有各种矿物质，有利于鱼的生长；有的说这些鱼发生变异了。但毫无疑问，喷泉池比鱼缸大得多！

的确，生命的成长需要自由的空间，同样，孩子的成长也是如此。父母一定要给他提供自由的空间，而不能拘泥于一个小小"鱼缸"。后来人们把这种由于打破鱼缸获得空间的道理应用到家庭教育上，给孩子更大的空间从而促进孩子茁壮成长，而不是将孩子限制在一个小小的"鱼缸"的现象称为"鱼缸法则"。

父母应该给青春期的孩子足够的空间和自由，让孩子掌控自己的生活，尽可能地获得不同的体验。父母要做孩子的引导者，而不是强制者。给予孩子一定的空间自由，就是给予孩子信任与尊重，也会换得孩子的信任和尊重。

父母应该扮演消防车的角色，无须一直在场，但要呼之即来。父母一旦明白了这个道理，就能够掌握爱与自由的分寸。天下没有不爱孩子的父母，但爱得恰到好处则是一门学问，一门艺术。

爱要把握分寸和尺度，对孩子过分呵护、关爱反而是祸害，相信这个道理大家都懂，可是鲜有父母做得到。

爱孩子和种树是一样的道理。过度地干预和保护树苗，不但无助于树的成长，还可能使树变得畸形，其实，如果想让孩子健康地成长，请注意爱的分寸！并非事无巨细的代劳、无时无刻地陪伴孩子才是对孩子的帮助。孩子真正需要的是该放手时就放手的宽松环境。只有让孩子按照成长规律去发展，按照自己的意愿去选择，迎接挑战，接受失败，他们才能成长得更快、更好。

对孩子的教育是一个从事无巨细的关心到逐渐放手的过程，不要干涉太多，顺其特点，孩子只有依靠自己不懈努力才能长大成才。孩子的路需孩子自己走，教育的挑战性就在于父母要比以前有更多的灵活性。

教育好孩子，绝对不是简单地让孩子按照父母的规划、意愿走下去。过度干涉、控制，过度关爱甚至强迫孩子完全按照父母的意愿行事，这都在无形中伤害了孩子：它抹杀了孩子的独立性，养成了孩子习惯性依赖的习惯；促成了孩子的叛逆心理，造成了孩子自私、反抗的心理特征；毁掉了孩子的判断能力和选择能力，导致了孩子没有主见、自卑的性格。

在家庭教育领域，智慧的父母都是会"偷懒"的父母。"什么都要管，什么都想管"，只会累了父母，也害了孩子；而学会"偷懒"，让青春期的孩子放手去做，父母轻松，孩子也能更快乐地成长、更进一步走向独立。所以，好的父母应该是导师而不是保姆，应该多引导，少约束，多建议，少灌输，尊重孩子的意愿，鼓励孩子自己做决定，青春期的孩子也有着自己的精神世界和价值标准，还是少干涉一些为好。

别把叛逆当成背叛

青春期的孩子自我意识高涨，而知识、经验和能力却相对缺乏，这时候的他们处于既想摆脱来自父母的束缚，又离不开他们指导的矛盾状态中。但叛逆的矛盾心理，却常常被父母视为孩子对家庭和父母的"背叛"。

黄女士上高中的儿子刘洋，总是喜欢和她对着干。当黄女士要求他往东时，他铁定会往西。每天早晨不喊个三五遍，他是不会起床的；而到了晚上，则恰好相反，不催促个三五遍，他是不会上床睡觉的。周末，无论黄女士怎么催促，刘洋总是将作业拖到周日晚上才做。

这一天，他们之间又出现矛盾了。"刘洋！看看你做的好事！我说了一百遍，你怎么就是不听呢？"黄女士扯着嗓子喊道。

"我又怎么了？"刘洋在床上睡眼惺忪地问。

"你又开着电脑睡觉，电费不是钱吗？"黄女士一肚子的不满。

"我忘了而已，至于因为这个，大早上朝我大吼大叫吗？"刘洋也很不满。

"你是忘了一次两次吗？一个星期能忘三四回，我真是受够了，我看你心里就没有这个家，就把这里当成旅馆了，把我当成酒店保洁员了，亏得我含辛茹苦地一个人把你拉扯大，你这么浪费我辛辛苦苦赚的钱，是故意的吧！真是太伤我的心了！"说着说着，她的眼泪唰地一下就流了出来。

"别说得好像我是白眼狼一样把你背叛了似的，你天天胡思乱想什么呢？"刘洋不得不起身去安慰眼看就要哭成泪人的妈妈。

刘洋当然不是故意要和母亲作对，更不是要背叛母亲，本来只是一个不良习惯，却被黄女士无限放大，上升成了关乎人性和家庭的原则性的问题，这的确有点小题大做。但是像黄女士这样的父母在现实中也是不少的。由于常年被叛逆型的男孩"折磨"，他们的神经往往非常脆弱，以至于非常消极，凡事都不由自主地往坏的方面想，尤其是对待孩子的问题——在他们眼中，孩子的一点点小过失，都是牵一发而动全身的大错误；在他们眼中，孩子养成的坏习惯，都是能够影响半辈子的大错误；孩子高声顶嘴几句，就是对长辈的大不敬，就是逆子的前兆。这些父母的心灵既敏感又脆弱，小题大做的行为更是令男孩的叛逆加深了一层，于是亲子间的矛盾只会愈演愈烈。

其实青春期本身就是孩子生理和心理的转折阶段，这期间的叛逆思想和行为是非常正常的，而且需要注意的是："叛逆"并不是"背叛"的同义词。

孩子与父母意见相左，并不一定就是要完全抹杀父母的意见；孩子对父母有所隐瞒，并不一定就是完全无视父母的存在；孩子一怒之下离家出走，并不一定就是要与家庭决裂。

进入青春期的孩子，难免会和父母唱反调："你凭什么让我这么做，我又不是你的下属，更不是你的奴隶。"这时父母千万要忍住自己的脾气爆发："孩子竟然'忘恩负义'"。千万别和青春期的孩子较劲，不妨用阿Q精神来"安慰"一下自己，父母的"爆发"，只会使和孩子的沟通更困难，孩子有时看起来"忤逆"的表现并非是要激怒父母。也不要表现出对父母的不感恩，只是孩子也有自己的情绪，孩子的反抗是对的，是积极的自我肯定，是自我的思辨。父母想要的毕竟不是孩子的一味地顺从和逆来顺受。因此，不要责怪孩子的"忤逆"，虽然孩子让你"不爽"了，但孩子这么做，何错之有呢？

青春期孩子对父母表现出的不尊重，其实只是源于孩子的不满足于现状，不满足于现有的权利，但并非对父母的个人攻击，明白了这一点，想想孩子的成长，父母"认怂"有什么丢脸的呢？

不过，这里的"认怂"并非就是放纵孩子，就是父母的不作为，而是基于对孩子的爱，基于尊重孩子的情绪表达。但要让孩子知道，即使孩子表达了某种情绪，如果是不合理的诉求，同样是不能得到满足的，父母不会因为孩子的无理取闹而屈服。

鉴于青春期孩子日益增强的独立意识，普遍存在的易冲动、性格敏感、自尊心强等特点，父母意识到孩子进入青春期，开始尝试独立和自立之时，就应该顺应孩子的心理成长规律，尊重现实，注意因材施教、因时而教，用积极乐观的心态、持尊重的态度对其进行健康的引导，一定要使用平等的语气来对其进行说教，而不是一味地命令和要求，否则咄咄逼人的态势很容易把孩子逼上"梁山"。而且父母若是使用自上而下的命令方式，孩子很可能会用更坏的语气来回复，便会给父母以目无尊长的感受，强化那份"白养了你18年"的怨妇心理。父母只有摆正了心态、选对了交流方法，才能使叛逆的孩子平稳地度过18岁，让普普通通的叛逆行为不至于真的向撕破脸的背叛转化。

莫让孩子过于"自我"

孩子一旦过于自我，就会落入以自我为中心的陷阱里，变得任性、刁蛮、狂傲无羁，甚至是冷酷无情。

以自我为中心是孩子对自己过于重视的表现，他们自以为是"主导者""控制者"，谁都必须听自己的，如果有谁不顺从自己的意愿，就觉得自己的"权利"受到了侵犯，变得郁郁寡欢。为了保住"中心"这一位置，许多孩子不惜用哭闹、纠缠等方式来维护自己的"权益"。这不但影响到孩子与人的正常交往，还影响到孩子的身心健康，对其今后的发展是不利的！作为家长，既要注意培养孩子良好的自我意识，也要防止孩子变得过于自我，因此要把握好教育的"度"。

对于以自我为中心的孩子，家长需要学习并采取科学的教育方式，在正确认知儿童自我意识发展规律的基础上，做以下努力：

1. 帮助孩子形成正确的自我意识

要改变孩子以自我为中心的坏习惯，家长应该取消孩子在家中的"特殊"地位，合理地满足孩子的需求，让孩子知道自己在家庭中与其他成员的地位是平等的，对于孩子不合理的要求，家长应坚决拒绝，以消除其"以自我为中心"的意识。家长应该通过各种方式使孩子懂得世界上的很多事物都需要分担共享，并使其懂得应该经常关心他人，而不能放任孩子以自我为中心的心理。同时应帮助孩子建立群体思想，这样可以使孩子以自我为中心的行为逐渐减少。

2. 客观地了解自己的孩子

观察孩子时，不能只看自己的孩子是否精神饱满、是否能融入社会，一定要和别人家的孩子相比较来观察。如有可能，可以多带孩子参加一些公益性的活动，如捐款、帮助邻居倒垃圾等，培养孩子的社会意识。

3. 千万不要以孩子为"中心"

家里人不要整天围绕着孩子转，万事不能以孩子为中心，当孩子习惯了以"我"为中心时，他是不知道如何去关心别人的。

4. 给予孩子充分的关注

有时候，孩子无理取闹仅仅是想要父母多陪陪他，如果是这种情况，父母可以尽量满足孩子的需求，给孩子足够的爱和关注。当然，在关注孩子的同时，家长还应该让孩子认识到，父母因为爱他，所以关注他，但他并不是这个世界的中心，其他人的需求也同样需要得到尊重。当孩子逐渐形成这一意识以后，他们"自我为中心"的坏习惯就能慢慢克服。

5. 制定规矩拒绝孩子不合理的要求

家长可以制定一些规矩，并耐心、详细地向孩子讲解这些规矩，让孩子在遵守这些规矩的过程中明白，他是家庭与社会的一员，遵守一定的规矩是必须的。需要特别提醒的是，不管孩子如何哭闹，一旦规矩设立，家长就一定要坚持原则，只有这样才能让孩子明白，无论如何，他必须遵守这些规矩。如果家长轻易地因为孩子的哭闹而将规矩抛到一边，那么，这些规矩就会形同虚设，同时家长的威信也会在孩子的眼里大打折扣。

6. 教孩子运用"角色互换"，弱化"自我中心"心理

"角色互换"就是转换与他人的位置，实际体会别人的需求、感受。如果孩子做了对不住别人的事，家长应要求孩子站在别人的角度想一想：如果另一方是自己会是什么感受，这样就会使孩子为自己的行为不安、羞愧。"角色互换"能很好地起到弱化"自我中心"的作用，帮助孩子从自己的角度出发转变为能考虑别人的感受和需要。

让孩子知道，当他为别人着想的时候，你会感到很欣慰，并表扬他，告诉他："你学会关心别人了，我感到很高兴。"有时，还可适当地奖励，久而久之，孩子的行为就会得到巩固和发扬。

7. 鼓励孩子多参加集体活动

如附近的露营、广播体操、放露天电影等集体活动都应该鼓励孩子参加，以增长孩子的社会知识。当然，孩子在活动的过程中难免会感到不如意，作为家长，不要想着孩子事事都不吃亏，其实让孩子经受些挫折会更加有利于孩子的成长，生活中的挫折会让孩子更加成熟与坚强，没有经过挫折的孩子永远长不大。孩子与人交往有问题、在与人交往中受了委屈未必是坏事，那种担心孩子与人交往存在问题就不让孩子与人交往的做法只能使孩子"以自我为中心"的问题越来越严重。对于孩子来说，多参加社会活动，开阔眼界，意义重大。

8. 让孩子学会尊重他人意见

教育孩子虚心学习伙伴的长处，尊重别人的意见，珍惜与小伙伴之间的友谊，不把自己的想法强加于人，可以制止他的某些"自我中心"的行为。家长应帮助孩子从狭隘的圈子中跳出来，引导孩子设身处地地替他人着想，以理解他人，并教给孩子尊重、关心、帮助他人。

言传身教，做好榜样

国外教育学家认为，对青少年施加教育影响的因素有六个方面：家庭、学校、孩子所在的集体、自我教育、书籍、社会环境。这六种教育力量好比六个雕塑家，青少年好比是代加工的大理石，六个雕塑家都在对他进行加工。从排列顺序上看，家庭被列在首位，父母的思想风貌、理想信念、道德品格、生活方式、语言行为、对待孩子的态度等，无时无刻不在潜移默化地影响着孩子的发展和成长。可见家庭教育在塑造孩子过程中的作用有多重要。孩子的榜样就是自己的父母。因而，最好的教育方式就是言传身教。

遗憾的是，许多父母在这方面做得不够，甚至背道而驰。平时教育起孩子来头头是道，大道理一套一套的，自己却得过且过、放任自流，在孩子面前说一套，背着孩子做另一套。比如，教育孩子树雄心、立壮志，自己却"长"在麻将桌上下不来；教育孩子诚实守信，自己却不择手段地获取利益；教育孩子与人为善、文明有礼，自己则却满口污言秽语、动不动拳脚相加，等等。孩子耳闻目染，受到潜移默化的影响，形成错误的立场、观点以及人生态度及行为规范。如此一来，父母的教育理论讲得再透彻和完美，也难免显得苍白和无力。

几个星期前，刘星被警察"请"到了少年管教所。他恨父母，如果不是因为他们，他哪会到这里"做客"。

刘星的父母文化都不高，他们唯一的爱好就是打麻将，可以打得天昏地暗、昼夜不分。一吃完晚饭，他们便会找邻居"砌长城"，通宵的麻将是常有的现象。

刘星从小就在"长城"脚下成长，父母对刘星的"启蒙"教育就是从麻将牌开始的。2岁时，妈妈就教他认识了所有的麻将牌，每次打牌，都把刘星抱在膝盖上坐着，就这样差不多坐了两年。牌友们也都夸奖刘星聪明，这么点儿的孩子就认识牌，了不得啊！"这孩子将来肯定会读书，一定是个大学生。"很快，他成了这一行的"后起之秀"。

四年级时，刘星开始自己"砌长城"了。每每坐到桌前，他都有一种摩拳擦掌之势，"功夫"也越来越强悍，父母已经不是对手了，连一些"老江湖"都不敢跟他"过招"。所以，只要刘星没有功课，父母就会带上他"奋战"，并让他当"三人组合"的主角。

转眼间，刘星就要初中毕业，考上高中是没指望了。刘星干脆就不去上学了，每天和那些大人赌钱，"牌场"越来越大了，他是牌桌上的"常胜将军"，几乎每次都不会空手而归。终于，被警察抓了个正着。

直到这时，刘星才有"机会"回想一下自己的成长之路，对父母的恨意越来越浓。

父母对孩子的影响，是深刻而牢固的。孩子对父母充满爱与崇拜的同时也会对父母充满尊敬和信赖。父母的言谈举止就是孩子分清好坏的标准。父母的一言一行就像是一本打开的书，理应给孩子带来莫大的鼓舞。通过学习"这本书"，孩子可以知道如何去生活。孩子受父母待人处事、言谈举止潜移默化的影响，在父母的关怀、熏陶中塑造了自己的人格，逐渐形成了自己的善恶观念和是非标准。孩子的行为都与他们受到的教育有密切的联系。因此，父母应有一种规范自己行为的使命，一言一行需谨慎，因为如果孩子的行为出现了偏差，很可能是他模仿父母的不良举动的结果。

父母疼爱自己孩子最根本的做法就是：严于律己，做好榜样。榜样本身具有调动、控制、矫正孩子道德行为的作用，因此，父母应该言传身教来提高孩子辨别是非善恶的能力，培养孩子开朗、勇敢、进取、活泼的性格，让其拥有独立的意识、良好的习惯和社会责任感。当孩子犯错后，应该对他们循循善诱，进行正面的教育。

我们或许不能教给孩子智慧，但应该教会他们如何做人，如何生活和学习，如何去工作，如何正确认识和解决问题，这才是父母教育孩子的根本。

家庭教育是孩子成长过程中的基础性教育，和睦、平静、温馨、严谨的家风是孩子成长的基石。家庭教育的每一个细节都受家风的影响。家庭风气不是简简单单地挂在嘴边上的，而是需要每个家庭成员去践行、去创造的。不可否认，父母的一言一行，都会对孩子产生影响。一般来说，如果父母勤奋好学，经常读书看报，那么孩子从小耳濡目染，也会主动地学习。反之，如果父母的言谈举止有失规范，不能给孩子带来良好的示范，孩子的天赋再高也将成为庸人，无论是多么好的教育方法也于事无补。有什么样的家风，就有什么样的孩子。良好的家风是孩子成长的终身财富，是一种无言的教育，无字的书籍，无声的力量，能给孩子最有效、最全方位的教育。

家庭教育是在一定的家庭环境中实施的，良好的家庭环境是保障孩子健康成长的重要因素，会对孩子的成长产生关键性的影响。父母应当为了孩子健康成长努力营造团结、祥和、温馨的家庭环境。

生活上，居室要保持干净、整洁、光线充足，物品摆放有序。

良好的家庭环境还必须是具有民主气氛的和谐家庭环境。父母和家庭成员要经常用和蔼可亲的态度与孩子进行心与心的沟通、情与情的交流。家庭成员的关系都是平等化的。此外，父母关系融洽也是和谐家庭的重要条件。

再次，父母要针对孩子的个性特点和需要，因材施教，创造性地利用资源，让孩子快乐学习，幸福生活和成长。

最后，父母应努力为孩子营造一个勤奋好学的家庭氛围，才能让孩子主动拿起书本，真正地学会学习。如果家庭条件允许，父母最好为孩子准备一间独立、安静的书房，最大限度地避免外界的干扰。父母坐在桌边读书的身影，可以对孩子产生一种无声而有效的激励。父母如果能够多读一些书，无论做什么工作，都力图让家庭充满学习氛围，使家庭建立"文风"，不但能提升父母的知识素养，还可以令孩子受到熏陶，陶冶孩子的性情、提高孩子的素养，让孩子在无形中受到教育。

第四章

用行动表达
对孩子的爱

学校组织了一次亲子活动，上五年级的小明邀请父母到学校一起参加。

活动那天，爸爸出差在外，妈妈因为单位有重要的事情需要处理，因此都没有参加学校的亲子活动。晚上，小明闷闷不乐地回到家。在妈妈的追问下，小明才说出自己不开心的原因：

「妈妈，我知道了，你们其实一点都不爱我。今天的活动，所有同学都有父母参加，只有我是一个人，我就像个没有人爱的孩子。」

父母爱孩子，是要用行动来表示的，而不是口里说说，或者只是在物质上去「爱」。

用爱陪伴孩子前行

有人说："有父母的地方就是家。"这个家不是一间屋子，而是血缘与亲情交织成的一片天地。还有人说："父母是儿女的依靠，是儿女人生奋战的大后方。"的确如此，有父母的地方就有温暖、就有爱。

在日本，有一位著名的小儿科医生叫内藤寿七郎。有一天，一位妈妈带着两岁的男孩前来找他看病。妈妈说，一升装的牛奶，这孩子一口气就能喝光。因为喝牛奶超量患了牛奶癣，皮肤刺痒睡不着觉，举止焦躁不安。

内藤先生不慌不忙地将白大褂脱下，然后蹲在那个男孩面前，看着对方的眼睛。

"你喜欢喝牛奶吗？"内藤先生温和地问道。

男孩点点头。

内藤先生仍然目不转睛地看着他说："如果不让你喝你特别喜欢喝的牛奶，你能忍得住吗？"

男孩显出烦躁和不满的神色，并且把脸扭向一边。

内藤先生并不气馁。他跟着转到孩子面前蹲下身子说："你可以不喝牛奶的，是吗？"不管男孩怎样不耐烦、拒绝回答，内藤先生的目光一直充满着信赖，口气也十分诚恳。

终于，男孩轻轻地点了点头。

奇迹发生了。男孩回家后不喝牛奶了，湿疹症状很快消失。一年半以后，他的母亲认为可以喝点儿牛奶了，可男孩说："大夫说能喝我才喝。"母亲只好请内藤先生来帮忙。

这一次，内藤先生仍然是看着男孩的眼睛，微笑着说："你现在可以放心地喝牛奶了。"从那天起，男孩真的又开始喝牛奶了。

内藤先生通过这件事总结出：哪怕是才两岁的孩子，只要他明白了道理，就能控制自己。于是，他提出了一个响亮的口号："爱的目光足够吗？"这个口号提出至今已经半个多世纪了，现在听起来仍然觉得十分亲切。

诚然，没有哪个家长不爱自己的孩子。自从父母感知孩子存在的那一刻，便对孩子倾注了自己的柔情，全身心地付出自己的关爱，小心地呵护着，吃什么，喝什么，该做怎样的检查……一丝半点都不敢怠慢。

父母在给孩子无私爱的同时，应注意以下几点：

第一，父母要有理智、有分寸地关心爱护孩子。

第二，父母要正确对待孩子的要求。

第三，父母对孩子的要求要适当合理，既要符合孩子实际情况又要利于孩子的身心健康。

第四，父母要对孩子始终充满期望。

因材施教，每个孩子都能成才，父母始终要对孩子充满期望。当黑暗袭来时，父母无私的爱，恰似不灭的灯塔，给孩子光明；

当意志消沉时，父母无私的爱，恰似激昂的旋律，给孩子鼓舞；当烦恼袭来时，父母无私的爱，恰似激越的号角，给孩子力量；当生命面临干涸时，父母无私的爱，恰似大江大河的源泉，给孩子希望。

家，是孩子永久的港湾。因为那里有守候着的父母，有父母的爱，爱是家的源头。虽然家的位置、家的组成成员会改变，可是家的概念在每个人的心中都不会变——有父母的地方就是家，有家就有爱。

不要让孩子觉得"亏欠"

当下，很多父母都在有意无意地扮演着这种"武夫"角色：他们总把自己为孩子的付出、把为孩子花了多少精力和钱财挂在嘴边，希望以此给孩子一些鞭策、动力，实际上却成为孩子巨大的心理负担；他们觉得为孩子付出了，那么孩子服从父母的安排、按照父母的要求行事就是理所当然的，因此，在对孩子的教育和管理中往往态度冲动、急躁，方法简单、粗暴；他们只注重为孩子提供充裕的物质生活，只注重孩子的学习，而忽视孩子情感、心理和学习以外的其他需要，这是一种不理智的、片面的爱。

这是美术特长班报名的最后一天。一个名叫李明荣的学生悄悄地走进来。赵老师对李明荣说："我还要找你呢，怎么到最后一天了才来报名？"李明荣小声说："对不起，赵老师。我不报美术班了。""为什么？"赵老师奇怪地问："你学了几年了，放弃它太可惜了。"李明荣慢慢抬起头。"我也不想放弃，可爸爸、妈妈不让我学了。"赵老师让李明荣坐下，耐心地说："来，跟老师说说是怎么回事。"

李明荣说，爸爸、妈妈对他很好，在家里什么事都不让他做，吃的、用的都给他最好的，可他觉得一点都不开心。每天回家，除了吃饭睡觉，爸爸妈妈都在一旁监督着他学习，平时只要往电视机前一站，妈妈就说："我们为了这个家，在外工作不容易，你不能偷懒，要努力呀。"只要他有一点的不服从，爸爸就教训他："我们给你创造这么好的条件，花那么多钱让你上好学校，给你买书、买电脑，让你上这班那班，要是你还学习不好对得起谁？"李明荣觉得，在父母的眼里，因为自己上学花了他们的钱，被他们养育成人，就欠了他们很多很多，所以只能听他们的话、按他们的要求做，没有一点儿的自由和自尊。

"我想继续上美术班，可爸爸妈妈让我上计算机班，我和他们解释了半天、争取了半天。最后，爸爸急了，对我说，'你要去报班是我给钱，就得听我的'，我就再也没的说了。"李明荣望着赵老师，难过地说："我真想逃离这个家，靠自己打工挣钱，这样，我就再也不用花他们的钱了，我就可以做自己想做的事了。"

李明荣的父母认为自己为孩子付出了很多，李明荣就要无条件地听从自己的吩咐，这是十分无理、霸道的行径。

父母这种不理智的爱，在无形中给孩子造成了很大的精神压力，使孩子觉得自己在父母眼中没有地位、没有自我，活得没有自由、没有自尊，只是为了回报父母的付出、实现父母的期望而学习、生活。

有些孩子会因此产生一种无助和惶恐，总怕自己没有达到父母的目标而紧张、不安，生怕对不起父母、让父母失望，从而生活在负疚和无所适从中；有些孩子则会认为父母为自己的一切付出都是有目的的、功利的，是出于自己的私利，根本没有为孩子考虑过，试图用抗争、逆反来改变这种状况，甚至对父母抱怨、愤怒对立和痛恨，做出一些极端的事情。

当然，让孩子知道父母的付出是必要的，这样，孩子才会珍惜来之不易的生活，才会懂得感恩。但父母不应把此当作一个话题而老挂嘴边。如果父母能中庸一点，效果会更好。

常常把付出挂嘴边的父母，除了表现自己的强悍之外，同时，也表现出他是个毫不自信、毫无智慧的人，因为自信的父母是从不刻意要求孩子的回报的，不需要通过提醒来限制孩子的自由，而智慧的父母会懂得凡事都有度，过犹不及。

不要随意给孩子"贴标签"

"你就是那样的人，真是无可救药了……"常常听到父母如此训责孩子、为孩子贴上标签。父母的负面评价不仅在当时会令孩子不快，而且会在他的潜意识里留下很深的痕迹。

一个人的成长尤其是在儿童时期，不但受制于先天的遗传因素，更脱离不了后天环境的综合影响。在种种影响因素中，社会评价和心理暗示的作用非常大。孩子被别人下某种结论，就像商品被贴上了某种标签。当被贴上标签时，就会容易使自己的行为与所贴的标签内容保持一致。这种现象是由于贴上标签后而引起的，故有人称之为"标签效应"。

在第二次世界大战期间，美国曾组织一批正在监狱服刑的犯人上前线作战。

出发前，美国政府特派了几个心理学专家对犯人进行战前训练和动员，并随他们一起到前线作战。训练期间，心理学专家们并未对犯人进行过多的说教，而是让他们每周给自己最亲的人写一封信。信的内容由专家统一拟定，叙述的是犯人在狱中如何接受教育，改过自新等，每一封信都告诉亲人，自己的表现非常非常好。

专家们要求犯人认真抄写后寄给自己最亲的人。

三个月后，犯人开赴前线，专家又要求犯人在给亲人的信中写自己是如何服从指挥，如何英勇作战等。自然，亲人们的回信都充满了惊喜和赞赏。

结果，这批犯人在战场上的表现比起正规军来毫不逊色，他们在战斗中正如他们信中所说的那样服从指挥，英勇战斗。

来自他人或自我的心理暗示，都会对人产生巨大的影响。积极的心理暗示能唤起自信，自信能激发热情，调动积极性，从而使一个人奋发向上，取得意想不到的进步。相反，消极的心理暗示则使人丧失自信，降低动机水平，最终放弃努力，一事无成。

标签之所以会产生效应，是因为在孩子的心目中，父母就是自己的模仿对象，父母的一言一行深深影响着孩子对生活的态度，而孩子往往缺少主见，总是无条件无意识地承认和接受父母对自己的评价，却又无法对这些评价做出客观的评判。

既然消极标签会引导孩子走向消极面，那么，积极标签是不是就可以把孩子引向积极面呢？答案自然是肯定的。

一份调查显示：90% 在品质、意识和智力方面有出色表现的人，几乎在自己的童年或少年时期都受到过来自亲人的积极暗示，最多的是来自父母。积极的暗示是表达爱的情感，而不是夸张、夸耀或对缺点的掩饰。用积极、正面的语言肯定孩子，夸大孩子的优点，缩小缺点，为孩子营造"我能行"的心理氛围，孩子的好习惯和情绪就会接踵而至，这也是所谓的"暗示教养"。

专家认为：积极的暗示，特别是来自亲人、朋友或老师的暗示，肯定会对孩子心理、心智方面产生良好的作用。所以，无论是家庭教育，还是社会教育，都应给孩子宽阔的发展空间，并培养孩子的自我调节能力。

激发孩子改善自己行为的最终目的是鼓励他相信自己可以成为一个好孩子，在这一基础上，我们才能要求他摒弃不良行为，力求上进。如果父母急于给他下结论，贴标签，使他认为自己不可救药，又怎会振作孩子的上进精神，改善他的行为呢？父母在与孩子交谈时，一定要注意到自己的话可能对孩子产生的效果，看看是否有负效果。

总之，父母千万不要随便给孩子贴标签。

成功的孩子往往都得到了大人的"助推起动"——这正是孩

子起步时所需要的。父母的建议、鼓励、信任，都是孩子不怕失败、敢于进取、迈向成功的"助推剂"。

给孩子他想要的幸福

有位教育专家戏称："傻孩子""笨家长""苦老师"越来越多，似乎谁也不幸福。学习负担的加重让孩子过早失去了本应有的幸福时光，除了学习，孩子和父母的生活没有了别的主题。最终，父母培养出的孩子可能会成了物质上的富翁、精神上的贫民、幸福指数上的乞丐、价值观上的糊涂虫。

这是一节名为"我的幸福"的主题课，由一个刚刚参加完培训的老师上的。她说："同学们，现在我们每个人都被家人当作宝贝，每个人周围都有爸爸、妈妈、爷爷、奶奶爱着我们；在物质上，我们要什么就有什么；星期天可以游泳，放假了还可以旅游……那么，在这样的生活状态里，我们一定感到很幸福了……"

话音未落，孩子们齐声回答："老师，我们不——幸——福！"

这个回答太让人意外了。那个老师非常尴尬，愣在那儿了。这也不能怪她，因为过于年轻，她不知道现在的孩子到底处于一种什么样的境地。

她以为孩子没听明白，还想继续引导。她说："老师小时候就不如你们了，因为经济方面的原因，连糖都吃不上。所以，老师那时候向往的最最幸福的事儿就是能够拥有很多很多的糖，一房子糖，甚至一间用糖做成的房子，连书桌、椅子、床、枕头也是用糖做成的，这样，当我想吃糖的时候呢，伸出舌头随便在哪儿舔一下就可以了。"

孩子们一听，全都大笑起来，说老师你真傻，太傻了，你怎么会喜欢吃糖呢，糖是吃的东西里面最"洼"的，你怎么能喜欢这样的东西？还把拥有糖当作最幸福的事儿？

这一下，那个老师彻底懵了，她不明白这些孩子为什么会是这样。老师脸"腾"地红了，手脚都不知道往哪儿放。她好半天才反应过来，问："那你们向往的幸福是什么呢？"

这一问全班一下子活了，全都举起手来，其中一个10岁的男孩，在文化课学习方面是年级第一，他站起来说："老师，我的幸福是星期六、星期天的早晨可以躺在床上睡懒觉。"另一个女孩等不及了，抢着喊："我的幸福是放长假，到沙滩上去玩。"这时，大家的讨论更热闹了，孩子们渴望的幸福五花八门：买一大堆零食坐在床上吃；爸爸妈妈不要老是唠叨；学校老师少留点家庭作业；他们家买的彩票得大奖；他的床放在百货大楼里，一边是货架，一边是游泳池……孩子们太渴望幸福了，但是这样的幸福多少让那个老师感到吃惊。

当今，社会财富迅速增加，但人们的幸福指数并没有随财富的增加而增加，反而降低了许多。这一现象尤其在孩子身上体现得更为明显，而抑郁症等各种心理障碍的低龄化，就正说明了这一问题，认真分析，原因大概有以下几个方面。

第一，父母错误价值观的引导。传统文化中，把享受看得比较单一，认为有钱了，吃好、穿好、住好就是享受，尤其把这一观念加在孩子身上，对孩子的影响较大。

第二，社会不良风气的影响。当今社会，物欲横流，饭店、服装店、化妆品店生意火爆，相比之下，书店等地却显得冷冷清清，在学校，很多孩子之间相互攀比，追求物质享受。

第三，不良的家庭氛围使孩子形成的虚荣、攀比心理。一是一些家长不能营造轻松、和谐的家庭氛围；二是父母喜好虚荣，乐于攀比，对孩子产生较大的不良影响。

第四，没有给孩子真正想要的东西。有的父母认为只要满足了孩子的物质需求，其他就无所谓了，以致不关心孩子的心理需要。

第五，亲子之间沟通少或沟通方式不合适。在有的家庭，孩子对父母不信任，甚至有敌意，这就造成了孩子不能及时把自己的真实想法反馈给父母，而父母则不能掌握孩子的真实感受。

作为父母，要认真了解孩子的所思所想，知道孩子想要的幸福到底是什么，不要自己想当然地给予孩子并不想要的东西，那并不能让孩子真正感受到幸福。

不断发掘孩子的优点

著名教育专家孙云晓教授在浙江举行的"'忠告天下家长'"报告会上为现场的家长们布置了这样一道"家庭作业"——"你今天回家去发现一个孩子的优点，能够发现十个的，是优秀的家长，能够发现五个的，是合格的家长，不能发现的，是不合格的家长。"
孙云晓同时还指出："成功家长与失败家长的区别是，前者将孩子对的东西挑出来，把他的优点挑出来，而不明智的家长，一眼就看到孩子的缺点……人有八种智能，而学习好的人，只是语言智能和数学智能较好，而不同人的优势是不一样的。只要家长用心观察，就一定能够发现孩子的优点。"

那么，父母应怎样发现并放大孩子的优点呢?

第一，不要老盯着孩子的缺点。对于孩子来说，父母的话具有很大的权威性。父母不仅不要整天把孩子的毛病、缺点挂在嘴上，不停地数落，更不能对孩子说结论性的话，比如说"笨蛋""你真没治了"等话。千百年来，我们的教育观念，就是先找孩子的缺点，然后不断地提醒、警告，让他改掉缺点。总认为改正了缺点，孩子就进步了，就提高了，没缺点了就完美了，完美了就杰出了。这个理论是不对的、不可取的。

第二，用发展的眼光看待孩子。不要把孩子看"死"了。只要细心观察孩子，就会发现孩子有进步的地方。可能对问题的认识提高，分析问题能力增强，可能某方面科学文化知识增加，可能一次作业进步或者一次考试进步，可能在劳动或公益活动方面表现较好，可能文艺、体育取得好成绩，可能有什么小发明、小制作等等。关键的是要拿孩子的今天比昨天、比前天，而不是跟别的孩子比，哪怕发现一点微小的进步，也应及时肯定。不应该由于横着比或高标准要求而看着孩子的进步不起眼儿，认为不值得一提就漠视、忽略孩子的点滴进步。应该想到"星星之火，可以燎原"，优点是一步步取得的。

第三，适当夸大孩子的进步。孩子即使没有进步，父母也应该寻找机会进行鼓励。如果孩子确实有了进步，父母就应该及时夸奖他们"进步挺大"。这样一般都可以调动孩子心中的积极因素，促使孩子期望自己取得更大的进步，孩子就有可能取得"事半功倍"的奇效。

父母应该努力发现并且放大孩子身上的优点，这是一种创新的家教方法，也是当代家长最有效的激励孩子成长进步的方式。

不以成绩论高低

父母过分看重分数，无形中给孩子增加了重重的心理压力，导致孩子对学习产生过度焦虑，这种焦虑就是对当前或潜在威胁自尊心的一种过度担忧，严重的就是孩子对某些学科失去信心，导致厌学。

学校公布本学期期中考试成绩。

荣荣刚回到家，爸爸就迫不及待地问："怎么样？考了多少分？"荣荣一边放书包，一边回过头来说："爸，还可以，就是……"爸爸脸上的笑容一下子不见了，转身坐到沙发上，打断了儿子的话："我不要'就是'，我的要求是不能低于90分，你只要告诉我结果！"

荣荣显得有些不安了，躲闪着爸爸的目光："除了数学，都高于90分。就是数学题太难了，我考了81分……那也是我们班的前 15 名，我们班还有人不及格呢……"

爸爸火了："就知道比下面的，没点儿上进心！你们班有没有考 90 分以上的？"看到儿子轻轻地点了点头，他的声音更是提高了几分："别人能考 90 分，你怎么就不能？题太难，别人怎么不觉得难？看来，还是你不努力！告诉你多少回了，要想考上重点高中，就必须用功，知道吗？每门功课都不能低于 90 分，平均95 分以上，是你最后的目标，你给我记住了！"

荣荣小声嘟囔着："不是我说数学难，老师也这么说。我怎么不努力了，连老师都说我进步了……"

爸爸根本不听他的解释："你还狡辩！"爸爸"噌"地一下站起来，一巴掌拍在儿子的肩膀上："我告诉你，我不管题目难不难，也不管老师说没说你进步了，我要看到成绩！就你这也叫进步？差远了！要是考不上重点高中，以后就考不上好大学，那你也就没有什么前途了，知道吗？这个星期六、星期日哪儿都不许去，在家把模拟统考的题目重新做一遍。"

荣荣哭泣着走进房间……

只看分数，会极度挫伤孩子的学习积极性。只看分数，不利于孩子与同伴、教师之间形成良好的人际关系，甚至会使孩子出现人格缺陷。

现在，很多人以分数来衡量一个孩子，这个孩子学习成绩好，就是好孩子，学习成绩差，就是坏孩子。

作为父母，如果只是看分数，可以发现考试分数低的这些孩子，往往是孤立的，朋友不多，喜欢的人不多，别人谈笑风生，自己却躲在角落。别人讨论题目，这些孩子却要故意岔开回避。看到老师，老远就躲起来，要不就装作没有看见一样，长此以往，导致孩子不说话、内向、孤僻、偏激，甚至破罐子破摔。

在此，给父母提出几条建议：

第一，父母不要给孩子简单地定分数指标，而应在具体指导上下功夫。

第二，父母要改变看成绩单和谈论分数的一贯做法。父母明白了分数背后有很多相同因素，就可以改变看成绩单和谈论分数的一贯做法。

第三，父母要主动联系老师，请老师分析孩子的学习状况。

唯分数论的危害是显而易见的，所以，父母要坚决抛弃这种短视的做法。

父母重视孩子的考试分数可以理解，因为分数毕竟是学习状况的一种重要反映。可是，采取如此简单化的做法，只看分数，对孩子的成长会造成很不利的影响。

允许孩子慢慢进步

古人曾说："数子十过，不如奖子一长；数过不改也徒伤情，奖长易劝也且全思。"这段话的意思是，教育孩子，与其总是批评，不如去表扬一次；对孩子批评多了，孩子并没有去改正，还挫伤了感情，如果用表扬和奖励的方法来对待孩子，则更容易使孩子接受，而且能让孩子很好地思考。

许多年前，一个 10 岁的意大利男孩在那波里的一所学校读书。他一直想当一个歌星，但是，他的第一位老师却说："你不能唱歌，五音不全，你的歌简直就像是风在吹百叶窗一样。"

回到家里后，他很伤心，并向他的母亲———一位贫穷的农妇哭诉这一切。母亲用手搂着他，轻轻地说："孩子，其实你很有音乐才能。听一听吧，你今天的歌声比起昨天的乐感好多了，妈妈相信你会成为一个出色的歌唱家的……"

听了这些话，孩子的心情好多了。后来，这个孩子成了那个时代著名的歌剧演唱家。他的名字叫恩瑞哥·卡罗素。当他回忆自己的成功之路时这样说："是母亲那句肯定的话，让我有了今天的成绩。"

父母的赏识就像润物细无声的春雨，滋润了孩子纯洁的心田，增强了孩子对学习生活的自信心，激发了孩子渴求知识的兴趣，促使他们追求成功，永葆积极向上的活力。

总之，赏识对于成长中的孩子来说是非常重要的。以下是赏识教育所起到的明显作用：

第一，维护孩子的自尊心。通过赏识教育，可以维护孩子的自尊心，建立良好的亲子、师生关系，保护孩子的学习积极性。

第二，增强孩子的自信心。家长或学校通过赏识教育可以帮助孩子克服其自卑和怯懦，增强其自信心。

第三，增进孩子的心理健康。家庭或学校通过赏识教育，可以帮助孩子维护自尊，学会自爱，减少孩子的攻击性行为。

第四，让孩子体验到成功的喜悦。成功的体验是人对生活、对学习产生自信的最好的营养剂，是人的一种自我赏识。在教育中，这种赏识足以让孩子感受到成功的喜悦，消除那种"反正怎么做都一样了"的思想顾忌，从而改变学习态度，也让他们以更好的心态去完成自己喜欢做的或能做的事情。

第五，培养孩子的独立性和耐挫力。

小明去远方，把他在山中的庭院交给朋友小鹏留守。小明是个勤快人，把院子里的杂草除得干干净净，而小鹏却有些懒，除了偶尔扫一下落叶，那些杂草却不去拔。初春，院子里冒出了几簇草，后来长出几株腊兰，据说，腊兰一棵至少值万余元。小明很吃惊，叹息说："我几乎毁掉了一种奇花啊，如果我能耐心地等那些杂草长大，看看它们是什么，那么几年前我就能发现腊兰了。"

是的，我们总是盲目拔掉那些还没来得及开花的野草，没有给予它们开花证明自己价值的机会，使许多原本珍奇的"腊兰"与我们失之交臂。

"可怜天下父母心"。家庭教育界里有这样一句话：没有教育不好的孩子，只有不会教育的父母。其实，一个孩子是否成功，70%在于良好的家庭教育。很多父母谈到教育孩子时很急，而专家认为恰恰是父母的这种急使得他们教育孩子的方法不当，结果适得其反。如果不改变一下方式方法，等到孩子真正的叛逆期来临，也许情况会更糟糕。

近来，有专家提出"慢速培养孩子"的观点。这也就是说，希望把孩子培养成才的父母必须具备的一个条件就是：凡事不能操之过急，要懂得等待。这对于很多父母来说，可谓是一个忠告，要知道，当今社会，不少孩子已为"尽快"成长付出了惨重的代价。

教育孩子要等待"花期"，教育的过程实质就是寻找最恰当教育方法和最恰当教育时机的过程。孩子和那些"破土而出的草芽"一样，在心理、生理上都是稚嫩的、富于变化的、很不稳定的。

那么，父母该怎样慢养孩子呢？

第一，等待孩子成长。现在的父母迫不及待地希望孩子掌握所谓有用的一切知识；不懂得教会孩子思考，而是希望孩子记住所有问题的现成、可靠的答案；不想让孩子去尝试错误、自己体会，而是处处提防孩子的"出轨"。

第二，遵循孩子的成长规律，切勿拔苗助长。父母要选择适合孩子年龄阶段的教育方法，也就是说不能超出孩子在该年龄阶段所处认知阶段的范围。

第三，为孩子创造轻松愉快的成长环境。孩子的天性是玩，在玩中对事物产生的感性认识也是学习。

第四，不给孩子过重压力。大家都知道，要想让水快一点开，可以通过给水加压来达到。在孩子成长的问题上，父母不要给孩子过大的压力，要在孩子的成长过程中对孩子积极引导，不能一味地提高要求，加重孩子的负担。

第五，容忍孩子犯错。犯错是一个人成长所必须付出的代价。孩子只有犯过错之后，才能真正明白为什么不能那么做。

"望子成龙，望女成凤"恐怕是普天下父母亲的共同心愿。尤其是当今社会竞争异常激烈，就业压力大，父母对孩子的期望往往就更高了。

为了把自己的子女打造成"龙""凤"，父母们尽自己最大的努力，千方百计地给孩子创造优质的教育的环境和发展智力的条件。

孩子从上幼儿园开始，父母就急着给孩子报各类培训班、提高班，把孩子的课内、课外时间都安排得满满当当的，他们以为，只要照自己的安排，就有光辉灿烂的前程等着孩子。

事实上，父母对孩子高标准、严要求，本无可非议。但美好的期望一旦脱离实际且化为固执的强求，那么不幸便会迭迭出现。过重的学习负担剥夺了孩子童年的欢乐，厌学、弃学的心理由此滋生。

心理学上有这样一个规律——期望值越高，失望值越大；反之，期望值适宜，才会令人产生很强的满足感。这个规律用在家庭教育方面也同样合适。

如果父母对孩子的期望值太高，那么，即使孩子取得了一定的成绩，父母也会熟视无睹，对孩子的优秀一点都不满足。

这种不满足的情绪波及孩子，会使孩子产生焦虑、抑郁、恐惧、自闭、表达能力差、注意力不集中、孤僻不合群等问题，体验不到成功的快乐。

做父母应该怎么调整与把握对孩子的"期望"呢？

第一，拓宽期望面，不要只局限于智能与学业。

第二，父母的期望应符合孩子的能力水平与志向爱好。

第三，表达适度，激发动机。

第四，父母的期望应循序渐进。

另外，当孩子的发展状况达不到父母的期望值时，父母要学会控制和改善自己的情绪。应经常鼓励孩子，多给他们一些笑容，对他们的行为给予积极回应，而不要一味对孩子进行批评、责骂和说教。

古语云："欲速则不达。"急于取得教育成果只会使教育结果与教育者的初衷相背，致使孩子难以健康发展，甚至还会伤害孩子的心灵，引发孩子多方面的心理问题。作为家长，不要急于求成，应该允许孩子慢慢进步，慢慢成长。

第五章

好妈妈胜过好老师

一个人的性格和修养70%是在家庭中养成的，并且主要来源于妈妈的影响。如果将孩子比作大树的话，树枝代表着他的知识与能力，是否茂盛取决于老师的给予和自身的成长；树干代表着与生俱来的身体状况和天赋，是否结实是上帝的任务，是父母的遗传；而树根代表的是孩子的性格、品行、思想、素质，这些大多靠妈妈的培养。

因此，有俗语说：娶一个好媳妇，幸福三代人。

没有人是天生的好妈妈

好妈妈不是天生的。尽管女性都有母性情怀，但是在养育孩子这件事情上，没有哪位妈妈是天才，只有不断完善自己的育儿知识和改进自己的教育方式，才能真正成为一个好妈妈，成为一个合格的妈妈。

斯托夫人就是一位学出来的好妈妈。她在教育孩子的过程中，不断学习和研究，形成了自己独具特色的自然教育。

斯托夫人有个女儿，名叫维尼夫雷特。在得到《卡尔·威特的教育》一书之后，她一边按照老威特的教育方法来培养自己的女儿，一边研究自己的育儿方法，取得了非凡的成功。在斯托夫人的训练下，女儿从5岁起就会写诗歌和散文，能用世界语写剧本。她的诗歌和散文，被刊载在各种报刊上并汇集成书，博得了广泛的好评。

斯托夫人不满足仅将自己的女儿培养成才，她渴望让世人了解早期教育对孩子成长的重要性。她的"伟大始于家庭"的观念已深入美国的千家万户，并使越来越多的美国家庭从中获益。

斯托夫人明确指出，孩子能否成为杰出人物，完全取决于妈妈实行了什么样的教育。做妈妈的知道这一点是十分重要的，但更重要的是要懂得怎样才能成为一个好妈妈。称职的好妈妈是学出来的，美国《女性生活月刊》曾经对读者做了一次问卷调查，问他们的妈妈是如何教育他们的，问怎样才能做个好妈妈。最后，他们选取了好妈妈有代表性的八大素养及当事人的相关叙述，列举如下：

1．读书是关键

在我童年时，我记得妈妈每天都读书给我听，并常常带我去图书馆。我清晰地记得我头一次读书给妈妈听时，她的眼里带着泪花。在我有了女儿欢欢后，我也一直读书给她听——从她出生的那一天起，因为婴儿也爱听读书时那种有节奏的声音。我的女儿欢欢是一个好动的孩子，一会儿也坐不下来。但是两岁半时，她每天晚上都要把两本书放在自己的床边。当她能够复述我给她讲的《棕熊》时，我的眼里也涌出了泪水。

2．使用神奇的身体接触

当妈妈同我聊天或是当我问她问题时，妈妈总是抚摸我的胳膊、手、肩和头，她时而将我额前的刘海儿梳梳，时而将我的头发拢在耳后。这些动作让我们这些孩子感到被珍视。现在我养育着两个孩子，当他们在我身边走过时，我都要去抚摸一下他们。

3．不要抱怨

我知道我的父母比任何人都在努力地工作，以养育我们4个女儿和送我们上大学，但我从来没有听他们说过疲倦或是要我们给予回报。妈妈现在身体不太健康，但她从不把她的健康问题归咎于其他人。

4．坚持做你认为好的事

作为一个妈妈，她通常知道什么对她的孩子是最好的，就算不合时宜也坚持做她认为好的事。比如说，我的妈妈用母乳喂养了她的 3 个孩子，这在当时并不受欢迎。人们说母乳的营养不够，但是她不为所动。我赞成她的态度，她坚持做了自己认为最好的事。

5. 停止指手画脚的评论

我妈妈经常说："不要急于评论其他妈妈是如何养育孩子的，免得在最后，你发现也许你还没有她们做得好。"对于一个家庭正确的东西，对另一个家庭也许是行不通的。因为孩子们有不同的需要和不同的个性，家长也有不同的要求与习惯。只要不存在虐待与冷淡孩子，我们就不要去絮絮叨叨地评价别人家的教养方式。

6. 不要老是坐在电视机旁

我妈妈限制我看电视的时间和电视节目的种类。她常常说童年时光很珍贵、很美好，不要只坐在那"方盒子"前。因此我的童年不仅有电视卡通，还有野外早餐、攀登翠绿的山冈、玩耍和交谈。

现在我也是一个妈妈了，我继承了这种很少看电视与录像的教养方式，结果就是我和我的孩子们有更多的时间去阅读、唱歌、烹饪、交谈，还有去图书馆。我们家也更安静，没有电视吵吵闹闹的声音。我的孩子们被"强迫"通过看书读报，去发展他们的想象力。

7. 充分享受二人品茶的欢乐

和孩子一起饮茶的作用是相当大的。以前，当我神情忧伤地从学校回到家，妈妈总是沏上一壶茶，然后我们边喝边聊。我们在一起的时间从来没有电视的打扰。在这安静的时刻，我乐于说出心里的任何想法，甚至小秘密。无论是她给我劝告还是只让我去诉说，这都能使我慢慢平静下来。我们现在还保持着这种方式：无论何时，当我看到妈妈有些忧伤时，我都会沏上一壶热茶。现在每当我的两个孪生小女儿与我谈论她们的问题时，也都将有一壶好茶陪伴着我们。

8. 庆幸孩子们的差异

我的妈妈并不对我们强求一致，现在我试着对我的孩子做得更好一些。我妈妈认为：每一个孩子都有自己独特的能力与兴趣，绝不能统一要求孩子们，应该让他们成为他们自己，帮助他们去发展他们的潜能——无论他们选择了什么道路。最重要的是要记住平等，平等并不意味着给你的孩子们绝对相同的东西，而是给每一个孩子所需要的东西。

读了上述人们心目中好妈妈的叙述，现在你是不是不再迷茫，不再彷徨了呢？知道自己该朝哪方面努力了吧！我们一定要记住，好妈妈是学出来的。只有向优秀的妈妈学习，和优秀的妈妈接触，我们才能变得越来越优秀。

孩子不听话，妈妈要反省

在家庭教育中，一些父母对孩子的日常行为管束较松，放任自流，而有些父母则管教孩子过于严格，甚至又打又骂，这样既伤害了孩子的心灵，又使孩子产生了逆反心理。这些方法都没有掌握好教育孩子的度，过犹不及，结果只能使孩子变得越来越不听话，越来越不服管教。

教育家孙云晓曾说过："改变教育从改变关系开始，改变孩子从改变父母开始，改变明天从改变今天开始。"这句话强调了在教育过程中，一定要反省自己的教育方式，尤其在家庭教育中，孩子不听话和家长的教育方式有着很大的关系，家长一定要学会自我反省。

下午放学后，妈妈来接小凌回家，由于孩子还没写完作业，妈妈就在一边和小凌的老师聊了起来，除了她每次见到老师必问的老一套问题"小凌这段时间怎么样？""上课表现如何？"之外，妈妈还和老师聊到了孩子不听话的事情："昨天晚上在家吃饭，我有事出去了，回家一进门就闻到一股饭菜味，一看，小凌把稀饭倒在窗户外边了，您说这孩子怎么就这么调皮？"妈妈一脸无奈的表情。

老师听了妈妈的话说："我问你几个问题，你再想想小凌为什么要那样做。如果她把饭倒在家中的垃圾桶里，你会骂她吗？"

妈妈点点头。老师又问："如果小凌把装剩饭的碗放在厨房里，你看到后会不会说她？"

妈妈再次点点头。"如果她把稀饭倒在窗户外边，你没发现，她还会挨骂吗？"

妈妈摇了摇头。最后老师说："你现在该明白她为什么不倒在垃圾桶里，而非要倒在窗户外边了吧？"妈妈不好意思地笑了笑，说：“老师您说得很对，我们作为家长，不能总是批评孩子，有时候我也应该站在孩子的角度想想。看来我的教育方式失之偏颇，不得不说，我在批评孩子的同时，自己也应该反省一下。”

在现实生活中，像小凌妈妈一样的家长十分常见。在面对孩子的错误时，很多家长总是觉得孩子不可理喻，却往往忽视了他们自身的原因。

由于认识能力、知识水平和教育思维等原因，一些家长没有把孩子看成一个正在成长的个体，也不知如何培养孩子求知、生存、合作、发展的能力，因此走入了家庭教育的误区，使孩子变得越来越不听话。更令人遗憾的是，一些家长至今也不知道自己的教育方法、教育观念错在何处，甚至还为孩子短暂的“听话”而暗自得意。

实际上，家长在从孩子身上探究“不听话”的根源时，也要从自身去寻找原因，反省自己的教育方法是否存在误区，对孩子的要求是否合理等，然后用科学的教育方法予以正确引导。这样才能使孩子从“不听话”向“听话”转变，从而达到使孩子健康成长、快乐成才的目的。

你是“一言堂”妈妈吗

有些妈妈在教育孩子时，通常会像给下属下达命令一样，这种妈妈就是通常所说的专制型妈妈。专制型妈妈过度相信自己的权威，在家中实行"专制独裁"，把自己的意志强加给孩子，要求孩子必须听从大人的安排。专制的妈妈总是希望孩子温顺、听话，却忽略了孩子的感受。

从某种意义上讲，这是一种传统的家庭教育风格，主要强调妈妈的权威形象，要求孩子听从父母，父母却从不听孩子的想法。在现实生活中，专制型的妈妈不乏其人。然而对孩子而言，这种方式不仅会伤害孩子幼小的心灵，还会对孩子的身心健康造成不良影响，甚至会使孩子的性格发生变化，更有甚者，还会使孩子发生心理疾病。

张禹的爸爸妈妈白手起家，创业的艰难让他们深刻体会到知识的重要性，所以他们把希望寄托在张禹身上。他们从小对张禹要求很严格。尤其是爸爸，自从张禹进入学校后，就要求张禹一门心思读书，不能做与读书无关的任何事情。放学回家，不得看电视，除了吃饭，就得在自己的房间里读书，就连周末也不例外。

有一次放学回家，张禹趁爸爸妈妈不在家，偷偷看了一会儿电视，正巧赶上爸爸提前回家。爸爸二话不说，将他打了一顿，从此孩子再也不敢看电视，也不敢做其他的游戏，只是按照父母的意愿"一心只读圣贤书"。爸爸妈妈为这种"高明"的教育方法而暗自得意，有时候还向其他父母传授"秘籍"。但是渐渐地，他们却感觉到孩子不再爱说话，而且会在吃饭的时候发呆，似乎在思索着什么。父母问他在想什么，他也只是轻轻一笑了之，继续吃饭或者吃完饭就到自己的屋子里去。

父母感觉有些不对劲，于是开始仔细观察张禹。结果发现他经常会发呆，还经常忘东忘西。学校老师也向家长反映，说张禹总是带错课本，上课经常走神，而且不愿和同学、老师说话。于是，父母就带他去看医生。医生检查后认定孩子得了抑郁症，后来治疗了很长时间也没有彻底恢复正常，张禹只好辍学在家养病。

上述案例中，张禹之所以会产生心理疾病，与其父母的专制式教育方法不无关系。的确，一个健康的孩子每天生活在父母的专制与威严下是一件非常痛苦的事情。当孩子受到批评、指责而想要解释时，常常会被"专制"的家长用这样的话打断："你不要辩解了，这没用""闭上你的嘴""你又开始撒谎""你还敢犟嘴"……在这种情况下，孩子会产生委屈的感觉，进而伤心、怨恨家长对他的不公平。

所以，妈妈应该主动改变自身的专制态度。具体来说，可以从以下几个方面着手：

（1）当孩子有自己的安排或想法时，妈妈应该允许孩子说出自己的看法，继而与孩子商讨出最佳的计划，切不可强制孩子要做这，不许做那。当孩子与妈妈商量是否可以做某事时，妈妈应该说出自己的想法，让孩子自己决定，并且适当灵活地引导孩子。

（2）当妈妈意识到自己在孩子面前的错误时，应主动向孩子道歉。如果孩子有理，应该按照孩子的说法做，尊重孩子。

（3）当孩子受到批评、斥责想要辩解时，妈妈应该让孩子把话说出来。如果孩子辩解的时机不合适，明智的妈妈不妨对孩子这样说："你有辩解的权利，但是现在我很忙（时间不合适），过后我一定会听你的解释。等我们晚饭后再慢慢谈，好吗？"这样既能够让孩子觉得自己受到了重视，同时又给了孩子一个反思自己的时间。

妈妈心太软会害了孩子

小怜从学校回来，一副垂头丧气的样子。

"怎么啦？"小怜妈爱怜地问道。

"今天体育课我们玩传球，一传到我这儿我就弄丢，同学们都笑我了。"

"小怜，没关系。"小怜妈愤愤地想道，才一年级就玩这个，孩子当然不会了。然后她决定安慰小怜一下："不能怪你，这太难了。"

小怜妈倒是宽容又开明。但一片好心并不一定能正确地教育孩子。例如，有时宽容的父母看到孩子不理想的考卷时常说"不能怪你，考题太难了"。孩子因没考出优异的成绩而苦恼，父母这么说也只是为了安慰孩子。

对心理比较脆弱的孩子，这样说一次两次尚可，但若总这样说，实际的效果可能会适得其反。有责任心的孩子，听了父母的话并不会原谅自己，因为考试题目并不太难，而是没有发挥出自己的应有水平。对在学习上得过且过的孩子，听了父母的话，也不会反思没有考好的真正原因，反而觉得下次这样肯定也能得到原谅。

孩子受挫失败，家长理所当然要安慰、要鼓励。你可以分析主客观原因，但不要替孩子开脱，好像他一点责任也没有，否则孩子将不会自动地改正错误。

我们有责任去教会我们的孩子以正确的生存方式、方法和态度来对待生活。我们应经常让他们看一看自己面对什么问题，然后问他们："该怎么做？"用这样一个简单的问题来指导孩子去分析眼前的事情。孩子们很爱动脑筋，随着年龄的增长他们会更好地思考该怎么做的问题。做父母的应利用孩子的这一特点，训练他们解决问题、克服困难的能力。若你只是简单地对他们报以宽容，说"哦，这不是你的错"，他们也就不再认真思考自己面临的问题。

更糟的是，他们还可能养成推卸责任的恶习。考不好，怪题太难；唱不好，怪音调太高；事情做不好，又怪客观条件没有具备……反正责任永远不在自己身上。

所以，不要对孩子过分怜悯，不要让他们觉得自己没有任何错，好像觉得自己做任何事都会得到父母的宽容，更不要轻易向孩子的不合理要求妥协。

作为孩子的妈妈，我们应当从以下几个方面尝试，学会拒绝孩子的不合理需求。

（1）在孩子面前一定要坚持真理。对孩子做出的承诺一定要兑现；孩子做错了事，一定要给予处罚；当孩子向我们提出合理要求时，可以答应；当孩子提出不合理要求时，我们就必须坚持原则。唯其如此，孩子才能感受到我们的威严，并逐渐懂得是非，进而形成正确的价值观。

（2）当我们拒绝孩子的不合理要求时，如果孩子出现耍赖现象，那么我们不仅要坚持原则，还要反省自己的教育方式。同时思考自己以前是否有过相应的承诺，如果有，要当面向孩子认错，给孩子树立榜样，千万不要让孩子抓住我们的"把柄"，也不要因为孩子耍赖就对孩子严厉训斥。

（3）如果我们在拒绝孩子的无理要求时，孩子以哭闹要挟我们，那我们可以采用"冷处理法"，让孩子一个人待在房间里，在确保孩子是安全的情况下不要理会孩子的哭闹。当你和孩子都冷静下来后，再简单说明自己拒绝的理由，让孩子明白为什么不能这样做。当孩子明白你的态度时，也就不会再纠缠不休了。而且孩子在下次遭到拒绝时，也就不会再采用哭闹这种"无效"的办法了。

（4）在大庭广众之下，对于孩子提出的不合理要求，我们应当妥善处理。如果孩子执拗于不合理要求，并在大众场合哭闹，父母应该及时吸引孩子的注意力，给孩子说一件有趣的事，如外出游玩、制作模型等，转移孩子的注意力，孩子就会在不知不觉中放弃原来的行为或愿望。

妈妈的"过度教育"会害了孩子

人的一生中，教育与个人的发展是息息相关的，尤其是对孩子的教育。但是过度的教育却会危害孩子的心理健康，导致孩子越来越不听话。那什么是过度教育呢？过度教育是指教育者所实施的教育超出了孩子的身心成长需求，超出了孩子的生理、心理成熟程度及现有的知识经验水平。

据有关心理学家和教育家的研究发现，这种"过度教育"对幼儿的危害极大，是一种错误的家庭教育方式，很容易引起孩子的不听话。其主要表现有以下几种：

1. 父母的过度保护

父母对孩子的吃、穿、住、行等方面大包大揽，什么事都不让孩子操心。一般来说，在过分保护下长大的孩子容易以自我为中心，不会考虑别人的感受，而且缺乏家庭和社会的责任感，不清楚自己对家庭和社会要承担的义务。

2. 父母的过度干涉

在日常生活中，无论孩子做什么事情，父母都要询问，而且要求孩子按照自己的想法去办。这样做的结果，就是使原本性格软弱的孩子变得更加没有主见，而原本性格比较倔强的孩子，因为受到父母的压制，则会产生强烈的反抗心理，从而对父母产生反感，与父母对着干。此外，父母的过度干涉有时还会培养出内心暴戾但外表软弱的孩子。如果孩子一旦因某件事而发脾气，很有可能做出父母意想不到的事情，这无论是对社会还是家庭，都是一种危害。

3. 父母的过度期望

每个父母都希望自己的孩子能在社会上占有一席之地，因此一些父母会对孩子抱过大的期望，常常自觉或不自觉地给孩子施加压力。而这对于幼小的孩子来说，无疑是一种过度压力。这种压力会使孩子认为自己总达不到父母的期望，久而久之，孩子的心中就会积累起沉重的压力，进而对生活失去信心。

其实，过度教育实质上是父母过分表达对孩子的爱而造成的，但是往往这种"过分的爱"越强烈，对孩子的伤害越大。父母应该清楚：孩子是一个独立的个体，在成长过程中，他也会有自己的独立思想，如果父母一味地干涉孩子的自由成长，孩子的手脚就会被捆住，大脑思维就会被限制住，这样一个天天被压制的小树怎么可能健康成长呢？

从前，有一个狼王，他的王后给他生了一只漂亮的小狼，狼王想要这条小狼继承自己的王位，于是他就希望小狼天天练习捕猎，但是又担心小狼出去被其他动物伤害，所以每次都将自己打回来的猎物扔给小狼，让小狼撕咬一番。

有一次，小狼趁狼王不在的时候和另一只狼出去打猎，结果受了伤。愤怒的狼王将另一只狼咬死了。后来，小狼长大了些，狼王让小狼和其他狼一起出去打猎，小狼却再也不想去了。这时狼王告诫小狼，自己已经老了，小狼必须使自己强大起来，将来得以继承狼王的宝座。但是小狼早就听腻了，他对狼王说："我现在连一只普通的狼都不如，还怎么做狼王？"

狼王老了，失去了昔日的力量，而狼群中出现了更强的狼，他打败了老狼王，自己统治了狼群，并且将老狼王和小狼逐出了狼群。

这时候老狼王父子俩只好外出流浪，一个无力，一个无能，天天挨饿。老狼这时候想要教给小狼一些技巧，但是小狼却再也不听老狼的话了，因为他根本就不知道怎么去捕获那些活蹦乱跳的小动物。这时候老狼流下了悔恨的泪水。

上述故事中的狼王也许在想：想我英明一世，怎么生出这么个孩子来？他只要听我几句话，就可以捕到食物，可是现在恐怕只能活活饿死了。殊不知，小狼的不听话，正是老狼过度教育的结果。

在我们人类的生活中也是如此，当发现孩子不听话的时候，父母应当反省自己，是不是对孩子的教育"过度"了？如果是，就要马上调整自己，选择适度的教育方法来教育孩子。

妈妈也要活出自己的精彩

如果你注意听身边的女人的闲聊，未婚女性聊得最多的话题是健康、美容、购物、旅行，而"宝妈"们的话题则全是围绕孩子、老公……

不少女人，在少女时期活得无比精致，一旦"升级"成为妈妈，就开始了以孩子、以家为中心的"黄脸婆"生活。台湾政坛上有名的陈文茜女士，在接受央视记者白岩松的采访时，说过一段这样的话："她就守住一块天，守住一块地，守住一个家，守住一个男人，守住一群小孩，到后来，她成了中年女子，她很少感到幸福，她感到的是一种被剥夺感。"

作为妈妈，你是否也因此而将自己的格局做得很小，从而失去了幸福，产生了被剥夺感？

你其实也可以并且有必要活得精彩。只有你活得精彩、圆满，你的孩子才能在你的垂范下做更精彩的自己。反之，你将焦点集中在他身上，一切围绕他转，反而会让他懈怠、惶恐或反感。

妈妈的眼里不应该只有丈夫、孩子、柴米油盐，一定要有你自己。孩子出生头几年可能无暇以顾，但孩子上幼儿园后，你可以利用闲时学习充电，或找个适合自己的工作。

和很多家庭主妇总是打牌、侃大山消磨时间不同，刘蓓闲时总是在看书、写作。在知乎上，她是一个有几万粉丝的亲子教育"大V"，经常有公众号向她约稿，每个月的稿费不多，但也让她拥有满满的成就感、充实感。

等孩子上初中寄宿后，刘蓓以40多岁的"高龄"出去找工作，在新媒体公司找到了一份编辑工作，花了不到1年时间，她就做到了主管。连她的孩子都佩服她，说"妈妈好棒啊，我要向你学习"。

"妈妈"这个称谓，并不意味着牺牲，而是意味着榜样。只有自己活得精彩了，孩子才会看在眼里学在心里，这比任何一种教育都更直接、更有效。

聪明的你，知道该怎么做了吗？

第六章

再累也要
做好爸爸

除了爸爸工作太忙碌，因而疏忽了跟孩子之间亲子关系的培养的这一原因，爸爸严格、深沉的个性也是导致孩子不愿或不敢亲近的主要原因。大多数孩子对爸爸都有一种莫名的距离感和恐惧感，如果爸爸不留意，孩子就会跟你越来越疏远。作为爸爸，不如放下身段，主动与孩子「套近乎」，不要让父严掩盖了你对孩子的爱。

一日为父，终身为师

"爸爸"的意思是什么？是一个名词，也是一个称呼；是一个家长，也是一个教育工作者；是孩子背后的一座山，也是头顶的一片天，是一个男人一辈子最艰巨的任务，也是最甜蜜的责任。古人云："一日为师，终身为父。"而现代的爸爸更要知道：一日为父，终身为师。

没有人天生就是合格的父亲，怎么样做一个父亲，好父亲的标准是什么，都是应该学习的。对于孩子来说，父亲的意义和作用到底是什么？

1. 促进孩子扮演好自己的性别角色

现在大街上越来越多女孩打扮穿着像男孩，而越来越多男孩也变得行为女性化，对此你是否总是迷惑不解？

孩子进入"性别辨认期"时，最早能分辨的便是自己的爸爸和妈妈。孩子会把爸爸的外形特征和所有行为作为自己辨别男性性别的标准，以后在孩子的生活中出现的男性形象都会与最早获得的这一男性范例相比较。

男孩能模仿、学习男子汉的阳刚之气，从而形成良好的角色心理认同。如果男孩缺乏父爱或与父亲交往过少，会很难在男性的自信和自制之间找到一个平衡点，这对男孩长大交友、求学和工作都会造成一定的困扰，也容易导致行为女性化的倾向。对女孩来说，通过对父母性格特性的认识，会更加强化自己的性别意识，掌握好自身性别角色标准，从而更好地发展女性的自身魅力。

孩子对于性别的认知从三岁就开始了，作为爸爸，应该让孩子清楚地意识到男与女的区别，孩子可以从妈妈身上认知到女性特性，从爸爸身上认知到男性特性，这种教育是夫妻双方应该共担的义务，是缺一不可的。在孩子的性别教育方面，应该清楚地让孩子们意识到，男孩子应该是阳刚的，女孩子应该是温婉的。

2. 是孩子智力发展的催化剂

男性和女性的思维和行动方式是大不同的。孩子从母亲那里可以更多地接受语言、日常生活和艺术性等方面的知识。而父亲给予孩子的则是更丰富、更广阔的知识。爸爸通过与孩子共同操作、带领孩子开展多种探索活动或共同游戏玩耍，可以培养孩子的动手操作能力，有助于激发孩子的探索精神、想象力、创造性以及求知欲。如果我们仔细观察一下，会发现许多孩子更愿意与爸爸一起玩耍，尤其是在一些户外活动与智力游戏中。这说明爸爸比妈妈能提供给孩子更多的乐趣与教益。

父亲与孩子交往的程度与孩子的智商成正比（即交往程度越深，孩子的智商越高），这些都在于爸爸对孩子的培养要求更严格，目标更明确、更实际，能给予孩子更大的生命激情和对事业的执着追求。

3. 有助于孩子良好个性品质的形成

与女性相比，男性身上具备更为勇敢、坚强、独立、进取、自信、果断、宽厚的个性特征。爸爸在和孩子相处的时候，通过鼓励孩子不断尝试、勇敢探索、克服困难和挫折，可以造就孩子优秀的个性品质和道德品质。孩子在与父亲的不断交往中，一方面感受着父爱，潜移默化地模仿、学习父亲的言谈举止；另一方面，父亲也会比母亲更加严格地要求孩子具有以上个性特征，尤其是对男孩要求更为严格。

调查发现，学前孩子不良行为（如乖僻、霸道、懦弱等）的发生，尤其是男孩子，与父亲的教育方式有着非常显著的关系。拒绝型的父亲（包括打骂的积极拒绝型和不理不睬的消极拒绝型）最容易引发学前孩子不良行为。

美国有一部很出名的电视剧叫作《成长的烦恼》，剧中心理医生西佛对子女采取启发式教育的方式总让人印象深刻，在一些很小的事上给了我们很多启发。其中有这样一集：儿子本恩不小心撞到桌角摔倒了，疼痛使得他大哭起来，为了发泄心中的不满，本恩用力踹桌子。爸爸西佛什么都没有做，只是在一旁默默地看着孩子的举动。本恩眼见父亲没有安慰他的意思，也就逐渐停了下来。西佛医生把一切都看在眼里，之后他把本恩搂在怀里，仔细检查确认孩子身上没有受到伤害后说："本恩，你来看，你是个人，你有手有脚，你能动能跑，而桌子它什么都不会。所以是你撞到了桌子，而不是桌子撞到了你，你应该为你向桌子无故发火而道歉。"

孩子在成长的过程中难免会有些磕磕绊绊，母亲在处理这些状况的时候，大多是直接给予孩子及时的关怀，而这样大多时候其实不利于孩子坚强、宽厚、勇于承担等品质的形成，一味地呵护可能让孩子变得胆小懦弱、乖戾暴躁，培养孩子勇于担当的责任精神要从小开始，孩子在年幼的时候还没有成熟的判断力，也没有责任意识，但是他们会有强烈的成就欲和表现欲，这其中也就有着担当的成分，作为爸爸，应该在给予孩子适当关怀的同时，把握住孩子的心理，正确引导孩子逐渐形成这些优秀的品质。

父爱缺席对孩子严重不利

不知道世界上的孩子们第一声叫爸爸的多还是叫妈妈的多，反正父亲节比母亲节整整晚来了 10 年，而且至今知道的人都不多。我们经常会看到这样的现象：书店里专心为孩子选书的几乎都是妈妈，在公园里陪孩子玩的大多也是妈妈，家长会的时候老师能见到的也多数是妈妈。对于妈妈陪伴在孩子身旁我们习以为常，而对于爸爸的"隐形"我们似乎也司空见惯。

孩子的成长中，母爱必不可少，可是父爱也不能少。父亲代表着无穷的力量与强大的依靠。父亲角色的弱化和缺失，或多或少会给孩子带来心理上的不安全感。如果父亲淡出对子女成长的关心和指导，或者用不当的教育方式教育孩子，对孩子的成长也是十分不利的，甚至是危害极大。

报纸、电视上每天报道的层出不穷的青少年问题，你是否忧心忡忡？而当你回到家，你是否意外发现，孩子什么时候都已经这么大了，为什么与他之间的沟通越来越少，越来越难？你知道你的缺席到底会对儿女造成什么样的影响和危害吗？

1. 对男孩的影响

男孩的童年时期，甚至一辈子，父亲都可能是他心目中的"英雄"，孩子们会为拥有强壮的父亲而感到骄傲，绝大多数的男孩在跟别的孩子的谈话中总会以"我爸爸……"为开头。父亲是儿子内心安全的保障，力量的所在。在成长过程中，男孩始终以父亲为楷模，学习怎样做个男子汉，以及怎样和女性相处。

而缺乏父亲关爱和教导的男孩，小的时候胆小、依赖、容易情绪沮丧，上学时则经常游离在集体之外，显得过于内向，缺乏自信，青少年期就会出现逃学、偷盗、早恋、打架斗殴甚至吸毒等行为，长大之后有些人就变得冷漠麻木、自私自利，甚至年长后得精神类疾病的概率也很大。

小勇七岁时：

"爸爸，你带我去踢足球好不好？"小勇缠着在看电视的爸爸，"改天吧，爸爸今天有些累了。"小勇噘着嘴走开了。

"爸爸，你不是说明天要带我去露营吗？"小勇拦住准备出发去出差的爸爸，"改天吧，下次再去好吧。"小勇失望地看着爸爸匆匆离开的背影。

"爸爸，你什么时候帮我把那个模型组装好啊？"小勇挡在正在上网的爸爸前面，"改天吧，爸爸现在正在忙。"小勇气呼呼地跑开了。

就在一次次的"改天吧"之中，儿子小勇长大了。

小勇二十五岁时：

小勇大学毕业参加工作了，很少回家看望爸爸妈妈，于是爸爸给儿子打了个电话："小勇，如果你有空，就常回来陪陪我，我们可以好好地说说话。"

小勇回答道："我最近工作太忙了，虽然我也很想回去，不过还是改天吧。"

放下电话，爸爸长久地品味着儿子的这句"改天吧"。

男性在年轻的时候对于感情的需求和经营并不会太深刻，对于感情比较冷漠，显得比较自私自利，过了四十岁以后，对家庭生活的渴望就会越来越重，也许是因为他们年轻的时候忙于事业而忽略了亲情，等到成熟之后觉得心里有所缺失。然而大多数爸爸意识到这些的时候，孩子已经长大了，有了自己的思想，由于成长时期爸爸的缺席，他们不自觉地在自己的态度上多了一份漠然，而这份漠然恰恰是爸爸们最为伤感的。爸爸们应该早一点意识到这些，不要等到老了之后才追悔莫及，甚至让孩子以后也陷入这种恶性循环之中。

2. 对女孩的影响

男人总觉得女人的心思很难猜，何况是现在的小女孩，"人小鬼大"，完全搞不清楚她们的小心思。爸爸们常常认为女儿不需要他的教育，反正还有妈妈，女人的事情就让女人们自己去解决吧。实际上，女儿其实更渴望得到爸爸的宠爱，因为爸爸会给她们带来更大的安全感和归属感。

在女儿的生命中，爸爸是第一个男性，女儿对于男性最初的认知和理解都来自爸爸。如果在女儿的成长阶段爸爸总是缺席的话，孩子长大后，往往会对男性产生不信任的态度，并且对爱情很难理解，或者由于对爸爸的理想化想象，导致对另一半的苛求，以至于以后与异性交往困难，或者导致婚姻的不幸福。

当女儿受到挫折和伤害时，如果爸爸没有给予及时的引导和爱护，会逐渐让女孩不敢轻易袒露自己的心声，变得孤僻、冷漠、苛刻，从而严重影响到她们步入社会以后与他人的交际。

中国有句话是没有错的，"穷养儿，富养女"，"富养"并不仅仅指给予女儿最好的物质条件，而是应该给予她心灵上的满足和呵护，女孩在爸爸的呵护和引导下成长，以后才会成为一个有魅力的、有自信的成熟女性。

好爸爸是"完美"好男人

想要做一个好爸爸，首先应该做一个好男人，做一个"完美"的好男人。当然"完美"这个要求对于大多数男同胞来说过于苛刻，但是评论一个男人是不是好男人，并不是说他哪一方面特别成功，而是他的生活、工作、感情应该都是相对协调、相互促进的：妻子依傍他，子女崇拜他，父母依靠他，朋友信赖他，如果做到这些，这样的男人就可以说是一个完美的男人了。

要想成为一个好爸爸，就应该有觉悟成为一个"完美"的男人，督促自己不断前进。成为"完美"男人到底应该具备哪些条件呢?

1. 好男人要有责任心

一个好男人可以不伟大，但是也可以很平凡地做到男人的本分。首先好男人应该热爱家庭，并且努力维护家庭的和谐，为了这个目标，可以努力工作，赚钱养家。对于妻子好男人应该细心呵护，不要轻易让她受到伤害，和妻子共同把家经营得越来越幸福。对于孩子，作为爸爸也应该尽到教育和辅助孩子健康成长的责任和义务，有这样一个男人，家人都会很有安全感和幸福感。

再者作为男人，对于生养自己的父母也应该尽到应有的责任和义务。对于父母要时常关怀，尽量在各方面报答父母的养育之恩，如果对父母的责任都尽不到，那么他就没有责任感可言了。

最后对于社会，作为男人也应该有一定的责任义务和使命感。通过对自我事业和目标的达成，拒绝做危害社会的事，也能算是为社会做贡献了。如有余力，为社会做一些公益的事情，那就更好了。

台湾地区演员欧阳龙，曾出演多部著名影视作品，比如《京华烟云》《包青天》。欧阳龙虽然在电视剧中经常出演反面人物，但是在现实生活中却是一个不折不扣的好丈夫、好爸爸。欧阳龙本人在公众场合中总是透露着热情、温和、柔软的气质，他提倡以"向孩子学习"的心态来看所有生活点滴，他不厌其烦地与孩子对话、讨论，在孩子的响应中获得孩子心中最真实的声音，三个女儿在他耐心的培养与爱护之下健康成长，各有所长。对于妻子，欧阳龙也是一直呵护备至，对妻子对于孩子的教养方式也完全支持。作为男人，欧阳龙对家人、对社会都有着强烈的责任心，抱有积极的关切态度，所以他的事业、生活都取得了很大的成功，这样一个男人就可以算是完美男人。

2. 好男人要有宽容之心

男人需要的不只是刚烈果敢，更是气度。拥有宽宏大量的气度，才能超越自我，为他人一句话就蹦起三尺的男人绝不是好男人，甚至就不像个男人。

宽容大度是好男人不可缺乏的人格元素。在忍耐、宽容的风霜里，男人才能练就刚毅和宽厚，让心胸如秋日天空一样高远宽广，让气质如秋日枫叶一样成熟和绚丽。他能泰山崩于前面不改色，美色诱于前泰然自若。他有一颗向上的心、宽广的胸怀，在任何时候都保持一种平静的心态，友善地对待周围的人和事，和他在一起，踏实、安定的感觉时刻荡漾在周围，连呼吸到的空气都是那么舒适与祥和。

拥有一颗包容的心，不只可以让男人在事业的前进中顺风顺水，作为爸爸，对于孩子成长中的各种状况也能应付自如，孩子面对一个包容大度的父亲，也会逐渐成熟懂事起来。

3. 好男人要有大爱之心

大爱的意思是什么？大爱就是除了爱人、爱朋友、爱自己之外，还要关注生存的环境，关怀弱小。大爱是博爱之心，大爱也是奉献之心。人世间最伟大的爱是没有界限的，互不相识的人可以互相帮助，别的国家的人民有难我们也会无偿支援，这些都可以用"大爱"来诠释。

市里正在组织一个"寒衣大家送"的爱心活动：将省下来的

钱和不穿的寒衣送给山区的贫困儿童。张俊正好听说了，想到自己的儿子张翼虽然只有 10 岁，可是他的衣服数都数不清，于是就想带着孩子去献爱心，让孩子主动将不穿的衣服捐献给山区儿童。

回到家后，张俊就把献爱心的事告诉了孩子，儿子有些纳闷："他们的爸爸妈妈为什么不给他们买呀，现在的衣服又不贵！"张俊一听孩子这话，才知道自己对孩子的教育太疏忽了，他略带严肃的表情说："山区的生活条件非常差，他们大多靠种地为生，根本没有多少收入，吃饭都成问题，更不要说买衣服了！"

周日的时候，张俊带着儿子和准备好的爱心物品随车来到了山区小学。儿子张翼一下车就被这里艰苦的学习环境惊呆了，更让他震撼的是，虽然环境艰苦，这里的学生依然在坚持学习。

张翼将准备好的物品全都送给了这里的孩子，而且还和一个同龄孩子成了朋友。回来的路上，张俊对儿子张翼说："这里的孩子虽然没有你的条件好，但是他们自强不息、顽强拼搏，是你学习的榜样。如果你能像他们一样，爸爸相信，你会更优秀的！"

张翼回答说："爸爸，你放心吧，我一定会珍惜现在的生活，好好学习。以后我要节省零花钱，然后捐给这里的人，让他们和我一样能上得起学！"

一个男人拥有大爱之心，会为社会、为家庭无私奉献。作为爸爸，孩子会以拥有大爱之心的爸爸为榜样，爸爸的大爱之心会感染到孩子，让孩子也学着去热爱生活，关怀他人。在爸爸的影响和带领之下，孩子心中萌生了爱，并回像爸爸一样将大爱传承下去，这样孩子以后往往会成为一个优秀卓越的人才。

为孩子的教育全力以赴

传统的"男主外、女主内"到现在依然有着不小的惯性。家庭中，多数还是男人在外打拼、忙碌。累、忙、没有时间常常成为爸爸的理由，由此忽视了教育孩子的责任与义务，对于孩子的教育问题总是应付了事。如果说爸爸的忙与累，可以总是作为忽略孩子教育的"挡箭牌"的话，整天埋头于琐碎家事的妈妈，是不是也可以以烦与闷来作为忽视孩子教育的理由？

——显然，回答是否定的。

有些爸爸总是用"忙、累、烦"来"逃脱"教育孩子的责任和义务。平时不怎么关注孩子的学习和生活，可是对孩子却总是过分要求，要求孩子考试得第一，什么都要跟别人家的孩子比。孩子如果不懂事一点，反抗、顶嘴，爸爸就拿自己的"爸爸权威"来压制孩子。大概会用一些这样的话："我是爸爸，我说的就是对的，没有为什么"，"小孩子懂什么，就按照大人说的这样做"，"我们是大人，大人可以这样做，小孩不可以"……就是这样，自己明明也没有做到很好，却要求孩子什么都要按照自己说的来，什么都要做到最好。这样的爸爸，怎么起到楷模作用。

小龙的爸爸除了平时上班之外总是很少出门应酬。虽然他说不老在外应酬是好，可以留在家里面陪家人。可是小龙爸爸却总是以自己要忙自己的事，或者要休息为理由，来拒绝与家人有更多交流。如果平时有打来找小龙爸爸应酬的电话，小龙爸爸总是交代儿子："你去听电话，要是叔叔找爸爸，就说我不在家。"小龙刚开始不明所以，问到爸爸为什么要这样，爸爸总是以"你小屁孩一个，大人的事你少管"来应付小龙。渐渐地，小龙也不问了，也不再主动跟爸爸交流，父子两人周末都各做各的事。

等到小龙年龄大了，他的性格变得越来越孤僻，只要不上课的时候都在家，不是打游戏，就是在自己的房间里鼓捣什么。小龙妈妈无论怎么劝儿子，儿子都不愿意踏出家门半步。于是小龙妈妈就总是埋怨小龙爸爸只顾自己，小时候不经常带小龙出去接触人群，导致小龙越来越孤僻。看着儿子越来越孤僻，甚至连家人都懒得搭理了，小龙爸爸想到在儿子小时候自己总是只顾自己、推脱责任，也变得追悔莫及起来。

孩子变得孤僻、不爱接触人群或者暴戾，很大一部分都是爸爸在教育上的松散造成的，如果孩子走向了错误的道路，那么爸爸必须负很大一部分责任。如果爸爸总是找借口为自己开脱，那么孩子不但会受到负面影响，对爸爸也会越来越失望和抵制。所以如果爸爸意识到自己有这样的习惯，一定要正视并积极改正，为孩子树立一个榜样，积极帮助孩子健康成长。

有的爸爸认为没有必要太花心思，孩子自己会长大，所以在孩子的教育问题上总是敷衍。偶尔有时间、心情好的时候就会突然"认真"对待一番，其他时候就对孩子听之任之、爱搭不理。对于孩子的教育，爸爸如果不注重而太过随便的话，孩子小时候可能在学校成绩落后，长大进入社会后可能就会不如他人。

罗大海觉得自己的孩子罗宇以后肯定会很有出息，在孩子很小的时候他就发现，孩子能坐得住，而且爱看书。等到罗宇上学之后，结果竟然大出他的所料。罗宇平时按时上下学，每次回家也能很好地完成老师布置的家庭作业。可是他对成绩和表彰反应平平，好了也不激动，差了也不着急，他总是满足于自己"比上不足比下有余"的状态，不愿意花更多的工夫在学业上面。

罗大海觉得这样下去，孩子的学习成绩只能是一般水平，肯定不利于他将来的发展。罗大海一想到这，他就感觉平时太对不住罗宇的妈妈了，把整个家都丢给她一个人。她还要工作，哪会有太多的时间来监督孩子的学习。所以他意识到作为父亲，他应该更加勤快一点。为了培养孩子的进取心，他想到了一个好办法。

一个周末的早上，罗大海把正在睡觉的儿子叫起来，他打算和孩子进行一个越野赛，罗宇勉强打起精神跟着爸爸去了。比赛刚开始，罗宇很积极，可是越到后面越是打不起精神来，虽然爸爸罗大海反复鼓励孩子，可是距离终点还有 400 米的时候，罗宇实在坚持不下来了，李海龙就激励孩子说："你平时不是很厉害吗，今天怎么不行了？既然不行，就不要吹嘘自己了！"罗宇听了爸爸这话，他的脚下好像突然生出一股劲儿，总算把最后一段坚持下来了。

爸爸的目的达到了，父子俩躺在草坪上，爸爸跟孩子说："儿子，爸爸知道你很优秀，可是不管做任何事，都应该全力以赴，这样才对得起自己。你对自己的学习也应该这样，我知道老师布置的功课你都能轻松应付，可是就是少了一点勤奋，你不应该满足于当前的成绩，时刻都要保持一颗进取心，要知道你可以做得更好更优秀。"罗宇当然知道爸爸的意思，不过他什么都没有说。可是从那次之后，在爸爸反复耐心的督导下，罗宇慢慢地在改变，再也不是以前那个松松垮垮、不思上进的孩子了，他每天都是精力充沛的，最后还代表学校参加了全省奥数比赛。

作为爸爸，如果在教育孩子方面表现得积极、勤奋，那么孩子接收到的正能量和知识量也会更多，孩子的成长需要爸爸全力以赴地带领和辅助，好爸爸请用积极的态度感染孩子，让孩子以后在自己的人生道路上也能全力以赴！

做孩子前行的风向标

爸爸作为一家之主，自然而然很容易成为孩子心目中的"偶像"。孩子从很小的时候开始，就十分喜欢模仿父母的行为和言谈，特别是小男孩，总是喜欢跟在爸爸的身后，像爸爸的"复读机"一样，模仿着爸爸的一个声调、一个单词、一句话，也会模仿甚至连爸爸都没有注意到的小细节。爸爸就像孩子的司令员一样，是孩子成长学习前进的"风向标"。

所以，作为爸爸要时刻注意自己在孩子面前的形象，因为爸爸的一言一行都会对孩子造成潜移默化的影响。好爸爸不仅要具备良好的生活习惯，还要有积极的人生态度和稳定的情绪，这样，才能培养出更加优秀的孩子。

1. 在孩子面前维持良好的形象

爸爸在孩子面前要注意自己的形象，不修边幅的男人在家庭中和社会上都不会受到大家的欢迎，自然也不会成为孩子的榜样。好爸爸要注意自己的仪表，在外工作交际的时候保持简洁体面的外在形象，在家里也不能过于随便邋遢，不要让孩子也跟着有样学样。

另外，如果爸爸言辞随便，经常讲粗话，孩子也会养成爱讲脏话的坏习惯。爸爸应该以身作则，让孩子从小认识到文明礼貌的重要性，给孩子创造一个文明礼貌的成长环境，教孩子一些文明礼貌的常识，并以身作则教会孩子在生活中运用。

小雨的爸爸在外包工程，每次接到工程的时候总是会很忙，经常需要加班，回家后脱了鞋就随便乱放，吃饭前也不洗手，头发经常也是又脏又乱，不讲究个人卫生，所以整个人显得很邋遢。

过几天要召开家长会，一想到爸爸要以这个邋遢的形象出现，小雨的心里就很不是滋味，她怕别人笑话爸爸，自己也会觉得不好意思。妈妈看出了小雨的意思，于是半开玩笑地对老公说："孩子爸，您要注意一下自己的形象嘛！过两天去参加女儿的家长会，你要还是每天下班的这个样子，真是有点儿丢我们小雨的脸哟！况且小雨这孩子多体贴呀，怕你伤心，就自己在那郁闷着呢！"

爸爸这才意识到自己的不修边幅对孩子的心灵造成的影响，

并且庆幸孩子没有跟自己一样。

所以爸爸应该适当注意自己的外表，勤洗手洗脸，保持衣着干净和面容整洁，给孩子树立一个仪容整洁、有修养的好爸爸形象。

2. 做好领头表率的积极作用

与孩子相处时，尽可能地保持乐观稳定的积极态度，即使工作上遇到了诸多困难，也要尽可能维持稳定好自己的情绪，不要把负面情绪也传达到孩子的身上。

如果你总是在孩子面前抱怨说："工作真是没劲，一点也不想干了，整天累得全身都疼，还就只赚那么一点点的钱。""哎，老板真不是人，我拼死拼活地干也不给涨点工资，还让不让人活。""唉！赚钱怎么就那么不容易呢！""做人难，做男人就更是难上加难，做男人真是苦命。"等等这些话，耳濡目染，孩子也有可能这样说："唉，我天生脑子笨，怎么学都是没有用的，我的成绩是上不去了。""老师就是偏心，就这样我怎么努力也是白费的，老师不喜欢我，我也不想认真学习了。""成绩反正也是这样了，现在没有必要把自己逼得那么紧，就这样吧。"

爸爸如果总是消极低沉，孩子也会跟着萎靡不振，好爸爸应该起带头作用，保持乐观积极的生活态度，这样孩子才会跟着爸爸养成积极的生活态度。正所谓：有好的司令才会有好的士兵。

家庭教育是一项系统的工程，爸爸言传身教、身体力行是维系这个工程的基础，也是取得理想教育效果的重要一环，身体力行是对孩子最好的教育。

有一个外国故事是这样讲的：一位爸爸十分喜欢喝酒，常常喝得酩酊大醉。有一天，雪下得十分大，地上的雪厚厚的积了快有一米高。虽然外面堆了这么厚的雪，这位爸爸依旧像往常一样去酒馆喝酒。爸爸踏着雪走在路上，走了一会儿发现后面有人在跟着他，他转过身一看，原来是他十岁不到的儿子。儿子看到爸爸转过来便笑着对爸爸说："爸爸你看，我踩着你的脚印走可真好玩呀！"爸爸愣了一下，转过头去，依然继续往前走。但是他的心随着一步步脚步声变得越发沉重起来。他想道："如果今天我去了酒馆，孩子必然就这样跟着去了，那么慢慢地他就会知道他的爸爸是一个酒鬼，以后孩子也会顺着我的路，也到酒馆，最后也会成一个酒鬼。我怎么能让自己的孩子也学着我变得那么不堪呢？"于是，爸爸改变了最初的计划，回过头抱着儿子一起回家了。之后这位爸爸再也不在孩子面前喝酒，为了孩子，也慢慢地戒掉了嗜酒的坏习惯。

孩子是爸爸的影子，跟随爸爸学习他的一言一行，所以爸爸一定要起好带头作用，以身作则，引导孩子走正确的道路。

3. 时刻准备应答孩子的疑难问题

在孩子眼里，爸爸是无所不知的，这是好爸爸应该具备的基本素养。这并不是要求爸爸什么都懂，而是要求爸爸善于学习，用知识不断丰富自己，树立起爸爸的权威。

当孩子有问题向爸爸寻求答案的时候，爸爸不要敷衍了事，不管孩子的问题多么简单幼稚，都要尽可能耐心地告诉孩子正确答案。如果是很难回答的问题，爸爸应该发挥想象或者借由别的小故事来说明道理，实在不能马上回答的问题，也可以在查阅之后回答孩子，或者和孩子一起挖掘答案。总之，爸爸拥有丰富的知识，才会让孩子对其产生敬佩心理，才会以爸爸为学习的榜样。

孩子和工作两不相误

如果你每天下班回家，都迫不及待地扔下包，躺在沙发上闭目养神，那么你应该改变一下，试着先给予孩子几声关切的问候；如果你总是有很多应酬，当孩子需要你的时候，权衡一下，不要每次都选择工作；如果你总是出差不在家，当你忙完一切的时候，打个电话回家，问一下孩子最近的学习和生活情况。

在孩子面前，你要让他知道，工作与他相比，他永远都是最重要的，要让他明白，爸爸的繁忙都是为了给他一个幸福的家，让他可以健康快乐地成长。

作为一个男人，对于事业执着追求是没有错的，但是如果为了事业而忽略了家庭，那么即使事业取得再大的成就，他的生活也是失败的。对于事业和家庭，好爸爸应该学习怎样在这两者之间游刃有余。

爸爸工作繁忙，为了家庭努力打拼事业没有错，可是千万不能拿工作当借口来拒绝与孩子的互动，如果总是拿工作来"拒绝"孩子，孩子内心受到委屈和伤害，也会跟爸爸越来越疏远，这样不利于孩子的健康成长。作为爸爸一定要顾及孩子的心情，不要沉迷于事业的打拼而忽视了孩子的感受。

工作是爸爸的重心，但是爸爸应该把孩子永远放在第一位，并且让孩子也深深体会到他自己的重要性。当孩子看到爸爸工作如此繁忙，可是知道爸爸还是把自己放在最重要的位置，就会感受到来自爸爸的厚爱，他也会回报给爸爸自己的依赖和牵挂，这些情感互动会有利于孩子健全人格的形成，促进孩子的健康成长。

媛媛很依赖爸爸，爸爸也非常爱她。爸爸时时刻刻都把媛媛的事放在第一位。

今天爸爸答应了媛媛下班之后要给她买《喜羊羊与灰太狼》的光碟，但公司要加班，下班时间到了，爸爸先给媛媛打了电话，让她别等爸爸了。爸爸还嘱咐她，光碟爸爸中午已经买好了，让她早点安心睡觉。

晚上爸爸回来后，媛媛已经甜甜地睡着了，爸爸轻轻地把光碟放在了女儿的床头上，认真地看了看自己的小公主便回到房间睡了。

第二天，媛媛早早起床了，看见放在床头边上的光碟十分开心。媛媛悄悄地走进爸爸的房间，在爸爸脸上轻轻地亲了一下。

爸爸是家庭教育的主要参与者，有必要在忙碌中抽出时间陪陪孩子，对孩子表现出更多的关爱，这样才能使家庭更加和谐，孩子才会更加敬爱爸爸。

每天下班不管多累，好爸爸都应该在孩子身边用心地陪他10分钟。在这10分钟里，爸爸可以选择询问孩子的学习情况，或者可以陪他玩一个小游戏，也或者只是静静地陪在她的身边，坐在舒服的沙发上放松享受跟孩子在一起的感觉。不管在什么地方，不管以什么样的形式，仅仅只是这 10 分钟，只要你是用心的，孩子就会强烈地感受到爸爸给予他的爱与关怀。

李先生是儿子的玩伴，经常在下班之后和儿子玩数学游戏。

有一天李先生下班回家，走到家楼下的时候突发奇想，于是给家里打了个电话，叫已经在家的儿子赶紧下楼。

儿子下楼之后一脸疑惑地看着爸爸，李先生对儿子说道："我现在从一楼走到四楼，你从一楼走到二楼，我走过的路程是你的几倍？"

"两倍。"儿子想都不想便回答。

李先生笑着摇摇头，然后开始跟着孩子一起上楼，走到三楼之后，儿子恍然大悟："哦，我知道了！一楼不用爬楼梯，爸爸走了三层，而我只走了一层，你走的路程是我的 3 倍！"

儿子为自己的"发现"感到十分满意，在短短的上楼梯的几分钟内也获得了跟父亲相处的乐趣，感受到了父亲的关怀。两父子就这样欢欢笑笑地到了家。

一天有 24 个小时，爸爸们把多数的精力和时间都奉献在了工作上，可是如果每天只是拿出短短 10 分钟，在这 10 分钟里好好的用心陪孩子，那么就在这 10 分钟里，孩子会获得父爱和知识，爸爸也会获得家庭的温暖。

不要做"拳威"老爸

有些不善言辞的爸爸，面对孩子的无知、鲁莽、调皮，习惯于用手"说话"，对孩子无端打骂。或者有些爸爸从一开始就对孩子的一切行为漠视不管，放任自流。面对这样的爸爸，孩子以自己的方式"反击"：沉默、叛逆、逃离、顶撞。"家庭教育"演变成了一场没有硝烟的"家庭战争"。在这场战争中，没有人会胜出，孩子和父母往往都是两败俱伤。

为什么明明是世界上最紧密的关系，却要彼此伤害？作为爸爸，应该负起最大的责任，如果不是你总是对孩子暴力相向，孩子也不会总是全力反抗了。

其实，孩子们真的没那么难教育，只是不适当的教育方式激起了他们的逆反心理而已。作为爸爸，应该打开心扉，主动多跟孩子沟通，倾听孩子内心的想法，用"爱"实施教育。孩子需要的是一个让他们崇拜、相信的老爸，而不是一个"暴力机器"。

1. "冷""热"暴力都不可取

暴力是一种错误行为，它对孩子不但是身体上的伤害，更重要的是心理摧残，会给他们幼稚的心灵蒙上一层伴随一生的阴影。暴力不仅仅是指动手打人，伤害性的语言也是暴力，冷漠地对待对方同样也是暴力。

家庭中发生的暴力，不管是否针对孩子，都会给孩子造成严重的心理阴影。有过这种经历的孩子往往会极度地恐慌，产生强烈的反抗意愿，更让人担忧的是，在暴力家庭中长大的孩子，会把原生家庭中这种解决问题的方式带到自己以后的人生中，带到自己的核心家庭中，以暴力对待他人。如果不加以干涉，不进行有意识的成长，这种解决问题的方式可能会代代相传，贻害无穷。

"家庭冷暴力"是最近在社会上偷偷蔓延的"流行病"，专家表示家庭冷暴力对孩子的伤害最大。很多家庭都存在着或轻或重的家庭冷暴力，尤其是在学历较高、具有一定知识素养的夫妻中，家庭冷暴力现象愈来愈多。

冷暴力是相对于体罚等暴力行为而言的一种"精神惩罚"，其表现形式多为冷淡、轻视、放任、疏远和漠不关心，致使他人精神上和心理上受到侵犯和伤害。而教育冷暴力作为冷暴力的一种，其表现手段为对孩子态度冷淡、放任、嘲讽、区别对待等，使其孩子的内心受到很大伤害。无论是谁发起家庭冷暴力，也无论是哪个人的责任，或夫妻之间谁对谁错，冷暴力对每位家庭成员都会是一种伤害。尤其身为父母，要对孩子承担一份责任，孩子的健康成长是每对父母的心愿。但冷暴力伤害的不仅是夫妻双方，对孩子的心理也会产生不良影响，长时间的冷暴力会使孩子的性格发生改变。

作为爸爸，"冷""热"暴力都是不可取的。有些家长觉得给孩子一些小小的教训能让他们深刻反省和改正自己的错误，但是如果稍微一过度，或许就会给孩子的身心造成不可磨灭的伤害，而孩子就只有选择拼命逃离和反抗。

2. 让权威代替"拳威"

爸爸在孩子面前始终扮演着双重角色，既是孩子安全生存的保护者，又是人生启蒙的向导。爸爸教育的效果如何，就看爸爸权威树立的程度。爸爸权威的树立必须建立在尊重孩子人格的基础上，而不是封建的家长制上。明智的爸爸很懂得权威树立的重要性，更懂得权威的树立不是靠压制、强求和主观臆断，而是采用刚柔相济的方法。新时代要求爸爸们全副武装、以崭新的权威回归。爸爸在家人面前不仅能有一家之主的威严风范，还要有博大的胸怀与充满慈爱。

如果爸爸想让孩子做什么事以及想让孩子怎么做，应该先选择恰当的时机，和孩子坐下来好好谈谈。为了引起孩子的注意，爸爸可以清楚明白地告诉孩子："你听好了，这话爸爸只说一遍。"

孩子就是在犯错误的过程中成长起来的。对于孩子犯的错误，爸爸应当就事论事，犯了什么错就说什么错，不要加以引申。权威不是靠吼出来、打出来的，权威就是要讲道理，以理服人，以心服人。

彻底丢失权威、打乱位阶、蔑视法律与秩序、缺乏关爱，这并不是社会应有的面貌。越是先进发达的国家，就越应该树立权威，提倡遵纪守法，并施当每个人关怀。

在这个时代，爸爸的权威、力量和权力已经失去了力度，导致我们再次呼唤"爸爸"。只不过现在我们需要的爸爸是懂得放下架子，与家人和睦相处、平心静气地沟通，耐心地倾听，安安静静地履行家长责任的爸爸。如果在满足了上述要求之余，还能具有为了实现自己的梦想，对整个家庭关系起到较好的影响力，那么这样的爸爸更是会受到尊敬。

不吼不叫
好家教

胜过

好妈妈

好老师

王桂兰 / 编著

应急管理出版社
·北京·

图书在版编目（CIP）数据

不吼不叫好家教：全五册／王桂兰编著． -- 北京：
应急管理出版社，2020

ISBN 978 - 7 - 5020 - 7821 - 8

Ⅰ．①不… Ⅱ．①王… Ⅲ．①家庭教育 Ⅳ．①G78

中国版本图书馆 CIP 数据核字（2019）第 270393 号

不吼不叫好家教（全五册）

编 著	王桂兰	
责任编辑	高红勤	
封面设计	月婷设计	

出版发行 应急管理出版社（北京市朝阳区芍药居 35 号 100029）

电 话 010 - 84657898（总编室） 010 - 84657880（读者服务部）

网 址 www.cciph.com.cn

印 刷 北京一鑫印务有限责任公司

经 销 全国新华书店

开 本 880mm × 1230mm$^1/_{32}$ **印张** 25 **字数** 600 千字

版 次 2020 年 3 月第 1 版 2020 年 3 月第 1 次印刷

社内编号 20192975 **定价** 125.00 元（全五册）

前　言

在竞争越来越激烈的现代社会，为了让孩子能够赢得未来，妈妈们就像是长了三头六臂，四处取经。但是，她们经常忽视自己对孩子的影响。

其实，妈妈是孩子人生中接触到的第一个人，也是最关键的一个人，孩子对妈妈充满了爱和依恋，更充满了信任，没有人比妈妈更了解自己的孩子，懂得他的喜怒哀乐。所以，最好的老师应该是妈妈。

有一个寓言是这样的：一位农夫得到一块玉石，想把它雕成一件精美的玉器，可他手中的工具是锄头。很快，这块玉变成了更小的玉，而它们的形状始终像石头，并且越来越失去价值了。

养育孩子如同雕琢玉器，想要让一个可爱的孩子长大成才，关键在于我们使用什么工具和方法。用锄头来雕琢，结果必然让人失望。

虽然妈妈对孩子的爱深如大海，但依然存在差别。这种差别，通常不是她们的学历、收入、地位等，而是对孩子的理解程度和对细节的处理水平。所以，越来越多的妈妈在养育孩子的过程中不断遭遇冲突和挑战——如何帮孩子养成好习惯，如何给孩子立规矩，如何引导孩子的兴趣……她们会感觉到迷茫、无助，甚至尴尬、焦虑，让家庭教育充满矛盾和纷争。

这本《好妈妈胜过好老师》，针对孩子成长中的各种问题，给出了相应的方法和建议。给迷茫中的妈妈以参考，以让其更好地培养孩子。掌握方法固然重要，但更重要的是要改变我们的教育思想，树立正确的教育观念，用足够的爱心、耐心来对待孩子，让他们的成长过程充满爱与尊重，真正快乐、健康地长大。

编　者

2019 年 9 月

目录 CONTENTS

第三章　会学习，让孩子拥有持续竞争力

第四章　好品质，引导孩子领跑人生

第五章　走进孩子的内心，妈妈会说更要会听

第六章　管得越少，孩子会越好

第七章　美育，是不教而教的艺术

第一章

爱与自由，给孩子高品质的爱

著名家庭教育专家卢勤女士认为，成年人与孩子沟通的「钥匙」，不只掌握在孩子手里，而是妈妈和孩子每个人的手里都有一把，最重要的还是妈妈手中的钥匙。而妈妈想要与孩子建立良好的沟通，就必须要学会一件事——能够常常从孩子的观点去思考，从孩子的角度去观察、发现和决定事情。

爱孩子，从尊重他开始

著名作家毕淑敏有一篇散文叫《我很重要》，其中写道："我对于我的工作我的事业，是不可或缺的主宰。我的独出心裁的创意，像鸽群一般在天空翱翔，只有我才捉得住它们的羽毛。我的设想像珍珠一般散落在海滩上，等待着我把它用金线串起。我的意志向前延伸，直到地平线消失的远方……没有人能替代我，就像我不能替代别人。我很重要。"

作为一名家长，读完这段话，你有什么感想？

我想，它带给我们的，应该是关于"尊重生命本身"的思考。任何一个人，从来到这个世界开始，就是一个重要的人，就需要获得尊重。我们的孩子同样如此。在家庭当中，如果我们懂得尊重孩子，就会让孩子成长为一个具有内在价值的人，让他们既能学会尊重自己，也能学会尊重他人；既懂得爱己，也懂得爱人。

那么，我们该怎样尊重孩子呢？

尊重孩子，就是要尊重他的独特性。尊重其拥有独特的个性和独立的情感，不因为他学习不好、表现不佳而斥责他、贬低他，也不因为他经常考全班第一就认为他高人一等。尊重是没有条件的。

在尊重孩子这方面，一些西方人的做法很值得我们学习。旅美作家蔡真妮在她的《用尊重成就孩子的一生》一书中，就写了这样一件事：

　　她去女儿的班上做义工，碰巧看到班主任让两个孩子去分发已经批改完的试卷。当老师把试卷交给两个孩子时，突然悄悄地对他们说："记得，不要有任何表情哦！"两个孩子点点头，然后转过身，面无表情地把试卷分发给了每位同学。

　　蔡真妮很不解，事后就问班主任为什么这样做？班主任说："发试卷的孩子看到哪个同学获得好成绩时，就会流露出羡慕赞赏的表情，而对成绩不好的同学，又会流露出同情的表情，这会让成绩不好的同学感觉自己很差、很可怜。孩子的学习能力不同，特长也不同，他们每个人都需要获得尊重，所以我要求他们这样做。这样孩子们就能把学会尊重别人放在其他事情之上，比如，放于成绩之上。"

　　从这件事可以看出，这位老师不仅尊重每一个孩子，也懂得如何去尊重孩子，并教孩子学会尊重他人，否则就不可能这么体贴入微。然而，在我们的家长之中，又有几个能真正学会尊重自己的孩子呢？否则，为什么世界上的妈妈都爱自己的孩子，却有那么多孩子感受不到妈妈的爱呢？

　　究其根源，还在于妈妈没有做到恰当地爱孩子，没有真正学会尊重孩子。妈妈爱孩子，那是毋庸置疑的，但说到尊重孩子，你觉得自己做得够好吗？更多的时候，妈妈可能都希望孩子是这样的吧：听话、懂事、乖巧、成绩好、有礼貌，最好能成为人人口中的"别人家孩子"，却恰恰忘了问问孩子：你最快乐的事是什么？你有什么样的烦恼？你想要成为什么样的人？……

　　爱，要以尊重为前提。懂得尊重，才配谈爱，人与人之间交往是这样，父母与孩子之间相处同样如此。如果你嘴上天天说着"爱孩子"，实际却做着伤害孩子自尊的事，试想一下，孩子怎么能体会到你的爱呢？

所以，请真正爱孩子的家长记住下面几点：

● 爱孩子，请从尊重孩子开始

每个人都有自尊和羞耻感，即便是个小婴儿，从 6 个月时，就能学会识别"好脸色"和"坏脸色"。你对他笑，他也会笑；你对他横眉竖眼，他会难过、会哭。所以，别看孩子小，他同样有强烈的自尊，而我们大人常常意识不到他们正在受到伤害，更意识不到自己对孩子的蔑视、训斥会让他们难过、压抑。

生活中，蔑视、不尊重孩子的事例数不胜数，比如孩子要用筷子吃饭，因为不熟练，夹不上菜，有的妈妈就会嘲笑孩子："哎呀，你看你笨的！这么大了，连筷子都用不好！"这可能是妈妈无心的一句话，可对孩子来说就是一种蔑视和不尊重。孩子为了不再被妈妈嘲笑，很可能就会拒绝再用筷子。

相反，如果妈妈发现孩子用得不好，改嘲笑为鼓励和赞赏："妈妈发现你今天又有进步了，昨天你还拿不好呢，但今天已经可以练习夹菜了，加油哦！"孩子获得了妈妈的肯定和鼓励，哪怕知道自己筷子用得不好，也会加油继续练习。

孩子年龄小，做不好一些事情很正常，但妈妈要意识到：真正爱孩子，首先要帮助孩子拥有一个健康的心灵。不要认为孩子年纪小，什么都不懂，不需要尊重。要知道，伤害孩子的尊严，是教育的大忌。

所以，要想让孩子真正长大成人，就要让孩子从小与大人平等地"站立"着交流，而不是"趴着"去仰视大人，这种自信、自尊的人格才是健全的人格，才会为孩子一生打下一个良好的基础。

●被孩子接受的爱，才是真正的爱

漂亮可爱的悦悦是妈妈的心肝宝贝，妈妈喜欢给她买各种好吃的；喜欢给她穿好看的公主裙，把她打扮得像童话里的小公主；还喜欢带着她去听音乐会……

但是，渐渐长大的悦悦却越来越不喜欢妈妈给她的东西了，例如她不喜欢妈妈给她买的草莓蛋糕，因为她喜欢吃香草味的；她不喜欢妈妈总让她穿泡泡裙，因为她更喜欢穿运动装；她更不喜欢妈妈带她去听音乐会，每次她都困得想睡觉……

悦悦也跟妈妈说过她不喜欢的那些东西，但妈妈总说："妈妈这是爱你啊，所以妈妈给你的东西，都是最好的！"不过悦悦可不这么觉得，她觉得自己毫无自主权，甚至都有点讨厌妈妈了。

无疑，妈妈是非常爱悦悦的，这也是妈妈的本能，但有爱并不代表孩子就会感到快乐，会享受其中。爸爸妈妈的爱，只有被孩子接受了，才会让孩子感到幸福，才是真正的爱。

孩子需要爱，这是毫无疑问的，但孩子也需要尊重，需要选择的自由和权利。如果你强行给他的是你认为最好的，但却不是孩子乐于接受的，甚至是让孩子厌烦的、恐惧的，这样的爱又有什么价值呢？

所以，如果你真的爱你的孩子，就请以孩子乐于接受作为标准，并经常思考一下：孩子想要的到底是什么？如何表达爱，孩子才更容易接受、理解和满足？那些漂亮的衣服、好玩的玩具，真的是孩子期盼的吗？

生活中有些家长，宁可自己省吃俭用，也要在物质上满足孩子，但在精神上却经常忽略孩子的需求，对孩子的情感和人格更是缺乏应有的尊重，动不动就指责、要求孩子，甚至限制孩子的爱好：

"我这样辛苦不都是为了你？你还不听话！"

"如果这次考试考不到前十名，暑假的旅游就取消！"

"成绩那么差，还想去学画画，有什么用？学习好才是正道！"

……

这样的话每天都会在孩子耳边响起，可妈妈们却从不去关心孩子为什么会不听话、会犯错、会成绩差。这样的爱，不是孩子想要的。

相比于那些物质，孩子更想得到足够的关爱、重视、沟通和理解。因此，与其花钱给孩子买一堆吃的玩的，不如腾出一点时间，坐下来和他聊聊天、玩玩游戏、读一本书，听听孩子的心声，了解他的喜好。这样，我们才能在第一时间知道孩子到底想要什么，怎样的爱才是他们乐于接受的，才是最有利于他们成长的。

体恤，切勿强制孩子

有位妈妈，对刚上小学的儿子说："你想不想像邻居家的叔叔那样，上完小学后，就上中学、考大学，然后去美国留学？"

"大学什么样？到美国留学有什么好？"儿子懵懵懂懂，有些不解。

"长大都要上大学啊，那是很有面子的！而且出国留学更是让人羡慕的事。总之都是好事，你能听妈妈的话，好好学习吗？"妈妈紧盯着儿子问道。

儿子似懂非懂地点点头，眼中却一片茫然。

"好好学习你懂吧？就是以后考试，门门都得考100分才行！"妈妈继续强调。

"好，我听妈妈的话，好好学习，以后当个人人都羡慕的人。"儿子点头保证。

"好孩子！妈妈为了你，吃多少苦、受多少累都不在乎，只要你学习好，有出息！否则，妈妈会很伤心的！"妈妈露出了欣慰的笑容……

这个孩子未来会不会有出息，能不能成为人人羡慕的人，我们不得而知，但在当下，妈妈一定觉得自己是伟大的、真正爱孩子的，为了孩子的未来，自己哪怕吃苦、受委屈都无所谓。只要孩子听话，好好学习，将来就一定成功、快乐、有出息。

这是典型的大人对孩子进行的"误导教育"。孩子的理解力还不够强，而父母又很想让孩子朝着自己期望的方向成长，于是就想方设法向孩子解释清楚一件对他来说有益的事。如此一来，掺入了许多大人们好恶观点的信息，便带着一些"强制"的意味灌入了孩子的心灵之中。

遗憾的是，父母们仅仅考虑了自己的期望和利益，却忽视了孩子的想法和感受。美国一位名叫朱迪斯·布朗的心理学家将这种强制的"爱"称作是父母对孩子实施的"慈祥的虐待"。而事实上，这种以"爱"的名义强制孩子的行为，给孩子造成的心理创伤绝不亚于暴力行为所留下的重创。

试想一下，孩子将来如果一切都如父母所愿，父母也许开心了，但孩子自己呢？是否也坚持了自己的梦想与热爱？如果不是，他会真正快乐吗？父母眼中所谓的成才、成功、有出息，于他又有何关系呢？

爱孩子是本能，这种爱，有时能给予孩子温暖和力量，有时却会严重影响孩子的发展。所以，就算你的爱深如大海，也不要忘了孩子是独立的个体。任何时候，强制的爱对孩子都是一种桎梏和枷锁，而多给孩子一些体恤、理解和自由的爱，这样倒更适合孩子的成长。

● 尊重孩子的天性，给予孩子一些自由的空间

我们常说，希望孩子"健康、快乐"地长大，可我们是否做到了呢？孩子每天都在长大，但他真的"健康、快乐"吗？有多少孩子为了迎合父母，满足父母的期望，而默默地压抑着自己？又有多少孩子，每天都在忍受着父母的唠叨、指责、训斥？这样的他们，能快乐吗？

也许你会说："我是爱他的啊，我是为他好呀！"是的，这是大多数父母的说辞。而且，凡是这样说的父母，都会摆出一副居高临下的态度，将自己当成孩子的总指挥：我说什么，你只需要听就行了；我要你做什么，你只要去做就行了。至于孩子想什么，不重要。

这真是件很糟糕的事！

孩子有自己的成长规律，更有爱玩、爱闹的天性，他需要一定的时间和空间来慢慢长大，而不是像个木偶一样，时刻都能被父母牵着走。

所以，如果你真的希望自己的孩子健康、快乐地成长，最好尝试着给孩子一些自由的空间，放手让他自己去尝试、去折腾。这才是智慧的父母应该做的事。

●与孩子沟通时，多用商量代替命令

英国教育家斯宾塞说："对孩子要少下命令，命令只有在其他方式不适用或失败时才用。要像一个善良的立法者一样，不会因为去压迫人而高兴，而因为用不着压迫而高兴。"

即使孩子提出的某些要求，我们不能满足或不应满足时，也要先体谅孩子的要求，再用合适的理由去拒绝，如："我知道你很想要这件东西，但目前我们还用不到。我们可以把这笔钱省下来，做其他更重要的事。"而不是用"不行！""不可以！""不能买！""这件事就这么定了！"等粗暴的、强制性的方式拒绝。

多数情况下，与孩子商量要比对他下命令更有效，因为这会让孩子感到被理解、被尊重。更重要的是，这样可以教会孩子以后在社会上如何做人与做事，以便与他人求得共识或找到正确的解决途径。就像美国成功学家卡耐基所说的，用"建议"而不是"下命令"，不仅能维护对方的自尊，还能令他更乐于改正错误，并与你合作。而作为父母的我们，对孩子所期待的，不正是这样吗？

●面对孩子的过失，请学会从孩子的角度思考

著名家庭教育专家卢勤女士认为，成年人与孩子沟通的"钥匙"，不只掌握在孩子手里，而是妈妈和孩子每个人的手里都有一把，最重要的还是妈妈手中的钥匙。而妈妈想要与孩子建立良好的沟通，就必须要学会一件事——能够常常从孩子的角度去思考，从孩子的角度去观察、发现和解决问题。

而现实中，有些父母总喜欢在孩子面前摆架子，对孩子呼来喝去，经常用命令、强制的语气跟孩子说话。比如，妈妈命令孩子去写作业，不要再玩游戏，可妈妈"下令"几次了，孩子都置若罔闻，只管玩自己的，这时，妈妈可能就没有更好的办法了。

相反，如果妈妈理解、体恤孩子想玩的心理，可以这样对孩子说："哇，这个游戏好好玩，难怪你会这么喜欢呢！不过你已经玩了很长时间了，该写作业了。要不你再玩5分钟，然后去写作业，好吗？"这样从孩子的角度去看问题，表示对孩子玩游戏的理解，又用征询的语气与孩子说话，孩子感到自己得到了妈妈的理解和尊重，也许不到5分钟，就乖乖放下手中的游戏去写作业了。

总之，孩子需要管，但更需要妈妈的理解和体恤。如果我们凡事都能站在孩子的角度去思考一番，然后想想自己在孩子这样的年龄时，遇到同样的事时是怎样想的、怎么做的，我们就能发自内心地理解孩子，从而懂得如何有效地与孩子沟通，有效地向孩子表达自己的爱。

爱与溺爱是两件相反的事情

年仅12岁的小帅，已经第三次打他的妈妈了，妈妈脸上几道清晰的迹，看起来格外刺眼。

小帅小时候是在爷爷奶奶身边生活的，到6岁上小学才回到爸爸妈妈身边。由于爸爸妈妈一直在外地打工，很少陪伴孩子，总觉得亏欠孩子，现在特想好好补偿他。所以，小帅有什么要求，爸爸妈妈几乎都是来者不拒。到三年级时，小帅就成了班里的"小霸王"，成绩也一落千丈。妈妈一说他，他就闹着要离家出走。因为心疼孩子，妈妈只好忍气吞声，以为孩子再大点儿就懂事了。

后来，小帅又开始跟社会人学着抽烟、打游戏，动不动就跟妈妈要钱。有一次，小帅又逃学出去打游戏，还输了不少钱，回到家就向妈妈要。妈妈终于忍不住，对小帅说："我不是前天才给过你钱吗？你又逃学出去鬼混了吧！"哪知小帅一把把妈妈推到一边，大声呵斥："你简直太吝啬了，每次就给那么点钱，怎么够我用的？你看××家长多好，他想花多少，他妈妈就给多少，那才是亲妈！你就是不爱我才舍不得给我钱吧，不爱我你当初干吗把我接回来？！"

从此后，只要小帅的要求得不到满足，他就摔东西，要不就喊着跳楼要挟妈妈，要不就对妈妈动手……简直到了有恃无恐的地步。

如今，随着独生子女和留守儿童数量的增多，父母对孩子的爱也逐渐变得不理性起来。如果家中只有一个孩子，除爸爸妈妈外，爷爷奶奶、姥姥姥爷更是视孩子为掌上明珠，对孩子有求必应，结果让孩子得到了过多不合理的爱。留守儿童同样是个大问题，父母平时不在身边陪伴，总感觉亏欠孩子，一旦孩子回到身边，恨不得把之前所有的亏欠都弥补上，对孩子的各种要求几乎从不拒绝，结果呢，孩子一些不合理要求也获得了满足，而且还让他们觉得父母这样做是天经地义的。

这两种现象，都说明一个问题，即家长对孩子的爱已严重偏离了"爱"的本质，变成了一种极端的"爱"——溺爱。

爱和溺爱，是完全相反的两件事。著名家庭教育学者尹建莉在《最美的教育最简单》一书中，就将两者进行了区分。在她看来，爱和溺爱不是一件事情的程度深浅，不是你给予孩子的爱太多了就是溺爱，而是完全不同的两件东西。真正的爱，是给予孩子一定的自由、欣赏和宽容，而溺爱则是对孩子的纵容、包办和批评。这两种性质完全不同的爱，对孩子成长的影响也完全不同。

●爱是阳光，溺爱是枷锁

能拥有妈妈很多爱的孩子，是幸福的孩子，但对妈妈来说，这种爱应该是有尺度的。

真正的爱，是给孩子自由和宽容，给孩子选择权、尝试权和犯错误权，让孩子在不断尝试、不断失败中获得成长必需的生活经验，从而培养他的独立性，让他拥有独立的思想和人格，这才是一个孩子未来在社会上安身立命的根本。

而溺爱，不过是打着"爱"的旗号，对孩子进行占有和控制，不断地用成人的意志去左右孩子，剥夺孩子的独立性，也剥夺了孩子亲自体验生活的权利，导致孩子失去很多生活能力。这样的爱，对孩子来说不是阳光，而是一种枷锁，因此也会令孩子出现很多问题，如缺乏主见、缺乏自立能力、心理抗压能力差，有些孩子甚至会因此而不愿遵守规则、缺乏公德等，总之很难适应社会。

●爱是合理的给予，也是合理的拒绝

在孩子很小的时候，父母觉得满足孩子的要求不是什么难事，只要孩子开心就好。但是，没有一个家族能满足孩子一生中的所有要求。当你的孩子欲求未满时，当你没有能力再满足他时，孩子会怎样？前文中的小帅，就是对所有不理智地爱孩子的家长的警醒。

真正伟大的爱，不是无上限地满足孩子的要求，而是在合理给予的同时，懂得合理的拒绝。比如，孩子已经看了很长时间的动画片，马上就要吃饭了，却仍然没有停下来的意思。这时，妈妈就要阻止孩子再继续看，哪怕孩子为此耍赖、闹情绪，都不能妥协。但为了让孩子容易接受，妈妈可采取一些小"技巧"，如用讲故事的方式告诉孩子："如果一直看动画片，不吃饭，小肚肚就会饿得很痛，小手也会饿得没有力气干活……"这样缓解一下彼此之间紧张的气氛，在愉快的情况下，孩子更容易接受妈妈的建议。

切忌孩子一哭闹，妈妈马上就妥协："看吧看吧，想看多久就看多久，别哭了乖宝贝！"孩子抓住妈妈的心理后，以后就会变本加厉，直到达到自己的目的为止。

合理的给予，可以表达自己对孩子的爱；合理的拒绝，则是尊重孩子的独立个性，帮助孩子成长，并让孩子懂得：对每个人来说，不是每样东西都能获得，爸爸妈妈不能帮你实现所有愿望；每个人在生活中都需要遵守一定的规则；干净的衣服、可口的饭菜、舒适的环境、好玩的玩具，都不是理所当然的……当孩子了解了这些事实后，就会慢慢学会控制自己的欲望，懂得感恩。

允许孩子"犯错误"

街上，一位年轻的妈妈正带着一个四五岁的小男孩散步。忽然，小男孩看到街边玩具店橱窗里有一辆非常炫酷的滑板车："妈妈，你快看，这个滑板车真是太酷了，我好喜欢啊！给我买下来吧！"说完，拉着妈妈就要进去买。

"宝贝，你已经有两辆了，不能再买了。"妈妈拉住小男孩的手，说道。

"不嘛！我就要，这辆多好看呀！"小男孩继续拉着妈妈，想要进去。

"不行的，你不能看见好看的就要买，何况我们今天出来是散步的，不是要买东西的！"妈妈仍然站在原地，没动。

"哇——"小男孩一下躺在地上，哭了起来，"我就要，就要！我就喜欢这个！"

妈妈甩开孩子的手，显然是生气了，但没有发作。小男孩仍然卖力地哭着，但妈妈没有丝毫要妥协的意思。

过了一会儿，妈妈蹲下来，似乎是想到办法了："我知道你很生气，不过我现在有个好主意，你想试试吗？"

孩子顿了顿，停止了尖叫。

妈妈继续说："你想要那辆超炫的滑板车，但我不想买它。现在，我们去别的玩具店看看，也许有玩具店做活动时，会乐意把它当作礼物送给你呢，好不好？"

小男孩一下子从地上蹦起来，拉着妈妈的手就向另一个玩具店走去。结果可想而知，玩具店是不可能把这个滑板车作为礼物送给小男孩的，但经过这样一个缓冲，小男孩的激烈情绪已经过去了，只是又回去看了看那辆滑板车，说："其实跟家里的也差不多，算了，那就不买了吧。"

如果你碰到案例中的情况，你会如何应对？许多妈妈的反应可能都是恼火加生气，甚至大声训斥孩子一通。但对一个孩子来说，看到喜欢的东西想要占有，这算不上什么大错，出现些情绪也是正常。聪明的妈妈会尊重孩子的情感，允许孩子表达，而不是气急之下恶语相向，口不择言地对孩子一通呵斥。这样的教育方式，当时是觉得痛快了，却想不到对孩子会造成的影响和伤害有多大。

孩子的成长是个漫长的过程，出现不当的言行，犯一些不大不小的错误，都是再正常不过的事，何况犯错本来也是孩子成长必经的过程。而这些时候，恰恰是最考验妈妈教育方式的时候。

作为孩子的"第一任老师"和"最亲近的人",妈妈非常需要把握好一个尺度:既允许孩子适当地犯一些错,使孩子从中吸取教训,又不会过度纵容孩子的不当言行,或因为处理不当而伤了孩子的心。下面的几点建议,妈妈们可以参考一下:

● 允许孩子适当犯错

在德国的幼儿园和学校中,有一个不成文的说法,叫"不犯错就不是孩子了"。就连我国春秋时期的史学家左丘明,在《左传》中也说过一个家喻户晓的真理:人非圣贤,孰能无过!

孩子本来就是个独立的个体,同样也不是完人,大大小小、多多少少,总会犯错。更何况孩子正处于好奇心和探索欲都很强的年龄,与成人不同,他们犯错大都不是明知故犯,而是出于好奇或无知,加上本身自控力较差,根本没有意识到自己的行为已经犯错,也就是我们说的"无心之失"。所以,作为陪伴孩子成长的妈妈,完全不必将孩子犯的错当成洪水猛兽,不可饶恕,而应允许孩子去探索、去犯错,理解和包容孩子的无心之过。

● 宽容对待孩子的感受,严格对待孩子的行为

孩子像我们大人一样,都是不断从经验中慢慢学习和成长的。不同的是,他们还是一张白纸,任何笔迹落在上面,都会留下痕迹。因此,当孩子犯错时,妈妈首先要做的不是责备他,而是先理解他的感受,学会与孩子交流时不向孩子发出命令,不伤害孩子的自尊心,更不要破坏孩子的自信,使他们对自己的能力产生怀疑。

不论孩子的年龄多大,他在做某件事时都是有自己的感受的,比如喜欢、爱恋、讨厌、憎恨、自责、害怕、悲伤等,有积极的,也有消极的,还有矛盾的。像我们大人一样,孩子也无法控制自己的情绪,但他们同样有权利表达这些情感。所以,我们应该宽容地

对待孩子的这些感受，不要认为孩子的感受是不重要的、是没用的。

但是，对孩子的错误行为却必须严格制止，比如孩子莫名其妙打人、撒谎、偷东西……一旦发现孩子有这些行为，都要及时纠正，告诉孩子错在哪里，该怎样改正。在纠正孩子的错误时，妈妈不一定非要大吼大叫，这样反而容易使孩子紧张，甚至忘记了自己的错误。只要态度严肃，语气平和，摆眼前事实，讲错在何处，孩子就会意识到自己的错误。但注意不要翻旧账，惹孩子厌烦，结果事与愿违，达不到教育的目的。

●孩子犯错时，说明过失产生的后果来代替责骂

哈佛大学医学院教授马丁·H.泰奇在《美国家教研究》杂志上曾撰文指出："每个妈妈都不应该低估对孩子责骂产生的后果。"他表示，妈妈应对孩子所遭受的各种创伤给予细心的关注，因为这些心灵创伤比身体上的虐待更严重。遭受责骂的孩子，容易产生心理压力，而这种压力又会使他们大脑中某些脆弱区域的正常发育受到影响，最终令他们在精神病学方面出现一些较为严重的后果。

不过，面对孩子所犯的错，多数妈妈都是会批评指责的，但聪明的妈妈会掌握一定的技巧，将责备对孩子产生的心理压力降到最低，同时又可使孩子接受教训。比如，在责备孩子时，不要激动，连珠炮似的数落孩子，而应将语气放缓，低而有力，便于孩子听清你所表达的态度，同时也让孩子明白自己到底错在哪儿。

最关键的一点在于，在你表达自己的态度时，要向孩子说明犯错的后果。如孩子在玩时推了同伴一把，有的妈妈开口便责骂孩子："人家玩得好好的，你推人家干吗？是不是又想挨揍！"这样的"教训"，反而强化了孩子的过失行为，孩子的注意力都

会集中在与你的责备对抗上，根本不会去反思自己的行为，自然也达不到教育的目的。

其实这时，妈妈如果能说明孩子犯错的后果，调动孩子的情感体验，反而更容易让孩子领会自己的错误。如妈妈可以这样说："你推了小朋友，他会摔倒的，摔倒了就会很疼。如果是你被推倒，会不会疼呢？"如此孩子就会由此反思自己的过失行为，并逐渐改正。

信任和欣赏，孩子成长中的温暖阳光

几年前，在一所小学里发生了这样一件事：一次期末考试后，老师把班里成绩倒数的十几名学生和他们的家长叫到学校，让家长和孩子面对面站成两排，然后把每个孩子的成绩和他们的缺点逐一列出来，最后对家长们说："这是我遇到的最差劲的学生，作为他们的父母，你们看怎么办？"

在老师的训斥下，几乎所有的家长都满腔怒火，对自己的孩子更是恨铁不成钢。而老师的最后一句话更像是一个点燃的"炸药包"，直接引爆了家长的愤怒。他们冲上去，对着自己的孩子就是一通暴揍，把自己内心的羞辱全部倾泻到孩子身上。

唯独有一位妈妈没有这样做，她只是把双手搭在孩子的肩膀上，用慈爱的目光注视着自己的儿子。不久，妈妈和孩子的眼里都噙满了泪花。

老师不明所以，问这位妈妈："你难道不想教训教训你的孩子吗？"这位妈妈却回答说："你们任何人都可以看不起我的孩子，但作为他的妈妈，我相信他是天下最好的孩子。要我打我的孩子，我永远都做不到！"

几年后，这个唯一没有被妈妈暴揍的学生，考入了一所著名的艺术院校。而其他孩子，大多数成了平庸之辈。

如果你碰巧是这些家长中的一位，试想一下，你当时会如何处理这件事？是否能十分冷静、理性地面对孩子的成绩，以及老师列出来的种种缺点？我相信大多数家长都是做不到冷静和理性的。正因为如此，原本个个都聪明伶俐的孩子，最终大多数都沦为平庸之人，走了平庸之路。

并不是说当个平庸的人就不好，只是倘若孩子真的是有潜能的，却因为被父母错误的教育方式掩盖或扼杀了，那岂不可惜？

对于孩子来说，家长是非常有权威的。你只需一句否定的话，就会让孩子产生被全盘否定的感觉。可一些妈妈却根本没意识到这点，一看到孩子不如自己所愿了，就什么难听说什么："你怎么这么笨！""养你这么大有什么用？""你看人家××，比你不知道强了多少倍！"……

也许你只是因为生气，才会口不择言地向孩子发泄一番，心中仍然对孩子疼爱不已，对孩子的各种要求仍然会竭力满足，也仍然会尽己所能地培养他、教育他。可当时这些责备的话，却像一把把锋利的尖刀，扎在了孩子的心尖上！孩子的疼痛，你能想象吗？而且在这些负面语言的暗示下，孩子也会产生"我很差""我再努力也没用"的感觉，自信心受到严重打击和伤害。有些比较敏感的孩子，甚至会产生自尊心遭受伤害的感觉，进而自暴自弃，走上难以挽回的道路。

没有一个孩子会在父母的批评与贬低声中对学习和生活产生兴趣，所以，作为孩子的第一任老师，妈妈一定要学会信任和赏识你的孩子，这不仅能为你的孩子带来信心和勇气，更会成为孩子成长过程中最温暖和煦的阳光。

● 孩子的成长方向来自妈妈的期望

苏联教育家赞可夫说："漂亮的孩子人人喜爱，而爱难看的孩子才是真正的爱。"同样的道理，喜欢和欣赏优秀的孩子是每个妈妈都能轻易做到的，但是，所谓的"好孩子"毕竟只有很小一部分，而更多的孩子仍然属于"普通孩子"，甚至是"顽劣的孩子"。这部分没有达到妈妈期望的"坏孩子"，反而更需要妈妈的信任、赏识和关爱。我们应该让他们相信，自己并不差，也并不真的是个"坏孩子"，只要肯努力，同样能成为出色的孩子。

27岁以前还未与文学结缘的日本作家佐藤爱子曾在自己的书中回忆说，自己小时候并不爱好文学，也几乎从不读什么小说，后来之所以对文学产生了兴趣，完全是因为一次她的父亲看到了她写的文章后，随后说了一句"这孩子写的东西不错"。"就是这句话鼓舞了我，成了我的支柱。"佐藤爱子表示。

可见，有时家长随口说的一句话就可能改变孩子的一生。作为妈妈，我们必须意识到这一点，即使你的孩子现在不够优秀，表现也不那么尽如人意，甚至远远未达到你期望的样子，也切记不要随意否定他。相反，多给他一些信任和鼓励，告诉他："妈妈相信你可以做到。""妈妈对你有信心！""你身上也有别人不具备的优点，你同样很出色。"你的信任和鼓励，可以激活孩子的心理状态，从而使他真正愿意付出努力，朝着妈妈所期望的方向去成长，去实现一个个目标。

●哪怕是小小的进步，妈妈也别忘了为孩子鼓掌

从生命科学的角度来说，每个孩子都拥有巨大的潜能，但孩子出生时是非常弱小的，在成长过程中，面对一个个"万能"的成人，也会有自卑情节。在这种情况下，就需要妈妈坚定地站在他的身边，时刻告诉他"你可以做到！""我相信你！""你很棒！""我为你自豪！"当孩子感受到妈妈对他的信任和关注后，内心的自卑就会逐渐消失，取而代之的是自信和不断前行的动力。

总之，在孩子成长过程中，妈妈不仅要爱孩子，更要懂得如何爱孩子。其中重要的一点，就是学会信任、欣赏和鼓励你的孩子。哪怕是一个微小进步，也要及时为他鼓掌，这是强化孩子积极行为和进取之心的最好方式。哲学上讲，质变是由量变引起的，日常的细微进步，积累起来便会产生巨大的变化。所以，聪明、智慧、深爱孩子的妈妈们，在看到孩子的进步时，请不要吝惜你的掌声，这将成为孩子美好未来的一个开始。

好妈妈都是讲故事的高手

著名儿童教育专家孙云晓就曾说过："讲好 1 则故事，胜过给孩子上 100 堂课；1 位优秀的故事讲述者，强于 10000 个空洞的说教者。"是的，一个个精彩的故事，就像春日的阳光、夏季的清风、晚秋的泉水、初冬的暖雪，可轻轻扣开孩子的心灵花园，成为改变孩子一生的指明灯。

那么，妈妈可以通过讲故事来改变孩子、提升孩子呢？

第一，用故事培养孩子的良好习惯。

一位没有继承人的富豪死后将自己的一大笔遗产赠送给远房的一位亲戚，这位亲戚是一个常年靠乞讨为生的乞丐。这名接受遗产的乞丐立即身价一变，成了百万富翁。新闻记者便来采访这名幸运的乞丐："继承了遗产之后，你想做的第一件事是什么？"乞丐回答说："我要买一只好一点的碗和一根结实的木棍，这样我以后出去讨饭时方便一些。"

可见，习惯对我们有着多大的影响。可以说，习惯是一贯的，在不知不觉中，它深深地影响着我们的行为，影响着我们的效率，左右着我们的人生。

作为家长，与其给孩子留下百万家产，不如帮助孩子从小养成一些良好习惯。多一个好习惯，孩子的心中就将多一份自信；多一个好习惯，人生中就多一份成功的机会和机遇；多一个好习惯，孩子们生命里就多了一份享受美好生活的能力。

妈妈为孩子选择一些有助于养成良好习惯的故事，这些故事如一面面镜子，可以让孩子很容易地看到自身的坏习惯，并逐渐养成良好的习惯。

第二，用故事培养孩子的优秀品质。

对于孩子来说，优秀品质的养成远比知识和技能更重要。因为，优秀品质是孩子一生成功的基础和必要因素。孩子的品质一旦形成，就很难改变，而知识和技能却可以随时随地学习、吸收与更新。"没有品质，教育只完成了一半"，品质教育包括正确的生活目标、价值观、人际关系及面对挫折的能力等。

品质教育对人生的发展有决定性的影响。当世界变化的速度越来越快、未来将面临的竞争与挑战越来越严苛的时候，为孩子培养优秀的品质，是家长送给他最珍贵的礼物。要知道，充满挑战的 21 世纪，正是属于善良、正直、诚实、勇于承担责任等具有优秀品质的人。

妈妈通过生动幽默的故事，深入浅出地引用大量古今中外培养孩子品质的理论和经验，可更好地培养孩子的优秀品质。

第三，用故事优化孩子的性格。

对于孩子来说，性格是可优化、可培养的，因为孩子的心灵就是一块神奇的土地，你播种一种思想，就会收获一种行为；你播种一种行为，就会收获一种习惯；你播种一种习惯，就会收获一种性格；播种一种性格，就会收获一种命运。可以说，性格是改变一个人命运的舵手。

有道是，成也性格，败也性格。好的性格能成就孩子的一生，而坏的性格，则可能会毁掉孩子的一生。作为家长，唯有帮助孩子改掉性格的弱点，才能改变孩子的命运。

优秀的故事是向孩子传授好思想的最好渠道之一，妈妈不妨从故事中给孩子播种思想，优化性格，收获命运。

第四，用故事提高孩子的情商。

随着现代家庭的高素质化，越来越多的家长意识到情商的重要性。它被认为是通往成功的必备素质。研究证明：个人的成功，智商的优劣占 20%，情绪智商的优劣占 80%。情商在更大程度上决定着一个人的成功与幸福。

今天，人与人的竞争，不再仅仅是智商的竞争，更重要的将是情商的竞争。情商高，则意味着善于调节自己的情感，善于保持良好的人际关系，善于敏锐地察觉他人内心微妙的变化。情商较高的人更容易得到周围人的帮助。因此，一个有责任心的家长，一个有远见卓识的长辈，在关心孩子智商教育的同时，更要关心孩子的情商培养。

小故事包含着大智慧，孕育着大道理。它不仅给孩子丰富的知识，而且为他们扩大人生视野、探寻生活奥秘开了一扇窗。在妈妈轻松惬意的讲述中，孩子会收获有益的启迪，使人格更健全、意志更坚强，与人相处更融洽，更好地理解、把握人生。

第五，用故事激发孩子好学向上。

学习，无论是对个人还是民族，意义都是重大的。儿童时期是学习的黄金期。尽早让孩子认识到学习的真正意义，激发孩子学习的主动性，让孩子从学习中获得乐趣，对孩子的一生而言都会有很大的帮助。

在美国福特公司曾发生过这样一个故事：一次，福特公司里一台大型发电机发生故障，工程师维修三个月毫无结果。而斯坦因·梅茨只是稍加考察，便发现了发生故障的原因。他在电机上画一条线，说："毛病就在此。"按梅茨的指示修理，电机不久又恢复了运行。为此，梅茨向福特公司索取了 1 万美元的报酬。有人却嫉妒他，说他只是在电机上画一条线就要 1 万美元，岂不是勒索？梅茨在付款单上的说明就是最好的回答：画一条线——1 美元，知道在哪里画线——9999 美元。多么深刻的回答。知识就是财富，知识就是力量。知识的力量是不可估计的。而知识获取的途径就是学习。

妈妈可采用"故事教育法"的方式，针对孩子在学习过程中随时发生的情况，把各种教育的道理蕴含在故事中，引领孩子在轻松愉快的氛围中感受到学习的乐趣，激发孩子好学向上的潜能，让孩子在学习的过程中渐入佳境。在故事里，孩子能够领略到学习是一件美妙的事情，更是一件快乐的事情。

第六，用故事开拓孩子的创意思维。

把一粒种子放进显微镜下进行分析，会发现它只是由组织、碳水化合物及其他一些化学物质所组成的，没什么特别。但是把它放在泥土里，加些水和阳光，神奇的事情就出现了，它会发芽生长，开花结果，它可以是养活众生的稻米谷物，可以是为世界添上色彩的鲜艳花卉即，也可以是为生命提供氧气的参天大树。

人的创新思想也像一粒种子，在酝酿尚未成熟的阶段时，是多么平凡和不显眼，把它放在合适的泥土里，加入养分和水，让阳光照耀着它，它同样会发芽生长，成为动摇世界、影响众生、造福万物的神奇力量。

21 世纪的竞争是人才的竞争，而创新精神是一切人才追求的目标。可以这样说，没有创新就没有人类文明的发展。

妈妈可以通过一些名人的创新故事，告诉孩子什么是创新、如何创新、为了创新需要具备哪些素质等，以启发孩子创新的激情。

第七，用故事引导孩子大方、得体地交际。

大方、得体的交际技巧，对孩子的成长具有重要的作用。美国总统罗斯福曾说："在成功的公式中，最重要的一项因素是待人接物。" 交际是发展孩子社会性的一条重要途径。孩子只有在与同伴、成人的交往互动中，才能学会在平等的基础上协调好各种关系，才能正确地认识和评价自己，形成积极的情感，为将来正常地进入社会，更好地适应社会生活打下基础。

妈妈通过"故事教育法"，可更好地引导孩子得体地开展社交活动。

第八，用故事鼓励孩子不畏艰难与挫折。

孩子常常会因为痛苦而唱着哀伤，因为挫折而滞留不前，因为失意而不见希望……当孩子的成长有痛苦的音符时，不妨用一个快乐的故事，告诉他用坚强去谱写一首命运交响乐；当孩子的成长有挫折的浪花时，不妨用一个乘风破浪的故事，告诉他用乐观去冲刺成功的终点；当孩子的成功有失意的云朵时，不妨用一个风雨任平生的故事，告诉他用达观去点燃希望的火花。

生命的价值取决于我们自身，除了自己，没有谁能让我们贬值，不论我们出身如何，逆境如何，人生的价值都不会因此而改变，恰恰因为我们用坚强、乐观去面对艰难与挫折，人生才得以升值。

第二章

好习惯，使孩子受益一生

著名教育家叶圣陶先生曾说："教育是农业，不是产业。""农业不能强调速度，而是强调'产出物'，这种'产出物'才是人类最基本也是最重要的需要。

请允许孩子"慢点"长大

这个周末,妈妈终于有时间陪豆豆出去玩了。最近妈妈工作很忙,豆豆央求好几次,妈妈都没时间陪她,所以今天妈妈答应陪豆豆出去玩,豆豆别提多开心了!

母女俩来到离家不远的一个小公园溜达,碰巧在公园门口发现了一个捞小鱼的小摊,豆豆就很想玩。妈妈付钱后,豆豆高兴地拿着渔网去捞鱼了,可捞来捞去,也没捞到一条小鱼。不过豆豆似乎也不着急,仍用渔网慢慢地捞着,边捞嘴里还边哼着歌。

一旁的妈妈看到了,走过来一把抓住豆豆的小手,把渔网伸进水里,一边比画着教豆豆怎么捞一边说:"你要这样捞才行,像你这么捞,三天也捞不上一条鱼!哎哎快点,这个这个……哎呀,你怎么这么慢,看看跑了吧!做什么事都这么慢!"

原本还一脸笑容的豆豆,被妈妈这么一说,笑容很快就消失了,取而代之的是满脸的失落。在妈妈的"帮助"下,两人身边的小桶里很快就有了好几条鱼。不过,这些都是妈妈的功劳。

其实,孩子在意和享受的,不过是有妈妈的陪伴和捞鱼的过程,并不是到底能捞上几条鱼。哪怕是用小渔网慢慢地跟着一条小鱼在水里划来划去,也觉得很好玩。可在妈妈眼里却不是这样的,捞鱼就一定要快点捞,一次捞上十条八条那才叫厉害,捞完拉倒,再去玩别的。

这样的想法,很多妈妈都会有吧?不管是在日常生活中,还是在学习中，妈妈们都希望自己的孩子能早点儿长大、懂事，做事不用催、不用帮，能像个大人一样，痛痛快快、利利索索地完成，不让妈妈操心。为了能达到这个要求，妈妈们一看到孩子做事慢，就开始不停地催、催、催。结果呢？孩子只会紧张、不解，速度却仍然没有变快。

之所以如此，是因为在孩子眼中，他们完全不能理解大人一直在急什么。因为只有成年人才会未雨绸缪，不断地计划未来，而孩子不会。因此，当你不断地在孩子身边催促，或给他讲道理，告诉他"做完这个，接下来去做那个"时，只会让孩子感到困惑。

与其如此，我们为什么不能放手，让孩子慢一点长大呢？允许孩子按照他本来的节奏，慢慢学习各种技能，慢慢体会各种感受，慢慢体验失败和成功……而妈妈只需多一些耐心，少一些催促，让孩子慢慢建立起自己的思维意识，养成属于自己的行为习惯。这样的孩子，才更容易快速地长大。

● "慢点"长大的孩子更自律

台湾地区著名女作家龙应台在《孩子，你慢慢来》一书中有这样一段话："我，坐在斜阳浅照的台阶上，望着这个眼睛清亮的小孩专心地做一件事。是的，我愿意等上一辈子的时间，让他从从容容地把这个蝴蝶结扎好，用他5岁的手指。孩子，慢慢来，慢慢来……"

这段话其实也是在提醒妈妈们，孩子在成长过程中，原本就是在慢慢地认识这个世界。既然如此，我们何不试着放手，让孩子按照自己的节奏去感受时间、学习技能、养成习惯呢？

● 不拿自己的孩子跟别人攀比

有首歌叫《我只是个孩子》，歌词是这样的：

> 隔壁邻居小明
>
> 期末又考了第一
>
> 王大妈的孙女
>
> 钢琴她过了十级
>
> 我爸战友的儿子
>
> 一口流利的英语
>
> 我妈同事的女儿
>
> 有深厚的舞蹈功底
>
> 听到这些消息
>
> 我只能默默不语
>
> 你们的期待
>
> 我都明白在心底
>
> ……

歌词中的画面，相信不少妈妈都不陌生吧？小时候，我们是不是也常这样被父母说："你看看××家的孩子，再看看你！"那个时候，你一定感到很受伤吧？可现如今，你又怎么能用同样的话，去伤害自己的孩子呢？

在现在这个竞争激烈的社会，我们每个人都在被时间推赶着前行，因此也生怕自己的孩子被别人落下，于是催着、赶着孩子早点儿学、快点儿学。有个朋友，孩子刚刚幼儿园大班，每周就要上两节英语课、两节舞蹈课、一节绘画课，周末还要去学钢琴……

为的是不让孩子输在起跑线上。

可实际上，是我们大人太着急，是我们害怕失败，才把各种期望都强加到孩子身上，强迫孩子早点儿长大、快点儿成熟。殊不知，许多孩子最终是没输在起跑线上，而是累死在起跑线上了！

著名教育家叶圣陶先生说："教育是农业，不是产业。""农业"不能强调速度，而是强调"产出物"，这种"产出物"才是人类最基本也是最重要的需要。

因此，妈妈们不妨放松心态，不要总拿自己的孩子与别人相比。每个孩子都是一个独立的个体，也都有自己的优点和不足，妈妈要做的，就是根据孩子的自身特点，找到教育孩子的最好方法，然后持续、耐心地养育孩子，慢慢等待这棵小苗长大、成熟，开出最绚烂的花朵。

磨蹭，是孩子的天性

现在，网上有各种家长陪孩子写作业的段子，甚至有专门的文章讨论家长陪孩子写作业的心酸。其中有个家长吐槽说，自己的孩子一晚上只做了 5 道选择题，结果马上引来一大波的回复：

淡定，你还没碰到两个小时一道题没做的呢！

一写作业就上厕所、喝水、肚子不舒服……各种状况，分分钟想揍扁他！

唉，三个小时，写作文，20 个字。真想砍人！

要求是 10 分钟内做完 15 道题，包括写好名字。现在 3 分钟过去了，他还在写名字呢……

……

类似的抱怨加吐槽，层出不穷，结果都指向了同一个问题：孩子怎么这么磨蹭？

抱歉，你可能要面对一个无解的难题。因为不论多大年龄的孩子，都会磨蹭，这是人的天性。如果不相信，不妨想想自己小时候，你肯定也因为磨蹭而被父母催促过甚至骂过。你改了吗？敢理直气壮地回答"我改了"吗？

事实上，我们嫌孩子磨蹭、做事慢，总是催促孩子，是因为我们觉得孩子打乱了我们的节奏。早晨催孩子快点起床，是因为我们想赶时间上班；催孩子快点吃饭，是因为我们想收拾碗筷；催孩子快点写作业，是因为我们还有自己的事情要去处理……结果呢？当我们不断要求孩子"快快快"的时候，其实是用成年人的节奏打乱了孩子的节奏。

磨蹭是每个孩子成长过程中的必经阶段。孩子有自己的成长节奏，对他们来说，感觉最舒适、最有利的，就是顺应自己的生活节奏。也只有当他按照自己的节奏，一点点地感受"时间"，感受按时做事的规律，才可以真正成长起来。否则，孩子的生活节奏过快，不仅不利于生活习惯的培养，还会对身心健康造成损害。

● 别打乱孩子的成长节奏

每个妈妈都希望自己的孩子能够成长为一个具有良好生活习惯、情商和智商双高的人，其实，如果能尊重孩子的成长节奏，他是完全可以成为这样的人的。可惜，很少有妈妈能如此淡定，看着孩子磨蹭个没完，还能心平气和地与孩子相处。

不过，科学家经过多年研究发现，如果经常催促孩子，打乱孩子的成长规律，容易令孩子成长为两种极端性人格：一种是过分依赖型，另一种是嫉妒叛逆型。

就拿写作业这件事来说，如果你见孩子写作业时太磨蹭，就会在一旁对孩子指手画脚，结果导致孩子更加紧张，作业不仅没写快，反而更慢了。最终，你可能就会亲自上阵，手把手教他解题，或直接帮他解出来了。结果，孩子该不会的仍然不会，慢慢还会变得越来越依赖你。

还有一类孩子，他写作业时，不管你怎么在一旁催促，他也不紧张，但却会越来越反感，以至于最后破罐子破摔：你不是嫌我慢吗？好，我就慢给你看！结果就是：你越催，他越慢，最终变得无视父母，冷漠自私。现在已有研究证明了，如果孩子本来个性较强，就更容易在被催促中变得烦躁易怒、缺乏耐心，甚至听不得任何人劝说。这就是叛逆型人格的典型表现。

你一定不希望自己的孩子成为上面两种性格的孩子吧？

孩子与家长，表面看好像一直都在并肩同行，但其实是在完全不同的两条轨道上运行。如果你事事都出面干涉，想拉着孩子"跑快些"，反而容易跟孩子"撞车"，破坏了孩子的成长规律，也破坏了孩子慢慢适应社会的步伐。

所以，妈妈们请不要再为孩子的磨蹭而焦虑不已，更不要每天在孩子耳边"快快快"地催促，就像著名家庭教育专家尹建莉所说的那样："在孩子很小的时候，家长就要培养自己一种不着急的情绪。所谓的成长，就是陪伴孩子慢慢长大，这是家长自己首先要做的功课。"

● 尊重孩子的磨蹭

有篇很火的文章叫《牵着蜗牛去散步》，其中写道：

上帝给我一个任务，

叫我牵一只蜗牛去散步。

我不能走太快，

蜗牛已经尽力爬，为何每次总是那么一点点？

我催它，我唬它，我责备它，

蜗牛用抱歉的眼光看着我，

仿佛说："人家已经尽力了嘛！"

我拉它，我扯它，甚至想踢它，

蜗牛受了伤，它流着汗，喘着气，往前爬……

教育孩子其实也像"牵着蜗牛散步"，我们总嫌蜗牛慢，不断催它、赶它，却忘记了蜗牛有它自己的节奏，而我们却用自己的节奏去要求蜗牛，这到底是谁的错？

当然，父母的初衷是好的，希望孩子凡事能快些，是为了帮助孩子适应这个快速发展的社会，害怕孩子被别人落下、被社会淘汰。但教育是个漫长的过程，如果我们过早地把竞争引入孩子的生活，给年幼的孩子施加过多的压力，就会导致孩子紧张、焦虑、无所适从，甚至出现自卑感和心理失衡。

所以，我们不妨学会尊重孩子的磨蹭，尊重孩子本身的成长节奏，允许孩子按照他自己的节奏吃饭、穿衣，用他自己喜欢的方式玩耍、学习。当父母懂得尊重孩子，孩子也会发生很多改变。要知道，没有什么比让孩子自己去尝试后所获得的经验更宝贵、更有效果了。当孩子的一些正向行为慢慢形成习惯后，他们就不再需要父母催促，而是自觉地在自己的轨道上运行，就像每颗行星都有自己的轨道一样。

●比催促更有效的，是妈妈的正向引导

我们总是认为，磨蹭是个大毛病，却没发现，催促是个更大的毛病。20世纪伟大的教育家蒙台梭利就曾指出：成人总是会潜意识地阻止儿童进行那些缓慢和看似笨拙的活动。原因很简单，我们总是希望别人都能按照我们的节奏来做事。

可孩子与成人是完全不同的两个世界。在成人眼中，每天只有繁重的工作、琐碎的家务，而在孩子眼中，世界是美好的、神秘的，他们每时每刻都想按照自己的方式去探索、去发现。所以，在面对孩子的磨蹭时，妈妈要学会客观分析：孩子究竟是无意的慢，还是有意的拖延？但不管是哪种原因的磨蹭，正确的解决方法只有一种，就是对其进行正向引导，而不是没完没了地催促和斥责。

当孩子想要自己尝试某件事时，妈妈要学会放手，因为这是孩子想要独立的信号。比如他想自己吃饭，自己穿衣服、鞋子，虽然很慢，看起来也很笨拙，但请耐心地等等他，因为这是他尝试独立的第一步。如果你因为觉得孩子慢，觉得帮他做完更省力，那就剥夺了孩子锻炼和探索的机会，久而久之，孩子就会变得懒惰、依赖，什么事都想让人帮忙，以后自然也很难主动去完成作业了。

当然，这也不是说妈妈对孩子完全放养，不管不问。当孩子遇到困难，需要帮助时，妈妈还是应该第一时间站出来给予孩子帮助的。不过，这种帮助不是说妈妈一下就把孩子的问题全部解决，而是慢慢引导孩子，或者给孩子做个示范，然后仍然鼓励孩子自己去完成。比如，孩子自己叠被子时，怎么都弄不好，想请妈妈帮忙，那么妈妈就可以给孩子示范几次，再让孩子学着妈妈的样子，最终自己把被子叠好。

　　而当孩子通过努力获得成功后，妈妈的表扬和鼓励一定不能省略，这样才可以强化孩子的信心和习惯，让孩子更加自信、更加独立。

　　最后还有一点要注意，不要忽略了孩子的个体差异。我们都希望自己的孩子在行动时能够迅速、有效，但也要考虑到孩子的年龄和个性特点，比如年龄小的孩子做事肯定会比年龄大些的孩子慢。还有些孩子天生就是"慢性子"，只要他做事有规划、不误事，完全没必要强迫他一定要快。顺应孩子的天性，慢一点，没关系。

好习惯不是强迫出来的

　　上海市有一位姓夏的语文老师，这位老师不但写得一手漂亮端庄的字，他的板书更堪称艺术品，学生们对他简直佩服得五体投地。但大家绝对想不出他是如何练得这么好的字的。

　　夏老师的父亲是位中医。在夏老师小时候，有一天，父亲搬来一摞医书，对几个孩子说："这是我从别人那儿借来的书，你们帮我抄下来，我有重要的用处。"

　　夏老师兄弟三人感觉能帮父亲的忙，很开心。就在他们准备动笔抄书时，父亲又说："抄写医书非比寻常，每个药方都关乎着一个人的性命，所以必须抄得清楚端正，千万不能马虎。抄得好，我自然有奖励。"

　　三个孩子听完，神圣感油然而生，于是认认真真、一笔一画地抄起医书来。夏老师是三个孩子中最大的，认识的字也最多，为了给弟弟做榜样，他也抄得最认真。

几个星期后，三个孩子终于把医书抄完了。父亲看着工工整整的抄写本，笑着说："不错不错，要是你们以后写字也能这么认真，那不但能练出一手好字，也将会成为一个做事认真的人。"

在今天看来，夏老师的父亲实在是一位很会教育孩子的家长。他用一种"润物细无声"的方式，培养了孩子的良好习惯：借口帮忙抄医书，巧妙地掩盖了自己要求孩子认真写字的意图。而孩子虽然每天都要抄写大量枯燥的文字，却丝毫没有感受到被强迫教育的痕迹，在一种快乐、自豪的心境下，便培养起了一种非常好的习惯。

好习惯对孩子的影响不言而喻。一个孩子的好习惯越多，对成长越有利；相反，一个孩子坏习惯越多，对孩子成长的阻碍就越大。就拿生活习惯来说，如果孩子的生活习惯很好，那就不需要妈妈天天在后面催着起床、吃饭、穿衣、收拾屋子，自己主动就能完成。如果你帮他做了，他反而还不习惯了呢！而一个懒散惯了的孩子，妈妈不催，他就不动；催了，可能动一下；外力一停，又不动了。这样的孩子，你又怎么能指望他某一天忽然就变得自立自强了呢？

不过，要培养孩子良好的习惯，光靠催和强迫是不行的，因为这是违背了孩子意愿的。也许刚开始有点效果，但长久下来，孩子要么变得更加依赖，要么就变得更加叛逆。

那么，怎样才能在不强迫孩子的情况下，让孩子养成良好的习惯呢？

●鼓励孩子自己的事情自己做

孩子两三岁以后，会产生强烈的自我意识，对什么事都要求"自己来"，并拒绝妈妈的帮助。这恰恰就是培养孩子良好习惯的最好时机，所以这时，妈妈不妨变"懒"一点，放手让孩子去进行最简单的尝试：自己洗手、洗脸，自己穿衣服、穿鞋，收拾碗筷，倒垃圾，收拾玩具，等等。

一开始孩子可能做得并不灵活，有时甚至做得很糟糕，妈妈一定要记住：在孩子没要求帮忙的情况下，即使孩子做得很糟糕，也不要动手去帮他，更不要对孩子的做法指手画脚。如果孩子觉得自己总也做不好，要你帮忙，也不要一下就给孩子做好，而是耐心地引导他，为孩子做好示范，教会孩子"自己来"的技能。

不过，有些孩子凡事要自己来，却又经常凭一时兴趣，兴趣一过就不愿意再继续了，这时，妈妈既不要强迫孩子继续做，也不要大包大揽，把之前孩子做的事全揽自己身上，而应督促、提醒孩子："该去洗脸了。""该收拾你的玩具了。"如果孩子拖拉着不想自己做，妈妈可以说："我知道你很能干的，一定会做好的。""昨天你把玩具收拾得特别整洁，妈妈觉得今天你也一定可以做好。"以此来激励孩子持之以恒，直到养成自己的事情自己做的习惯。

● 自觉自动成就了孩子，解放了妈妈

莉莉已经二年级了，可做作业非常粗心，也经常出错，为此，妈妈批评过她很多次，都无济于事。

原来，每次写完作业，莉莉就大声叫妈妈："妈妈，我写完啦！"然后匆忙离开桌子，跑出去玩了。而妈妈呢，要过来帮莉莉收拾桌子、文具，再认真检查一遍作业，发现错误再叫莉莉来改正。而对妈妈发现的错误，莉莉从不问为什么，想一下，拿起笔就改，结果，改过之后的题目仍然经常出错。一旦妈妈再让她改，她就会不耐烦地嚷道："这道题到底怎么做呀？"妈妈一边数落着莉莉，一边又把正确答案告诉了她。

生活中像莉莉这样的孩子很多，他们什么事都指望妈妈帮忙做。而妈妈又不断抱怨孩子懒惰、不自觉，但其实应该是孩子抱怨妈妈管太多才对。因为妈妈把孩子应该做的事都代劳了，才令孩子养成了不自觉、不主动的习惯。

所以，聪明的妈妈从孩子很小的时候，就开始注意从生活各个方面培养孩子的独立性，鼓励孩子独立做事、独立思考、独立解决问题了，这既有利于孩子良好个性的形成，又能解放自己，让妈妈无须付出太多的时间和精力，就可培养出成功的孩子。

●孩子的潜能需要妈妈正确地引导，而不是一味地施压

湖南卫视曾办过一个节目，叫《少年说》。其中有一期，一个男孩上台后，称自己总被妈妈逼着做家务，不仅要"刷碗、洗菜、擦地"，还要"学做饭"。男孩甚至悲愤地说："有时做完家务，第二天晨跑我都是迷瞪的。"

可惜，男孩的委屈并没能获得妈妈的理解，相反，妈妈还义正词严地告诉他："男生会做家务更幸福！"还列举了很多让男孩做家务的好处：能促进学习，让孩子懂得感恩，还能锻炼动手能力，等等。听起来真的蛮有道理的，所以，男孩妈妈的做法也获得了很多妈妈的支持。

不过，有个细节可能大家没注意到：当台下观众为男孩的妈妈喝彩时，台上的男孩却双拳紧握，似乎在努力控制着自己的情绪，而这种情绪不是认可，不是感激，而是一种愤怒与不堪重负。

这也说明，不论台下的妈妈如何掏心掏肺地讲道理，孩子都

是不认可的。对孩子而言，妈妈说的这些所谓的"好处"，不过是一种强迫。这种强迫会让孩子感觉自己不被尊重和理解，这样，就算妈妈说出做家务的再多好处，孩子也没兴趣听，更别说接受了。

没错，让孩子养成做家务的习惯的确有很多好处，这位妈妈说得也很对，但做法却不见得有效，因为孩子自己不愿意，只不过迫于妈妈的压力，才不得不委屈自己。试想一下，在这种情绪下，孩子怎么能有成就感，怎么能感到快乐呢？

所以，不管你想帮孩子养成什么好习惯，都不能逼迫孩子，而应多与孩子商量，多引导孩子，让孩子觉得自己被尊重、有选择权，从而在一个良好的情感体验下，逐渐形成一种习惯并且保持。也只有在这种良性循环里，孩子才能够懂得爱与尊重，逐渐懂得承担责任、学会担当。

最好的"诺言教育"是身教

"昊昊，到写作业的时间了，把电视关掉吧。"妈妈边做饭，边对在房间里看电视的儿子说道。

可是妈妈等了半天，不但没听到儿子的回应，反而听见电视一直在响。出来一看，原来儿子仍在看电视。

"昊昊，你答应我的，只看 20 分钟，现在时间已经到了，你应该说话算数，关掉电视。"妈妈又强调一遍。

"知道了，我就再看 5 分钟。"昊昊说着，眼睛一直没离开电视。

"昊昊，咱们俩刚才不是拉钩了吗？你说自己只看 20 分钟，我们要说到做到。"

"嗯……知道了，妈妈。"昊昊又应了一声，可仍然没有关掉电视的意思。

妈妈很生气，走过去直接把电视关掉了，这下昊昊不干了，大声叫道："妈妈，你怎么能随便关我的动画片呢？现在正演到关键时刻，你这样是不对的！"

"昊昊，我们说好的，只看20分钟，但你现在看看时间，都快半小时了！是你先不遵守诺言的，现在还跟我叫！"妈妈也大声叱责起昊昊来。

结果，昊昊虽然极不情愿地去写作业了，可一直带着情绪，作业写得也不认真。

其实昊昊这样的情况很多，平时就算跟妈妈说好了，只玩半小时游戏，并保证做到，但一到点就磨蹭着不想结束。

我们都希望孩子能成为一个说到做到、遵守诺言的人，但多数妈妈都有一个共同的感觉，就是让孩子遵守诺言简直太难了。孩子经常说话不算数，明明说只看一会儿电视，然后就去好好写作业；明明说吃完零食，就马上好好吃饭，可结果他们总是要赖，总有借口不兑现自己的承诺，让妈妈很伤脑筋。

遵守诺言是一种非常好的习惯，体现了一个人的责任感和基本素养。只有说到做到的人，才能获得别人的信任和尊重。因此，妈妈对孩子进行"诺言教育"，引导孩子遵守诺言，将来成长为一个诚实守信的人，的确是十分必要的。

但是，孩子不是机器人，你让他什么时候做什么，他就能去做什么。孩子是一个个鲜活的、有血肉、有想法的精灵，要教育、引导他们成为一个信诺的人，妈妈还真需要掌握点技巧。

● 不要把你的命令当成是孩子的承诺

在妈妈看来，自己让孩子只看 20 分钟电视、只吃一点零食，孩子答应了，就是在承诺，因此要遵守自己的诺言，说到做到。但事实上，这些真的是孩子的诺言吗？是孩子主动说自己只看 20 分钟电视，还是妈妈要求孩子只能看 20 分钟电视？这两者是有区别的。

如果是孩子在自愿的情况下，说"我只看 20 分钟电视，然后就去写作业"，那么这是孩子的诺言；如果是妈妈说："你只能看 20 分钟电视，然后就去写作业。"这是妈妈给孩子下达的"命令"，即使孩子答应了，也不是孩子的诺言，那么孩子就算不遵守，也不是什么过错，他只是不想执行妈妈的"命令"而已，因为这个命令不是他的意愿。如果当时不遵守"命令"，他可能连 20 分钟的电视都看不成，所以孩子只好接受妈妈的命令，将承诺当成权宜之计。但真到了孩子需要兑现承诺的时候，孩子往往也是不情愿的。因此，这样的"诺言教育"往往会大打折扣，效果也不会有多好。

要解决这个难题其实也不难，就是妈妈不要强迫孩子许诺。比如，孩子放学回家后，是先看电视，还是先写作业，都是他自己的事，妈妈可让孩子自己安排，而不必要求他必须先做什么后做什么。把选择权交给孩子，孩子也就没有失信的机会了。

另外，哪怕是孩子主动向妈妈承诺，但最后没能做到，这也不是什么严重的事。试想一下，我们大人每次承诺的事，难道都按时完成、一一兑现了吗？孩子也不例外，所以偶尔有"失信"的时候，妈妈也不必大动干戈，指责孩子。孩子其实还是很希望能把事情做好的，只是有时可能对情况预估不足，才出现了"食言"。比如孩子说期末自己要考入前十名，我们该为孩子想要取得好成绩的想法而高兴，而不必在意最后的结果。这样孩子才不会产生过多的心理压力，从而轻松地面对学习。

当然，这也不是说我们就不在意承诺，只是要让孩子明白：诺言即责任，不能轻易许诺，要根据自己的实际情况来许诺，而且许诺后就要尽量去努力实现，否则就会落下吹牛的名声了。

●别随便给孩子许诺，一旦许诺，就一定要做到

要对孩子进行成功的教育，家长的榜样作用非常重要。正如列宁夫人克鲁普斯卡娅所说："家庭教育对父母来说，首先是自我教育。"父母是孩子的第一任老师，其一言一行、一举一动，孩子都会去模仿，而孩子最初的行为习惯也都是从父母那里学来的。所以，面对单纯的孩子，妈妈要特别重视榜样对孩子的巨大影响，时时处处为孩子树立榜样，自己做不到的事，就不要随便给孩子许诺。

比如，有的妈妈对孩子说："你期末考100分，妈妈就带你去迪士尼乐园。"结果孩子满心欢喜，经过努力，期末也如愿以偿地考了100分，结果妈妈却说："妈妈最近工作太忙了，没时间休假，这次去不了了，下次再带你去吧。"结果可想而知，孩子得多失望！就算不大哭大闹一场，内心也一定认为妈妈是个言而无信的人。这样一来，以后妈妈再要求孩子遵守诺言，不仅会很难起到作用，还可能引起孩子的反叛心理。

所以说，如果妈妈想让孩子成为一个诚信守诺的人，首先必须，为孩子做好榜样，自己先成为一个诚信守诺的人。一旦给孩子许下什么诺言，就一定要做到。如果因为意外情况不能按时兑现诺言，也要跟孩子解释清楚，获得孩子的谅解，并与孩子再次商定兑现的时间。切忌随便搪塞孩子，还指责孩子不懂事、不听话。否则，

妈妈自己不遵守承诺，又怎么能要求孩子事事都遵守承诺呢？

立规矩，给孩子有界限的爱

"不以规矩，不成方圆。"为人父母，我们对孩子总会有许多期望，但如何在适度地给予孩子自由的前提下，不偏不倚地执行我们的教育原则呢？这应该是很多父母都关注的问题。

在我们身边，甚至包括我们自己，要么是管得太少的父母，要么就是管得太严的父母，要想把握好这个度，的确是件很难的事。一些对孩子比较溺爱的父母觉得，孩子每天要学习，承受的压力已经很大了，我们应该给孩子一个快乐的童年，尽可能地满足他的要求，适当放纵一下也没关系，不会给他带来太大影响的。而对孩子比较严厉的父母则认为，管教孩子必须有规矩，现在不严格要求他，他怎么能知道上进？以后怎么在社会上立足？

这两种观点听起来都没毛病，但为什么有那么多孩子，在明知一些事不可为的情况下，仍然违反规则甚至违反法律去涉险呢？

比如，有些孩子上学经常迟到，明知迟到是不对的，但早上就是拖拖拉拉，非要拖到迟到不可。即便老师三番五次强调，依然我行我素，一副"你能奈我何"的样子。

还有些孩子，与上面孩子的表现恰恰相反，不管面对自己多么感兴趣的事，都"决不越雷池半步"。比如，假期里几个孩子想去游乐场，有的孩子就会说："妈妈不让去，说浪费时间。""妈妈说只有学习才是重要的，其他的都没用。"……结果，可能就拒绝了这次活动。

这并不是说没有一起去游乐场就是错的，只是这体现出来的，是孩子对父母的"唯命是从"，绝对是个听话的孩子：妈妈说什么，我就做什么；妈妈说不允许的，不管我自己多想去，也不敢去尝试。

孩子需要在有规则的环境下成长，孩子懂规矩也是好事，但在我们的孩子身上，却容易出现以上两种截然不同的表现，这是为什么？

原因就在于，有些父母在处理孩子的问题时，不能做到综合考量，而是在"爱孩子"和"给孩子立规矩"之间做起了选择题：爱孩子，就不能给他立规矩；给孩子立规矩，就不能太爱孩子。这种非此即彼的做法，肯定会给孩子的成长造成负面影响。

事实上，立规矩和爱之间本来就是统一的。为孩子立规矩并不会减少对孩子的爱，而是在爱孩子的基础上，帮助孩子学会自律，懂得为人处世的界限，从而对自己的情绪和行为负责，这恰恰是真正的爱。相反，事事顺着孩子，哪怕孩子犯错，也不忍心管教孩子，这不过是打着"爱"的名义的溺爱，只会让孩子在错误的道路上越走越远。就像现在人们常说的那句话：你现在不管孩子，将来自然有人替你狠狠"管"他。试想一下，孩子长大走上社会后，如果再做出一些违反规则甚至违法的事，谁还会再宽容他呢？

所以，有智慧、有远见的父母都懂得为孩子立规矩的重要性。立规矩也不是不爱孩子，而是给予孩子有界限的爱，帮助孩子养成一些良好的行为习惯，让其真正健康、快乐地成长。

不过，孩子也知道自由可贵，不愿意被各种规矩约束。那么，妈妈怎样给孩子立规矩，孩子才更容易接受呢？

● 尊重孩子的天性，对孩子合理期望

像每个星期天一样，早晨吃完饭，妈妈就要带8岁的小西去上课外英语班。

"宝贝，快点穿衣服，我们要去上课了。"妈妈说。

"我今天不想去。"小西说着，手里仍在摆弄自己的玩具。

"怎么能不去呢？下周就要考试了，缺课肯定不行。快去穿衣服，要迟到了！"妈妈边说，边准备出门要带的东西。

"我就不去！你不能强迫我！"小西干脆跑到自己房间，"砰"的一声关上了门。

……

这样的画面应该不陌生吧？花大钱让孩子学这学那，可孩子却不领情，动不动就使性子、耍脾气，做事不能坚持，全凭自己喜好，怎能不让人恼火？

但如果我们站在孩子的角度思考一下，也许就不那么恼火了。孩子年纪尚小，天性爱动、爱玩，思维活跃，且不能区分什么事情可以随心所欲、什么事情不能做，所以偶尔出现使性子、不守规矩的情况也属正常，关键在于妈妈如何去引导。不能因为孩子有了抵触情绪、提出反对意见，就斥责、惩罚他。

在一些事情上，如果孩子仅仅表现出不愿意，但仍然坚持了正确的做法，我们就不要再去数落他或惩罚他了。但如果他坚持不按照规矩做，妈妈不妨利用孩子这一做法产生的后果来教育孩子，让孩子从中吸取教训，获得经验，让孩子懂得以后遇到类似的事情时应怎样作出正确的选择。就像故事中的小西，妈妈不妨由着他一次，这次缺课了，下周的考试很可能会受到影响，这样孩子反而更容易记住教训，也体会到了不遵守规矩的后果。

事实上，给孩子立规矩不是为了遏制孩子的天性，更不是打击他的自信心，相反，规矩是为了鼓励孩子按照正确的做法去做，同时让孩子知道"一意孤行"和"见机行事"之间的区别。这样，孩子才能逐渐学会控制自己的言行和情绪。具体我们可以从以下几方面着手：

●给孩子立的规矩要简单清晰，不要表述模糊

孩子是否有规矩，预示着妈妈的教育是否成功，所以，很多妈妈会给孩子设立一些规矩，让孩子去遵守、执行。但是，孩子能否有效地执行规矩，却与多方面原因有关。尤其在孩子年龄较小时，为孩子立规矩时更应注意，如果想让孩子能理解、领悟这些规矩，就要让规矩简单清晰，传递出的"信号"也要明确、不模糊，这样孩子才更容易接受。

比如，在给孩子立的规矩中，有一个项是保持房间的整洁。如果你直接写"保持房间的整洁"，年幼的孩子可能就不知该如何履行，他会想："整洁"是什么意思？由于不明白，自然也无法很好地执行这样的规矩。但如果你这样告诉孩子："你需要自己叠被子，自己铺好床单，把地面打扫干净，把玩具收拾到玩具箱里。"孩子就知道该怎样"保持房间的整洁"了，也知道自己怎么做才算是执行了规矩，达到了要求。这样立规矩，孩子不仅乐于接受，也更容易遵守规矩，执行到位。

●执行规矩时，表扬和批评都不能少

之所以给孩子立规矩，是为了纠正孩子身上某些错误或不良习惯。而在执行规矩时，孩子的表现也会有好有坏，这就需要妈妈给予及时的引导和纠正，有时还需要恰当的表扬和批评，以强化孩子好的方面，或纠正孩子执行规矩时不到位的地方。

比如，你和孩子约定，每天晚上睡觉前，孩子要自己收拾好

自己的玩具。刚开始的几天，孩子很遵守规矩，每天上床前都把玩具归位，妈妈看了，就要及时表扬孩子："真不错，你每天都主动把玩具收好，让玩具都回到了自己的家。"注意，表扬一定要真诚、具体，不要用"你真棒""你是个好孩子"等笼统的话语，让孩子感觉妈妈在敷衍自己。

然而有一天晚上，孩子闹情绪，怎么都不肯收玩具。妈妈多说了几句，孩子竟然不搭理妈妈，自顾自地坐到一边看电视去了，任由玩具扔得满地都是。这时为了更好地执行规矩，帮孩子养成习惯，妈妈可能就要适当批评一下孩子了。

需要注意的是，批评孩子和表扬孩子一样，批评的内容要具体，语言要简短。如你可以用严厉的目光看着孩子，言简意赅地告诉他："我们约好的，每天晚上你要自己收拾玩具，现在你怎么能违反约定呢？每个人约定好的事情都要说到做到。妈妈觉得你违反约定的行为是不对的，你应该每天都把它们都收好，送回家。"几句话，既说清了规矩的内容，又说明了遵守规则的必要性，同时又表达了自己的态度，让孩子能够理解。

如果孩子仍然不肯收，那么妈妈可以采取适当的惩罚措施，比如把这些玩具收起来，多长时间内不允许孩子再玩，以此作为违反规则的惩罚。同时也是让孩子明白，任何人都是需要遵守规则的，否则就会受批评，还会受到一定的惩罚。

第三章

会学习，让孩子
拥有持续竞争力

俗话说：「凡事预则立，不预则废。」学习同样如此。一个人在学习时有计划、有目标，就可以对整个学习过程的目的、内容、方法、时间安排等做到心中有数，从而排除外界干扰，远离「杂乱无章」，将学习变成一件有条不紊的事来高效完成。

孩子说不再喜欢，兴趣班要不要继续

菲菲从小就喜欢音乐，5岁的时候自己跟妈妈提出想学钢琴，妈妈二话没说，不但给菲菲购置了一台价值不菲的钢琴，还报了一个钢琴班。

刚开始，菲菲还蛮有兴趣的，每天按时练琴，去上课时也很开心，可没过多久，就嚷嚷着不要再练了，说不喜欢了。妈妈很生气："明明是你自己说喜欢钢琴的，要去学，这才多久，你就说不喜欢了？你知不知道我投入了多少钱和精力？每天都陪你练琴，你不仅没别的孩子弹得好，还动不动就想放弃，是想气死我吗？"

其实很多妈妈都面临过这个困惑，给孩子报了兴趣班，结果刚上几节课，孩子就说不喜欢了，死活不去了，这时，到底还要不要强迫孩子继续去上兴趣班？

现在，许多妈妈都望子成龙、望女成凤，而许多机构为迎合家长的这种心态，纷纷打出了"不让孩子输在起跑线上"口号，开办各种兴趣班：舞蹈、美术、音乐、画画、书法……虽然每个"兴趣"都价值不菲，但为了孩子，家长从不心疼。当然，不能说这些兴趣班毫无用处，如果孩子真的感兴趣，报个班系统地进行学习，也可以在一定程度上开发孩子的潜能。

但是，不少妈妈却发现，孩子上了一段时间的兴趣班后，忽然没兴趣了。不是磨磨蹭蹭不想去，就是去上课了也提不起兴致，还经常说"不喜欢了""不想上了"，怎么办呢？难道花那么多钱报的兴趣班，说放弃就放弃吗？

　　要回答这个问题，妈妈们首先要明确兴趣班的定位和你为孩子报兴趣班的目的。这个兴趣班到底是孩子喜欢的，还是妈妈喜欢的？不能看到隔壁老王家的孩子弹钢琴获得国际比赛大奖了，你也逼着自己的孩子去学，更不要奉行"谁开始学习时不苦"的态度。也就是说，兴趣班的前提首先必须是孩子真正感兴趣的，而不是妈妈感兴趣的。

　　但是，孩子年纪小，对很多事都是一时热度：看到邻居家小姐姐跳舞，穿着漂亮的裙子，自己也想穿，于是就说喜欢跳舞。可没几天，因为训练刻苦，就喊着"不跳了""不喜欢了"，这不是真的感兴趣。看到班里的同学画画超级棒，自己也想画出好看的画，就嚷嚷着要学画画，结果学了没几天，嫌累了，又不想学了。这也不是真的感兴趣，只能说是一时兴起。

　　所以，妈妈打算给孩子报兴趣班的话，首先应多观察孩子，看看孩子到底对什么兴趣大一些？孩子的天赋是什么？然后再考虑去报相关的兴趣班，从而挖掘和提升孩子的能力。

　　即使孩子真正感兴趣的课程，学起来也不见得就一帆风顺，遇到困难想要退缩的时候也会有。其实，我们大人遇到困难时，都想要放弃呢，何况是孩子。所以，一旦孩子出现了想要放弃的苗头，妈妈可以这样做：

　　●陪孩子一起面对困难，给予孩子鼓励，帮孩子减压

　　在学习一种新知识时，孩子遇到困难是难免的，克服不了时，就会产生厌烦和退缩心理，想要放弃。这时，妈妈不要指责孩子，更不能轻易给孩子贴上"笨""不能吃苦"等标签，而要主动帮助孩子灭掉负面情绪的小火苗。可以问问孩子："你觉得哪里遇到了困难？说给妈妈听听。""如果需要我帮忙，我会努力帮助你的。"

　　特别注意的是，一定要允许孩子把情绪发泄出来，哪怕哭泣

也没关系。发泄后，妈妈再与孩子一起寻找解决困难的办法。

比如，有的孩子在老师上课时听不懂，或不习惯某位老师的授课方式，妈妈就可以与老师沟通一下，问问孩子在兴趣班的表现，并与老师交换一下意见，寻找更适合孩子学习的方法。绝大多数老师都希望每个孩子都能学好，因此也乐意与家长沟通配合，以达到最好的教学效果。

同时，妈妈也要多鼓励孩子，引导孩子回忆一下刚刚学习时的热情和兴趣，多对孩子说："你又有进步了！""不错，你比昨天更熟练些了，加油！"不要动不动就拿孩子跟别人比："你就是不如××学得好。""花那么多钱，就学了这玩意儿回来？"这会让孩子更有心理压力，进而对所学的课程产生抵触心理。

总之，要想让孩子真正学进去，妈妈要多鼓励，多帮孩子减压，而不是不断给孩子增加压力。坚持一段时间后，孩子在学习中体会到了成就感，自然也就有了继续学习的兴趣和动力。

● 不要给孩子过大的压力，减少功利性

所谓兴趣班，自然是以孩子真正感兴趣为前提，孩子能在学习过程中感受到快乐，收获到自己想要的知识，进而提升某种能力。这才应该是为孩子报兴趣班的初心。

如果一开始就抱着功利性目的去的，那么在孩子的学习过程中，妈妈势必会给孩子很大的压力。比如，要求孩子必须比其他孩子学得好；要求孩子去参加某些比赛，还一定要获奖；甚至期许孩子成为像郎朗一样的"艺术大师"。

原本是件感兴趣的事，却被妈妈加载了太多的压力和功利性目的，孩子又怎么能体会到学习的乐趣，感知到那个奇妙的世界呢？

● 如果孩子实在没兴趣，放弃也无妨

妈妈都希望自己的孩子能琴棋书画样样精通，而孩子也是一时兴起，向妈妈提出去学画画、学舞蹈，可学了一段时间后就没兴趣了。这时，妈妈应该明白，术业有专攻，样样都行是不可能行得通的。

孩子到底喜欢不喜欢这个兴趣班，我们也要仔细分辨。有时孩子可能只是暂时遇到了困难，又不能很好地表达出来，只好用"不想学了""不喜欢了"来应付妈妈，但其实只是暂时失去了学习的动力，需要妈妈的引导和鼓励。

所以，如果孩子表现出对兴趣班的厌倦，妈妈不妨多观察和分析孩子，弄清他厌倦的原因。如果通过恰当的引导，让孩子重新喜欢上兴趣课，自然不错；如果孩子真的对这个兴趣班失去了兴趣，妈妈也不必强迫，让孩子放弃也未尝不可。

学习计划，让孩子远离"杂乱无章"

俗话说："凡事预则立，不预则废。"学习同样如此。一个人在学习时有计划、有目标，就可以对整个学习过程的目的、内容、方法、时间安排等做到心中有数，从而排除外界干扰，远离"杂乱无章"，将学习变成一件有条不紊的事来高效完成。

德国人非常注重做事的计划性。在教育孩子方面，他们也十分注意引导孩子做事讲究计划。比如，一个孩子对妈妈说："妈妈，我周末想去郊游。"他的妈妈不会直接回答"好"或"不好"，而是会问孩子："你的郊游计划呢？你跟谁一起去？想去什么地方？怎么去？需要带什么东西？"如果孩子说："对不起妈妈，我还没想好。"妈妈就会接着说："没想好的事情就先不要说。如果想去，就必须有计划。"所以德国人不管做事还是学习，一向都以严谨著称，而且做事或学习之前通常也都会有详细周密的计划。

可是，我们身边的许多孩子在学习时往往会很盲目，没有计划、没有目标，经常凭借自己的兴趣和心情学习。兴趣浓、心情好时，就多学点；否则就把书本扔到一边不理不睬。结果可想而知，孩子既缺乏学习的兴趣，又缺乏学习的积极性，成绩自然也忽高忽低。虽然妈妈也经常耳提面命地教育孩子，可孩子对妈妈的督促常常是左耳进右耳出，很难按照妈妈的要求去学习。

其实，这就是因为孩子缺少一个科学的学习计划，致使学习毫无条理、毫无规划。针对这种情况，妈妈应根据孩子的实际情况，协助孩子制订一个科学合理的学习计划，并监督孩子认真实施，这样才能帮孩子养成守时、有序、高效的学习习惯。

在帮助孩子制订学习计划时，妈妈应注意以下几点：

● 根据孩子的学习状况来制订

上三年级的婉婉最近学习毫无计划，作业也经常完不成。妈妈听说制订学习计划对孩子学习有好处，就帮婉婉制订了一份学习计划：早晨背英语，中午预习语文，晚上放学写作业，睡前练习写字……

看起来计划挺好，但有个大问题，就是没有事先了解孩子的学习状况、学习习惯等。妈妈不知道，婉婉最喜欢的学科是数学，而且喜欢在早晨做数学题，只有到晚上才去背她不太喜欢的英语单词，而现在的学习计划完全破坏了孩子原先的学习习惯，使孩子根本难以适应。再者，计划也不够具体和详细，没有规定具体的时间及具体的任务，这样的学习计划是很难发挥作用的。

因此，在为孩子制订学习计划时，妈妈一定要先了解一下孩子的学习情况，不要随意更改孩子已经形成的学习习惯。而且，学习计划还应具体、可行，保证每个环节、每个步骤的有效性，最好能对具体目标进行分解。

比如早饭前要背 10 个英语单词；上课前要阅读完两篇文章；晚饭后 1 小时内完成作业；等等。如果孩子现在的学习成绩平均为 70 分，也不能一下把学习目标确定在 90 分、100 分，而应设置为 70-75-80-85-90……这样才能让孩子不断体会到学习的乐趣和成功的快乐，从而不断追求进步，一步步接近目标。

此外，在制订学习计划时，妈妈也不要只看到学习而忽略了孩子的其他活动。简单地说，在孩子一天的作息表中，既要有学习、上课的时间，也要包括吃饭、睡觉、课外活动、参加一些娱乐的时间。一天的活动多样化，各种活动协调进行，孩子才能在学习时做到有张有弛，张弛有度。

● 监督孩子严格执行学习计划

学习计划制订好后，接下来就要让孩子执行了。在这个过程中，妈妈的监督和引导极其重要，因为孩子年纪小，很容易对学习计划失去新鲜感，千方百计地想要逃脱。这时，妈妈就要学会与孩子"斗智斗勇"，引导孩子回到计划中来，将学习计划坚持到底。唯有这样，这份计划才能实现它的真正价值。

比如，妈妈可以设立一定的奖惩措施，如果孩子每天都很好地执行了学习计划，就奖励一朵小红花。当小红花累积到一定数量，可以允许孩子用小红花换取一样自己喜欢的物品，如一本书、一个心仪的玩具或者一次出游活动等，让孩子知道，只要认真执行学习计划，不但能完成学习任务，还有一定的奖励，从而增加学习的积极性。

当然，如果孩子没有很好地执行当天的计划，也可以适当给予惩罚，如减少小红花的数量，这样，孩子就必须继续执行计划，才能再把小红花赚回来，否则，自己心仪的奖励就没有了。

妈妈也可根据孩子的实际情况，采取其他方法来监督孩子，帮助孩子把计划执行下去。不过，前提是不能强迫孩子，一定要在尊重孩子意愿的基础上执行，否则，一旦孩子产生厌烦情绪，就更不利于计划的顺利进行了。

● 抓住点滴进步，多为孩子加油打气

想让孩子坚持执行计划，就要多给他正面的、积极的肯定。有的妈妈说："我也想夸孩子呀，可我家孩子根本没什么可夸的，全是缺点。"

事实上，不管孩子平时的学习成绩多糟糕，学习规划多么"杂乱无章"，他仍然有值得我们夸赞的地方。如果妈妈能看到一些小细节，及时鼓励、表扬孩子，就会强化孩子的正面行为，让孩子朝着我们期望的方向发展。

比如，你为孩子制订了学习计划，可孩子第一天就没能完成：作业没按时写完，单词没按时背熟……你很恼火，对吧？

请暂且忽略孩子那些让你生气的行为，找一找他今天表现好的地方，然后及时鼓励他，给孩子打打气。比如：

"你今天按计划预习了语文课文，表现不错哦！"

"你提前2分钟完成了复习，进步很大呀！"

"你今天的字写得很工整，妈妈希望你以后每天都能保持。"

"今天的数学作业中，你的解题步骤写得十分详细。"

……

这些虽然都是小进步，但相对于昨天仍然是在进步。只要孩子有进步，就证明学习计划是有效的，妈妈要及时肯定他的进步，让孩子看到自己努力的结果。妈妈也可以和孩子讨论讨论，问问他是怎么做到的，这么做时有什么感受……总之，哪怕是一点点的进步，妈妈也要及时抓住，给予强化和鼓励，这样才能使孩子学习的自觉性和积极性不断增强，从而愿意更加严格地执行学习计划，使学习不断进步。

培养阅读习惯，任何时候都不晚

阅读是一个被大家公认的好习惯，可以增长知识，提高学习能力和逻辑思维能力等。因此，引导孩子养成阅读的习惯，自然也成了很多妈妈要做的事情。

不过，有一位妈妈却说出了自己的担忧：

女儿刚出生时，家里居住面积小，东西又多，我跟先生平时又很忙，所以几乎没给她买过什么书，给她讲故事的时间更是少得可怜。现在女儿5岁了，对什么书都没兴趣，买了一些故事书给她讲，也是兴趣索然，听不了一会儿就离开了，说"没意思""不如看动画片"。我很后悔，怪自己没有早点教她看书，现在再培养她读书的习惯是不是太晚了？

这位妈妈的担忧可以理解，不论原来是否注重培养孩子的阅读习惯，至少现在知道阅读对于孩子来说是很重要的。但这位妈妈可以放心的是，培养孩子的阅读习惯，任何时候都不晚，只不过不同年龄段的孩子，在阅读习惯的培养上所需要的方法不同而已。

对于3岁前的孩子来说，要养成阅读习惯，关键在于妈妈要选对书籍。孩子小，不认识字，所以纯文字的书对他们的吸引力不大，那么妈妈在选书时，就不要选一些文字多的书，最好选一些画面色彩丰富、内容简单有趣的绘本，在给孩子讲时，他也容易理解和接受。

3 岁后，孩子的理解能力逐渐增强，这时妈妈可选一些文字稍多点的绘本给孩子讲，也可以在讲过几遍后，鼓励孩子看着图片给妈妈讲一讲。在这个过程中，即使孩子讲得不全，或有些与书中内容不符，也没关系，而要多给予孩子认可和鼓励，这样才能激发他的阅读热情，让孩子体会到阅读的快乐。

等孩子能认识一些字后，我们就鼓励孩子自己进行阅读。当然，让孩子自己阅读并不等于妈妈就可以撒手不管了。孩子要养成阅读习惯，并不是一蹴而就的事，既需要妈妈的正确引导，也需要妈妈帮助孩子不断地巩固。所以，妈妈还要在以下几方面多多努力：

● **放下手机，拿起书本，做好身教**

先看看下面几个情况，妈妈们中招了几个？

每天在家，多数时间手里拿着手机刷朋友圈、刷小视频、看电视剧，或者拿着"平板"玩游戏。

陪孩子玩时，也要时不时拿出手机点几下。

经常在工作、家务或比较累的时候，让孩子到一旁去玩手机或"平板"。

孩子拿着书过来，要求你讲故事时，敷衍搪塞孩子："自己先看。""妈妈忙着呢，一会儿给你讲啊！乖！"

每个孩子都具有超强的模仿力，妈妈的行为习惯，无形之中都会成为孩子模仿的对象。如果妈妈经常有以上这些习惯，却没有阅读的习惯，那么孩子也一定会模仿妈妈，不愿意读书。

要想让孩子爱上阅读，妈妈首先要爱上阅读，在陪伴孩子的时候，放下手机，拿起书本，给孩子做个好榜样。孩子看到妈妈读得津津有味，心里就会想：这书中到底有什么好玩的东西呢，妈妈会这么认真？于是也会模仿妈妈的样子，找本书来看。

同时，妈妈还要每天为孩子读书、讲故事，当孩子发现书中原来有这么多有趣的故事时，自然也会想要读更多的书。给孩子讲故事这个阶段非常重要，多年的研究显示：一个孩子听父母讲故事的时间长短，与他数年后的阅读水平有着很大的关系。而且当你在给孩子读故事的过程中，也能让孩子了解到更多的词汇，并能逐渐提高他的理解力、想象力和专注力。慢慢地，我们就可延长故事内容，为孩子读一些更复杂的故事，孩子的阅读习惯也会在这个过程中逐渐培养起来。

● 阅读不要急功近利，静待花开就可以

有的妈妈也很注重孩子的阅读，但总是过度关注效果。比如，看到孩子读完一本书后，立刻就要求孩子写个"读后感"出来，否则就认为孩子读书白读了。

不要把阅读变得这么功利化，何况阅读并不会在短期内看出什么明显效果来，不要认为陪孩子读的书多，孩子认识的字就一定多；也不要认为孩子读完几本书后，就一定能写出行云流水般的作文来。大量阅读的效果一般要在初高中后才能体现出一定的效果，比如孩子具有较强的写作能力、逻辑思维较强、表达能力不错等，这些都是孩子长期阅读所积累起来的技能。

所以，妈妈们不妨放平心态，要相信：只要耐心地引导孩子坚持阅读，总有一天会开出美丽的花朵。

● 阅读不怕晚，就怕不坚持

阅读在任何时候开始都可以，一些妈妈觉得自己在孩子小时候没能好好陪伴孩子阅读，担心现在晚了，孩子不能养成阅读习惯了。其实并非如此，任何一个好习惯，不管什么时候培养都不晚。有句话叫"朝闻道，夕死可矣"，意思是说，早晨明白的道理，哪怕晚上就死去，也是没有遗憾的。这句话用在孩子身上虽然不合适，但却是一样的道理。

不过，阅读习惯的养成不是一蹴而就的事，必须要坚持，才能有效，"三天打鱼，两天晒网"是不行的。有的妈妈觉得自己平时忙，没时间陪孩子看书，其实很多时候我们都能见缝插针，挤出时间陪孩子读书。比如在和孩子一起坐公交车时，就可随身带一本书，在车上和孩子一起读。或者带孩子外出吃饭时，也可带上一本书，在等待上菜的时间里，让孩子随手翻翻看。家里也可以专门为孩子准备出一块看书的场地，里面放上各种书籍，孩子学习或游戏的间隙，都可以去翻阅一下。

总之，只要妈妈掌握了相应的方法，并愿意耐心引导孩子，每个孩子都能爱上阅读。

提高专注力，妈妈可以这样做

9岁的萌萌是个活泼可爱的小女孩，可却有个毛病——专注力差。每次学习时，即使手里拿着笔，也经常做些与学习无关的事儿：抠抠指甲、转转铅笔、在草纸上画个小花……要不就起身在屋里转一圈，吃点零食，喝点酸奶……每次学习和写作业都要拖拉到很晚。妈妈为此颇为头疼，多次摆事实、讲道理，甚至也斥责过，可萌萌就是改不了。

相信不少妈妈都会像萌萌妈妈这样，因为孩子专注力差而苦恼，甚至认为自己的孩子天生就这样：多动，做事没耐心，专注力差。

虽然有些孩子的专注力的确不怎么好，但却不像一些妈妈说的那样，是天生的。回想一下，当我们的孩子还是个小婴儿时，他们对吃奶保持着巨大的热情和专注。再大一些，一个简单的玩具放在他们手中，他们都能专注地玩上十几分钟。这说明，孩子对他们感兴趣的事，总是能全身心地投入。

可为什么随着年龄的增长，专注力就变得越来越差了呢？究其原因，是由于孩子在成长过程中缺乏自主学习和自我成长的机会，且又受到了过多的干扰。

比如，在孩子很小的时候，可能一卷手纸都能撕上半天，可家长一看到孩子坐在那儿撕手纸，觉得孩子的做法很无聊，又弄得房间里到处都是碎纸，于是就过来打断他："宝宝，咱不撕纸了，看弄得多脏，妈妈陪你玩玩具吧。"孩子原本正专注地沉浸在自己的"工作"和探索之中，却忽然被妈妈打断了，那么专注力肯定就受到了影响。久而久之，孩子的专注力就会越来越差，做事也经常没耐心。

这样的孩子长大后，不但妈妈会因为他专注力差而烦恼，就连他自己，也会因为无法集中精力学习和做事而烦恼。所以，妈妈不但要从小保护孩子的专注力，而且一旦发现孩子专注力较差，还要及时纠正，耐心引导。

●慢养孩子，对孩子多一些耐心

有位妈妈就讲了自己培养孩子专注力时的一件事：

有一次，上小学的儿子从学校回来后，说科学老师留了作业，是一个小试验，要求儿子做这个小试验，然后把试验结果写到作业本上。儿子开始倒是兴致勃勃的，可试验开始后，捣鼓了半天也做不好，于是就有点沮丧，想要放弃了。

我观察了他一会儿，发现他的注意力已经越来越远离试验了，就跟他说："你知道吗？我听过一个秘密，说有的数字是有魔力的，比如 6，比如 8。所以，这个试验等你做到第 6 次、第 8 次的时候，魔力可能就会发挥作用，试验就会成功。你要不要试试？"

"啊？还有这样的说法？是真的吗？"儿子好奇地问。

"我也不确定哦！不过，你可以试一试，也许是真的呢！"我说。

儿子觉得很好玩，就真的一遍遍地试了。熟能生巧，尝试的次数多了，自然就成功了。

这位妈妈的做法真的很赞，她没有直接告诉孩子该怎么做，也没有指责孩子没耐心，而是用一个"小秘密"调动起孩子的好奇心，让孩子主动集中注意力去尝试。在不断尝试和不断探索的过程中，试验终于获得了成功。而在这个尝试的过程中，孩子的专注力就会全部集中在这件事上，不知不觉中，专注力就提高了。

所以，有时孩子看起来似乎漫不经心，不能专注地学习、做事，但其实他可能正在练习用自己的方法解决问题。这时妈妈要做的，就是给孩子一些时间，或者引导孩子一下。毕竟，专注力的提升不是一蹴而就的，而是一个循序渐进的过程。

● 从喜欢的事开始，训练孩子的专注力

每个孩子都有自己喜欢的事，如读故事、玩拼图、搭积木等，要提升孩子的专注力，妈妈就可以从孩子喜欢的这些事上着手，有意识地引导孩子，逐渐延长孩子专注于某件事的时间。

比如，有些孩子在搭积木时，经常搭到一半，就跑到一边玩别的去了。这时，妈妈就要想办法把孩子的专注力继续拉回到积木上，让孩子能在一项活动中多集中一些注意力。

孩子如果已经跑到一边，完全不再玩搭积木了，妈妈可以过来，假装用夸张的口吻说："啊，这是谁搭的高楼，怎么连顶都没有啊！这样的高楼怎么能住人呢？一下雨，雨水不都落到人家家里了吗？"

孩子一听妈妈的话，立刻就会把注意力重新拉回到积木上，看看自己搭的楼是不是真的像妈妈说的那样，没有顶，不能住人。这时，妈妈再引导孩子："你是不是应该把楼顶搭好啊，这样才能住人啊！不然，下雨天没人敢住，你的楼不就白搭了吗？"

孩子一想：妈妈说得对，我得把楼搭好才行。于是，就又会继续回来搭积木了。

等孩子搭好后，妈妈别忘了夸奖一下孩子和他的"作品"："哇，这个楼真高啊！楼顶都搭好了，看来住在里面的小朋友再也不怕下雨了。""你今天真棒，能自己坚持把楼搭完，真是个能干的'小工人'！"

妈妈要知道，训练孩子的专注力，不是强迫孩子必须专注于某件事多长时间。只有用喜欢的事慢慢引导孩子，根据孩子的实际状况来训练，才能逐渐提高孩子的专注力。

● 一分钟专项训练，让孩子更专注

美国东斯特劳兹堡大学的语言学教授斯特纳夫人，经常和女儿玩一个名叫"留神看"的游戏。每次母女二人在街上行走时，只要路过一个商店后，斯特纳夫人就会让女儿说出商店橱窗里面陈列的物品，说对的越多，得分越高。游戏虽然简单，却很好地锻炼了她女儿的专注力。因为女孩想要说出更多的物品，所以路过一个商店时，就必须非常认真地观察、记忆。

妈妈们也可以和孩子玩这个游戏，也可以自己改变一下，比如让孩子在规定时间内说出某些内容，或记忆某些数字等，以此来锻炼孩子的注意力。

有个训练叫"一分钟专项训练",妈妈们不妨试试。就是根据孩子的年龄段,为孩子准备一些汉字、单词或难度不同的计算题,然后为孩子规定一分钟的时限,让孩子照着字卡写汉字或单词,或者答题,看看孩子能在一分钟内写出多少个汉字或单词,或者能答对几道题。

这个玩法看起来简单,对孩子来说实施起来还是有一定难度的。孩子要想在一分钟内写出多个汉字或单词,或者答对更多的题,就要全身心地集中注意力才行。

妈妈也可以和孩子进行游戏比赛,当然一开始要让一让孩子,以此激发孩子的自信心。孩子想要赢,就会更认真地书写、计算。在一分钟内写出的单词或汉字越多、计算得越准确,说明孩子的注意力就越集中。

充分调动孩子的探索欲和求知欲

"妈妈,我是从哪里来的?"

"你是妈妈生的。"

"那妈妈是从哪里来的?"

"妈妈是妈妈的妈妈生的。"

"那妈妈的妈妈……"

经常陪伴孩子的妈妈,应该经常会被孩子一些奇奇怪怪的问题而问得不知如何回答吧?有时甚至会感到厌烦,于是便粗暴地拒绝孩子。事实上,孩子有这么多问题,不过是因为他们对大千世界充满了好奇,渴望通过自己去探索世界。而妈妈是他们最亲的人,所以他们弄不懂的问题,就会向妈妈求助。

面对五彩缤纷的世界，孩子都是具有好奇心的。从对世界的一无所知到逐步认识，探索和求知就是孩子认识世界的开始。就像苏联教育家苏霍姆林斯基所说的那样："在儿童的心灵深处，都有一种根深蒂固的需要，就是希望自己是一个发现者、探索者和成功者。"在我们大人眼中看起来平淡无奇的事物，在孩子看来却都是神奇而不可思议的。因此，他们也会经常提出很多个"为什么"：天上为什么有云朵？飞机为什么不会掉下来？月亮为什么会跟着我走？花儿为什么有很多种颜色？树叶为什么会变黄？……

面对孩子不停提出的问题，很多妈妈会感到措手不及。尤其是一些无厘头的问题，更是让妈妈不知如何回答，有时实在回答不上来，只好敷衍了事，或责怪孩子话多、无聊，结果呢，打击了孩子的好奇心，扼杀了孩子的探索欲和求知欲。

其实，孩子的问题越多，说明他思考得越多。经常向妈妈提出问题，也是孩子有洞察力、想象力和创造力的表现。对此，智慧的妈妈都会耐心回答，积极引导，这样不但能丰富孩子的知识面，还能促使孩子更加深入地进行探索和思考。

所以，面对孩子的问题，妈妈不但不能厌烦，还要尽最大努力帮助孩子，保护孩子的探索欲和求知欲，并因势利导，调动孩子向更高层次思考、探索、发展的积极性。

●鼓励孩子多提问题

有些妈妈说孩子提问题，一提起来就没完没了，而且"经常提些无厘头的问题，都不知道该怎么回答"。研究表明，在教育孩子时一个最重要的教育方法，就是鼓励孩子提问题。有些妈妈，孩子一回到家里，就会问："今天你在课堂上提问了吗？"而有些妈妈在孩子放学回家后，第一个问题通常是："今天考试得多少分？全班最高分多少？""老师今天留了什么作业？"教育专家认为，善于提问比分数更能反映孩子的思维能力、理解能力和聪明程度等。

6岁的小睿从两岁多刚会说话开始，就经常问"这是什么""那是什么"，每次，妈妈都很耐心地告诉他，不管他是否能听懂。后来，妈妈惊喜地发现，当小睿在问完"这是什么"后，紧接着又会问一句"为什么是这样"。这说明，小睿开始思考了。妈妈为此感到很高兴，因此在小睿问完"为什么"后，妈妈都会在大脑中快速地搜索答案，然后用小睿能理解的话语解释出来。如果实在想不出答案，就会说："这个问题妈妈也不知道，咱们一起来查查书吧。"然后一起去查阅有关书籍。

后来，妈妈也学着小睿的口吻，经常向小睿提问："为什么这样啊？"刚开始小睿不会回答，妈妈就帮他回答，然后问："是不是这样呢？"小睿会使劲儿地点点头。慢慢地，小睿也能自己回答一些问题了，如果回答对了，妈妈就会伸出大拇指，表扬小睿："说得很对。你真棒！"

在妈妈的培养下，小睿养成了爱提问的习惯，变得越来越好学了。

心理学研究表明，敢于和善于质疑的孩子，通常能打破传统的、固定的、消极的思维定式。他们不迷信、不盲从权威，敢于向传统挑战，因而也更富有学习性和创造性。所以，面对脑袋中充满了"十万个为什么"的孩子，妈妈们请一定要理解，并耐心启发，将孩子的好奇心转移到善于分析和积极思考方面上，推动孩子的学习和求知欲。

●宽容孩子因探索而引起的破坏行为

孩子在探索时，由于年幼无知，经常会导致一些破坏性行为的发生。比如，有的孩子想看看长在地上的花埋在土里的根什么样，就把家里养得好好的花连根拔起；有的孩子想给鱼缸里的小鱼洗澡，就用肥皂搓揉小金鱼，导致小金鱼全部死去。更有一些所谓的"熊孩子"，想看火是怎么燃烧的，就打开厨房里的燃气，把纸张、塑料袋等放在上面烧……

对于孩子的这些破坏性行为，很多妈妈忍无可忍，于是对孩子一通斥责，严重的甚至会暴揍孩子一顿。但其实，孩子只是因为好奇，想弄个究竟，并非刻意去破坏或伤害什么。所以，妈妈最好不要责备孩子，而应给孩子认真讲解：花的根部是什么样，小鱼为何不用洗澡，火为什么危险，等等。这样不仅满足了孩子的好奇心，还帮助孩子学到更多的知识。

●多为孩子提供一些动手、动脑的机会

在培养孩子过程中，妈妈不但要保护孩子的好奇心和探索欲望，还要创造机会，培养和发展孩子的这种能力。根据孩子模仿性强、想象力丰富、爱玩爱动的特点，妈妈可以为他们准备一些工具，如小锤子、小剪刀、胶布、纸箱等，鼓励他们充分调动自己的感官，通过观察和想象，自己动手、动脑制作一些小东西，让孩子体验自己动手搞创造发明的乐趣。

有位妈妈，在这点上就做得很好。一次，她5岁的女儿用彩笔在纸上画了一个类似电视机的图形，还得意扬扬地给妈妈看，向妈妈解释说："妈妈，这个是外星人的家。你看，这个是外星人的沙发；这个是外星人的电视；还有这个，是外星人的玩具车……"

在大人看来，上面就是一个长方形，里面胡乱画着几个线条，根本不像什么沙发、电视，可这位妈妈却仍然故作惊讶地说："哇，你画得真棒！外星人肯定特别喜欢你为他画的房子，不过，要是你动手给他们建造一个房子，他们肯定更开心。"

"那要怎么建造呢？"女儿问。

于是，妈妈给女儿找来一个大纸箱，又找来一些纸壳、旧玩具等，两人一起给外星人建起了房子……

在妈妈的赞叹和引导下，女儿的"创造欲"一直很强烈，甚至跑到书架上找来一本有关外星人的书，翻看外星人到底是什么样的，要"穿"什么衣服，"吃"什么东西，然后给外星人都"创造"出来。

这样的活动，对于孩子的动手能力、动脑能力等，都将起到很大的促进作用。孩子的好奇心、探索欲和求知欲也会得到很大的满足。

第四章

好品质，引导
孩子领跑人生

责任心，是一个人对自身承担义务的自觉态度，这其中不仅包括对自己的责任，也有对他人和对社会的责任。对于未来不断要与他人交往，并最终走向社会的孩子来说，责任心更是一种必备的品质。

宽容，让孩子一生更快乐

某个青少年研究中心，曾对中小学生进行了一次抽样问卷调查。其中，有一道题目是这样的："当你讨厌的同学需要你的帮助时，而且你有能力帮助他，你会帮他吗？"在回答这个问题时，表示愿意的小学生、中学生和高中生分别为 59%、41% 和 37%。从这一结果可以看出，虽然仍有不少孩子对于他人的求助表示愿意提供帮助，但表示愿意帮助别人的人数却是递减的。

同时，在这一调查中还有另外一个问题："对于过去欺负过你或严重伤害过你的人，你会怎么办？"这个问题的答案中，只有 30% 的孩子表示会原谅对方，有近 24% 的孩子表示很难原谅或绝对不会原谅，其余的孩子则表示：自己会原谅，但不会忘记。从这个结果可以看出，能够主动宽容、谅解别人的孩子非常少。

虽然我们不能要求孩子一定要帮助自己不喜欢的人，或者一定要原谅曾经伤害过自己的人，但我们要强调的是：宽容是一种美好的品质。

对于孩子来说，宽容不仅是一种待人的准则，还能维护心理的健康，能让孩子的一生更加轻松、快乐。所以，在平时的教育中，妈妈应有意识地引导孩子不要事事都斤斤计较，也不要总看到别人的不对。学会看到别人的优点，学会宽容和善待别人，反而更容易体会到快乐。

●要引导孩子换个角度看问题

有位妈妈，带着女儿去公园玩。公园有点远，所以母女俩就叫了辆出租车。因为出租车司机对路不太熟悉，就绕了一段路。等到公园门口后，妈妈付了账，准备下车，却发现这里离公园售票口还有一段距离呢，出租车司机便又往前开了一段。这位妈妈就又拿出两元钱给司机。

下车后，女儿不解地问："妈妈，您为什么又给他钱，他都给咱们绕路了。"

妈妈说："你没听他说自己刚干出租才几天吗？开出租挺不容易的。"

"那您就容易吗？"女儿还想争辩。

"开出租和我的工作不一样啊，他比我辛苦多了。"

女儿听完，不再说话了。

这位妈妈的做法很值得我们学习。她没有因为司机绕路而与其计较，反而还因为司机多送了一段路又付一次钱。在女儿提出异议后，她又耐心地给孩子解释，从而教育孩子要站在别人的角度，主动为别人着想，理解和宽容别人，尊重别人的劳动，而不应该事事都用金钱来衡量。

也许孩子当时并不一定能接受妈妈的做法，但在这种做事方式的熏陶下，相信孩子慢慢也会理解妈妈，并尝试像妈妈一样，换个角度看问题，学着理解和宽容别人。

其实，很多事如果站在不同的立场来看，得出的结论和获得的感受都是不一样的。如果我们只教孩子站在自己的立场看问题，孩子就会觉得别人都是错的，只有自己是最对；相反，如果在遇到问题时，我们能引导孩子学会"心理换位"，站在别人的立场思考一下，也许孩子就会看到别人更多的优点，也就更容易学会宽容。所谓"推己及人"，不就是这么个道理吗？

●在平时的生活中，要做好言传和身教

在日常生活中，孩子与妈妈在一起的时间最多，所以受妈妈的影响也最大。正因为如此，妈妈更要担任好孩子的"老师"这一职责，注意自己对孩子的言传身教，让孩子从一点一滴中学会宽容和善待别人。

比如，孩子在家里有时不小心损坏了东西，有些妈妈就会"得理不饶人"，责怪孩子怎么这么不小心。其实，孩子做错了事，也会感到很后悔和害怕，如果妈妈再不断指责，孩子就更难过了。相反，如果妈妈能和颜悦色地指出孩子的错误，对孩子表示理解，而不是气愤地指责和批评孩子，这样不仅能让孩子更深刻地理解自己的错误，还有助于改正错误，而且还能从妈妈身上学会宽容，懂得宽容的好处。

也就是说，当妈妈学会宽容孩子的过错后，孩子也会慢慢学着妈妈的样子，逐渐去宽容别人的过错，变得友善、热情。

当然，妈妈在对孩子进行宽容教育时，也不要刻意强求孩子，不要让孩子只会在表面上做样子。要知道，教育孩子不是为了给别人看，更不是搞形式主义。关键是要让孩子在生活中耳濡目染，慢慢体会其中的道理，然后能够发自内心地主动参与，这样才是真正的教育。

善良与爱心，让孩子感受付出的快乐

4岁的小西正在上幼儿园。有一天放学回家后，妈妈发现小西的胳膊上有个很深的牙印，明显是被人咬的，就忙问小西怎么回事。果然，是被班里一个小男孩咬的，但小西说了半天也没说明白，就说："我不让他咬的话，他会摔倒的。"

妈妈很心疼，忙给幼儿园老师打了个电话，才终于弄清楚事情的原委。原来，在幼儿园的游戏课上，小西和一个小男孩一起合力推小车上坡，小西不小心踩了男孩的脚一下，男孩很生气，举手就打了小西一把。小西一心想跟男孩合力推车，就没理会。男孩见状，更来劲儿了，低头又在小西的胳膊上狠狠地咬了一口。幸好被老师发现了，及时制止了男孩，但小西始终没有放开小车，忍着疼，红着眼睛，和男孩一起把小车推到了终点。

听完老师的话，妈妈又心疼又来气："你怎么那么笨呢？他打你，你不会跑开或者叫老师吗？怎么还傻乎乎地站着，让他再咬你一口呢？"

哪知小西却轻描淡写地说："我也想跑的，可如果我跑开了，就要松开小车，他自己推不上去，就会摔倒的。"

当你听到孩子说出这句话，内心会不会被深深地触动？孩子是多么纯真和善良啊！面对孩子的这份纯真和善良，我们又怎么忍心用成人的思维将其抹杀呢？

善良、爱心，是孩子身上自带的"闪光点"。只有这样的孩子，才会拥有诸如宽容、责任等更多优秀的品质，将来也更容易获得成功与幸福。面对孩子的善良和爱心，妈妈不仅不应去否定、抹杀，甚至要给予肯定与鼓励，让孩子一生都能保持着这一优秀品质，不要让这一美好的品质被自私、计较、报复所吞噬，使孩子从一个纯真、善良的孩子变成一个睚眦必报的人。

如果父母不懂得保护好孩子天生的善良与爱心，不仅会误导了孩子的人生，就连自己最终都可能会品尝到苦果。

●强化孩子的友善行为，保护孩子的善良与爱心

有时候，妈妈因为忙碌或其他原因，经常对孩子表现出来的爱心视而不见，甚至还会训斥一番，觉得孩子不懂事，结果无意中就把孩子的爱心扼杀在摇篮里了。

就比如这位妈妈，周末带着女儿去公园散步，在公园门口看到一个老奶奶正蹲在那里卖小鸡。女儿一看到几只可爱的小鸡在箱子里叽叽喳喳地叫着，非常喜欢，就下意识地伸手想摸一摸小鸡。结果，妈妈立刻大声叱责道："谁让你摸它了，那小鸡多脏啊！你难道看不到吗？"女儿吓得赶紧缩回手，原本一脸的高兴，很快就变成了"晴转多云"。

其实，孩子第一眼看到小鸡，纯真的内心里想的只有小鸡的可爱，因此才会满怀爱心地想要摸摸小鸡。而妈妈的一句呵斥，瞬间就浇灭了孩子的爱心，这时孩子再看小鸡，心里就可能会多出一种感受来：小鸡虽然可爱，可是它很脏。一只小鸡能有多脏呢？摸完回家洗手不就行了吗？哪至于动都不能动！

相反，此时妈妈如果换种方式教育孩子，效果可能就完全不一样了。比如，她可以对孩子说："小鸡好可爱，你想摸摸是不是？

没关系，想摸就摸一下吧，它们看起来的确又有趣又可爱。不过，你回家要把手洗干净哦！"

这样一来，孩子的爱心和友善就会得到保护和强化，也会很自然地展现出自己的爱心。同时，孩子也能理解妈妈让自己回家后洗手的意思，知道小鸡可能不那么卫生。自己的友善得到了妈妈的认可和鼓励，孩子内心也会充满愉悦，以后表现出同样行为的次数也会越来越多。

●鼓励孩子学会关爱身边的人

想让孩子身上的"闪光点"一直发出光泽，妈妈就要从孩子很小的时候开始，既要有意识地保护他的善良和爱心，也要引导他学会正确地展现自己的善良与爱心。比如，当家里新买了水果或糕点时，妈妈就让孩子先把水果和糕点拿一点给家里的长辈，如爷爷奶奶、姥姥姥姥等，让孩子懂得关心和礼让长辈。慢慢地，孩子就会形成习惯，也就不会只顾着自己的饥饱和喜好了。

平日里也可引导孩子多关心他人，如同学遇到了困难，鼓励孩子去帮一帮；路边碰到了乞丐，不妨也鼓励孩子伸出手，帮对方一把。这点可能有些妈妈会有疑问，觉得大街上很多乞丐都是假的，是好人装成乞丐故意向人要钱的。如果孩子帮助了他，不就是纵容假乞丐的恶行了吗？

对此，我们也可以灵活应对。如果孩子看乞丐可怜，想给点钱，即使妈妈觉得这个乞丐很可能是假的，为了保护孩子纯真的心灵，不让孩子纯真的感情受到伤害，最好别阻止孩子。孩子的成长是个自然而漫长的过程，作为妈妈，我们不应该把自己的经验强加给孩子。就算孩子给钱的乞丐是假的，孩子也不会因为这一件事就变得盲目，等慢慢长大后，他也能学会辨别哪些是真、哪些是假，而不一定非要妈妈过早给他灌输这种思想。

妈妈千万不要小看这些平常的小事，如果孩子能够不间断地去做，他自然会在付出中体会到他人的需要。那么，在他人需要帮助的时候，付出自己的爱心就成为理所当然的事情了。

责任，敢于大声说"对不起"

责任心，是一个人对自身承担义务的自觉态度，这其中不仅包括对自己的责任，也有对他人和对社会的责任。对于未来不断要与他人交往，并最终走向社会的孩子来说，责任心更是一种必备的品质。

在生活中，有一类小朋友，他们有一个统一的称呼——熊孩子。在我们生活中，熊孩子无处不在，不是在闯祸，就是在闯祸的路上。这些熊孩子最大的缺点就是，明明做错了事，还一副满不在乎的样子。

究其根本，我们会发现，生活中熊孩子的妈妈在面对孩子的错误时，经常用"他还是个孩子""他还不懂事"等借口，纵容孩子逃避责任。

的确，孩子偶尔犯一些小错误是可以原谅的，但有些错误却是不能纵容，必须道歉的。

作为妈妈，我们都希望自己的孩子是一个有责任感，能够对自己负责的人，因为这样的孩子长大后才能更好地融入社会，被周围的人所接受。既然这样，我们就要从小培养孩子的责任心。

孩子犯错不可怕，要敢于让孩子承担错误，敢于让孩子大声地说"对不起"，这样才能让孩子真正认识到自己的错误，懂得"一人做事一人当"的道理。

● 犯错后，要引导孩子自己去道歉

孩子在成长的过程中，肯定是大错小错都少不了。一旦孩子犯错，一些妈妈出于面子或"护犊子"的心理，张口就否认孩子的错误："我的孩子不会这样做的。""我的孩子这么小，懂什么？即使做了，也不是故意的。"殊不知，正是因为妈妈的这种态度，孩子才会对犯错有恃无恐，以后更会变本加厉。

还有些妈妈，也知道孩子错了，但却不让孩子去道歉，而是自己去替孩子道歉："哎呀，对不起，小孩子不懂事，您别生气！""他就是个孩子，您大人有大量，别跟他计较！""都是我教育得不好，给您惹麻烦了！"如果孩子只是个两三岁的幼儿，还没有是非之心，妈妈出面道歉倒也无可非议；但若孩子已经能够明辨是非，妈妈还替孩子道歉，那么培养出来的孩子也难以具有责任心，以后也就是个只会遇事逃避责任的懦夫而已。

妈妈必须明白：孩子犯了错，就要让他悔过自省，向人致歉，这正是培养孩子责任心的一个良好机会。而且要让孩子自己去道歉，这样才能让他更深刻地认识到自己的错误。

作为妈妈，我们应时刻牢记，孩子是个独立的人，我们不能将孩子看成是自己的"面子"，更不能总是"护犊子"。你爱子心切可以理解，但经常包庇他的错误，却是在害孩子。试想一下，几十年后，孩子走上社会后犯了大错，你还能护住他吗？还能包庇他吗？

孩子需要通过错误而成长，也需要妈妈的帮助，而不是包庇、纵容。

●不要给孩子任何找借口的机会

9岁的蕊蕊期末考试没考好，回家后就开始对妈妈抱怨："都怪那个数学老师，讲课太快了，我根本跟不上！""语文老师也不行，每天留那么多作业，我根本没时间复习！"……

妈妈在一旁静静地听着，等蕊蕊好不容易抱怨完后，妈妈平静地问她："那几个成绩比你好的同学，是跟你一起上课的吗？"

"当然是啊，不然怎么上？"蕊蕊随口回答道。

"那他们的成绩为什么会好？不都是同一个老师讲课，同一个老师留的作业吗？"

"他们……"蕊蕊一时回答不上来了。

"蕊蕊，一次成绩没考好没有关系，"妈妈接着说，"但我们不能把没考好的责任推给老师，却不在自己身上找原因。你应该问问自己：'这次没考好，我有什么责任？'而不是老师怎样怎样了。"

是啊，考试没考好，怪老师讲课快、妈妈没辅导、同学打扰了我的学习、考卷太难……这些应该都是孩子的借口吧？如果妈妈任由孩子这样推卸责任，甚至还主动去帮孩子找借口，那孩子又怎么能懂得成绩不好，自己才是最有责任的呢？

所以，我们允许孩子不完美，但却不能允许孩子将自己这种"不完美"的责任全都推到别人身上。自己的问题，就要学会自己承担。学会发现自己身上的责任，才能成长为一个具有责任心的人。

●从小培养孩子的责任心

孩子的责任感，通常都是从他对某种具体事物产生喜爱开始的。比如，妈妈请他去为自己倒杯水，他很乐意；但如果是陌生人让他帮忙倒水，估计没有几个孩子会愿意做。对他喜欢的玩具，总是细心地收好；而对于那些不喜欢的，随便就扔到一边，不理不睬……这些，其实都是孩子最初的责任心的体现。他觉得自己有责任照顾妈妈，有责任爱护自己的玩具，所以也会很耐心、很细心。

再长大些，孩子会慢慢学会对自己说过的话、应该完成的任务负责，进而对自己的伙伴、自己的班级负责。这就是孩子的责任心慢慢养成的过程。

认识到这一规律，妈妈最好从孩子很小的时候就开始培养他的责任心，比如让他帮忙做一些力所能及的家务、收拾自己的房间、学会自己穿衣服鞋子、帮忙照顾家里的老人等。上学后，可引导他为集体做些事情，也可以和孩子一起参加一些社会实践活动。通过这些活动，孩子也会获得一些肯定性的评价，进而产生满足感和愉悦感，责任感也会更加强烈。

自信，告诉孩子"你能行"

7岁的越越的妈妈最近越来越焦虑了，因为她发现，越越在跟小朋友玩时，总是显得很缺乏自信。其实越越很喜欢和小朋友一起玩，对小朋友也很热情，为了能和别人一块儿玩，不计较任何条件，"只要你跟我一起玩就行，别的都是你说了算！"可越是这样，小朋友们就越不爱跟他玩，甚至还经常欺负他。

妈妈经常看着越越兴冲冲地去找小朋友玩，结果一会儿就沮丧地回来了，"妈妈，他们都不带我玩，我是不是一个坏孩子呀？"

妈妈觉得，越越在跟小伙伴玩时太没自信了，所以才会被欺负，所以就总是跟越越讲："你和别人玩时应该变得有自信和自尊才行，那样别人才不会欺负你！"但仍没什么用，越越仍旧一副"受气包"的样子。

有一句话叫"父母是孩子的容器"。当孩子觉得不安全时，哪怕感觉"天都要塌下来了"，他还能有最后的底气，就是"父母可以帮助我"。而社交挫败感，对于孩子来说就好比"天塌下来了"，孩子也急需父母的帮助。这时，如果妈妈比孩子还着急，劈头盖脸就说孩子一顿："怎么偏偏就不跟你玩，你自己不知道找找原因吗？""谁不跟你一起玩，妈妈去找他！"

妈妈的这种不稳定的情绪不仅不能解决问题，反而加重了孩子的挫败感和自卑心理，甚至会给自己贴上负面标签：我是不好的孩子，我是失败的，我是无能的。

其实，孩子跟小伙伴一起玩时总是显得很卑微，通常是由于缺乏自信。造成这种个性的原因，可能是因为平时在家里妈妈过于强势，降低了孩子的自信心和自尊心，产生了"我是不重要的"的感觉，做不到自重、自尊、自爱。当孩子跟小伙伴玩时，就会表现出在家中习惯了的服从感和自卑感，总是去讨好别人、迎合别人。

可是，孩子又本能地喜欢平等，喜欢有趣、会竞争、懂合作的伙伴，而不是一个唯唯诺诺的人，所以，越是自卑的、"不计较任何条件"的孩子，别人越是不喜欢他，不愿意跟他玩。唯一解决的方法，就是让孩子变得自信，内心认为"我能行"。

案例中，越越的妈妈也懂得这个道理，可是在引导孩子时却不是很到位。要让孩子变得自信，光讲道理是没用的，还应该从下面几方面耐心引导：

● 在孩子面前学会适当示弱

著名演员小陶虹曾参加过一期访谈节目，她在节目中讲述了自己的一则育儿趣事。陶虹的女儿小的时候，连小朋友都喜欢的搭积木都不想玩儿，小陶虹就猜测：是不是积木块儿太小了，女儿摆不上去？于是就买了大块的积木，可女儿还是不玩。

陶虹觉得奇怪，就仔细观察了几天，结果发现：女儿不是不想玩，而是因为妈妈玩得太好了，每次都搭得很高，自己却搭不成这样，就不肯玩了。

陶虹这才恍然大悟，原来是自己的行为伤害了孩子的自信。从那后，她搭积木时，就故意失败，搭着搭着，积木忽然就"塌"了，然后她发现，女儿的眼神噌一下就亮了，好像在说："原来妈妈也不行啊！"而陶虹还会故意沮丧地说："哎呀，我的积木又翻了！"结果，女儿显得很高兴，反而主动拿起积木，教妈妈怎么搭。

小陶虹的这种故意示弱的做法，其实就是在帮女儿建立和培养自信，可以说是非常智慧的。

在孩子看来，爸爸妈妈是非常强大的、是无所不能的，而自己虽然什么都想试试，可奈何能力有限，处处受挫。懂得孩子的这一心理，妈妈平时在做一些事时，就要学会适当示弱，然后鼓励孩子来给自己帮忙，通过这种方式努力给孩子传达"你能行""你的存在有价值"等重要的信念，让孩子增加自信。

●从日常生活中给孩子存储"自信"

想让孩子变得自信，最好的办法就是让孩子知道自己并不差。而且，这话从别人口中说出后，孩子会更加受用，他的"自信账户"就会多一笔"存款"。

所以，妈妈要学会看到孩子的优点，并经常肯定他的这些优点。比如，当妈妈看到孩子自己洗袜子时，就可以及时给予表扬和肯定："干得真不错，小袜子洗得比妈妈洗得都干净！"孩子一听妈妈这么说，心里就会很高兴，自信也会增加一分："哦，原来我不是什么都不行，你看，我能把袜子洗得很干净！"孩子获得了妈妈的肯定，"自信账户"就又增加收入了。当然，妈妈的表扬也要真诚、实事求是，不能过分夸张，如"哎呀，你最棒了！""你是最厉害的！"这样浮夸而又缺乏实际内容的表扬，只会引起孩子的不适。只有实实在在、一点一滴地增加孩子的自信"收入"，他的自信才会慢慢建立起来。

同时，妈妈也要注意，为了让孩子的"自信账户"不断增加收入，就要少让孩子"支取"他的"自信存款"，也就是少强调他的缺点。之所以如此，是因为孩子的内心比较脆弱，一旦被否定了，就会受到打击，就要从自己少得可怜的"自信存款"中支取一部分自信出来，孩子的自信就又少了一分。

●引导孩子学会自我激励

有些妈妈一看到孩子表现好，马上就奖励孩子一些物质的东西，如零食、玩具等，想用这种方式增强孩子的信心。但其实这种方式并不合适。要提升孩子的自信，物质奖励偶尔用一下可以，但更重要的，是要孩子学会自我激励。

自我激励是一种习惯内化的结果，孩子学会自我激励，就会不仅只重视爸爸妈妈的表扬或物质奖励，而且会更重视对自己努力的肯定，并能正确看待物质上的诱惑，不会为了获得物质奖励而刻意表现。孩子只有学会不断进行自我激励，才能更好地强化自己的自信行为。

要引导孩子学会自我激励，妈妈就要引导孩子多发现自己的优点。比如，孩子背课文时怎么都背不熟，很沮丧，那妈妈就可以告诉孩子："心理学家都说了，一个人的记忆力在大脑中的全部潜能都开发出来后，就能轻而易举地记住几十本书的内容。所以，你现在记不住也很正常，因为你还小，大脑潜能还没完全开发出来。"这样孩子的沮丧情绪就会有所缓解，不会因为自己背不熟课文而自责、难过了。

接着，妈妈再鼓励孩子说："不过，要想开发出大脑的全部潜能，我们就需要再加加油，妈妈相信你是可以做到的。"孩子获得了情绪的疏导和妈妈的鼓励，就会愿意继续背诵，那么他就已经迈出了自我激励的第一步。

而当孩子背诵完成后，妈妈也别忘了及时强化孩子的信心："你今天这么用功，真的很棒！""你通过努力把课文背得这么熟练，你一定为自己感到骄傲！"这种赞许就去除了妈妈的赞赏，而是更多地让孩子认识到自己的价值，强化孩子的自我意识。

勤奋，比天赋更重要

"王妍，你这次的考试成绩仍然不理想。照这样的成绩，你升初中都有难度。"这是半年前班主任老师对王妍的评价。

不管是学习还是做事，王妍总比其他孩子慢半拍，为此，她的妈妈也很苦恼，生怕平时老师讲课快，孩子跟不上。不过，好在王妍很勤奋刻苦，平时听课时，虽然经常听不懂，但下课后，同学们都出去玩了，她就拿着笔记到老师的办公室请教。老师也很喜欢这个努力的孩子，所以每次都很耐心地给她讲解，直到她听懂为止。

平时写作业时，遇到不会的题，王妍就先放下作业，然后把老师讲过的内容重新复习一遍。慢慢地，不会做的题她也能"搞定"了，虽然每天写作业都要写到很晚。

看到王妍这么努力，妈妈虽然心疼，却也很欣慰，同时也经常陪伴王妍学习，给王妍加油打气："你这么好学和努力，妈妈相信，你一定可以顺利地升入重点中学！"王妍听了妈妈的话，学习的劲头更足了。

果然，"功夫不负有心人"，王妍最终以优异的成绩升入了当地的重点中学，开始了新的旅程。

很多妈妈都会为自己孩子的智商担心，害怕孩子不够聪明，又缺乏天赋，在学校学习跟不上，然而一个有远见的妈妈，会更在意孩子是否勤奋、努力。因为聪明、有天赋可以解决一时的难题，满足一时之需，但要想取得更多的成就，就必须具备勤奋、努力、坚持这些优秀的品质。我们经常听说某某凭借不懈的努力和勤奋好学等，取得了不凡的成就，却很少听闻某某只靠聪明、智商高就获得成功的。

因此，妈妈在培养孩子的品质时，一定别忽略了孩子的勤奋、努力。你的孩子聪明、智商高、有天赋，这的确令人高兴，但更令人高兴的，应该是这个聪明、智商高、有天赋的孩子，同样具备勤奋、努力等优秀的品质。要知道，勤奋是比天赋和智商更重要的一种品质。

● 要做个正确的"引路人"

妈妈是孩子的第一任老师，也是最重要的一个老师，所以在教育孩子的路上，一定要做个合格的"引路人"。有些妈妈，最喜欢听别人说自己的孩子聪明，不仅如此，还喜欢四处炫耀自己的孩子：

"我儿子英语说得特别棒！其实平时他都不怎么学，昨天我还说他呢，光知道贪玩儿！"

"我女儿上周刚刚拿了钢琴比赛冠军，还要学小提琴呢，这孩子就喜欢音乐！"

"我女儿的画也被拿去参加比赛了，老师说她特别有天赋！随她吧，反正我都支持。"

……

这些话题，很多妈妈应该都"参与"过吧？当别人露出赞许和羡慕的眼神时，尽管嘴上说着谦虚的话，其实心里早就乐开了花！

平心而论，当妈妈们兴奋地向别人炫耀自己的孩子时，究竟是在赞美孩子什么？智商？天赋？还是勤奋、努力？我想多少妈妈都是在炫耀孩子的聪明、天赋、智商高，恐怕没有几个妈妈会说"我的孩子靠勤奋拿到了××比赛冠军"，因为这通常意味着孩子"聪明不够，勤劳来凑"，偶尔拿个什么奖，也是"瞎猫碰到个死耗子"，碰巧占了个便宜而已。没有几个妈妈愿意别人这样想自己的孩子吧？

其实，妈妈具有这样的观念是错误的，因为你只看重孩子的智慧和天赋，却忽略了任何成就和成功都离不开勤奋的道理。而具有这种观念的妈妈，还会给孩子传递一种错误的理念：聪明、智商高、有天赋，就能有所成就，你要成为这样的人。至于勤奋，那是"笨鸟先飞"不得已而为之的做法。

而孩子为了成为妈妈眼中"能有所成就"的人，也会随时"展露"自己的智商和天赋，因为这样妈妈看了才会高兴啊！可是，妈妈们可能没想过，没有勤奋和努力作基础的聪明，顶多只是"小聪明"。这样的孩子，头脑可能比较灵活，但却不踏实，学习、做事都喜欢走捷径、投机取巧。甚至，还很瞧不上那些靠努力、勤奋获得好成绩的人，最终变得眼高手低、一事无成。

● 多表扬孩子的努力和勤奋，而不是聪明

妈妈都喜欢自己的孩子聪明、智商高，并且会为孩子拥有这一特质而备感高兴甚至自豪。孩子自己也喜欢别人夸他聪明，甚至有些孩子为了在同伴面前展示自己的聪明，平时故意装作不努力学习的样子，回家后却拼命学习，以此来证明自己的好成绩是靠聪明、智商高得来的。结果，很多孩子都形成一种错觉，认为只有聪明、智商高最重要，不仅能使自己取得好成绩，学东西还会很快，不需要任何的努力就能取得好成绩。

其实，现在孩子的智商普遍都不低，但要取得好成绩，光靠智商是远远不够的，还必须要勤奋和努力才行。因为大家的智商都差不多，你的孩子不勤奋、不努力，光靠吃智商的"老本儿"，偶尔拿个好成绩还有可能。但如果其他与你的孩子智商相当的孩子很努力，那么你的孩子想一直拿好成绩，恐怕就没那么容易了。不是有这么一句话嘛："世界上最可怕的事，是比你聪明的人，却比你还要勤奋、努力。"

孩子聪明、智商高是好事，但妈妈们千万别把这件"好事"办成了"坏事"。孩子需要妈妈的鼓励和表扬，而聪明的妈妈在鼓励和表扬孩子时，应多表扬孩子的勤奋、努力，而不是他的聪明。这两种不同的表扬方法，对孩子的影响也是完全不同的。

同样是成绩优秀的两个孩子，如果一个经常被夸聪明，而另一个经常被夸勤劳、努力，一段时间后，两人就会出现截然不同的变化。被夸聪明的孩子，以为自己的成绩是由于聪明获得的，一旦遇到挫折，就可能丧失信心，甚至对自己的智商产生怀疑；而另一个被夸勤奋、努力的孩子，即使遇到了困难，也会想："我应该再努力一下。"并争取在学习中取得更好的成绩。

每一位妈妈对自己的孩子都有着最美好的期许，从孩子诞生那天起，就开始在心中设想孩子的精彩未来。只是，现实与梦想永远都是有差距的。所以，不论你的孩子聪明还是平凡，是具有天赋还是资质平平，妈妈都要引导孩子养成勤奋、努力的好习惯，然后再考虑如何发挥孩子的天赋和智商，让孩子去涂画自己最精彩的人生。

第五章

走进孩子的内心，
妈妈会说更要会听

教导孩子不在话多，而在于实际效果。对孩子的事，尽可能地坚持「只说一次」。如果要再次批评孩子，也可考虑换个角度、换种说法，而不是重复几句话。

"谆谆教诲"，也许只是烦人的唠叨

有位朋友，家里有两个孩子。每天早晨，她都要早早起来给两个孩子准备早餐，然后按时叫孩子们起床吃饭、上学。而一天的"战斗"，都是从这一刻开始的：

妈妈："起床啦，起床啦，看看都几点了，再不起一会儿就要迟到了！"

孩子："妈妈，让我再睡一会儿，五分钟！"

妈妈："怎么还不起来？怎么这么懒。赶快起床，洗脸吃饭，饭都要凉了！"

两个孩子极不情愿地、慢腾腾地从床上爬起来。然后，小的是小学生，一脸蒙圈，不知该先做哪一样；大的是初中生，一脸不耐烦，妈妈天天就这几句话，烦不烦！

好不容易两个孩子来到餐桌旁，"战场"也随之挪到了餐桌旁：

妈妈："看你们又起晚了，还磨蹭一个没完！赶快吃饭，不要先吃菜，要先喝汤，汤能滋润肠胃。哎呀都说了先喝汤，放下菜，先喝汤，快点！绿色蔬菜也得吃，还有鸡蛋，鸡蛋别忘了……"

两个孩子在妈妈所谓的"谆谆教诲"中，终于起身准备去上学了，"战场"又挪到了门口：

妈妈："快穿衣服，穿这件吧，这件暖和，今天降温了。对了，到学校要好好学习，不要跟同学吵架，不要跟坏孩子一起玩，也不要总搭讪女孩子。今天的作业早点写完，回来就可以复习明天的功课了……"

……

　　每天，这位朋友都是在这种唠唠叨叨中把孩子送走、迎回的。每天的情况都大同小异，有关心、有鼓励、有批评、有诉苦、有指导、有教育，可随着孩子们一天天长大，她却发现，孩子从最初对自己的言听计从，慢慢变得不那么听话了，甚至嫌弃自己唠叨。大儿子就不必说了，对她的话总是一副不耐烦的样子，就连刚上小学的小儿子，也开始动不动就说"妈妈话真多""妈妈你别说了"。这让朋友很伤心："我每天关心他俩的衣食住行，对他们苦口婆心进行教育，从来都不打不骂，怎么他们就看不到我的苦心呢？怎么一点都不知道体谅我呢？"

　　生活中这样的妈妈应该不在少数吧？可在伤心之余，妈妈们有没有回想一下自己小的时候，那时是不是也经常被自己的爸爸妈妈唠叨？那些爸爸妈妈每天不停在你耳边给你讲的道理，你可有心甘情愿地倾听、接受？别忘了，他们曾经对你也是"谆谆教诲"哦！

　　是的，我们不愿意，那现在又怎么能要求孩子必须听你的"谆谆教诲"呢？其实在孩子看来，这些所谓的"苦口婆心"，也许就是些惹人烦的唠叨而已，孩子对这些"唐僧式的教诲"大多也是左耳听、右耳冒了，真正听进去的没几句。

　　妈妈对孩子的唠叨，绝大多数都出于好心、出于爱，但凡事都是"过犹不及"，唠叨多了，原本善意的"谆谆教诲"，却变得不再那么让人喜欢了。所以，妈妈想要了解孩子，走进孩子的内心，应学会适当地控制自己的唠叨，换成其他的方法也许更有效。

● 妈妈应学会适当地闭嘴

爱唠叨的妈妈，唠叨的内容大体有三类：一类是对孩子的指导，比如该怎么穿衣服、吃什么有营养、该怎么玩才有趣……总之，几乎孩子的所有活动都参与进来，对孩子细致入微，不断地重复"指导"，生怕孩子做不好。

第二类是对孩子的教导，比如带孩子去博物馆，孩子明明只对里面的一两件东西感兴趣，而妈妈却非要孩子每样都看看："这里展品还有很多呢，你再好好看看。你看，这还有个模型呢，你应该好好研究研究。"孩子在看书，妈妈就在旁边不停地给孩子讲书中的道理："你看这只小松鼠多乖，最听爸爸妈妈的话了，从来不跟爸爸妈妈顶嘴。"

第三类是不断地对孩子表白，内容多是说孩子幸福，自己多疼爱孩子。比如做完早餐后，叫孩子吃早餐时，就会说："你看妈妈多爱你，一大早就给你做了这么丰富的早餐。"给孩子买了件衣服后，也会说："你这件衣服好几百呢，妈妈都不舍得买这么贵的衣服，你看你多幸福！"

妈妈的本意是希望孩子越来越好，能够体会到父母对他的爱，可孩子却根本不爱听妈妈的这些"教诲"。青春期的孩子暂且不提，就是上幼儿园、上小学的孩子，也不会心甘情愿地听妈妈的说教。只是孩子年纪小，表达能力差，还不会像青春期的孩子那样，直截了当地制止妈妈的唠叨罢了。不过，他们对妈妈的唠叨也有一套自己的应对办法，就是充耳不闻，不管妈妈说什么，他们都很少有反应，该做什么做什么，这其实已经是孩子的一种消极反抗了。

聪明的妈妈在教育孩子时，会适时地选择闭嘴。该让孩子承担的，自己尽量不参与，孩子做不好自然会受到相应的"惩罚"。比如早晨赖床就可能导致迟到，被老师批评，那么下次孩子就会记住这个教训。孩子出门穿少了，被冻感冒了，下次再出门他自然就会多穿点，无须妈妈在一旁提醒。

每个人都需要自己长大，也都需要学会为自己的行为负责，孩子很难懂得那些自己没经历过的事，所以不管妈妈怎样"谆谆教诲"，孩子没有亲身体会过，也难以得到教训。

●在教育孩子过程中，妈妈要学会"抓大放小"

孩子在成长过程中，有很多事情是要妈妈操心的：吃穿住行、学习习惯、身体健康等。但有不少事也不是那么重要的，随着孩子的逐渐长大，自然会慢慢改变。比如有的孩子吃饭慢，妈妈就忍受不了，就想让孩子快点吃，于是不停地在一旁唠叨："你吃得也太慢了，能不能快点吃啊！""你能一口多吃一点米饭吗？你看你，一粒一粒地吃，得吃到什么时候啊！"孩子嫌妈妈唠叨，放下筷子不吃了，妈妈又不答应了："你不吃饱怎么行呢？现在正是长身体的时候，不好好吃饭会营养不良的……"

妈妈不妨把精力放在孩子成长中的那些重要的事上，学会"抓大放小"。大的包括孩子的学习习惯、学习方法、人际交往能力、价值观等。至于生活中一些比较琐碎的小事，可以遵从孩子的成长规律，让孩子慢慢成长。

事实上，妈妈说得越多，孩子能听从的就越少，不仅如此，妈妈在孩子心目中的威信也会越来越低。与其如此，对那些可说可不说的，妈妈干脆不说；如果是同时几件事想跟孩子说，那就先拣最重要的事情说；如果是比较复杂的事情，就分步骤对孩子说，先从孩子最容易理解和接受的步骤开始，言简意赅，等这一步完成了，再说下一个步骤。不要眉毛胡子一把抓，想起什么说什么，反反复复唠叨个没完，最终好像说了许多，孩子真正听进去的却没几句，岂不是白白浪费感情和精力？

● 与孩子之间多些商量，少些命令

"赶快起床！"

"快点写作业，写完再玩！"

"赶紧走，不然要迟到了！"

......

大部分妈妈都习惯跟孩子这么交流吧？如果你也是，不妨换个角度想一想，如果有人每天也跟你这么说话，你愿意听吗？你愿意接受对方的命令吗？

著名家庭教育专家卢勤女士说："与其用命令的方式对孩子指东喝西，不如蹲下来好好与孩子说话。"

那上面的话，其实就可以换成这样的方式：

"宝贝，该起床喽，再不起床就变成小懒猪啦！"

"哇，这个东西蛮好玩啊！可惜时间不早了，乖孩子该去写作业了。要不你再玩5分钟就去写作业，写完了再玩，好吗？"

"宝贝准备好了的话就出门吧，不然恐怕要迟到了！"

用类似这样商量的口气代替命令来与孩子沟通，孩子感到了妈妈的尊重，也更愿意接受妈妈的建议。这要比妈妈重复的唠叨和命令更有教育效果。

当孩子不听话，或者不按要求做事时，往往也是妈妈最喜欢"教导"孩子的时候，但这种反复强调却更容易引起孩子的极度不耐烦甚至反抗情绪，形成"你不让我这样做，我偏这样做"的反抗心理和行为。

所以，妈妈要明白：教导孩子不在话多，而在于实际效果。对孩子的事，尽可能地坚持"只说一次"。如果要再次批评孩子，也可考虑换个角度、换种说法，而不是重复几句话。

不做"大法官"，尊重孩子的"话语权"

年仅12岁的小飞，已经离家出走好几次了。他这样讲述自己跟妈妈的关系："我跟我妈之间就无话可说，不管我说什么，或者想要表达什么想法，都得不到她的回应和理解。每次不等我把话说完，她就找出一堆的理由来反驳我，我觉得在她面前毫无话语权，只有听着的份儿！就像有一次，我说：'妈妈，我不想再上那个钢琴班了……'还没等我说完呢她立刻就大声说：'我每天这么辛苦地工作赚钱，不就是为了让你得到最好的教育吗？你竟然敢跟我说不去上钢琴班了！'我其实是想说，那个钢琴班换老师了，新老师总是骂人，我们班里好几个孩子都转走了。我那天很倒霉，因为弹错了几个音符，被骂了一顿，心情很不好，所以就跟妈妈商量商量，看看能不能也给我转到另一个班去，根本不是真的不想学了。可她根本不听我说完，还朝我大声嚷嚷，啊，我真是特别无奈！从那后，我再也不想跟她聊天了，有心事我就忍着，总比再被她骂一顿要好。"

生活中这样的例子并不少，很多妈妈在孩子眼里，就像一个"大法官"一样严厉、苛刻，因此孩子也总是把自己包裹得严严实实的，不愿或不敢向妈妈敞开心扉，哪怕遇到麻烦事，要么自己解决，要么找同学帮忙，要么干脆闷在心里。究其原因，还是因为妈妈没有尊重孩子的"话语权"，不懂得倾听孩子的心声，只要求孩子听自己的话，能让其感受到妈妈做的一切都是为他好就足够了。

然而，孩子虽小，却也是一个独立的人，有独立的人格和思想，也需要被尊重、被理解，更需要向人倾诉。如果孩子小时候不能获得这种满足，长大后就容易产生自卑心理，甚至多年都无法恢复。

所以，如果你是个"大法官"型的妈妈，只想自己说、孩子听就行了，那么现在最好改一改这种教育观念，把"话语权"还给孩子，自己则做个"听话"的妈妈。只有先学会听，了解了孩子的想法后，再去说，才更容易说到孩子的心坎上。

● 鼓励孩子勇敢地说出自己的烦恼和愿望

珊珊正在读三年级，平时乖巧懂事。一个周一的晚上，珊珊突然对妈妈说，大前天晚上，也就是周五晚上，她一个很好的朋友过生日，好多同学都去了，但她没去。周一那天上学后，大家就谈论那天过生日的事，她只能在一旁听着，感觉很难过。在向妈妈说这些时，珊珊都快哭了。妈妈忍不住问她："你怎么不去参加呢？是你的朋友没邀请你吗？"珊珊却说："不是的，她邀请我了。但妈妈您忘了吗？周五晚上我去上绘画课了。"

妈妈忽然想起来，是的，那天还是她陪孩子去的，于是又对孩子说："你怎么不跟妈妈说呢？好朋友邀请你了，你如果跟妈妈说，妈妈会帮你请假的。生日一年就一次，绘画课我们可以下次补上啊！"没想到珊珊说："可妈妈您不是说绘画课要坚持吗？您花那么多钱给我报名，我怕我说不去上课，您会生气……"

其实，孩子的心思非常细腻，有时看起来大大咧咧，却经常会想很多大人根本想不到的东西。比如案例中的珊珊，哪怕内心非常想去参加朋友的生日会，却因为担心妈妈生气而压抑着自己的愿望，然后遵照妈妈的想法，去正常上课。但她的内心是很煎熬的，所以后来还是忍不住跟妈妈说了。如果妈妈不能理解她的想法，而是借此对她"再教育"一番：是啊，不去就对了，小孩子搞什么生日会啊，好好学习才是正经事儿，以后这种聚会都不用去，没什么用……看似是想借此事教育孩子，结果却让孩子更加受伤，孩子内心的真正想法也没有得到妈妈的理解和认可。

以后再有类似的事，孩子也不会再跟妈妈说，因为说了也没用，反而惹来一通批评，何苦呢？这样一来，孩子心里真正的想法是什么，妈妈又怎么能知道呢？

聪明的妈妈会鼓励孩子说出自己的想法，哪怕一些意愿妈妈不同意，至少孩子勇敢地表达了自己的意愿和要求，妈妈也能弄清孩子真正所想，而不是彼此靠"猜"来沟通。

● 分清孩子的正常倾诉和恶意顶撞

随着孩子的长大，他们也有了自己的想法。在这个讲究个性化、独特性的时代，孩子的某些想法和观点经常会超出妈妈的承受范围，这时，如果妈妈仍一味地尊重、顺从孩子，有可能会让孩子有恃无恐，养成傲慢、不懂得尊重他人、过于以自我为中心的坏习惯。

比如，一位妈妈就讲了自己的经历：儿子凯凯上六年级，平时周末都由他自己安排，基本都是一些活动。但现在接近小升初考试了，他周末仍在玩，妈妈开始有点担忧了。

"凯凯，快考试了，周末不安排复习，怕是会影响考试吧？"

"不会的，我自己会安排。"

"我发现你最近数学作业出错很多，上周考试也不太理想，是不是得及时补救一下？"妈妈希望能说服他，把周末时间拿出一些来学习。

"都说了，我自己会安排，你能不能不要管我？"

"可你最近的成绩就是不太理想啊，这是事实，我觉得你还是应该拿出一些时间复习复习……"妈妈仍然不死心地说。

"拜托！这是我自己的事，你别再唠叨了，可以吗？"凯凯变得非常不耐烦。

……

此时，很多妈妈应该都会生气吧？原本是出于爱孩子，才耐心地提醒孩子，不想却遭到孩子顶撞，如果控制不住，接下来恐怕就是一场天翻地覆的"战争"。但这样最终只会伤己伤人，不但自己更恼火，孩子也会更加"捍卫"他的观点。因为孩子此时想到的只有他的委屈，或一心只想激怒妈妈，根本不跟你讲道理，妈妈多讲一句，他就顶撞一句。一来一往，孩子就可能更加肆无忌惮地说出难听的话。

这个时候妈妈千万不要再去跟孩子讲道理，试图说服孩子，更不要拿出自己"大法官"的威严去震慑孩子，这只会火上浇油，令孩子从"表达自己的意见"变成"恶意顶撞"。你只需表达自己的情绪，告诉孩子："我听到你说我'唠叨'两个字时，感到很难过。"其他不必多说。等孩子冷静下来后，他也会慢慢明白妈妈的用意。

这时，妈妈再平心静气地与孩子沟通，并尽可能地尊重他的想法，让孩子能学会对自己负责。妈妈这样做，恰恰是在尊重孩子的基础上，又不会完全顺从孩子的想法，令孩子恃宠而骄。

总之，妈妈要谨记：尊重孩子的"话语权"，允许孩子倾诉、辩驳，哪怕孩子错了，也不要认为孩子是在狡辩或强词夺理，而是让孩子说清事情真实的一面，这是每个人都拥有的权利，孩子也有，孩子也应该学会行使和维护这项权利。只是，在这个过程时，我们也要让孩子明白：在表达自己的意见时，不论有没有道理，都要注意自己的态度和用词，这是对别人、对父母最起码的尊重。

"听话"的孩子，就是完美的孩子吗？

"乖，要听妈妈的话。"

"你要听话，听话才是好孩子！"

"妈妈和老师都喜欢听话、懂事的孩子，所以你要乖乖听话才行。"

……

这样的话是不是很熟悉？几乎每个妈妈都对自己的孩子说过吧？

为了自己的孩子，妈妈都是掏心掏肺，做什么事首先想到的都是孩子，所以孩子听妈妈的话似乎也没什么不对。但对孩子来说，任何时候都懂事、听话，真的就能成为一个完美的孩子吗？

10岁的霖霖就是大家公认的听话懂事的孩子，不但成绩好，从不惹是生非，还特别懂得包容别人，对人也很有礼貌，所以亲戚朋友都很喜欢她，也经常夸她是好孩子。

有一次，霖霖过生日，有几个小朋友来霖霖家跟她一起过生日，大家玩得非常开心。临走时，有个小朋友忽然发现霖霖有一个特别漂亮的小背包正挂在门口玄关的衣架上，一下子就喜欢得不得了，转过身就问霖霖："霖霖，你这个包包太好看了，我好喜欢啊！可不可以送给我啊？"

"可是，这个是我表姐上周从国外带回来的，送给我的生日礼物……"霖霖有些为难地说。

"啊？可我真的好喜欢啊！要不下次我碰到好看的，再买一个回送给你好吗？"小朋友边说，边把小背包拿起来背到身上，在镜子前照来照去，越看越喜欢。

霖霖还是不太愿意。这一幕刚好被霖霖的妈妈看到了，妈妈马上对小朋友说："你喜欢就背着吧，下次我再让霖霖表姐给她买一个，好吧霖霖？"妈妈转过头看着霖霖，希望霖霖点头答应。

霖霖还是没点头，因为那个背包她真的很喜欢。自从表姐送给自己，她一次都没舍得背出去呢，现在却送给了别人。

"妈妈……"霖霖眼巴巴地望着妈妈，希望妈妈能帮她拒绝小朋友的要求。

"霖霖，听话，不就一个包嘛，妈妈下次给你买个更好看的。

乖，霖霖最懂事了！"

尽管一万个不愿意，可霖霖还是强忍着眼泪点了点头。小朋友兴高采烈地背着霖霖最爱的背包，飞出了霖霖的家门，门口只剩下满腹委屈的霖霖。

像霖霖这样"听话"的孩子，应该就是妈妈们心目中的"好孩子""完美孩子"吧？因为人们总认为"好孩子"都乖巧懂事、循规蹈矩，从不调皮捣蛋，事事为他人着想。培养这样的"完美孩子"也成为很多妈妈的目标。

但是，妈妈们有没有想过孩子的感受呢？当孩子听话懂事时，他真的是心甘情愿的吗？就算是心甘情愿的，那么这种"心甘情愿"对孩子的成长与人格发育是否有好处呢？

据统计，在人们公认的"好孩子"中，有超过十分之一的人存在"强迫症"症状。因为这类孩子面临的压力更大，妈妈和周围的亲朋好友、老师同学，对他们都寄予很高的期望，因而当他们步入社会，面对更复杂的人际关系时，就容易造成心理失衡，产生自卑、失落、焦虑、抑郁等心理问题，甚至出现心理疾病。

所以，听话的孩子并不是完美的孩子，而妈妈们也不应该要求自己的孩子完美。孩子不听话原本就是天性使然，如果过分要求孩子听话，反而是在压抑孩子的天性，这对孩子是一种很严重的伤害。

●要接纳孩子的不完美

著名心理学家武志红说："听话，是一场代代相传的骗局。"妈妈都希望自己的孩子完美得毫无缺点，但其实这是不现实的。

每个妈妈都希望自己的孩子是完美无缺的，然后却总是事与愿违，最好的永远都是"别人家的孩子"。这样的情况就像很多人总是幻想生活在远方，却忘了过好眼前的日子一样。总是把改变寄托在孩子身上，而对他们的当下不能接纳，这也是当代家长的普遍内伤。

其实，孩子再不听话、不完美，也是你的孩子。不论你对他多不满意，指责他、诋毁他，可能都不会让他的成绩提高一分，也不会让他因此就变得听话一点。相反，这样的对待只会给孩子带来更多的负能量，让他变得自卑、世故、缺乏主见，甚至为了讨好别人，一味地压抑自己的情绪。这样的孩子，内心又怎么能阳光、健康呢？即使以后走向社会，也会出现诸多的人际交往问题。

不要总用成人的标准去要求孩子，何况成人也有很多不足，所以，妈妈也应该承认自己孩子的不足，接纳孩子，允许他不听话、不完美，多去发现他的优点，并帮他把身上的优点发挥得淋漓尽致，由此让他变得自信、坚定，这样才是对孩子最好的爱。

●允许孩子说"不愿意"，让孩子学会拒绝

演员马伊琍有一次在直播中说，自己很后悔对女儿的管教太严格了，以至于女儿过于"懂事"，特别听话，特别好管，可实际上她的内心十分脆弱胆小。平时在家里，只要妈妈稍微大声一点说话，女儿马上就会道歉："对不起妈妈，我错了，我再也不敢了。"就算是跟朋友一起玩游戏，都是宁可委屈自己，也要让朋友赢，自己的心里话却不敢表达。

这让马伊琍很震惊，她开始反思自己的教育方式，并马上对女儿进行疏导。经过两个多月的努力，女儿才终于敢说出"我不愿意了"。

所有的有效教育，都起始于心灵的接触和互通。孩子在妈妈面前不听话，各种"作"，在某种程度上，恰恰说明这是对妈妈的一种信任和褒奖。因为他敢这么做，就说明和妈妈的关系很融洽，也相信妈妈能够接受他的"作"，而不用为了成为妈妈眼中的"好孩子"刻意隐藏自己的情绪。

著名的德国心理学家海查曾进行过一个验，结果发现：2～5岁有强烈反抗倾向的100名儿童中，到青年时有84%的人意志坚定、有主见，并有很强的独立分析、判断力能和作出决定的能力。而那些没有反抗和拒绝能力的100名儿童中，到青年时仅有26%的人意志坚定，其余的人遇事往往没有主见，甚至不能独立承担责任。

所以，无论原本就是个为迎合别人而从不敢表达自己想法的乖孩子，还是原本就是个"熊孩子"，为讨好别人不得不伪装自己，假装听话，都不是一个用心的妈妈真正希望看到的样子。不论在什么时候、什么场合下，都应允许孩子敢于表达他的意见，敢于顺应自己的内心说"不愿意"，敢于拒绝，这才是孩子成长过程中该有的样子。

妈妈少说多听，解决问题需要同理心

在一个冬天的早晨，一个犹太社区中心健身房外的走廊中，有个2岁多的男孩正趴在地上大哭。只见他两脚乱蹬，两手不断愤怒地拍打着地面，而他的妈妈却站在他身旁一言不发。不一会儿，妈妈放下手中的包，蹲在地上看着孩子；又过了一会儿，妈妈又坐下，后来索性也像孩子一样，趴在了地上，使自己的头能碰到儿子的头……

走廊里人来人往，大家都不知道发生了什么事，都小心地绕开这母子俩，而妈妈却仍然旁若无人地趴在那里。过了好一会儿，孩子逐渐平静下来，哭声渐渐小了，哭声也变成了对妈妈的耳语。最终，孩子站了起来，妈妈也站了起来，伸出手，孩子抓住妈妈的手，两人慢慢从走廊走了出去。

这是《一岁就上常青藤》这本书中讲述的发生在美国街头的一幕。整个过程中，妈妈既没有训斥孩子，也没有安慰孩子，而是专心地趴在地上，尽自己最大的努力，从孩子的角度来理解他哭闹的原因。正因为这一点点的努力，让孩子慢慢平静下来，自己主动起身，牵着妈妈的手，愉快地离开了。

可能你会感到不解：妈妈一句话都没说，孩子怎么就不哭不闹了呢？我想这位妈妈的法宝，应该就是她与孩子感同身受，站在孩子的角度，用同理心去理解孩子的感受。日常生活中，我们应该都有这样的感受：当我们被人理解后，内心会感到温暖，继而也愿意敞开心扉，畅所欲言；相反，当我们不被理解时，内心会感到委屈、孤独，什么都不想说，甚至想远离别人。

成人尚有这样的感受，何况情感脆弱、表达能力还没那么强的孩子呢？所以，在孩子遇到问题甚至犯错时，妈妈不要急着去帮孩子解决问题或指责、纠正孩子的错误，而应设身处地地站在孩子的角度考虑问题，并考虑他是否能够接受自己的意见或观点。

●要从孩子的角度与孩子进行交流

很多妈妈在跟孩子沟通时都感到头疼：孩子有心事不告诉你；孩子遇到困难，宁可找同学帮忙，也不跟你说；苦口婆心跟孩子讲道理，却被孩子当成耳旁风，甚至有时还让孩子厌烦、嫌弃；好心好意帮孩子出谋划策，孩子却毫不领情。这到底是为什么？孩子为什么对最爱自己的妈妈充满了敌意呢？

作为妈妈，如果你不懂得从孩子的角度与孩子进行交流，那么这种交流就一定会以失败告终。

有位妈妈，对自己12岁的儿子很是无奈：孩子迷恋游戏不能自拔，每天放学后，都偷偷跑到游戏厅玩，而妈妈也经常从游戏厅中把儿子揪回家。爱子心切的妈妈，恨铁不成钢，回家后就会劈头盖脸地训斥儿子一通，结果却毫无效果。孩子宁可被骂，也要偷偷去玩。

妈妈可能没有想过：孩子为什么会去玩游戏？怎么才能心甘情愿地接受妈妈的责骂呢？妈妈虽然是爱孩子的，但这种教育模式却会让孩子越来越逆反。

而另一位妈妈的做法就很有效果了。她首先想到，大人有时玩游戏都会上瘾，何况孩子呢！因此，虽然也对孩子沉迷游戏的状况担忧，但却没有喋喋不休地向孩子讲游戏的各种坏处，而是用孩子容易亲近的方式，如用儿童式的话语问孩子："今天手气如何？破纪录了没有？"通过这种方式，不但能了解孩子对游戏的沉迷程度，还可以让孩子放松警惕，主动说出自己玩游戏的过程、感受等。如孩子可能会兴致勃勃地回答："今天打了一万分！大吉大利，今晚吃鸡啊！"

这位妈妈的问话传递给孩子的，是妈妈没有将游戏视为洪水猛兽，而是对游戏也很好奇，所以孩子也愿意跟妈妈分享自己的"战果"：哇，妈妈，我打了一万分，第一名耶！因为有了"共同的爱好"，孩子也愿意跟妈妈沟通。这时，妈妈再适时地加入点自己的"说教"，孩子也就不会那么反感了。

与此同时，当妈妈努力从孩子的角度看问题，并传递给孩子一种平等的感觉后，孩子也会慢慢学着从妈妈的角度来看问题，这样，妈妈的想法、价值观等也才能更好地传递给孩子。

●先认同感受，再适当给出意见

做个善解人意、少说多听的妈妈，会让孩子感受到妈妈的爱与体贴，并且学会体谅孩子，这是一种很棒的教育方式。在跟孩子沟通时，妈妈一定要先理解孩子的感受，并做出相应的回应，千万不要对孩子的感受无动于衷。

当然，有的妈妈会说："孩子不好好学习，说了也不听。我是为他好才说他的啊，别人谁管他！"妈妈的初心虽然是好的，所说的话、所做的事也的的确确是为孩子好，但你考虑过孩子的感受吗？孩子在表达自己的感受时，你有没有认同或回应他的感受，并对他的感受进行分析呢？

孩子也需要理解，这也是妈妈与孩子交流最基本的起点。所以，当孩子表达自己的想法时，妈妈不妨先认真地听听孩子的话语和内心感受，并适当回应孩子"嗯，是的""是这样啊"；有些孩子因为年纪小，表达问题不清楚，妈妈也可以帮孩子理清思路，甚至帮他表述出自己的感受。当孩子听到妈妈的这些话语时，心里会很高兴，因为他们知道妈妈已经理解了他要表达的意思和他的内心感受。一旦妈妈拥有了对孩子的理解，就等于拥有了开启孩子内心世界的金钥匙，接下来再适当给孩子提一些意见或要求，孩子就不会那么抗拒了。

相反，如果孩子刚张开嘴说话，如"我不喜欢语文老师，今天他批评我了……"妈妈立刻打断孩子："老师批评你，肯定是你做得不对，不然怎么没批评别人，就批评你呢？"孩子一听妈妈这么说，很可能会为自己辩护，或对妈妈的话进行反驳，来表述自己被批评并不是因为自己做错事，而且心里也会很不高兴。如果妈妈说："嗯，被批评了，心里很难受吧？"然后再让孩子说说到底是怎么回事。孩子获得了妈妈的情感认同，也愿意跟妈妈说明事情原委，甚至还会主动说明自己错在了哪里。

其实，孩子有时在妈妈面前要求的并不多，也不是要听妈妈的一些结论性话语，只是希望妈妈能耐心地听听自己的感受，表示一下对自己的关注，这样孩子心里就会很满足了。而这一点，对妈妈来说，应该不是什么难事吧？

批评孩子也要讲究艺术

孩子在成长过程中，犯错误是不可避免的。但犯错不是坏事，而是孩子吸取教训和成长进步的重要途径。当孩子犯错时，妈妈的批评是不可或缺的重要教育方式。

　　但是，作为一个独立的、有自尊的个体，妈妈在批评孩子时，也需要讲究一定的艺术性和技巧性，这样对纠正孩子的错误才会有积极的促进作用。相反，缺乏艺术性和技巧的批评是可怕的，尤其是那种粗暴的、非打即骂的批评方式，给孩子造成的伤害远远大于帮助。

　　8岁的小唯和妈妈一起去超市购物，回来的路上，小唯想帮妈妈提购物袋，但袋里的东西有点重，里面还有一瓶玻璃瓶装的酱油。妈妈觉得小唯可能提不动，就提醒他说："要不我们俩一起提吧，我担心你提不动，把东西摔烂了。"但小唯很想帮妈妈的忙，就坚持自己提。结果走着走着，一个跟跄，小唯连同手里的袋子一起摔倒在地上，袋子里的酱油瓶也被摔碎了，酱油洒了一地。妈妈一看，不禁火上心头，就在马路上就大声训斥小唯："说你拿不动拿不动，还非逞能，你看看，这怎么办？连里面的东西都弄脏了！"小唯低着头一声不吭，难过得眼泪都快流出来了。

　　6岁的依依即将上幼儿园大班了。开学这天，幼儿园要求孩子们都穿校服，但依依喜欢穿自己漂亮的裙子，不喜欢校服，说什么都不肯穿。妈妈没办法，只好把校服偷偷塞到依依的书包里。等妈妈带着依依来到幼儿园时，看到所有孩子都整整齐齐地穿着校服，而依依鲜艳的裙子显得格格不入。依依有些后悔了，对妈妈说："妈妈，我应该听你的话穿校服。现在大家都穿校服，我穿裙子，大家会笑我的！要不，咱们回家吧！"妈妈听了，不但没有训斥她，还从书包里拿出校服说："妈妈想，你来到幼儿园后可能会改变主意，所以把校服给你带来了，要不要到教室里换上？"依依一看到校服，立刻拉着妈妈的手高兴地说："妈妈，你真好！"此后一到幼儿园要求穿校服的日子，妈妈都不用再为依依穿不穿校服的事操心了。

以上两位妈妈，在面对孩子犯错这件事上有着截然不同的态度，一个是当街批评孩子，让孩子既难堪又伤心；一个是用简单的一句话和实际行动帮助孩子纠正了错误，让孩子吸取了教训。不同的处理方式，引发不同的后果，试想一下，如果你是其中一位妈妈，会怎么批评孩子呢？

孩子年纪小，心智尚未健全，又缺乏生活经验，犯错误是再正常不过的事了。但妈妈的态度和处理方法，却决定了孩子事后是否能心甘情愿地吸取教训，改正错误。

● 不要当众批评孩子，让孩子难堪

妈妈们对自己的自尊心一般都很敏感，不喜欢被人当众批评。然而当孩子犯错后，一些妈妈完全不顾及孩子的面子，当众就批评指责孩子，甚至认为："小孩子懂什么面子不面子的！"

如果你也这么想，并且这么做过，那就大错特错了。孩子虽然年纪小，但同样有自尊心和羞愧感，被妈妈在大庭广众之下批评时，他的自尊心同样会受到伤害。

当众批评、责骂孩子，其实就像是在告诉大家："看啊，我的孩子多么糟糕！"这是在宣扬孩子的错误，更是在摧毁孩子的自尊。所以，聪明的妈妈在面对孩子的错误时，即使想批评孩子，纠正孩子的错误，也会在私下进行，给孩子留足面子。

那么，孩子在大庭广众之下犯了错，且又必须马上纠正时，妈妈难道要袖手旁观吗？当然不是，你可以试着用眼神、手势等向孩子暗示，让他知道他的行为是错误的，是妈妈不能接受的；也可以用冷处理的方式让孩子自己去解决，等没人时再跟孩子谈；或者直接把孩子带到没人的地方，问清孩子犯错的原因，再进行教育。

● 批评的是孩子的行为，而不是他的人格

有些妈妈在面对孩子不好好学习或犯错后屡教不改时，往往会气急败坏地说出一些很难听的话，如"你就是个废物，什么用都没有！""你有没有脑子？跟你说过无数遍了，还是改不了！"这些话妈妈说出来后倒是痛快了，可孩子可能会因此而变得自卑、懦弱。要知道，妈妈是孩子在这个世界上最亲近的人，如果连妈妈都看不起自己、否定自己，那么孩子肯定就认定自己是最差的、最没用的。这种否定对孩子的打击几乎是毁灭性的，尤其是对年幼的孩子来说。

任何人都会犯错，大人还经常错误不断呢，何况一个爱玩爱闹、对世界充满好奇的孩子呢！孩子犯错了，是他的行为失当，需要大人帮他纠正，但不代表他的人格有问题、有缺陷，所以诸如"自私""没用""龌龊""贪婪""霸道""无可救药"等贬义词，切忌在批评孩子时使用，这些都是有损孩子人格的。另外"你怎么越大越……""说过多少遍了，你还……""你已经不止一次犯同样的错误了，怎么就……""你看看人家谁谁，就不会……"之类的话，也不要用在孩子身上，同样会伤害孩子的自尊心。

在批评孩子的行为时，妈妈可以用提醒、启发代替指责和训斥，如对孩子说："虽然这次犯错了，但妈妈相信下次你一定可以改正错误。"这就会让孩子产生努力改正的动力；再如对孩子说："做错了也没关系，慢慢来！"这样用鼓励代替批评，不仅能调节孩子的紧张情绪，还能让孩子对自己更有信心。

●引导孩子努力弥补自己的过失

孩子阅历少、生活经验少，有时即使做错了事，可能也不知道到底错在了哪儿，该怎么纠正。这时，就需要妈妈耐心细致地告诉孩子错在什么地方，以及纠正错误的具体方法，从而引导孩子学会弥补自己的过失，下次不再犯同样的错误。

有位妈妈分享了自己和孩子的一件小事，对我们应该会有所启发：

有一次，妈妈误删了电脑中的一个重要文件，自己坐在电脑前生闷气。5岁的儿子宾果看到了，就走过来小心翼翼地问："妈妈，谁惹你生气了？"妈妈说："是我自己。"宾果很吃惊："你怎么会生自己的气呢？"妈妈对儿子的问话也感到很好奇，就问："难道你做错事时，不生自己的气吗？"儿子满不在乎地回答："不啊，我做错事时你都打过我了，我为什么还生气？"言外之意，妈妈打完后，这件事就算完了。

这句话开始让妈妈反思起来。是的，平时宾果做错事，妈妈说不了几句就会动手，以为揍一顿就能让孩子记住教训，不再犯同样的错。但妈妈忽略了一件事，就是没有给孩子反省和引导孩子改错的机会。孩子犯错，以为被妈妈打一顿就行了，根本没想过为什么会挨打，下次怎么做才不会错。事实上，事后也的确如妈妈所想的那样，孩子仍然经常在同一件事上犯错。

孩子毕竟是孩子，还没有能力很好地约束自己，我们不能总对孩子求全责备，而应帮他分析原因，并正确引导他努力弥补自己的过错。因此，从那以后，这位妈妈在儿子再犯错时，不再是简单粗暴地揍一顿了，而是耐心地帮他分析为什么错了、错在哪里，该怎样弥补过失、改正错误。

有一天，爸爸给宾果买了一辆变形玩具车，宾果爱不释手，谁知一不小心摔坏了。这让宾果很伤心，眼泪汪汪地望着妈妈，生怕妈妈又训自己一顿。妈妈知道，宾果不是故意的，于是就蹲下来，接过宾果手中的车，说道："哎呀，变形车出车祸了吧？掉了一个轱辘！"宾果小声地说："妈妈，我是不小心才摔坏的。"妈妈说："我知道你不是故意的。来，我们一起修修吧！"宾果见妈妈没生气，心情一下放松了，急忙跑前跑后地帮妈妈找胶水，不一会儿两人就把车修好了。宾果接过车，小声地说："我一定要小心一点，千万不能让它再摔坏了！"

第六章

管得越少，
孩子会越好

从孩子很小的时候开始，妈妈就应有意识地培养孩子的同理心，让孩子懂得「己所不欲，勿施于人」的道理，学会站在别人的角度看问题，遇到矛盾时，考虑一下对方的感受，懂得为对方着想，改变孩子「以自我为中心」的意识。

允许孩子自己处理与伙伴的矛盾

孩子从进入小学开始，便逐渐迈入了人际交往的关键时期。在这个时期，孩子之间逐渐变成了三个一群、五个一伙的小团体，孩子们都在这个团体中互相学习、互相合作，形成一种愉快、默契的关系。同时，他们也逐渐学会关心伙伴，重视友谊，朋友和同学在他们的生活中成为越来越重要的角色。

可以说，进入小学后，孩子的归属感逐渐从家庭向社会、向学校、向伙伴转移，并从中获得了友谊、支持和尊重，这也是孩子成长过程中必需的精神寄托。如果孩子不能融入集体之中，经常被集体孤立起来，那对他们的心理和精神都会造成极大的伤害。

不过，大部分孩子在与同伴相处过程中都会发生各种矛盾。毕竟，在家里他们都是父母的宝贝，习惯了被宠爱、被呵护的感觉。进入学校这个大集体后，有时与同学发生矛盾和争执在所难免。比如，在班里被同学欺负了，被老师批评了，自己的好朋友忽然不理自己了，自己的文具被小朋友弄坏了……

出于本能，当孩子与伙伴发生矛盾时，他们可能会去寻求妈妈的帮助。在现实生活中，不少妈妈在面对孩子这些问题时，往往不知如何处理。有些妈妈就怕自己孩子吃亏，一旦孩子跟人闹矛盾了，还没等孩子求助呢，就立刻认定是对方的错，马上过去给自己的孩子"撑腰"。

一个妈妈带着自己6岁的儿子到游乐场玩，在玩滑梯时，孩子被一个小男孩推了一下，结果妈妈立刻火冒三丈，冲过去就把推人的小男孩拉到一边，大声呵斥："你这孩子，怎么推人呢？推倒摔坏了你能负责吗？"没想到，这一切刚好又被推人小男孩的妈妈看到了，见自己孩子被人欺负，也立刻跑过来理论。结果，两个妈妈发生了激烈的争吵，而两个孩子却呆呆地站在一旁，一脸茫然，不知所措。

你看看，妈妈因为不放心让孩子独自处理问题，常常想包办代替，帮助孩子解决冲突，结果不但没能帮孩子解决问题，反而将矛盾扩大，形成孩子的交往障碍。

●鼓励孩子独立去处理与伙伴之间的矛盾

当妈妈发现孩子与伙伴之间出现矛盾了，先不要考虑自己孩子的得失，也不是急着去保护自己的孩子，或让自己的孩子在矛盾中获胜，而是先让孩子自己去试着处理矛盾。如果孩子和小伙伴之间只是拌几句嘴，或者推拉两把，互相之间都没当回事，不一会儿就又继续高兴地一起玩耍了，那妈妈也不要多此一举，而且还应该为孩子能够自己处理矛盾而欣慰呢！

如果孩子很伤心、很委屈，并且向妈妈来求助了，妈妈也不要着急，骂自己的孩子"没用"，或起身就去质问对方，而应先让孩子说清事情的来龙去脉，弄清事情的原委，再公正客观地帮孩子分析，看看在这件事上谁的错更多些，然后再鼓励孩子去自己化解矛盾。如果是孩子错了，可以建议孩子向小伙伴道个歉；如果是对方错了，可以建议孩子去跟对方说清，请对方不要再这样做。

如果孩子与伙伴之间发生了冲突，且两个孩子又都火药味十足时，妈妈便可以考虑出面协调，让孩子各自说说自己的理由，然后帮他们分析原因，再用一些有帮助性的问题来引导孩子解决当下的难题。

●引导孩子学会站在对方的角度看问题

从孩子很小的时候开始，妈妈就应有意识地培养孩子的同理心，让孩子懂得"己所不欲，勿施于人"的道理，学会站在别人的角度看问题，遇到矛盾时，考虑一下对方的感受，懂得为对方着想，改变孩子"以自我为中心"的意识。

比如，家里来了小伙伴，想玩一玩孩子的玩具，但孩子不愿意，不许任何人碰他的玩具。这时很多妈妈会训斥孩子，强迫孩子跟小伙伴分享玩具。这是不对的。聪明的妈妈会先与孩子沟通，让孩子懂得分享的重要性。

妈妈可以这样跟孩子说："那如果你去了你最好的朋友琳琳家里，她有很多漂亮的玩具，你想不想玩？"

大多数孩子对别人家的玩具都是没有抵抗力的，所以也会回答"想玩"。

"那你的朋友来到我们家，想玩玩你的玩具也很正常啊！这样，你下次到你的朋友家，他才愿意把玩具分给你玩。何况，有些玩具一个人玩会很没意思啊，只有两个人合作，才能更有趣。"

估计孩子听到妈妈的话后，心里会打起自己的"小算盘"：到底让不让别人玩我的玩具呢？如果不让，我下次去他家，就不能玩他的玩具；如果让他玩，自己也可以一起玩，而且下次去他家，他也会给我玩他的玩具……

大部分孩子在经过一番心理斗争后，都会选择和别人一起玩。当然，孩子也可能会耍赖，不被说服，那就用实际行动让他明白：以后带他到别人家时，提前跟他说好，不允许玩人家的玩具，因为他的玩具都不肯让别人玩。渐渐孩子就能体会到，不让别人玩自己的玩具，他们一定也很不开心，就像自己不能玩别人的玩具一样。

妈妈只有通过日常生活中的这些小事慢慢引导孩子，才能让孩子逐渐学会尊重和感知他人的一些心理状态，然后学着用彼此都能接受的方式去做事。久而久之，孩子在面对与小伙伴的矛盾时，也能将自己置身于与对方平等的位置上，从而获得更多的认同和接纳。

● 教孩子学会处理自己的情绪

有一天，7岁的穗穗回到家后，沮丧地对妈妈说："妈妈，我们班的壮壮总是抢我的贴画，我可烦他了！"

妈妈听了女儿的话，没有直接说女儿"小气"，也没说壮壮"蛮横不懂事"，而是说："哦，是吗？他非要你最喜欢的贴画，你很不高兴吧？"

"是的。"

"你平时经常跟妈妈说起壮壮，其实你很喜欢这个小伙伴，就是不喜欢他抢你的贴画，对吗？"

"对啊，因为这些贴画是我最喜欢的，我不想给他。"

"妈妈知道了，你还很想继续和他做朋友，但又不喜欢他拿你的东西。那么，你想过没有，用什么方式能让他知道，这种行为是你不喜欢的呢？"

"我想直接跟他说，又怕他不肯理我……"

"哦，那我们就来想个办法，看看怎么说，他才更容易接受。"

接下来，母女二人便开始讨论怎么跟小伙伴说明问题了，而孩子原本的难过情绪也消失了。

面对孩子与小伙伴之间的矛盾，妈妈先要学会接纳孩子的情绪，不要用自己的价值观去评价这件事的对错。

其实，很多时候孩子只是希望妈妈做个耐心的倾听者，并不一定要妈妈帮他们"摆平"问题，最终他可能自己也会找到解决矛盾和冲突的方法。通过妈妈的接纳、沟通和引导，孩子不但能释放掉自己的坏情绪，还能在与妈妈的沟通中渐渐理清思路，最后寻找到解决问题的最佳途径。而这个过程，对提高孩子解决问题、化解冲突的思维能力是非常有帮助的。

不要利用大人的"智慧"，随意训斥孩子

有一位妈妈讲了这样一件事：

有一天，妈妈在帮13岁的女儿收拾衣柜时，从女儿的衣柜下面发现了两瓶白酒，被女儿的衣服紧紧地盖着。妈妈很震惊：难道女儿会偷偷喝酒吗？女儿才13岁，肯定是跟外面的人学坏了，这可怎么办？

怀着忐忑不安的心情，终于等到了女儿放学，妈妈立刻把这两瓶酒拿到女儿面前，问道："这是什么？"

妈妈的语调带着压抑的怒气，很显然，她对女儿柜子中藏有

两瓶白酒感到愤怒，而她这样问，也不过是为了让女儿"招供"并趁机教训女儿。但这个问题却直接造成了她和女儿间的敌意和距离。

果然，女儿见状，不但没有认错，反而轻描淡写地说："好像是两瓶酒吧。"

妈妈见女儿这么不重视，更加生气，大声质问道："那你给我解释一下，这是怎么回事？"

女儿顿了顿，说："噢，我想起来了，这个是帮我一个朋友保管的。您不拿出来，我都快忘了。"

妈妈见女儿不承认，又讽刺地说："哟，是吗？是什么朋友，用得着让你帮忙藏酒？"

女儿见妈妈这个态度，也气愤地说："爱信不信，随便您！"说完就回了自己的房间，还重重地关上了门。

没能得到自己想要的答案，妈妈心里也很犯堵。但她知道，如果继续对女儿"穷追猛打"，两人肯定要发生一场争吵，这更不是她想要的结果。她原打算假装不知道这是什么，让女儿自己承认，然后借此教训女儿一顿，谁知女儿不但没承认，还一副无所谓的样子，简直让人不能容忍！接下来该怎么收场呢？

妈妈后来想了想，自己之所以这么着急，是因为害怕女儿学坏，是想表达自己对女儿的关心和爱。可由于自己的"设套"，使自己和女儿僵持住了，不但自己对女儿的关心和爱没有表达出来，连沟通都无法继续了。想来想去，妈妈决定改变自己的沟通方式。

第二天下午，当女儿又放学回来时，妈妈用温和的口吻对女儿说："我们可以聊聊吗？"

"聊什么？"女儿看了妈妈一眼，冷漠地说。

"昨天晚上因为那两瓶酒的事，我向你大喊大叫，你一定觉得妈妈不相信你吧？"

女儿感觉自己获得了妈妈的理解，眼泪一下就流出来了："我觉得您不相信我，好像我说什么都是假的，就只会让您生气。其实那两瓶酒真是帮朋友保存的，那是她用自己攒的零花钱给她爸爸买的，说要等她爸爸过生日时，给她爸爸一个惊喜。但是放在家里怕被发现，就让我帮她保存着。"

妈妈见状，知道自己误会女儿了，忙说："那你昨天为什么不直接告诉我呢？"

"我说了有用吗？您不就认定那酒是我的吗？我当时解释什么，您能听进去？"

女儿说得没错，妈妈当时确实认定酒就是女儿偷偷藏的，想让女儿承认。如果女儿当时解释，妈妈恐怕也是丝毫不相信的。

其实在很多时候，我们在跟孩子沟通时都是带有目的性的，都没有做到真正坦坦荡荡地去跟孩子沟通。我们总以为自己的智商比孩子高，可以让孩子说出真心话。让孩子说真心话没错，但如果你的目的是借此教训、批评孩子一顿，再将自己的观点强加给孩子，那就不合适了。

● 不要给孩子设置 "圈套问题"

日常生活中，妈妈注意不要经常问孩子一些 "圈套式" 问题。什么是 "圈套式" 问题？就是你明明知道答案，却故意去问孩子，让孩子来回答的问题。比如，妈妈已经看到孩子的房间里乱糟糟的，却明知故问："你收拾房间了吗？"明知道孩子放学后一直在玩，没有写作业，也要问："你写完作业没？"

这些问题看似平常，但却容易让孩子反感，甚至为了哄骗父母而撒谎。他可能会回答"我收拾了""我已经写完作业了"，而你明明知道，他没有做到这些，所以不管他的回答是什么，肯定都会让你恼火，接下来你也可能会对他一通指责、批评："我明明看到你的房间乱糟糟的，你还说你收拾了？""你放学回来就一直在玩，你什么时候写的作业？拿出来让我看看！"

再接下来，你和孩子之间可能就是一场"战争"。孩子会很生气："妈妈明知道我没做，还那么问我，一看就是故意让我难堪！"或者"妈妈管得太多了，我不就玩了一会儿吗？她就没完没了地唠叨！"孩子也许在被揭穿和被批评后，不得不去收拾房间、写作业，但内心一定是不情愿的、带着情绪的。

其实你可以完全可以摒弃这种"圈套式"的问题，改为建议式的问话："我注意到你好像没有打扫房间哦，是不是应该打扫一下？"或"是不是到了该写作业的时间了？再玩 5 分钟，就写作业好吗？"这样的问话是在专注于解决问题，而不是责备孩子，同时也给了孩子自主选择的机会。多数情况下，孩子面对这样的问题都不会拒绝，而是会顺应妈妈的引导，去完成自己该完成的事。

适当放手，别替孩子走路

现在中国有一个词叫"巨婴"，妈妈们应该不陌生吧？指的是心理仍滞留在婴儿水平的成年人。婴儿小时候都无比地依赖妈妈，饿了要妈妈喂，冷了要妈妈帮穿衣服，困了要妈妈哄睡觉……

但婴儿到了 2 岁以后，便开始跃跃欲试地想自己做一些事情，如要自己拿勺子吃饭，要自己穿衣服、穿鞋袜，这说明孩子的独立意识开始萌芽，想要通过自己的努力来完成一些事情。如果妈妈能抓住孩子这一敏感期的特点，耐心引导孩子，允许孩子去尝试，孩子就会开始慢慢学习各种生活技能，增强独立意识。

相反，如果妈妈在照顾孩子时事无巨细，婴幼儿期还说得过去，可孩子都上小学了，还要事事都帮孩子做，就有点太过了！孩子要起床，赶紧给孩子准备好衣服；孩子要刷牙，赶紧给孩子挤好牙膏，倒好漱口水；孩子要吃饭，赶紧给孩子端饭菜、拿碗筷，就差亲自喂给孩子吃了！孩子要出门上学，又赶紧帮孩子背上书包……结果呢，孩子不但越来越懒，自理能力也越来越差，十来岁的孩子了，不会系鞋带，不会烧水……网上看过这样一句话："孩子 8 岁时，你没教他系鞋带，20 岁时他的确学会了。但 20 岁明明已经要打工赚钱养活自己了，他却只学会了系鞋带。"这不是很可悲吗？

我们也经常能在网上看到一些新闻：某某学校的大学生，不会叠被子，不会洗衣服，每周都要把衣服寄回家，让妈妈洗干净了再寄过来；某某研究生、博士生毕业后，不出去找工作，在家啃老……这些事件，其实都在警示着妈妈们：养育孩子，一定不能"太勤劳"。正因为妈妈"太勤劳"，才养育出那么多"太懒惰"的孩子。妈妈不肯放手，孩子又怎么能独立呢？孩子在成长过程中，必然要经历一些磨难，这也是成长的规律。如果没有这种体验，妈妈一切都替孩子包办了，孩子看上去是顺利了、舒坦了，结果却因此而变得软弱、自私、胆怯。就像几米说的："大人一边嘲笑别人的孩子是温室中的花朵，一边又把自己的孩子培养成温室里的花朵。"妈妈什么事都管，什么事都帮孩子做了，孩子还能做什么？

真正对孩子负责的好妈妈，不会这样去爱孩子，而是会通过各种方式让孩子明白：不依赖别人，靠自己才是生存之道。从而让孩子真正做到"自己的事情自己负责"，这才是对孩子最好的锻炼。

● 培养孩子独立做事的兴趣

两位妈妈正在一起聊天，其中一个说："我女儿11岁了，可还不会自己洗衣服呢，也不愿意自己洗。现在又开始爱打扮了，每天都要换一身干净的衣服才去上学，脏衣服就塞进洗衣机等我洗。我和她爸爸平时上班也很忙，有时很晚才回到家，然后又是洗衣服又是辅导她学习，真是累死了！"

"你为什么不让她自己洗啊？用洗衣机很方便啊！"另一位妈妈显然对这位妈妈的做法很不解。

"啊，自己洗？太小了吧？才11岁啊！"

"什么叫'才'11岁，'已经'11岁了好吗？完全可以帮你做一些简单的家务了。我女儿今年刚7岁，自己的小袜子、小内裤都是自己洗的，而且还都是手洗，我发现她洗得很干净呢！"

"真能自己做吗？我怕她不行啊！"妈妈还有些忐忑。

"你可以让她试试啊，也许比你想象得好得多呢！"

果然，大约半个月后，两位妈妈又碰到了，上次还抱怨女儿不会洗衣服的妈妈高兴地说："上次听你的建议，我让女儿自己洗衣服。她开始也是不愿意，还是把脏衣服塞进洗衣机，但我没给她洗。过了三四天吧，她没干净衣服了，就问我要，我说你应该自己学着洗，用洗衣机多简单啊！她见指望不上我了，只好自己洗，结果洗完后跟我说：'妈妈，原来洗衣服也不难啊！您怎么不早点跟我说，早点说，我早就自己去洗了！'"

其实，孩子并不是不爱做家务，只不过是妈妈剥夺了他们做家务的机会。尤其是有些妈妈，总有一种偏见，认为孩子只要学习好就行了，至于生活技能，有也行，没有也无所谓，反正以后总能学会的。尤其是孩子到了高年级后，学习任务逐渐加重，要是为了培养生活技能而耽误了学习，那不是得不偿失了？

只有让孩子自己动手，独立地去完成一些事情，他们才能体会到某些劳动的艰难、某些工作的技巧，以及完成后所带来的愉悦感和成就感。这些体验对孩子的健康成长是大有好处的。

●偶尔让孩子当一次小主人

依赖性强、生活能力差，是当前我国儿童普遍存在的问题。究其原因，大多归于孩子属于"独生子女"，在家中备受宠爱，哪里舍得让干活啊！

实际上，在孩子年纪小的时候，正是品性形成与发展的重要时期，极具可塑性。而且孩子虽小，却也有着独立的人格，是家庭中的一员，所以妈妈应适当加以引导，允许孩子在家中做一些主，参与一些家庭事务。比如，全家人要出去旅行时，让孩子提一些意见；家里进行大扫除时，让孩子分担一部分清扫任务；家里要添置什么家具时，允许孩子提提建议，如果建议不错，妈妈不妨按照孩子的想法购置，增强孩子的主人翁意识。

●孩子也需要具备独立思考的能力

有一则关于一个美国女孩的故事：一次，美国著名电视台主持人比尔，在其主持的一档节目中向一位七八岁的女孩提问："可以告诉我，你的理想是什么吗？"

"总统。"女孩不假思索地回答。

全场哗然。比尔也做了一个吃惊的表情，然后问："可美国到现在都还没有女总统呢，你能说说这是为什么吗？"

"因为男人们都不愿投她的票。"女孩回答。

"噢，你肯定是这样的吗？"比尔笑着说，然后又对全场观众说："那么，请投这个女孩的票的男人们举起手。"

伴随着一阵笑声，观众席中有不少男人举起了手。比尔又转过头，对女孩说："你看，现在有不少男人投你的票了。"

女孩只是淡淡地瞟了一眼，说道："还不到三分之一呢！"

比尔再次转向观众席，大声说道："请在场的所有男人们，举起你们的手！"

一阵哄堂大笑后，男人们都举起了手。

可是，女孩不但没有露出激动的表情，反而不屑地说："你们都不诚实，你们的内心其实根本不想投我的票。"

这是一个十分典型的独立思考的事例，一个年仅七八岁的女孩，在没有人提示和帮助的情况下，竟能够如此淡定从容地应付场上主持人和台下的观众，靠的是什么？正是自己出色的判断能力和强大的思考能力。而这些能力，恰恰是我们孩子身上所欠缺的。

独立的行为和精神是靠独立的思想来支撑的。因此在孩子的成长过程中，妈妈不但自己要认识到让孩子独立的重要性，同时也要让孩子认识到独立的重要性，并在生活中有意识地培养孩子的这种独立性。

当孩子想自己做某件事，或对某件事表达自己的看法和观点时，不论对错，妈妈都不要急着去否定，而是鼓励孩子，给予孩子充分表达的机会，并让孩子说说他这么想的原因是什么。孩子遇到困难时，妈妈也不要急于出手相助，而是鼓励孩子自己思考，看看能否找到解决困难的方法。如果孩子在思考后仍然没能解决难题，妈妈再间接地教孩子一些方法，然后再次鼓励孩子自己去体验，最终找出最佳的解决途径。

而当孩子通过独立思考解决了一些难题后，妈妈的表扬一定不能省略，千万不能说"要不是我提醒你，你才不会呢""都是我帮你，你才完成的"之类的话语，打击孩子的积极性；而应说"多亏你这么想，才让问题得以解决""你这么做真不错，问题很快就解决了"，以此来增加孩子的自信心，让孩子在妈妈的赏识中获得良好的情感体验。这样，他才更乐于独立地面对成长过程中的各种问题，从而逐渐培养起独立的意识。

不控制，没有害怕就没有谎言

刚上二年级的莉莉，最近带回来好几朵小红花，说是自己表现好，老师奖励给她的。妈妈一看以前从没得过小红花的女儿，竟然连着三四天都得了小红花，非常高兴，还在别人面前夸奖了女儿。

周末家长会，妈妈满心欢喜，以为老师肯定会在家长会上表扬莉莉。可没想到的是，老师在会上并没有表扬莉莉，也没说莉莉得小红花的事儿，反而表扬了其他几个得小红花的孩子。而且妈妈发现，其他孩子得的小红花，跟莉莉拿回家的小红花也完全不一样。

原来，莉莉根本没得什么小红花，只是老师在班里教大家剪小红花时，她拿了几个塞到自己书包里，然后回家告诉妈妈，这是因为自己表现好而得的小红花。

知道真相后的妈妈非常生气，回家狠狠地揍了莉莉一顿，还质问莉莉："这么小的年纪，竟然学会撒谎了！说，为什么撒谎？"

"还不是因为你老是夸楼上的小姐姐，说她长得漂亮，又能唱歌跳舞，成绩还好，却从来不夸我！在你眼里，我哪儿都不好，我好怕你不喜欢我了！"莉莉委屈地哭着说。

"人家本来就比你优秀啊！何况，我原来是不是跟你说过，不许跟妈妈撒谎，你没记性吗？竟然还敢跟我撒谎！"妈妈仍然不依不饶地教训女儿，丝毫没注意到女儿眼中的恐惧和悲伤。

面对孩子的说谎，很多妈妈都会不淡定，觉得孩子学坏了，必须马上纠正过来才行，但其实心理学家告诉我们，小孩子说谎并没有什么恶意。说谎是孩子认知成长过程中的其中一个方面，表明孩子的思维发展到了一个新的阶段。要知道，说谎并不是件容易的事，孩子要学会分辨出不同信息的后果，并要判断哪种后果是妈妈不想看到的，哪怕这种后果对自己不利，还是要从其中挑选出最有利的一项去"冒险"。

学龄期的孩子，因为认知水平有限，所以即使说谎也是无关紧要的，不过是成长过程中的正常现象，妈妈不必过度关注。进入小学后，孩子的认知水平大大提高，同时也能理解说谎带来的后果。这个阶段，孩子如果说谎，多是因为对惩罚的恐惧。如果他们知道自己的行为不是妈妈希望的，而是会让妈妈非常生气，进而遭到严重的惩罚，通常就会用说谎来掩盖实情，以便让妈妈满意，自己以此逃避惩罚。

有研究发现，在经常采取控制和惩罚方式管教孩子的家庭，孩子说谎的比例更高。所以，如果你发现孩子频繁地出现说谎行为，马上要做的不是用更严厉的惩罚纠正他，而是反思一下：自己是不是对孩子的控制太多、要求太高了？孩子害怕达不到妈妈的要求，又怕遭到妈妈的惩罚，就可能会说谎。而孩子经常说谎，内心又会充满恐惧和不安，生怕哪次被妈妈发现了，遭到更加严厉的惩罚。久而久之，孩子说谎就可能成为习惯，甚至影响自我价值的认定，变得消极、自卑。

可见，孩子出现撒谎行为，多与父母的教育方式不当有关。作为孩子的第一任老师，妈妈在发现孩子有撒谎行为时，首先要认真反思一下自己，然后再采取相应的措施，帮助孩子纠正这一行为。

● 对孩子少些控制，鼓励孩子多些自控

许多妈妈认为，孩子小，必须随时掌控他的行为，不能让孩子犯错。而孩子一旦犯错，妈妈又认为对孩子进行惩罚是让孩子记住教训、下次不再犯错最有效的方法。但这样做的后果就是妈妈和孩子都陷入了一个恶性怪圈：孩子因为害怕惩罚而说谎，妈妈为了制止孩子说谎而惩罚。

其实，妈妈与其千方百计地控制孩子，不允许孩子犯错，不如适当放手，引导孩子学会自控。在古代，洪水泛滥，有个叫鲧的人，治理了几十年洪水，也没能成功。后来他的儿子禹继续治水，十几年后终于将肆虐的洪水制服了。原因就在于鲧只会堵而不会疏导，大禹却一改父亲的做法，改堵为疏导，最终将洪水"导之入海"。

妈妈对孩子的教育，与"大禹治水"的道理如出一辙。如果你只会"堵"，不许孩子这样，不让孩子那样，完全控制着孩子的生活，那孩子就会想办法反抗、挣脱；相反，如果你能顺应孩子的发展天性，允许他在一定的界限内自行决定做某些事，那么孩子即使偶尔"开个小差"，也不会太出格。

比如，对孩子放学后要写作业这件事，妈妈可以这样和孩子约定：放学后时间可以自行安排，但当天的作业必须高质量地完成。这样孩子就算放学后在外面多玩了一会儿，心里想的也是玩完赶紧回家写作业，而不是回去怎么撒谎骗妈妈，而且还能在一定程度上锻炼其自控力，我们又何乐而不为呢？

●让孩子感到说真话的安全，而不是害怕被惩罚

有位妈妈讲了一个自己在处理孩子撒谎行为时所采取的措施：

周日，妈妈正在洗衣服，忽然听到外面"哐当"一声，像是什么东西被打碎了。妈妈连忙跑出来看，结果发现茶几上的一个玻璃水壶掉在地上，已经摔得粉碎了。而女儿正坐在对面的沙发上，一脸慌乱。妈妈知道，水壶肯定是女儿打碎的，但她没有马上指责女儿，而是问道："水壶是怎么掉地上的？"

女儿却假装无辜地说："刚才咪咪跳上茶几，把水壶给碰掉地上了。"

咪咪是家里的一只猫，可妈妈发现咪咪躺在沙发上睡得正香。显然，咪咪不会伪装得这么好。

妈妈仍然没有戳破女儿的谎言，而是平静地说："宝贝，我保证不对你发脾气。你现在想一想，然后再告诉我到底发生了

什么。"

不一会儿，女儿主动向妈妈承认了自己的过失。妈妈也如自己许诺的，没有责骂女儿，但将女儿当天看电视的时间减少一半。

不过，妈妈一直强调，她看到了女儿的诚实，并对女儿的这一品质表示非常骄傲和欣赏，晚上还跟爸爸分享了女儿敢于承认错误的行为。

通过这种方式，妈妈是在向女儿传递一个信息：有时做错了事，说出真相虽然很难，但只要勇敢说出来，自己和别人都会因为你的诚实而感到欣慰。虽然孩子说出真相后，可能也会面临一定的惩罚，但如果这一惩罚是建立在尊重孩子的前提下，妈妈针对孩子所犯的错误进行的教育和管理，那么孩子也会乐于接受，而且也会更加理解诚实的重要性。

其实，孩子之所以敢在犯错后说出真相，完全是由于他们不担心妈妈会过度的指责、惩罚他们，或者做出什么有失公允的判断。越是对孩子不控制、能共情的妈妈，往往越能教育出不说谎的孩子。

第七章

美育，是不教
而教的艺术

"美盲"所代表的，既不是物质的匮乏，也不是知识和文化的匮乏，而是审美能力的匮乏。有些人天生就具有一定的审美能力，但这只是一小部分人，多数人都需要经过后天的培养才能具备这种能力，尤其是小时候接受艺术审美教育的人，才有可能逐渐培养起这种修养和能力。

别让孩子成为"美盲"

有位朋友，来自一座小城市，是一枚标准的理科女，从小到大都没怎么接触过艺术。其实她年轻时也曾尝试着学过舞蹈、吉他等，但发现这些跟自己想象的完全不同——单纯的技能学习，完全是枯燥无味的，让人忍不住想要逃离。

后来工作后，这位朋友也有机会走出了国门，参观了一些世界著名的博物馆、艺术馆等，也听了一些所谓高雅的音乐会，可她发现，除了觉得新鲜、好看，她根本无法理解和欣赏这些艺术作品，更别提享受这个过程了。

其实我们身边有很多这样的人，甚至包括你我。如果你注意到一些参观博物馆的游客，会发现大家说的最多的话通常是："这个是真的吗？""这个看起来很贵啊，肯定很值钱吧！"而这些物品、展品之中真正的美，人们根本领会不到，也欣赏不了。

这其实是件很遗憾的事。艺术家们在创造这些艺术品时，一定是希望有人能够懂得他们的创作意图，能够懂得欣赏这些艺术品，而不是只关心这些艺术品值多少钱。但实际情况却是，很多人因为"美盲"，即使有机会看到这些艺术作品，看到的也只是皮毛，根本没有欣赏能力。

"美盲"所代表的，既不是物质的匮乏，也不是知识和文化的匮乏，而是审美能力的匮乏。有些人天生就具有一定的审美能力，但这只是一小部分人，多数人都需要经过后天的培养才能具备这种能力，尤其是小时候接受艺术审美教育的人，才有可能逐渐培养起这种修养和能力。

所以，在培养孩子各项能力的过程中，妈妈不要将目光全放在孩子的英语水平、数学水平、学习能力等方面，还要将对孩子的美育教育重视起来，千万别让孩子成为一名"美盲"。英语水平高、学习成绩好，孩子将来可能会考上好学校，毕业后谋求一份好的职业，但美育修养却直接关乎孩子未来的生活品质和幸福指数。

那么，妈妈怎样对孩子进行美育教育呢？

● 多给孩子提供接触美好事物的机会

有些妈妈一听要培养孩子的审美能力，马上就想到了外面各种各样的艺术培训班，认为只要把孩子送入这些美术班、音乐班中，就能开发孩子的艺术潜能，培养孩子的审美能力。

这种认识是很片面的。不错，从一定程度上来说，这些培训班对提高某些孩子的艺术审美能力有一定的帮助，但如果只依靠培训班来对孩子进行美育教育，那是不太现实的。

美育是孩子们打开世界的一扇门，美育教育培养的是孩子对美的感受力和判断力，绝不是涂抹几笔颜料或画几幅素描就能达到的。它应该渗透到孩子生活中的方方面面，让孩子能够从最简单的生活当中发现美、感受美。

其实做到这点并不难。这个世界对我们成人来说也许并不新鲜，但对于刚刚接触世界的孩子来说，一切都是新奇的、美好的。比如，草地上的小花、天空中飞翔的小鸟、正在搬家的小蚂蚁、雨后努力爬树的小蜗牛……当孩子沉迷于身边的这些小事物时，也是他们正在用眼睛寻找和发现生活中的美好，进而发现世界的多样性，慢慢学会判断哪些是美的、哪些是丑的。

法国雕塑家罗丹曾说："生活中不缺少美，缺少的是发现美的眼睛。"所以，妈妈不妨多为孩子提供一些接触美好事物的机会，多带孩子感受自然之美、建筑之美、音乐之美、绘画之美等，甚至可以和孩子一起讨论一下这些美好事物的独特、趣味以及与众不同的美。慢慢地，这种对美好的感知和享受就会浸润孩子的内心，并伴随他的一生。

● 鼓励孩子对家居环境进行设计和装饰

有一位朋友，非常擅长家居布置。她会根据自己的审美习惯，购买一些既合宜又好看的东西，把家里布置得舒适美丽，但其实花钱并不多。女儿从小受她的影响，也很喜欢设计布置自己的小房间。不仅如此，她还经常就房间内的某个物品和妈妈展开讨论，比如到底放在哪个位置合适？为什么放在这里最合适？

有一次，女儿班里元旦组织活动，要求同学们布置教室，女儿凭借自己的"专业知识"，当起了布置班级的"总设计师"。同学们在她的指挥下，很快就把班级布置得既温馨又喜庆，其他班级的老师看到都夸这个小女孩"设计得好""很能干"！其实，这与女孩平时在家里的锻炼是分不开的。

作为家里的小主人，妈妈也可以鼓励孩子就家居环境设计、装饰等发表自己的意见，或者鼓励他就一些小的方面进行自行设计、装饰。比如，电视墙选择什么色彩可以与房间的整体色调更搭配？墙上选择什么样的装饰画，会让家里显得更温馨？等等。

既能锻炼孩子的想象力，又能启发孩子的审美能力。

有人说：美是活着和生活之间的分界线。孩子从小获得了美的教育，长大后会懂得发现美、欣赏美，并用美来装扮生活、规划生活。在同等的经济条件下，也可以生活得更充实、更有趣、更幸福。这一点，是再多的物质都无法替代的。

● 尊重孩子的"臭美"行为

在一些妈妈眼里，养育孩子的重点有两条：吃饱穿暖和努力学习。至于穿衣打扮上，能过得去就行。如果孩子在穿衣打扮上花了些心思，在一些妈妈眼中就变成了危险行为，害怕孩子学坏了，甚至会严厉制止，并要求孩子把心思花在学习上，不要天天琢磨些乱七八糟的事。

其实孩子在童年时出现一些审美萌芽是很正常的，妈妈们完全不必如临大敌，这只不过是孩子探索美、发现美的一个过程而已。一个人长大后的气质，很大程度上是由孩童时期的审美决定的。可以说，孩童时期的审美将奠定一个人一生的审美和生活品质。如果你忽略甚至制止孩子在这方面的探索，或用自己的审美来干涉孩子对美的感知，孩子长大后，也会缺乏审美能力，审美趣味也会比较低。

都说现在是个"看脸"的世界，虽说这种说法有些片面，是金子也总会发光，但试想一下：两个知识水平、工作能力相当的人，一个人打扮精致、搭配得体，另一个完全是个"美盲"，打扮得土里土气，哪一个给人的第一印象更好呢？

著名主持人杨澜说："没人有义务透过你普通的外表，发现你优秀的内在。"所以，孩子爱"臭美"不是错，这恰恰说明他有了对美的感知和自己的想法。如果妈妈对孩子的爱美之心是包容甚至鼓励的，并给予耐心引导，孩子慢慢会多出一项重要的能力——审美能力。

美育，让孩子人格完整、灵魂自由

美育是 18 世纪德国古典文学和古典美学最重要的代表人物之一席勒创造出来的一个名词。席勒认为，在人性分裂和异化的时代，审美可以帮助人性恢复完整，能够在道德伦理的国度实现主体受动性与能动性的统一，使人获得内在与外在的自由。

我国的蔡元培先生也曾提倡过美育教育，他说："美育是最重要、最基础的人生观教育。"他认为美育从根本上讲是一种人格的提升，美育的过程也是人格境界不断提升的过程。

回到我们的孩子身上。现在，每个孩子从一出生开始，就被倾注了无数的关爱与期望。妈妈们都希望自己的孩子能够健康、快乐、全面地成长。那么，什么样的成长才算是"全面"呢？

相信妈妈们应该还记得我们小时候常说的"德、智、体、美、劳"全面发展吧？那么你知道其中的"美"指的是什么吗？就是审美能力。所以，美育也是全面发展中非常重要的一个环节。它不仅是促进孩子未来人格完善和生命和谐的手段，更是在这个时刻都在强调理性的世界里，实现灵魂自由和生命美好的有效路径。

有些妈妈可能会说："我也很重视孩子的审美培养啊，你看我不是给孩子报了好几个兴趣班吗？美术的、音乐的，我一个都没落下，花了不少钱呢！"

的确，现在的妈妈为了孩子都很拼，出手也很大方，但妈妈们给孩子报的那些美术班、音乐班等，并不是我们这里所强调的美育教育，只能算是一种普通的艺术教育，让孩子多一项技艺而已。但这项技艺能否促进孩子人格完整和灵魂自由？恐怕目前还达不到这个效果。

美育是一种不教而教的艺术。所谓"不教"，是因为追求美、享受美是人的一种天性，不需要通过专门的"传道授业"来达到美育的目的。为孩子提供合适的氛围、美好的环境，就能让孩子获得很好的熏陶，从而在潜移默化中提高对美的体验、感知和鉴别。也就是说，美育是一种润物细无声的教育，从这个角度来说，它不仅限于艺术，还有世间各种各样的美好。

从大的方面来说，美育可以让孩子的人格获得完善、灵魂获得自由，而从具体的方面来说，美育对孩子还有以下几点好处：

● 提高孩子的幸福指数，让孩子的生活更有情趣

有位妈妈曾回忆说，她在小学时，有一次学校组织郊游，她在外面采了许多漂亮的野花，小心翼翼地一路抱回家，然后用水瓶装上水，把小花插到里面，摆在自己的书桌上，一边写作业一边欣赏。晚上妈妈下班后，看到了这瓶花，立刻呵斥她一顿："你弄这些东西放在桌子上，还能专心学习吗？天天不好好学习，就

知道臭美，马上给我扔出去！"

这件事让她的印象特别深刻，也让她至今都困惑不已：为什么人们追求功利物质的东西，要远远大于热爱美好的生活本身？后来自己当了妈妈后，对这件事仍然记忆犹新，并以此为戒，绝对不限制孩子对美的追求，所以她平时在带女儿出去散步时，当女儿发现了什么好看的、好玩的东西，她都会很耐心地和女儿一起欣赏。在家的时候，她还鼓励女儿自己设计自己的房间，自己种一些花草，从小就引导女儿去发现美好的东西，并尽情地享受其中。

我们一直都在强调人生的幸福，也希望孩子一生都幸福，那么在人生幸福的组成部分中，是否也应该有关于美的享受呢？孩子天生就有一双发现美的眼睛：书中的一幅画、路边的一朵小花、一首好听的歌曲、一部有趣的电影，甚至是孩子自己动手做的一顿吃起来并不美味的"美食"，都会让孩子的生活充满快乐和幸福，孩子自己也会享受其中，乐此不疲。相对于你为孩子买的高价玩具、报的高价兴趣班，这些反而更容易让孩子体会到愉悦和放松。作为一直希望孩子幸福快乐的妈妈，怎么能不保护好孩子的这种天性和爱好呢？

●使孩子变得更加自信、自律

有一部法国音乐电影，叫《放牛班的春天》。故事讲的是一个名叫马修的老师，来到一所被称作"池塘之底"的学校任教。据说这里的学生都"无药可救"，大部分都是十分难缠的问题儿童，有些学生甚至患有严重的心理问题。马修来到学校后，并没有像以往的老师那样，对孩子们进行没完没了的体罚。他创作了一些音乐作品，还组成合唱团，打算用音乐来打开孩子们封闭的心灵。在这个过程中，马修还发掘了一个"问题"儿童的音乐天赋，让这个孩子一改往日的自卑孤僻，长大后成了首屈一指的大音乐家。

这部电影其实要告诉我们的就是：如果一个孩子从小缺少自我认同和自我定位，就容易出现一些行为问题，如自卑敏感、自暴自弃。而美育，除了可以给人带来精神上的愉悦外，还可以培养孩子的自信、自律和自控力。试想一下，当孩子在合着节拍唱歌时，是不是要遵守音乐的节拍？当孩子有目的地完成一部美术作品时，是不是要遵循作品内容的要求？同时在这个过程中，孩子还要学会如何与人和谐相处、互帮互助，以完成共同的艺术目标，这样便自然而然地增强了孩子的归属感和责任感，让孩子获得了积极的情感体验，激发了正向的行为，从而逐渐变得自信、自律。

总之，不是每个孩子都需要成为艺术家，但每个孩子都应该接受美育启蒙和教育，因为美育不仅可以提高孩子的审美能力和生活品位，更能帮孩子打开看世界的一扇窗口。有了对美的感知和体会，孩子在任何时候都会从内心产生欢喜，从而摆脱低俗与乏味，认识世界的美好。

保护孩子天马行空的想象力

在经典作品《小王子》中，有个人物是飞行员。在他6岁那年，他画过一幅画，然后兴致勃勃地拿着这幅画给大人们看，并且问：

"你们害怕吗？"大人们瞄了一眼，说："不就是一顶帽子吗，有什么可怕的！"

其实，飞行员画的是一条巨蟒正在消化一头大象。为了能让大人们看懂，他还把巨蟒肚子里的情况详细地画了出来。可惜，大人们仍然没看懂，而且也没兴趣看，他们把精力都放到了历史、地理和数学上面。就这样，在6岁那年，飞行员放弃了自己美好的画家梦。

每个大人在童年时都有过天马行空的想象力，遗憾的是，这种想象力慢慢地都被扼杀在萌芽状态了。当一个想象力夭折的小孩长大后，在面对自己孩子天马行空的想象力时，也会用有色眼镜去看待，甚至也像当初的自己那样，把孩子的想象力扼杀掉。

比如，孩子画了一个蓝色的太阳，妈妈看到了，可能就会说："看你画的什么啊？太阳哪有蓝色的？太阳都得画成红色的！"可孩子却说："我画的是海里的太阳啊！大海是蓝色的，所以海里的太阳也是蓝色的。"你看，孩子的想法总是这么天马行空，让人出乎意料。相比之下，大人的想法是多么枯燥、乏味。

没有想象力，生命就会缺乏色泽和活力，变得乏味、无趣。然而，在现实中，我们在责怪现在的教育破坏了孩子的想象力的同时，自己也在不经意间破坏着孩子的想象力。

要想保护好孩子的想象力，同时又能激发孩子的想象力，下面几个方法，妈妈们不妨一试。

●积极参与到孩子的世界当中，适当为孩子提供指引

现在很多妈妈都是职场妈妈，白天要上班，忙于事业，晚上

回来后，又要忙于家务，辅导孩子功课，很难有时间好好关注一下孩子的需求。有时孩子提出一个很好玩的想法，或说出一些天真烂漫的话语，妈妈们可能都没注意到，或忙得根本顾不上回应。其实，这些都是孩子想象力迸发的时刻，如果错过了，孩子的想法得不到妈妈的回应，慢慢孩子可能也不再想、不再说了，任由想象力一点点被忽略、被扼杀。

这样的情景妈妈们应该不陌生吧？当你正忙着时，孩子跑过来拉着你说："妈妈，我们一起去月球吧！"妈妈要么敷衍孩子说："好，你先去，我忙完就去！"要么直接打断孩子的话："还去月球呢，还要去哪？天天就知道胡想八想的！"一句话，孩子的想象力立马灰飞烟灭了！久而久之，不但孩子与妈妈的关系会变得疏远，孩子很多灵机一动的想法也会因为得不到回应和反馈而逐渐消失。这是十分可惜的！

要想保护和激发孩子的想象力，妈妈首先要参与到孩子的世界当中，与孩子一起游戏，了解孩子的想法，一起去尽情想象。哪怕是最简单的过家家游戏，也可以很好地锻炼孩子的想象力，比如孩子可以在游戏过程中设计各种人物、编出各种事件等。如果这其中有些知识和内容不合逻辑，妈妈也可适当给予孩子提醒和指引，既增加了孩子的游戏兴趣，又能让孩子的想象力尽情发挥。

●多听听孩子的想法，多给孩子一些自由

小的时候，孩子还未形成固定的思维方式，因此才会天马行空，有丰富的想象力和创造力。如果妈妈能够好好地保护孩子的这种能力，那么便为孩子的想象力提供了更为广阔的空间。

要做到这一点，妈妈平时在与孩子沟通时，就要多听听孩子的想法，多给孩子一些自由，放飞孩子幻想的心灵。哪怕孩子说出的都是一些不切实际的想法，甚至做出一些破坏性行为，只要不是危险行为或伤害他人的行为，妈妈都要适当给予鼓励和肯定。

比如，有位妈妈对孩子平时的"胡思乱想"不但不阻止，还会很认真地跟孩子交流。有一天晚上，孩子忽然指着天上的月亮对妈妈说："妈妈你看，月亮上有人在走动。"妈妈顺着儿子的手看了看月亮，然后肯定地说："嗯，你说得对，看起来真像有人在走动呢，可他们是谁呢？"然后让孩子发挥自己的想象力，说说月亮上的人都有谁，并鼓励孩子根据自己的想象画出具体的图景，其中有哪些人物，这些人都穿什么衣服、说了什么话、做了什么事等，其间，她也偶尔问一下孩子："他们之间有没有发生矛盾？他们是怎么解决的呢？"以此来引导孩子更加深入地进行思考和想象。这样不仅能让孩子原本模糊的幻想变得更加具体，还能锻炼孩子的理解能力、表达能力、思维能力等。

还有些孩子特别喜欢搞破坏，新玩具买回来后不久，就被他大卸八块了。有些妈妈一看到孩子拆玩具就斥责孩子，说孩子"不懂得珍惜"，甚至大骂孩子"败家子"。其实妈妈是误会孩子了，拆卸玩具这个过程对孩子来说，也是一个锻炼想象力和创造力的过程。在拿到新玩具后，孩子首先会研究这个玩具的玩法，接着，他就开始想象这个玩具的内部结构了：它为什么会发出声音？为什么会跑？为什么能说不同的话？它们的内部结构跟我想的一样吗？为了弄清这些问题，孩子便开始动手拆卸，想一探究竟。这个过程中，不但孩子的动手能力得到了锻炼，想象力和探索能力也都获得了提升。这可比一个玩具的价值高多了！

●多为孩子创造玩耍的机会

瑞士儿童心理学家让·皮亚杰指出：玩耍有助于孩子认知的发展。依照他的理论，孩子是通过玩耍来了解和认识世界的。婴儿时期，孩子的玩耍都是身体性的，他们会用触觉、嗅觉等来感知世界，什么东西拿到手里后都会先塞到嘴里。然后是练习式地玩耍，即不停地爬上爬下、奔跑跳跃，或者一次接一次地打开瓶盖、合上瓶盖，通过这样的方式来体验周围的环境，认识身边的事物。

再然后，就是各种想象力游戏了。孩子在成长过程中，会不断从现实中吸收一些想法和概念，然后应用到自己的想象世界之中。比如，他会假扮成爸爸或妈妈，来跟妈妈玩过家家游戏。在游戏中，自己该干什么，妈妈该干什么，他都会通过想象一句句地表达出来。对于孩子的心智发展来说，这种游戏是一种非常重要且有效的锻炼方式，通过想象，他们将现实中的大世界微缩到自己能够掌控的小世界之中。

随着孩子年龄的增长，他们玩耍的项目也会越来越多，玩耍的过程也会越来越复杂，这也是因为他们的想象力在发挥作用。比如，他们再玩过家家游戏的话，会通过想象在游戏中加入许多情境，扮演不同的角色，或者假装遇到了一些突发状况等，以此来丰富游戏内容。在这个过程中，想象力也得到了极大的发展。

因此，妈妈平时可适当为孩子创造一些玩耍、游戏的机会，不要总把孩子禁锢在课桌旁。通过各种各样的游戏，孩子不仅放松了身心，想象力、逻辑思维能力、创造力等也能获得极大的提升，孩子的人生也会因此而变得更加丰富多彩。

陪孩子逛逛美术馆、博物馆

在大多数妈妈心目中，美术馆、博物馆都是很专业的、让人敬畏的地方，自然也只有专业的人才需要去。然而在西方国家，美术馆和博物馆都是孩子们经常去的地方。因为在西方家长看来，艺术和美育是分不开的，一个缺乏基本艺术审美和常识的人，根本算不上受过真正的教育。而对孩子进行美育教育，培养孩子的审美能力，最好的方法之一就是经常带他们去逛美术馆和博物馆。

有些妈妈可能会担心：美术馆、博物馆里陈列的画作、展品等，连大人都看不懂，孩子那么小，能看懂什么啊？

这完全是站在大人的角度看问题，正因为大人看不懂，所以才认为孩子也看不懂。然而在孩子眼中，一切事物都是新奇的、美的、好玩的、有特点的，所以当孩子在面对一幅幅抽象的画作、一件件在大人看来十分枯燥的展品时，通常一样会表现出巨大的热情。而且，孩子看到的东西往往与我们大人看到的也有所不同。

比如，在美术馆欣赏一幅名画时，大人看的可能是这幅画中有哪些物品、哪些人物，这些人物在做什么，整个画面表达了什么思想，等等；而孩子第一眼看到的，可能是这幅画的整体色调，上面有哪些鲜艳的色彩、有什么特别的形状和线条。有些画作中还会描绘儿童、动物、花园等主题，这些又会给孩子带来亲切感，让孩子觉得这幅画就是他生活的一部分。也因为如此，许多孩子对一些描绘日常生活的印象派画作特别感兴趣。还有些表现情感的画作，如画中人物的微笑、哭泣、发怒等表情，也会让孩子印象深刻。

这些对孩子来说都是一种很有效的审美启发，让孩子的眼睛获得了美的享受。而且小孩子的观察力有时比大人更加敏锐，很多孩子会在第一眼就看到大人注意不到的一些小细节。

所以，妈妈们可千万别小看了孩子的观察和欣赏能力，有机会的话，经常带孩子逛逛美术馆、博物馆等，对孩子的美育教育绝对会有很大帮助。

● 带孩子去美术馆时，这样引导孩子欣赏作品

有些妈妈也会带孩子去逛美术馆，可去几次后发现，孩子进去根本就不认真看，东瞅瞅、西瞧瞧，每幅画前都会好奇地瞄几眼，但每幅画都不好好看。有时想给他讲几句画中的内容，结果人家根本不听。这种走马观花式的欣赏方法，能有什么收获呢？

这仍然是站在大人的角度评价孩子。在最初带孩子去美术馆时，最重要的是帮孩子建造一种创造性的、积极的、有趣的记忆，这样孩子以后才不会对艺术和审美产生畏惧感。因此，如果馆内有老师引导，能够激发孩子的兴趣最好；如果没有，不妨让孩子

按照自己的方式去观赏。

在孩子观赏时，如果他没有主动问起，妈妈最好不要"自作多情"地给孩子讲解画中的内容，也不用告诉他这是什么大师的作品。因为对孩子来说，一幅世界著名大师的杰作与一位普通画家的作品并没有太大的区别，他只关注这幅画中有什么好玩的、有趣的东西，画中的内容是否有故事性，或者其中的什么图形引发了他的想象。总之，他一定能从画中找到属于自己的体验。有时不懂反而是好的，因为这样可以让孩子展开无限的想象，孩子也会从中体会到更多的乐趣。

如果孩子主动问起了，恰好妈妈也是这方面的行家，那么可以适当为孩子讲解一下；如果妈妈也不是很理解，就不要煞有介事地为孩子念导览上的文字，将其当作权威知识让孩子来听。如果你有一些自己的想法，可以与孩子一起讨论，或者通过其他问题来吸引孩子的注意力，比如，这个图形让你想到了什么？你见过这个东西吗？也可以借助一些简单的词汇，如明亮、昏暗，细致、粗糙等，帮助孩子逐渐理解作品中特有的环境和意境。

●带孩子去博物馆，这样引导孩子观赏展品

在国外，逛博物馆几乎属于再平常不过的家庭活动了，这并不是因为外国人个个都懂艺术，而是因为艺术作品本身就具有很多趣味性，可以吸引孩子，所以国外有很多艺术课程都会选在博物馆内进行。

然而在中国，孩子去的最多的地方是游乐场，去博物馆的次数屈指可数，有些孩子甚至从没去过博物馆。有的妈妈即使是带孩子去博物馆了，也会在踏进博物馆大门的那一刻对孩子"谆谆教诲"：你是来参观学习的，要好好看，看完后告诉我你都记住了什么，然后回去再写篇作文……带着这样的目的逛博物馆，孩子恐怕很难提起兴趣，也难以全身心地去观赏一件物品，更别说发现和体会其中的奥妙了。

要对孩子进行美育，逛博物馆是少不了的一个环节，但这并不意味着要让孩子带着学习的目的来逛。不同的博物馆内，陈列的物品各有不同，孩子参观时的感受也不同。自然博物馆内有各种化石、动植物标本等，孩子通常都会反反复复地看；科技博物馆会有一些互动性强的科技表演，孩子在里面可以玩得很开心；美术博物馆内有各种画作，孩子也可以尽情观赏。这些过程，远比让孩子记住几个陈列品的样子、回去写篇作文更重要。

逛博物馆既是对孩子进行美育启蒙教育的一种非常好的途径，也是引导孩子面对真实世界的一个不可多得的机会。真正的美育教育，除了要进行一些技法的学习外，更重要的就是培养孩子感知美和发现美的能力。

著名画家毕加索曾说："孩子是天生的艺术家。"的确，孩子对艺术、对美一向都具有敏锐的直觉能力。而美好的东西又是超越年龄、国界与信仰的，它可以直击人心，尤其是孩子那颗纯洁的、未经世俗浸染的心。因此，有空的时候，请带着孩子一起走进这个艺术世界，让孩子多接触美、发现美、感知美吧。

跟孩子一起发现生活之美

孩子都是爱美的，也很容易从生活中发现各种美。但随着年龄的增长，周遭环境的影响，尤其是现在各种电子产品对孩子的包围，使孩子变得越来越"成人化"，对美的感受也会逐渐丧失。所以，要对孩子进行美的教育，培养孩子的审美能力，妈妈就要特别呵护孩子发现美的能力，引导孩子学会欣赏和领悟生活中的各种美好。

7岁的芊芊在妈妈的鼓励下，已经画了十几幅画了，这些画里的"主角"都是一株小植物——花生。从种下种子，到种子露白、顶土，再到出苗，芊芊详细地用自己的画笔记录了整个过程。

原来，芊芊的妈妈特别喜欢养各种花草植物。从芊芊懂事开始，她就看到妈妈经常在阳台上侍弄那些花草，耳濡目染，芊芊也喜欢上了这些小植物。有一天，妈妈买来几颗花生种子，对芊芊说："我们一起把花生种起来吧，然后由你负责照顾它。为了把小花生照顾好，你要仔细观察它是怎么生长、怎么发芽的哦！"

芊芊非常高兴地接受了这个任务。从那以后，芊芊每天都要去观察小花生，然后把小花生的生长过程一笔一画地画下来。有时为了让画面更生动，她还会根据自己的想象在画中加上一只小蜜蜂、小瓢虫等。

一段时间后，小花生不仅被芊芊照顾得非常好，妈妈发现，芊芊的绘画水平也因此提高了不少。

其实，审美能力并不高深，美的教育也不是什么高难度的教育，妈妈完全可以把对孩子美的培养融入日常生活的一点一滴当中，并用孩子能够理解的语言与他一起欣赏、分享这些美好。

对孩子进行美育的过程本身就是个积累的过程，孩子只有慢慢学会从最简单、最平凡的生活中发现美、感受美，对美的理解才会更加全面，由此潜移默化地形成自己的审美体系。审美水平提高了，看世界的眼光自然也就不一样了，对待事物的方式也会大不相同。

● **生活处处都有美**

生活中的美很平凡，因而也很容易被忽略，这就需要妈妈平时多注意生活中一些小美好，然后引导孩子去发现和欣赏。

有位妈妈是这样做的：她和6岁的女儿莉莉约定，每天两个人都要说出一件自己发现的新奇、好玩或好看的事物。比如，有一天，莉莉发现自己去幼儿园那条路的路边新开了一家小店，橱窗里摆放着各种各样漂亮的杯子，杯子上还画着很有趣的图案。那天放学后，妈妈就陪她到里面逛了半天，还买了两个带图案的小杯子。妈妈还鼓励莉莉说："其实你也可以按照自己的想法，为这些杯子设计一些小图案啊！"莉莉觉得妈妈的提议不错，决定回家试一试。

其实生活原本就是由这些平凡、普通的小事组成的，但只要有心，就能发现其中的美好，这些也都可以成为对孩子进行美育教育的素材和契机。

● 与孩子一起欣赏大自然中各种形态的美

大自然中的景物五颜六色、千姿百态，可以很好地刺激孩子的感官，丰富孩子的感官认识。

大自然是最棒的设计师，其中的美毫无修饰。而正在成长的孩子也不适宜总待在家中，需要多多接触大自然。在不同的季节，妈妈都可以把孩子带到大自然中去观察和欣赏。春天，可以去观察河边刚刚萌芽的嫩绿的柳叶、地上正探出头来的青青小草；夏天，红玫瑰、黄菊花、白水仙、粉牡丹，争奇斗艳，娇媚百生；秋天，红的番茄、绿的黄瓜、紫的茄子、白的萝卜，同样是色彩斑斓，满眼绚烂；冬天，大地一片银装素裹，蓝天、白云、飞鸟，完全可以给孩子带来不一样的感受。

此外，巍峨的山峰、挺拔的松树、蜿蜒的河流、辽阔的草原，以及雨后的彩虹、飞舞的蝴蝶、满天的繁星、秋日的圆月……大自然中各种不同造型、不同形态的事物，都有其独具一格的形态美。经常引导孩子观察大自然中这些美好的事物，一样可以丰富孩子对美的感受。

妈妈还可以大自然中的各种天然素材为教材，为孩子讲解一下其中的知识，如颜色的种类、特点，不同树叶上的不同脉络，以及各种事物的相互关系等，丰富孩子的知识，为他们奠定良好的审美情趣和人文素养。

● 在艺术活动中让孩子感受美

如果有条件的话，妈妈也可带孩子去参加一些艺术活动，如各种展览：玩具展、花卉展、动植物标本展等，为孩子创造更多发现美、感受美的机会。也可以和孩子一起去观看一些演出，如人偶剧、木偶剧、皮影戏等，给孩子在视觉上创造更多的刺激，丰富孩子对美的感受力。

参观结束后，妈妈还可以鼓励孩子回家后用画笔把自己看到的东西记录下来，尤其是那些让孩子印象深刻或孩子感觉最美的部分，增强孩子对美的感受力和表达能力。经过多次锻炼，孩子再进行参观时，就会有意识地去捕捉那些他所感兴趣的色彩、花纹、图形、线条等，并运用到自己的创作当中。

另外，妈妈也可以运用自己灵巧的双手，在家里与孩子一起进行一些 DIY 创作活动。鸡蛋壳、纸片、报纸、吸管、树叶、牛奶盒等，都可以作为艺术创作的素材。妈妈也可以鼓励孩子充分发挥想象力，利用手中的素材，创作出自己想象中的作品。

成绩好

专注的孩子

王桂兰 / 编著

应急管理出版社
·北京·

图书在版编目（CIP）数据

不吼不叫好家教：全五册／王桂兰编著． －－北京：
应急管理出版社，2020

ISBN 978 - 7 - 5020 - 7821 - 8

Ⅰ．①不…　Ⅱ．①王…　Ⅲ．①家庭教育　Ⅳ．①G78

中国版本图书馆 CIP 数据核字（2019）第 270393 号

不吼不叫好家教（全五册）

编　　著	王桂兰	
责任编辑	高红勤	
封面设计	月婷设计	

出版发行　应急管理出版社（北京市朝阳区芍药居 35 号　100029）
电　　话　010 - 84657898（总编室）　010 - 84657880（读者服务部）
网　　址　www.cciph.com.cn
印　　刷　北京一鑫印务有限责任公司
经　　销　全国新华书店

开　　本　880mm×1230mm$^1/_{32}$　印张　25　字数　600 千字
版　　次　2020 年 3 月第 1 版　2020 年 3 月第 1 次印刷
社内编号　20192975　　　　定价　125.00 元（全五册）

前　言

当一个人聚精会神、专心致志时，他的视觉、听觉、味觉、嗅觉、触觉、平衡感等多种感觉就会都处在最活跃、最积极的状态，他的智力活动水平也会达到高峰，那些卓有造诣的画家、医术精湛的医生、收放自如的指挥家等，无不具有一个共同的心理特征：高度集中的注意力，即专注！

据说居里夫人幼年时专注力就令人吃惊，在她阅读书籍之际，即便别的孩子跟她开玩笑，故意发出令人不堪忍受的声音，也丝毫不能把她的注意力从书本上吸引过来。

法国大作家巴尔扎克一次写作时有朋友来访，他很长时间也没有发现。中午仆人送来饭菜，客人以为是给自己准备的，就把饭菜吃了，后来客人发现巴尔扎克还是那么忙就独自离开了。天黑了，巴尔扎克觉得该吃午饭了，就来端碗端盘。看到饭菜已被吃光，他责备自己说："真是个饭桶，吃完还要吃。"

这样的事例不胜枚举。法国生物学家乔治·居维叶说过："天才，首先是专注力。"一位教育专家也说："专注力是学习的窗口，没有它，知识的阳光就照射不进来。"当今，缺乏专注力是不少孩子身上普遍存在的问题，更是许多家长烦恼的根源。孩子学习若不专注，就会影响他的学习质量和效果。作为家长，与其为孩子的学习煞费苦心，盲目地给孩子灌输知识，让孩子上各类培训班、补习班，不如先把握教育的根本——通过恰当的训练，提升孩子的专注力，使孩子的心灵之窗变得明亮起来，让孩子变得聪明睿智。这样，孩子才能由"充耳不闻"变为"全神贯注"；才能纠正孩子视、听错误率高，抄写错误多等毛病，变得认真、细致、有耐心；也只有这样，才能改变孩子上课注意力不集中、走神儿、听课效率低的情况，使孩子成绩优异。

　　本书编者志在帮助孩子纠正不专注的毛病，提升孩子的专注力。愿本书能成为孩子的良师、家长的益友，陪伴每一个孩子健康发展，快乐成长！

编　者
2019 年 10 月

目录 CONTENTS

第五章 让专注成为一种习惯

第一章

优秀从专注开始

所谓「专注」，就是集中精力、全神贯注，把意识集中在某种特定的行为上。一个专注的人，往往能够把自己的时间、精力和智慧凝聚到所要干的事情上，从而最大限度地发挥积极性、主动性和创造性，努力实现自己的目标。

如果你希望自己的孩子能够最大限度地发挥自身的潜能，那么请从小培养孩子的专注力。

专注与学习力

在战国时期的齐国，有一位著名的下棋能手叫奕秋。由于奕秋棋艺高超，从各地慕名而来的学生很多。

有一次，奕秋同时教两个智力相当的徒弟学习下棋。在学习过程中，一个学生精力集中，认真地听奕秋讲下棋的要领，观察奕秋下棋的步骤……每天想的、看的、听的、做的无非都是下棋的事情，结果棋艺进步非常快，只用半年时间，就成了全国下棋的高手。

另一个学生呢，在奕秋讲棋艺的时候，他端坐在那儿，似乎也听得很认真，实际上他心里老想着其他事情。比如，天空有一只天鹅飞过，他就想："如果我有一把弓箭的话，那该有多好，我就可以拉起弓来把它射下来呢！"老师说的话，他根本没有听进去。在奕秋下棋时，他也不认真观察，总是忽而玩玩这个，忽而望望那个，这个学生学了很久，也没有把下棋的本领学会！

为什么同样是跟一个老师学习，一个学得好，另一个却学不好呢？原因很简单。这是因为一个在学棋的时候专心致志，而另一个心思不在学棋上，因为不专注，故而没学好。学习技能是这样的道理，学习知识更是如此。一个孩子如果不能够集中精力于眼前的事情上，就别指望他能认真学习，取得优异的成绩。具体表现在：

1. 注意力不集中影响思维敏捷性、思维速度和书写速度

由于学习和做事很容易分心，注意力不集中的孩子很难进入最佳思维状态，所以在写作业时就遇到了障碍，最主要的表现就是很多题目不会做；另外，在写作业时也很容易分神，常常是眼睛停留在作业本上，脑子却没有去思考。因此，他们完成作业要比其他同学多花 40%～60% 的时间，因而学习负担就会比别的孩子重。这样，孩子就会失去玩耍、运动、课外阅读的许多时间，学习将很难进入良性循环。

注意力不集中除了在小学阶段会导致思考和书写的速度不快外，到了中学，学科内容成倍增加，学习效率不高的孩子就更感觉困难，完全掌握不了主动权，肯定会落在别人后面。成绩差就容易失去学习兴趣和自信心，结果，注意力就更加不集中，造成恶性循环。

与注意力不集中影响学习成绩相对的是，如果孩子的注意力集中、专注力强，那么，学习效果就会较好，他的学习成绩也会较优秀。

有个心理学课题组在小学六年级找了两个学习成绩差不多的班级进行试验。

课题组给两个班级定下规矩：第一个班的同学相对比较自由，上课的时候可以做小动作，可以同前后桌讲话；对第二个班却有一个硬性的规定，要求所有的学生"回头率"要为零。所谓"回头率"就是学校领导在上课或自习课从教室门前、窗下走过时，

学生转头、抬头的情况。

一个学期过去了，第一个班级学生的成绩与以往相差不大，但第二个班级学生的成绩却有了突飞猛进的变化，他们班的单科平均分高于第一个班10多分，居整个地区之首。试验结果令学校的老师和试验员都惊叹不已。

这个试验充分证明了"专注"的重要意义。因此，作为家长，要想让自己的孩子取得优异的成绩，首先应该从重视培养一流的专注力开始，让他们懂得并努力做到：专注地上好每一节课、做好每一次作业、背好每一段文章、画好每一幅画、练好每一个动作，那么他就有可能达到自己想要达到的目标。

2. 学习效率低

有很多孩子每天的家庭作业都做到晚上10点、11点，甚至更晚。这样，他们几乎没有时间和精力去复习和预习新课了，并且第二天精神状态很不好，课堂上便会昏昏欲睡，学习效率之低就可想而知了。

3. 不专注，一遇到困难就退缩

注意力不集中的孩子，很难专注于学习或某项课外活动（除非是他们非常喜欢的事情），稍微遇到一点困难就不愿意继续坚持，他们喜欢说："哎哟，太难了，我不行的，算了吧。"如果家长或老师轻易顺从他们的畏难情绪和习惯，久而久之，他们就会越来越懒于动脑，也越来越没有信心和恒心了。

综上所述，注意力攸关孩子的学习成绩乃至信心。作为家长，若能从提升孩子注意力着手，那么孩子身上的诸多问题都会迎刃而解。

专注与观察力

观察力就是观察、认识周围事物的能力，它是思维的起点，是人类积累知识、发展智力的重要途径，是聪明大脑的眼睛。观察力的强弱影响着一个人对外界环境的感知程度。观察力较强的人，能够捕捉到瞬息万变的事物，发现那些看上去细微却十分重要的细节，从而让事物在自己的脑海中留下准确、完整、丰富、深刻的印象；而观察力弱的人，则经常会忽视许多重要的细节，脑海里留下的只有支离破碎甚至错误的印象。

观察力是从事任何一种事业或活动都必须具备的能力，那些成功者之所以成功，与他们非凡的观察力是分不开的。达尔文对生物的专注观察，为他后来的名著《物种起源》及其在生物学上的伟大成就奠定了基础；生理学家埃德加·艾德里安对动物的细致观察，为他赢取了诺贝尔生理学或医学奖；牛顿对各种事物透过现象看本质的观察，为他在科学上的非凡成就奠定了坚实的基础……可以说，没有观察便不可能有发现，更不可能有创新。只有勤于观察、善于观察，才能随时发现问题，获得意想不到的收获。

非凡的观察力是建立在高度的注意之上的，专注是观察力的基础，是观察的导航仪，缺乏专注力，就没有观察力。从某种意义上来说，是专注成就了优秀的观察力。

　　1. 专注使观察指向更明确、更全面

　　明确的指向性，使得各种观察活动能遵循既定的目标向前发展，清晰并自始至终。观察全面，是指在观察时既见"森林"，又见"树木"，有利于正确而全面地把握事物的本质和规律，减少认识的片面性和盲目性。

　　比如，老师让同学写一篇关于人物的文章。一个叫肖安的同学是这么写自己的同桌的：

　　我的同桌是个矮胖的男生，他喜欢开玩笑，说话总是不紧不慢的，说笑话时，通常别人没笑，他自己倒是先笑了起来，因此，我们都笑话他："你的笑话也太冷了，把我们都冻死了！"每次这个时候，他就嘿嘿地笑一下，一点也不恼怒。

　　他做事情很细心，字写得工工整整的，不容许有一点点的歪斜，稍有一点瑕疵，他便会皱起眉头，小心翼翼地把写错的字用修改液涂掉，重新再写一遍。因此，老师经常批评他的本子"膏药味"太浓。而他竟一点也不在意，居然撇了撇嘴，漫不经心地说："我不就是希望能给自己一份最完美的答卷嘛！难道追求完美也有错？"惹得班上的同学哄堂大笑。也只有他才会这么幽默地反驳老师。

　　你瞧，肖安写自己的同桌，不仅看到他的身高胖瘦、神情举止、说话语调，还格外注意到他撇嘴等小动作……如果没有专注地观察，怎么能把一个人写得如此惟妙惟肖呢？假使写作文的是一个缺乏专注观察的孩子，他势必对同桌的一些小习性熟视无睹，也就无法写出如此精彩的文章。因此我们说，是专注让观察更明确、更全面。

2. 专注使观察更细致、更敏锐

细致，是观察力的基本要求，也是影响观察力强弱的基本因素。观察力强的人往往能够细致而敏锐地观察每一个事物，哪怕再细微的变化，也逃不过他的眼睛。

英国有一位医学教师，为了培养学生的观察力，他就用手指去蘸糖尿病人的尿，并用舌头去舔手指，然后叫学生们都照着做。

大部分学生都勉勉强强地、愁眉苦脸地照样做了，并一致报告尿有甜味。只有一个学生没有这么做。

这位教师问那个学生为什么没有这么做。

这位学生说："因为我看到你伸进尿里的是中指，舔的却是食指。"

这位老师笑着说："对，你的观察很仔细，我要求你们这么做，是为了让你们懂得观察细节的重要性，如果你们看得仔细的话，就应当发现我伸进尿里的是中指，舔的却是食指。"

还有一个故事：

20 世纪初，奥地利青年气象学家魏格纳在一次住院期间，偶然对病房墙上世界地图的奇异形状产生了浓厚的兴趣。

在平时，这种司空见惯的地图，根本不会引起病人和工作人员丝毫的兴趣。魏格纳却透过这些平凡而不为人注意的地图形象觉察到其中的奥妙：地图中大西洋两岸的大陆的海岸线凹凸部分正好相反，欧洲、非洲、南北美洲东部，像是一张完整的报纸被撕成两半……

恰恰是这一独特发现，使得魏格纳成为"大陆漂移"说的缔造者。

魏格纳能透过一张普通的世界地图提出新的科学猜想，一个很重要的原因就是他具有较强的感受事物的能力：能从现在的地图形状，由此及彼，认识到它是由远古时期的整块大陆经历漂移和演变逐渐形成的。因此，一个专注的人，在观察事物时，往往能获得深刻的体验，感受到他人感受不到的东西，在日常生活和平凡的事物中创造奇迹。

3. 专注的观察有助于发现事物本质

一个专注力强的人，观察事物的结果不但准确，而且还能透过现象看到事物的本质，力图深入了解事物的奥妙。

牛顿自孩童时起，就喜欢仔细地观察各种事物，而且都力图把不懂的地方彻底弄明白。夜晚，牛顿仰望天空神往那眨着眼睛的大大小小的星星。他心里想，这星星、月亮为什么能挂在天空上呢？刻卜勒说，星星、月亮都在天空转动着，那它们为什么不相撞呢？刮大风了，狂风旋卷着沙石，人们都躲进了屋子里。牛顿却冲出屋子，独自在街上行走。一会儿，顺风前行；一会儿，逆风行走。他要实地观察顺风与逆风的速度差，弄清楚两者的本质差别。

像牛顿那样，观察力较强的孩子，往往可以看清事物的本质。比如，有的孩子写作文《我的妈妈》，不仅注意到了妈妈的音容笑貌、言谈举止，还能通过这些现象，发掘出妈妈的内心世界来。有的孩子观察大自然的景色，不仅注意到花草树木、气温云彩以及鸟类的活动、土壤的变化，还能从这些变化中找出哪些景色是春天到来的象征，哪些景色是寒冬来临的预兆……如果缺乏专注，是不会有这样的观察发现的。

专注与记忆力

发明大王托阿斯·爱迪生在研究打字机的时候，曾和制造商们约好在某一天把各种打字机的样品都送过来，但直到客人们来的前一天晚上，爱迪生才集中精力把所有相关的书籍都借来读了一遍。第二天，客人们带着各式各样的打字机出现的时候，爱迪生说得头头是道，举座皆惊。事后，爱迪生的助手把那天晚上他读过的书都借来，结果用了 11 天才读完。

一目十行、过目成诵是很多优秀人物都具备的一个共同特点，例如，中国古代张衡就有"一览便知"的本领，《后汉书·张衡传》描写说："吾虽一览，犹能识之。"这并不是说这些人拥有特异功能，而是他们在阅读时能够集中注意力，全身心地投入。

一个人在记忆时越是聚精会神，在大脑皮层越能够留下深刻的记忆痕迹而不容易遗忘。如果一个人精力涣散、心不在焉，就会大大降低记忆的效果。在日常生活中，我们之所以总是很容易把自己看到的、听到的东西忘掉，就是因为没有给予它们足够的注意。

让我们看下面这则故事：

有一位经验丰富的心理学家听说某著名的心算家能准确快速地心算出任何复杂刁钻的计算题后，为了难倒他，这位心理学家兴致勃勃地前往心算家的住处，出了下面这样一道计算题："有一辆满载旅客的列车，出站时车上共有312名乘客，后来列车到达一处车站，下去18人，上来54人；列车又到一站，下去81人，上来44人；列车又到一站，下去23人，上来50人；列车又到一站，下去67人上来35人；火车继续往前开，到了下一站，下去12人，上来9人；接着列车又到一站，下去54人，上来66人；列车又到一站，下去17人，上来24人；列车又到一站，下去78人，上来85人；列车再到达一站，下去94人，上来56人，最后列车到达了终点站。"当这位资深的心理学家快速、准确、清晰地讲完上题后，心算家马上准确无误地把列车到达终点时车上的人数说了出来。心理学专家却说道："我不是问你到达终点的乘客有多少，我想问你列车在这期间一共停靠了几站？"这位著名的心算家顿时张口结舌，回答不上来。

出题的心理学家利用心算家习惯的心算定式——只将注意力集中在数字上，故意用表面上并不比往常复杂的数字将心算家的注意力吸引过来，而在运算过程中丧失了对火车途经车站的计数——注意力旁落就记不住，记忆专家也一样。所以，只有集中注意力才能记住想记的东西。

有人说："哪里有注意力，哪里才会有思考和记忆。"专注是记忆的基础，记忆力训练首先是专注力的训练。斯特纳夫人就是这样做的。

宾夕法尼亚州匹兹堡大学语言教授斯特纳夫人很注意教育自己的女儿，她从小便对女儿进行专注力的训练。比如，她经常和女儿玩一种"留神看"的游戏。每当路过商店门口后，她便问女儿："该商店里陈列橱窗内摆的是哪些物品，让她数出记忆中的各式商品。能说出越多，就打分越高。"这样训练很有效果：当女儿 5 岁的时候，在纽约肖特卡大学教授们面前，她把《共和国战》朗诵一遍就能一字不差地复述下来，令教授们大吃一惊。斯特纳夫人说："我这样做，是为了让她注意事物，养成敏锐地观察事物的习惯。"

只有注意事物，专心观察，才能记忆深刻。因此，对孩子记忆的训练应该从如何提高他的注意力开始。

有这样一个试验：

一位心理学家把一个班级的学生随机分成两组。

同学们做的事情很简单：背课文、听音乐。

第一组同学一边听音乐，一边背诵课文；第二组同学是两项内容分开进行，背诵课文的时候专心致志，听音乐同样专心致志。同样的时间后，检查他们背诵的情况。发现第一组有 1/3 的同学还没背会，而且，即便会背的同学，他们背诵的熟练程度也比较差；而第二组的所有同学都能流畅地将课文背诵下来。

这一试验同样说明了意识高度集中对记忆的重要性。

真正的"记忆术"就是"注意术"，因此，要想你的孩子拥有良好的记忆力，请不要忽视对孩子专注能力的培养。

专注与人际交往

注意力不集中的孩子，在人际交往中往往也会比其他孩子显得困难，相对比较孤独。王辉、李阳、叶群这三位同学就属于因注意力不集中导致人际关系不佳的典型。

不受欢迎的王辉：

王辉是个不受大家欢迎的孩子，经常与同学发生争执，把同学弄伤，而且还因为与同学追逐打闹摔坏了班上的投影仪。同学们看到他都避而远之，因为一不合他意，他就动手打人，有时甚至会无缘无故给别人一拳、踢别人一脚，简直把同学当成了练拳脚的活靶子。

上课时他也总是漫不经心，要不沉浸在自己的世界中一味发呆，要不就不停地做小动作。其他孩子的父母知道班里有这样一个孩子，都不愿自己的孩子与他做同桌，更不用说做朋友了。

内向的李阳：

李阳是个性格特别内向、不爱说话的孩子，不喜欢与同伴交往，对他人很冷淡，语言表达能力和动手能力都比较差，不喜欢参加集体活动，总是当"旁观者""局外人"，还时常走神。课堂上他看着老师，似乎在听讲，实际上全没有听进去；让他回答问题时，他一个字也答不上来；集体朗读课文时，也很少听见他的声音。老师责备他几句，眼泪就在眼眶里打转儿；父母说他吧，他也很一副委屈的样子。

好动的叶群：

叶群是四年级的学生。据他的父母说，他从婴儿时起就是一个爱哭爱闹很难管教的孩子；上幼儿园时总比其他的孩子精力旺盛，爬上爬下，乱跑乱转，总也坐不住；上了小学，他上课的时候总是搞些小动作，老是打扰其他同学，不是趁老师在黑板上写字的时候对同学扮鬼脸，就是叠纸飞机乱扔。老师不知批评了他多少次，可就是不见效。他上课即使不打扰其他同学也不听课，不是画画就是玩橡皮，甚至玩自己的手指头。班上的同学因此都讨厌他。

不管是喜欢动手打人、不受欢迎的王辉，还是性格内向、没有朋友的李阳，抑或是好动的叶群，他们都有一个共同的特征：注意力不集中。因为注意力不集中，无法专注，他们的学习成绩差，人缘也差。即便有朋友，也只有一两个比较好的朋友。

因为不专注影响他们人际关系，主要有以下原因：

首先，容易造成冲突。注意力不集中的孩子，无论在学校还是在家里，都容易受到否定、批评和指责，有的还受到家长的打骂，一方面他们容易自卑，另一方面，他们的性情也会变得比较倔强、逆反，容易和大人发生冲突，特别是和家长的冲突。

其次，注意力不集中的孩子喜欢以自我为中心，对别人发号施令，干扰别人的活动；他们常缺乏社交技能，不尊敬长辈，不能与小伙伴合作，在游戏时不守规则；他们不能体察别人的感受，例如开玩笑引起别人恼怒时不能及时转换话题；对人有敌意，遇事总是从坏的方面猜测别人，在和同学发生矛盾时常采用语言和躯体攻击的方式解决……因而不受同学的欢迎。

与之相对的便是，专注的孩子更受欢迎。因为专注于自己的事情，孩子不会敏感地去捕捉他人的喜好，从而使自己的潜能得以更好地发挥。这样，他们在学业上是成功的，在其他技能方面更有突出的表现。这样的孩子，相对来说都比较自信。因此。更容易和同学进行沟通和交流。

孩子专注力的特点

与其他能力一样，孩子的专注力也有一个发展的过程。一般来说，不同年龄段的孩子有着不同的专注能力，就是同一年龄段的孩子专注力也不尽相同。孩子注意力集中时间段的长短与孩子的年龄、性格和其他个性有关。归纳起来，孩子的专注力发展有以下特点：

1. 从无意注意逐步发展到以有意注意为主

心理学家在研究过程中发现，新生儿一出生就具备了一定的注意能力。新生儿在觉醒状态时可因周围环境中的巨响、强光等刺激而产生无条件的定向反射。

出生 2 ~ 3 个月的婴儿由于条件反射的出现，已经能够比较集中地注意人的脸和声音，看到色彩鲜艳的图像时，他们能比较安静地注视片刻。除了强烈的外界刺激之外，那些能直接满足小儿机体需要或与满足机体需要相关的事物也能引起他们的注意，如奶瓶、妈妈等。

5 ~ 6 个月的孩子能比较持久地注意一个物体，但他们的注意极不稳定，对一种现象的集中注意只能保持几秒钟。

1 岁以内的孩子注意力还不是很稳定，他们的注意都是以无意注意为主的。1 岁左右的孩子一般能超过 15 秒凝视成人手中的表。

2 岁的孩子能主动地听故事。这个时期的孩子出现了有意注意的萌芽，逐渐能按照成人提出的要求完成一些简单的任务。

3 岁后，孩子开始对周围的新鲜事物表现出更多的兴趣，如能集中 5 分钟的时间看小朋友做早操、看幼儿画册等。但是，这一时期孩子的有意注意还是极不稳定的，易被无意注意分散或转移。那些凡是新颖的、变化的、有趣的事物都能使他们分心，但也可以吸引和集中他们的注意。

根据孩子注意力发展的这一特点和规律，家长应做到因势利导，使孩子的注意力能够集中较长的一段时间。此外，家长还可以通过组织孩子参加感兴趣的活动来培养孩子的有意注意。游戏是孩子最喜欢的活动，最能使他们集中注意力。随着孩子年龄的增长，有意注意的稳定性逐渐增大。5～6 岁的孩子开始学会独立地控制自己的注意力。

孩子注意力的发展同样可以分成三个阶段：

第一阶段：注意力的产生阶段

这一阶段，孩子的有意注意是由大人的言语指令引发的。如在家长的要求下，孩子完成各项学习任务；在老师的要求下，孩子观察黑板上的挂图，找出错别字等。也就是说，从这个时期开始，孩子的注意已经不是单纯的无意注意了，他们的注意力已经从无意注意向有意注意转变了。

第二阶段：注意力的初级发展阶段

当孩子的有意注意发展到第二阶段时，孩子需要通过自己的言语活动来调解和控制自己的各种心理活动。

很多家长可能都有过这样的体验，孩子上低年级的时候，做事时常常要发出声音来。如做算术题时，他会一边写，一边念几加几等于几。家长不知道这个时期孩子注意力发展的特点，不让孩子说出声，孩子可能反而无法集中注意力学习。

第三阶段：注意力的形成发展阶段

当孩子的注意发展到第三阶段时，通过内化过程，孩子可以用内部言语指令来调节和控制自己的各种心理活动，这时候，家长就很少听到孩子念念叨叨了。但是，孩子自己会感到头脑里仍有个声音在指挥他注意，这时，他的有意注意已发展到高级阶段。小学高年级学生基本上达到了这一水平，当然，他们的注意力还不是很强，还需要继续训练，进一步发展。

2．孩子的注意带有明显的情绪色彩

小学低年级学生的注意经常带有情绪色彩，也就是说，这个年龄段的孩子对自己生活中的事情往往会产生十分强烈的反应，这种情绪反应在他们的注意上也有明显的表现。

这是因为年龄比较小的孩子，其大脑与神经系统活动的内抑制能力还没有充分发展，一个兴奋中心的形成往往可波及其他相应器官，如面部表情、手脚乃至全身的活动。所以，这个时期孩子的注意就表现出明显的情绪色彩，这就导致孩子可能只对自己感兴趣的东西注意力比较集中，而对自己不感兴趣的事情则往往缺乏注意。

3．由注意具体直观的事物向注意抽象的材料发展

根据研究，孩子的有意注意大部分都表现在对具体活动和内容的掌握上，有人甚至说小学低年级学生是按照形状、颜色、声音和形象来思维的。而那些比较抽象的概念、道理不大容易吸引他们的注意。这时候，他们经常会把注意分散到一些不相干的细

节上去。但随着年龄的增长，孩子会逐渐学会把自己的注意力集中到需要多加注意的抽象材料上来。

根据孩子的这一注意特点，在孩子还小的时候，家长应充分利用一些可观的、具体形象的事物来吸引孩子的注意，而为了孩子以后的成长，家长又要慎重而又积极地培养孩子对抽象事物的注意能力，不可任其自然发展。

4. 孩子的注意品质随着年龄的发展而发展

首先，从注意力的集中性上来看，小学低年级的学生，其集中性是很差的，他们总是坐不住，学习一会儿就开始东张西望。但是到了小学中、高年级以后，孩子的注意力就有很大的进步了。

其次，孩子注意的持续时间也随着年龄的增大而延长。据有关研究资料统计，5 ~ 7 岁的孩子能聚精会神地注意某一事物的时间平均是 10 分钟；7 ~ 10 岁是 15 分钟；10 ~ 12 岁是 25 分钟；12 岁以后是 30 分钟。对孩子来说，唤起他们的注意并不难，难的是保持孩子的注意力稳定于整个活动或教学过程之中。另外，在学龄初期，孩子的注意稳定性是存在男女差异的。一般情况下，男孩儿的注意稳定性稍逊于女孩儿。

孩子为什么不专注

造成孩子不专注的原因有很多，具体表现在：

1. 孩子的身心发育不健全

小凯上小学二年级，他很聪明，和小朋友一起游戏，总能想出许多新奇的点子，在小朋友中间很有威信，许多孩子都跟在他后面玩。

可是，他却不能集中精力学习，上课时，他不专心听讲，不是玩橡皮、铅笔盒，就是和同桌讲话。由于他在课堂上的小动作太多了，老师不得不让他一个人坐一桌。但是，即便是这样，小凯也不能专心听讲。因为上课老是走神儿，他的学习成绩很不理想。为此，小凯的爸爸妈妈没少操心。

像小凯这样的孩子不在少数。孩子不专注在小学低年级尤为突出。由于孩子大脑发育不完善，神经系统兴奋和抑制过程发展不平衡，故而自制能力差。前文我们已经提到，注意可分为有意注意和无意注意两种。对于年幼的孩子来说，他的无意注意起着重要作用。因此，当出现新奇事物时，孩子的注意力就容易被吸引，不能专注于自己的学习。另外，对于低年级的孩子来说，他们的有意注意刚刚开始加强，虽然已经能够在老师的要求下专心听讲，但注意的持续性（注意的稳定性）比较低，因此，上课的时间一长，孩子就会东张西望、左顾右盼了。

儿童心理学研究表明，孩子分心的程度与年龄成反比。孩子的年龄越小，他们注意力集中的时间就越短。对于低年级的孩子来说，让他们全神贯注地坐上 40 分钟听课是不现实的。

此外，由于身心发育不健全，孩子无法将自己的注意力集中在需要注意的事物上，而是经常会因过于兴奋，总是惦记着一件事情，而忽视了眼前的事物。

出现这些情况都是正常的，只要教育得法，随着年龄的增长，绝大多数孩子都能做到注意力集中。孩子注意力的集中程度会随着年龄的增长而增长，只是由于每个孩子发育程度不尽相同，有的孩子快一些，有的孩子慢一些。

2. 生理健康影响孩子的注意力

某些脑区功能的缺陷也会造成注意力不集中，这些脑区活动比较弱，就容易引发问题。其中，以儿童多动症，也叫注意力缺陷障碍（ADD）最为典型，它是儿童时期的常见病。患这种病的孩子几乎片刻不停，忙忙碌碌，被各种事物所吸引，虽然他们也有兴趣爱好，但对感兴趣之事也无法集中注意力。大约有 1/3 的儿童多动症患者病情会延续到成年，并且会带来后遗症，如性格问题等。这类孩子注意力分散度较大，应该及早到医院接受治疗。

3. 家庭教育方式不当影响孩子的注意力

教育方式与家庭生活习惯对孩子的行为影响极大，也是影响孩子注意力的最主要因素，但家长往往无法客观地找出问题的症结所在。我们不妨从以下几个方面来观察，以便找出一些原因。

（1）教育方式是否一致。家长对孩子教育方式不一致常使孩子无所适从，没有定性。

（2）家长是否太宠爱孩子，缺少行为规范。过度的宠爱会导致对孩子的纵容，往往使孩子随心所欲，爱做什么做什么，没有忍耐、克制情绪、克服困难的观念，做事自然难以坚持到底。

（3）是否为孩子买了过多的玩具或书籍。外在刺激太多，玩着汽车又找别的玩具，一换再换。玩具只带给孩子短暂的吸引，无法让其在玩的过程中感受到创造的力量。

（4）家庭生活节奏是否太快。家长在公私两忙的情况下，凡事讲究效率，行动原本较慢的孩子，被迫在快、快、快的节奏中打转，根本无法专心地完成一件事。

（5）家里的活动是否太多。家庭活动太多则无法给孩子提供安静的环境，生活总在浮动的气氛中度过。若非自制力很强的孩子，很难建立良好的专注力。

（6）孩子是否有情绪上的压力。如孩子觉得自己达不到父母的期望或要求等，易使孩子看起来魂不守舍。

（7）是否过多地批评、数落孩子。过多地数落孩子可能会对他形成不良心理暗示，使他产生"反正自己怎么也干不好"的想法，从而做事时不肯专心完成。

（8）孩子是否受到太多不良信息的影响。不好的影视作品、较大龄儿童不良行为对孩子的灌输、污染，会使孩子心理发生扭曲，行为异常。

4. 饮食影响孩子的注意力

随着生活方式、环境及饮食结构的变化，儿童多动症的发病率越来越高。常见的发病原因有：长期食用烤羊肉串、涮羊肉、方便面、松花蛋等食品，过多地饮用饮料等。此外，病毒感染、脑外伤及维生素缺乏等也可能造成孩子注意力不集中。所以，家长应多给孩子吃些富含维生素的水果蔬菜和高蛋白类食物，以给孩子提供足够其身体发育的营养。

5. 睡眠质量影响孩子的注意力

作息不定时、生活无规律是孩子注意力分散的主要原因。学习是脑力劳动，要消耗大量的脑内氧气，若望子成龙心切，整天强迫孩子长时间从事单调的学习活动，必然造成孩子大脑疲劳而精神分散。心理实验证明：3岁幼儿注意力可维持3～5分钟，4

岁孩子注意力可维持 10 分钟，5 ～ 6 岁儿童注意力维持时间也只有 15 分钟。因此，家长帮孩子合理制定作息时间，让孩子明确什么时候可以尽情地玩，什么时候必须专心完成学习任务，养成劳逸结合的好习惯。

6. 外界环境影响孩子的注意力

看电视、大声议论或哈哈大笑都会影响孩子的注意力。有的家长总是喜欢在孩子做功课时问这问那。"做几道题了？还有几道题？"看起来似乎是关心了孩子，殊不知这样不时地干扰孩子，会弄得孩子无法集中注意力，思考问题的思路也总是被打断。

7. 看电视、玩游戏过多

当个体沉溺于某些事情或意识范围狭窄时，注意范围亦相应缩小，因而引起对其他事物的注意力下降，如上网、游戏成瘾。电视节目画面生动活泼，会涉及一些知识，虽然能增进孩子的知识，但是对于孩子来说完全是被动的学习，没有交流、没有互动，不利于其创造性思维的培养，语言发展也容易迟滞。

8. "感觉整合功能失调"导致孩子注意力不集中

近年来，越来越多的研究发现，"感觉整合功能失调"也是导致孩子注意力不集中的原因。

"感觉整合功能失调"是指大脑不能将来自身体各部分的感觉信息进行充分的加工和整理，从而不能组织机体各方面的活动。

精神卫生专家认为，产生"感觉整合功能失调"的原因有：都市的高楼大厦剥夺了孩子与大自然、绿地接触的机会；家长经常将孩子搂抱在怀中，使孩子缺少练习抬头、在地上滚爬等成长必需的活动；非必要的剖宫产使孩子失去了唯一的经过产道挤压获得触觉训练的机会等。

　　总之，注意力不集中形成的原因很复杂，所以家长应该多与孩子沟通，耐心询问，全面细心地了解孩子所面临的具体障碍。不了解孩子不专心的具体原因，就不可能做到因材施教、对症下药，盲目地干预孩子，有可能适得其反。

第二章

营造合适的
家庭氛围

家庭是孩子成长的第一环境，家庭环境中的外在氛围和由家庭成员的兴趣爱好、言谈举止、相互关系等因素形成的内在氛围在很大程度上影响着孩子专注力的发展。

因此，要培养孩子的专注力，家长应从良好家庭氛围的营造入手，排除各种可能分散孩子注意力的因素，积极为孩子营造一个和谐、宁静、幸福、祥和的家庭环境。这样，孩子的「专注之树」才能勃勃生长起来，长得粗壮结实，不为外力撼动。

学习环境要求独立安静

安静的环境能让人很快"入静"，并让人目的明确、思想集中、踏踏实实地做事。长期在安静的环境中学习，容易养成注意力集中的习惯。反之，如果一个人所处的环境混乱嘈杂，就很容易给他造成心理干扰、情绪压力，使其产生焦虑、厌烦、不安等心态，导致他们无法专心致志。因此，如果你希望自己的孩子能够一心一意地学习，就给孩子一个独立的、比较安静的学习环境。

以下两个故事揭示的正是这个道理——

小刚是小学六年级的学生，平时他学习特别认真，成绩也很好。可是，最近不知怎么回事，上课的时候老是打哈欠，一副精神不振的模样，班主任王老师暗示了他几次，可情况并没有好转。这到底是怎么回事呢？为此，王老师专门去了一趟小刚家，对他进行家访。

星期天的下午，王老师刚到小刚家门口，就听到小刚家里传出的麻将声。

听到敲门声，小刚的妈妈出来开门，一见王老师，小刚的妈妈有些不自然，她红着脸把老师引进了家门。王老师看到小刚家混乱嘈杂的情景，一下子就明白了小刚上课精神不振的原因了。原来这都是麻将惹的祸呀！

王老师说明来意，并介绍了小刚最近在学校的表现。最后，王老师意味深长地对小刚的妈妈说："孩子要想学习好，是需要家长一起努力的，特别是家长，一定要为孩子创造一个良好的学习环境。"

小刚的妈妈听了这话，不禁惭愧地连连点头，赶忙终止了家里的"活动"，并承诺说，以后一定不会在家里打麻了。

孩子所处的家庭环境对其学习的专注程度有着直接影响。故事中小刚的家长没有意识到这一点，在家里公然开起了"麻将馆"，让孩子缺少安静的学习环境，导致孩子注意力不集中，影响了孩子的正常学习。这种做法显然是非常不明智的。当然，在现实生活中，这样的家长毕竟是少数，更多的家长还是非常重视良好家庭环境与学习氛围营造的。

田众一家挤在一个一居室里，每当孩子开始学习的时候，田众的爸爸妈妈就自觉关掉电视，在客厅里喝茶、读书、看报纸。妈妈对田众说，这是共同学习、共同进步。一般情况下，爸爸妈妈是不会打扰田众学习的，除非是田众在学习或者写作业的过程中遇到了难题，主动请教爸爸妈妈，这时，爸爸或者妈妈才会予以帮忙、提示。

在爸爸妈妈的影响和帮助下，田众不仅学习认真、专心，意志力还非常强。通常没有实在想不出来的问题，他是不会主动请求帮助的。正因为如此，田众的学习成绩在年级里名列前茅，做事情也总是有始有终，让老师和同学都非常佩服。

田众的例子告诉我们，只有家长尽力为孩子排除使孩子分心的因素，给孩子营造一个安静、独立的学习环境，孩子才能够集中精力学习，养成良好的学习习惯。而要给孩子创造一个独立、安静的学习环境，家长应做好以下几个方面：

1. 给孩子独立的学习空间

孩子的注意力是很容易受到习惯的影响的，因此，要保证孩子的学习质量，让孩子在独立的空间里学习是一个必不可少的条件。作为家长，最好给孩子布置一间属于他们自己的房间，让孩子在固定的场所学习。在这个独立的空间里，所有的东西都是孩子自己的，父母不能把孩子的房间当成是一个储物箱，将各种繁杂的东西都往孩子的房间里放。

此外，孩子学习时的桌椅位置应固定，不能随意搬动。这样，孩子在固定的场所、固定的位置学习，就很容易形成一种专心学习的心理定式，只要一进入这个环境，他们就会自觉地投入学习之中。

2. 给孩子心理上的独立

给孩子一个独立的空间，不只是给孩子准备一个房间就行了，还应该给孩子心理上的独立。如在孩子学习时，家长不要过度关心，问这问那，干扰孩子学习。

生活中，一些家长爱子心切，总担心孩子冻着、饿着……因此，总喜欢在孩子看书、学习、做作业的时候热心地照顾孩子。如孩子刚学习一会儿，家长就进来询问："宝贝，口渴了吗？要不要先喝点什么？"于是，孩子的学习被迫中断。不一会儿，家长又会进来说："做得怎么样了？有没有遇到难题？""光线够不够呢？

要不要我帮你调亮一点？"……这样一而再、再而三地"关心"，一次又一次打断了孩子学习的思路。试想，一个注意力总是被打断的孩子，如何能高质量地完成自己的学习任务呢？

家长可以先和孩子沟通一下，征求一下孩子的意见，如果孩子需要帮助的话，家长再出现在孩子身边，这样不仅能保证孩子写作业时注意力的连贯性，还可以培养孩子独立思考的习惯。

3．避免外物的干扰

小芸的书房紧邻小区的大门口，时不时有人走动，小区大门的"哐当"声和门卫的问询声不时传来……在这种环境下，小芸写作业的时候总是无法集中精神，她总喜欢一边做作业一边竖起耳朵听外面是不是有小伙伴玩闹的声音，还时不时探头看看窗户外面发生了什么事情……

妈妈了解到这种情况以后，立刻为小芸调换了卧室。此后，小芸的学习明显专注多了。

我们都知道，孩子的注意力是以无意注意为主的，他们常常会因为外物的刺激出现注意力分散的现象。因此，在给孩子布置房间时，家长应该考虑到房间的位置、隔音效果等因素。减少无关的刺激和干扰，给孩子尽可能安静的空间。比如，孩子的房间不要邻街，如果家住在邻街面的地方，又无法搬迁，家长不妨和孩子一起采取措施，以减少噪声等不良刺激的干扰。

先来看看墙壁有没有可改造的地方，墙壁不宜过于光滑。如果墙壁过于光滑，声音就会在接触光滑的墙壁时产生回声，从而增加噪声。因此，可在小床旁的墙上钉一块布。这个小窍门源于电影院，如果你仔细观察一下就会发现，电影院里的墙壁是凹凸不平的，因为凸凹不平的墙壁可以吸收一部分声音。

再来看看家具的摆放。尽量把房间里的家具合理放置。家具过少的房间会使声音在室内共鸣回荡，增加噪声。

女孩子喜欢的布艺装饰品也有不错的吸音效果。悬垂与平铺，其吸音作用和效果是一样的，如挂毯、布制的装饰花甚至窗帘等。其中，以窗帘的隔音作用最为明显，既能吸音，又有很好的装饰效果，是不错的选择。

4. 给孩子创造安静的家庭学习氛围

孩子的注意力很容易受到外界声音的干扰。因此，要想孩子专心地学习，家长自己要保持安静，不要做分散孩子注意力的事，如看电视、大声议论或哈哈大笑等。如果是在不同的房间里，家长也应该把门关好，并注意声音的大小。在这方面田众的爸爸妈妈就做得很好。

总之，保证孩子学习环境的独立与安静，不仅体现了家长对孩子的尊重与理解，还可以发展其注意的稳定性与持久性，让孩子更有效地学习。

书房要整洁有序

孩子学习的空间除了要独立、安静，还应该注意其布局是否科学合理。如果孩子的房间总是乱糟糟的，或者色彩过于花哨，摆设过于复杂，都会让孩子产生焦躁不安的心理，导致他们在学习的过程中容易分心。以下就有这么一个案例：

郭亮亮的家庭条件不错，妈妈为了保证他能安心学习，特意给他布置了一个小书房。

这是一个通风透气、光线充足的朝南房间，背景明朗艳丽，墙上挂了好几幅风景画和亮亮帅气的写真照片。窗边是书桌，桌上放了一台电脑、一个漂亮的会动的音乐笔筒和一个地球仪。书桌边有个玩具柜，上面摆了很多玩具，如遥控飞机和赛车等，在玩具柜旁边还有一个赛车跑道。

郭亮亮每天放学一回家就跑进书房里"写作业"，还要求别人不要打扰他。可他每天都要磨蹭到很晚才能把作业写完。为此，亮亮的妈妈很是纳闷，不明白亮亮的学习效率怎么会这么低。

有一天，妈妈下班回家，偷偷打开亮亮的房门观察亮亮。她发现，亮亮总是一边写作业一边用手逗引音乐笔筒，使其发出声音来。过了十多分钟，亮亮起身来到赛车道前，取了两辆四驱车让它们比赛，玩了好一会儿，他才回到书桌前继续写作业……可以说，郭亮亮的"学习生活"甚是丰富多彩。

看到这里，郭亮亮的妈妈明白了：原来都是房间的布置摆设惹的祸！

试想想，孩子的自制力本身就有限。房间里的东西如此丰富，孩子怎么可能静得下心来学习呢？为了保证亮亮的学习效率，妈妈把他房间里那些玩具全部撤走了，只做了简单的布置，一段时间后，亮亮的学习效率明显比以前提高了。

　　郭亮亮的故事给了我们一个警示——孩子房间布局的科学合理很重要。专家建议，适合孩子学习的环境应该达到以下标准：

　　第一，房间的布置不要过于花哨，摆设也不能太过复杂。因为饰物过多、摆设过于复杂，会对孩子形成视觉干扰，让孩子在脑中形成多个兴奋点，影响孩子的注意力。因此，家长应尽量简化孩子学习空间里的东西，房间布置应该以舒适实用为主，家具不宜过多，色调要柔和，不要有复杂的装饰。物品摆放有规律、有秩序，色彩不能花哨。玩具方面，除了孩子最喜欢的一两个可以放出来，其余最好摆在固定的玩具角内。

　　第二，孩子的书桌应该根据其年龄、身高、喜好来选择。书桌应摆放在光线充足而不刺眼的地方；书桌的位置应尽量固定，不要经常移动；台灯最好采用可调节亮度的灯。书桌上的东西应尽量保持整齐，除了文具和书籍外，不应摆放其他物品，以免分散孩子的注意力；抽屉和柜子最好上锁，以免孩子随时翻动；书桌前方除了张贴与学习有关的地图、公式、拼音表外，不要贴其他吸引孩子注意力的东西。女孩的书桌上不宜放置镜子。

　　第三，最好在学习场所准备好需要的用具，如纸、笔、直尺、草稿纸、削好的铅笔、橡皮擦等。如果孩子刚想学习，却发现所需的用具不见了，或者是横七竖八地乱放着，这会影响到孩子的心情，使其注意力难以集中起来，从而妨碍到学习。

　　第四，为孩子提供舒适的学习环境。为了打造舒适的学习环境，家长可以在孩子房间的墙上贴一些装饰画或者绘画作品，还可以在窗台上放个盆栽。一个舒适的学习环境能够增进孩子的学习兴趣，从而提高他们的学习效率。

如果孩子喜欢诸如芳香油或者香烛之类的东西，家长完全可以用这些东西来增加学习环境的舒适感。但是，要注意香味不要太浓，否则反而会引起身体上的不适。

此外，为了能给孩子提供一个整洁、舒适、有序的学习环境，家长还可以试着引导孩子把自己的房间打扫干净，并培养孩子把自己的东西整理得井然有序的好习惯。一开始父母可以帮着孩子整理一下房间，将学习用品和生活用品分开放，并且告诉孩子拿东西后要物归原处，再过一段时间之后，和他一起整理，最后完全由他自己整理，让他养成爱整洁的好习惯，也让孩子学会主动改造自己周围的环境。如教孩子将清洗干净的衣物叠好后，分类、整齐地放进橱柜中，脱下的衣帽、鞋袜挂放在适当的位置，不乱丢，然后擦拭桌椅……

这不仅可以帮助孩子整理好自己的房间，避免刺激物分散孩子的注意力，还可以培养孩子手眼协调能力、分类辨识能力及做事的条理性。良好的生活习惯的养成，能让孩子终身受益！

睡眠与注意力

小远是小学三年级的学生，今年 8 岁。比起同龄人来，他显得要矮小、瘦弱得多。在班上几乎听不到他的一点动静，因为他总是迟到挨老师批评，上课的时候还老是走神儿，一副精神恍惚的样子，很多时候老师讲什么他都不知道。于是，班上的同学经常嘲笑他。他也很怯懦、很自卑。

可是，一回到家，小远就像换了一个人似的，跟着邻居家的哥哥到处跑，玩得不亦乐乎。他最喜欢的就是跟邻居的哥哥比赛车，通常玩到晚上 8 点多钟才回家。匆匆忙忙写完作业，他便又自己琢磨上了，如何玩赛车才能赢哥哥。这样一折腾，一般都要到 10 点多甚至 11 点才睡觉。第二天自然又起不来，又没顾得上吃早饭，又挨老师批评，又精神恍惚了……

生活中像小远这样的孩子有很多，他们晚上总是玩得不亦乐乎，早上却千呼万唤起不来，即便勉强起来，头脑也是昏沉沉的，一整天都无精打采，以至于学习效率低下，成绩差。

法国科学家在研究中发现：孩子的学习成绩与睡眠时间长短关系密切。凡睡眠少于 8 小时者，61% 的人功课较差，勉强达到平均分数线者仅占 39%，无一人名列前茅；而晚上睡眠 10 小时者，76% 中等，11% 成绩优良，只有 13% 功课较差。这是为什么呢？

原来，人的脑垂体的生长激素主要在夜间睡眠中分泌，人体需要的各种营养素的合成，也只有在睡眠和休息的时候才能很好地完成。所以，孩子只有睡眠充足，才能长高长壮、精神集中、精力充沛。而如果孩子睡眠不足，大脑的疲劳难以恢复，大脑细胞的活动能力大大降低，以至于第二天头昏脑涨、无法集中注意力，记忆力也随之下降，学习效率也因此受到严重影响。所以，要想让孩子精神焕发，注意力集中地学习，家长应提高孩子的睡眠质量，让孩子从小养成良好的睡眠习惯。

那么，家长应如何让孩子养成良好的睡眠习惯呢？

1. 合理安排作息时间

要想保证孩子的睡眠质量，让孩子养成良好的睡眠习惯，家长就要规定好孩子每天睡觉、起床的时间，并严格遵守。如低年级孩子入睡的时间以晚上9点以前为宜，起床时间则最好在早晨6点半左右；小学中、高年级的孩子入睡时间不宜晚于10点，早上在6点前后起床最好。

家长可以帮孩子制定一个时间计划表，让孩子自觉按照时间表执行，按时睡觉，按时起床，家长不要包办代替，可以委婉地提醒，但提醒的次数不要太多，以免让孩子产生依赖感。

2. 睡前做好准备工作

一些睡前的准备工作可以提高睡眠质量，从而使孩子第二天更好地集中注意力。因此，家长帮孩子做好睡前准备很重要。

（1）为孩子营造祥和、温馨的氛围。家长提前半个小时让孩子平静下来。这时候，家长可以给孩子营造一种温馨而舒适的临睡氛围。如给孩子播放轻柔、舒缓的音乐以帮助孩子入睡，或者给孩子讲一个小故事，之后暗示孩子可以睡觉了。如此一来，孩子就能睡得宁静而安稳，从而保证睡眠质量。

（2）不要给孩子睡前刺激。在孩子睡觉之前，说笑打闹或者做一些剧烈的活动都会影响到孩子按时入睡，更会影响到他们的睡眠质量。因此，家长不要让孩子睡觉前玩枕头打仗或打球等游戏，不打骂、训斥孩子，强迫孩子做不愿做的事情。

（3）让孩子用温水洗脚或给孩子按摩。在睡前，家长可让孩子用温水洗脚，这能使身体上（脑）下（足）保持协调，从而清心安神，使睡眠充足。还可以在孩子临睡前花十几分钟替孩子做简单的全身按摩，不仅放松了疲劳的身体，同时帮助孩子疏通了经络，有利于脾胃的消化、吸收。

此外，入睡前还要注意不要让孩子吃夜宵，不能饮浓茶、咖啡、饮料，不要吃巧克力等。晚饭不要吃得过饱，可以吃一些含有氨基酸的食物。

3. 给孩子提供合适的睡眠条件

除了做到以上两个方面以外，家长还应该注意孩子的睡眠环境是否有利休息。如室内光线、温度、空气流动情况、室内卫生情况及床铺情况等。具体体现在以下几个方面：

（1）给孩子提供舒适的床。孩子的床要宽敞、软硬适中。太硬的床会让孩子无法入睡，太软的床又会让孩子睡得昏昏沉沉。一般以软硬适中的棕绷床或软木板的床为宜。

（2）给孩子提供合适的枕头。很多人睡眠质量差是由枕头引起的。枕头软硬高矮不适以及材质选择不当，都会直接引发睡眠障碍。如果枕头不舒服，会增加孩子的翻身次数，出现失眠、打鼾、多梦、早醒、神经衰弱等睡眠问题。睡眠质量难以保证，睡醒后还会感觉头疼、头晕，甚至比没睡觉更加疲惫。落枕就是由于枕头只支起了头部，而让脊椎承受过大压力造成的。因此，孩子们的枕头要软硬适中，以孩子躺在枕头上舒服为准。

（3）灯光要强弱适宜。家长应为孩子准备床头灯，方便孩子开关灯，同时光线不要太强，以免刺激到孩子的眼睛。

（4）空气要流通。通风是卧室的一个重要条件，因为新鲜的空气比什么都重要。无论室外的温度高低，睡觉之前都应该开窗换气。保持室温稍凉，卧室温度稍低会有助于睡眠。

4. 要持之以恒，不要打乱固定睡眠时间

家长为孩子制定固定的睡眠时间，无论什么情况都不要轻易打乱。这一点不太容易做到，很多时候，特别是节假日，许多家长看孩子睡得很香甜，不忍心把孩子叫醒，任其睡懒觉。这样，孩子没能将不睡懒觉的习惯贯穿始终，所以很难养成按时睡觉、起床的习惯。因此，要想让孩子做到按时作息，家长一定不能迁就孩子，不要因节假日、家中来客人、看电视或打游戏等改变孩子的睡眠习惯。

孩子养成按时睡觉的习惯后，家长可以对孩子进行奖励，以使孩子更乐于坚持这种行为。这不但可以提高孩子的睡眠质量，而且使孩子的大脑得到了充分的休息，无形中也促进了孩子注意力的集中。

让孩子接触大自然

谈起让孩子去户外活动，很多家长总是以孩子学业忙，没有时间为由，不允许孩子出去。以至于很多孩子除了学习，就是在家看电视、上网玩游戏。他们很少有机会与大自然亲近，更不用说走进大自然，体验大自然了。

实际上，大自然的美好不仅可以刺激孩子的大脑细胞，提高大脑兴奋度，提高孩子的注意力，更可以让孩子的情感得以抒发，情绪得以释放，从而发挥更大的潜力。可以说，大自然是孩子学习知识、体验"美"与"生命力"的得天独厚的课堂。在这一课堂中，孩子不仅可以感受到大自然的美好，更可以增长见识，锻炼自己的意志力。

而成天把孩子关在屋子里，让孩子待在狭小的空间里，容易让孩子在枯燥乏味的生活中变得郁郁寡欢，影响了孩子的专注力，还遏制了孩子各种能力的发展，影响其身心健康。因此，家长应把孩子从闭塞的空间里解放出来，创造条件让孩子去感知自然，体会自然的美丽和乐趣，让孩子在自然的怀抱中健康成长，提高感受力与专注力。

对于孩子来说，大自然是他们学习、体验、观察、探索的最好场所，在这里，他们的知识得以丰富，体验得以增长，观察力得以提高，而观察所需要的专注力更得到很好的发展。因此，要想培养孩子的专注力，家长一定要懂得利用大自然这一丰富的资源。

英国生理学家埃德加·艾德里安的妈妈很早就对孩子进行启蒙教育，尤其是带孩子到郊外散步。在郊外，母亲一点一滴地教他认识和观察花草，告诉他怎样根据花蕊来识别花草，怎样记住各种动植物的名称。在这样的熏陶下，埃德加·艾德里安从小就喜欢大自然，喜欢观察。他能够连续几个小时趴在地上观察蚂蚁搬移苍蝇的活动，观察小鸟如何捕食。随着他认知领域的不断扩大，他爱上了解剖小动物。他经常抓一些小动物进行解剖，不仅细心观察，而且把观察结果描成图画。

从小在大自然中培养起来的观察力与专注力成就了埃德加·艾德里安的辉煌。1908 年，艾德里安获得科学奖学金，进入剑桥特里尼蒂学院学习生理学。1932 年，艾德里安获得了诺贝尔生理学或医学奖。

埃德加·艾德里安的故事告诉我们，与其将孩子封闭在狭小的空间里，让孩子变得狭隘、无知，不如释放孩子的身心，让孩子在大自然中体验、探索与学习，从中受到教益。

具体地说，家长可以做到以下几点：

1. 把孩子带到大自然中，感受自然之美，提高审美情趣

大自然的美是多方面、多层次的，家长要和孩子一起去欣赏、领略。高高的山峰好似巨人巍然屹立、坚不可摧；苍松翠柏顽强地生长于悬崖峭壁，显示了旺盛的生命力；急湍的河流飞泻而下，似有千钧不当之势；青青的小草平凡可爱……

自然界的美不仅表现为美丽如画的景色，还有悦耳的音乐。这是一种特殊的乐曲，它是鸟儿的歌唱声、树叶的沙沙声、流水的潺潺声……这一切细细品味，韵味无穷。

在大自然中，孩子的身心得到了放松，其审美情趣更有可能得到提高。在美的熏陶中，孩子将会更加热爱生活、热爱生命。

2. 培养孩子的环保意识

欣赏大自然，更重要的是培养孩子热爱自然、珍惜环境的意识，培养他们热爱动物、保护花草树木的情感，使孩子懂得保护生态

环境的重要性,这才是欣赏大自然的真正目的。根据不同的地理位置、不同的季节、不同的时间来感受大自然的不同风貌。春天绿芽长出来了,给人满目生机;夏天树木长满树叶,给人带来片片荫凉;秋天天高气爽,让人感到阵阵快意;冬天到处银装素裹,使人体会白色世界的纯洁。这是四季不同的景色,在这里春的生机、夏的炎热、秋的凉爽、冬的淡雅都一目了然。这是父母指导孩子欣赏大自然时必须掌握的。

3. 平时,家庭应购置一些关于旅游类的书籍

闲暇时翻翻旅游类的书籍,可增长见识,引起孩子探索的欲望;也可与孩子一起看看"人与自然""自然探索""动物世界""国家地理"等关于自然科学的电视节目,加强感性认识,以让孩子比较多地了解国内国外的自然知识。

4. 经常带孩子出去旅行

正所谓"读万卷书,不如行万里路"。因此,有条件的家长可以多带孩子出去旅行。让孩子在旅行的过程中增长见识、增长能力,锻炼个人意志。

一位经常带女儿出去旅行的母亲,曾这样介绍自己的经验:

女儿5岁那年,我在书店买了本介绍全国旅游景点的书,每到一个地方旅行之前,我都会先在书上看一遍,然后用儿童容易理解的语言讲给女儿听,让她先对这个地方有个初步的认识和了解。我想,让孩子带着问题去玩,不仅锻炼了身体,同时也可以增长地理、历史等各方面的知识,这对孩子的身心健康和语言及写作能力的提高都有好处。

随着孩子年龄的增长，我除了让她准备该带的物品外，还专门给她准备了一个能背着的小旅行包。其实我知道孩子所能承受的重量，里面并没有装很多的东西，目的只是让她有合作的意识和小大人儿的意识。

当我们在旅途中遇到不认识的路时，我会坐在一边请女儿帮忙问路，这样孩子在旅行中不仅增长了许多的知识，还学会了与人交往的技巧，学会了如何处理问题。

当然，如果家庭条件不允许或工作太忙没时间，家长可以带孩子到郊外走走或到户外散散步等。这也是让孩子亲近大自然的一种方法。

磨炼孩子的耐性

常听到一些家长抱怨："我这孩子挺聪明的，可就是没有耐性。做事总是虎头蛇尾，半途而废。上课的时候没坐几分钟就开始东张西望，即便不东张西望，他也会这里翻翻，那里敲敲……"这种情况在孩子当中并不鲜见。许多孩子由于身心发展水平的限制，做事情缺乏耐性，不能将注意力长时间集中于一件事情上……正因为缺乏耐性，注意力不集中，孩子往往不能很好地学习，更不能有始有终地完成一件事情，长此以往，不仅会影响孩子的学习成绩，更会影响孩子今后的工作和生活，其后果不容忽视。

其实，孩子注意力不集中，做事虎头蛇尾，属于心理活动中的意志品质问题。要改变这一状况，家长唯有从小培养孩子的坚强意志，培养孩子的耐性！为了培养孩子做事的意志和耐性，家长应从如下几方面入手：

1. 做出榜样

只有家长首先学会忍耐等待，才能让孩子学会忍耐。许多孩子没有耐心，是因为家长对孩子做事的要求往往也是虎头蛇尾。所以，家长首先要注意不让孩子养成半途而废的行为习惯。在开始一种新的活动之前，家长必须让孩子把正在进行的活动做个了结。如让孩子去洗澡，应在开始烧水时就告诉孩子，画好这张画后就去洗澡。然后在孩子洗澡之前别忘了认真检查画到底画完了没有，这本身就是在培养孩子做事有始有终的良好习惯。

2. 给孩子设置点障碍

家长应该有意识地给孩子设置点障碍，为孩子提供一些克服困难的机会。因为耐心是坚强意志磨炼出来的，越是在困难的环境中，越能锻炼孩子的耐心。要让孩子知道，做好一件事要经过努力，才能完成。孩子经过努力完成一件事时，应当及时给予表扬，以强化其做事有始有终的良好习惯。

3. 给孩子讲有关意志力的故事

家长可以经常给孩子讲有关意志力的故事，告诉孩子成功与失败往往只有一步之遥。只要咬紧牙关坚持一下，胜利便在眼前。但是，许多人正是因为在前面的搏斗中已经筋疲力尽，在最后的关头，即使遇到一个微小的困难或障碍都可能放弃，最终功亏一篑。

4. 培养孩子的信心

培养孩子的信心，使孩子了解并发挥自己的长处。天下没有十全十美的人，而正在成长的孩子就更需要时间来体验挫折，享受成功，进而认识自己。家长应当在孩子小的时候就给他一定的空间，让他大胆尝试，并允许他在尝试中犯错误，以获得经验。

家长在鼓励孩子大胆尝试的时候要注意，把焦点放在尝试的过程和孩子付出的努力上，不要过分强求一个完美的结果。要经常表扬孩子，让他有机会认识自己的优点和长处。这样，当孩子遇到挫折时，就不会一蹶不振，轻易放弃了。

5. 对孩子进行坚持力的训练

家长要经常告诉孩子，坚持就是胜利。对孩子坚持做事的习惯，家长应给予及时鼓励，要求并督促孩子将每一件事情都做完。在锻炼孩子意志的过程中，家长要尽量制定与孩子身心发展相一致的任务。

6. 让孩子独立解决问题

无论是谁都不喜欢困难的问题和费力的事情，看到孩子做题慢或不能做出来而将答案告诉孩子的办法是错误的。应当培养孩子独立解决问题的习惯。

7. 玩益智玩具

让孩子玩一些能开发智力的玩具，例如积木类。一个个小木块堆积在一起组成不同的形状，这个过程最能锻炼孩子的耐性。此外，剪纸同样也是一种培养孩子耐性的好方法。沿着画好的线小心地裁剪，自然而然地锻炼了孩子的耐性。

此外，要集中孩子的注意力，使他们持久地沉浸在一种活动中。要让孩子知道，生活中许多事是需要耐心和等待的。有时孩子饿了马上要吃，渴了马上要喝，想要什么玩具当时就要买，家长可有意延缓一段时间，不要立刻满足孩子的要求，以培养孩子的耐心。

"宝剑锋从磨砺出，梅花香自苦寒来。"培养孩子的耐性，使孩子能够集中注意力完成学习和工作并不是一朝一夕的事情，也不是单靠几件事儿就能见效的，应该从生活的各个方面有意识地进行，坚持不懈地培养孩子坚强的意志力。这样，孩子才能逐渐变得坚忍而自制！

培养有规律的生活习惯

生活没有规律是导致孩子注意力分散的一个重要原因。

王恺与大多数男孩一样，非常贪玩。每天放学后，他很少会直接回家，而是这里逛逛，那里遛遛。反正回到家里也没人，爸爸妈妈没下班，奶奶又到隔壁打麻将去了，一个人在家也挺无聊的。

为了消磨时光，有时候王恺还会趁放学这段时间跑到网吧玩游戏，有时候玩得过了头，还要妈妈跑到网吧来找。

回家后，他匆匆忙忙吃几口饭，就写作业去了。当然，很多时候因为太晚了，他的作业没有写完。

在学校，王恺基本上属于那种既不专心又不听话的孩子。他的心思不在课堂上，总是一会儿用笔敲敲前桌的脑袋，一会儿转到后桌去说话，老师批评他，他还跟老师顶嘴。弄得老师对他很是头疼。

王恺之所以如此随性，毫无约束，与其家庭教育有很大的关系。在日常生活中，王恺的爸爸妈妈因为工作忙没有时间管束孩子，而王恺的奶奶又忙着打麻将，以至于王恺流连于网吧、街道，受到诸多外物的诱惑，在这种情况下，王恺分心、不爱念书就是情理之中的事情了。生活中，有很多像王恺这样的孩子，他们之所以过着无规律的生活，与他们的家庭教育是分不开的。具体表现在以下四个方面：

1. 家长自身生活无规律

有些家长自身生活放纵、毫无规律、追求享乐，家中人来人往，过于喧闹，长此以往孩子也会养成随心所欲的习惯，注意力变得分散、不易集中。

2. 家长不管教，使孩子缺少行为规范

一些家长担心让孩子过有规律的生活会约束孩子的创造力，让他们变得刻板而没有创新力，因此，对孩子采取撒手、听之任之的态度。孩子从小缺少行为规范，不仅无法养成注意力集中的习惯，还会形成多种不良品性。有的孩子为了引起大人的关注，经常有意地以不同行为吸引大人注意以达到自己的目的，结果出现注意力分散的问题。

3. 家长过于娇纵

还有一些家长认为孩子平时学习太辛苦，于是，一到节假日就给孩子放假，允许孩子睡懒觉，晚上玩游戏到深夜。作息不按时导致了孩子生活的无规律，从而影响了孩子的注意力。

4. 过度的自由与放任

过度的自由和放任对规律的形成是有害无益的。

生活中许多家长都很忙，没有足够的时间照顾孩子，所以在把孩子接回家之后，很多家长的办法就是打开电视给孩子看，或让孩子自行从事所喜欢的活动。于是，孩子坐在电视机前，一个接一个地看自己喜欢的电视节目，没有家长催促是不会自觉去写作业的。等到快睡觉了，孩子才想起作业来，迫不得已，只好挑灯夜战，如果作业多，势必要花费很长时间，这便又影响到了休息。久而久之，孩子就形成了生活不规律的习惯。

有秩序、有规律的生活，有利于孩子专注力的发展，更有利于孩子的身心健康。因此，家长应该培养孩子有规律的生活习惯。以下是专家的建议：

（1）为孩子制定一个有规律的、固定的指导日常事情的规章制度。对于一个不成熟的孩子来说，一个能预知的世界就是一个安全的、有秩序的和靠得住的世界。在制度中，也可以把希望孩子应有的行为写下来，以促使他们学习。家庭日常生活制度可以避免把家务事打乱，是既省时又省力的教子方法。

要精心地建立日常制度，把一天时间安排得疏密有致，学习、劳动、休息、娱乐、玩耍等要交替进行。一天的安排如此，一天与一天之间也要有连贯性和一致性。如就寝时间、起床时间、就餐时间、做作业时间等，这些事情都要按制度行事。

制度订立后，可以有一个试行期。发现欠妥之处，可以做些修正。制度也不是固定不变的，应尽量使它富于灵活性，符合家庭活动的变化和孩子的生长变化。

制度制定后，家长要认真督促孩子，孩子表现出某种不自觉时，要及时提醒。重要的是使之形成习惯。

（2）家长要以身作则，过有规律的生活。好家长胜过好老师，家长一定要言传身教，以身作则。如家长要求孩子早睡早起，自己也要尽量去做，不要一有应酬，抽烟、喝酒、聊天等，便什么都忘记了。自己生活无规律，又怎么能让孩子做到有规律地生活呢？

（3）帮孩子建立秩序感。家长可以为孩子提供一个属于自己的角落，在学习物归原处、整理个人物品的过程中，逐渐建立秩序感。在执行过程中，家长要严格而不严厉。

（4）让孩子体验到规律的好处。很多时候，孩子生活无规律，必定手忙脚乱，做不好事情。反之，如果他（她）生活有规律，做什么事情都得心应手。因此，如果你的孩子做到诸如头天晚上把第二天上学要准备的东西准备好，自己的衣物摆放整齐了，上学没有迟到这些看上去颇有规律性的事情时，家长应表扬孩子，鼓励孩子坚持。一旦孩子坚持下来，便能成为一种习惯。这对孩子的一生是有很大益处的。

总之，孩子有规律的生活是家长训练出来的，只要让孩子适应了规律，必定能从规律中得到好处。

第三章

激发孩子的内在动力

培养孩子的专注力，内在动力起着不可忽视的重要作用。具有内在动力的孩子，能集中注意力做好自己想做的事情；反之，缺乏内在动力的孩子，很难做到专心致志、心无旁骛。因此，如果你希望自己的孩子变得更专注，一定要想方设法激发孩子的内在动力。

用目标指引专注的方向

潜能大师博恩·崔西曾说："成功等于目标，其他都是这句话的注释。"事实也是如此，一个人的意志作用往往与他对预定目标的明确性、牢记目标的持久性和实现目标的迫切性相联系。目标对人生有巨大的导向作用，能使人的注意力产生聚焦作用。

相传二战时期，美军要派遣一支侦察队到德军后方进行侦察和破坏，因为任务紧急，只有一个星期的时间学习德语。如果学不会地道的德语，就很容易被抓住。结果，一周之内，所派侦察兵全都学会了德语日常用语。

由于实现目标的迫切性促使这些侦察兵有了极大的危机感和紧迫感，在这种危机感与紧迫感的作用下，他们的注意力高度集中，从而产生了惊人的效果。这就是目标的力量。对孩子来说，有明确、急需完成的目标同样重要。有目标的孩子通常知道自己要达到什么样的目的、要执行什么任务。这样，他就能集中注意力，调控和制约自己的行为，不会在学习或者活动的过程中半途而废。相反，孩子如果没有计划、缺乏目标，就会把精力放在琐碎的事情上，从而导致其注意力不集中，情绪不稳定，意志力薄弱。轻则会影响孩子的学习成绩，重则会影响孩子今后的发展。因此，家长应该帮孩子明确活动或学习的目标。当孩子瞄准目标以后，他内在的动力系统便开始启动，而内在的动力是调动孩子有意注意和持续注意的关键，能够激发孩子无限的潜能，使孩子逐步走向成功。

有一位聪明的妈妈是这么给孩子定目标的——

年轻的妈妈小李发现孩子在学习弹琴的时候总是没有计划，弹不了一会儿就去看动画片了。

于是小李帮孩子制订了两个明确的练琴计划，供他选择：每天弹琴半小时，刚回家的时候弹也行，吃完晚饭弹也行，但是，弹琴的时间必须连续，一定要弹足半小时。孩子考虑到晚饭前有一个他喜欢看的动画片要播放，于是选择了吃完晚饭再弹。结果，他对自己的计划一直执行得非常好。

过了一些时候，小李告诉孩子："你每天练琴半小时坚持得很好，但是你打算用几天的时间把一首曲子弹到熟练呢？"

孩子想了想，很有把握地说："照我目前练习的情况来看，我觉得一周练习一首曲子，而且把曲子弹好是没有问题的。"

听了孩子的话，小李满意地点点头。

事实上，当孩子有了这样的目标以后，学习与弹琴这两件事情都会做得非常好。因为他懂得制订计划、确定目标的好处了！

聪明的妈妈总是在生活中寻找各种灵感，采取一些看似简单实则智慧的方法帮助孩子把精力集中在学习上。那么，在日常生活中，我们应如何帮助孩子确定目标，用目标引导孩子的专注力呢？专家以为，家长可以从以下几个方面入手：

1. 让孩子认识到目标的重要性，激励孩子实现目标

孩子一般都不愿意关注自己不喜欢的东西，但是成长的需求

之下要求他们学习某些不喜欢的课程。家长和老师要让孩子充分认识到这些课程的重要性。低年级的孩子以自己做的事情能否让别人高兴、能否获得别人的认同作为评价自己行为对错的标准，家长可以告诉他，学好某一门课，爸爸、妈妈、老师、亲戚、朋友都会更喜欢他；对高年级的孩子，家长可以对他说，只有学好这门课，才能升入理想的中学，将来才能实现他的理想。此外，家长可以经常给孩子讲述他（她）所崇拜的人，小时候为了成就事业而刻苦学习的故事，这对孩子会产生很好的激励作用。

2. 让孩子按计划办事，实现自己的预定目标

在日常生活中，家长要向孩子强调计划的重要性，要求孩子为任务制订计划。这些计划的制订应该让孩子参与，家长只是提供必要的辅助。

计划制订了以后，孩子必须按计划行事，不能半途而废。对年幼的孩子来讲，在玩玩具的时候，家长应该要求他们自己把玩具拿出来，玩完以后自己收好；看书、做作业的时候要认真，写完以后才能去玩；做事应该有责任心，自己把握做事的进度。

有一名小学生做事非常磨蹭，本来没有多少作业，却非要拖到很晚，这让妈妈又气又急。

有一次，妈妈想了一个办法。她跟孩子约定，做作业的时间只有半小时。然后，妈妈把闹钟上好，孩子开始做作业。半小时一到，闹钟就响起来，孩子还差两道题目没做完。孩子向妈妈投来求助的眼神，但是，妈妈毫不犹豫地说："时间到了，你不要做了，睡觉吧。"

第二天，妈妈把孩子没做完作业的原因告诉了老师，老师也支持妈妈的做法。这天晚上，妈妈又上好了闹钟，孩子一开始做作业就很抓紧时间，效率明显提高，居然在半小时内就顺利地做完了作业。

从这以后，孩子做作业的速度和质量都提高了。而且，做其他事情的时候，他都会有意识地给自己设定一个时限。

3. 随时让孩子给自己制订小目标

家长可以引导孩子给自己制订小目标，这样做可以让孩子灵活地调配自己的注意力。比如，背诵一篇课文，先背熟第一段；学一个解题方法，先学会前两步……这些小目标会时刻鼓舞孩子全神贯注地投入学习当中，自然就避免了分神、开小差。

4. 让孩子养成把计划和目标写在纸上的习惯

美国著名的商业大学——哈佛大学在1979年对应届毕业生做了一项调查：他们询问在应届毕业生中有多少人有明确的人生目标。结果只有3%的人有明确的人生目标，并且将其写在了日记本上。他们把这些人列为第一组；另外有13%的人在脑子里有人生目标但没有写在纸上，他们把这些人列为第二组；其余84%的人都没有明确的人生目标，他们的想法是完成毕业典礼后先去度假放松一下，这些人被列为第三组。

10年后，哈佛大学又把当初的毕业生全部召回，结果发现第二组的人，即那些有人生目标但没有写在纸上的毕业生，他们每个人的年收入平均是那些没有人生目标的毕业生的两倍。而第一组的人，即那些把明确人生目标写在日记本上的人，他们的年收人是第二组和第三组人的收入相加后的 10 倍。也就是说，如果那 97% 的人加起来一年挣一千万美元，那么这 3% 的人加起来的年收入就是一个亿。

这个调查很清楚地表明，确定明确人生目标并写在纸上的重要性。白纸黑字，具有巨大的潜能。如果你不把目标写下来，并且每天温习的话，它们很容易被遗忘，它们就不是真的目标，它们只是愿望而已。实践证明，写下自己目标的人比没有写下目标的人更容易成功。而实现目标需要制订计划。如果没有一个切实可行的计划，你的目标只是空中楼阁、海市蜃楼。

5. 用奖励机制鼓励孩子达成目标

比如，一个平时写字总是拖拖拉拉、漫不经心的孩子，如果你许诺在他认真写字、按时完成任务之后就送件他一直想得到的礼物，他一定会静下心来，集中注意力认真写字。

6. 通过游戏目标来训练孩子的注意力

有一个传统游戏叫"偷象棋"。把棋子哗啦一下倒在棋盘上堆成一个堆，然后用食指轻轻地将棋子一颗一颗地拿走，发出声音就算失败了。这个游戏要求参与者集中精力，否则很容易因发出声音而失败。因为孩子都有好胜心，他会聚精会神、小心翼翼，让棋子在拿走时不发出声音。

在日常生活中，家长还可以训练孩子带着目的自觉地集中或转移注意力。如问孩子："妈妈的衣服哪儿去了？""桌上的玩具少了没有？"或是叫孩子画张画送给妈妈做生日礼物等，这样有目的地引导孩子学会有意注意，可让他逐步养成围绕目标、自觉集中注意力的习惯。

用兴趣强化专注力量

心理学研究表明，孩子的注意力以无意注意为主，注意的稳定性较差，注意的目的性不专一。很多时候，他们的注意力受兴趣的左右。孩子对某一事物的兴趣越浓，其稳定、集中的注意力就越容易形成。比如，孩子在看自己喜欢的图画书时，不用提醒也能聚精会神、专心致志。反之，如果孩子对某一事物缺乏兴趣，其注意效果就差。比如，孩子在家长的逼迫下看书，他往往会这里瞅瞅，那里看看，一点都不专心。因此，要培养孩子的注意力，家长要有目的、经常性地发现孩子的兴趣点，发展孩子的有意注意。因为兴趣是孩子保持专注的首要条件。

当日本著名的教育家伏见猛弥发现自己两岁的孩子十分喜欢汽车和火车时，他不仅买这些玩具当作礼物送给孩子，更有意识地帮助孩子发展这一兴趣。例如，引导孩子学画、学做交通工具。结果，这个孩子的注意力变得非常集中，观察力也相当棒。

当时，日本小学五年级的学生才开始学习"近大远小"法透视，而伏见猛弥的孩子在 3 岁时就掌握了。他画出来的各种汽车简直就像要从画里跑出来一样。不仅如此，他还剪下厚纸板，把它们组合成火车头等东西。

正是伏见猛弥对儿子兴趣的培养，使得他的儿子从小养成了对喜欢的事情持之以恒的习惯，他甚至获得了一个惊人的成果：在上小学二年级时，他对蝴蝶标本产生了兴趣，并首次发现了在日本未被记载的、一种生活在荷兰加瓦岛的蝴蝶。

可以说，伏见猛弥的儿子是幸运的，他遇到了一位尊重自己、了解儿童心理的好爸爸。与伏见猛弥的爸爸一样，叶小欣的妈妈也是一个懂得利用孩子的兴趣点培养孩子注意力的妈妈。

与很多注意力不集中的孩子一样，叶小欣的注意力也很容易受到外界的干扰，兴趣也总在不停地转换中。

有一天，妈妈带叶小欣到野外郊游。不一会儿，小欣就兴高采烈地跑来告诉妈妈，她摘了一点雏菊。说完她得意扬扬地向妈妈举起了手中的花儿。聪明的妈妈没有放过这个快乐的时刻，她引导叶小欣观察雏菊，并对孩子讲解了起来："你看，雏菊有淡黄色的眼睛，白色的睫毛围绕着它，它整天躺在草丛里，睁着大大的眼睛，仰望着红红的太阳，可是，它却不能像我们的小欣一样眨巴眼睛。这就是为什么人们把雏菊叫作'白天的眼睛'的原因。"

听了妈妈的话，小欣兴致高涨起来，她眨巴着眼睛问妈妈："那小雏菊晚上做什么呢？"妈妈笑盈盈地反问道："你觉得它在干什么呢？"于是，小欣展开自己的想象：晚上，小雏菊也像小男孩、小女孩一样，闭上了眼睛，睫毛上沾上了晶莹的露珠，它一直睡呀睡，睡到第二天早晨太阳出来时才睁开眼睛。

妈妈高兴地表扬了小欣，而小欣则开心地把小雏菊放在自己的胸口，温柔地亲吻着它。

通过这种方式，小欣的妈妈不仅让孩子体会到了大自然之美，还培养了孩子的观察力、想象力与注意力。这对孩子今后的发展是大有裨益的。

因此，家长对孩子要少点强迫，多点引导和启发，让孩子在兴趣引导下做事，培养孩子专心致志的习惯，只有这样，才能让孩子专注于学习，不断提高自己。

那么，家长应如何发现孩子的兴趣点，并做到以孩子的兴趣点吸引孩子的专注力呢？

第一，家长应有敏锐、善于观察的眼睛。

要想通过兴趣培养孩子的注意力，家长自己要有一双敏锐、善于观察的眼睛，这样才能更好地了解孩子，做到因材施教。比如，你发现自己的孩子对颜色感觉敏锐，爱绘画，对事物有想象力，喜欢搭积木，对图画有良好的记忆力等，就可以多让孩子做些模型、搭配衣饰等活动。再比如，你发现自己的孩子对数学问题很感兴趣，具有良好的逻辑思维，喜欢心算、速算，对事物要求明确，喜欢抽象事物，就应该多让孩子计算数量，带领孩子亲自观察事物或多让他归纳事理等。

第二，尊重孩子的兴趣。

有一个小男孩，他从小就对汽车非常着迷，却很少对其他事物感兴趣。小男孩的爸爸妈妈觉得他的兴趣似乎太单一了，想尽办法试图让他转移兴趣，但收效甚微。

后来，爸爸改变了策略，不但不阻止孩子去喜欢汽车，还充分地满足孩子的兴趣。如散步时观察小区停着的车；陪他站在阳台上"研究"路上的车；双休日还带他乘坐公交车；亲子沟通的内容也多是与汽车有关的知识。

不久，孩子就对汽车的种类、颜色、形状、大小、快慢，甚至公交车沿途站名都非常熟悉，连坐哪路车到什么地方都能讲得头头是道，眼界开阔了许多，兴趣也不知不觉地变得广泛了。

现在，这位小男孩还迷上了手工制作，研究地图，对兵器及其他交通工具也有兴趣，连性格也变得开朗了。

小男孩的例子告诉我们，作为家长，我们不但要尊重孩子的独特兴趣，还要利用这一兴趣发展其他兴趣。

第三，不对孩子设限。

小亮亮一岁多就握笔涂鸦。亮亮的妈妈将笔和纸交给他，充分满足他的"作画"需求。从来不去规定他画什么。妈妈的不设限让小亮亮爱上了画画，现在，他画的画在各类儿童画竞赛中频频获奖。试想，如果亮亮的妈妈不断地干涉孩子的活动，常常因为孩子画得不够好而责备他的话，孩子也许早就厌烦了画画，更不要说获奖了。

第四，用诱导的方式激发孩子的兴趣。

培养孩子的兴趣，要采取诱导的方式去激发。比如培养孩子识字的兴趣，你可以利用孩子喜欢故事的特点，给孩子买一些有文字提示的图画故事书。让孩子一边听故事一边看书，并且告诉孩子这些好听的故事都是用书中的文字编写的，引发孩子识字的兴趣，然后认一些简单的象形字，从而使孩子的注意力在有趣的识字活动中得到培养。

皮奈特是一个缺乏耐性的孩子，他只爱看电视和玩游戏，对书本一点儿也不感兴趣。

一天，父亲拿了一个沙漏，对他说："这是古时候的钟表，里面的沙子全部漏下去，正好用三分钟。"

皮奈特想玩玩这个沙漏。这时，父亲说："想玩沙漏可以，不过你要答应爸爸一个条件，那就是以沙漏为计时器听爸爸讲一个故事，以三分钟为限。三分钟后，如果你能认真听完故事，那么，这个沙漏就让你玩12分钟。"皮奈特很高兴地答应了。

第一次，皮奈特果然静静地坐下来听爸爸讲故事。但事实上，他根本没有留意听故事，而是一直看着那个沙漏，三分钟一到，他便立刻拿着沙漏跑出去玩了。

但是，皮奈特的父亲并没有生气，他决定多试几次。这样数次之后，皮奈特的视线渐渐由沙漏转移到故事书上了。虽说约定三分钟，但三分钟过后，因为故事情节吸引人，皮奈特听得特别入神，他要求延长时间，但父亲坚持"三分钟"约定，不肯继续讲下去。皮奈特为了早点儿知道故事情节，就自己主动阅读了。

在这里，皮奈特的父亲实际上是通过引导孩子的兴趣，让孩子的注意力在一定时间内专注于某一事物。久而久之，孩子的阅读兴趣便被激发出来，从而能够主动而有意识地学习了。

第五，让孩子感受到进步的快乐。

在对孩子进行兴趣培养时，家长需保护孩子的积极性，让孩子感受到爸爸妈妈关心他、认可他。

曾有一位家长让自己的孩子学绘画，本意是想培养孩子的兴趣，可当家长看到孩子在绘画上缺乏天分时，总忍不住责怪孩子"太笨了！你学什么能成呀？"还有一位家长看到孩子在作文中有不恰当的比喻，就对孩子大加讽刺。家长这样的态度对孩子学习的积极性肯定有很大打击。

对孩子来说，家长是他们心目中第一个有权威地位的评价者，他们特别渴望得到家长的肯定，可是家长往往没有意识到这一点，经常毫不负责、轻而易举地摧毁了孩子的求知欲望。因此，要想孩子对某一事物保持浓厚的兴趣，家长应多支持和鼓励孩子，在孩子做得好时，表扬孩子；在孩子做得不好或者失败时，要先发现孩子有创造性的一面，然后鼓励孩子。这样，才能让孩子感受到进步的快乐，调动孩子的积极性。

第六，循序渐进，适度发展。

育人如同种庄稼，不能急功近利，追求速度。培养孩子的兴趣应循序渐进，不能违背其成长的规律。在这个过程中，要看到孩子一点一滴的进步，并表扬他、鼓励他。要让孩子感受到自己的进步，如把前后的作品保存下来，让他自己看看、听听，自己比较，体验进步；让孩子给家长或别的小朋友当小老师，促进其兴趣的发展；在适当的场合给孩子一个展示自我的机会等。

打开孩子的好奇心与求知欲

什么是好奇心？好奇心就是人们面对新奇刺激时，产生惊奇而要探明现状和原因的一种倾向。它促使人类认识世界、探索自然和社会奥秘。

很多著名科学家从小都具有超出常人的好奇心和旺盛的求知欲。牛顿发现万有引力离不开对苹果自由落地的好奇；瓦特对水开了蒸汽会顶起锅盖而感到疑惑，结果发明了蒸汽机；法布尔从小就对昆虫有浓厚的兴趣，最终成了著名的昆虫学家；陈景润的哥德巴赫猜想离不开对"$1+2=3$"的好奇；地质学家李四光因为对来历不明的石头充满了遐想，由此发现了第四纪冰川的遗迹，纠正了国外学者断定中国没有第四纪冰川的错误理论……

好奇能让一个人的注意力保持高度的集中，从而取得良好的学习效果。因此要培养孩子的专注力，家长应珍视孩子的好奇心，并设法进一步激发这种好奇心，让孩子的专注力始终停留在自己好奇的事物上。以下是专家的几点建议——

1. 抽时间多给孩子介绍周围的世界

父母不管多忙，都应该尽量多抽时间给孩子介绍周围的世界。孩子对周围情况了解得越多，对世界的好奇感就越强烈。因为孩子的求知欲很强，在掌握一定的知识、技能后，能注意到、接触到的新事物会更多，这会大大激发孩子的好奇心。孩子喜欢做没做过的事，尝试没玩过的游戏，并能从中激发出他们的创造力。因此，父母应在各种可能的场合，尽量多地给孩子介绍周围的世界。父母在给孩子介绍新事物时，要用词简洁，通俗易懂。

2. 充分利用家庭环境激发孩子的好奇心

在家庭生活中，有许多事情可以激发孩子的好奇心。例如，当水烧开的时候，可以问问孩子为什么水壶里会发出"嘟嘟"声；可以让孩子摸摸不同质地衣服的手感，让他们比较出不同；或者电视机图像不清楚时，让孩子帮忙分析一下原因等。家庭里有许多事是孩子感兴趣的，关键是抓住机会，让孩子从看似平淡的生活中找到兴趣点。

3．多给孩子讲故事

讲故事能够激发孩子的好奇心。孩子都爱听故事，不管是老师或父母讲故事，还是广播电台或电视台播放故事，他们总会专心致志地听，特别是绘声绘色地讲故事最能吸引他们。父母多给孩子讲故事，不仅能够激发他们的好奇心，开阔他们的想象力，还可以利用故事对他们的吸引来帮助他们学习知识。

4．利用大自然诱发孩子的好奇心

大自然千变万化，是孩子看不完、看不够的宝库。父母可以经常有意识地引导孩子到大自然中观察日月星辰、山川河流。春天可带孩子去观察小树以及其他植物的生长情况；夏天带孩子去爬山、游泳；秋天带他们去观察树叶的变化；冬天又可引导他们去观察人们衣着的变化，看雪花纷飞的景象。父母可以和孩子一起猜云彩的形状会如何变化；听鸟啼婉转，猜唱歌的小鸟长什么样；观察蚂蚁是如何搬家的；想想为什么向日葵总是朝着太阳；等等。

除此之外，父母还应该指导他们参加一些实践活动，如让孩子自己收集各种种子做发芽试验，也可饲养些小动物。随着孩子年龄的增长，可以启发他们把看到的、听到的画出来，并鼓励他们阅读相关图书，学会提出问题，并从书中找答案。这样，既满足了孩子了解新事物的好奇心，又扩大了他们的知识面。

孩子通过参加各种大自然活动，既开阔了眼界，丰富了感性认识，又提高了学习兴趣，学习能力也在不知不觉中得到了提高。

5. 用书本知识诱发孩子的好奇心

对于大一点的孩子，可以用书上的知识来诱发他们的好奇心。其实，孩子爱搞"破坏"是天性使然，是其创造力萌芽的体现。他们对各类陌生事物充满新鲜、好奇，并身体力行，欲用自己的双手探求未知世界。合理利用孩子这种天性，多方引导、鼓励，孩子的创造力就会得到进一步深化。反之，要求孩子老实听话，家庭虽少了"破坏"气氛，大人安心，但孩子的天性却被抹杀了，培养出的孩子多半循规蹈矩，缺少创新，依赖性强。

6. 鼓励孩子多动手

在动手的过程中，孩子会不断有新的发现，他们的好奇心也得到保持和发展。而且，孩子在动手做事情的过程中，手的动作会在脑的活动支配下进行，这也是孩子观察、注意等能力的综合运用过程。同时，手的动作又刺激脑的活动支配能力，促进观察、注意等能力的发展。动手做事不仅可以激发和满足孩子的好奇心，也是孩子成长发展的基础，是开发孩子智力的基础。

让孩子体验成功的乐趣

要想孩子成功，先抓孩子注意力；要开发孩子的智力，同样要先提高孩子的注意力。在开发孩子智力的过程中，有一点不可忽视：让孩子体会成功的乐趣。注意力不集中的孩子所遭受的挫折感，往往比注意力集中的孩子要多得多。因为注意力不集中而引发的行为、学习、心理、人际关系等问题，扼杀了这类孩子的大部分活力，并成为孩子智力的"压制剂"。

心理学家曾做过这样一个试验：

把一条梭鱼放养在有很多小鱼的鱼缸中，让它随时可以吞吃小鱼。一段时间后，心理学家用一片玻璃把它与小鱼隔开。这样，梭鱼再想去吞吃小鱼自然就遭到了一次又一次的失败，随着失败次数的增加，它吞食小鱼的希望和信心也逐渐下降，最后完全丧失信心。在试验的最后，心理学家把玻璃拿开了，可那条梭鱼依然无动于衷，最终饿死在鱼缸里。

接着，心理学家又做了一个试验：

把一条梭鱼放养在有很多小鱼的鱼缸中，在中间隔了一个玻璃板，当梭鱼第一次、第二次要吃小鱼时，心理学家并没有采取任何行动，而是认真观察。等到梭鱼第三次游向小鱼的时候，心理学家悄悄地拿走了那块玻璃。于是，梭鱼吃到了小鱼。

这样的试验在继续进行着，之后，失败的次数越来越多，但因为知道总有吃到小鱼的可能，那条梭鱼始终败而不馁，充满了旺盛的斗志。

对许多孩子来说，学习本身就是一件苦差事，如果只是一味苦读，却得不到一点成功的回报，时间长了，势必会像那条备受挫折的梭鱼一样，对学习产生厌倦。从教育学原理来说，让孩子喜欢学习一点也不难：所有的孩子都追求成就感，只要孩子能够在学习中体验到成就感，他就会兴致勃勃地努力学习，其努力程度会让人吃惊。因此，要想让孩子在学习过程中有不竭的动力，家长必须让孩子体验到成功的乐趣。唯有体验到成功的乐趣，才能激发孩子学习的信心与上进的勇气，从而全身心地投入学习中去。

那么，怎样让孩子从成功中获得快乐的体验呢？家长们不妨从以下几个方面入手：

1. 为孩子创造学习成功的预期

心理学研究和生活经验都告诉我们这样一个道理：如果一件事情有很大的价值，通过我们的努力后又可以实现，那么我们肯定会对它产生兴趣，并愿意做出努力。培养孩子的学习兴趣时也应注意运用这个规律——为孩子创造学习成功的预期。

小璐今年上小学五年级，她在五年级上学期期末考试中语文成绩不及格，以前她的语文成绩在班上也处于最后几名。小璐为此十分烦恼，她讨厌语文课。

妈妈为了改变这种状况，给小璐布置了一项作业：每天把《格林童话选》抄写一页，并完成相关的字词任务。妈妈告诉小璐只要耐心细致地完成这项作业，就可能取得有益的结果。小璐对这项作业很感兴趣，因为它不同于平时完成的那些练习。只过了一个半月的时间，小璐就看到了初步的成绩。她在童话原文里发现了自己前几年一直写错的词并学会了许多新的语言表达方式。她现在也开始仔细地阅读其他文艺作品，在里面寻找好的词、词组及句式。最终，小璐在语文读写方面取得了满意的分数。这更加鼓舞了她，增强了她把语文学好的信心。

2. 让孩子在自己擅长的学科得到发挥

教育专家认为：大脑犹如一条包巾，只要提起一端，便可带动全体。为何拥有一技之长的人，通常其他方面也会有优异的表现呢？正因头脑有如包巾般的特性，只要有一端被开启，其他部位也会相应地活跃起来。因此，若对某一课题产生好奇心，集中精力去做，必能促进全脑的活性化。

例如，有个学生数学不好，但是他语文成绩非常优秀。因此，他为拥有一门擅长的科目而充满自信与快乐。一个学期后，他的数学有了较大进步，成绩从经常不及格到六七十分。又过了两个学期，他的数学成绩稳定在八十多分的中上水平了。

3. 让孩子经常体验成功

对孩子不提过高的要求，让孩子经常获得成功，继而经常体验到成功的快乐，这样，孩子才会对学习有兴趣。比如，低年级的孩子学会拼音和常用汉字后，可让他们给外地的亲戚写封短信，并请求远方的亲人抽空给孩子回信，让他体会到学习的实际效用，这样能培养孩子的学习兴趣，从而集中精力学习。

4. 让孩子当老师

家长可以让孩子当老师教自己，试着交换一下教和被教的角色。让孩子站在教方的立场，会提高其学习的欲望。同时，为了扮演好老师的角色，孩子会变得更加专注。

5. 试着让孩子创造问题

孩子是学习的主体，如果总是被迫学习、被迫考试，处于被动状态时间久了，孩子很容易产生厌学心理。家长指导孩子学习时，可以换一种方法——不是经常让孩子去解答问题，而是让孩子主动创造问题。这不仅会改变孩子的学习态度，而且会激发孩子的学习兴趣。

试着让孩子创造问题，孩子会考虑什么地方是要点，家长也可以在指导孩子学习时以此为中心。另外，孩子一般会对自己理解得非常充分或自觉得意的地方提出问题，这样，家长就很容易掌握孩子在哪些方面比较擅长，在哪些方面还有欠缺。如果坚持这种学习方法，孩子就会在平常的学习中准确地抓住学习的要求和问题所在。此外，这还有助于提高孩子的表达能力，满足孩子的自尊心，使其学习更加自觉、专心。

强化孩子的责任心

责任心，是指个人对自己和他人、对家庭和集体、对国家和社会所负责任的认识、情感和信念，以及与之相应的遵守规范、承担责任和履行义务的自觉态度。责任心是孩子健全人格的基础，是能力发展的催化剂，是让孩子保持专注，并投入精力的重要动力。要培养孩子的责任心，家长应该做到：

1. 树立榜样

孩子喜欢模仿他所崇拜的人，而父母在小孩子心目中一般都具有绝对权威。因此，父母的言行举止对孩子的影响是深远的、巨大的。家长的所作所为，孩子看在眼里、记在心上。长期的耳濡目染会不自觉地影响到孩子，父母只有在生活中严于律己，给孩子做好表率，才能更好地去影响和教育孩子。

世界著名化学家、炸药的发明者艾尔弗德·诺贝尔身上强烈的社会责任感就来自父亲的言传身教。

一次，诺贝尔问父亲："炸药是伤人的可怕东西，为什么还要制造它？"老诺贝尔这样回答孩子："虽然炸药会伤人，但是我们要用炸药来开凿矿山，采集石头，修筑公路、铁路、水坝，为人民造福。"

听了父亲的话，诺贝尔接着说："我长大了，也要制造炸药，用它造福人类。"

可见，父亲所具有的责任感极大地影响了诺贝尔以后的人生。

教育家陶行知说："我希望我的儿子要成为一个什么样的人，那我自己就该首先成为那样的人。"同样，要培养子女的责任感、事业心，首先家长就要敬业爱岗，有强烈的责任感、事业心。

2. 培养孩子的家庭责任感

家庭责任，是指能尊重其他家庭成员的权利，自愿承担家庭义务，为自己的行为承担责任。一个具有家庭责任心的儿童，不仅能在现时的家庭生活中扮演好家庭成员的角色，在未来的生活中也有能力组织好属于自己的家庭；他的一生不仅能享受到家庭生活的充实、快乐，还能创造出温馨、和睦的家庭气氛。

作为家庭的一名成员，孩子既应该享受其权利，也应承担一定的责任，包括承担一定数量的家务劳动。父母可通过鼓励、期望、奖惩等方式，督促孩子履行职责，培养责任心。

如家长可以培养孩子劳动的习惯，通过劳动培养孩子的责任意识。如让孩子在家里有固定的工作，如洗碗、扫地、拖地板、擦玻璃、取牛奶等每天都要做的事情，分几件给孩子干，并且让其负责到底。这样安排，有利于帮助他们了解生活、了解父母。更重要的是，让孩子明白自己是家里的一分子，需要承担一定的家庭责任。

3. 让孩子自己承担责任

要培养孩子的责任感，家长应当要求孩子勇于对自己的言行负责。不论孩子有什么样的过失，只要他具备承担责任的能力，就要让他勇敢面对，不能让他逃避和推卸责任，更不能由大人出面解决。比如孩子损坏了别的孩子的玩具，家长就应要求孩子自己去帮人修理并道歉，如果涉及赔偿，则从孩子的零用钱中扣除。如果孩子一时冲动打了人家，家长就应要求孩子自己去登门道歉，并鼓励孩子去照顾被打伤的孩子等。总之要让孩子明白，任何人都别想推卸自己的责任，让别人替他们收拾残局是不可能的。

1929 年 7 月 4 日，美国国庆前夕，一个 11 岁的美国男孩搞到了一些被禁止燃放的烟火炮，其中包括一种威力巨大的鞭炮，叫"鱼雷"。一天下午，他走近一座桥边，朝桥边的砖墙放了一个"鱼雷"。一声巨响，砖墙被炸了一个大洞，男孩非常满意"鱼雷"的破坏力。可就在这时，警察来了，把男孩带去了警察局。尽管警察认识这个男孩和他的父亲，但依然严肃地执行烟火禁令，判定这个男孩要交 14.5 美元的罚金。

男孩自然交不起，只好由父亲代缴。让人感慨的是，这位父亲当时没说太多的话，回到家后，才跟儿子说："这件事是你惹出来的，你必须对这件事负责。到了 16 岁后，你要通过打工来还我的钱。"这个男孩就是后来的美国总统里根。他在回忆录中写道："我做了许多零工活，才还清了我欠爸爸的那笔罚金。"显然，这件事让里根懂得了什么叫责任。

像里根的父亲那样，让才 11 岁的孩子承担过失的责任，乍看起来似乎有点儿不近人情，实际上这才是父亲深沉的爱。一般来说，当孩子有了过失的时候，恰好是家长教育孩子的有利时机。不论孩子有什么过失，只要他有一定的能力，就应该让他承担责任，而不是由父母大包大揽。

4. 约定责任内容

家长应该跟孩子约定责任的内容，让孩子明白该做什么、不该做什么。没做该做的或做了不该做的，都会受到相应惩罚。孩子做事往往是凭兴趣的，要让孩子对某件事负责到底，必须清楚地告诉他做事的要求，并且与处罚联系在一起。如把洗青菜的家务活承包给孩子，要是没做好，便不能吃所有的菜。这样，让孩子知道一个人是要对自己的行为负责的。

5. 让孩子品尝挫折，学会承担

孩子处于成长之中，对一些事情表现出没有责任感也是正常的，因为许多时候他不知道责任是什么。所以，为了培养孩子的责任感，家长可以适当地让孩子品尝一下办事情不负责任的后果，教孩子如何去面对并接受失败的教训，从中获得成长。如孩子在学校违规受罚，家长一定要支持老师的做法，不要想方设法去替孩子解围。孩子接受惩罚的以后，承担能力就会增强。

6. 让孩子养成自己想办法的习惯

从小让孩子自己去解决自己的事情，遇到问题要自己想办法，不要总想着依赖别人替自己解决问题。在孩子没有办法解决自己的困惑时，才给孩子一些建议。总之，家长应多沟通与指导，不要把自己的某种愿望强加给孩子。

孩子的责任心来自家长有意识的培养。明智的家长一定要分清楚应该由谁来承担责任，是孩子承担的就应该让孩子来承担。如果孩子年幼还无法承担，家长也需要让孩子明白这是他的责任。孩子的责任心是从小养成的，只有养成强烈的责任心，孩子才能把学习当作自己的责任，集中精神，全力以赴。

让孩子永远充满希望

第一次参加家长会，幼儿园的老师对她说："你儿子可能有多动症，在板凳上连三分钟都坐不住，你最好带他去医院看一看。"

回家的路上，儿子问她老师都说了些什么，她鼻子一酸差点儿流下泪来。然而她还是告诉儿子："老师表扬你了，说宝宝原来在板凳上坐不了一分钟，现在能坐三分钟。其他妈妈都非常羡慕妈妈，因为全班只有宝宝进步了。"那天晚上，她儿子破天荒地吃了两碗米饭，并且没让她喂。

儿子上小学了。家长会上，老师对她说："这次数学考试，全班五十名同学，你儿子排第四十七名，我们怀疑他智力上有些障碍，你最好带他去医院检查一下。"回去的路上，她流下了泪。然而，当她回到家里，却对坐在桌前的儿子说："老师对你充满信心。他说你并不是个笨孩子，只要能细心些，就能超过你的同桌，这次你的同桌排在第二十一名。"

说这话时，她发现儿子黯淡的眼神一下子充满了光，沮丧的脸也一下子舒展开来。她甚至发现，儿子好像长大了许多，第二天上学，他去得比平时都要早。

孩子上了初中，又逢家长会。她坐在儿子的座位上等着老师点儿子的名字，因为每次家长会，她儿子的名字总在差生行列而被点到。然而，这次却出乎她的预料，直到结束，都没有听到。

她有些不习惯，临别时去问老师，老师告诉她："按你儿子现在的成绩，考重点高中有点危险。"

她怀着惊喜的心情走出校门，发现儿子在等她。路上，她扶着儿子的肩膀，心里有一种说不出的甜蜜，她告诉儿子："班主任对你非常满意，他说了，只要你努力，很有希望考上重点高中。"

高中毕业了。第一批大学录取通知书下达时，学校打电话让儿子到学校去一趟。

她有一种预感，儿子被清华录取了。因为在报考时，她对儿子说过，她相信他能考取这所大学。她儿子从学校回来，把一封印有清华大学招生办公室的特快专递交到她的手里，突然转身跑到自己的房间里大哭起来，边哭边说："妈妈，我知道我不是个聪明的孩子，可是，这个世界上只有你能欣赏我……"

这时，她悲喜交加，再也按捺不住十几年来凝聚在心中的泪水，任它打在手中的信封上……

有人说："哪怕天下所有的人都看不起你的孩子，做父母的都应一脸欣赏地拥抱他，赞美他，为他自豪！"这个男孩是幸运的，他遇到了一位懂得欣赏自己，不断给自己希望的好母亲。无独有偶，与这个男孩一样幸运的，还有一位名叫周婷婷的女孩——

周婷婷一岁半的时候，因药物中毒，听力全部丧失。作为父亲的周弘也曾绝望过，可一想到孩子未来的命运，他心底的父爱就升腾了起来，他要让女儿学会与命运抗争。

周弘带着女儿进行了一次又一次的治疗，终于恢复了一点点听力。这点听力可能是正常儿童的几百分之一，可是周弘就是利用这点听力，运用适合孩子的家教方法，带领孩子走上了成才之路。

与其他家长不同的是，周弘不去管孩子的缺点，而是发现孩子的优点，并加以鼓励表扬。

有一次，婷婷做应用题，10道题只做对了一道，在婷婷做错的地方，父亲不打叉，而是在对的地方打了一个大大的红勾，然后真诚地、发自内心地说："婷婷真了不起，第一次做应用题就做对了1题。爸爸像你这么大时，碰都不敢碰！"

婷婷听了父亲的夸奖，非常自豪，后来她越来越爱做应用题，越做越认真，做对的题目一次比一次多。升初中时，婷婷的数学考了99分。

可以说，只有懂得给孩子希望的家长，才能造就一个让自己充满自豪的孩子。如果一个家长总是拿孩子的缺点与别人的优点比，只会让孩子越来越灰心，最终失去信心。作为家长，爱孩子，就应该多发现孩子身上的优点，让其发扬光大，让孩子永远都能看到希望。

成名后的李政道常说："作为父母是应该望子成龙，但要让孩子知道父母相信孩子能够成才，孩子需要这样的支持。"

父母对孩子，要用正确的方法、热情的态度教育孩子健康成长。望子成龙不仅应该为孩子创造好的学习条件，还要根据孩子的能力来设置目标。家长千万不可过于苛求孩子，这样会使孩子在过高的期望下，失去对学习及周围事物的兴趣，进而变得无所事事、碌碌无为。

一名中学生曾就父母的行为说出了自己的感受：

我的心里有许多的烦恼，有大的，也有小的。它们整天闷在我的心里，干扰着我的学习和生活。其中，有一件事最令我烦恼。

从我懂事开始，我就被与别人比来比去。为此我十分苦恼。

爸爸拿我和他小时候比，他越比我就越不如他，越比越觉得我没出息。他总说："我小时候，放了学就帮你奶奶干活，放羊、打猪草，什么活都干，可从来也没有因为干活影响了成绩，每次考试都是前三名。而现在什么活也不让你干，你却不能专心好好学习，成绩更是一塌糊涂，我怎么会有你这样不争气的儿子。"

妈妈的比较似乎比爸爸更胜一筹。她总拿我和她同事家的孩子比，她觉得我没有同事家的孩子好，没有他学习好，没有他听课认真，没有他作业做得工整……总之，一切都不如人家。妈妈整天唠叨个没完，可她却不知道，她的每一句话都像一把尖刀，刺伤了我的自尊和自信。

在爸妈的比较下，我变得越来越不求上进。就是有进步，他们也看不见，那么索性让他们说去吧！我产生了逆反心理，在学校除了玩就是玩，上课也不再注意听讲，作业也不按时交，成绩也下滑了。虽然我也不愿这样，可被我的爸妈逼成这样，我几乎看不到希望了。

以上，就是一个被家长打击得失去希望的孩子的心声。可以说，每个家长都希望自己的孩子胜人一筹。为此，他们不允许孩子有一点点过错。为了能更好地"激发"孩子的斗志，"激励"孩子自强不息，家长经常用比较的方式教育孩子。殊不知，家长的这种做法会严重地伤害到孩子的自尊，影响孩子学习的积极性和自信心。这样的孩子，又怎么可能专心致志地学习呢？

因此，要想你的孩子能够心无旁骛地学习，家长应用积极的语言鼓励孩子，让孩子看到希望，并愿意为希望而奋斗。

平时多鼓励和赞美孩子

没有教不好的孩子，只有不会教的父母！

家长怎样对待孩子，决定了孩子的一生。如同农民希望庄稼快快成长，家长希望孩子早日成才。当庄稼长势不好时，农民从未埋怨庄稼，总是从自己身上找原因；而当孩子学习不好时，家长更多的却是抱怨和指责，很少反思自己的过错！

为什么会这样呢？因为许多家长错误地认为，孩子需要的是教育，而教育更多的是训导、指教和纠正。为了达到他们所谓的"教育目的"。这些家长在与孩子交流时，总爱指出孩子的种种缺点：学习不认真，没有耐心，太粗心，做题马虎，成绩总上不去，不肯听父母的话……在他们看来，唯有"纠正"，孩子才能变得更好。而事实上，过多的"纠正"与"指责"，只会让孩子变得越来越"坏"。

小甜甜今年刚5岁，前些日子，妈妈发现小甜甜的乐感特别好，所以就给小甜甜报了个钢琴班。可是刚练了一些日子，小甜甜就开始闹别扭了，说是不想学了。这让甜甜的妈妈很苦恼。

为什么原本对音乐感兴趣的甜甜，突然就对学习钢琴失去了兴趣呢？

原来呀，妈妈认为，在刚开始练琴的时候，孩子的姿势和手形特别重要，一定要从小就培养好。但小甜甜每次都会出错，特别是姿势和手形。于是，在小甜甜练习钢琴的时候，妈妈就会在旁边监督，一发现小甜甜的手形不对，就马上用一根小棍挑起她的手腕，大声训斥："跟你说过多少次了，手形不对，你怎么总是出错啊？"

这样，一而再、再而三地挨训，小甜甜变得烦躁而胆怯了。有一天，她哭着对妈妈说："妈妈，我讨厌学钢琴，我不学了！"说完就跑进奶奶的房间，躲进了奶奶的怀里。

以后，妈妈只要一说起钢琴，小甜甜就会大哭大闹，说什么也不肯弹琴！倒是妈妈不在家的时候，小甜甜偶尔会偷偷地摸一摸钢琴。

生活中，有很多家长像小甜甜的妈妈一样，总希望自己的孩子什么都好，什么都比别的孩子强，对孩子表现出来的一些优点熟视无睹，对孩子的缺点却不依不饶。比如，当孩子回答问题时，对其答对的部分不在意，而对答错的部分则非常敏感，甚至对孩子进行责骂。有些父母经常对孩子说这样的话："你怎么这么笨？""连这个都不会？""你看某某的孩子多好！""我小时候比你强多了！"

在这些家长的观念里，孩子犯错是不被允许的。为了孩子能表现得十全十美，他们经常会在孩子学习一项新事物时，密切注视他的一举一动，一旦发现有错，立即加以纠正，甚至训斥、打骂孩子，非要让孩子做到分毫不差才行。这种做法严重地伤害到孩子的自尊，挫伤了孩子学习的积极性。久而久之，孩子就产生了严重的自卑心理，认为自己没有这方面的天赋与能力。严重的话，还可能影响到孩子其他能力的发展，对孩子的成长有害无益。

正确的做法应该是：对孩子多一点宽容、多一点鼓励、多一点赞美，让孩子发挥出他们自身的潜能，为其日后的成才打下坚实基础，这才是每一位家长应当着力去做的事。在孩子注意力不集中的时候，另一位家长是这么做的：

乐乐的作业写得特别潦草，作业上的字不是多了一撇，就是少了一横。爸爸看了非常生气。但乐乐爸爸知道，与其批评乐乐一顿，不如激励他。

于是，他努力克制住了自己的不悦，和蔼而认真地对乐乐说："你的作业太潦草，字写得不够认真。我知道你很想看《熊出没》，所以做作业马虎了，这很不好。我想你只能再重写一遍了。因为我相信重写一遍的话，你一定能写得更好。你是想看完电视再重写还是现在就重写呢？"

乐乐一看时间，就跟爸爸商量："动画片马上就开始了，我还是先看吧，看完以后，我一定认真重写。"

爸爸答应了乐乐的要求，并且与乐乐重新定了一下学习计划。每天傍晚看完动画片以后再写作业，但作业一定要认真，学习时注意力要集中，不然就取消第二天看动画片的计划。

从那以后，乐乐的学习态度端正多了；注意力也相对比较集中，不会一边写作业，一边竖起耳朵听客厅里的电视声了。

如果乐乐的爸爸也像甜甜的妈妈一样，把目光聚焦在孩子存在的不足上，揪住乐乐的缺点大肆批评，并且不给乐乐选择的余地，让乐乐马上重新写作业，乐乐即便重写了作业，也一样会因为精神不集中而乱写一气。这样，重写出来的效果必定不好。乐乐的爸爸聪明就聪明在他了解孩子的心理，认识到孩子自尊的重要性。因此，他在批评孩子的时候，更多的是给孩子以激励，让孩子认识到自己的不足与潜在的优势，并给了孩子选择的权利。这样，孩子不仅能够愉快地接受批评，还会努力把事情做到最好，以不辜负爸爸的期望。

值得注意的是，多鼓励、多赞美孩子不等于漠视孩子的缺点，明知道孩子有不足，还纵容孩子；也不等于不纠正孩子的错误，当孩子犯了错误时，家长为了不伤孩子的自尊索性什么都不说；更不等于放任自流，让孩子率性而为。

要做到既能维护孩子的自尊，又能让孩子纠正自身不足，家长可以从以下几个方面入手：

1. 要批评，也要肯定

当孩子做了错事，经父母的批评纠正，他们改正了错误，父母要给予足够的肯定，使他们对自己的正确行为有信心。让孩子在愉悦中学会好的行为，总比在责备中学习要容易得多。因为每个人对别人的斥责和约束都有内在的排斥性。过多的责备与管束会使孩子产生反感，会削弱效果，不如正面鼓励效果好。

2. 用赞美代替批评

由于受心理发展水平的限制，孩子的学习、判断是非、记忆等能力较差，在犯了错误之后，虽经家长指出和教育了，但还有可能重犯。这种现象并不表明孩子不知道自己的错误，而是由于他的自制力不强，或已经形成了习惯，因此一犯再犯。这时候，家长可以从正面引导入手。孩子为了得到更多的赞美，往往会朝着好的方向发展，使教育取得事半功倍的效果！

3．启发孩子，让孩子明白自己的过失

孩子犯了错，如果父母能心平气和地启发孩子，不直接批评他的过失，孩子会很快明白父母的用意，愿意接受父母的批评和教育，而且这样做也保护了孩子的自尊心。

4．换个立场

当孩子惹了麻烦，怕被父母责骂时，往往会把责任推到他人身上，以此来逃避责骂。此时最有效的方法是在孩子强辩"都是别人的错，跟我一点关系也没有"时，回他一句："如果你是那个人，你要怎么解释！"孩子会思考，如果自己是对方时该说些什么。这样一来，大部分孩子都会发现自己也有责任，而且会反省自己，把所有责任推到对方身上的错误。

5．适时适度

孩子的时间观念比较差，昨天发生的事对他们来说已经很"遥远"，再加上贪玩，刚犯的错误有可能转眼就忘了。因此，父母纠正孩子要趁热打铁，立刻纠正，不能拖拉，否则就起不到应有的教育作用了。

当孩子做对了，家长要及时鼓励。如告诉孩子"你真棒，刚才你注意力非常集中哦，以后也能做到吧！""你上课的时候坐得多直呀，学得可认真了！""妈妈发现你学习的时候从来不东张西望，真是好样的！"……只要家长经常对孩子进行正面的鼓励和评价，孩子一定会在接下来的日子里表现得更加出色。

通过奖励来正面引导

洋洋刚上一年级，没有上过学前班的他，好多规矩都不懂：坐姿不好，小动作多，不认真听讲，站队不好……洋洋的妈妈为了让孩子改掉这些坏习惯，对他说："如果你一星期都认真听讲，妈妈就给你买改装赛车的配件；如果你上厕所时能冲马桶，妈妈就奖励你一张奥特曼贴纸……"洋洋一听，高兴极了，他向妈妈保证自己一定会表现好的。

从那以后，洋洋一放学就立刻跟妈妈汇报："妈妈，今天没有被扣啊……""妈妈，我今天表现很好，老师都表扬我了……"

这时候，洋洋的妈妈就会鼓励洋洋："加油啊，才过去两天，奥特曼家族的贴画还有很多呢。"

在妈妈的引导与教育下，在奖励制度的引导下，洋洋慢慢养成了做事专注的习惯。

对孩子来说，奖励是他们的最初动力。作为家长，在对孩子进行奖励时，需要考虑到孩子的年龄和兴趣特点。只有让孩子有新奇感，并花费了精力，才能使孩子感受到获得奖励的可贵。

奖励孩子的方法很多，家长可以根据自己孩子的实际，灵活运用各种奖赏和激励的方法，才能真正达到促使孩子进步和成长的目的。

喜欢猎奇是孩子的一大特点。当孩子对某一事物或说法接触多次后，就会丧失新鲜感，逐渐失去兴趣。父母给予的奖励也是一样。当父母经常用同样的方法奖励孩子时，会逐渐丧失效力。因此，父母奖励孩子，可采用多种不同的方法，但无论如何，都要符合孩子的年龄和他们的个性特点。

1. 根据具体的情况采取具体的奖励方式

如果大人和孩子之间已形成了亲密无间的关系，那么可以采用微笑、手势、点头或亲切的言语，及时地说些鼓励的话："虽然你很小，但是你一向很勇敢。""加油，你就会成功。""在小组里大家都听话，你当然也会听话"等，所有这些都是让孩子形成良好行为的有效方法。

2. 赠送礼物

奖励的重要方法之一是赠送礼物。但是只有在特殊场合才可采用这个方法，不然孩子会滋生出凡事都要利益交换的坏习惯。一般赠送给孩子的礼物应是玩具、书以及其他可供欣赏的东西。

3. 当着孩子的面褒奖他的良好品行

在家里或在关心孩子的熟人中间，当着孩子的面褒奖他的良好品行，是一种独特的奖励方法。他的行为得到了好评，会使他感到无比的愉快。

当晚上全家在一起喝茶的时候，妈妈可以说："今天阿玲的行为使我感到高兴，我由于工作忙下班晚，耽搁了接她回家的时间，她不仅没有因此而感到生气，还帮助阿姨打扫房间、收拾玩具。"

爷爷奶奶可以对刚下班的爸爸妈妈说："咱们的小蛋蛋真

的长大了，今天他趁我在准备晚饭的时候，居然把屋子收拾得井井有条。"孩子听到这样的话，怎么能不欢欣鼓舞、再接再厉呢？

4. 把参加家务劳动作为奖励

把参加家务劳动作为奖励，这能给孩子良好而深刻的印象。许多孩子都渴望像父母那样做家务。父母可以选择一些简单的劳动作为奖励，例如，洗手帕、帮助妈妈摆好桌子、帮助爸爸修理自行车和无线电、检查地板打蜡机是否良好等。参与大人所做的事，能给孩子带来极大的满足感。在幼儿园里，我们经常可以听到孩子对同龄孩子说"我和爸爸一起……""我和妈妈一起……"等话，此时孩子是多么自豪啊！

5. 像上级对下级那样给孩子分配任务

奖励孩子时，可以像上级委托下属执行重要而光荣的任务那样吩咐孩子。

不断地委托新任务并让孩子负起责任，能让孩子产生责任感。孩子知道担任上级指派的角色是不寻常的，在孩子看来是光荣的，这个方法对那些愿意劳动及听话的孩子特别有效。

6. 预先奖励

有时孩子还未开始行动，父母就给予奖励，也能收到良好的效果。因为这样做会使孩子感到被信赖而充满信心去行动。"不应该让大人提醒才去好好做，要知道你已经是个懂事的大孩子了！""你是个认真、用心的男孩，做这件事一定会使我们感到满意。"这种奖励方式要建立在孩子自强自爱的基础上。

7. 通过别人之口赏识孩子

通过别人之口赏识孩子，对孩子正确认识自己在其他人心目中的印象，以及与其他人的交往都有很大的帮助。当孩子不确定自己给别人留下的印象是好是坏，以及在与别人交往过程中出现困难和障碍时，适时传达给孩子别人对他的正面看法和赞赏，不仅可以强化孩子的信心，更可激发孩子的潜力。

在孩子的社会交往中，时常传达别人对他的正面评价，可以培养孩子正确认识他人、评价他人、与他人友好相处的习惯，有利于孩子建立良好的人际关系，对孩子以后的生活也有很大的益处。当孩子听到从你的口中传达的别人对他的赞赏时，他会感到更加光荣和自豪。

8. 要辩证地对待奖励

优点的背后往往是缺点，缺点的背后也往往是优点，对孩子既不能只奖不罚，也不能只罚不奖。要奖罚分明，不能因为奖而看不到孩子的缺点，也不能因为罚而看不到优点。这里，陶行知先生的一个故事值得我们借鉴：

陶行知先生在育才学校任校长时，有一天，他看到一名男生用砖头砸同学，遂将其制止，并责令其到校长室等候。陶先生回到办公室，见男生已在等候，便掏出一块糖递给他："这是奖励你的，因为你按时到了。"接着又拿出一块糖递给他："这也是奖给你的，我不让你打同学，你立即停住了，这说明你很尊重我。"男生将信将疑地接过糖。陶先生又说："据了解，你打同学是因为他欺负女生，说明你有正义感。"陶先生遂掏出第三块糖给他。

这时，男生哭了："校长，我错了，同学再不对，我也不能采取这种方式。"陶先生又拿出第四块糖："你已认错，再奖励你一块。我们的谈话也该结束了。"

陶先生奖中有罚，罚中有奖，用辩证的眼光看待这件事，处理得实在高妙。

值得注意的是，奖励孩子不仅仅是为奖励而奖励，还应该注意一些原则，这样才能避免适得其反。那么，在奖励孩子的时候，应注意哪些原则呢？

（1）不能过于频繁。奖励应该是点缀式的，偶尔来一次，不能动不动就奖励。如今天作业做得清楚，奖；明天考试考得好，奖；星期天做了一些家务也奖；等等。奖励过多、过于频繁，很容易使孩子产生这样一种心理：你不奖我就不做，我做了，你就应该奖励，即把获取奖励当作行事目标。凡是孩子应该做到的，比如作业写清楚、简单的家务等都不应该奖，需要奖励的应该是那些一般难以做到、表现突出的、进步明显的行为。

（2）不能失信于孩子。说好要奖的就必须奖，说好奖多少就奖多少，不能把承诺当作玩笑，也不能对奖品打折扣。有些家长，当时信誓旦旦，"你做到怎么样，我一定怎么样"，可待孩子真的做到了，又反悔了，这对孩子的伤害是很大的，对家长自己的威望也是极大的损害。

（3）要及时。孩子心理变化很快，时间一长就会忘了为什么奖励。这样，奖励与良好的行为不能形成一种联系，也就失去了奖励的作用。不及时奖励还会挫伤他们的积极性和自尊心，因为他们会感到自己在父母心中没有位置，从而不会把良好行为坚持下去。

（4）目的要明确。父母奖励孩子时，一定要告诉他原因。因为孩子得到某种奖励时，如果对为什么得奖不清楚，他就会只关心能否得到奖励，和得到奖励的大小。比如，孩子画一幅画，颜色用得非常丰富、准确，父母就奖励了他。如果这时候父母不把原因对孩子讲清楚，他就会认为是因为画画得了奖励。于是，为了得到奖励，他会再画大量的画，却不会注意画的质量。显然，父母没有达到奖励的目的。

第四章

情绪稳定的
孩子更专注

心理学家研究发现，情绪的稳定与否同样左右着一个人的专注力。

一个善于调节自己情绪的人，不容易被不良情绪困扰，更不会因为不良情绪的影响导致注意力涣散。

因此，家长应教育孩子学会调控自身的情绪，帮助孩子处理生活、学习中可能会影响到情绪及破坏专注力的各种因素，使孩子将注意力集中到有益于自身成长、进步的事情中。

自信与专注

一个人要想专心致志做好一件事，他首先要做的就是把所有心理负担放下。缺乏自信心的直接后果就是让人无法放下心理负担。因此，要想培养孩子的专注力，家长应从培养孩子的自信心入手。

要培养孩子的自信心，使其具有专注力，家长应注意以下几点：

1. 发现孩子身上的闪光点

事实证明，能力再弱的孩子也有他的闪光点，家长要从发现孩子的优点入手，及时地给予肯定和鼓励。

杰克·韦尔奇出生于 1935 年 11 月，1981 年 4 月成为通用电气历史上最年轻的董事长和首席执行官，直至 2001 年 9 月退休。从入主通用电气起，他用 20 年的时间，将一个弥漫着官僚主义气息的公司打造成一个充满朝气、富有生机的企业巨头。在他的领导下，通用电气的市值由他上任时的 130 亿美元上升到了 4800 亿美元。韦尔奇被誉为"最受尊敬的 CEO""全球第一 CEO""美国当代最成功、最伟大的企业家"。

韦尔奇从小就患有口吃症。说话口齿不清，因此经常闹笑话。韦尔奇的母亲想方设法将儿子这个缺陷转变为一种激励。她常对韦尔奇说："这是因为你太聪明了，没有任何一个人的舌头可以跟得上你这样聪明的脑袋。"于是，从小到大，韦尔奇从来没有对自己的口吃有过丝毫的忧虑与自卑。因为他从心底相信母亲的话：他的大脑比舌头转得快。

在母亲的鼓励下，口吃的毛病并没有阻碍韦尔奇学业与事业的发展。最后这个弱点反而成为他的一种特有的标志与资本。美国全国广播公司新闻部总裁迈克尔就对韦尔奇十分敬佩，他甚至开玩笑说："杰克真有力量，真有效率，我恨不得自己也口吃。"

韦尔奇的个子不高，却从小酷爱体育运动。读小学的时候，他想报名参加校篮球队，当他把这个想法告诉母亲时，母亲鼓励他说："你想做什么尽管去做好了，你一定会成功的！"于是，韦尔奇参加了篮球队。当时，他的个头儿几乎只有其他队员的3/4。然而，由于充满自信，韦尔奇对此没有丝毫的觉察，以至几十年后，当他翻看自己青少年时代在运动队与其他队友的合影时，才惊奇地发现自己几乎一直是整个球队中最为弱小的一个。

青少年时代在学校运动队的经历，对韦尔奇的成长很重要。他认为自己的才能是在球场上培养出来的。他说："我们所经历的一切都会成为我们信心建立的基石。"在整个学生时代，韦尔奇的母亲始终都是他最热情的啦啦队长。所有亲戚、朋友和邻居几乎都听过韦尔奇母亲告诉他们的关于她儿子的故事。在每一个故事的结尾，她都会说，她为自己的儿子感到骄傲。

2. 不把孩子的缺点挂在嘴边

对孩子来说，父母的话具有很大的权威性。父母不仅不要经

专注的孩子成绩好

常谈论孩子的缺点，更不能对孩子说结论性的话，比如说"笨蛋""你真没治了"等话。可能对父母而言，这些话只是随口而出，但在孩子的心目中就会留下很深刻的伤害。父母即使发现了孩子的某些缺点，也要采用暗示的方法，以避免让孩子产生心理压力。

3. 适当夸将孩子的进步

孩子即使没有进步，父母也应该寻找机会进行鼓励。如果孩子确实有了进步，父母就应该及时夸奖他们"进步挺大"。这样可以调动孩子的积极性，促使孩子期望自己取得更大的进步，就有可能取得"事半功倍"的奇效。

4. 帮助孩子树立自信

俗话说"笨鸟先飞""勤能补拙"。父母提前让孩子掌握一些必要的知识和技能，等到与同伴一起学习的时候，他就会感觉到"这很好学"，在别的孩子面前就会扬眉吐气。这样，孩子可能比别的孩子学得更快，自然就会信心百倍。

5. 告诉孩子"你能行"

家长在教育孩子时，最容易犯的错误就是事先假定孩子什么也做不好，所以事事都会阻止他们做，都要替他们做。殊不知，这么做的结果是使孩子慢慢对自己失去信心，失去自己去探索、去追求、去锻炼的自觉性。而没有通过各种锻炼和磨炼的孩子，也不可能成为一个有用之才。所以，要尽量避免这种先入为主的错误。家长要用激励的办法去促使孩子主动做事情，而不是以年龄为由去阻止孩子做某件事情。

"你能行"，这是家长大脑中首先要设定的一个前提。应该

· 88 ·

相信，孩子和大人一样也能把事情做好，孩子随时随地都需要学习生活的本领。虽然有成功也有失败，但不能因为失败而否定孩子，关键在于孩子是否敢于尝试，是否敢于面对失败，同时他们的自尊心和自信心会不会受到影响。所以应该鼓励孩子主动做事，既不能打击孩子，也不要过分表扬，因为过分表扬容易使孩子产生骄傲的情绪。总之，适当地对孩子进行鼓励和表扬，让孩子获得一种自我满足，增强其自尊心和成就感，从而不断增强他的自信心。

6. 给孩子表现的机会

一个人只要体验一次成功的欢乐，便会"上瘾"般追求成功。因此，引导孩子了解自己的长处和短处，就能使其扬长避短，增强信心。

如果家长能把握孩子的闪光点，点燃他的自尊心，打消他的自卑感，并以此激发孩子鼓足勇气、树立信心，就能促进孩子全面发展。

7. 家长要懂得示弱

兵兵刚上幼儿园时，每次走到他家楼下，他总会说："妈妈，我累了！"妈妈一开始还真以为儿子刚上幼儿园中午休息不好，回家时会感到疲劳。又加上孩子年龄小，心疼儿子的妈妈会毫不犹豫地背起他爬上六楼。可接下来好几天，只要一走到楼下，儿子就喊累，慢慢地，妈妈明白了儿子说累的真正原因：因为家住六楼，他怕累，不想自己上楼。

有一天，快走到楼下时，妈妈灵机一动：何不在儿子面前示弱一下？于是妈妈学着儿子平时撒娇的样子说："儿子，今天妈妈也累了，你在妈妈心中是一位小男子汉，你能帮我做些什么吗？"儿子听妈妈这么一说，上下打量了妈妈一下，挠挠头，迅速将妈妈手里的提包接过去，说："妈妈，我来帮你提包，拉着你上楼吧！"

说完就提着妈妈的包，拉着妈妈的手上楼。妈妈在后面装出很没劲的样子，一边上楼一边喊着："儿子，慢点，我上不去了。"儿子带着一副很照顾妈妈的样子，说："我拉着你呢，你可以慢点！"以后的日子，妈妈时不时在儿子面前示弱，总是能收到意想不到的效果。

兵兵现在快6岁了，自理能力很强，在妈妈面前总表现出小男子汉的形象。幼儿园里老师也反映兵兵很会照顾较弱的幼儿，在班里很受同学们的欢迎。

现在的孩子享受着几代人对他们的爱、对他们无微不至的照顾，很容易形成自私、自理能力差、不会体谅别人、缺乏爱心等缺点。如果我们能偶尔在孩子面前示一下弱，让他们感到自己也很能干，也能帮助家长做很多事情，相信孩子会慢慢强大与自信起来。

8. 不要因为失败惩罚孩子

即使遇到再大的失败，也不能用严厉教训或惩罚的方式对待孩子。相反，应该给予特别的关怀和安慰，并用暗示的方法让孩子相信"天无绝人之路"，还可以用"塞翁失马"这个故事进行开导，告诉孩子有时坏事也能变成好事。孩子在成才的路上总会经历几次"山重水复疑无路"的时刻，我们可以用这种方法助他们渡过难关，迎来"柳暗花明又一村"的境界。

用爱去培养和保护孩子的自尊和自信，让孩子一辈子保持着对成功的信心，保持有专注的能力，这是家长给予孩子的最好的礼物。

乐观与专注

乐观不仅是一种心态，更是一种人生智慧。乐观的孩子有颗积极向上的心，他们对未来充满了信心和希望。他们能在困难中看到光明，在逆境中找到出路，尽快走出阴霾。乐观的孩子比较容易发挥自己的专长，他们能在生活中不断激励自己，发掘自己的潜能。同样，积极乐观也有利于孩子专注力的发展。

据心理学家研究证明，乐观的情绪能促进大脑的工作效率，促使一个人更加积极、主动、投入地完成一件事。一个人如果长期处于积极乐观的情绪中，那么，他的注意力也就更容易集中。

孩子的乐观首先来自和谐的家庭、幸福的气氛；来源于父母的乐观、自信、幽默、豁达；来源于父母能够切实地帮助孩子正确对待并战胜他们面临的困难，用自己的乐观精神感染孩子。这样，即使他们在以后的生活中遇到困难挫折，也能始终保持健康的心态，继而克服困难，实现既定的目标。因为父母已使他相信在困难和挫折后面，还存在许多美好的东西。孩子的天性本是活泼的，要想培养一个乐观开朗的孩子，并不是一件困难的事情。小路的父母是这么培养孩子的乐观性格的：

小路出身于一个知识分子家庭，爸爸是化工研究所的副所长，妈妈是一位小学教师。

小路刚出生的第二天，爸爸就给她买来了彩色的气球、小摇铃、一捏就能发出声音的大公鸡等。他们把气球挂在孩子眼睛的上方，把小摇铃、大公鸡等放在孩子的小枕头旁边。几天后，他们就有意识地引导小路观察气球，训练小路的视力。摇动小铃铛，捏捏大公鸡，训练小路的听力。不到 20 天，小路就能把脸转向发出声音的地方，而且还会盯着上面的彩色气球看个不停。

小路稍大一些，父母就开始给她买孩子最喜欢的图书。《世界著名童话故事》《世界著名神话故事》《世界著名寓言故事》等摆满了孩子的小书架。

书里那些善良、聪明、拟人化的小动物以及诚实、开朗、勇敢、乐观的孩子，成为小路成长过程中学习的榜样。正是由于早期的阅读习惯，使她在以后的学习过程中，注意力集中，取得了令人羡慕的好成绩。

小路的父母认为：一个活泼开朗的孩子，总会对自己的能力充满自信，容易和周围的人友好相处，课堂上能专心听讲，对未知的事物有着强烈的探索欲望。因此，父母应有意识地培养孩子活泼开朗的性格。

小路的父母无论工作多忙，每天总会抽出一些时间和孩子游戏娱乐，在游戏中与孩子交流感情。在和父母的游戏娱乐中，孩子能学到一些与人交往的知识和技巧，特别能体会到父母对自己的关心和爱护。这样，孩子在与同学交往时会更轻松，也增强了与他人交往的信心。

可见，要培养孩子乐观的性格，家长首先要保持乐观友好的态度，不要动不动就责骂孩子。这些都可能影响到孩子的身心健康与乐观性格的养成。

美国儿童教育专家塔尼可博士提出关于"培养孩子乐观心态"的建议：

1. 勿对孩子控制过严

作为家长，当然不能对孩子听之任之，但是控制过严又会压制孩子天真烂漫的童心，对孩子的心理健康产生消极影响。不妨让孩子在不同的年龄阶段拥有不同的选择权。只有从小能享受选择权的孩子，才能感到真正意义上的快乐。

2. 鼓励孩子多交朋友

不善交际的孩子大多性格抑郁，因为他们独来独往，享受不到友情的温暖。不妨鼓励孩子多交朋友，特别是同龄朋友。性格内向、抑郁的孩子更适宜交一些开朗乐观的朋友。

3. 教会孩子与人融洽相处

和他人融洽相处的人，内心世界较为光明美好。父母不妨带孩子接触不同年龄、性别、性格、职业和社会地位的人，让他们学会和不同类型的人融洽相处。当然，孩子首先得学会跟父母和兄弟姐妹融洽相处、跟亲戚朋友融洽相处。此外，家长自己也应与他人融洽相处，做到热情、真诚待人，不势利卑下，不在背后随意议论别人，给孩子树立一个好榜样。

4. 避免奢华的物质生活

物质生活的奢华会使孩子产生贪得无厌心理，而对物质的追求往往又难以获得自我满足，这就是为何贪婪者大多不快乐的根本原因。相反，那些过着简单生活的孩子，往往只要得到一件玩具，就会玩得十分高兴。

5. 让孩子爱好广泛

一个孩子如果仅有一种爱好，就很难保持长久的快乐。试想：只爱看电视的孩子一旦晚上没有合适的节目时，必然会郁郁寡欢。相反，如果孩子看不成电视时则读书、看报或做游戏，同样可乐在其中。

6. 营造快乐的家庭气氛

家庭的气氛、家庭成员之间的关系，在很大程度上会影响孩子性格的形成。研究表明，孩子在咿呀学语之前就能感觉到周围的情绪和氛围，尽管当时他还不能用语言来表达。可以想见，一个充满敌意甚至暴力的家庭，是绝对培养不出开朗乐观的孩子的。

另外，父母要多留心孩子情绪上的变化。当孩子闷闷不乐时，无论多忙，也要挤出时间和孩子交谈，鼓励孩子表达自己的心境。当孩子不能轻松表达或者无法确切地表达自己的心境时，父母可以想办法来转移孩子的注意力，如拿出孩子平时最喜欢的玩具、图书，或带孩子去公园、郊外散步，因为自然界的景色尤其会分散孩子的注意力，使其在获得新乐趣的同时，忘掉过去的不愉快。

善用心理暗示

日本脑科专家七田真教授说过：每个孩子都会成长为父母想象中的样子，积极的态度塑造出积极的孩子，消极的态度也一定会塑造出消极的孩子。生活中，有些家长总喜欢把对孩子的焦虑挂在嘴上："我的孩子注意力不集中。"家长的评价使孩子对自己产生消极的认识：我的注意力是不能集中的，从而心安理得地散漫、不专心。以下案例说明的正是这一道理：

一个春意融融的下午，小飞又一次被妈妈带到了心理医生面前。

刚刚坐定，小飞妈妈就开始诉苦："我生小飞的时候不大顺利，医生给他吸了氧，还告诉我孩子以后可能会有一些智力上的问题，也可能有其他问题。"

妈妈叹了一口气："他今年都9岁了，和别的孩子就是不一样。先天不足，智力有问题；又不专心，板凳没坐热，就不知跑到哪里去了；学习成绩别提了，承包了班级倒数三名，真不知道他以后会怎样。"

妈妈越说越激动："我带他去了不少医院，也做了检查，也没查出是什么毛病。"

"我估计还是他脑子有毛病。"妈妈补充道。

当医生把目光转向小飞时，小飞依然无动于衷。

妈妈推了推小飞，小飞不假思索地说："妈妈说我脑子有毛病，我也觉得是，上课总不能专心听课。"

不等小飞把话说完，妈妈又对医生说："医生，你说这孩子可怎么办哪？"

但是，在心理医生看来，小飞的"病情"并不是什么智力问题。果然，经过智力测定，小飞的智力水平完全正常，不存在智力低下的问题。

事实上，小飞之所以注意力不集中、学习成绩差，与妈妈消极的心理暗示有很大的关系。在生活中，妈妈总在小飞面前提起，"医生说过小飞可能会有智力问题"。因此，小飞将自己不能集中精力学习视为理所当然的事情。这是被暗示的结果。

每个孩子在学习和生活中总会接受这样或那样的心理暗示，这些暗示有的是积极的，有的是消极的。消极的暗示会给孩子的学习和生活造成一定的负面影响，而积极的暗示则会促进孩子发展。因此，要想促进孩子专注力的发展，家长应杜绝有意无意的消极暗示，给孩子积极的、正面的、健康的心理引导。具体的做法是：

1. 相信孩子，给孩子以积极的期待

家长有益的帮助会促使孩子积极的发展趋向；反之，消极的期待则会导致孩子发展趋向于消极。如果你认为孩子不可能做好某件事，得到的结果通常就是如此。

两名保龄球教练分别训练各自的队员。他们的队员都是一球打倒了 7 只。教练甲对自己的队员说："很好！打倒了 7 只。"他的队员听了教练的赞扬很受鼓舞，心里想，下次一定要集中精力好好打，把剩下的 3 只也打倒。

教练乙则对他的队员说："怎么搞的！还有 3 只没打倒。"队员听了教练的指责，心里很不服气，暗想：你咋就看不见我已经打倒的那 7 只。

结果，教练甲训练的队员非常用心而专注地练习，成绩不断上升。教练乙训练的队员则心不在焉，打得一次不如一次。

积极鼓励往往会带来积极的效果，消极鼓励往往会带来消极的效果——这被称为"保龄球"效应。因此，如果你希望孩子专注，那么请相信孩子，给孩子积极的期待吧。告诉孩子："我相信你能专心听课的。""我认为你做作业精神特别集中。""我很喜欢你做事专心、投入的样子。"诸如此类的语言暗示，能让孩子时刻保持警惕，避免分心。

2. 不要过度强调孩子的毛病

比如，孩子有粗心大意的毛病，家长也会不断提醒孩子不要粗心，因此，每到考试时孩子就会因为担心粗心而紧张，而过分紧张又会导致孩子粗心。

针对孩子的这种状况，家长不要经常提醒孩子"别粗心"，而要有意忽视孩子的粗心，加强孩子对感觉的训练，在孩子没有粗心的时候及时给予鼓励和表扬，以此促进孩子更加认真细心。

对于粗心大意的孩子，家长可以给孩子一个本子，让孩子把每次作业中的错题抄在本子上，并找出错误的原因，写出正确的答案。这个本子实际上就是孩子的集错本。孩子在分析错误原因时会发现，大多是因为自己粗心大意造成的，这样有利于孩子认识到粗心的危害，并下决心改正。让孩子记录自己的错误，是孩子进行自我教育的最好办法。

3. 教孩子运用正面积极的自我暗示

如，当孩子参加一些竞赛等富有挑战性的活动时，家长要教孩子在心里暗暗提醒自己："自信，沉住气，我会取得成功的。"这样，孩子就增强了自信，情绪就会恢复平静，避免不良情绪造成的消极后果。

比如说"我一定能成功"，而不说"我不可以失败"；说"集中精神对我来说很容易"，而不说"集中精神并不难"。因为正面的自我暗示在人的头脑里种下的是成功的因子，潜意识就会指挥着人去争取成功；而后者种下的是消极的种子，人的潜意识会为失败找借口。

4. 通过表情给予孩子积极的暗示

神态表情是人心灵和内在情感的直接表现，家长可借助神态表情给孩子积极的暗示教育。孩子独立完成一件事时，给孩子赞赏、肯定的眼神，让孩子体会到成功的愉悦；孩子遇到挫折时，给孩子鼓励、安慰、爱抚的目光，让孩子感受到勇气和力量。这些饱含情感和爱的积极暗示，能对孩子产生更大的影响。

5. 通过行为给予孩子积极的暗示

家长是孩子的第一任老师，家长的一举一动都影响着孩子，为孩子所效仿。如果家长在家看书的时候，一边开着电视，一边跷着二郎腿，孩子同样也会效仿家长的行为；如果家长做任何事情都专心，孩子也会如此。

人际关系与专注

　　每个孩子成长的过程，都是一个社会化过程。在这个过程中，同伴起着非常重要的作用。首先，同伴是孩子童年时期最重要的陪伴者，在群体中成长起来的孩子，比那些只生活在个人小圈子里的孩子往往更健康、更活泼，也更加开朗、自信；其次，孩子需要在与朋友的交往中成长、学习，在与朋友的交往中缓解压力，获得愉悦的心理感受；最后，孩子需要与伙伴一起合作与分享，竞争与分担。有了伙伴，他们的心情有地方倾诉，他们的需求也将得到更多的认可与理解。

　　成长中的孩子正处在学习知识、了解社会、探索人生和事业的发展时期，与同龄伙伴交往并建立友谊是正常的心理需要。一个不懂得与人交往，在群体中受排斥、被边缘化的孩子很难建立起健康的人格与自尊，更难把注意力集中到学习上。

　　小慧的爸爸妈妈是开网吧的，他们居住的地方也就是网吧里。小慧从小在网吧里长大，爸爸妈妈很少带她出去跟小朋友们一起玩，更没有时间陪她聊天、讲故事，小慧小小年纪就迷恋上玩电脑。以至于小慧的语言表达能力、交往能力明显比同龄孩子差。

　　在学校里，小慧不与班上的同学一起玩，人家也不和她玩，她总是一个人坐在角落里，显得形单影只。上课的时候，小慧总是一副心不在焉的样子，老师说什么她也没怎么听。

有一天，后桌的一个男生不小心碰了一下她的头，她转过身去，狠狠地回了人家一拳，把老师和班上的同学都吓住了，此后，班上的同学更跟她保持一定的距离。许多女生还笑话她有暴力倾向。小慧总觉得她们一起窃窃私语，在说她坏话，于是更不开心了。她害怕去学校，更害怕看到学校里的同学，自然也就没有办法专心学习了。

实际上，小慧并非有暴力倾向，她只是不善于与人交往而已，因为不善于申诉，她只能采取一些极端的方法处理人际关系，以至于她的人际关系更加恶劣，影响到情绪、影响到注意力，进而影响到学习成绩。

小慧的故事告诉我们，要想孩子保持良好的情绪，专心学习，家长还应该教孩子学会处理人际关系。具体地说，应该做到以下几个方面：

1. 营造良好的家庭交往氛围

在家庭中应创造一种民主平等、亲切和谐的交往氛围。以父母为中心和以孩子为中心的家庭都是不可取的。父母应当成为孩子的朋友，要让孩子敢说、爱说，有机会说话。家庭中的大小事，只要孩子能理解的，就应该让孩子知道。适当地让孩子参与成人的某些议论，有利于帮孩子树立自信心，使孩子敢于与成人交往。家庭中有关孩子的一些问题，更应该听听孩子的想法与意见，不要一味地只是家长说了算。

2. 提供更多的交往机会

家长应适当地带孩子进入自己的社交圈，让孩子到外面去串门，找小伙伴玩耍；也应允许自己的孩子邀请小伙伴到家里来做客。可以指导孩子怎样和同伴一起玩。例如，家里买了新的玩具，可提醒孩子请邻居家的孩子来一起玩。别的小朋友上门来玩耍，家长要讲表示欢迎的话，消除他的紧张心理，还要叫自己的孩子拿出好吃的东西招待他，拿出好玩的东西给他玩。要让孩子有充分的时间和小朋友们一起交往，得到更多的交往机会，体验到和同伴交往的乐趣。

3. 提供群体环境

例如，家长可以请同事或者邻居小朋友到家里做游戏，父母则在一边指导，教给孩子一些人际交往的小策略。比如和小朋友一起玩的时候，要首先考虑别人的感受，懂得说"谢谢""对不起"。玩玩具不能只顾自己开心，还要照顾伙伴们的情绪，大家都玩得开心才是真正的开心。挑选玩具或者游戏角色时，要尽量谦让小伙伴，不轻易生气，更不乱发脾气。

4. 鼓励孩子多和伙伴们交往

为孩子提供一些交往道具，如玩具、图书、小零食等。尽量让孩子放学时和附近的邻居小孩结伴回家，这样孩子可以巩固友谊，并可以交换喜欢的书和玩具。父母也多聊一下孩子的小伙伴，多给他出主意，帮助孩子获得友谊。

5. 教给孩子交往的技能

为了帮助孩子成为受同伴欢迎的人，在交往中得到快乐，家长应有意识地教给孩子一些交往的技能。

（1）培养孩子的礼貌习惯，让其学会尊重别人，平等待人。父母应让孩子在交往中学会使用礼貌用语"请""谢谢""对不起"等，告诉孩子只有懂礼貌的人，别人才愿意和他一起玩耍，也才肯把心爱的玩具给他玩。孩子在活动中礼貌语言用得好的时候，家长要及时进行鼓励表扬，强化孩子的礼貌行为，以帮助其形成良好的礼貌习惯。

（2）让孩子学会容忍与合作。在交往中，遇到与自己意愿相悖的事，家长应教育孩子学会忍让，与同伴友好合作，暂时克制自己的愿望，服从多数人的意见。例如，几个孩子在一起商量做什么游戏，大家都说玩动物园，而自己却想玩过家家，此时，就要克制自己的愿望，和同伴们一起高高兴兴地玩动物园的游戏。这样才能使交往顺利地进行下去。

（3）学习遵守集体规则。孩子们在交往时，会自己制定一些规则来约束每个人的行为，谁破坏了这些规则，谁就会受到集体的排斥。只有自觉遵守集体规则的人，才能得到大家的喜爱，也才会拥有更多的朋友。

（4）培养孩子乐于助人的品质。孩子们在交往中常常会遇到一些困难，家长不仅要鼓励孩子自己想办法解决问题，同时还应支持孩子帮助其他小朋友克服困难，如小朋友摔倒了帮忙扶起来，同伴的玩具不见了帮着去寻找等。要让孩子知道，乐于助人的人就能结交很多的朋友。

放松心理，放下负担

有这样一位家长，由于客观原因没有机会上大学，因此，他希望自己的孩子能成为有知识、有出息的人。

孩子在家长的严格督促下，学习一直很努力，成绩也一直不错。

尽管如此，这位家长对孩子的学习还是放心不下，时时提醒孩子要争气，并不断给孩子提出更高的要求：

"你要给父母争光呀！"

"你一定要考上重点大学呀！"

"你必须名列班级前三名呀！"

这位家长要求孩子必须在班级里是前三名，有时孩子达不到要求，他就冷言冷语地讥讽孩子，还经常警告孩子：如果不按家长的目标奋斗，就上不了大学。

孩子也很懂事，认为考不上大学，就对不起自己的父母。但同时又感到困惑：是家长不信任自己，还是自己真的不行？

家长的做法让孩子的心理蒙上了阴影。久而久之，家长不断的埋怨、批评，让孩子感到了沉重的压力，又不敢对父母讲，因为孩子与父母之间的话题只有学习和成绩。于是，孩子逐渐丧失了对学习的信心。高中毕业时，这个孩子已经失去了参加高考的勇气。

在一些家长的观念中，以为孩子只有紧张、紧张、再紧张，才能激发潜能，考出好成绩。殊不知，孩子不像成人那样善于自我调节，他们不懂得如何把压力转化为动力。如果孩子的生活被塞得满满的，必然会给孩子徒增压力，让学习变成一种负担。

就像在课堂上，为什么有的孩子能够始终注意力集中，而有的孩子的注意力却不能集中？除了有没有学习目标、兴趣和自信之外，还有一个就是不善于排除自身的干扰。

有时候，一个人要排除的不是环境的干扰，而是内心的干扰。环境可能很安静，比如在课堂上，周围的孩子都坐得很好，但是，如果孩子自己内心有一种骚动，有一种干扰自己的情绪活动，有一种与学习不相关的兴奋，那么，他就不可能集中注意力。

对各种各样的情绪活动，每个孩子都要慢慢学会将它们放下来，予以排除。有时候，并不是周围的人在骚扰，而是孩子自己心头有各种各样浮光掠影的杂念。要去除它们，就要对孩子进行抗干扰能力的训练。

父母可以通过下面的放松训练来帮助孩子排除内心的压力和干扰：

1. 全身放松法

让孩子舒适地坐在椅子上或躺在床上，然后向身体的各部位传递休息的信息。

先从左脚开始，使脚部肌肉绷紧，然后松弛，同时暗示它休息，随后命令脚脖子、小腿、膝盖、大腿，一直到躯干各部位都休息。

之后，再从右脚到躯干。

然后，从左右手放松到躯干。

接着，再从躯干开始到颈部、到头部、脸部全部放松。

最后，将内心各种情绪的干扰随同身体的放松都放到一边。

这种放松训练，需要反复练习才能较好地掌握，而一旦孩子掌握了这种方法，他们就能在短短的几分钟内，释放压力，达到轻松、平静的状态。

2．听音乐放松法

听一些能使身心放松的音乐有助于保持一种积极的、富有成效的心理状态。拿破仑·希尔的一些朋友在他们的办公室里放了一台收音机，调至他们所喜爱的电台，把音量放得很小。他们发现这么做能使他们感到放松，工作有效率，并增进了他们的工作乐趣。

3．想象放松法

想象放松法主要是通过对一些广阔、宁静、舒缓的画面或场景的想象达到放松身心的目的。这些画面和场景可以是大海，或躺在小舟里在平静的湖面上漂荡等。

4．调息放松法

一种最简单但可能颇为有效的努力就是控制呼吸，通过深呼吸缓解焦虑。

具体的做法是：保持坐姿，身体向后靠并挺直，松开束腰的皮带或衣物，将双掌轻轻放在肚脐上，要求五指并拢，掌心向下。把肺想象成一个气球，先用鼻子慢慢地吸足一口气，直到感觉气球已经全部胀起，并保持这个状态两秒钟。再慢慢地、轻轻地吐气，观察自己的手向靠近身体的方向移动。连续做 10 分钟甚至更长时间。

5. 肌肉放松法

肌肉放松法也是最常用的专业放松方法。头部放松用力皱紧眉头，保持 10 秒钟，然后放松；用力闭紧双眼，保持 10 秒钟，然后放松；皱起鼻子和脸颊部肌肉，保持 10 秒钟，然后放松；用舌头抵住上腭，使舌头前部紧张，保持 10 秒钟后放松。

颈部肌肉放松，将头用力下弯，努力使下巴抵达胸部，保持 10 秒钟，然后放松。

肩部肌肉放松，将双臂平放体侧，尽量提升双肩向上，保持 10 秒钟，然后放松。

所谓放松是指努力体会肌肉结束紧张后的舒适、松弛的感觉，如热、酸、软等感觉。每次可用 15 ~ 20 秒左右的时间来体会放松感。

或许家长也感到自己也很忙、很累，总被生活的压力压得喘不过气来，哪有时间引导孩子放松自己。实际上，家长忙乱的感觉也会影响到孩子，而且孩子的许多压力都是由家长制造出来的，所以，要想让孩子放松身心，家长也要想办法让自己放松。唯有家长自己学会了放松，才能够给孩子创造一个轻松的环境。为了让孩子与自己都轻松地感受生活，家长不妨给自己安排一个安静的时间，坐下来和孩子谈谈心，讨论一下这几天过得怎么样，有什么感觉。或者晚饭后和孩子一起出去散步，这既放松了自己，自然也减轻了孩子的压力。

另外，父母可以在家中养一些小鸟、小狗、小猫、小兔子、小乌龟等小动物，让孩子了解动物的生活习性后，帮助父母照顾这些小动物，一方面可以培养孩子爱护、照顾动物的责任感，另一方面也可使孩子的身心得到放松。

此外，家长还可以在家中养一些植物或盆景。孩子对植物都有好奇心，也有兴趣观察它们。父母通过给家中的植物或盆景浇水、摘除败叶、施肥等活动让孩子认识植物，在辨认植物的颜色、香味，叶片形状的过程中，使心情愉悦，身心放松。

教孩子学会自控

什么是自控能力呢？自控能力是指在改造客观世界中控制主体自身的一种特殊的能动性，是非智力因素或非智力心理品质的重要方面，是人的自觉能动力量。它不是消极的自我约束，而是内在的心理功能，使人自觉地进行自我调控，积极地支配自身，排除干扰，以合理的行为方式去追求良好的行为效果。

自控能力总是体现在自控行为中，自控行为是有意识的意志行为，它具有以下特点：

第一，这一行为是指向个体自身的，而不是环境的。

第二，这一行为是为了改变以后可能出现的行为反应。也就是说要求为长远考虑，而不是只考虑眼前利益。比如，是先去看电视，或去玩，还是先做作业？自控能力强的孩子会先完成作业然后再去看电视或玩儿。

第三，这一行为是为了相对长久的行为后果而控制目前的行为。较典型的自控行为是学习。

第四，在自我控制的行为中，相对于近期的后果，个体一定更偏重远期的后果。

第五，自我控制行为是现在与未来之间联系的桥梁。

由此可见，自我控制总是产生于终止当前对我们最有吸引力的、最有诱惑力的、最直接的活动，它总是为了一个更长远的目标或更大的满足而终止眼前的小的满足。只有抑制当下的这些活动才有可能使我们进行比较、记忆与决策。通俗地说，做任何一件有意义的事情，都需要具备坚强的意志、能够抵御一切诱惑的心理品质和精神。所以，自控能力不仅包括对行为的自控，也包括对情绪的自控。

孩子因为年纪小，自控能力差，当有新意刺激出现时，成人可以约束自己不去关注它，但孩子却很难做到。可以说，自控能力差是导致孩子注意力分散的一个重要原因。

刘明今年上初中一年级，最近也不知怎么了，上课总是一副精神恍惚的模样，学习成绩也下降了不少。老师从刘明的妈妈那里了解到了原因，原来刘明最近迷上了网络游戏，回到家里，他作业不做，书也不看，连晚饭都没吃就开始昏天黑地地打游戏。有几次，刘明的妈妈一大早就发现刘明待在电脑前玩游戏，还差点因为打游戏上学迟到。为此，刘明的妈妈没少责备他。刘明表面上答应妈妈不再玩游戏了，可一转身就把对妈妈的承诺忘得一干二净。最近刘明的妈妈工作比较忙，也没有时间管刘明，所以，这种情况越发严重。

为此，老师找来刘明谈话，刘明也承认自己迷上网络游戏不好，但总无法控制自己。

由此可见，孩子能不能控制自己的行为是非常重要的。一个孩子如果没有自我控制能力，就会盲目从事，很难干好与自己发展密切相关的事情。比如，一名学生以优异的成绩考进北大以后，迷上了网络游戏，从此一发不可收拾，整天耽误功课，学习成绩每况愈下，最后各门功课都不及格，被学校开除。

在生活中，这样的例子并不鲜见，孩子因为不能自我控制做出傻事的也不在少数。而因为缺乏自控能力导致注意力分散的例子更是屡见不鲜。一般来说，孩子因为自控能力差导致注意力分散的具体表现有：思想不集中；做事虎头蛇尾，不能始终如一；或想到了，但做不到；或所谓"只有五分钟热度"……严重影响了孩子的做事效率和学习成绩。因此，要培养孩子的注意力，家长应有意识地提高孩子的自我约束能力。

众所周知，人的情感、欲望和兴趣这些非智力因素是人的行为动机和毅力的重要因素，但这些因素又带有自发性。情感如不经过自控机制的加工处理，任性而动，任情而为，就会出现一种非理性的行为，必将偏离正确的轨道，很难收到预期的效果。这说明自控能力具有一种特殊功能，它能调动其他非智力因素的积极方面，消解它们的消极方面，使一个人按着理性的要求去行动，从而克服放任、散漫、无恒心、无决心的情况。因此，我们也可以说自控能力在这个非智力因素的动力系统中起着枢纽的作用，从一定意义上，还可以说它是这个动力系统的调节器和保险阀。自控能力，能够保证人的活动经常处于良性运行的轨道上，从而可以积极、持久、稳定、有序地实现一个又一个目标。

对此，每位家长都要有足够的认识，但是也不必为此过分着急。因为缺乏自控能力是一般孩子的通病，只要从他们的实际出发，不放过每一个时机，严加训练，持之以恒，孩子的自控能力就一定能逐步增强起来。例如，早起、锻炼、按时作业、有节制地花钱等，都要晓之以理，使孩子们能立下志愿，加强自控，注意训练，养成习惯，从而在习惯中形成优良的品质。具体地说，家长可以从以下几个方面入手增强孩子的自控能力：

1. 教会孩子自控

家长应当一个活生生的自控榜样，这样才能更好地引导孩子。

有个心理学实验：给幼儿看有关"自控力"的录像，比如等妈妈来了再吃饼干、公共场所不乱跑、参观画展时不乱摸等，结果这部分幼儿比没看录像的幼儿自控力强。可见，自控需要榜样。

生活中孩子最容易模仿的对象是父母，父母的自控力表现会影响孩子自控力的发展。比如周末你没按时起床，孩子也趁机躺在床上看小说，放弃英语早读；父母忙起来顾不上整理房间，孩子书桌上讲义、卷子、本子也越堆越乱……所以，一个冲动的、情绪不稳定的、行动缺少自制的父母，必须先增强自己的自制力，这样，才能帮助孩子建立自制力。

2. 不要让孩子接触暴力的电视、音乐、电影和电子游戏

要注意电视、音乐、电影和电子游戏上暴力的等级，然后明确无误地给孩子定下要求，而且以后要坚持实践这些要求。

许多孩子知道迷恋游戏不好，但屡戒屡犯。可见自控力是一种毫不含糊的坚定和顽强的毅力。有的孩子一度痴迷言情小说，不仅成绩滑坡，还精神不振。但有的孩子意识到问题的严重性后，说不看就不看，克制力非常强。孩子强大的自制力并非天生的，而是得益于我们对其进行的意志力培养。一般来说，家长会在孩子成功之后给予赞美和鼓励，对孩子活动过程中的自制和努力也不会视而不见。

有位父亲是这样对孩子的：

孩子自制力很差，做事丢三落四，学习用品乱扔乱放，看电视没完没了，作业马马虎虎，弄得学习和生活都一团糟。父亲决定通过规则和纪律来培养儿子的自制力。他先找儿子谈心："有人作息没规律，损害身体，进而影响学习，甚至弄得心情很差。可见，不按时睡觉、起床的小毛病也会造成严重的后果。"

孩子说："我也想改正缺点，可就是控制不住自己。"

父亲说："那就让规则来帮助你。"

通过讨论，父亲和孩子订下暑期规则：每天只吃一次冷饮；每天看半小时动画片；做完一门功课，收拾好课本再做另一门功课；晚上 9 点 30 分上床，背两个单词后熄灯；平时打篮球 1 小时，自己洗运动服。

规则不多，只有 5 条，但订了就要坚决执行，不马虎不迁就，更不允许任性骄横，为所欲为。两个月时间里，孩子进步神速。

因此，给孩子订立规则，要求他持之以恒地执行规则，对于自控力的培养十分有益。

3. 通过专门训练来培养孩子的自控能力

为了更好地培养孩子的自我控制能力，家长可以对孩子进行某项专门训练，如通过练琴、书法、绘画等活动来培养孩子的自制力。训练时，最好固定时间、固定地点进行，因为这样可以形成心理活动定向，即每当孩子在习惯了的时间和地点坐下时，精神便条件反射地集中起来。

4. 通过奖励的办法鼓励孩子提高自制力

家长尽量不要对孩子的努力给予可观的报酬。帮助孩子建立一种内在的奖励制度，这样他就能对自己做好的工作感到满意。比如，带孩子到商店去以前，要估计到孩子会要求买玩具而哭闹，父母事先要和孩子讲好条件，只许看，不许买，不听话就不带他去。如果孩子表现好，答应他回家后给予糖果奖励。

5. 通过游戏或者活动强化孩子的自制力

家里是孩子通过不断摸索，学会控制冲动和应付压抑情况最好的场所。在游戏与活动中，不断强化孩子的努力与行为，最终达到应付自如。

有这样一个例子：孩子刚上学，还不适应小学生活，加上性格外向、急躁，更加难以控制自己。有的时候上课说话、坐不住，甚至抢同桌的文具。对 7 岁左右的孩子说教很难起作用。后来，孩子的妈妈发现在家庭的游戏和活动中培养孩子的自制力效果极佳。比如让他当"老师"，他就很有耐心和礼貌。学校组织安全教育活动，让孩子当"交通警察"，他竟能站 15 分钟"指挥交通"而不乱动；和同伴玩娃娃家，女儿当"妈妈"，她立刻变得柔声细语起来。活动和游戏能让孩子的自制行为日益积累，内化成习惯。因此，家长应鼓励孩子参与活动和游戏，使其在自然生动的条件下发展自制力。

6. 通过道德操练增强孩子的自我控制能力

在孩子做决定前，帮助孩子思考可能产生的后果，然后引导他做出安全正确的决定。这样，他最终将学会在没有帮助的情况下正确行事。

家长也要让孩子知道"为什么要这样做，不要那样做"，让孩子逐渐形成评价自己行为和情绪的能力，掌握相应的规则。有的家长总觉得和孩子讲道理是白费力气，不如直接命令，其实真正的自控恰恰来自孩子的理解。家长既不能无原则地迁就孩子，也不能放弃耐心说服，坚持这样做，孩子就会掌握一套评价自己行为的规则，达到真正的自控。

当孩子为自己的需要得不到满足而烦恼时，家长可以有意识地引导孩子产生积极的思维：这一切都是暂时的，自己的需要过一会儿是会获得满足的。例如，孩子和别的小朋友争抢玩具，在放弃时，你可以教他这样安慰自己："现在让给他玩，过会儿就轮到自己了。"

总之，在管教孩子的过程中，家长要注重把对孩子外在的约束力转化为他们内心的自我控制能力。这样，孩子才能逐渐提高自我控制能力，使注意力变得集中起来。

让孩子远离焦虑

教育心理学里有这么一句话：孩子注意力不集中，学习不好，百分之八十来自压力。这种压力可分为两个方面：一方面来自学习本身的压力，另一方面则是家长和老师赋予的。在重压下，越来越多的孩子正承受着焦虑的困扰。小凡就是其中一个——

上初一、初二时，小凡表现得相当优秀。可到了初三以后，他突然发现自己没办法静下心来学习，对学习竟产生了莫名的反感，心情总是烦躁不安。小凡自己也不想这样，也怕辜负了父母的期望，可是，他只要一拿起书，就有些喘不过气来。白天上课时，他更是昏昏欲睡，无精打采的，为此，小凡的爸爸妈妈和老师都非常担心，动不动就对他说："小凡呀，这是很关键的一年，你可不能在最关键的时候掉链子呀！"可是，谁能了解小凡的苦衷呀！

焦虑是人们即将面对重要事情时经常会出现的一种情绪，它是伴随人们生活的一种情绪状态。心理学研究表明：在焦虑适中的情况下，孩子的学习效率随着焦虑的增强而呈上升趋势。这说明，焦虑本身具有动力和促进作用，它能激活孩子体内的有关物质和系统，从而激发孩子的潜在能量，推动孩子去积极地学习，使学习更有效率。可以说，没有一点儿焦虑的学生是不会有好成绩的。

然而，如果孩子承受的压力过大，焦虑的情绪过于严重，就会带来一系列的副作用。如学习效率随着焦虑水平的增强不断下降；注意力无法集中、烦闷、静不下心来学习；如果在考试中出现焦虑情绪，则会导致不能发挥正常的水平。

故事中的小凡之所以难以进入学习状态，正是因为学习与外界的压力使他身心疲惫、焦虑，从而导致情绪低落、烦闷。因此，作为家长，一定要站在孩子的立场上理解孩子，关注孩子的心理变化，及时帮助孩子，以缓解他的疲劳状态，进行心理调整。

那么，家长怎样凭经验观察孩子是否焦虑呢？一般来说，可以从以下几个方面入手：

1. 观察孩子的行为

当孩子过度焦虑时，他的行为表现常常有明显的变化，比如，平时活泼好动的孩子突然变得文静起来；平时安静乖巧的孩子突然变得烦躁起来；孩子总是坐立不安，拿起这个，又放下那个等，这些反常的行为都预示着孩子可能正遭受着焦虑情绪的煎熬。

2. 观察孩子的言语

当孩子比较焦虑时，性格外向的孩子往往能够直接说出来，家长容易从孩子的言语中发现。但是，性格内向的孩子则会变得更加少言寡语。

3. 观察孩子的神情

孩子往往不善于掩饰自己的情绪，当他焦虑紧张时，家长可以从孩子的神情中发现异样。

4. 观察孩子的生理反应

多数过度焦虑的孩子，往往会产生一系列的生理反应：不思茶饭、哈欠连连、头疼、旧病复发等。当孩子出现这些反常的生理反应时，也许就是过度焦虑造成的。

当发现孩子过度焦虑时，家长可以通过帮助孩子改变学习方式来增强孩子的注意力，比如，用一些彩色笔勾画书本，购买一些彩色版的相关学习资料，让孩子听听喜欢的音乐，重新安排每天的作息时间，调整学习的顺序和科目等，这些变化可以给孩子新的视觉、听觉等感觉刺激，即使是学习相同的内容，孩子也会觉得有新鲜感，或多或少地能重新调动起孩子的注意力。

"解其症，才能治其病。"一个不了解孩子的家长非但不能帮助孩子解压，还有可能因为方法失当让孩子陷入更加焦虑的状态中。因此，家长应细心观察，了解自己的孩子。如果你的孩子此时正处于焦虑的情绪之中，作为家长，就应该帮助孩子学会缓解自己的焦虑。

专家以为，以下的方法可以帮助孩子缓解压力：

（1）引导孩子正确认识焦虑。孩子一旦出现了焦虑情绪，家长应该告诉孩子，焦虑是一种正常的情绪状态，适度的焦虑能激励他们发挥才能。出现过分焦虑，要学会认清其真面目，通过适当的放松调节，就能平静从容地面对。孩子只要正确地认识到焦虑，就不会因为焦虑而长期处于惶恐不安的情绪中。当孩子学会了自我解压，学会了正确与焦虑相处后，就能慢慢恢复到正常的学习状态中。

（2）让孩子把自己的焦虑画出来或者写出来。专家认为，让孩子以画画或文字来表达当时的心情，能帮助孩子很好地宣泄自己的不良情绪。因为在这个过程中，孩子有机会重组事件经过，并有机会作出检讨和反思。

（3）鼓励孩子把焦虑说出来。倾诉是缓解压力的重要途径，如果不能让孩子学会倾诉，那么，久而久之，孩子遇到什么事情都不愿向家长及他人倾诉，而把心事闷在心里，就会造成孩子的心理危机。

倾诉可以缓解人的压力，让人把紧张的情绪释放出来。因此，要让孩子学会通过倾诉这种途径来排解情绪，在遇到冲突或挫折时，要鼓励、引导孩子将事由或心中的感受告诉他人，以寻得同情、理解、安慰和支持。孩子对成人有很大的依赖性，成人对孩子表现出的同情或宽慰可减轻甚至清除孩子的紧张心理和不安情绪，即使在孩子的倾诉并不合乎情理的情况下，也要耐心地听下去，等待孩子情绪的稳定后，再与他细做理论。

（4）帮孩子转移不良情绪。转移也是孩子宣泄情绪的良好途径。当孩子遇到冲突和挫折时，不要让孩子过多关注所遭遇的事情，而要引导其从这种情境中摆脱出来，尽早投入自己感兴趣的活动中去。例如，孩子因为与其他孩子出现争执而受到老师批评，家长不要指责孩子不听话，而要跟孩子谈谈心，讲讲老师为什么要批评他，然后，可让他到室外去踢一会儿球，在剧烈运动中将积累的负面情绪发泄出去。

（5）帮助孩子发展负面情绪的管理技巧。美国的有些中小学，在课程中加入冥想的练习，即让孩子坐下，闭上眼睛，意念集中地静坐20分钟。而最近的试验发现，静坐冥想有助于降低一个人的焦虑感，而且能够强化注意力，进一步提升学习效率。像这些设计得当，适合孩子的放松技巧，早早学会，对他们抵抗未来的压力会有所帮助。

（6）让孩子的身心得到充分的休息。让孩子得到充分休息的有效方法是：睡觉、体育锻炼、体力劳动。所以，家长不妨让孩子多睡觉，或和孩子一起去爬山。当然也可以让孩子帮助家长做点家务劳动。真正充分的休息才能解除身心的疲劳感，迅速恢复体力和精力，这样也可以增强孩子学习时的注意力。

（7）让孩子做放松情绪训练。当孩子出现焦虑情绪时，家长可以教孩子做一些放松训练，如深呼吸、逐步肌肉放松法等。

正确的深呼吸方法是：缓慢吸气，稍稍屏气，将空气深吸入肺部，然后缓缓地把气呼出来，在深呼吸时应该可以感受到自己胸腔和腹部在均匀起伏。

逐步肌肉放松法主要采用渐进性肌肉放松，通过全身主要肌肉收缩—放松地反复交替训练，通常由头面部开始，逐步放松，直至全身肌肉放松，最后达到放松的目的，并能够对身体各个器官的功能起到调整作用。

避免孩子受到"情绪污染"

什么是"情绪污染"？在一个特定的环境中，每个成员都会不自觉地觉察、体验其他成员尤其是主要成员的情绪，然后改变自己的情绪状态，这就叫作"情绪污染"，也叫"情绪移入"。

在生活中，"情绪污染"常常引起一系列的连锁反应。如，爸爸在公司发生了一些不愉快的事情，于是就把这种不愉快的情绪带回家中；恰好，妈妈煮了不合爸爸口味的饭菜，爸爸借此机会数落了妈妈一番；而妈妈劳累了一天，回家还要洗衣做饭，本来就满心委屈，不但不能得到丈夫的宽慰，反而换来一张黑脸，于是异常恼火，就与爸爸乒乒乓乓地打起架来。孩子恰好回家，看到爸爸妈妈争吵、推搡的那一幕，吓得号啕大哭，第二天上课精神恍惚、注意力不集中……

每个孩子来到这个世界上，最信赖、最爱的是他的父母。在他的成长历程中，他的自我建构是伴随着他从周围世界感知到的，父母对发生的事件所做出的反应来完成的。他会倾听父母的语言，感受父母语言背后的态度以及情绪状态。他可以从大人的语气、语调、表情中觉察到发生了什么。大人对事件的态度以及做出的反应直接影响着孩子，因此，家长注意"情绪污染"给孩子带来的危害。

1. 不把不良的情绪带回家

为人父母，请尽量不要把不愉快的情绪带到家里，如我们常说"烦死了""真累"……这样的坏情绪往往会传染给孩子。孩子年龄小，缺乏情绪的调节能力，如果总处在充满抱怨和不满的环境里，孩子也会像大人一样用消极的语言来宣泄自己的紧张和不满，这对孩子今后的人际交往和生活态度非常不利。我们都知道，即便是大人，听到抱怨，面对指责，或看到自己的另一半脸拉得老长，也会控制不住自己，使好情绪变成坏情绪，更何况是孩子。所以请别做情绪的污染者，在孩子和家人面前，尽量保持快乐的情绪。

如果家长在外面工作不顺，要克制自己，尽量把不良情绪化解掉。如果回家恰好遇到孩子捣蛋、无理取闹等不愉快的事情，应先平静自己的情绪。若是在很激动的情况下，家长可以选择沉默不语，以避免事态激化，给孩子造成不良影响。

2. 避免在孩子面前吵架

家长要尽量避免在孩子面前吵架。如果真没办法控制，吵完之后，一定要对孩子说，这只是大人之间对一些事情的看法不同，希望孩子不要介意。另外，吵完架，千万不要在孩子面前说对方的坏话，家长之间有些口角是分不清对错的。

3. 笑脸迎人，家长要当"笑长"

孩子一回家，家长就要满脸笑容地招呼他，并问他："今天在学校有什么有趣、好玩的事吗？"千万别劈头就问："数学考几分？英语考几分？"孩子一听，马上翻脸，怎么笑得出来呢？

笑脸是最可爱的沟通桥梁，笑话是最甜蜜的开心果，家长有时也可讲些笑话给孩子听。家长变"笑长"，家园变"笑园"，孩子就会在欢乐中度过每一天。

4. 别在孩子面前谈对方的不是

小谢刚跟老公签了离婚协议，孩子——丁丁的抚养权归小谢所有。当天，小谢便一直在数落丁丁的爸爸，要丁丁努力学习为妈妈争气，不要让爸爸他们笑话等。

夜晚，丁丁怎么也睡不着觉，他实在想不通爸爸妈妈为什么要分开，为什么爸爸不要自己了，为什么妈妈说爸爸坏？想着想着，丁丁呜呜地哭了起来。从此学习无精打采，也不跟同学一起玩……

很显然，小谢的做法是不对的。孩子小，很难明辨是非，也不清楚个中原因，只能从父亲或母亲的话中，靠自己幼稚的想法加以解析，因此极易受家长的情绪污染。因此，要想让孩子免受情绪污染，家长应尽量不在孩子面前提及对方的不是，要告诉孩子：虽然父母不在一起了，但大家还是会很疼爱他的；对方有困难的时候，大家都会互相帮助，以此消除孩子心头的疑虑。

5. 把握好两个时间段的家庭气氛

第一个时间段是早餐时间：因为早晨时间很紧，吃饭时看孩子一磨蹭，便很容易把火撒在孩子身上，这会影响孩子一天的心情。

第二个时间段是睡觉之前：在外面忙活了一天，有不顺心的事情，忍了半天，到最后功败垂成，摔个盘子砸个门，孩子受到惊吓，睡眠质量便直线下降。因此，无论如何，父母都要克制自己的情绪，如果意识到自己的情绪已经成了巨大"污染源"，则应当立刻想办法切断这个"污染源"。

第五章

让专注成为
一种习惯

所谓"习惯"是指在长时期里逐渐养成的、一时不容易改变的行为、倾向或社会风尚。从某种意义上说，一个孩子是否专注，取决于他（她）是否养成了专注的习惯，是否形成了专注的能力。一个习惯于专注的孩子，做任何事情都能自然而然地做到专心、投入，沿着既定的轨迹进行。因此，如果你总为孩子上课走神儿、做事拖沓、没效率之类的事情烦恼的话，不妨从习惯入手，培养孩子的专注力。

一次只做一件事

有一个《猴子掰苞谷》的寓言，说的是——

有一只猴子在地里掰苞谷，刚掰下一个，觉得前面的更好，就扔下手里的去掰另一个。另一个到手后，觉得还有更好的，到手的又扔掉，去掰那个"更好的"。不知不觉走到了地的尽头，这时候，天色已晚，这只猴子只得慌慌张张随便掰了一个回去。回家一看，发现自己摘到的竟是一个烂苞谷，可是，后悔又有什么用呢？

看了这个故事我们也许会笑那只猴子太傻。其实，猴子犯傻，不是智力问题，而是做事的态度问题，即做事态度太浮躁。生活中，有很多孩子就像这猴子一样，做什么事情都毛毛躁躁，根本无法专心做一件事情。比如，做作业时，他们会一会儿做做数学，一会儿做做语文，一会儿又看看课外书，因为老是边做边玩，或者做着这件事情想着那件事情，导致他们做作业的效率低下，本来一个小时就能完成的作业，往往要两三个小时才能完成。

那么，如何才能改变这种现状呢？其实，要改变这种状况并不难，家长只要教给孩子正确的做事态度即可。一般来说，要想孩子把一件事情做好，家长应要求孩子一次只集中精力做好一件事情，当这一目标完成以后，再做另一件事，这样才能达到事半功倍的效果。如果总是做着这个，想着那个，其效果自然不佳。当孩子认识到这一道理，并将之付诸行动，自然就能提高他们的学习效率，从而取得优异成绩。

要想孩子改变浮躁的做事态度，一次只集中精力做好一件事情，家长应做到以下几个方面：

1. 根据作业的难易程度给孩子安排作业顺序

研究表明，孩子开始学习的头几分钟，一般效率都较低，随后上升，15 分钟后达到顶点。根据这一规律，家长可建议孩子先做一些较为容易的作业，在孩子注意力最集中的时间再做较复杂的作业。如此一来，孩子的注意力也就跟了上去，学习效率也因此得到了提高。

2. 培养孩子的耐心

要想让孩子一次只做一件事情，家长还需要培养孩子的耐心。对于孩子来说，他们的自觉性和坚持性是与他们的耐心相联系的。一个耐心越强的孩子，他的自觉性和坚持性就越高，办事能力也就越强。

在日常生活中，当孩子出现缺乏耐力的表现时，往往是培养耐性的最好时机。家长可以抓住机会与孩子做几个能够吸引他注意力的游戏，引导孩子加强耐性。

游戏 1：玩拼图

拼图是一种趣味性较强的智力游戏，不仅可以吸引孩子的注意力，也可以提高孩子的思考力。对于年幼的孩子，可以先让他玩一些简单的拼图，让孩子在玩的过程中能够获得成就感，随着孩子年龄的增大，逐渐玩一些复杂的拼图。

游戏2：找不同

比较两张图或者两件相似的事物，找出不一样的地方。

游戏3：扮鬼脸

与孩子一起扮鬼脸，看谁扮同一个鬼脸的时间长。

在做游戏的过程中，家长应该陪同孩子一起进行。当孩子的耐性增强的时候，家长要及时鼓励孩子，可以给孩子设立奖励卡片、奖励表格，让孩子从自己的进步中获得成就感。

3. 从小培养及督促孩子

从孩子能理解大人的话开始，家长就要注意帮助孩子逐步学会正确评价和判别自己行为的适宜度，让孩子慢慢明白，什么事应该做，什么事不应该做。家长应从小教育孩子，不管做任何事情，都应该一心一意，不能三心二意。只有集中注意力做一件事情，才能把事情做好。此外，家长还可以用"小猫钓鱼"等故事教育、启发孩子。

4. 让孩子明白一次只做一件事情，且认真做的好处

家长应该告诉孩子，一次只做一件事情，而且认真做的话，就可以省去做错了重新再做的麻烦，这能提高自己的办事效率。此外，这种只关注自己完成情况的工作态度，会帮助孩子建立一种轻松愉快的心情，让孩子在自己的成就感中快乐地完成任务。

5. 家长做出表率

有人做过一个试验：给幼儿看有关妈妈耐心做一件事情的录

像。结果，这部分幼儿比没有看过录像的幼儿更能专心致志地画画或者写作业。可见，要想让孩子一次只集中做好一件事情，家长是孩子最好的榜样。如果家长自己能以身作则，一次只专心做好一件事情，那么，孩子的做事态度也将变得不再浮躁。

做事要有条理

平平已经是小学一年级的学生了，可是他一直不会整理自己的学习用品，经常忘带课本、作业、学习用具或其他物品，家人给他送过好多次，为此老师还批评过他的爸爸妈妈呢。另外，在家里平平也从不整理自己的用品，书架乱得一塌糊涂，家里到处都是他的书，妈妈光收拾他的东西就得好半天，可每次收拾完，要不了一两天，又会乱成一锅粥。

像平平这样的孩子在我们周围并不鲜见。这些孩子缺乏条理性，他们的学习用品经常乱摆乱放，没有次序、不分场合：书架上，横竖站卧各种姿势的书都有，长短大小各种规格的书都有，古今中外各种内容的书都有，床头、窗台、茶几、餐桌、沙发、鞋架到处都有没看完的书；写完作业后，课本、作业本、草算本、字典、铅笔、文具盒、橡皮、尺子、转笔刀、墨水瓶摆了一桌子；书包扔在地上；没课表、没作业记录本；红领巾、校服、鞋套、学具等乱扔一通。正因为如此，他们总是丢三落四、不讲秩序、不会整理，给自己的生活带来了诸多麻烦。

专家以为，孩子之所以养成了这些不良习惯，跟家庭教育有很大关系。

（1）家长自己没有好习惯，给孩子做了一个不好的榜样。

（2）家长对孩子的习惯养成不重视，忽视了生活细节对孩子的影响，没有从小给孩子培养好整理的习惯。

（3）对孩子过分溺爱，总是在替孩子"擦屁股"。如孩子学习完了，家长帮忙收拾；孩子的铅笔断了，家长帮孩子削铅笔；孩子的笔盒落在家里了，家长很及时地送去学校等。类似的做法让孩子产生了极大的依赖性，从而使他们养成了不整理、不善整理、不乐于整理的生活习惯。这对孩子独立性的培养是不利的。

对孩子来说，从小培养其整理习惯，能使孩子做事更有秩序、更有条理，这对孩子今后的工作与生活将有很大的帮助。

有位年轻人，他大学毕业后去了一家图书公司做编辑，他说："生活有秩序帮了我的大忙，平时，桌子上的稿子非常多，我将它们一一分类，采用的、不用的、需要我本人修改的，从不混淆。改稿子的时候，我精神高度集中，不会因为忙乱而分心。"正因为如此，他的工作效率很高，工作很出色，很受领导器重。

因此，家长应改变自己的教育方式，从小培养孩子自己的东西自己整理的好习惯。要让孩子养成整理、做事有条理的习惯，家长应做到以下几点：

第一，不能过分溺爱孩子，别总是大包大揽替代孩子做他力所能及的事情。要从小处着眼着手，培养孩子自己整理学习用品的好习惯，从小就锻炼孩子的独立能力，这将使孩子受用终生。

第二，演习游戏。让孩子在乱七八糟的书架和条目清楚的书架上找书，体会有条理带来的好处。要出门旅游了，却找不着火车票、照相机、水壶，体会做不好准备带来的麻烦。

第三，让孩子定期整理书包。孩子最好每月整理、刷洗一次书包。因为书包是孩子每天都要携带的，经常清洗可以清除细菌。同时，它的整洁也关系到个人的卫生面貌。背上干干净净的书包，会给自己一个好心情。

第四，让孩子和爸爸妈妈一起做家务，体会家长的辛劳，知道乱放物品是一种非常不好的习惯。

第五，让孩子整理自己的书桌，还应注意不要在书桌上堆放与学习无关的东西，这样能让孩子在学习的过程中保持专注。

第六，让孩子在自己的学习场所准备好所需的所有用具，这样，孩子学习的时候顺手拈来，有助于提高学习效率，并从中体验到整理给自己带来的诸多便利。

第七，家长可以有意带孩子去书架、书包等用品整理得好的同学家参观，并且使劲儿夸奖该同学，使孩子因不服气而产生超过他的动力，并付诸行动。

孩子只有养成做事情有条理的习惯，遇到问题才不至于手忙脚乱，才不至于因为缺乏条理性而分心。因此，家长应从小培养孩子做事有条理的好习惯。

让孩子做时间的主人

爱因斯坦认为，人与人之间最大的区别就在于怎样利用时间。因为每个人对时间的处理态度、安排内容、使用方式不同，所以他们的收获也有不同。善于管理时间的人，能把一分钟变成两分钟，一小时变成两小时，一天变成两天，能在有限的时间内做很多的事，最终换来成功。而不懂得管理时间的人，就只能是虚度光阴。

生活中，不善于利用时间的孩子有很多。比如，一些孩子在做功课时，没有养成专注、集中精力的习惯，他们容易把本来一个小时可完成的作业，拖到数个小时，并且越拖心里越觉得腻烦，越拖越懒得写，就越不能专心。因此，要想改变孩子做事没有效率、不专心这一坏习惯，家长应从小培养孩子的时间意识，帮助孩子合理、有效地利用时间，做时间的主人。

一般来说，家长可以从以下几个方面入手：

1. 从小培养孩子的时间观念

家长应该让孩子从小就认识到时间是每个人都拥有的，但也是最容易失去的资源。把握时间、珍惜时间，就是把握住现在。

2. 让孩子遵循一定的作息规律

如让孩子按照一定的时间睡觉、起床。如果孩子没有时间观念，连最基本的生活作息都会一团混乱，这样，孩子上学迟到、旷课的事情就会经常发生。

　　家长可以和孩子一起制定一张作息时间表，什么时间起床，洗漱要多长时间，吃早餐要多少时间，放学后先做什么，然后做什么，几点睡觉等，都可以让孩子做出合理的安排。只有把作息时间固定下来，形成习惯，孩子才能对时间有一个明确的认识，继而形成良好的时间观念。

　　3. 正反利用孩子的"大脑兴奋阶段"

　　珍惜时间不等于说"学习时间越长越好"。不舍昼夜，有张无弛，疲劳轰炸，只会导致神经衰弱，影响身体健康，学习效果自然也不会好。须知贪玩是孩子的天性，家长可以通过定期与孩子交流对时间的认识来准确了解其大脑皮层的最佳兴奋时段。

　　每个人的兴奋时段都是不太一样的，家长可与老师配合，把一天中比较重要的学习任务在这一时段交与孩子完成，这样花较少的时间可以完成较多的工作，让孩子产生一种有效利用时间的成就感。与此同时，有意识地将孩子玩的时间安排在大脑皮层处于抑制状态的时间段，长期如此，会让孩子产生出一种"玩原来也这么没劲"的心理，从而在一定程度上截断其贪玩的心理路径。培根说得好："合理安排时间，就等于节约时间。"此种方法也可以帮助孩子培养一种高效利用时间的习惯。

　　4. 指导孩子按照任务的轻重缓急安排学习顺序

　　孩子往往分不清自己要做的事情的重要程度，他们的事情通常是由父母和老师来安排的。这是造成孩子不善于利用时间的一大原因。

事实上，只有充分认识到自己要做的事情与自己的关系，才有可能把这些事情处理好。父母可以指导孩子每天把自己要做的事情按照重要程度和紧迫程度排列顺序，保证把重要的事情都完成，把自己的时间和生活安排得井井有条。

5. 教育孩子把握现在，马上行动

家长对孩子的"身教"非常重要。在孩子面前，只要有了目标，家长就应该立即行动起来，即使尚未准备就绪也不要犹豫，重要的是行动本身。孩子耳濡目染，自会意识到："立即行动，才能真正把握'今天'和'现在'"。这样可以让孩子对时间产生一种紧迫感，做事不拖沓延宕；意识到时间是一闪而过的，抓不住，时间就溜走了。记得大画家柯罗曾激动地对一位向自己请教，并表示"明天全部修改"的青年人说："为什么要明天？你想明天才改吗？要是你今天晚上就死了呢？"所以家长应该告诉孩子："如果你决心珍惜时间并想有所作为，那么现在就行动起来吧！"

6. 利用榜样的力量

周晓波刚上小学的时候，没有时间观念。他在时间的分配上，没有轻重缓急之分，经常是玩累了，才想起还有作业没有完成。爸爸妈妈经常督促他，但效果并不好。

后来，爸爸妈妈发现孩子喜欢找一个比他大几岁的小哥哥一起玩。可是这个小哥哥很自觉，如果他没有做完作业，哪怕周晓波打电话约他出来玩，他也断然拒绝。晓波的妈妈趁机因势利导，用赞赏的话语夸奖那个小哥哥懂事、有时间观念，轻重缓急分得清。

从那以后，晓波慢慢地有了时间观念，不再像以前那样玩起来什么都不顾了。

可见，要想孩子学会珍惜时间，做事有效率，家长应该懂得孩子的喜好，了解孩子，只有这样，才能更好地教育孩子。就像周晓波的爸爸妈妈那样，知道利用孩子的榜样达到教育的目的。

7．采用奖励制，引导孩子有序安排

田田上三年级以前，放学回家后经常先看课外书或玩，到喜欢的电视剧播放时间了，就看电视剧。电视剧看完后吃晚饭，晚饭后再做作业。这样有两大弊端：一是当作业较多，同时身体疲劳的时候，做作业不能集中精力；二是不能促进他提高学习效率，使得他做事拖沓、质量不高。

从三年级开始，妈妈要求他放学后，抓紧时间完成自己能独立做的作业，晚饭后再完成需家长配合的作业，比如听写、背诵等。晚上9点睡觉前，多余的时间可自己安排，比如看电视、上网等。而且，每星期都根据他的表现给予奖励，比如，一周内每天表现都很棒，双休日带他去吃一次肯德基。这样一来，他的积极性一下子提高了很多。渐渐地，他做事情、写作业的效率提高了，基本上每天都有一小时左右的时间可以自由支配。

田田妈妈的做法是值得大家效仿的，但有一点需要注意，那就是，给孩子的奖励不要过于频繁。俗话说，"物以稀为贵"，分寸掌握得好，教育效果才会好。

培养孩子的思考习惯

德国物理学家普朗克曾说："思考可以构成一座桥，让我们通向新知识。"喜欢动脑筋思考的孩子内心充满了好奇与求知的欲望，在求知欲的驱使下，这些孩子更加热衷于学习与求解。学习的主动性更强，注意力也更集中。可以说，培养孩子思考的习惯，等于给孩子的能力安上了"驱动器"，在未知的驱动下，孩子必然能成为一个注意力集中，优秀而杰出的人才。

因此，家长应该鼓励孩子以积极主动的态度对待学习，在学习时善于开动脑筋思考问题，多提问题，这样，学习的效率才会提高，学习的能力才能增强。那么，家长应该怎样培养孩子勤于动脑、思考的习惯呢？

1. 不要直接回答孩子的问题

低年级的孩子总有问不完的问题，而且喜欢打破砂锅问到底。有些家长为了省事，直接把答案告诉孩子。这样的确能马上"打发"他们，但从长远来看，对发展孩子的智力没有好处。因为家长经常这样做，孩子必然依赖家长的答案，而不会自己去寻找答案，不可能养成独立思考的习惯。因此，当孩子提出问题时，应该启发孩子，提醒他们运用学过的知识、看过的书、查找到的资料等去寻找答案。当孩子自己得出答案时，他们会充满成就感，以后也更愿意自己动脑。

2. 让孩子经常处在问题情境之中

家长不仅要学会耐心地回答孩子的提问，还要主动地、积极地发现一些问题去问孩子，引导孩子观察事物，激发他的质疑心理和欲望。向孩子提出问题时，要符合他的年龄特点和知识范围，如果问题提得过难或过易，都会挫伤孩子思考的积极性。当孩子圆满地回答了家长提出的一个个问题后，他会感受到获得成功的喜悦。

此外，家长还可放下架子向孩子"请教"一些问题，也可以在家庭遇到一些疑难问题时去和孩子商量。这些做法，可以促使孩子主动思考。

3. 参与到孩子的思考中

要培养孩子勤于动脑、独立思考的习惯，家长还要善于发现孩子的问题。在孩子遇到问题，并表达给家长的时候，家长要积极参与。

如果你陪孩子去参观一个摄影展览，对于展出的作品，你可以发现他的兴趣点，和他一起去讨论、去评价，更可以问他一些问题：为什么认为这个作品好，你的理解是什么？别人的理解是什么，为什么有不同？

如果你是陪孩子参观一个科技展，他的问题会更多：这是什么材料？这个设施有什么功能？为什么？对于这些，可以鼓励他多问问展台的工作人员，当孩子提的问题你一时难以解答时，千万不要厌烦或简单化处理，最好告诉孩子："这个问题还真难，我也不太清楚。等我查查书，或问问其他朋友后告诉你。"注意要说到做到。当然，现在有互联网，可以和孩子一起查一查感兴趣的问题。

平时，父母要利用一切机会与孩子交谈，通过交流来激发孩子的思考。应注意的是，讨论问题时，要尽量谈一些有利于孩子独立思考的问题，而不是代替孩子去思考。无论是当孩子碰到问题时，还是为他们提一些具体建议时，家长都要引导孩子独立地进行创造性思维，用自己已掌握的知识和经验，针对要解决的问题，发现新的具有创造意义的解题方法。

5 岁的晨晨是个爱问问题的孩子。有一次，他从幼儿园回来，神秘地问妈妈："妈妈，你知道唾沫是什么味儿吗？"

"不知道。"晨晨的妈妈坦白地说。

"唾沫是臭的！"孩子肯定地告诉妈妈。

"你是怎么知道的？"妈妈好奇地问道。

"我把唾沫舔在手心上，一闻，真臭！"说着，他还做了个示范。

晨晨的妈妈煞有介事地一闻，皱着眉头说："果然很臭，这是一个重大发现！唾沫在我嘴里待了这么多年，我怎么就不知道呢？可能是'久闻不知其臭'吧！"

晨晨一听妈妈这么说，非常得意。

"可是，唾沫为什么会这么臭呢？"妈妈不解地问晨晨，"妈妈也不知道，你说该怎么办？

晨晨歪着脑袋想了想说："那我们上网查一查吧！"于是，母子俩忙开了……

从此，每天从幼儿园回来，他都要问妈妈一些稀奇古怪的问题。

长大后，晨晨很有创意，做事也有自己的主张，很少人云亦云。

一个成功的家长，总是善于引导孩子去动脑、去思考。晨晨的妈妈无疑就是这样的家长！她在参与的过程中，充分调动了孩子思考与发现的积极性，让孩子从思想上独立起来！

4. 让孩子独立去思考、去判断

在生活中，家长应该提供一些机会给孩子，让孩子自己去思考、去判断：什么是对，什么是错，什么应该做，什么不应该做。

能不能全面而深入地思考问题，决定了一个人的思维深度和广度，也决定了其结论的正确性。

美国物理学家雷恩沃特小时候非常善于思考，他能够从其他人熟视无睹的事物中想到一些更深层的问题。

雷恩沃特上小学的时候，在一次语文课上，老师问道："同学们，你们说 1 加 1 等于多少？"

"等于 2。"同学们异口同声地回答。

只有雷恩沃特若有所思地看着老师，没有回答。

老师有点疑惑，就问他："雷恩沃特，你怎么不回答呢？难道你不知道这个问题的答案吗？"

雷恩沃特想了想，对老师说："老师，我不是不知道 1 加 1 等于 2，可是，您为什么要问我们这样一个简单的数学题呢？您是不是有其他的答案？"

听了雷恩沃特的话，老师感到非常高兴。因为，老师提这个问题的目的被雷恩沃特说中了！老师微笑着对大家说："同学们，雷恩沃特说得没错。从数学角度来说，1 加 1 等于 2，但是，从其他角度来说，1 加 1 未必等于 2。就像我们今天要学的这篇文章里所说的，两个人互相帮助，两人的力量就大于他们单个人力量之和。所以，我们要互相帮忙，互相关心，做个乐于助人的人。"

在鼓励孩子独立思考方面，家长有很多事情可以做，最简单的就是倾听孩子叙述他们自己的想法。尽管孩子的想法常常是天真、幼稚甚至是可笑的，但家长一定要按捺住想纠正他的愿望，抓住他谈话中有趣的、有道理的论点，鼓励他深入"阐述"，让他尝到思考的乐趣，增强自我探索的信心。

5. 跟孩子一起收集动脑筋的故事和资料

动脑筋的故事和资料很多，家长和孩子共同收集，整理好放在家里。空闲时间，大家可以翻阅这些资料，互相讨论感兴趣的问题。

6. 搞家庭智力竞赛

节假日，家长和孩子轮流做主持人，设立小奖品或其他奖励措施来搞家庭智力竞赛。为了增强气氛，可以请亲友或其他小伙伴参加，这样既可以令家庭充满温馨，也可以让孩子在游戏中体会到勤于动脑、独立思考的乐趣。

总之，为了培养孩子勤于动脑、独立思考的习惯，家长要经常创造动脑筋的氛围，鼓励孩子多想、多问、多实践。

给孩子规定任务和期限

欢欢是个贪玩的孩子，他总是一回到家里就把书包一搁，匆匆忙忙到小区里找小伙伴玩去了，经常玩得连作业都忘记写。

刚开始的时候，欢欢的爸爸妈妈认为孩子还小，贪玩是正常的，等孩子上四五年级后就会有所好转。谁料，上了五年级的欢欢非但没有改正贪玩的毛病，反而愈演愈烈。这不，老师在上课，他在想着下课跟谁玩、玩什么的事情。好不容易在家写作业，他也是皱着眉头，三心二意，对着窗户探头探脑的，就担心小区里的小伙伴出来时找不到他。

总之，欢欢的注意力全在怎样玩上，功课则抛到十万八千里之外。

在这个案例中，欢欢之所以学习时缺乏注意力、贪玩，与家长的疏忽有很大关系。事实上，如果孩子从小就建立起一种任务感，就不至于发生以上这样的事情了。

相信不少家长都有过这样的经验，如果单位领导要求你在3天内完成某项工作，这时你就会集中精力，全力以赴，提高工作效率。相反，如果领导说这项工作什么时候做出来都行，你可能就很难集中精力来做这件事，工作效率也不会高。同样，对孩子的学习时间或内容也应该有个明确的规定，这样，他就会把全部注意力集中起来，在规定的期限之内做完要做的事情，从而提高学习效率。有些家长不知道这个道理，只是一味要求孩子坐到书桌旁。只要孩子坐在那里，他们就以为孩子在学习，就感到心满意足。有的家长则一味地督促孩子看书，至于看什么，看到什么时候则没有明确要求，可怜的孩子不知道何时才能结束，他会感到特别累，自然不容易集中注意力。

因此，要想孩子学习有效率，且能做到注意力集中，家长在督促孩子学习的时候，一定要明确告诉孩子这次的学习任务是什么，应该在什么时间内完成。当孩子明确了自己的学习任务与期限以后，就会产生一定的紧迫感，从而做到注意力集中，提高学习效率。

当然，如果孩子完成了规定的任务，家长就应该让他休息，或者让他做些别的事，千万不要再给孩子布置作业。因为那样，孩子就会觉得爸爸妈妈说话不算话，就不会再信任家长了，以后再给他任务，他就不听了，有的甚至会故意拖延时间，或者心不在焉地学习。到那时，再想让孩子集中注意力来学习就很难了。

家长还应该控制孩子每天需要完成的作业量，如果家长给孩子布置的作业过多，超过了孩子注意力稳定的时间，应该让孩子一部分一部分地来完成，使孩子的学习有张有弛，这样有利于孩子集中注意力，提高学习效率。如果家长不允许孩子中途休息，长时间地让孩子做作业，甚至坐在孩子的旁边监督，还唠叨个不停，就容易使孩子产生抵触心理，从而失去学习的兴趣，注意力也就不能集中。

除此以外，家长还应该给孩子玩的时间。许多家长认为，孩子由于作业做得太慢而没有了玩的时间，因此就不断地催促孩子、埋怨孩子，甚至惩罚孩子更长时间地学习。其实，孩子是因为父母把自己的时间安排得满满的，完全没有自己支配的时间，才会不珍惜时间，才会拖拖拉拉的。在这种没有希望、没完没了的学习过程中，孩子的心态是消极的，他没有目标、没有兴趣，往往心烦意乱、错误百出，时间又拖得很长，结果造成了恶性循环。

因此，在日常生活中，家长应给孩子一定的自由支配时间，让孩子去做自己想做的事，注重培养孩子的学习兴趣和主动性。比如，有的家长要求孩子每天放松一小时。在这一小时内，孩子可以玩、听音乐、休息等，不管干什么，家长都不去干涉，等孩子情绪比较稳定和愉快或有了学习的兴趣和主动性时，就会比较愿意学习，学习效果也会更加理想。

教育孩子做事要有计划

在生活中，常常听到一些家长抱怨孩子做事、学习效率低下，没有主次观念，生活无规律等。那么，如何才能让孩子高效学习、规律生活呢？很重要的一点就是帮助孩子学会有计划地做事。

"凡事预则立，不预则废。"做事有计划对一个孩子来说不仅是一个好习惯，更重要的是反映了他的做事态度，是孩子能否取得成就的重要因素。对孩子来说，做事有计划是一个需要终生保持的良好习惯。因为它可以帮助孩子有条不紊地处理学习和生活中的事情，而不至于手忙脚乱。做事没有条理的孩子，不仅无法很好地料理自己的生活，也无法很好地进行学习！如果孩子在长大成人之后，依然做事没有条理、没有计划，肯定会比其他人走得更辛苦、更艰难，在成功的路上也更容易遇到障碍。可以说，让孩子从小学习有计划地做事情，对他们的一生将大有裨益。

那么，家长应如何培养孩子做事有计划的好习惯呢？

1. 告诉孩子做事情要分清先后

要想孩子养成有计划做事的好习惯，家长就应该让孩子知道，任何时候做任何事情，都应有主次之分。一般情况下，主要的、重要的事情要先做，不重要的事情、次要的事情可以放在后面完成。如果孩子懂得了这一原则，做事就会变得有条理起来。

2. 和孩子一起做计划

要想孩子养成做事有计划的好习惯，家长可以把自己在工作和生活中制订的计划示范给孩子，让他们观摩领会。把自己的家庭计划告诉孩子，征求孩子的意见，让孩子帮着做计划。比如，"十一"来临了，可以这样对孩子说："我们来制订一个关于这几天的计划吧。第一天去看望你的姥姥，第二、第三天去郊游，第四天去动物园、海洋馆参观，第五天去书店购书，第六天到儿童活动中心去玩，第七天在家休息。你注意观察和学习，把这一长假的见闻记下来，你觉得这样安排好不好？"

如果孩子对家长的计划提出了疑问，或者孩子有自己的计划的，那么家长就可以让孩子来安排与计划。比如，郊游时，孩子喜欢到有动物、有果园的地方去，家长可优先安排到这样的地方去；去公园游玩，孩子往往会喜欢玩一些新奇刺激的活动，像碰碰车什么的，那么，可以让孩子将一些活动，如划船、拍照、玩碰碰车、钓鱼，按次序和时间来安排，既要照顾大家，也要考虑个人的喜好。如果孩子安排得合理，就按照孩子的安排去做；如果安排得不合理，就要告诉孩子为什么。

这种实践性的锻炼最能培养孩子做事有计划的习惯。这样不仅可以帮助孩子理解计划的重要性，还能让孩子学着去安排自己的事情。

3. 让孩子按计划办事

当家长和孩子一起制订了某项计划后，必须让孩子按计划办事，不能随意更改，也不能半途而废。

当然，有时因为事前对任务的难度和所需要的时间估计不足，计划也会有不当之处，这时家长可以引导孩子调整计划，使其更合理。

4. 教会孩子事前做计划

当一个孩子对妈妈说："妈妈，我周末想去打球。"妈妈不应直接说"好"或者"不好"，而应该问孩子："你想跟谁一起去？到哪个地方去？怎么去？要带什么东西去？"如果孩子说："我跟晓明一起去，但具体怎么去我们还没商量好。"这个时候，家长就应该告诉孩子："那你们先商量好了，计划好了，再来告诉我！"慢慢地，孩子就会养成做事严谨的习惯，在做事之前会拟出一个比较周密的计划。

还有，当孩子提出某项请求时，家长可以问孩子："你的计划呢？"不仅如此，作为家长要耐心地与孩子讨论他的计划，并使计划切实可行。久而久之，孩子就能养成良好的习惯。

5. 在家务事中培养孩子做事情有计划的习惯

在日常生活中，一些小事不能轻视，因为这些小事有助于培养孩子有计划做事的好习惯，特别是一些家务劳动。例如，打扫房间，把房间的物品摆放得井然有序，用过的东西放回原处，以免需要的时候找不到；晚上睡觉之前整理好书包，准备好第二天要穿的衣服等。当然，让孩子养成做事有条理的习惯不是一朝一夕的事，需要家长的耐心和恒心，还要善于抓住教育的契机进行适时引导。

6. 克服惰性

有计划地做事，还需要克服惰性，当天的事要当天做完。如果难以完成的事情不断累积，最后越积越多，计划就会被弄得乱七八糟，很可能要花费数倍的时间完成要做的事情，这样做事很容易不了了之。

7. 计划应张弛有度

一口吃不成胖子，做好一件事情也需要一步一步地来。一个好的计划应该是劳逸结合、有张有弛的。时间安排得太满，会使孩子长时间处于紧张状态，得不到放松，并因此积蓄压力。时间安排得太松，又会使人懒散。

张弛有度的节奏能帮助孩子更有效率地达到目标。所以帮助孩子制订计划的时候，不能太心急，一定要根据孩子的实际情况确定节奏，如果在实施过程中觉得不是很妥当，还可以根据实际的进程进行调整。

　　总之，培养孩子有计划做事，不能着急，让孩子逐步养成先计划后办事的习惯后，孩子也就在无形中养成了良好的习惯，不再盲目行事。

劳逸结合才能更专注

　　王颖今年上初三，她的目标是进入重点高中，因此学习非常刻苦。在学校里，她上课注意听讲，下课除了上厕所外从来不出去，有一点时间就挤出来看书。晚上也会学习到深夜才休息。爸爸妈妈看着孩子如此刻苦，心里很是欣慰，以为孩子如此努力，考重点高中肯定没有问题。

　　然而，令人失望的是，中考成绩下来后，一向名列前茅的王颖不但没有考上重点高中，名次还跌到年级200名之外，与她向往的重点高中无缘了。王颖的父母实在想不通，女儿几乎把所有的时间都用在了学习上，为什么成绩反倒下来了呢?

　　事实上，王颖之所以劳而无功，是因为没有注意劳逸结合。

　　从生理学上来说，大脑活动的基本规律是兴奋与抑制的转换。因此，要注意学习与休息的交替。合理地安排学习、劳动、课外活动和休息的时间，能调节大脑各个区域和谐地工作，提高效率。所以，家长在辅导孩子学习时，要注意让孩子劳逸结合。

　　首先，劳逸结合有利于孩子提高学习效率。脑是全身新陈代谢最活跃的器官，对氧的需求量很大，约占全身氧消耗量的 1/4。当人们从事艰苦、紧张而又繁重的脑力劳动时，大脑皮层处于高度兴奋状态，对氧的需求量剧增。长时间用脑会使全身血液循环减慢，流经大脑的血量减少，引起暂时的"脑贫血"，致使大脑疲劳。这时，生理上表现为感觉迟钝，动作不协调、不准确，肌肉痉挛麻木等；心理上表现为注意力不集中、思维迟钝、反应速度降低、记忆力下降等，长期下去，就有可能导致神经衰弱症。可见，只有按照大脑活动规律，合理科学地使用大脑，才能提高学习效率。

其次，劳逸结合有利于孩子稳定情绪。孩子大脑疲劳过度的突出表现是情绪躁动、忧虑、厌烦、倦怠，甚至感到无聊；产生不良心境、厌学等。

情绪是因由客观事物是否符合主体的需要与愿望而产生的情感体验。情绪具有两极性，表现在积极的增力作用和消极的减力作用上。积极的增力性情绪能提高人们的活动能力。愉快的学习情绪能鼓舞孩子坚持进行学习活动，甚至忘我地拼搏。然而，这种拼搏一旦过度，引起大脑疲劳，就会出现消极的作用。而消极的减力性情绪则会降低学习能力和学习效果，并且有害于健康。当孩子在学习过程中出现过度紧张状态时，家长应引导孩子进行一些其他活动来转移情绪指向，使紧张的情绪松弛稳定，逐渐恢复良好愉悦的心境，然后再重新学习。

最后，劳逸结合有利于孩子增强记忆力。学习作为智力活动，必须以良好的记忆力为基础。有的孩子由于用脑过度，违背记忆规律，结果事与愿违。学习时间持续太长，就会抑制记忆，造成遗忘，反而得不偿失。所以家长在辅导孩子学习时，要注意利用记忆规律，保证孩子有清醒的头脑进行记忆活动。还要注意记忆方法的多样化，记忆方法得当，不但可以提高记忆效率，而且可以节省脑力，延缓脑力疲劳的发生。

劳逸结合如此重要，因此，家长要教孩子学会劳逸结合、科学用脑，合理安排学习时间，有计划地进行学习。这样，不但能够提高孩子的学习效率，增强孩子学习的积极性，还能增强孩子的记忆力，稳定孩子的不良情绪等，为孩子的学习进步打下牢固的基础。

要想让孩子做到劳逸结合，高效率地学习，家长需要从以下几方面做起：

1. 要求孩子聚精会神

晓栋平时学习总是三心二意，看样子是在学习，其实他心里想的却是出去找小伙伴们玩。旁边的人有什么举动或者说了什么话，他都会受到影响。因为晓栋没有把心思放在学习上，他的作业也常常错误百出，一些很简单的题目也会做错。

晓栋的爸爸看着孩子心不在焉的样子，再看看孩子的学习成绩，知道这样下去肯定不行。于是，他要求孩子学习时要聚精会神，否则就不放他出去玩，并且有意识地训练孩子的注意力。这样一段时间后，晓栋在学习时用心了许多，学习效率也提高了很多。

晓栋的事例告诉我们，家长应该让孩子学会专心地学习，使其学习时尽量不被外界的事情干扰，这样，才会取得显著的学习效果。

2. 让孩子踏踏实实地去玩

小亮爱玩，喜欢与小伙伴一起打闹，也喜欢独自打游戏、看动画片等。但是，小亮玩的时候不能踏实地玩。因为小亮的父母对他寄予的期望很大，希望他好好学习，将来能考上理想的大学。小亮是一个懂事的孩子，他知道父母对自己的期望很高，他想好好学习，但又禁不住玩的诱惑，玩时又担心被父母看见，怕他们伤心。

这样，小亮虽然在玩，却没有玩好。后来，小亮的父母知道了孩子的这个心理，就告诉他玩时可以尽情去玩，但必须以学习为主，提高成绩。小亮愉快地答应了。以后，小亮学习时特别用心，玩时也能放开了去玩，很快，他的成绩就有了明显的进步。

爱玩是孩子的天性，大多数孩子都和小亮一样禁不住玩的诱惑，因此，家长不能禁止孩子去玩，要像小亮的父母那样，在孩子应该玩的时候，让孩子踏踏实实去玩，这样孩子学习时才会有较高的效率。

3. 避免孩子晚上熬夜

强强的学习成绩不好，他想尽快提高成绩，于是就开始晚上熬夜学习。强强晚上开夜车，虽然当时能够记住一些东西，但第二天上课的时候就开始瞌睡。这样一段时间后，强强的成绩反而下滑了两个名次。

父母看到强强的这种状况，知道孩子需要足够的休息，第二天才能精力充沛地去听课、学习，于是让强强放弃晚上熬夜学习的做法，同时教给孩子一些科学的学习方法，让孩子在上课时集中注意力听讲。这样，强强的成绩逐渐提高了。

勤奋学习也要做到劳逸结合，这样才能提高学习效率，有更大的收获。如果像强强那样本末颠倒，主次不分，学习成绩不仅上不去，还会下降。因此，父母要尽量避免孩子晚上熬夜学习。

4.合理安排孩子学与玩的时间

每个人集中注意力都有一个固定的时间，它与大脑的兴奋期是一致的。孩子在学习的时候应遵循这个规律，用休息或玩耍进行调节，以利于孩子再次集中注意力投入学习中去。

一般来说，孩子集中注意力的时间在30~40分钟，这与学校上课的时间也基本吻合。因此，孩子在家里学习时，父母也要以这个时间为基准，在孩子学习了40分钟左右时，就让他玩10~15分钟，这样孩子的大脑能得到充分休息，学习效率也能倍增。

多与孩子玩注意力游戏

苏联心理学家曾做过这样一个试验：

将各种不同颜色的纸分别装进与之颜色相同的盒子里，让孩子在游戏和单纯动作的两种不同活动方式下完成任务，同时观察孩子的专注时间。

结果，在单纯放纸条的情况下，4岁大的孩子只能坚持17分钟，6岁大的孩子能坚持62分钟；而在游戏放纸条活动中，4岁大的孩子可以持续进行22分钟，6岁大的孩子可以保持71分钟，而且分放纸条的数量比单纯完成任务时多了 50%。

试验结果表明，游戏能够激起孩子极大的兴趣，孩子在游戏活动中，其注意力集中程度和稳定性都很强。因此，家长可以利用游戏来培养孩子的注意力。安徒生的父亲就是这样一位善于利用游戏来培养孩子注意力的家长——

童话大师安徒生在学龄期，虽然没有接受过正规的学校教育，但是，他的父亲经常和他一起做游戏。在游戏中，安徒生的父亲有意识地训练他的注意力、想象力和思维能力。

有一次，安徒生的父亲在工作时，剩下了一块木头，为了让安徒生高兴，他就动手给小安徒生做了几个木偶。木偶做好了，父亲就对安徒生说："咱们给木偶穿上衣服吧。"

给木偶穿上衣服后，父亲又说："咱们现在有演员、有舞台、有幕布，可以演戏了。不过在演戏之前，要先把角色对白练熟。"

于是，父亲拿出一本名为《荷尔堡》的戏剧故事书，让安徒生把这本书读了一遍又一遍。

安徒生非常认真地把故事中的对白背得滚瓜烂熟。在演出时，安徒生表演得异常投入，街坊邻居都说他们父子俩真是一对"疯子"。

从那以后，安徒生迷上了演戏，为了演好戏，安徒生有时甚至看书看得忘了吃饭。

正是这种对演戏的痴迷，无形中培养了安徒生做事的专注力和丰富的想象力，为其之后的成功奠定了一定的基础。可以说，是童年时期的游戏成就了安徒生辉煌的一生。

与安徒生的父亲一样，比尔·盖茨的父亲威廉·盖茨同样非常重视游戏对孩子注意力开发的重要性。他平时没有多少闲暇时间，但是，只要他有空，就会陪比尔·盖茨玩游戏，尤其是做一些智力游戏，如下跳棋、打桥牌。玩游戏时，父亲总是鼓励比尔多思、多想，当比尔下了一步好棋时，父亲会拍手叫好。这更加激发了比尔的思考潜能和注意力。

作为家长，在日常生活中，应尽量为孩子提供游戏条件，鼓励孩子玩各种各样的游戏。比如，可以通过布置一些简单而明确的任务来让他完成，也可以根据一定的目的，有计划地向孩子提供游戏材料，让孩子玩耍。

那么，家长如何激发孩子游戏的兴趣呢？

1. 多为孩子提供丰富、有趣的游戏材料

丰富有趣的游戏材料，能激发孩子对游戏的兴趣。因此，要想孩子在游戏的过程中保持专注，家长给予孩子的游戏材料应该生动、有趣。

2. 材料的提供要有计划性

有计划地向孩子提供游戏材料，切忌把材料一股脑儿地堆在孩子面前，让他们东抓抓西摸摸，缺乏游戏的目的性。

3. 难度要循序渐进

游戏内容要有梯度，从简单到复杂，满足孩子不同阶段的不同需求。

4. 时间要适度

游戏时间不宜太长。超过半小时，可以变换游戏内容，这样有利于培养孩子的专注力。另外，一次活动不要提供过多的玩具。

5. 不要干扰孩子做游戏

孩子游戏时，家长尽量不要去干扰他们，例如在孩子玩得高兴时给他们吃东西，或要他们干些不相干的事，这样既扫了他们的兴，又中断了他们的活动，容易造成孩子的不专心。

6. 让孩子多与同龄人做游戏

家长应该多带孩子去接触同龄人，让孩子和他们一起玩游戏，从中获得更多的乐趣。此外，还可以通过游戏培养孩子的竞争意识。孩子为了表现得更出色，在游戏的过程中往往会更投入、更专注。

培养孩子注意力的方法有很多，其具体实施方法也不尽相同。家长可根据孩子注意力发展的特点，采取适当的方法，有计划、有目的地训练和培养孩子的注意力。只要采取科学的态度和方法，持之以恒，就一定会达到目的。

不吼不叫也能让孩子成才

王桂兰 / 编著

应急管理出版社
·北京·

图书在版编目（CIP）数据

不吼不叫好家教：全五册／王桂兰编著． – – 北京：
应急管理出版社，2020

ISBN 978 – 7 – 5020 – 7821 – 8

Ⅰ.①不… Ⅱ.①王… Ⅲ.①家庭教育 Ⅳ.①G78

中国版本图书馆 CIP 数据核字（2019）第 270393 号

不吼不叫好家教（全五册）

编　著	王桂兰	
责任编辑	高红勤	
封面设计	月婷设计	

出版发行　应急管理出版社（北京市朝阳区芍药居 35 号　100029）

电　话　010 – 84657898（总编室）　010 – 84657880（读者服务部）

网　址　www.cciph.com.cn

印　刷　北京一鑫印务有限责任公司

经　销　全国新华书店

开　本　880mm×1230mm¹/₃₂　印张　25　字数　600 千字

版　次　2020 年 3 月第 1 版　2020 年 3 月第 1 次印刷

社内编号　20192975　　　　定价　125.00 元（全五册）

前　言

　　一位教育家说：家长教育孩子的最基本的形式，就是与孩子的谈话。世界上最好的教育，都是在和家长的说话中不知不觉地获得的。然而，很多家长都有过类似的经历：苦口婆心地教育孩子，孩子却不以为意，有时，他们还视家长的谆谆教导为唠叨，甚至拒绝和家长沟通，以致家长们情绪激动、大吼大叫。

　　其实，与孩子说话也需要讲究语言的艺术。然而，有些家长并不这样认为，在他们眼里，孩子不过是个"小不点儿"，同他们说话不必顾忌太多。于是乎，什么话拿过来就说，也不管效果如何……

　　首先，许多家长都没有认识到说话态度在家庭教育中的重要作用，他们对孩子说话常常漫不经心、脱口而出……殊不知，你一句随意的话，不仅起不到预期的效果，而且还可能会深深地伤害孩子的心灵。

　　其次，家长和孩子谈话缺乏方法和技巧。在与孩子沟通时，我们光凭满腹关爱是远远不够的，还需要掌握说话的方法和技巧。

不注意说话方式，不讲究谈话技巧，是许多家长容易走入的误区，也会让孩子离自己越来越远。

沟通是一架桥梁，连通着彼此的心。如果没有沟通，多好的教育方式都无法实施和实现。这本《不吼不叫也能让孩子成才》结合现代家庭中常见的问题，对父母和孩子沟通时的态度、方式、语调、措辞、时机等细节，进行了详细的讲解，以帮助父母走出与孩子沟通的误区，让孩子在和谐的亲子关系中快乐成长。希望本书能给处于困惑中的父母带来帮助。

编　者

2019 年 10 月

目录 CONTENTS

第三章　这样批评孩子，他们才肯听

第四章　聪明的父母，从不对孩子说这些话

第五章　有时候，会听比会说更重要

第一章

没有不听话的孩子，
只有不会说话的父母

在家庭教育中，父母与孩子的沟通总是不可或缺的。然而，随着孩子一天天长大，父母的一些话会令孩子感到厌烦。很多父母为此很困惑：孩子到底怎么了，为什么这么不听话？

孩子不听话到底是谁的错？关键还是在家长身上，不是孩子不听话，而是家长还没有掌握与孩子有效沟通的方法。做一个称职家长的第一课就是学会对孩子说话。

家长要管好自己的嘴

只有学会对孩子说话，才能减少与孩子交流沟通的障碍，才能真正理解孩子的内心世界，才能在很多问题上与孩子达成共识，否则，家长与孩子之间必将产生深深的代沟。

孩子不听我们的话，往往是因为我们带有良好愿望的表达方式不妥，引起了孩子反感；我们自以为是的教诲，常常把孩子逼入绝境或使孩子养成恶习。

一位樵夫救了一只受伤的小熊。不久，樵夫迷路正好借宿在熊窝，小熊用极其丰盛的晚餐款待了他。第二天早晨，樵夫对小熊说："谢谢你热情的招待，但我唯一不喜欢的是你身上那股臭味。"小熊听了之后，沉默了一会儿，然后答道："那么为了补偿你，你随便用什么东西砍我一下吧！"樵夫按要求做了。

很多年后，樵夫再次遇到小熊，问起小熊身上的伤口好了没有。小熊说："伤口愈合后，我就忘了。不过你那次说的话，我一辈子也忘不了。"

这个寓言告诉我们，语言也可以是一种锋利的武器。父母都知道，日常的交谈往往是教育孩子的良机。然而你是否注意到，面对孩子脆弱的心灵，不恰当的一句话所留下的伤害和烙印，是经过多久都无法磨灭的。

古代有一位国王，一天晚上他做了一个梦，梦见自己满嘴的牙都掉了。于是，他就找了两位解梦的人。国王问他们："为什么我会梦见自己满口的牙全掉了呢？"

第一个解梦的人就说："皇上，梦的意思是，在你所有的亲属都死去以后，你才能死，一个都不剩。"皇上一听，龙颜大怒，打了他一百大棍。

第二个解梦人说："至高无上的皇上，梦的意思是，您将是您所有亲属当中最长寿的一位呀！"皇上听了很高兴，便拿出了一百枚金币，赏给了第二位解梦的人。

同样的意思，为什么一个会挨打，另一个却受到嘉奖呢？因为挨打的人不会说话，受奖的人会说话。对孩子表达同样的意思，你选择什么样的表达方式和什么样的词语会对孩子产生很大影响。

在与孩子交流的过程中，无论你是提出要求、给出答案，或者与他谈谈条件、达成妥协，你所使用的语句可能让孩子更加乐于合作、更加自信，但也可能令他感到挫败和失去信心。说话是很有学问的一件事，有的人说出来的话是信任的话，会让对方备受鼓舞，而有的人说出来的话却让对方的心里发堵。

与孩子说话更需要语言的艺术。但有些父母却不这样认为，他们以为孩子小，同他们说话不必顾忌太多，什么话想说就说，也不管效果如何，反正自己是出气了。长此以往，会让孩子产生逆反心理，不管父母说的话是对是错，他们一概排斥。

此外，孩子并不是无知的，他们的话里经常有需要解读的密码。

　　10岁的安迪问他的爸爸："在哈莱姆，有多少孩子被抛弃？"安迪的父亲是一个律师，他很高兴看到儿子对社会问题感兴趣，于是就这个问题发表了一通长长的演说，然后又去查了数据。但是安迪还是不满意，继续问同样的问题："在纽约被抛弃的孩子有多少？美国呢？全世界呢？"

　　最后，安迪的爸爸终于明白了，他的儿子并不是关心社会问题，他关心的是个人问题。安迪问这些问题并不是出于对被遗弃孩子的同情，而是担心自己被遗弃。他并不是想得到被遗弃孩子的数字，而是想确认他是否会被遗弃。

　　于是，爸爸仔细考虑了一下安迪的担心，然后回答道："你担心你的父母可能会像其他父母那样将你抛弃，我向你保证我们不会抛弃你。如果你再为此感到烦恼，告诉我，这样我才能帮你消除担心。"

　　在与孩子进行对话时，父母还应注意，对孩子多说富有感情色彩的评价性语言，这在孩子的生活中往往会成为其判断对错的原始依据。虽然孩子在成长中认知会因外在环境的影响有所改变，但这种改变绝不会触及孩子儿时的核心观点。所以，从某种程度上说，父母说话的态度、内容和品质，将成为孩子一生的自我意识和思维定式——是乐观、自信、富有理想和气概，还是消极、自卑或得过且过、自暴自弃。

　　总之，知道怎样对孩子话说的父母，才是称职的父母。

别把对孩子的付出挂嘴边

"孩子，你知道吗？为了你，我忍受了多少的痛苦，怀胎十月多不容易，而你的每一步成长，更饱含了我对你的多少爱啊！"这种喜欢翻旧账、喜欢把对孩子的付出挂嘴边的母亲是不是容易招来他人的反感？而对于孩子来说，父母为自己所做的一切，自己作为行为的直接承受者，自然深知其中的艰辛，如果父母总是喋喋不休地说个没完没了，不烦闷才怪呢。

这是美术特长班报名的最后一天。罗老师正在整理学生的报名表，初一（5）班的刘超悄悄地走进来。罗老师很喜欢这个有灵气的孩子，笑眯眯地对刘超说："我还要找你呢，怎么到最后一天了才来报名？"刘超把头深深埋在胸前，小声说："对不起，罗老师。我不报美术班了。""为什么？"罗老师奇怪地问，"你学了几年了，放弃它太可惜了。"刘超慢慢抬起头，眼睛已经湿润了。"我也不想放弃，可爸爸、妈妈不让我学了。"罗老师让刘超坐下，耐心地说："来，跟老师说说是怎么回事。"

刘超说，爸爸、妈妈对他很好，在家里什么事都不让他做，吃的、用的都给他最好的，可他觉得一点儿都不开心。每天回家，除了吃饭睡觉，爸爸妈妈都在一旁监督着他学习，平时只要往电视机前一站，妈妈就会说："我们为了这个家，在外工作不容易，你不能偷懒，要努力呀。"只要他有一点儿不服从，爸爸就教训他："我们给你创造这么好的条件，花这么多钱让你上好学校，给你买书、买电脑，让你上这班那班，要是学习不好对得起谁？"刘超觉得，在父母眼里，因为自己上学花了他们的钱，让他们养育成人，就欠了他们很多很多，所以只能听他们的话、按他们的要求做，没有一点儿的自由和自尊。

"我想继续上美术班，可爸爸妈妈让我上计算机班。我和他们解释了半天、争取了半天。最后，爸爸急了，对我说：'你要去报班是我给钱，就得听我的！'我就再也没的说了。"刘超望着罗老师，难过地说："我真想逃离这个家，靠自己打工挣钱，这样，我就再也不用花他们的钱了，我就可以做自己想做的事了。"

刘超的父母认为自己为孩子付出了很多，孩子就要无条件听从自己的吩咐，这是十分无理、霸道的行为。当下，很多父母都在有意无意地扮演着这种"武夫"角色：他们总把自己为孩子的付出、把为孩子花了多少精力和钱财挂在嘴边，希望以此给孩子一些鞭策、动力，实际上却给孩子带来巨大的心理负担；他们觉得为孩子付出了，孩子服从父母的安排、按照父母的要求行事就是理所当然的，因此，在对孩子的教育和管理中往往态度冲动、急躁，方法简单、粗暴；他们只注重为孩子提供充裕的物质生活，只注重孩子的学习，而忽视了孩子的情感、心理及学习以外的其他需要，这是一种不理智的、片面的爱。

而父母这种不理智的爱，往往在无形中给孩子造成很大的精神压力，使孩子觉得自己在父母眼中没有地位、没有自我，活得没有自由、没有自尊，只是为了回报父母的付出、实现父母的愿望而学习、生活。有些孩子会因此产生一种无助和惶恐，总怕自己没有达到父母的要求而紧张、不安，生怕对不起父母，让父母失望，从而生活在负疚和无所适从中。有些孩子则会认为父母为自己的一切付出都是有目的的、带有功利性的，是出于他们的私利，根本没有为自己考虑过，并用抗争、逆反等方式试图改变这种状况，甚至将父母的这种爱转为对父母的抱怨、愤怒和痛恨，进而做出一些极端的事情来。

常常把付出挂嘴边的父母，除了表现自己的强悍之外，也会表现出他们是毫不自信、毫无智慧的人；而自信的父母是从不刻意要求孩子的回报的，不需要通过提醒来限制孩子的自由，因为他们懂得凡事都有度，过犹不及。

当然，让孩子知道父母的付出是必要的，这样，孩子才会珍惜来之不易的生活，才会懂得感恩。但父母不应把此当作一个话题老是挂嘴边。如果父母能中庸一点儿，效果会更好。为此，给父母一些建议：

第一，父母的爱要理智。孩子不是父母的私有财产，而是一个独立的、有思想、有感情的人。父母为孩子的付出，是做父母应尽的义务和责任，而不是为了让孩子背负一笔永远亏欠的、无法偿还的债务。所以，父母要尊重孩子的人格、尊严，要关心孩子的心理和情感需求。

第二，以平和的心态对待孩子的学习成绩、兴趣爱好，尊重孩子的选择。父母可以给予孩子一些指导，比如告诉他学习一门什么样的技能会非常有用、会对他的学习以至以后工作都有什么帮助，建议他试着学学，但一定不要强制，也不要因此要求孩子放弃他原来的爱好。

第三，不要对孩子说"我给你花了多少多少钱""你看我多不容易""为了你……"。其实，父母的付出并不是为了得到孩子的回报，只要父母真心诚意地为孩子付出，孩子是会懂得体谅父母的苦心的。

把话说到孩子心里去

科学家曾经做过这样的一个试验：

他们把跳蚤放在桌子上，每拍一下桌子，跳蚤起跳的高度均在其身高的 100 倍以上。接着，科学家在跳蚤的上方罩一个玻璃罩，让它再跳，这次，跳蚤碰到了玻璃罩，于是它调整了自己的起跳高度，以避免再次碰壁。之后，科学家逐渐降低玻璃罩的高度，每次跳蚤都在碰壁后主动调整自己的高度。最后，玻璃罩接近桌面，几次失败之后，跳蚤便无法再跳了。于是，科学家把玻璃罩打开，再拍桌子，可这只可怜的跳蚤仍然不会跳，原来，它已经变成"爬蚤"了。

跳蚤变成"爬蚤"，并非它失去了跳跃能力，而是由于一次次的挫折让它学乖了、习惯了、麻木了。对于跳蚤来说，玻璃罩已经罩住了它的潜意识，把它的行动和欲望都扼杀了。科学家把这种现象叫作"自我设置"。很多孩子在他们成长的过程中都有过类似的经历。由于受到外界太多的责骂、批评和打击，慢慢地，他们失去了信心，失去了学习的热情，被外界的评价"自我设置"了。因此，要想孩子跳得更高，家长不仅不能批评、打击孩子，还应该给予孩子充分的赏识与肯定。

每个孩子在成长的过程中，其心灵都是敏感而脆弱的，他们自我意识的产生完全依赖于家长和老师对他们的评价。他们得到的鼓励、喝彩和掌声越多，对自己的信心就越足，表现出来的能力就越强，就越能向着良好的方向发展；相反，成人给予他们的评价越低、批评越多，他们对自己的信心就越低，表现就越差……正因为如此，我们才说，成功家庭教育的前提是赏识与肯定！家长的赏识与肯定，能对孩子产生一种无形的力量，能增强孩子的自信心和激发他们的上进心。

美国著名作家马尔科姆·戴尔科夫少年时代曾有过这么一段有趣的经历：

戴尔科夫小时候住在伊利诺伊州的罗克艾兰，他无依无靠，生性十分怯弱。1965 年 10 月的一天，他的中学英语老师露丝·布罗奇给学生布置作业，要求学生在读完了小说《捕杀一只模仿鸟》末尾一章之后，由他们接下去续写另一章。

戴尔科夫写完作业交了上去。布罗奇夫人在他作业的页边批下一句话："写得不错！你将会成为了不起的人！"

看到了老师的批语，戴尔科夫激动不已。就是这句话，改变了他的一生。

戴尔科夫回忆说："读了老师这句评语，我回家立刻写了一个短篇小说——这是我一直梦想要做但又决不敢做的事。"

在接下来的时光里，他写了许多短篇小说，并总是带给布罗奇夫人评阅。老师为人严肃而真诚，不断给他鼓励。后来他被提名当上那所中学校报的编辑。由此他越发自信，就这样开始了卓有成就的一生。

戴尔科夫确信，如果不是因为老师在作业本上写下那句话，他不可能取得后来的一切。老师的一句赞赏和激励的话，便改变了一个少年的一生，使他成为一名专业作家。与马尔科姆·戴尔科夫一样幸运的还有意大利伟大的歌唱家：

许多年前，一个10岁的意大利男孩在那波里的一所学校读书。他一直想当歌星，但是，他的第一位老师却说："你不能唱歌，五音不全，你的歌简直就像是风在吹百叶窗一样。"

回到家里后，他很伤心，并向他的母亲——一位贫穷的农妇哭诉这一切。母亲搂着他，轻轻地说："孩子，其实你很有音乐才能。听一听吧，你今天的乐感比起昨天的好多了，妈妈相信你会成为一个出色的歌唱家的……"

听了这些话，孩子的心情好多了。后来，这个孩子成了那个时代著名的歌剧演唱家。他的名字叫恩瑞哥·卡罗素。当他回忆自己的成功之路时这样说："是母亲那句肯定的话，让我有了今天的成绩。"

也许，卡罗素的母亲从来都没有想到过她的儿子能成为一代名人，也许她根本没有指望过靠自己的三言两语去改变儿子的一生。然而，事实上，正是她那句善意的肯定成就了那个时代最伟大的歌唱家。由此可见，赞赏和肯定对孩子成长的作用有多大。可以说，赞赏和肯定是孩子成长过程中的阳光、空气和水，它能激发孩子的潜能，增强孩子的自信心，是孩子成长过程中最好的心灵营养品。

自然，要做到赏识孩子，家长首先应该对孩子具有真诚和科学的爱。这种爱应该包含理解、尊重、鼓励、包容与期望等积极情绪。具体的做法是：

第一，尊重和信任孩子，可以帮助他们自立自强。在生活中，家长最容易犯的错误就是事先假定孩子什么也不会做，什么也做不好，所以事事都会阻止他们自己做，都要替他们做好。殊不知，这么做的结果是使孩子慢慢地对自己失去信心，失去努力去探索、去追求、去锻炼的自觉性。其实，鼓励孩子的最好办法就是信任孩子，相信孩子和大人一样能把事情做好。放手让孩子自己去尝试，如收衣服、拖地、擦桌子等。在孩子尝试做一件事情的时候，家长要对孩子说"你能行""你能做好""我相信你"之类的话，因为它能让孩子在做的过程中得到满足，增强其自尊和成就感，从而不断增强他的自信。

第二，家长应努力挖掘孩子的闪光点。事实证明，能力再弱的孩子都有他的闪光点，在日常生活中，家长应注意观察孩子的行为举止，挖掘孩子的优点，从孩子的优点入手，及时地给予肯定和鼓励，不断地强化他积极向上的认同心理。坚持每天都赞美孩子，这能满足孩子心灵深处最强烈的需求。

第三，要善于发现孩子的点滴进步，并不失时机地予以鼓励。比如孩子不会收拾自己的玩具，爸爸妈妈要做的不是指责他，而是告诉他怎样才能收拾好自己的玩具，当孩子有一点点进步的时候，家长应不失时机地鼓励他："这回收拾得真好，又干净又整齐！"当孩子意识到自己好的举止被父母注意到时，便会调整行为取向，使好的行为得以巩固。

第四，宽容和理解孩子。宽容和理解孩子，可以让孩子重新振作起来。在孩子的成长过程中，都可能遇到困难和挫折，都可能遭遇到关系困扰与考试的失败，都可能不小心做错了事情。这时候，家长应该宽容和理解孩子，给孩子精神上的鼓励与支持，让孩子重新振作起来。

第五，要真心赞扬和鼓励孩子。真心赞扬孩子，可以帮助他们扬长避短。鼓励性的语言很多，应该多用、多创造。比如，"你真能干！""好孩子，你真棒！""不要泄气，再努力一下就会成功。""没关系，失败是成功之母。""我真为你骄傲！"等等。

最能帮孩子树立信心、能起到最好激励效果的，就是孩子的第一次成功。哪怕是再小的成功，也能增强自信。当孩子学会一个字、得到一张奖状、做对一道题、缝好一枚纽扣、擦净一次地板、洗净一双袜子时，他都有成功的喜悦，会期望自己下一次做得更好。在那种时候得到肯定与鼓励，将使他对前景充满信心，从而获得自信。做父母的如能帮助孩子获得人生的第一次成功，让孩子品尝到成功的喜悦，他将来一定是个成功者！

父母会说话，孩子才能不任性

现今的家庭，任性的孩子越来越多。

研究表明，任性是孩子一种不正常的心理状态反应，往往是他们用来要挟父母，满足自己某种需要的一种手段。因为孩子的思维是以自我为中心的，他们常常根据自己的向往、兴趣，向父母提出这样或那样的要求。

面对孩子的任性，父母往往很头痛，不知如何是好，容易走向两种极端。

事例一：

爸爸虎着脸快步背着 6 岁的儿子往家走，背上的儿子还在不停地哭闹着。这时，爸爸实在无可奈何，将儿子从背上卸下。这个举动使得一直在后面追赶的妈妈倍加心疼，妈妈见状马上加快了脚步，赶了过来，并在儿子面前将丈夫狠狠地推了一把："你这个没良心的。"妈妈心疼地扶起孩子，并告诉他："爸爸不是好人。"

孩子要什么，父母就满足什么，可谓百依百顺。父母认为只要无限地满足孩子的物质需要，就是爱孩子、疼孩子的表现，其实这是一种最无知的爱。同时，如果父母对孩子的要求总是无原则地满足，就等于怂恿孩子任性、专横。实际上，孩子对爱的需要不仅是物质上的，更重要的是精神上的。生活中，有的父母只注意给孩子补充各种营养品，却忽视了对孩子良好道德行为习惯和社会适应能力的培养。有的家长给孩子买了许多书籍或买了电脑，却没有正确地引导孩子去读书或正确地使用电脑，也不明白对孩子的精神鼓励、赞扬、肯定和必要的心理支持都是爱，实际上，这种精神上的爱对孩子的成长更加重要。

事例二：

小东是个任性的孩子。这天，妈妈要去逛商场，小东说什么也要跟去，可是，他的作业还没有完成。为此，妈妈严词拒绝了。小东不依不饶，竟当场哭闹起来，妈妈气急败坏，"你这小兔崽子，我就不信治不了你了！"说完，猛地将儿子抱进房间，"啪"

地一声把门反锁住，径直一个人走了。

　　有的父母认为，对孩子的任性不能迁就，要采取强硬手段，丝毫不能退让。孩子要这样做，我偏不许；孩子要什么，我偏不给。这样的结果是，孩子出现逆反心理甚至仇恨父母。其实，当父母的态度和孩子的愿望恰好发生矛盾，双方处于相持的僵局时，父母不妨暂时做出让步。当然暂时的让步并不是迁就，而是为了摆脱僵局，缓和矛盾，以便另找合适的机会进行教育。父母可以用"许诺"的方法来暂时转移孩子的注意力，缓和矛盾。比如，孩子想要一种什么东西，父母一时拿不出来，就可以说："等一会儿，我给你找。"或者父母根本没有孩子想要的那种东西，可以说："我给你一个别的东西吧。"在运用"许诺"的方法时，父母一定要注意做到言而有信，答应孩子的事情，事后一定要兑现。有的父母误以为孩子小，过一会儿就忘了，对孩子许诺的事，不必当真。有些父母甚至为了制止孩子的某种行为，让孩子听话，随口答应孩子提出的一些要求，如"给孩子买什么""带孩子上哪儿去玩"等，以为如此哄骗一下就可以过去了。其实，这种做法不仅不能达到教育目的，反而会使孩子不相信父母，降低自己在孩子面前的威信。有的孩子还可能从父母身上学会说谎、欺骗，染上不诚实的恶习。

　　人的性格形成与教育、生活环境、家庭气氛和社会实践有着密切的关系。孩子的性格在学龄前一般已初步形成，但不稳定，随着年龄增长而趋于成熟，并有很大可塑性。所以培养孩子良好的性格、杜绝任性行为，应从以下几点抓起。

　　第一，父母对孩子要有一定的行为界限要求，引导孩子养成良好的习惯。对孩子的要求不能一味地满足，要分清对与错，合理的要求可以满足；无理要求，不能答应。孩子一旦哭闹，千万不可打骂，要耐心给孩子讲道理，最好是用既生动又富有教育意义的小故事予以引导。

第二，在孩子任性时，父母要善于转移孩子的注意力，以转移他的任性。例如，孩子进入超市，吵着要买糖果；看见气球，又闹着要气球。此时，父母可设法让孩子去观察某一事物，使他忘掉刚才哭喊着要的糖果、气球的事。

第三，父母要有耐心。当孩子哭闹时，父母可采取漫不经心的态度，让孩子感到，他的哭闹吓唬不了谁，这样，他就会自觉没趣，渐渐地安静下来。

总的来说，孩子耍脾气、任性，父母不必太过紧张，重要的是疏导。但是，切不可时而抓紧教育，时而放松教导，全凭自己的情绪。同时，要向孩子明确自己对任性行为的立场与原则，这就会使孩子确切地感到父母的坚决态度。孩子那种"我独占""我为主""服从我"的不良心理和任性行为，将随着良好环境与教育的熏陶而消失。

孩子"唯命是从"不一定是好事

"你这孩子怎么又不听话啦？""你什么时候才听话，让妈妈省点心！""宝宝听话，爸爸买一辆大玩具汽车给你。"这是我们日常生活中经常听到父母教育孩子的话。"听话的孩子是乖宝宝、大人满意的宝宝。"一些家长还为自己的孩子听话而感到自得，"瞧我家宝宝多乖，说什么听什么，从不惹大人生气。"

孩子听话真的就好吗？在 21 世纪的今天，这种教育观念显然已经落后了。其实，听话的孩子不一定就是好孩子，淘气的孩子也不等于就是坏孩子。

这里有两则外国家长教育孩子的故事——

故事一：

有一天，妈妈让孩子画太阳，孩子画了一个蓝太阳。

妈妈问他："你怎么把太阳画成蓝色的？"

孩子说："我画的是海里的太阳。"

妈妈说："好极了，你太有想象力了。"

故事二：

有一位幼儿教育专家在国外看到一个幼儿用蓝色笔画了一个大苹果，老师走过来说："嗯，画得好！"而且爱抚地摸了摸孩子的头，孩子高兴极了。

幼儿教育专家不解："他用蓝色画苹果，你怎么不纠正？"

老师笑着说："我为什么要纠正呢？也许他以后真的能培育出蓝色的苹果呢。"

瞧，家长如此容忍孩子"不听话"是有道理的，它可以保护孩子的想象力，激发孩子的创造力。在外国家长看来，允许孩子"不听话"指的主要是思维上的"不听话"，孩子们看到的世界是独特的，他们的想象力是很丰富的，如果我们用成人的思维方式对他们粗暴地干涉，就会扼杀他们的想象力和创造力。给孩子一点儿"不听话"的权利就是对他们创造思维、创造欲望的保护。

有人曾在幼儿家长中做过一次调查：

"你认为自己孩子主要的优点是什么？"——80%以上的家长选择"听话""懂道理"，而对"独立性强""有礼貌""对同伴友好""胆大"及"不怕困难"等5项的选择率极低。

"你孩子的缺点是什么？"——40%～50%的家长列出"不听话""任性"，5%的家长将"爱动"这一幼儿的特点视为缺点。

可见，多数家长都把教育重点放在要求孩子"听话、老实、懂道理"上，而对孩子的独立性则要求不高或不做要求。事实上，"太听话"的孩子在其他方面的发展总有些不足。

著名的德国心理学家海查曾做过如下实验：他对2～5岁时有强烈反抗倾向的100名儿童与没有这种倾向的100名儿童追踪观察到青年期。结果发现前者有84%的人意志坚强，有主见，有独立分析、判断事物和做出决定的能力。而后者仅有26%的人意志坚强，其余的人遇事不能做决定，不能独自承担责任。

"我的孩子太听话、胆子太小，都快高中毕业了，遇到啥事都没主意，总是往后缩。"一位家长向某报记者抱怨。孩子一点儿不听话让家长担心，同样，孩子太听话、没主见也让家长担心。可见，在家庭教育中，孩子听话是好事，太听话就不见得是好事了。对此，心理咨询老师谈到，一些家长开始满足于孩子"听话、懂事、省心"，到了小学中高年级甚至初中时才发现孩子缺乏在家、学校、社会独立处理问题的能力，与同龄人相比显得退缩、不自信，以前的优点现在变成了需要克服的缺点。

综合来看，"乖孩子"真正成为社会精英、业界尖子的不多，他们大多在一般劳动岗位上工作。当然，并不是说"不听话"的孩子就一定聪明、出尖子。孩子的"听话"应更多体现在生活规矩、行为道德上。而孩子天性好动、鬼主意多，家长应做出正确的引导。比如，当孩子出鬼主意时，家长应与孩子一起挖掘更多的乐趣，引导他们应用到实际生活中。

一般来说，因小时候受到过于严厉、粗暴的"教育"或受父母太多保护而表现出听话的孩子，进入青春期后，随着独立性要求的剧增，内心所受到的压抑和潜在的危机就会充分地爆发出来，表现出强烈的反抗欲。然而，由于他们所受教育的偏差，能力的不足，又会使他们遇到挫折，有的会因此郁郁寡欢，遇事犹豫不决，严重的还会出现抑郁症、社交恐惧症等心理障碍；还有的则出现反社会行为，以自己的格格不入来引起别人的注意。许多父母抱怨孩子一长大就越变越"坏"，殊不知，这正是他们教育不当造成的后果。

那么，家长应如何平衡孩子"听话"与"不听话"的天平呢？著名教育家陶行知提出了"五大主张"，即，解放儿童的头脑，使其从道德、成见、幻想中解放出来；解放儿童的双手，使其从"这也不许动，那也不许动"的束缚中解放出来；解放儿童的嘴巴，使其有提问的自由，从"不许多说话"中解放出来；解放儿童的空间，使其接触大自然、大社会，从鸟笼似的学校解放出来；解放儿童的时间，不做紧张安排，从过分的考试制度下解放出来，给予民主生活和自觉纪律，因材施教。

陶行知在传统思想禁锢国人时就敢于冲破传统观念的束缚，鼓励父母让孩子放开手脚地活出自己的天真活泼的生活。今天，我们年轻一代的父母还要在传统观念与竞争机制之间摇摆不定吗？有位儿童心理专家这样描述过：一个"太听话"的孩子一定是一个"压抑"的孩子，他认为不听话是危险的，只有听话才能得到父母的爱。所以，不要再对你的孩子说"宝宝，听话！不听话，爸爸妈妈不喜欢你"之类的话了，这只会让你孩子的心灵受到扭曲、压抑。

　　放开手吧，孩子不听话，不一定是坏事！

第二章

不吼不叫，蹲下来和孩子说话

英国著名的哲学家和教育思想家约翰·洛克早在 300 年前就提出：要尊重孩子，要精心爱护和培养孩子的荣誉感和自尊心，反对打骂孩子。他断言："打骂式的管教，其所养成的只会是奴隶式的孩子。"

非打即骂，只会事与愿违

打骂只会事与愿违，孩子越打越不听话，越打越犟，说谎、外逃、打架等"意外"现象更是屡屡出现。国外行为学专家研究发现：一见孩子犯错误就大发雷霆、大声训斥，甚至打骂，这样重复下去，孩子对训斥的适应能力就会逐渐提高，天长日久，孩子就会对一般的训斥持无所谓的态度。

望子成龙、望女成凤，是家长们的普遍愿望。但是，由于他们教育"失重""失度"，有意或无意中采取了打骂的教育方式，结果事与愿违。某教育专家在总结我国家庭教育时认为：打骂教育是中国传统专制家庭制度的残余，会对青少年身心造成严重摧残；打骂教育，也是一种畸形的家庭教育方式，不仅不会使孩子成才，而且还有可能酿成家庭悲剧。

据一家媒体所做的调查显示，近2/3的孩子曾经遭受过家庭暴力。在接受调查的498名大学生中，54%的人承认自己在中小学阶段经历过家长的体罚，体罚的形式以家长手打脚踹为最多，占到88%；借助工具，如棍棒、皮带、衣架等实施暴力的占1.6%。从体罚的种类看，辱骂占25.28%，罚跪占16.36%，罚站占13.38%，被家长逐出家门的占4.09%。

生活中，很多事例表明，从严、粗暴的教育方法，不但达不到教育的目的，而且还会使孩子形成各种心理问题。

打骂不是教育孩子的好方法。要遏止打骂孩子的现象，必须充分认识到打骂孩子的危害：

第一，造成严重的亲子隔阂。孩子在挨打的时候，会产生怨恨、逆反、畏惧等心理。打的结果是孩子与家长之间的亲情日益淡漠，隔阂越来越深，个别孩子甚至会产生报复心理。

第二，造成悲观厌世情绪。每个孩子都有自尊，希望得到别人包括家长的尊重，而别人的尊重、信任，会使孩子产生自信，这是他们前进的重要动力。经常挨打的孩子，自尊心受到损害，产生自卑，极易走上自暴自弃、破罐破摔之路。家长本是孩子最亲近的人，经常遭家长的打骂，孩子会感到人世间没有温暖，于是悲观厌世。现实中，由于遭受家长打骂，出走者有之，自杀者有之，造成的家庭痛苦是难以挽回的。

第三，使孩子陷入孤独的深渊。经常被挨打的孩子，会感到孤独无援。尤其是家长当众打孩子，会使孩子的自尊心受到伤害，往往会怀疑自己的能力，会自感"低人一等"，显得比较压抑、沉默，认为老师和小朋友都看不起自己。于是这种孩子往往不愿意与家长和老师交流，不愿意和小朋友一起玩，性格上显得孤僻。

第四，导致孩子说谎。有的家长一旦发现孩子做错事就打。为了逃避挨打，往往迫使孩子违心地说谎，瞒得过就瞒，骗得过就骗，因为骗过一次，就可减少一次皮肉之苦。但是孩子说的谎，往往站不住脚，易被家长发现。为了惩罚孩子说谎，家长态度更加强硬。为了避免再被家长暴打，孩子下一次做错事更要说谎，这样就形成了恶性循环。

第五，造成孩子人格畸形。从心理学角度讲，家长粗暴高压，会导致本来性格倔强的孩子产生抵抗意识、对立情绪，进而变得性情暴躁，行为粗野，甚至形成攻击型人格，对别人施暴，难以建立良好的人际关系；而性格怯懦的孩子，会产生严重的畏惧心理，表现出软弱的顺从意识，进而形成猥琐、胆小怕事的性格等，这样的后果，将影响孩子的整个人生。

总之，打骂不是教育孩子的好方法，"棍棒底下出孝子"这句老话，实际上是按家长的意志来改变孩子的行为的，会对孩子的身心造成伤害。明智的家长应该懂得拒绝打骂和暴力，应该给孩子的成长创造快乐的天空。

允许孩子犯错，换得孩子成长

父母都希望自己的孩子聪明、优秀，十全十美，希望他们永远是一个不犯错误、人见人夸的孩子。这样的愿望是美好、充满爱意的，却也是错误、自私的。"人非圣贤，孰能无过？"在学习、工作和生活中，父母都难免会犯各种各样的错误，更何况是涉世未深的孩子呢？

不允许孩子犯错，就是不允许孩子成长。在孩子懵懵懂懂的成长过程中，由于身体和思想等方面都不够成熟，做事难免会出错。父母往往认为一件微不足道的小事，在孩子看来也许并不那么容易对付。因此，孩子做错了事，父母不能以成人的眼光和标准去评判，而应该以一颗宽容的心给孩子犯错的机会。

一些父母持"鼓励孩子犯错"的观点，这也许会受到许多父母的排斥，他们会觉得这样不可理喻。其实，鼓励只是一种手段，培养孩子的"悟性"才是真正的目的。孩子的悟性往往都是从错误中得来的，这与"失败乃成功之母""吃一堑、长一智"等古训如出一辙。当然，这里的"错误"并不是指违法乱纪等原则性的错误，而是孩子在求知过程中因认知能力低下导致的失败、经受的挫折和多走的弯路。

一位中国老师到一位美国律师家做客，她看见律师3岁的孩子正在将一把钥匙笨拙地插进锁孔中，孩子想要打开卧室的门，可是由于身高和协调性都不够，怎么也打不开。于是，这位中国老师连忙走过去想帮助他一下，却被律师阻止了。那位律师说："不要去打扰他，让他自己先犯些'错误'吧，琢磨一会儿总能把门打开的，这样他就再也不会忘记怎样开门了！"

果然，孩子折腾了很长一段时间后，终于将门打开了，他为此高兴得手舞足蹈起来。

可见，鼓励孩子犯错误，就要求父母放弃扮演孩子人生道路上的"清障工"的角色，该由孩子自己做的事情，就要敢于放手让他们去大胆地想、大胆地做、大胆地试，不要因为他们做不好、易出错误就越俎代庖，更不能因为他们一个天真的想法犯了错就横加指责，甚至棍棒相加。只要有利于孩子思维的创新，有利于孩子身心健康的成长，就应该允许并鼓励他们犯一些"天真"的错误。只有这样，才能使孩子逐渐培养起从失败走向成功的自信，不至于成为缩手缩脚、畏首畏尾的弱者。

法国作家罗曼·罗兰说过："人生应当做点错事。做错事，就是长见识。"意大利的朗跟尼西也说过："不要给我忠告，让我自己去犯错。"一个人怕犯错，就是畏惧现实；一个人想逃避犯错，就是逃避现实。因此，父母在养育孩子的过程中切勿以个人的喜好左右孩子的成长，应该以孩子的成长需要为根本，辅助他们身心的发展和统一。每个孩子都应该在孩提时代多犯一些错误，父母对此应该抱着宽容的态度，小时候犯错是为了保证孩子在踏上社会后少犯致命的错误。

我们常说"失败是成功之母"，其实这句话不仅适用于成人，也同样适用于孩子。发展心理学认为，孩子小的时候，像一盘录像带，需要预演与体验所有情绪与行为，留下适当的印痕，在今后成长的道路上，这些印痕都是可利用的资源，孩子可以通过"心理反刍"，找到较为合适的应对方法。

那么，孩子为什么会犯错？他们往往不是故意的，而是在无意间犯下的。譬如，孩子很好奇放在床头的小闹钟为什么总是"嘀嘀嗒嗒"地走个不停，于是把小闹钟拿来研究一番，甚至拆了个七零八落；孩子嘴巴馋了，想吃点放在食品柜里的零食，便踮起脚尖去拿零食，可不小心打翻了柜子里的一个玻璃瓶；孩子看到其他小朋友手中漂亮的玩具，于是去拿人家的玩具，没承想把小朋友惹哭了。

对于孩子犯的这些错误，父母难免会紧张，甚至会斥责孩子"调皮""好吃"等。但父母不妨试着从另一面去看待孩子的这些行为。孩子将闹钟拆了个七零八落，说明他是个充满求知欲的孩子，对身边的新鲜事物有着探究的欲望；孩子将食品柜里的玻璃瓶打翻了，可以让他明白做事要谨慎，不然就会闯祸；孩子抢夺别人的玩具而把别人惹哭，可以教育孩子凡事不能以自我为中心。

总之，孩子犯错误，是孩子成长中必经的体验。管教孩子，不等于竭尽全力不让孩子犯错误；孩子犯错误，也不等于父母教养的失误，更不等于孩子的成长有问题。当孩子为所犯的错误而难过时，父母不应以怜悯的态度对待孩子，或者在孩子面前唉声叹气，更不要劈头盖脸地责骂孩子，正确的方法是让孩子明白，失败、错误没什么大不了的，人人都可能碰到，勇敢、聪明的人会从失败中吸取教训，继续努力。

允许孩子失败，是对孩子能够取得下一次成功的信任。

对待孩子，要威严但绝不要严厉

在我们的生活中，还有很多家长误认为教育孩子必须严厉。好像家长的态度不严厉、措辞不强硬的话，孩子就不会听话似的。久而久之，家长就形成这样的口头禅："你今天必须""你要""你应该""你不许"等。这种做法，不仅束缚了孩子的"手脚"，让孩子不能真正发挥自己的才能，还会把孩子培养成一只"软柿子"。

实践证明，存在心理问题的孩子，大多是因为父母采取了"单向教育"的方式。他们在教育孩子的时候，拥有着绝对的权威，遵从严厉的原则，认为如果态度太过温和则达不到教育的目的。家长的出发点是好的，却恶化了亲子关系，还让孩子丧失了安全感和归属感，从而影响孩子的身心健康和个性的健全发展，不但达不到教育的目的，而且会使孩子产生孤僻、胆怯、仇视、攻击等心理问题。

第一，严厉会让孩子变得懦弱。

自从小玉懂事起，她不敢到集体场所玩耍，也不愿与其他小朋友交往。父母的好友来访，她也躲开不肯相见，常常独自与玩具做伴。

到了上幼儿园的年龄，小玉说什么也不肯去。在去的路上常常大哭大闹；到幼儿园后则一人躲在角落里，不参加集体游戏，生活也显得被动。

上小学后，小玉与老师、同学接触会显得紧张、不自然，甚至感到很别扭。她不敢和陌生人说话，不敢和别人对视，更不能在他人的注视下学习，甚至不敢独自在公共厕所小便。

小玉的父母很着急，带着她去找心理医生，医生询问他们在家是如何教育孩子的，他们和盘托出，坦承从小就对小玉严格管教，他们遵奉"打是亲骂是爱，不打不骂是祸害""树不修不成料，儿不打不成才"的教子原则。医生听后频频摇头，指出了小玉的病症正是出在父母严厉的家教上。

小玉的胆小怕事，是一种实实在在的社交恐惧症。究其根源，是父母对孩子宣泄不良情绪、粗暴干涉孩子的后果。孩子心灵的健康成长需要五大自由：看、听、感受、幻想以及情绪的释放，但许多父亲总喜欢用自己的判断去取代孩子的判断，不给孩子思考和决定的自由，也不允许孩子表达自己的情绪。被管得太多太严了，孩子的心理防御系统开始启动，他们觉得自己总是犯错、不如别人，慢慢变得自卑、怯于尝试，进而脱离社会生活，形成社交恐惧。

第二，严厉会导致孩子出现强迫症。

这天，某青少年研究会心理咨询师接待了一位高中生的来访，她诉苦道，自己洗一次手就要花两个小时；拒绝吃被人摸过有"细菌"的东西；现今体重 35 公斤，可还嫌自己胖……咨询师说，这是典型的强迫症。"父亲对我的期望很高，他希望自己的女儿比任何人都强。"这位高中生说，从她小时候开始，父亲对她的学习、生活都要求得十分完美。有一次，她考了班里第一名，但父亲责怪她和第二名没有拉开太大的距离。因为顶嘴，脾气暴躁的父亲动手打了她。在这样的环境中，逐渐地，她顺从了父亲的意思去努力学习，达到父亲期望的高度，同时，按照父亲的标准来要求自己。

有些父母对孩子的期望值很高，实施了严格的家教。在家庭环境的影响下，这些孩子也对自己有着较高的要求。问题是，孩子一旦经历了某些挫折，就容易出现无法接受事实的心态，从而逐渐出现强迫思维等症状。专家建议：在生活中，父母应多给孩子一些鼓励，教育孩子要有战胜自我的信心，不要因为孩子们达不到自己的要求总是打击他们。

第三，严厉会导致孩子产生厌世情绪。

小柯的成绩经常在班级名列前茅，各种竞赛也经常拿奖，可近半个月来，她举止异常，上课心不在焉，说话时更是语无伦次。

有一天，她竟然对老师说："活着真没意思。"老师家访后发现，由于小柯父母家教太严，对孩子总是采取否定式的教育方式，小柯已经憋出病了。

　　小柯的家长"望子成龙"心切，期望值过高，要求过严，违背了孩子自身的发展规律，导致小柯对生活产生了失望，更对人生产生了厌恶，才有了厌世的念头。由此来看，要使教育获得成功，就要全面了解孩子身心发展的实际水平，遵循孩子生理和心理的发展规律。

　　父母总希望孩子规规矩矩、百依百顺，孩子稍一调皮就不能容忍，往往是管得过死，限制过多，把孩子的创造性给扼杀了。其实调皮、好动是儿童的天性，也是创造力发展的幼芽，只要不出大格，就不要限制太多。什么都看着大人的眼色行事，唯唯诺诺，将来注定是个没出息的孩子。

　　所以，家长不要对孩子过度严厉，应与孩子建立平等的谈话模式，从而树立起自己的威信，这才是管好孩子的绝佳方法。

过度唠叨，是最无效的沟通

　　在生活中，很多家长对孩子尽心尽力，他们为了孩子，吃苦受累都觉得是一种幸福。可是，遇到孩子的问题，家长们就管不住自己的嘴巴了，喜欢唠叨，可是，孩子往往并不领情。

　　孩子小的时候，由于他们什么都不会，什么都不懂，家长事事为孩子着想，不停地嘱咐孩子，这并没有什么错。但孩子逐渐长大后，他不再是"小不点儿"了，已掌握了一些生活技能，他们想自己尝试做什么。这个时候，家长如果再不厌其烦地唠叨孩子，孩子自然是不愿意听的，所以，过度唠叨，有时候是最无效的沟通，对于家长来说，该放手时，就要学会放手，不要总唠叨孩子。

　　每天，妈妈都会唠叨豆豆，这让豆豆感到很烦。早晨上学时，妈妈就开始唠叨：水带了没有？上课的时候，要注意听讲，积极回答问题。下课的时候，不要到处乱跑，不要跟小朋友打架，要友好相处。对于不会的问题，要多问问老师……本来，豆豆挺高兴的，妈妈这么唠叨，让他一下子就没有了心情。每次，妈妈这样唠叨，他总是回答："知道了。"

　　放学后妈妈又开始唠叨了："豆豆，今天语文老师留了哪些作业？数学老师留了哪些作业？英语有哪些作业？"等豆豆做作业的时候，妈妈看见他歪着头，弓着背，又开始唠叨："豆豆，把头抬高，把腰挺直，你看看你离书本这么近，小心近视。"

　　检查作业的时候，妈妈又说："你看看你的字，写得太潦草了，要把字写工整了。"过一会儿，妈妈又说："你看看这道题多简单，你竟然写错了，自己再把题目读一遍，看明白了再做。抓紧时间写，一会儿该睡觉了。"

　　很多家长都喜欢唠叨，明明很爱孩子，但由于过于唠叨，使孩子感到厌烦，不愿意听家长的话。在心理学上，有一个名词叫"超限效应"，它的意思是刺激过多、过强或者作用时间太久，引发人产生一种不耐烦或逆反的心理现象。也就是说，你越是唠叨孩子，你说的话越没有意义。

虽然，唠叨也是家长对孩子的一种爱，但爱的方式不对，就会让孩子感到厌烦。家长过于唠叨，会失去孩子的尊重。家长对孩子反复说一件事，特别考验孩子的耐力，如果孩子的耐力好，能做到左耳进右耳出；若孩子的耐力不好，就会叛逆，顶撞家长。

与孩子沟通时，家长要懂得尊重孩子。孩子出现问题，家长大多按照成人的思维来判断孩子的对错，不停地唠叨孩子，不给孩子说话的机会。如果孩子为自己辩解，家长就会认为孩子狡辩，这样会让孩子失去对家长的信任，他们会将自己封闭起来，不会跟家长说任何事。

成成上小学六年级，今年就要升入中学了，每天，妈妈都要唠叨他，他有时候听烦了，就赶紧关上门，但妈妈依然站在门口念叨。

有一次，成成跟同学去了一趟网吧，妈妈知道后，就开始唠叨："咱们家又不是特有钱，供你吃，供你穿，就希望你好好学习，而你却跟同学上网吧玩去了，咱家啥情况你不知道吗？你不努力学习，将来谁帮你？人家不努力没有关系，因为他家有钱，他父母会给他找好工作，你有啥？还跟别人瞎混！"因为这件事，妈妈念叨了他一个星期。

妈妈非常关心他的学习，希望他能考上重点中学，所以，为他报了补习班，结果他的成绩没有提升，反而越补越差。为此，爸爸也劝妈妈，让她别总是唠叨孩子，会给孩子带来压力，但妈妈却认为，不给他压力，他是不会努力的。

爸爸说："你总是让他学习，啥也不让他做，他没有吃过苦，觉得生活是甜的，怎么会知道努力。"妈妈说："现在说这些有什么用，我只是希望他能努力学习，但他好像越来越不听我的话了"。爸爸问："你跟他沟通过吗？问过他的想法吗？"妈妈说："没有。他能有什么想法，他现在最应该做的就是努力学习，考上重点中学。"

后来，成成变得沉默寡言，每次，妈妈问他在学校的一些情况，他都不说话，这使妈妈很生气，然后就开始唠叨。每次成成都躲着她，弄得一家人都很不开心。

家长喜欢唠叨，其实是对孩子不信任，家长的这种不信任会传递给孩子，无形中会增加孩子的压力，使孩子变得越来越不自信。唠叨是一种病，能治好家长唠叨的就是信任孩子。不管孩子做什么，家长都支持孩子，相信孩子会做得好。让孩子去做力所能及的事，他才能成为一个独立自主的人。

好的家长，话不必多，只要获得了孩子的信任，孩子什么事都愿意跟家长分享。如果孩子已到青春期，还能好好跟你说话，那么，说明你的教育是成功的，但绝大多数家长，通常是不愿意听孩子说话的，他们只喜欢让孩子按照自己的意愿去做。

但是，孩子进入青春期后，他们的自我意识比较强，认为自己已经有能力管好自己的事，家长的唠叨和干扰，在一定程度上破坏了孩子的自我意识，激起了孩子的逆反心理，使他们对家长的话更加反感。

在这个阶段，孩子逐渐走向成熟，他们渴望独立，但又知道离不开家长的帮助，他们觉得自己拥有很强的自制力，想做成一番事，但他们也知道，自己缺乏知识，需要继续学习和奋斗。

其实，孩子已经逐渐长大，他们对事物有了自己的看法，已拥有了一定的独立思考的能力，家长不能总向孩子灌输自己的观点和要求，而不耐心听取孩子的意见，就会陷入"家长越唠叨，孩子越不听"的恶性循环。

很多家长害怕自己一放手，孩子就会变坏。其实，人生并非只有一条路可以走，家长应该放下自己焦虑的情绪，不要不停地唠叨，要有自信，给予孩子足够的信任，用自己的爱和行动去感染孩子，只有家长有了自信和底气，才能给孩子真正的安全感。

我有一个同事蕊蕊，她女儿10岁，长得很好看，是一个开朗、乐观的女孩，言行举止都很得体。在班里，她女儿的成绩一直名列前茅，跟同学相处得很融洽。

蕊蕊在与女儿交流时，从来都是心平气和的，从未见她唠叨过。如果女儿写作业的时候，一边听音乐，一边写作业，她也不会像有些家长那样，对孩子进行说教，而是温和地问女儿："你为什么一边写作业，一边写音乐？"

家长大多都喜欢教导孩子，对孩子讲道理，一遍又一遍，孩子自然很反感。其实，唠叨只会削弱家长对孩子说话的分量，家长应该多给孩子一些空间和时间，了解孩子内心的想法，用有效的沟通代替无尽的唠叨，这样才能获得意想不到的效果。

家长的唠叨，可能会扼杀孩子的成长。作为家长，我们要学会尊重孩子，将"说"变成"听"，对孩子提出一些原则性的意见，才能获得孩子的信任和认同。

和孩子说话，要用温和的态度

要达到良好的亲子沟通，父母温和的态度很关键。

一位教育家说："说到才智，评价等于成就。"这就是说，父母和教师对待孩子的态度对孩子能力的形成有着巨大的影响。

很多父母认为，他们对孩子的态度是孩子行为的结果，而不是孩子智力和能力较差的原因，甚至认为，他们对孩子的评价很公正。是父母的态度在先，还是孩子的实践水平在先？这两者的关系远比人们认识的复杂得多。

实际上，父母的态度和孩子的实践水平是互为因果的。父母的态度对孩子的智力和能力有着巨大的影响。即使孩子的能力的确差一些，父母只要以较温和的态度对待孩子，多给孩子以积极的评价，就会帮助孩子建立起信心，使他们更努力地去实践。

美国记者安尼·罗克就明确指出，教好孩子的关键是父母的态度，而不是孩子的聪敏。父母的态度正确与否，对能否教育好孩子起着关键性作用。香港大学一位心理学博士针对家长坚持的"孩子教不好是孩子有问题"的观点进行试验，结果发现，"问题孩子"是父母在对待孩子的态度上出现了问题。

父母对孩子的态度非常重要，在父母的影响下孩子建立起自己对生活的看法，父母对孩子的态度影响着孩子智力和能力的发展，父母对孩子的态度还影响着孩子的行为和道德发展。总之，父母给孩子的成长提供大量的实践材料，孩子的各种行为都受父母态度的影响和强化。

　　华盛顿是美国第一位总统，他从懂事起，就很崇拜英雄人物。当他看到哥哥穿着军装上前线打仗，羡慕极了。一天吃过晚饭，他忽然想到了一个什么问题，急忙跑去问父亲："爸爸，我长大了也要像哥哥那样，当一名勇敢的军人，好吗？""好极了，亲爱的孩子！"父亲高兴地回答，"可是，你知道什么样的孩子才能成为勇敢的军人吗？"父亲反问道。"嗯——"华盛顿想了想，回答说，"诚实的孩子才能成为一名勇敢的军人，是这样的吗？"父亲说道："就是的，只有诚实，大家才能团结，团结才能战胜敌人，成为勇敢的军人。"

　　父亲不光言传，还很注重身教。在父亲农场里，有一棵小樱桃树，那是父亲为纪念华盛顿的出生栽种的。华盛顿一天天长大，小樱桃树也一年年长高。华盛顿对做一名威武的军人十分心切，有一次，他打算做一把小木枪，把自己武装起来。他本想让父亲帮帮忙，可看到父亲整天忙于自己的工作，没有时间，于是决定自己动手。华盛顿拿起锯子、斧子，找了一棵容易砍倒的小树，把它锯倒了。哪知道这棵树正是父亲最心爱的那棵樱桃树。这下可闯了大祸。

　　父亲回来后，知道了这件事，大发脾气，质问是谁干的。华盛顿躲在屋子里，非常害怕。他想了想，还是勇敢地走到父亲面前，带着惭愧的神色说："爸爸，是我干的。""小家伙，你把我喜爱的樱桃树砍倒了，你不知道我会揍你吗？"

华盛顿见父亲气未消，回答说："爸爸，您不是说，要想当一名军人，首先就得有诚实的品质吗？我刚才告诉您的是一个事实呀。我没有撒谎。"

听儿子这么一说，父亲很有感触。他意识到孩子身上的优良品质要比自己心爱的樱桃树还珍贵。他一把抱住华盛顿，说："爸爸原谅你，孩子。承认错误是英雄行为，要比一千棵樱桃树还有价值。"

正是华盛顿父亲的开明态度，影响和形成了华盛顿身上的优良品质，这些品质在他开创伟大的事业中起到了不可估量的作用，为他创造出了一个又一个奇迹，并最终为他赢得了美国人民乃至全世界人民的尊敬。

很多事例表明，父母对孩子的态度与孩子性格等因素的形成有着千丝万缕的联系。如果父母对孩子忽冷忽热、捉摸不定、反复无常的，孩子大多数表现为情绪不稳定，多疑多虑，缺乏判断力；如果父母对孩子过分严厉，孩子的表现，或逃避、或反抗、或胆怯、或残暴，有的甚至会形成当面一套、背后一套的坏习气；如果父母对孩子过分照顾、保护，不放手让孩子自己活动、自己做事，孩子的性格多半是消极的，他们依赖性强，没有责任感，没有忍耐力，不适应集体生活，遇事优柔寡断；如果父母对孩子过分溺爱，孩子就会表现为撒娇放肆、神经质、以自我为中心、缺乏责任心、没有耐性；如果父母对孩子冷淡，置之不理，孩子长大多数都愿意寻求他人的爱护，力图吸引他人的注意，有的好攻击挖苦别人，也有的却表现为性格冷漠、与世无争；如果父母对孩子采取爱而不娇，严格而又民主的态度，孩子性格大多数亲切、直爽、活泼、端庄、独立，愿与人协作、有活动能力，善于和大家共事。

由此可见，父母应该注意自己日常生活中的不良情绪对孩子的影响，无论在什么时候，无论发生了什么事，永远记住：不要在孩子面前表现出消极的情绪，那样会使孩子处于一种不和谐的家庭环境中，从而在情绪上也跟着发生消极的变化。相反，父母应该用温和的态度对待孩子，因为温和的态度有利于孩子的健康成长。

也许，对父母来说，在短时内保持对孩子的温和态度并不难，难就难在坚持，难就难在日复一日对孩子保持温和，但只要真正为孩子的健康成长着想，相信每一位父母都能够轻易做到。

第三章

这样批评孩子，他们才肯听

世上没有不犯错误的孩子，父母对犯错误的孩子进行批评教育也是理所当然的。但是有些父母批评孩子时不讲究技巧，结果往往事与愿违，导致孩子出现逆反心理。

父母应该批评孩子，这是古今中外铁的法则。孩子在被批评的过程中，学会辨别是非，学会区分哪些事情是好的、哪些事情是坏的。如果孩子做错了事情父母不闻不问，那他们就是不称职的父母。

用正确的方式批评孩子

孩子受到批评时的反抗是孩子精神成熟的重要标志。孩子进入反抗期以后，一旦父母批评不当，动不动就会顶撞父母，以至于有些父母感到纳闷："为什么事事都要对着干呢？"当父母提醒他时，他反而振振有词："妈妈，您不也在做着同样的事情吗？为什么只说我？"反倒指责起自己的父母来了。

在父母看来，一直对自己言听计从的孩子，忽然间变得判若两人，事事都要与父母对着干，有时不免就会大动肝火。以前只要批评几句，孩子就会默默接受。可现在就不同了，你越是想控制他，他越是反抗。

其实，孩子的反抗与逆反心理主要是因为父母批评不当，伤害了孩子的自尊造成的。那如何批评才能既改正孩子缺点又不伤害孩子的自尊呢？

要做到既能维护孩子的自尊，又能让孩子纠正自己的不足，父母可以从以下几个方面入手：

第一，应该保持冷静的态度，向他讲道理，以理服人，而且自己的立场也要始终如一。

批评固然必要，可是莫名其妙地批评训斥孩子却只能起到相反的作用。为了避免发生正面冲突，可利用第三者和写信、写日记及介绍大人自己的经验，使用缓和的语言，比如，"你的心情我理解"，表示理解对方的感情。

另外，同样的事情今天批评了，明天却不管了，这样的做法也不值得提倡。父母应该立场坚定、一如既往地教导孩子什么是"是"、什么是"非"，不应该有丝毫放松。

第二，要批评，也要肯定。当孩子做错了事，经父母的批评纠正，他们改正了错误，父母要给予足够的肯定，使他们对自己的正确行为有信心。让孩子在愉悦中学会好的行为，总比在责备中学习要容易得多。因为每个人对别人的斥责和约束都有内在的排斥性。过多的责备与管束会使孩子产生反感，不如正面鼓励效果好。

第三，启发孩子，让孩子明白自己的过失。孩子犯了错误，如果父母能心平气和地启发孩子，不直接批评他的过失，孩子会很快明白父母的用意，愿意接受父母的批评和教育，而且这样做也保护了孩子的自尊心。

第四，沉默。孩子一旦做错了事，就会担心父母责骂，如果正应了孩子心中所想的，那么他会有一种如释重负的感觉，对批评和过错反而不以为意了。相反，如果父母以沉默的态度对待，孩子会感到紧张、不自在起来，反而能反省自己的错误。

第五，换个立场。当孩子惹了麻烦，怕被父母责骂的时候，往往会把责任推到他人身上，以此来逃避责骂。此时最有效的方法是在孩子强辩"都是别人的错，跟我一点关系也没有"时，回他一句："如果你是那个人，你要怎么解释！"孩子会思考，如果自己是对方时该说些什么。这样一来，大部分孩子都会发现自己也有责任，而且会反省自己把所有责任推到对方身上的错误。

第六，低声。心理学试验表明：父母批评孩子时，声音低于平时说话，更会引起孩子的注意，也更容易让孩子接受。父母对孩子的错误要尽量小声批评说服。大声斥责的"热处理"效果往往不如这种"冷处理"。心理学家还建议父母成为一个"寓言家"，学会对孩子进行暗示教育。父母可以经常用寓言式的话语对孩子进行启发性教育，这种"借彼喻此"的方式会使孩子觉得有趣，孩子也会更乐意接受。比如，"孔融让梨"就可用来教育一些个性比较强、谁也不让谁的独生子女。

第七，适时适度。孩子犯了错误，父母不要姑息迁就或"秋后算账"，而要适时指出。有的父母喜欢"大事化了"地包庇纵容孩子，对孩子的不良行为，平时从不批评教育，这种"大事化小，小事化了"的做法会导致孩子走上犯罪道路；有的父母则喜欢"小事化大"，孩子稍微越了雷池一步，犯了一丁点儿错误，父母就没完没了地训斥，甚至上纲上线，让孩子无所适从。所以父母批评孩子时一定要就事论事，不要扯上孩子以前犯的错误。因此，父母责备孩子要趁热打铁，立刻纠正，不能拖拉，不然就起不到教育作用了。

第八，用赞美代替批评。孩子由于受心理发展水平的限制，学习、判断是非、记忆等能力较差，在犯了错之后，虽经父母指出和教育，但还有可能重犯。这种现象并不表明孩子不知道自己行为的错误，而是由于他的自制力不强，或已经形成了习惯和这种行为的结果多数能给孩子带来好处或满足等原因，因此一犯再犯。这时候，父母可以从赞美他的自制力入手鼓励孩子，孩子为了得到更多的赞美，往往会朝着好的方向发展，使教育取得事半功倍的效果！

值得父母注意的是，不管用哪一种批评方式，父母首先要创造一种尊重对方、接纳对方同时也能让对方接纳自己的气氛。不是用指责、命令的口气，而是用建议或商量的口气说，如果孩子顶嘴，要耐心听完对方的辩解。

此外，在批评之前还应该先减轻孩子的精神压力，这样孩子心里自然就有了听取责备的准备，然后对孩子说："无论如何你让我说两句话。"大人一开始就创造出让孩子听的气氛，这样即使稍有些刺激的劝告，孩子也能听得进去。

当然，最有效的办法还是让孩子自己消除心中的不满。迅速成长时期的孩子会对父母怀有不平与不满。成长起来的孩子自我产生的要求，与父母所要求的规范不断地产生不相容之处，孩子经过这种不满，会变得更加成熟。因此，无视和压制孩子的不平和不满，孩子就不能如期望的那样成长。

总之，父母务必要记住的是，对待任何一个孩子，往往是表扬越多优点越多，训斥越多毛病越多。因此，父母一定要讲求批评的艺术，不可过度批评孩子，导致孩子与自己的期望相去甚远。

餐桌旁，要讲究教育方式

小学生张源的家就在学校附近，以前，每到中午，他总准时回家吃饭、休息，下午上课前再到校。近来，他的班主任发现张源总是在中午时分趴在教室睡觉。经询问，班主任才知道了真相。张源的妈妈近来改上晚班，中午在家吃饭。一家人在一起吃饭，这本该是件好事。可张源不这么想，"吃午饭时，妈妈会仔细打听我的学习、考试情况，有一点儿不如意，妈妈就会'老账新账一起算',把我教训一顿。"

张源觉得回家吃午饭成了比考试还可怕的一件事。"我跟妈妈撒谎说,最近中午要补习,所以中午就在学校吃饭。我说不要她送饭,她就每天给我午饭钱。"张源说,每天中午放学后,她都会背着书包到校外晃一圈儿,有想吃的零食就买一些,不想吃就干脆饿着。

瞧,孩子为了不在餐桌上挨训,宁愿饿肚子,这实在是父母的失职。父母在餐桌上跟孩子进行交流、说些有趣的事本是件好事,但如果把餐桌变成声讨孩子的"审问台",食物再美味,孩子也会食不甘味。

很多父母误认为一边吃饭一边"教育"孩子是一举两得事。于是一到吃饭的时候,父母就开始问孩子的功课,查孩子的成绩,讲孩子的过错,接着就开始教训孩子,常常弄得孩子愁眉苦脸、哭哭啼啼,使饭局笼罩在一种不愉快和紧张的气氛之中。殊不知,这种"餐桌教育"害处实在不少:既影响孩子食欲,又会使孩子情绪低落,更严重的还有可能使孩子产生心理问题。

由此可见,教育孩子一定要注意场合、选择时机,切莫在餐桌上对孩子进行指责,即使实在需要指责一番,也必须注意分寸,切不可一味地质问追询、提要求、下命令,更不可不容孩子分辩。

父母在与孩子就餐时要谨防三个"不要":一不要恐吓。比如孩子不愿吃饭,有些父母心情急躁,大声呵斥,这会让孩子感到十分紧张,更抑制食欲,即使孩子勉强吃完,也因心情不好而影响消化。孩子不愿吃饭原因有多种,或是吃零食多了,或玩得过于兴奋了，如只是偶尔发生，父母最好予以宽容，并对他说明错处。如是常发生，则需从根本上调整孩子的生活规律，不能简单斥责了事。二不要忆苦。有些父母喜欢在餐桌上"忆苦"——不停地陈述自己当年生活时代的环境是多么艰苦，以此教育孩子要珍惜当前的美好生活。如此"忆苦"教育方式，一些年迈长辈最常用，但是少年不知愁滋味，父母重复多了，孩子不仅会不以为意，反会增强其内心的叛逆和抵触。三不要揭短。餐桌上，有的父母视之为教育孩子的好时机，常指责孩子这不对那不对，或翻旧账狠训一顿，高谈阔论，大讲道理。

有个教育家曾经说过，好孩子是夸出来的。每个孩子都希望听到父母的赞扬而不是整天的批评训斥。其实，在每天吃饭的时候，一家人应该在轻松和谐的气氛中，谈各自的趣事。父母是孩子最好的老师，餐桌可以当课堂，但讲述的内容要尽量多一些亲情的教育与交流，父母可以讲点有益的文化知识和鼓励孩子积极向上的好人好事等。孩子在没有压力的情况下，往往会把学校里的事情、自己的学习情况讲给父母听。父母可以根据孩子所讲的内容，好的加以表扬，不足的加以引导。

英国家庭素有"把餐桌当成课堂"的传统：从孩子上餐桌的第一天起，父母就开始对其进行有形或无形的"进餐教育"，目的是帮助孩子养成良好的用餐习惯，具备种种值得称道的素质或性格。

同样，我们的父母也可以从以下几方面对孩子进行"进餐教育"：

第一，介绍相关的饮食常识。餐桌上聊饮食，不仅能增进食欲，还可扩大孩子的知识面，使孩子更容易接受相关知识的灌输。可谈的内容很广泛，如膳食要平衡，营养要全面，应保持合理的比例；不吃过热、过硬、难消化或刺激性强的食物；不反复食用单一食物；不吃腐坏变质的食物等。真正让孩子吃出健康，吃出学问，吃出乐趣。

第二，鼓励孩子自己进餐。孩子到一定年龄，就会开始喜欢独立用餐具吃饭，这标志着他对人格独立的向往，父母应给予充分的鼓励和支持。

第三，鼓励孩子全面摄取营养。从小教育孩子不要挑食、偏食，否则会影响他们对营养的全面摄入和吸收。另外，一味地迁就孩子的饮食喜好，会使他形成自私、缺乏自控力等不良性格。

第四，教育孩子养成节约的习惯。让孩子知道饭菜来之不易，应该节约粮食，如酌量添饭等。

第五，教育孩子得体的用餐礼仪。饭前饭后让孩子帮忙做点力所能及的家务，如在餐后帮忙收拾餐具等，既可以减轻父母的负担，又增强了孩子的劳动意识。同时，教育他们尊敬长辈和客人，等大家都坐下了，才可以动筷子；好吃的东西要先考虑到别人，不能全都夹到自己的碗里；自己先吃完了，离桌前要招呼其他吃饭的客人慢慢吃。

孩子是纯洁的，希望父母能正确利用餐桌这个方寸之地的小课堂，对孩子少一分指责，多一些鼓励。

当众训斥，只会让孩子更叛逆

父母当众教子是一种很常见的现象，有句民谚是"人前教子，背后教妻"，很多人觉得当众教育孩子，会刺激他们的自尊心，在公众的关注下，孩子会更加注意树立自己"听话、懂事、乖巧"的形象，所以很多家长认为，人越多的时候越是一个良好的教育孩子的时机。其实未必尽然，自尊心的强烈维护和彻底放弃之间只有一步差距，如果家长把握不好这个教育的尺度和方法，也许反而会促使孩子产生"破罐子破摔"或是与家长对立的心理，对孩子的身心健康很不利。

有位母亲在日记里记述了这样一件事：

汽车到站后，一位年轻的妈妈带着五六岁大的女孩走上汽车，随着汽车开动，女孩站立在车上显得十分吃力。这时，旁边座位上一位八九岁大的男孩站了起来，主动招呼站立的女孩和自己同坐。"这孩子真懂事，父母平时肯定十分注意对他的教育。"男孩的做法让我十分赞许。不想几分钟后，男孩的父亲走了过来，当得知男孩主动让座位，便大声训斥起来："瞧你那熊样，真是的，既然不愿意坐，那就站着……"男子把男孩从座位上喊了起来。面对父亲的训斥，男孩解释说因为女孩比他年龄更小，所以他才让出一块地方和他一起坐。

　　这位父亲可能是为了爱护孩子，担心两个人挤在一起不舒服，所以才对男孩进行指责，但家人对孩子的爱护也应注意方式和方法，在大庭广众下进行训斥会损害孩子做善事的积极性。

　　英国哲学家洛克说过："父母不宣扬子女的过错，子女对自己的名誉就越看重。他们觉得自己是有名誉的人，因而更会小心地维护别人对自己的好评。若是当众宣布他们的过失，使其无地自容，他们越是觉得自己的名誉已经受到了打击，设法维护别人好评的心理也就越淡薄。"可见，当着别人的面批评教育子女的方法不可取。如果孩子一有过失，家长就公开宣扬出去，使孩子当众出丑，其结果只会加深孩子被训斥时的印象，感到自己在众人面前丢了面子，因而产生自卑、产生逆反心理。

　　在玩具专柜、甜品店、游乐场经常会看见号啕大哭的孩子，还有一旁叉腰怒目的家长，他们一边呵斥，还一边指着周围对孩子凶道："你看看，这么多人看着你哭，你好意思吗？""你看那边有一个和你一样大的小孩，人家都不哭不闹，多听妈妈的话，你看看和他们差距有多大。"家长往往觉得当着外人的面会是一个教育的好时机，借助小孩子的自尊心让他自我纠正错误举止，出发点倒是很理想，但是收效一定甚微。

　　父母要意识到，无论对孩子的表扬还是批评都是一种情感互动，父母的教育方法太强势，往往导致孩子没出息；父母性情太粗暴，往往导致孩子性情也狂躁。父母表扬孩子可以当众进行，甚至可以隆重地进行，但是批评就需要谨慎，不妨用私下的、温和一些的方式。教育孩子最重要的是要尊重他的人格尊严，要保护孩子的心灵，做不到这一点，就没有真正的教育意义可言。

14岁的倩倩，其父母长期在广州打工，倩倩的日常生活由六旬的奶奶照顾。这天，奶奶让孙女到自家的菜园去摘菜，可过了半天仍不见孙女回来。奶奶沿路寻找，看见倩倩正与同学在菜园里玩耍，一气之下，便训斥倩倩太任性，"你怎么是这样的人呀，不听大人的话，赶快做作业去。"

被奶奶当众训斥，让倩倩感觉在同学面前很没面子，转身回家后，她从家中拿走两套换洗衣服，赌气离开了奶奶。

奶奶发现孙女不见后，赶紧请求亲友外出四处寻找。苦寻数日无果，心急如焚的奶奶拨打了110报警。过了3天，民警终于在一家网吧里找到了正在上网的倩倩。

有智慧的家长，不会对孩子当众斥责；有智慧的家长，时刻能够意识到教育孩子不能追求立竿见影的效果；有智慧的家长，能够和孩子成为知心朋友。

随便贴标签会伤害孩子

"你总是马马虎虎。"

"你真是太懒了。"

"你这个笨蛋。"

……

常常听到有父母如此训责孩子。诚然，他们并非捕风捉影，可孩子就真的有这些毛病吗？特别是当前，随着越来越多的针对厌学、逃学、网瘾、早恋、打架及青春期叛逆心理等引发的一系列行为异常的孩子进行"扶正偏差"学校的出现，很多孩子都被贴上了"××孩子"的标签，让他们背负了一张沉重的"名片"。对此，心理专家明确提出，孩子成长缺陷不可小视，但千万别乱贴"××孩子"标签，给孩子任意地贴上标签，会导致孩子产生各种心理情结。父母的负面评价不仅在当时会令孩子不快，而且会在他的潜意识里留下很深的痕迹。

一个人的成长尤其是在儿童时期，不但受制于先天的遗传因素，更脱离不了后天环境的复杂影响。在种种影响因素中，社会评价和心理暗示的作用非常之大。孩子被别人下某种结论，就像商品被贴上了某种标签。当被贴上标签时，就容易使自己的行为与所贴的标签内容保持一致。这种现象是由于贴上标签后而引起的，故有人称之为"标签效应"。

标签之所以会产生效应，是因为在孩子的心目中，父母就是自己的模仿对象，父母的一言一行深深影响着孩子对生活的态度，而孩子往往缺少主见，总是无条件、无意识地承认和接受父母对自己的评价，却又无法对这些评价做出客观的评判。比如，当孩子被父母告知"你是个害羞的孩子"时，孩子会以为自己真的不善于与人打交道，并产生退避的行为；当父母说"你怎么这么笨"时，孩子会感到非常紧张，往往表现得更笨。

既然消极标签会引导孩子走向消极，那么，积极"标签"是不是就可以把孩子引向积极呢？答案自然是肯定的。有些父母可能不知道，成功的孩子都时常得到了大人的"助推起动"——这正是孩子起步时所需要的。父母的建议、鼓励、信任，都是孩子不怕失败、敢于进取、迈向成功的"助推剂"。一份调查显示：90%在品质、意识和智力方面有出色表现的人，几乎在自己的童年或少年时期都受到过来自亲人的积极暗示，最多的是来自父母。积极的暗示是表达爱的情感，而不是夸张、夸耀或对缺点的掩饰。用积极、正面的语言肯定孩子，夸大孩子的优点，缩小缺点，营造"我能行"的心理氛围，孩子的好习惯和情绪就会接踵而至，这也是所谓的"暗示教养"。专家认为：积极的暗示，特别是来自亲人、朋友或老师的暗示，肯定会对孩子心理、心智方面产生良好的作用。所以，无论是家庭教育，还是社会教育，都应给孩子宽阔的发展空间，并培养孩子的自我调节能力。比如，孩子有了网瘾，不要把他当成一个医学上的治疗对象。现在有很多所谓的专家，治疗网瘾只会给孩子贴标签，什么狂躁症、自闭症、抑郁症、社交恐惧症等。这其实并不恰当，不断指责孩子"不上进""贪玩""上网成瘾"等，只会给孩子心理造成很大的负面影响，此时家长应把教训的口气换一换，尝试用不同的方式与孩子交谈，逐步把孩子引导出网瘾误区。事实正如此，孩子爱打架，并非就是有"暴力倾向"；孩子不合群、不善言谈，并非就是"心理阴暗"；孩子写情书、早恋，并非就是"道德败坏"……

在第二次世界大战期间，美国曾组织一批正在监狱服刑的犯人上前线作战。出发前，美国政府特派了几个心理学家对犯人进行战前训练和动员，并随他们一起到前线作战。训练期间，心理学家们并未对犯人进行过多的说教，而是让他们每周给自己最亲的人写一封信。信的内容由专家统一拟定，叙述的是犯人在狱中如何接受教育、改过自新等，每一封信都告诉亲人，自己的表现非常非常好。专家们要求犯人认真抄写后寄给自己最亲的人。三个月后，犯人开赴前线，专家又要求犯人在给亲人的信中写自己是如何服从指挥、如何英勇作战等。自然，亲人们的回信都充满了惊喜和赞赏。结果，这批犯人在战场上的表现比起正规军来毫不逊色，他们在战斗中正如他们信中所说的那样服从指挥、英勇战斗。

可见，来自他人或自我的心理暗示，会对人生产生巨大的影响。积极的心理暗示能唤起自信，自信能激发热情，调动积极性，从而使一个人奋发向上，取得意想不到的进步。相反，消极的心理暗示则使人丧失自信，降低动机水平，最终放弃努力，一事无成。

激发孩子改善行为的最终目的是鼓励他可以成为一个好孩子，在这一基础上，我们才能要求他摒弃不良行为，力求上进。如果父母急于给他下结论、贴标签，使他相信自己不可救药，又怎能够引导孩子的上进，改善他的行为呢？父母在与孩子交谈时，一定要注意到自己的话可能对孩子产生的效果，想一想是否有负面影响。

总之，父母千万不要随便给孩子贴标签。

别动不动就拿分数说事

在传统的教育中，一试定乾坤，分数成了孩子的命根子。由于分数，孩子被人为地划分为上、中、下几等。由于分数，孩子被锁定为聪明与愚蠢、有前途与没出息几类。

然而，家长应该清楚地意识到，教学的终端结果——分数是不能完全体现整个丰富多彩的教学流程的。以考试来评价孩子，仅仅是方法之一。把孩子的优劣单纯地以考试的分数来衡量，这显然是不科学的。更何况，传统的考试，方法单调，模式单一，测试手法雷同，试题答案唯一，缺乏灵活性和创造性。如此考试得出的分数，又怎么可能衡量孩子的优劣呢？

家长如果老拿分数说事，对孩子的成长会造成很多不利的影响。

只看分数，会增加孩子的心理压力和学习焦虑感，从而导致厌学。分数绝不是学生的一切，某一次考试绝不代表孩子学习的全部。可惜父母们往往是望子成龙，望女成凤，急功近利，如此反而适得其反。父母过分看重分数，无形中给孩子增加了重重的心理压力，导致学习的过度焦虑，这种焦虑就是对当前或潜在威胁自尊心的一种过度担忧，严重的会让孩子对某些学科失去信心，导致厌学。

只看分数，会极度挫伤孩子的学习积极性。每逢考试结束，孩子带着试卷回家，很多父母的第一句话总是：考了多少分？当获知成绩后，父母总是表现出不满意的表情，"才98分呀，下次努力。""这次考了100分，下次可要保持住啊。"事实上，父母对孩子的要求从来就很高，对孩子的现状从来就没有满足的时候。孩子在得到这样的答复后会怎么想呢？这样的孩子还有多少学习的积极性呢？

只看分数，不利于孩子与同伴、教师之间形成良好的人际关系，甚至出现人格缺陷。现在，很多人以分数来衡量一个孩子，这个孩子学习成绩好，就是好孩子，学习成绩差，就是差孩子。作为父母，如果只是看分数，可以发现考试分数低的这些孩子，往往是孤立的，朋友不多，喜欢的人不多，别人谈笑风生，自己却躲在角落。别人讨论题目，这些孩子要故意岔开回避。看到老师，老远就躲起来，要不就装作没有看见一样，长此以往，导致孩子不爱说话，内向、孤僻、偏激，甚至破罐子破摔。

"小心你的教鞭下有瓦特，你的冷眼里有牛顿，你的讥笑中有爱迪生。"考试分数是学校在教学过程中对学生的某门课程进行一定阶段上的检查所做的成绩评定。它只是在一定程度上反映学生的知识掌握情况，而不能反映孩子的智力水平和综合素质，更不能以分数的高低来衡量学生优劣。作为家长，注重孩子的学习成绩，是关心孩子的具体表现，但应如何看待分数，却是一个科学而又严肃的问题，其反映着家长对子女教育的态度、方法及其成败。

第一，家长既要看孩子的绝对分数，又要看相对分数。这就是说，家长在看待孩子的分数时，既要看分数的多少，又要看所得分数与孩子自己比是进步了还是退步了，与班内同学比是位于上等、中等还是下等。如果与自己比进步了，那么家长就应赏识和鼓励孩子，反之，就要帮孩子全面分析退步的原因，当与同学横向比较时，也就更加清楚自己孩子在班级所处的位置，以便为孩子制订好下一步的学习计划或方案。

第二，家长不要给孩子规定分数的硬性指标。如果家长给孩子规定考试分数的硬性指标，那么就会压抑孩子学习的积极性，使孩子产生畏惧心理，以致产生厌学情绪和逆反心理，还很有可能导致孩子考试作弊、对家长说谎等不良品德行为的形成。

第三，衡量分数时，要具体情况具体分析。一般而言，孩子所在年级越低，学习内容就相对简单些，考试所得分数也就相对高些，而随着年级的升高，科目的增多，内容的加深，相对来说考高分就不那么容易了。另外随堂测试和单元测试，得分可能高一些，而期中期末考试，得分就可能低一些；至于学年末及毕业考试等，要考高分就难得多了，而且分数往往还受题目的难易程度、覆盖面的大小、孩子身体状况、考前复习准备以及心理状态等多方因素的影响。因此，家长不要只看分数的多少，而应具体情况具体分析才是。

第四，家长要正视孩子的成绩，帮孩子对试卷做出科学、准确的分析。苏霍姆林斯基曾经说："一个学校只有当它能看到少年孩子的优点比缺点、坏处多十倍、百倍的时候，它才能有强大的教育力量。"这对家庭教育同样具有指导意义。因此，明智的家长应正视孩子的考分，帮孩子科学、准确地分析试卷，总结经验教训，肯定成绩，指出不足，并耐心地和孩子一起制定出切实可行的改进和提高的措施。同时，还应看到成绩以外的东西，也就是孩子其他方面的优点和长处，从关爱出发，扬长避短，在打好基础的前提下，让孩子的个性及其特长得以充分发展。

实践证明，应试教育下的高分低能，早已不受人们的欢迎。因此，家长们不要一看到孩子的某次分数不高就失望。"天生我材必有用"，孩子各有各的特长，他干这行不行，干另一行很可能就是高手。所以，在大力提倡素质教育的今天，孩子考试分数的高低，不足以代表其综合素质的全面发展，也不应将其作为论成败的唯一标准。

学会放大孩子的"闪光点"

当孩子犯错误时，做家长的，与其揪住孩子的缺点和毛病不放，不如多发现孩子的优点与长处，并加以赞扬与肯定。用肯定优点的方法去纠正缺点，逐步将他们引导到积极上进的道路上来。正如知心姐姐卢勤所说："一味地指责孩子，效果适得其反。成功的教育方法就是，放大孩子的'闪光点'。"

张先生有一个8岁的小孩，聪明活泼，就是比较贪玩，每天放学后总要先尽兴地玩耍，直到玩得满头大汗才去做作业，作业也写得特别潦草，常常出错。张先生为此很生气，几乎天天批评他，可孩子总也改不了贪玩的毛病。

有一次，在外地做教师的姨妈过来了，姨妈看这孩子和其他小朋友玩得很好，趁他回家拿玩具的工夫，边替他擦汗边对他说："你跟小伙伴们玩得真不错，很团结，还知道让着别人，真是个好孩子。你能不能先和小伙伴们一块儿做完作业再玩？做完作业再玩，不是玩得更开心吗？"孩子很懂事地点点头。从那以后，这个孩子每天总是先做完作业，然后再去玩。

为什么这样就很有效呢？是因为姨妈发现并抓住孩子能团结人、知道谦让这一积极因素，给予充分表扬，使之受到了激励，然后，加以引导，最终让孩子改掉了坏习惯。完美无缺的人是不存在的，孩子有缺点是正常现象。父母既不应对此放任不管，更不要如临大敌。高明的父母可以把有缺点的孩子最终转变为优秀的人。清代教育家颜元曾说："数子十过，不如奖子一长。"这个原则对于任何孩子都是适用的，对那些表现不太好的孩子来说，尤其要少批评，多表扬，用正确的方法，把孩子的缺点慢慢地转化为优点。

那么，怎么才能变孩子的缺点为优点呢？大家不妨试试下面几招：

第一，正确认识孩子的优缺点。今天，有许多父母溺爱自己的孩子已经到了无以复加的地步，不论自己的孩子做什么，他们统统都觉得可爱。

有一两三岁的孩子，在外面小朋友处学了个骂人的顺口溜："妈妈好，爸爸坏，爸爸像个猪八戒。"妈妈一听可高兴了，抱起孩子亲一口："乖乖，真聪明！"

不过爸爸也不生气，抱过孩子说："乖乖，应该说'爸爸好，妈妈坏，妈妈像个猪八戒'。"孩子没听爸爸的，他还有另一套："爸爸坏，妈妈好，妈妈是个大草包！"这下可把两口子乐坏了。

这种把孩子学骂人的话也当作优点来欣赏，其实是非常不恰当的。正确的做法是，告诉孩子不应当学这些骂人的顺口溜，并且根据孩子喜欢学顺口溜的特点，自编一些既有知识性又有趣味性的顺口溜教给孩子。这样不仅教育了孩子，而且可使孩子用优点代替缺点。

第二，因势利导。大多数孩子都有撒谎的缺点。在某种程度上说，善于撒谎的孩子有头脑、有思想、有独立解决和处理事情的能力。看到这个优势，家长就要根据孩子的撒谎频率、事情的严重程度，对孩子进行引导。

高丹这次月考的成绩非常差，她怕爸爸妈妈责备自己，于是对爸爸妈妈说："这次月考成绩还是很不错的，我考了个全班第三。"这个谎撒得就有点大了，因为，班主任已经把考试情况打电话告诉高丹的妈妈，并建议妈妈要冷静地与高丹谈一谈，为什么最近学习退步了。

晚饭过后，妈妈来到高丹房间与高丹谈心，妈妈意味深长地说："丹，你想让爸爸妈妈为你自豪是正确的，其实，爸爸妈妈一向都为你的自豪，不是因为你的成绩，而是因为你的实事求是。但是，你这次为什么没有对妈妈说实话了呢？"

高丹听了，只好老老实实地跟妈妈汇报了自己的学习情况，并告诉妈妈，自己觉得学习压力蛮大的，很努力，但学习成绩老是上不去，不知道该怎么办！

于是，妈妈耐心地引导高丹，让孩子学习要用方法，不能死记硬背。

上例中的家长在批评孩子缺点的时候，首先肯定了她的动机是好的，孩子就会认识到自己的错误，从而把好的动机发扬光大。

第三，对症下药。就是针对孩子缺点的类型，以不同的教育方式进行引导。

周凯的爸爸妈妈经常打发周凯到商店里买东西，而周凯也很听话，每次买完东西，他都会顺便给爸爸妈妈带一些好吃的东西回来，然后留一小部分钱自用。当然，自用的钱他都是算在买东西的账内，所以粗心的爸爸一般没有注意到这个细节问题。然而，周凯的妈妈了解了这种情况，她知道这不是一个好习惯，时间长了，孩子会产生不劳而获的想法，而且也很难得到他人的信任，这对孩子的发展来说是很不利的！

这一天，与往常一样，周凯买完东西又虚报了价格。妈妈根据这种情况，对症下药。晚饭的时候，她和蔼地对周凯说："我们家小凯真的是长大了，每次买东西的时候都想到爸爸妈妈，爸爸妈妈也很感动。但是，如果小凯能用自己挣的钱给爸爸妈妈买东西，爸爸妈妈会更加感动哦！只是，我觉得你买的东西都比实际的价钱贵了点呢？"

周凯一听这话，不好意思地承认了自己的错误，并承诺，自己会改掉这个坏习惯的。

第四，少批评，多表扬、鼓励。这个原则对于任何孩子都是适用的。

美国有一个家庭，母亲是俄罗斯人，她不懂英语，根本看不懂儿子的作业，可是每次儿子把作业拿回来让她看，她都说："棒极了！"然后小心翼翼地挂在客厅的墙壁上。客人来了，她总要很自豪地炫耀："瞧，我儿子写得多棒！我相信他会写得更好！"其实儿子写得并不好，可客人见主人这么说，便连连点头附和："不错，不错，真是不错！"

儿子受到鼓励，心想："我明天还要比今天写得更好！"他的作业一天比一天写得好，学习成绩一天比一天提高，后来终于成为一名优秀学生，成长为一个杰出人物。

这就是孩子。你说他行，他就行；你说他不行，他就不行。你说他比别人强，他会给你一个又一个惊喜；你说他不如别人，他会用行动证明他真的很笨。大人就是这样用语言来塑造孩子的。

第五，教给孩子纠正错误的方法。要想把孩子的缺点转化为优点，家长就应该教给孩子纠正错误的方法。著名的科学家葛莱恩向记者谈起了他小时候发生的一件事：

有一次，他趁着母亲不在身边的时候，想自己尝试着从冰箱里拿一瓶牛奶。可是瓶子太滑了，他没有抓住。牛奶瓶子掉在了地上，摔得粉碎，牛奶溅得满地都是！

他的母亲闻声跑到厨房里来。面对眼前的一片狼藉，她相当沉着冷静，丝毫没有怒发冲冠的样子，更没有狠狠地教训或惩罚他，而是故作惊讶地说："哇！葛莱恩！我还从来没有见过这么大的一汪牛奶呢！哎，反正损失已经造成了，那么在我们把它打扫干净以前，你想不想在牛奶中玩几分钟呢？"

听母亲这么一说，他真是高兴极了，立即将他的大头鞋踩在牛奶中。几分钟后，母亲对他说道："葛莱恩，以后，无论什么时候，当你制造了像今天这样又脏又乱的场面时，你都必须要把它打扫干净，并且要把每件东西都按原样放好。懂了吗？"

他抬起头看着母亲，眨巴眨巴眼睛，似懂非懂地点点头。"啊，亲爱的，那么下面你想和我一起把它打扫干净吗？我们可以用海绵、毛巾或者是拖把来打扫。你想用哪一种呢？"

他选择了海绵。很快，他们就一起将那满地的牛奶打扫干净了。

然后，他的母亲又对他说："葛莱恩，刚才，你所做的如何有效地用你的两只小手去拿大牛奶瓶子的试验已经失败了。那么，你还想不想学会如何用你的小手拿大牛奶瓶呢？"

看着他充满好奇与渴望的眼神，他母亲继续说："那好，走，我们到后院去，把瓶子装满水，看看你有没有办法把它拿起来，而不让它掉下去？"

在母亲的耐心指导下，小葛莱恩很快就学会了，他发现只要用双手抓住瓶子顶部、靠近瓶嘴边缘的地方，瓶子就不会从他的手中滑掉。他真是高兴极了。

说完上面的故事，这位著名的科学家继续说："从那时起，我知道我不必再害怕犯任何错误，因为错误往往是学习新知识的良机。科学实验也是这样，即使实验失败了，但是我们还是可以从中学到很多有价值的东西。"可见，只要善于利用，错误也能成为学习与进步的良机。

总之，孩子的缺点并不可怕，但把孩子的缺点转化为优点也不是每一位父母轻而易举就可做到的事。我们必须有充分的责任感，要善于正确看待和认识孩子的优缺点，还要掌握符合自己孩子特点的正确的教育方法，这样我们才能成为高明的父母，我们将孩子的缺点转化为优点的心愿才会成功。

第四章

聪明的父母，从不对孩子说这些话

父母在孩子的生活中扮演着很重要的角色，孩子变成什么样子往往和父母的教育息息相关。有的孩子越教越听话，而有的孩子越教越不听话。其实根本原因不是出在孩子身上，而是在于父母。

有些父母口无遮拦，说出的话要不很冷酷，要不很霸道，这样教育只能让孩子越来越难管。本章列举四句绝不能跟孩子说的话，希望大家不要再犯这些错误。

人家比你强多了

"人家比你强多了，咋不学学人家？"父母看到别人家的孩子优秀，往往会感慨万千，恨不得那个孩子是自家的。于是乎，在羡慕的同时，产生了"我家的孩子能不能也像人家那样"的想法。有专家指出，盲目效仿别人，不仅不可取，相反，还可能会把孩子引入歧途。

故事一：

数学单元测试的试卷发下来了，平平一踏进家门就兴高采烈地对妈妈说："昨天我们班数学单元测试，今天试卷就发下来了，您猜我考了多少分？"

"猜不出来，你到底考了多少分？"妈妈问。

"82分，比上次单元测试的成绩高出10分呢。"平平有几分得意地说。

"哦，你知道邻居家的婷婷考了多少分吗？"妈妈又问。

"大概是90分吧。"平平一脸不高兴地回答。

母亲似乎并没有察觉到孩子脸色的变化，接着说道："怎么又不如她呢？你得努力才行啊！"

"您凭什么说我没有努力呢？这次考试成绩比上次提高了10分，老师都表扬我进步了，而您总是不满意！"平平生气了，他提高嗓门冲着妈妈大声地喊起来。

"你怎么这样不懂事，我这样说也是为了你好。你看人家婷婷，每次都考得那么好，哪像你时好时差，也不知道争气。"妈妈喋喋不休地说。

"我怎么不争气啦？您嫌我丢您的脸是不是？人家婷婷好，那就让她做您的女儿好啦，省得您总是唠叨。"平平怒气冲冲地走进自己的房间，"砰"的一声把门关上了。"就知道分数、分数，您关心过我吗？您知道我内心的感受吗？"就这样，母子间一场隔着门的争吵又开始了。

故事二：

有一个非常优秀的孩子叫萧天天，每次开家长会，萧天天都是老师表扬的对象。初中三年，每次考试他的成绩都是班里前几名，在年级里，虽然不是数一数二，却也都名列前茅。在别的家长看来，萧天天的父母真幸福，孩子这么优秀。可萧天天的父母并不这么看。萧天天在班里没有考第一时，父母就拿他和班里的第一比；萧天天在班里第一的时候，父母就拿他和年级里的第一比。

总之，萧天天的表现很少得到父母的认可，父母始终在拿萧天天和那些更优秀的孩子比。结果，不仅没使萧天天进步，反而使他越来越自卑，以致他上高二的时候，产生了厌学心理，一进校门就心烦意乱。尽管这时萧天天的父母已经意识到自己的错误，也做了许多努力，可萧天天就是走不出这个误区：在爸爸妈妈眼里，我总是不如别人。过了没多久，萧天天就辍学了。

印度思想大师奥修说："玫瑰就是玫瑰，莲花就是莲花，只要去看，不要比较。"是的，我们的家长必须明白一个事实：孩子天生就有差别。我们首先要承认这个差别，然后在原有的基础上帮助孩子进步。我们可以拿孩子的今天和昨天比，拿孩子的成功和失败比，就是不能拿自己孩子的短处和别人孩子的长处比。

过多地拿孩子同别人比较，使得许多孩子把学习当成是为父母学而不是为自己学，因此把学习当成是一件苦差事。同时，这样做的结果，容易导致孩子自信心的丧失，以至于产生难以根除的自卑心理，这对孩子的成长是非常有害的。其实，每个孩子都有不足之处，某方面不行，并不代表其他方面也不行。父母如果经常拿自己孩子的弱项与别的孩子的强项比较，就会使孩子失去竞争或迎头赶上的勇气，同时，父母对孩子的数落，也极易引起孩子的逆反心理，并损伤孩子的自尊心。因此，孩子出了问题或学习成绩差，应该从孩子自身的基础出发，寻找原因与差距。

那么，作为父母，当看到自己的孩子不如别人家的孩子优秀时，应该怎么做呢？

第一，保持一颗平常心。父母应该从内心深处杜绝攀比的想法，不要用别的孩子作例子来给自己孩子压力，要用一颗平常心来对待孩子暂时的不足，对孩子多一些鼓励。良好的教育意识与能力应该成为每一位家长的追求。

第二，看到孩子的进步。父母应该学会全面看问题。比较有两种：一种是横向比，另一种是纵向比，看孩子的进步，不仅要横向地看孩子和别人的差距，更要纵向地看孩子比从前取得了哪些进步。父母不能用学习上的进步来牺牲孩子的成长，盲目攀比的结果只会毁了孩子。

第三，承认孩子间有差异。每个孩子的性格和特点都是不同的，许多父母喜欢把自己的孩子跟别的孩子进行比较，而且总拿自家孩子的短处跟别的孩子的长处相比。这样做实际上是忽视了孩子之间的差异，父母应当接受并承认孩子之间的差异，帮助孩子学会取长补短。而且，当父母看到自己的孩子和别的孩子有差异时先不要着急，因为这种差异未必就是差距。孩子跟别人的差异往往是其个性形成的开始，其实，这种差异更需要父母加以保护。此时，父母应该根据自己孩子的特点进行教育。例如，自己的孩子反应迟钝一些，那么就教育孩子笨鸟先飞，多卖些力。孩子有了进步就应该鼓励。只要孩子付出了努力，已经尽其所能，父母就不要对孩子提出过高要求，这样的教育就是成功的。

第四，尊重孩子的天性。父母要尊重自己孩子的天性，不要盲目跟风，人家孩子学这个我就让自己的孩子也学这个，人家孩子上北大我就让自己的孩子上清华，这样的做法都是不可取的。其实，做父母的只有找到适合自己孩子的发展道路，按照孩子的天性去培养，孩子才可能成才。

第五，培养孩子的个性。父母应该认识到每个人都是独立的个体，和其他人没有太多的可比性。学习别人的优点固然重要，但是，培养孩子的个性更重要。

因此，你的孩子就是你的孩子，没有必要总去和别人家的孩子相比，只要你的孩子今天比昨天进步，你就应该祝贺他。

我不会原谅你

孩子或因自制力差，或因年幼无知，或其他偶然的原因，常会出现差错。对此，很多父母怒不可遏、大声责骂，甚至把孩子的犯错看成是一件不可宽恕的事。其实，这是十分愚蠢的行为。孩子犯了错，父母要本着关心爱护的原则，态度温和地鼓励孩子承认错误，帮助孩子找出错误的根源，改正错误。这样，孩子才会信赖你、亲近你，敢于向你说真话。

在小明很小的时候，有一次，他跟着爸爸和姐姐到姑姑家去做客。姑姑家里有好几个表兄弟、表姐妹，他们都很喜欢小明，小明也喜欢跟他们一起玩儿。

这天，他们在姑姑的房间里玩"捉迷藏"的游戏，孩子们追的追，逃的逃，热闹极了。小明跑得很快，不小心碰到了桌子，"砰"一声，桌子上的花瓶掉在地上打碎了。多好看的玻璃花瓶，打碎了多可惜呀！孩子们一下都惊呆了。

姑姑听到响声，赶忙跑到房间里来，瞧瞧出了什么事。她看见花瓶打碎了，就问大家："孩子们，是谁把花瓶打碎的？"

表哥表姐都说："不是我打碎的。"

小明心里害怕极了，也跟着说："不是我打碎的。"

姑姑说："你们谁也没有打碎花瓶，那么一定是花瓶自己打碎的了，大概它在桌子上站得心烦了，所以就掉了下来。"

大家听她这么一说，都笑起来了，只有小明没笑，他不声不响地跑到另外一个房间里，在桌子跟前坐着。他心里很难过，因为他说了谎。

小明回到家里，晚上躺在床上，翻来覆去，怎么也睡不着。

妈妈问他："怎么啦？我的孩子？"

小明就把自己说谎的事告诉了妈妈。

妈妈笑着说："这不要紧，明天你写封信给姑姑，承认自己说了谎，她一定会原谅你的。"

小明这才安心地睡觉了。

过了几天，邮递员给小明送来一封信，啊，是姑姑给他写的回信！小明连忙把信拆开来看。姑姑在信上说："做错了事，勇于承认错误，是个好孩子。"

小明把姑姑的回信给爸爸妈妈看，爸爸妈妈都称赞小明是个诚实的好孩子。

小明的父母很明智，他们懂得这样的道理：孩子说谎了不要紧，重要的是要知道自己错了，勇于承认错误。如果说了谎，却不愿意承认错误，那么就意味着一错再错，这样，今后为了逃避责任还可能会犯更大的错误呢，到时候，想补救也来不及了。是呀，当孩子犯错时，父母千万别对他动怒，而是给他一个接纳与同情的关怀，让他知道自己的过失，然后对症下药。一个没有责难的温暖情境，会让孩子知道自己实在没有抵赖或逃避的必要。

孩子的心就像洁白的羽毛，是那样的一尘不染。他们的调皮，他们所犯下的错误，就像是他们在成长中不可缺少的音符。在错误中他们会懂得什么是对的，什么是错的。有时，他们的调皮只不过是想引起父母的注意，而当他们撞在父母心情烦躁的"刀口"上时，就会引发父母心中的怒气，父母随即变成可怕的"老虎"，让孩子感到战栗，这样不经意的发火，就会影响到孩子的情绪。其实，每个孩子都是一个可爱的天使，他们是欢乐的传播者，想想父母所丢失的童趣，又怎么忍心去伤害他们呢？所以，当孩子犯错误时，父母要懂得原谅孩子的错误。

再说了，孩子还处在一个是非观念建立、规范形成的阶段。他们在做一些事情时，并没有考虑后果会怎样，也不会判定行为和事件的性质。因此，父母不能用成人的标准来评判孩子的行为和品质，当他们出现一些错误时，父母不要过多地追究孩子的责任，急于"宣判"，而要首先搞清楚孩子的出发点是什么，然后帮助孩子分析原因和后果的严重性，给他讲道理，给他改正的机会，并且不要损害孩子的自尊心。

原谅孩子的错误，可以让孩子更好地认识和改正错误，少犯错误，或不犯同类错误。所以，抛弃"我不会原谅你"吧，宽容地对待孩子，同时也是给孩子一个改正错误的机会。

我绝对没有错

因里希·魏兰德出生在德国古城福希海姆一个银匠家庭中，他家的首饰以精巧考究而闻名全国，历代帝王和皇亲国戚每逢庆典，都指定他家制作首饰、器皿和勋章。

出身于书香门第的母亲希望儿子魏兰德成为饱学之士，就带年幼的魏兰德到外祖父家住。魏兰德在外祖父的培育下，在数学、物理学方面打下了坚实的基础。

几年后，已经懂事的魏兰德被父亲领回了家，魏兰德请求父亲让他读书，而墨守成规、谨记祖先遗训的父亲却生气地说："读书有什么用？我们这样人家的孩子学点手艺才是正经的！"

不久，父亲因为结算不清一个月首饰买卖的账目而气得暴怒不已，魏兰德却只花了一个小时，就把杂乱无章的账目结算得一清二楚。当魏兰德把结算好的账本捧到父亲面前时，父亲感动得眼眶里噙满泪水。经过整整一个晚上的思考，父亲深感自己不让孩子读书是错误的，第二天一大早，他就毅然敲开了儿子的房门，郑重地向魏兰德道歉，并搂着他激动地说："你是对的，我支持你的请求，你好好读书吧！"

魏兰德在父亲的鼎力支持下，刻苦读书，22 岁就取得了慕尼黑大学的哲学博士学位，后来其获得诺贝尔奖。

每个家长都会教育孩子，做错事后一定要改正并道歉。但当父母自己做错了事时，却很少或从不道歉，尤其是不愿向孩子道歉，更有甚者，还向孩子叫嚣，"我绝对没有错。"……殊不知，父母学会向孩子道歉，正是家庭教育中的明智之举。当孩子"闯祸"后，一些父母由于一时感情冲动，往往会对孩子进行不恰当的批评或惩罚。事后，父母又往往会后悔。这时，倘若父母能勇于真诚地向孩子道歉，用自己的行动补救自己的"过失"，就能更好地和孩子沟通，并让孩子从中受益。

相反，如果父母不在乎孩子的感受，错怪了孩子仍理直气壮、死不道歉的话，伤害的将是孩子的心灵。

　　田大烈的妈妈发现钱包里少了100元钱，就一口咬定是田大烈拿了。田大烈说没拿。妈妈不信，先是"启发"孩子："需要钱可以向我要，但不能自己拿！"后来就越说越生气，并警告田大烈："不经允许拿妈妈的钱，也算是偷！"田大烈不服气，母子俩就吵了起来。这时，田大烈的爸爸回来了，忙解释说："钱是我拿的，还没来得及告诉你呢。"妈妈这才停止了对儿子的逼问，但又补上一句："田大烈，你可要记住，花钱要管妈妈要，可不能自己拿啊。妈妈的钱可是有数的！"田大烈觉得自己受到了侮辱，一气之下，离家出走了。

　　"金无足赤，人无完人。"父母说错了话，做错了事，甚至冤枉了孩子，都是在所难免的，关键是发生问题后父母怎样处理。父母和孩子相处，应该是民主平等的，不能摆家长架子。错怪了孩子，就主动道歉，而且态度要诚恳。不敷衍，不拉客观。有些父母认为这样做会有失尊严，其实不然。孩子是明理的，父母向孩子认错，会给孩子树立有错必改的榜样，会使孩子由衷地敬佩父母的见识和修养，从而更加信任父母，使一家人和睦团结，为孩子创造健康成长的良好环境。这样，父母的威信不但不会降低，反而更高了。

　　同时，在家庭教育中，父母如果从不向孩子承认自己的缺点、过失，孩子就会产生"父母永远正确而实际上老是出错"的观念，久而久之，对父母正确的教诲，孩子也会置之脑后；而如果在对孩子做错事后，父母能郑重地向孩子认错、道歉，孩子就会懂得承认错误并不是一件可耻的事，就会提高其分辨是非的能力，尝到原谅别人的滋味。

父母怎样才能做到向孩子认错呢？在向孩子认错时，父母又应注意些什么呢？

第一，父母要改变观念，放下思想负担，正视自身的错误。"每个人都有犯错误的权利"，同时，每个人也都有改正错误的义务，不可能因为"为人父母"了就会不犯错误，也不可能因为孩子的爱戴而使错误消失。既然任何人犯错误都是难免的，那么犯了错误也就不必过分羞愧，而应将精力放在改正错误上，只要改了"就是好同志"嘛！因此，向孩子认错并不丢面子。

第二，父母道歉时，态度一定要真诚，不能太过于生硬、轻描淡写。如果父母采取错误的态度，即使道歉了也不能挽回什么，只会加深误解。因为孩子是十分敏感的，很容易就能意识到父母是不是在敷衍。因此，父母应用真诚的态度来道歉，不要碍于面子或者身份而不愿意对自己的孩子道歉或者只是略微地说一下。

第三，要想让孩子从心理上接受父母犯错误的事实，必须与孩子多交流。通过交流，让孩子知道父母也是会犯错误的，但是，自己绝不是故意要伤害孩子的感情，而是看到孩子伤心，自己也很内疚。孩子只要感受到父母的悔过之情，自然就会理智地对待父母犯的错误了。

总之，凡是要求孩子做到的，父母自己也应该带头去做、认真做好。当父母违背了自己说过的事，只有敢于向孩子承认错误、做检讨，孩子才会感到父母的说教真实可信，而不是居高临下的骗人把戏。这样，孩子就会自愿自觉地按照父母的要求去做，并在犯错后勇于承认。父母勇于向孩子认错，这是一种无言的人格力量，对孩子的一生都会有着深刻影响。

看你还敢顶嘴

明明今年6岁，读幼儿园大班。有一天，表妹来了，小明明把表妹带到他的卧室玩。刚开始，妈妈还听到两个小家伙在房间里玩得挺开心的。但过了不久，妈妈就听见房间里传来了表妹的哭声。妈妈闻声跑进去，发现明明居然拿玩具熊打表妹的头。妈妈赶紧把两个孩子扯开，并且批评明明说："你再打妹妹妈妈就不要你了！"

明明刚想解释说，"是因为……"妈妈就打断了他，"你打人还敢顶嘴？"然后强令两个小孩在不同的房间玩。

生活中，类似的事例数不胜数，在家长们看来，犯了错误还要进行解释的孩子是在做无谓的狡辩。他们认为，孩子跟大人"顶嘴"为自己申辩就是一种没有礼貌的行为，所以，听都不听孩子的申辩，就给予了否定的态度。事实上，从某种意义上说，孩子懂得"顶嘴"是孩子有主见的表现，有些时候，孩子并不是想"狡辩"或者"顶嘴"，他们只是想为自己的行为申辩而已。

然而，父母却剥夺了他们辩解说明的权利，这样的强制性行为可能会给孩子的成长带来一系列危害：

第一，使孩子产生逆反心理。生活中有的孩子犯了错误，试图找出理由为自己辩护，其目的无非是求得父母对自己的谅解，这种心理很正常，也是孩子鼓足了勇气才这样做的。如果父母武断地加以"阻击"，孩子会认为父母不相信自己。对父母的这种"蛮横"做法，孩子虽不敢言，但心不服，以后孩子即便有更充足的理由也不会再申辩了。孩子一旦形成了这样一种心理定式，以后面对父母的批评，他会根本无法接受。

第二，使孩子形成认识障碍。一些犯了错误的孩子，因为没有真正认识到错误而与父母争辩。而这时父母简单粗暴地不给孩子争辩的机会，不让其通过"辩"来分清是非，问题其实没有真正解决。由此，孩子的认识就会逐渐产生偏差。

第三，扼杀孩子的新思想。一个想"顶嘴"辩解的孩子，往往能将是非善恶权衡在自己的评判标准上，显示了不唯命是从、求是明理的思想特质。许多孩子正是在有所听和有所不听的过程中，逐步学会了认识问题、处理问题的能力。而父母"不许顶嘴"的高压使孩子产生了唯唯诺诺的心理，这让他们以后如何创造性地解决问题、处理问题？

下面，让我们看一位家长的日记：

孩子的爷爷过生日，我们一家三口都回去了。

老人高兴，和孩子又说又笑，又唱又闹。我们大人在厨房里忙活饭菜，做好一个就放在客厅的桌子上。

做得不少了，我出来数数有多少菜。就在这时，我发现儿子端坐在餐桌旁吃了起来。我的火一下子冒了起来："怎么回事？大人都没坐下，你先吃，有没有礼貌？过来！"

儿子低着头，非常紧张地走了过来。老人赶紧嘱咐道："不要打骂孩子。"爱人知道我的脾气，上前说了一句："注意分寸，别影响气氛。"我马上收敛了许多，领着孩子到了另一个房间。

要是以往，我肯定会劈头盖脸地训斥一番。也许受场合的影响，我突然拉住儿子的小手，耐心地询问他："说说，为什么要抢着先吃饭？"

儿子天真地说："我饿了。""饿了也不能先吃，这样很不礼貌，我不是跟你说过好几遍了嘛！""我一看见螃蟹就想吃，所以控制不住。""你抢什么，哪一次吃好东西你没吃上？"可儿子依然辩解："爷爷同意我先吃了。"我顿时无话可说，儿子的理由很充分：在爷爷家，我怎么就不能随便点儿？

但是，我必须回击他："你说说，今天有几个人吃饭？爷爷那是心疼你，可你太不自觉，没把握住自己。别人会怎么想呢？这样，爸爸妈妈的脸上也无光。他们会说这个小孩太霸道了，好吃的都让他抢去了。"

儿子不吱声，我知道他听进去了。"所以说，你这样做可是不对的，好好想想，下面应该怎么做？"说完，我就走出了房间。

过了一会儿，我看见儿子走了出来，像什么事都没发生。他分筷子，端杯子，吃饭的时候不但祝爷爷生日快乐，还主动为大人服务，很有礼貌。

我很欣慰，儿子前后不同的表现，给了我很大启发。根源在哪儿？主要是家长的态度，唯一的不同在于，我没有一味地批评，而是让孩子说，说出他的动机和理由。就是说，要给孩子一个机会让他申辩，然后有的放矢，再讲明道理。

是的，如果这位家长酣畅淋漓地大骂一通，孩子极有可能会哭起来，然后便使性子不吃饭，情绪低落，其效果可想而知。所以，强行遏制孩子去申辩、解释的行为是不明智的，父母一定要抱着民主、理性的态度对待那些喜欢"顶嘴"的孩子。

在此，专家提出了以下建议：

第一，宽容对待那些喜欢"顶嘴"的孩子。爱"顶嘴"是孩子在成长过程中的正常"诉求"，他们通过申辩以表明自己的立场与愿望，这是孩子自我意识强的表现。此时，父母的宽容能让孩子意识到自己的重要性，从而变得更加自信，更善于表达自己的观点。如果父母因为个人的面子和尊严，而置孩子的委屈和苦衷于不顾，以势镇人，以"大"压"小"，就有可能伤害孩子的自尊，导致孩子逆反和逃避心理的形成。当然，还可能让孩子变得不喜欢说话。

第二，耐心倾听孩子的申辩是有必要的。孩子需要申辩，说明他有表达委屈的愿望。这个时候，父母不要急于凭主观臆断或一面之词而妄下结论。应该耐心、真诚地去倾听孩子辩解的理由，并且加以具体分析。只有这样，孩子才能感觉到大人对他的尊重；也只有这样，他们说起话来思维才会更晓畅，也更敢于表明自己的立场。

第三，为孩子营造辩论的氛围。在孩子为自己的行为申辩时，父母不妨因势利导，充分让孩子申辩，培养他们敢想、敢说的良好习惯，这样做能让孩子更明事理。

第四，引导孩子学会自我分析。让孩子申辩并不是让孩子牵着大人的鼻子走，而是鼓励孩子说话、表达的时候认识到自己的谬误，正视存在的问题，鼓足信心去克服它。这样，孩子才能够变得更加能言善辩而且明辨是非。

最重要的是，父母不要把孩子的"顶嘴"与自身的"权威意识"挂上钩，把孩子的思辩和不讲礼貌混为一谈，唯有如此，才能让孩子在争辩中清楚地认识到自己的对与错，从而更坚定正确的想法。

第五章

有时候，会听
比会说更重要

古时候有一个国王，想考考他的大臣，就让人打造了三个一模一样的小金人，让大臣分辨哪个最有价值。最后，一位老臣用一根稻草试出了三个小金人的价值。他把稻草依次插入三个小金人的耳朵。从第一个小金人的嘴里出来，稻草从第二个小金人的嘴里出来，从第二个小金人另一边耳朵里出来，只有第三个小金人，稻草放进耳朵后，什么响动也没有，于是老臣认定第三个小金人最有价值。

同样的三个小金人却存在着不同的价值，第三个小金人之所以被认为最有价值，是因为其善于倾听。其实，人也一样，最有价值的人，不一定是能说会道的人。善于倾听才是最重要的。

倾听，也是一种和孩子对话的方式

冬天，父母都会给孩子穿得暖暖的、捂得严严的，以抵御寒风暴雪的袭击。可是，身为父母，在为孩子的身体保暖的时候，可曾想到孩子的内心世界——那里是否一样温暖如春？

其实，每个父母对孩子的爱都是毋庸置疑的。为了孩子的健康成长，为了孩子将来生活得更好，家长小心翼翼地呵护着孩子，为孩子的学习、生活操碎了心。在家长看来，孩子最大的任务就是学习，因此，他们关心孩子的吃穿冷暖，关心孩子的学习成绩，唯独忽略了孩子同样也有七情六欲，同样也要承受压力与挫折，同样也会有痛苦与悲伤……

因为大部分父母都没有考虑过孩子的内心需求，把孩子的情绪变化看作是"无理取闹"，看作是孩子的"不懂事"而加以训斥。很多孩子只好把自己的伤心、困惑、不安与愤怒深深地埋在心中，长此以往，对孩子良好性格的培养、人生观的培养、健康成长都是有害无益的。其实，孩子也有情绪的波动，他们也需要发泄情绪，需要理解、安慰和交流。而倾诉是孩子内心获得平和的一种发泄方式，倾听孩子的倾诉则是父母了解孩子的最好途径。

倾听是一项技巧、一种修养，更是一门学问。懂得倾听，有时比会说更重要。"用十秒钟的时间讲，用十分钟的时间听。"善于倾听，是说话成功的一个要诀。据美国俄亥俄州立大学一些学者研究，成年人在一天当中，有7%的时间用于交流思想，而在这 7% 的时间里，有 30% 用于讲，有 45% 则用于听。这说明，听在人们的交往中居于非常重要的地位。

这是一个 16 岁孩子写的作文：

爸爸妈妈离婚的时候，我没有流一滴眼泪。我什么也没想，什么也想不出来，我突然觉得一切都变得茫然起来，从此就没有家了，我的生活就此没有了秩序，没有了未来，我不知道自己以后的生活会变成什么样子。

虽然我是爸爸妈妈的女儿，但我也只是婚姻的局外人。人家都说旁观者清，当事者迷，我想我就是那个清醒的旁观者吧。

我始终觉得，作为单亲家庭的孩子，我比那些正常家庭的孩子矮一截。我时常觉得很孤单，觉得整个世界只有我一个人，没有人会过问我的感受，没有人会在乎我的眼泪，妈妈已经受了很大的刺激，其实我有好多话想跟妈妈说，可是我不能说，我怕说错话，更怕再次伤害妈妈。

多想与人分享我的悄悄话呀！可怜的我竟没有找到这样一个人……

这个孩子之所以苦闷，更多的是因为没有人愿意聆听她的心里话。

在人与人的交往中，倾诉是表达自己，倾听是了解别人，进而达到心灵共鸣。在人与人的沟通中，除了倾诉，我们还应该学会倾听。当一个人高兴的时候，我们要学会倾听，倾听快乐的理由，分享快乐的心情。当对方悲伤的时候，我们要学会倾听，倾听痛苦的缘由，失意的原因，理解倾诉者内心的苦处，表示出怜悯同情之心，淡化悲伤，化解痛苦。当一个人处于工作矛盾、家庭矛盾和邻里矛盾时，倾听矛盾的症结，帮助分析，为其分忧解难……倾听是一种与人为善、心平气和、虚怀若谷的姿态。有了这份姿态，就会多听一些意见，少出几句怨言。

戴尔·卡耐基曾经说过："当对方尚未言尽时，你说什么都无济于事。"这句话告诉我们，无论是想和他人进行良好的沟通，还是想有力地说服他人，首先我们要学会积极地倾听别人的话语。积极地倾听，是促进理解的桥梁，是人际交往的一种艺术，体现了一个人的品德。

然而，不会倾听却是很多父母的常见病，因此，学习倾听就成为父母的必修课。在父母与孩子的沟通中，有几种常见的错误方式：

——父母不用耳朵只用嘴，把孩子的头脑当作无底洞，每天喋喋不休，塞进去无数的训诫，不管他们是否能消化、吸收。

——父母在对待孩子时，要求孩子只用耳朵不用嘴，只准他们用耳朵听，不理会或不准他们表达自己的意见。

——有些父母会说："我不是不听他们的话，可越听越生气。"显然，此类父母犯了这样一种错误：用不正确的态度倾听。

那么，父母应如何倾听孩子说话呢？

第一，父母应该做好倾听前的准备。当孩子要对父母诉说什么时，父母要停下来，全神贯注地听孩子说话，同时给予孩子关注和充足的沟通时间。

事实上，许多父母在听孩子说话时往往心不在焉，不是看电视，就是做家务，总以为孩子的事情没有什么大不了的，自己的事情才是重要的。孩子为自己的小小挫折伤心难过，父母一笑置之；孩子与小朋友发生冲突，想寻求父母的帮助，父母则认为小孩子吵架没有什么紧要的……父母总以成人的思维去看待发生在孩子身边的那些"微不足道"的事情，事实上，对孩子来说，正是这些被成人看来"微不足道"的小事占据着他们的整个成长过程中的整个心灵。由于父母把小孩子身边发生的事情都认为无关紧要，因此他们总是不能静下心来倾听孩子的心声。

对家长来说，有时候，你并不需要讲很多的道理，只要耐心地去听，就能向孩子传递出理解、接受、赞同的态度，孩子有时候并不需要什么大道理，只要你会听就可以了。

第二，让孩子投入谈话之中。交谈需要花费一些时间，最好在轻松的气氛中进行。谈话应自由自在，任意发挥。不要有什么仪式安排或预期达到什么结果，应尝试着与孩子随意交流观点和看法。

第三，接受孩子的所有感受。孩子向家长诉说时，家长应安静、专心地倾听，不给予评判。家长不必接受孩子的所有行为表现，而只是接受他的感受。例如，孩子告诉家长他对小伙伴有多生气，这时家长要理解孩子的感受，可以安慰一下孩子，但家长要教育孩子不可通过嘲弄或打人来表达他的不满。

第四，父母应该对孩子关心的话题表示出兴趣。作为父母，除了关心孩子的吃穿外，更要关心孩子感兴趣的事情。对孩子关心的话题感兴趣，孩子就会兴致勃勃地传递给你兴趣和愉悦。

父母不光要对孩子的话题感兴趣，还可以用参与的方式传达给孩子信息，这更有利于引导孩子诉说一些事情的经过，让孩子自己去分析和判断。比如，你可以坐在孩子的对面，用慈爱的目光注视着孩子，若有所思地回答："那倒是。""我想那时你肯定很伤心（高兴）吧？"你也可以抓着孩子的手，温和地注视着孩子，说："我理解你的感受。""嗯，我理解你的心情。"这些附和性的语言往往会增加孩子诉说的兴趣，孩子会滔滔不绝地把下面的事情告诉你。

此外，父母也可以通过恰当的表情传达自己的兴趣。

其实，很多父母都知道，不管孩子的话题多么简单，只要你感兴趣，那么孩子诉说的热情自然就会流露出来。如果你沉着脸，一副漫不经心的样子，孩子很可能就没有了诉说的热情。父母可以用言语传达自己的兴趣，也可以通过手势和身体的各种姿势来传递信息，比如，你可以放下手中的事情，瞪大眼睛，张大嘴巴，做个夸张的表情，说："真的吗？"

当孩子讲的事情出乎你的意料时，你可以用"大惊小怪"的神情来表达自己的兴趣，这会激发孩子的表达欲。

有经验的父母会发现，不管孩子要跟你诉说的是一件如何简单的事情，只要你表示出认真倾听的样子、表示出你的兴趣，比如用眼睛注视孩子，身体略微倾向孩子，并伴随恰当的面部表情等，让孩子感知到父母的关心，实现信息的互动传递，孩子就会兴致勃勃地讲下去，进而表达出自己的情感和思想，实现与父母的思想交流和情感沟通。

这些都是帮助父母用心倾听孩子讲话的良策，试试看，效果很快就会显现在面前。当孩子长大成人，像山一样站在父母的面前，需要仰视他时，他仍然会习惯地俯下身来，像小时候爸爸妈妈对他那样，听父母说话。那时，年迈的双亲，会从内心里感到宽慰和满足。

年幼的孩子都有一颗敏感而脆弱的心，他们能够从父母慈爱的笑容中得到鼓励和安慰，也会从父母冷漠或者不屑一顾的语气中受到伤害。用心的沟通与交流是人与人之间的基本法则，对孩子当然也不例外。如果孩子不爱说话，或者一说话就紧张，听别人讲话时漫不经心，父母应该想想，是不是自己的不耐心倾听让孩子丧失了表达的兴趣和信心，甚至养成了不良习惯。

听懂孩子的"话外音"

欣明的女儿很有个性，她特别有主见，叛逆期来得很早——你越是叫她去做什么，她就越不去做，总是说"我不，就不，偏不"！

女儿还会跟欣明赌气，会跟他说："我不爱爸爸了，我不要你！"很多爸爸都会因此生气，但欣明不会。他很有策略，每次都回答女儿说："没关系，我知道，你说不要爸爸就是爱爸爸，你说不爱爸爸也是爱爸爸……"

女儿对欣明说："爸爸，好热呀，我好热！"欣明就知道女儿的言外之意是说她想吃冰棍或冰激凌。于是对女儿说："爸爸听明白了，你是想吃点凉快的东西，是吗？"就这样，爸爸获得了女儿的认同。

俗话说："听话听音。"中国人的特点是含蓄，特别是在特殊的场合里，人们总会根据具体的对象和环境，利用含蓄、讽喻、双关、反语等方法，表达自己的意图。

孩子虽然不至于如此复杂，但起码随着他们渐渐长大，他们内心也会有"小九九"，喜欢说些"不着边际"的话，这其实是聪明的表现。因此，父母只有细心琢磨孩子的话外音，方能知晓孩子想表达的真实意思。

作为一种沟通方式，父母理解孩子的话外音是很重要的。若你意会不出或意会错孩子带有隐含意的语言，轻则会误解孩子，重则会把错的事认为是对的，对的事反而认为是错误的，从而直接影响你对孩子的判断。

具体来说，父母应做到以下几点：

第一，为孩子懂得说带有潜台词的话感到高兴。当你发现孩子说了一些带有潜台词的话时，应该感到高兴，并认真理解孩子的话外音，而不是说："有话就说，有屁就放，别给我拐弯抹角。"因为孩子懂得说带有潜台词的话，是聪明的表现，表明孩子懂得委婉地表达自己的意思，也说明孩子说话的时候懂得考虑别人的感受，以及懂得体会别人的潜台词。所以，父母应该高兴地赞扬孩子："不错，你越来越会说话了。"

第二，对孩子的话外音进行解析。学会听懂孩子的潜台词，就是当孩子讲起一件事时，不要就事件本身与他探讨，而要分析孩子的话外音。比如，当孩子对你说："爸爸，张铭去网吧了"。其实就表明他也想去网吧，且在试探你对此的态度，所以你不能说："张铭成绩好，自控力好，去网吧没什么。"而要表明你对未成年人上网的鲜明态度，说出上网的危害。这时孩子很可能说："哦，是的。"也可能说："不，我只是说说，我并不想去网吧。"

第三，体会孩子潜台词所表达的心情。孩子回家说："妈妈，他们都不跟我玩。"很多妈妈都会说："他们不和你玩，你可以和他们玩呀。"但是孩子会说："我就不与他们玩，谁让他们不和我玩的。"看看，妈妈这样说不但没有消除孩子的烦恼，还激化了孩子的不快。如果妈妈说："哦，他们不与你玩，你很生气？"孩子会说："是的，当然了。"孩子发现自己被妈妈理解了，他会感到欣慰。在学校和不和同学玩，不是妈妈要帮他解决的，他只是想让妈妈理解他的心情和感受。

总之，人的思想，有时会在口头上不经意间流露出来，只要我们细心观察就能听出孩子的话外音。

一边倾听一边积极回答

生活中，孩子总爱问"为什么"，面对孩子各式各样的提问，很多家长常常不能静下心来倾听并给予满意的答案，有的甚至对此感到不耐烦，直接予以打断。家长如何对待孩子的提问，直接影响孩子智力和思维的发展，这是不可轻视的问题。孩子渴望了解世界，提问正是他认识世界的开始，其正确的思维方法就是在这个过程中渐渐形成的。

台湾作家李敖在谈到对孩子的养育话题时曾指出："一个婴儿降生到这个大千世界，世界上的一切，对他们来讲都是陌生的、新奇的，所以，他们对什么都好奇。好奇是对自己所不了解的事物的一种求知欲，好奇心能促使孩子的大脑对刺激物产生兴奋中心，产生一种发现与探索的欲望。"然而，可惜的是，随着童年期的过去，许多人的好奇心渐渐地消失了，这往往是由不正确的教育方式造成的。所以，在孩子的早期教育中，家长要特别注意保护孩子探索事物的好奇心，当孩子提出各种"为什么"的时候，家长不论多忙，都应该认真倾听并以热情的态度解答。尽管有时回答起来很麻烦，但也应尽力而为，引导孩子去观察、发现、认识新的事物。

1847 年 2 月 11 日，在美国俄亥俄州的一个叫米兰的小镇上，一个长着圆脸蛋、蓝眼睛、淡色的头发的小男孩降生了。男孩长得很秀气，跟妈妈像极了。男孩的身体很单薄，一副弱不禁风的样子，娇嫩得让人心疼，可他的脑袋出奇的大，让人担心长大了自己的脖子都顶不动。

这个小男孩就是后来闻名世界的"发明大王"托马斯·阿尔伐·爱迪生。爱迪生从小体质就比较弱，却爱动脑筋。他的好奇心特别强，老爱问为什么，有想不明白的事情就问，问了还转着眼珠想。

"为什么石头长得不一个模样？""为什么凳子四条腿？""金子到底是什么？" 小爱迪生凡事"打破砂锅问到底"的好奇没有受到爸爸妈妈的斥责，反而获得了高度的肯定。他妈妈是小学老师，深知"好奇是打开神秘知识宝库的一把万能钥匙，没有好奇心的孩子成不了大器"。所以，每当爱迪生问她"为什么"时，她总是微笑着耐心地开导他并把其中的道理娓娓道来。这个时候，爱迪生总是歪着大脑袋，睁大眼睛认真地听着，听完后，马上还会有一大堆新的"为什么"从他的头脑中冒出来。

　　问题的存在是思维的起点，当孩子问"为什么"的时候，其实代表孩子正在主动思考。同时，孩子爱提问、爱质疑，正是好奇心和求知欲的外在表现，孩子向父母、老师、书本发问的过程，就是积累知识的过程。教育家陶行知说："发明千千万，起点是一问。"孩子发现问题的能力很重要。质疑是创新思维的源泉，是孩子在学习的过程中另辟蹊径、探索新知识的重要途径。一般来说，孩子见到、听到的事物越多，提出的问题也就越多，提出问题越多的孩子，知道的也就越多。所以，家长一定要善待孩子的提问。

　　第一，必须接纳孩子的问题。孩子经常提出一些令人忍俊不禁、无法回答的问题，如果家长不接纳孩子的问题，只是一笑置之，敷衍了事或粗暴制止，久而久之，孩子就不想再问了，这将导致其智慧的萌芽逐渐枯萎。因此，家长必须接纳孩子的问题。

　　第二，听完后尽可能立即回答。孩子注意力都不持久，家长如果不马上回答，孩子或许会很快忘掉刚刚提出的问题，或会降低了对问题的兴趣，这些都会影响其智力的发展。当然，这里所说的立即回答，并不是主张马上把问题的标准答案直接"告诉"孩子，而是说应该立即受理孩子所提出的问题，并努力通过对问题的受理来促进孩子对有关问题的思考，促进其能力的发展。

　　第三，听完后以问代答。为了鼓励孩子养成有问题先自己动脑筋思考的习惯，对孩子的问题可适当地反问孩子，反问时要启发、引导，问题的难度要适宜。平时，许多父母惯于用"对"与"不对"、

"可以"与"不可以"、"好"与"不好"等词肯定或否定地回答，
如孩子问："妈妈，你看我算得对不对？"，妈妈回答说："对！"
孩子问："爸爸，这朵花漂亮不漂亮？"，爸爸说："不漂亮。"
这样的回答虽然简洁明了，但不如回答，"你认为怎么样？""你
认为美吗？"这样的回答更能促进孩子的思考。如果孩子回答："不
美。"你又可以这样问："为什么不美？"总之，经常用反问的方式，
能促使孩子主动积极地思考问题，并渐渐地形成对周围事物特有
的、属于自身的认识。

第四，间接回答。家长经常会遇到这样的情况：孩子的提问
很简单，可答案却并不简单，有些现象在大人眼里很普通，可对
于孩子来说，则很难理解。这样就会使得家长左右为难，有时即
便回答了，孩子也不感到满意。如果这种体验连续几次之后，孩
子提问的次数就会减少，甚至会使得孩子对事物失去了应有的好
奇心。如面对"太阳为什么会落下去"这个问题，家长从太阳与
地球的关系上回答，或是用动力学说来回答，孩子肯定不能理解。
因此，要根据实际情况和孩子的年龄特点，采用拟人化的方法给
予间接回答："一到晚上，动物们回家睡觉了，太阳公公也到山
的那边去啦。"又如，晚上在外面散步，孩子看见月亮后会问："妈妈，
月亮为什么跟着我们走？"你可以这样回答："因为月亮喜欢我们。"
这样的回答虽然不符合相关科学原理，但却能使孩子的好奇心得
到满足。

第五，和孩子一起看书研究。当遇到无法解答或难以系统而
科学地回答的问题时，家长应和孩子一起看书研究，当然，在此
过程中，要边查找边用孩子能够理解的语言向孩子解释。这样做

最重要的一点是，会使孩子从小养成查字典、看书的习惯，等将来遇到什么疑难问题时，孩子也就懂得如何自己去找答案了。

"好问是求知，是探索，是思考的花园里开出的花，是智慧的夜幕中闪着的光。"是的，疑问是开启成功之门的钥匙，遇事总问个"为什么"，有助于培养孩子积极动脑的习惯，勤问"为什么"能帮助孩子建立起对事物的浓厚兴趣，而只有对某种事物有兴趣，孩子才有可能在这一个领域里有所建树，获取成功。父母应鼓励孩子提问，培养孩子多问"为什么"的习惯，这是开发孩子好奇心的最佳方法。

耐心地倾听孩子的质疑

生活中，很多家长总是一副"唯我独尊"的样子，听不得孩子质疑的声音。只要孩子一开始"反对"自己，就赶忙打断孩子的话。这对孩子的健康成长极为不利。

在当今社会，一个孩子如果从小就只会人云亦云，别人说什么是什么，缺乏独立思考、大胆质疑的能力，那么，这个孩子长大以后一定不会有什么大的作为。相反，一个懂得质疑问难、求索创新的孩子，他的智慧之树必然能开出艳丽之花、结出丰硕之果。有质疑，孩子才能进步；敢质疑，孩子才能获得真理、有所发展。

孟子认为"尽信书不如无书"，地质学家李四光也曾对他的学生说："不怀疑就不能见真理。"遇到事情如果不疑，就像刀不磨会生锈、不锋利乃至氧化变质一样，只是一堆废物而已。因此，作为家长，要鼓励孩子大胆质疑。

疑是深思的结果。爱因斯坦说："提出一个问题比解决一个问题更重要。"如果没有深入的思考，没有潜心的研究，是很难发现问题的。有些孩子在成长中无疑可问，这与他们不深入思考密切相关，因为疑问的产生是与深入思考相联系的。能思则能疑，思得越深，提出的问题就越多，就越深；相反，不思考，当然也就无所谓疑了。

疑是追求新知识的起点。有了疑问，孩子的思维并没有结束，相反，怀疑意味着思维获得新的起点。新知识的获得，总是从疑开始，通过步步释疑，获得新知。这和人类文明进步一样，科学家们若没有对自然事物的好奇心理，没有疑，是不可能有什么新发明的。如果有疑而不问，思维的链条就会断裂，获得新知的途径也会被切断。因此，疑能促进问，问能获得知，疑是获得新知的起点。

疑是创新的动力。在成长过程中，通过质疑，能使孩子摆脱书本的束缚，发现前人认识上的不足，提出自己独到的见解而不人云亦云、随波逐流。尤其是在科技迅猛发展的今天，鼓励孩子大胆质疑，对培养孩子的创新意识，培养创造型人才尤其重要。因循守旧，墨守成规是永远无法超越前人的，不敢质疑是难以创新的。

所以，我们说，疑是孩子成长的钥匙，是求知的起点，是增长智慧的阶梯，是创新思维的启蒙。如果孩子能够做到不唯书、不唯师，敢于对书本知识和他人的观点进行质疑。那么，他就一定能够成为适应社会发展变革的时代新人。

伽利略是意大利物理学家、数学家和天文学家。他发现了摆动定时性定律，提出了自由落体定律，发明了比重秤、空气温度计，发明了伽利略望远镜，证明了哥白尼的日心说是正确的……

伽利略从小多才多艺。他会画画、弹琴，非常喜欢数学，会制造各种各样的机动玩具。他本可以成为一个大画家或者大音乐家。但是，他更爱自然科学。他的心中充满了各种各样的疑问。他老是问父亲，为什么烟雾会上升？为什么水会起波浪？为什么教堂要造得顶上尖、底层大？长大以后，他的疑问就更多了。他深入钻研了亚里士多德的著作，常常陷入沉思之中。他想，亚里士多德的许多理论并没有经过证明，为什么要把它们看作是绝对真理呢？

伽利略少年时代所质疑的很多现象，后来都由他自己找到了答案。在伽利略的故乡比萨城里，有一座既庄严又华丽的大教堂。一天下午，伽利略来此参观。一个司事开始给一盏油灯注满油，把灯挂在教堂的天花板上，漫不经心地让它在空间来回摆动。伽利略看到，吊灯开始以一个很大的弧度摆动着，弧度变小时，摆动的速度也变慢了。他觉得链条的节奏好像是有规律的，虽然往返的距离越来越小，但吊灯每往返一次所用的时间似乎都一样长。没有钟表，他用右手按住自己的脉搏，默默地数着吊灯摆动一次脉搏跳动的次数。他发现，吊灯每摆动一次所需的时间确是相同的。

伽利略心里突然一亮："亚里士多德说过，摆经过一个短弧要比经过长弧快些。亚里士多德是不是弄错了？"他回到家里找来材料，做了几个摆。他把短摆挂在屋子里，长摆挂在大树上，然后精确计算一个摆从弧的一头运动到另一头所花的时间。实验结果证明，摆来回摆动一次的时间是由绳子的长度决定的，不管摆的重量如何，与振幅也无关。但伽利略还是有些不明白。因为亚里士多德说过，物体从高处落下时，速度是由重量决定的。物体越重，下落速度也越快。但是，摆不也是从高处落下的吗？为什么只要摆的绳长相同，摆落到最低点的时间都相同，而跟重量没有关系呢？

他决定到比萨斜塔上进行下一步的试验。他发明了一个小机关，只要一碰按钮，盒中的物体就能同时落下。试验的那一天，他让学生们拿着盒子分别站在二层、三层、五层及塔顶窗口，他发出了信号，二楼的学生打开盒子，把一个 1 磅重的铁球和一个 10 磅重的铁球同时从塔上落下。这样一层一层地试验，每一次试验下来，不同重量的铁球都同时到达地面……著名的比萨斜塔成了伽利略推翻亚里士多德错误的落体理论的历史见证者。

权威说的、老师说的、课本上说的也不一定全是正确的，如果怀疑，那就应该付诸实践，用实践、用事实说话才是最有力的。没有比证据更好的语言了。在这个过程中，父母要耐心倾听孩子的"疑"，并给予适当的指导。

第一，培养孩子的质疑习惯。培养孩子的质疑习惯，家长要有意识地鼓励孩子多思多问。当孩子向我们提出问题时，应尽量给孩子以较圆满、正确的答案，并不失时机地肯定、表扬孩子的行为。

答案和表扬不仅能满足孩子的求知欲，更能激发孩子的好奇心。如果孩子提出的问题较深奥，家长自己也弄不明白，或者有些问题的答案可能不健康，或不便于直接告诉孩子，遇到这种情况，也要正确处理，而不能打击孩子质疑的积极性。正确的做法应该是，谦虚地告诉孩子："你提的问题真好，但这个问题我也不懂，等我查完书再回答你，或者你自己查书找答案，好吗？"

第二，用质疑引导孩子质疑。家长除了尽量满足孩子的各种提问外，还应主动地、经常地向孩子提一些问题，引导孩子观察事物，发现问题，激发孩子的质疑兴趣和欲望。当然，家长在向孩子提出问题时，要符合孩子的年龄和知识范围，问题不能提得过难或过易，不然都会打击孩子思考的积极性。

总之，家长要耐心倾听孩子的质疑，这有利于培养孩子的质疑精神。

第六章

同理心，父母需要站在孩子角度看问题

有同理心的人在人际交往中，懂得聆听，能站在别人的角度思考和解决问题。

同理心是一种共情能力，即把自己假想为对方来体会对方的情感。家长在教育孩子的过程中，一定要时刻站在孩子的角度去观察、思考问题。如此，才能理解并教育好孩子。

要理解孩子的感受

以下是母子之间的对话，读来让人唏嘘不已。

场景一：

孩子：妈妈，我累了。

妈妈：你刚睡过午觉，不可能累。

孩子：（大声）我就是累了！

妈妈：你不累，就是有点爱犯困，赶快换衣服吧！

孩子：（哭闹）不，我累了！

场景二：

孩子：妈妈，这儿好热。

妈妈：这儿冷，穿上毛衣。

孩子：不，我热。

妈妈：我说过了"穿上毛衣！"

孩子：不，我热。

场景三：

孩子：这个电视节目真无聊。

妈妈：不会吧，多有意思啊。

孩子：这个节目真傻。

妈妈：不对，这多有教育意义。

孩子：这个节目真烂！

妈妈：不许你这么说话！

这本来是普通得不能再普通的对话，可最终却演变成了一场又一场没有硝烟的"战争"。这到底是为什么呢？如果我们仔细分析，就会发现，家长不理解孩子的感受是引爆"战争"的导火线。

父母的理解对一个孩子的健康成长有着十分重要的意义，它是使家庭教育步入正轨的重要前提。许多父母都有这样的体会：孩子越大，便越难与他们沟通，甚至不知应该怎样去交谈。当家长抱怨孩子不理解自己时，试问，自己又何尝理解孩子呢？

很多父母总是以长者自居，认为孩子小，不懂事，必须一切听自己的指挥。因此，在和孩子交流的时候，往往不考虑孩子的感受、不体恤孩子的心情，以命令式口吻对待孩子。比如，父母跟孩子反复强调这件事要怎样做，孩子似乎也听得很认真，结果孩子还是没明白父母的意图，这会儿，父母马上会认为孩子误解了自己的意图，或者没有按照自己的意思去做，火气一下子就来了，上来对孩子就是一顿大骂。

其实，即便是对同一句话，父母和孩子理解的方式和角度都有可能不相同，这时，父母就要站在孩子的角度理解孩子，而不要一味主观臆断。比如，孩子做作业时拖拉，缺少紧迫感，这有多方面的原因，如缺乏自觉意识、自控能力差、作业太多太难等，这时，父母要认真分析孩子作业拖拉的原因，有针对性地进行教育；再比如，孩子不肯睡觉、不肯起床、不肯做某件事、无视父母的提醒……

所有这一切都可能使父母气急败坏、失去理智，进而将一团怨气发泄在孩子身上。其实，孩子要做某件事或者不肯做某件事都会有他认为很充足的理由，尽管有时候他的理由在父母看来丝毫站不住脚，但父母都要给予充分的理解。如果父母武断地批评孩子，孩子就会反感，慢慢地，孩子就不愿意跟父母沟通了。

一方面，家长的主观权威性使得他们爱把自己的意愿和理想强加在孩子身上，对孩子期望值过高；另一方面，这一阶段的孩子正处于从幼稚向成熟过渡的时期，容易有抵触情绪，想要摆脱家长的控制。

心理学研究证实：孩子与父母早年形成的亲子关系，是其今后与他人建立人际关系的基础。如果孩子在幼年时不能与父母形成亲密和谐的关系，那么孩子长大后就很难与他人建立融洽的关系，人格发展的障碍和社会适应困难就难以避免。这样的孩子在青少年期就可能表现出缺乏安全感、自卑、苛求自己和他人，对人缺少信任感、被动、退缩、依赖等人格特点，是抑郁症、恐惧症和强迫症等心理障碍的高危人群。

每一位父母都是爱孩子的，但是为什么孩子总是体会不到呢？究其原因，往往是因为父母与孩子相处时采用了并不恰当的方式方法。父母必须让孩子知道，无论在什么情况下，父母都是爱他、支持他的。不管孩子说了什么或是做了什么，也许父母并不接纳他的行为，但依然是关爱他的。有时只要简单的一句话："很好""真是我的好孩子"或者"我也这样想"，就能使孩子感受到父母对他的理解。当孩子经常放学晚归时，尝试着将"放学后你应该立即回家"换成"放学后如果不立即回家，妈妈会很担心你"这样的说法，也许会看到孩子的不小变化。

成功的父母往往是因为他们懂得理解孩子内心的真实需要，他们懂得如何尊重孩子，懂得倾听孩子说话的重要意义。同时，父母对子女说话时应该有正向的目的，例如提供知识信息、解决疑难、分享情感、表达自己的意见等。对话时，一定要注意语气与态度，尽可能经常微笑，以欢愉、平和的声音，显示出友善、冷静的态度以达到沟通的效果。

什么是理解？理解就是无条件地接纳别人的感受，理解不等于同意，理解也不等于同情，理解是设身处地、将心比心。

父母要经常了解孩子的内心需要，要经常倾听孩子说话。父母愿意倾听孩子的心声、了解孩子的意见或问题，实际上就是对孩子的尊重。如果父母在孩子面前只顾自己的感情需要，而不顾孩子的心理需要，孩子就会感到很孤独。

德国教育学家和哲学家斯普兰格说过："人的一生中，再也没有像青年时期那样强烈地渴望被理解的时期了。没有任何人会像青年那样沉陷于孤独之中，渴望被人接近与理解；没有任何人会像青年那样站在遥远的地方呼唤。"

如果说父母与孩子是站在两个不同的地方遥遥相望的两个人的话，那么，理解就是一座桥——理解之桥，是沟通父母与孩子心灵的桥，是化解父母与孩子之间的许许多多隔阂、误解、矛盾甚至仇恨的桥。有了这座桥，父母与孩子就会生活在崇德崇义、和睦相处的美好家庭里。

与孩子换位思考

孩子为什么这么不听话呢？为什么就这么难与孩子沟通呢？孩子怎么就不能理解父母呢？

很多父母不止一次地自问。家长要想与孩子沟通，学会换位思考很重要，即站在孩子的角度考虑问题，站在孩子的角度去理解他内心的感受，站在孩子的角度去说好每一句话。可现实生活中，我们的家长并没有意识到换位思考的重要性，因此，在不经意间，说错了一些话。

在生活中，很多家长自以为是成人，是家长，自己"走过的桥，比孩子走过的路都多"，因此，总用大人的眼光看问题。用自己成长中累积的生活经验来评定孩子的是是非非，对孩子的感受不屑一顾。这就导致很多时候与孩子的交谈不欢而散。

因此，家长在指责孩子不听话的时候，是不是也应该考虑一下孩子们内心的想法？是不是应该经常做一做"换位思考"：如果我是孩子的话，我会怎么做？只有换位思考，设身处地地为孩子着想，才能避免和减少对话双方的戒备和猜疑，弱化和消除对话过程中的不愉快情绪。家长学会换位思考，能更好地了解孩子和教育孩子，从而使对话朝着家长期望的方向发展。

一位父亲与儿子为一件小事发生了争执，谁也无法说服谁。父亲灵机一动，不再和孩子争执了，而是对他微微一笑，说："孩子，你能和爸爸争执，说明你长大了，你能有自己的独立思考方式，爸爸感到很高兴。你这样做肯定有你的理由，该怎么做你自己决定吧！"父亲这样一说，儿子反而不好意思了，说："爸爸讲的也有道理，你的意见我会认真考虑的。"

你看，这就是换位思考的魅力。只有做到换位思考，让孩子将心比心，孩子才会向你敞开心扉，教育才能得心应手。

要做到换位思考，其实很简单，放下大人的架子，站在孩子的角度上理解和尊重孩子的想法，耐心地与孩子沟通交谈，我们就会惊讶地发现，孩子的内心世界和我们的一样精彩。而换位思考所带来的不仅仅是家长与孩子之间的理解、和谐，还能在潜移默化中让孩子也养成换位思考的好习惯。

当然，家庭教育没有现成的模式，因为每个孩子都有其独特性。对于家长而言，在家庭教育方面始终面临着新的问题和考验，单靠简单学习教育理论和生搬硬套其他家长的经验是不能解决问题的。必须活学活用，因材施教，探索出一套适合自己孩子的、行之有效的方法。

跟孩子一起学习

一份由少年日报社与复旦大学新闻学院联合开展的调查显示：小学生每天读报的占 16%，每天读杂志的占 10.6%。在中学生中，这一比例更低，仅 8.8% 的中学生每天读报，6.2% 的中学生每天读杂志。但看电视、上网显然比课外阅读来得有趣，超过 20% 的中小学生选择每天看电视，9.1%的中学生每天上网。另外，一成多小学生父母"从不"与孩子一起学习，近一半小学生父母"偶尔"与孩子一起学习。27%的学生称在家庭里从没接受到家长关于学习的指导。

日本早期教育学家根本进先生提出了"母子一同教育"法。所谓"母子一同教育"就是母亲和孩子一同去做某件事，如母子一同看电视，母子一同绘画等。根本进先生亲任指导老师，举办画展，他采取"发给母子同样题材，让他们各自作画"的独特指导方式。根本进先生发给母子同样的画，让母子分别来画，借以激发母亲作画的兴趣。当母亲聚精会神地画画时，孩子会受母亲感染，也会兴致勃勃地画起来。在孩子的心目中，母亲无疑是最伟大的，如果母亲热衷于某件事，孩子也会对这件事感兴趣。如果母亲同孩子一同做某件事，孩子会备受鼓舞，兴趣大增。

由此可见，要想孩子能够刻苦学习，作为家长，自己必须先做出榜样。只要家长有一种积极向上、好学不倦的心态，那么在家长的影响下，就会培养出勤奋好学、充满自信的孩子，这比单纯地对孩子说教更有效。

那么，家长应怎么做到与孩子一起学习、一起成长呢？

第一，家长积极参与到孩子的学习中。儿童时期，孩子主要是通过模仿学习的，所以教孩子的方法之一就是行动起来，在他面前或是和他一起做点什么。也就是说，你不要光指望给孩子下命令、发指示。比如在纠正孩子的时候，不要简单地说："不要老是东张西望，好好做你的功课。"你最好安静地坐在孩子身边，然后翻看他喜欢的书籍，把他带入学习的意境中。平时，也不要命令孩子："别总是想着玩，先做完作业再说。"其实，你可以关上电视，然后一起与孩子进行学习上的互动，如，考查他的记忆力，玩一些脑筋急转等，在不知不觉中，调整孩子进入学习状态。

第二，与孩子一起讨论学习方面的话题。家长放下架子与孩子一起讨论学习方面的话题，不但可以培养孩子提出问题、解决问题的能力，最重要的是还可提高他们的学习兴趣，使孩子获得成就感，得到知识给人带来的快乐体验。父母在必要的时候，不失时机地"装装傻"，给孩子当当"小老师"的机会，会促使孩子不满足于"知其然"，还养成"知其所以然"的好学精神。这完全符合"教学相长"的教育精髓。

第三，家长应多跟孩子进行交流。要想使自己的孩子学习进步、生活快乐，那就和孩子一起交流、学习、谈心，给孩子一片属于自己的蓝天。平时，家长可以每天抽一段时间与孩子谈论他们在学校学到的东西。比如晚饭时间是每个人可以分享自己一天所得的愉快时刻。家长问的可以是一些开放式问题，如你今天最好的事情是什么，而不要问那些可以用"是""不是"或点头回答的问题。同时，让孩子解释他学过的东西，这能让孩子锻炼自己的表达能力，达到温故知新的效果，从而增强学习的兴趣。

第四，与孩子一起学习时，家长的态度必须认真，不能应付。说起陪孩子学习这个问题，许多家长深有感触：如果家长心不在焉，孩子也会显得没有什么兴趣，而如果家长认真投入，孩子因为受到家长的感染，同样也会认真学习。因此，要想让孩子养成认真学习的习惯，比起只是说"你要怎样做"的大道理，还不如家长同孩子一起认真去做。

第五，不要打搅孩子。许多孩子的注意力持续时间很短，而且难以培养他们长时间注意某物，因为小孩根本就无法像成人一样集中注意力。要帮助孩子保持长久的注意力，家长能做的主要事情之一就是：不要在孩子显然醉心于学习的时候打搅他们，不要介入，以致他们的注意力转移到别的事情上。与此同时，值得注意的是，有些家长怕孩子学习时间长了，身体吃不消，所以，在孩子学习的时候，经常是左瞧瞧，右瞅瞅，并时不时来上一句："要是累了就休息会儿。"自己以为这是对孩子的关心，其实，这是在打断孩子的思路。这种做法是不可取的。

孩子也需要表达自己

在有些家长眼里，孩子终究是孩子，是永远也长不大的"小不点儿"，孩子没有发言权，只有听话的份儿。显然，家长的这种意识是错误的，孩子尽管还小，但毕竟是独立的个体了，有着自己的想法与行为方式，如果家长只是一味地卡住孩子的喉咙，消失的不仅是孩子的声音，还有亲密的亲子关系。

彭月容为女儿玲玲制定了一项学习时间安排规定，女儿也同意了按规定玩游戏、做作业的做法，到时间就休息、学习。

为此，彭月容终于松了口气。突然有一天，彭月容出差提前回到家，发现玲玲又在房间里聚精会神地玩玩具，而且没有完成功课。

"玲玲！"彭月容大喊一声，死死地盯住女儿。

女儿急忙把玩具藏了起来，试图做出一个笑脸，然后故作镇静地说："我做了一个小时的功课，刚刚才坐下来休息一会儿。"

"玲玲，你真让我伤心，你怎么会这样对待妈妈，你懂不懂这样做会对你有什么样的影响？"看见女儿似乎要申辩，彭月容急急忙忙地止住了她，"我不想听你的任何解释，你让我失望极了，你知不知道我这样做全是为了你？"

"那你不要管我好了。"玲玲顶了一句。

"什么？"妈妈的眼睛瞪了起来，声音骤然升高。

此时，玲玲的眼睛里开始出现恐怖的神情，她在寻找退路。

"不管你！这是我的责任，我当然要管。你回房间去想一想，还有……"她忽然想起玲玲这个周末要去同学家玩，"还有这个周末不能去琳琳家了。"

"为什么？"玲玲大叫，愤怒和绝望像山洪一般，"我要去，我就要去，你是一个坏妈妈。"

看着女儿那种狂怒的表情，彭月容也有些不安了。她知道女儿盼望着周末和同学一起玩，但她的愤怒和自尊都在阻止她收回这道"命令"。

"是你自己取消了这次机会。"

"为什么？这与玩有什么关系呢？我就要去，看你怎么样！"女儿暴跳如雷，她此时困兽似的表情和姿态是彭月容最不愿意看到的。

"你马上停止，不然我要发火了！"

"你已经发火了，我就这样，怎么样？"

"啪啪"，彭月容狠狠地在女儿背上拍了两下。

"哇!"女儿哭着冲进自己房中,"哐唧"一声将门关上。

随着这两下,彭月容的气泄了,却感到十分内疚,有一种被击败的感觉。

一直在旁注视的保姆说:"这几天玲玲没有贪玩,今天的确是先做了一些作业,才央求我让她玩一会儿的,我觉得她是很看重你的规定的,你应该给她表达的权利才是。"

现实生活中,像彭月容这样的母亲并不少见,这实在是很不明智的做法。真正理解孩子的家长,总是在孩子开口发言时,能将他当成一个大人看待,认真地聆听他全部的讲话。假若孩子的观点对了,那就表扬他,假若孩子的话错了,那就和颜悦色地为他分析原因。

这是一位小学一年级老师在某次全市教研会上的发言:

在上课过程中,我经常发现孩子喜欢小声地在下面讲话,插嘴的现象也比较严重。当老师提出一个较感兴趣的话题后,孩子们不等老师的允许,已经像炸开了锅的豆子噼噼啪啪地说个不停。他们不管重复不重复别人的答案,更不顾老师要求举手说话的规则。

"安静!安静!举手说!"我的要求被孩子们的声音给淹没了,谁也没有理会。

"噪音,这是噪音!"我以为这样的提醒会管用,可是孩子们说得更高兴了。

"表扬丽丽,表扬果果。"可是没有料到,只有几个孩子看着老师，更多的孩子并没有停止说话的意思。

"等会儿不讲话的孩子可以做游戏！"部分孩子的声音小了，但还有几个孩子在忘我地讨论。

"批评民民，批评慧慧！"我很严厉地指着站起来讲话的"大嗓门"的民民和慧慧。可是，效果依然不佳。

后来，我静下心来想，其实，只要我们站在孩子的角度，分析孩子的心理，会发现孩子有表达的欲望，七嘴八舌说话本身并没有什么错。处理孩子七嘴八舌问题的背后我们看到的是老师们的观念出了问题，方法欠妥当。在活动中每一个孩子都有表达、参与、交流的需要，他们需要释放自己的感悟、发现、想象、思考等。因此，遇到这样七嘴八舌的情况，老师只需要给予全体孩子几分钟自由表达、交流讨论的时间，每一个孩子表达的需要都会得到满足，而我们的老师这时候只需要做一个忠实的倾听者就可以了。

是呀，爱孩子就应解放孩子、尊重孩子，而给孩子表达的机会、让孩子说出自己的心声便是家长尊重孩子的表现。实际上，这也是一种发言权效应。任何一个人，不管是成人还是孩子，如果他所在的组织给予他发言的机会，他自己便会产生被重视、被关注的心理，继而，他将会表现得更加出色。

遇到问题，请与孩子商量一下

英国教育家斯宾塞说："对孩子要少下命令，命令只有在其他方式不适用或失败时才用。要像一个善良的立法者一样，不会因为去压迫人而高兴，而因为用不着压迫而高兴。"

商量的魅力在于，使自己更容易深入了解对方的真实想法。两代人的沟通，最重要的是相互理解、相互尊重。而实现相互理解、相互尊重的方法就是学会商量。

人与人之间的相互商量非常重要。商量能够让人感觉到受尊重。根据马斯洛的需要层次理论，受尊重的需要是人类较高层次的需要。一旦这种需要无法获得满足，人就会产生沮丧、失落等负面情绪。

孩子也是如此，他们也有被尊重的需要。如果家长喜欢与孩子商量，孩子就会非常乐意与家长交流，反之，孩子则会产生逆反心理，封闭自我。

龙跃军和李海潮的家长都失业了，两个家庭都陷入了困境。面对同样的境况，两个孩子的表现却截然不同。

李海潮依旧没有改变穿耐克、乔丹等名牌服装，跟着时尚走的习惯，最近又沉迷于上网，更别说按时上课了。"海儿是全家的希望，只要他读书好，将来有出息就行，没想到他连课都不上了。"李海潮的父亲感到非常失望，"但我们还是觉得孩子应该拥有这个时代给予他们的快乐，再苦再累也不能让孩子觉得委屈，不能让他来承受因家长失业而带来的酸楚。所以，我们从不在孩子面前倾诉失业后的失落，更不会抱怨挣钱太辛苦和受到太多的委屈，照常满足他的吃穿要求和他想要的零花钱，没想到这孩子把我们对他的期望抛到了九霄云外。"

而龙跃军却和李海潮大不相同，虽然有时上学也迟到，可是学习成绩却在不断进步。

原来，龙跃军的家长下岗后又重新创业，忙得顾不了家，但思前想后，龙跃军的家长还是将实情告诉了孩子，与孩子商量应该怎么办。"有句话不是说'穷人的孩子早当家'吗？我们生活困难，孩子是家庭成员，有义务作贡献，帮助家庭早日脱离困境。"

龙跃军的父亲是一个性情爽朗的人，提起儿子就乐呵呵的："与孩子商量后，孩子也很乐意，主动提出照顾好奶奶和搞好自己的学习。我们有时回家累了，他还会为我们捶捶背，按摩按摩。这孩子一岁多就会为我们添饭、拿拖鞋，我们就没有不放心过，不仅表扬鼓励他，而且教他做力所能及的事，我们遇到什么困难也会与他商量，请他帮助想办法。我们常对孩子说的就是'我们都是家庭中的一员，要相亲相爱，尽职尽责'，儿子做到了，他关心每个家人，把奶奶也照顾得挺好，这可解决了我们家的大问题了。而且听说他现在学习也没耽误，真是让我们高兴，也太难为孩子了。"

"孩子，这是个严重的问题，咱们商量一下看怎么解决好。"作为家长，在尊重孩子这方面，你是否做到了呢？

一个家庭，除了家长，还有孩子。可是，家长往往把孩子排斥在外，尤其是决定一些重要的事情时。他们总是认为孩子太小，什么也不懂。没错，生活中纯粹的大人之间的事可以暂时不让孩子知道，可是还有很多事是应该让孩子也参与讨论的，尤其是大人做出关于孩子的某项决定时。不要以为孩子是你的，你就可以随便对他做出决定。他年龄虽小，总归是一个人，他有权知道关于自己的事情。事实上，只要是家庭的成员，就都有权参与家庭事件的讨论与决定。它可以营造一种良好的家庭氛围。哪怕是婴幼儿，你们讨论某件事的时候，也可以让他待在一边，就算是个形式也非常重要。对于已经具有一定思维能力的孩子，就更不能忽视他在家中的地位了。

有一位母亲在日记中这样记述自己的教子心得：

我从儿子的成长中体会到：商量，能使家庭关系变得和谐；商量，能使孩子得到大人的尊重，从而使孩子懂得尊重别人，并学会用商量的办法去对待家长和他人。

从儿子幼儿时期直到高中时代，我一直用"商量"的办法同他相处。"商量"增进了亲子间感情，避免了冲突和对抗；"商量"使儿子学会了从别人的角度来观察事情、思考问题，学会了民主和平等、尊重和友谊。

尊重孩子的家长，也会受到孩子的尊重。时常被家长请去商量某件事情的孩子，到了他要做一项决定的时候，也会主动地去跟家长商量，而不是一意孤行。家长要时刻记得，孩子也是家庭重要的一分子，许多事情，要和孩子商量着办。学会与孩子商量，是两代人沟通的好方法。人和人之间，如果互相不沟通、不交流，是无法相互了解的。

当然了，商量，不是简单的迁就，而是家长与孩子对话、沟通、相互了解，形成双方可接受的意见或办法；商量，不是家长发号施令，而是真正地把孩子当作一个人，更当作一个孩子来对待。

第一，以协商的口吻处理亲子冲突。当亲子关系出现冲突时，父母总是不愿意自己的权威受到挑战，希望以父母的权威来压制孩子，使孩子改变主意。实际上，孩子不仅不会听从父母的意见，反而会产生逆反心理，恶化亲子关系。明智的父母在这种情况下要学会使用协商的口吻，让孩子体会到父母的尊重，体验到人格的平等，这样，孩子在接受父母的意见时就会比较顺利。冲突产生时，每个人都非常注重自己的尊严，不希望被他人压制，孩子也是如此。只有父母放下架子，把孩子当成平等的人来看待，与孩子进行协商来处理问题，孩子才会愿意接受父母的建议，共同解决问题。

第二，孩子的事情一定要与孩子商量。随着孩子的不断成长，家长一定要放手让孩子自己去选择，不可替孩子包办，即使父母有自己的想法，也要通过协商的方式，把自己的意见传达给孩子，让孩子权衡利弊后再作出选择。每一个孩子都会遇到与父母意见不一致的情况，孩子们都希望父母能够尊重自己的意见，毕竟，许多事情是需要孩子付出努力才能实现。如果父母忽视了孩子的主观能动性，一味地用父母的威严来压制孩子，孩子即使口头上同意了，内心也无法产生努力的动力，在这种情况下，孩子已经感觉很压抑了，怎么还可能与父母和睦共处呢？因此，父母一定要把孩子的事情交给孩子自己处理，父母只能通过建议或者协商的方式将自己的意见传达给孩子，帮助孩子全面地认识问题。

第三，和孩子约法三章。对于孩子的问题，尤其是孩子的不良行为，父母一定要与孩子协商后制定规则，并约法三章，使孩子遵守。不过，父母千万不可自作主张制定规则让孩子遵守，这样的规则对孩子来说没有什么约束意义。与孩子约法三章，仅仅是因为孩子缺乏自制力，是帮助孩子约束自己的，而不是惩罚孩子的，父母们一定要认识到这个问题。因此，规则一定要是孩子内心认可的，父母一定要与孩子协商后再制定规则，避免产生亲子冲突。

给孩子说出自己主见的机会

听过一则寓言——

场院上，一头毛驴要吃草。此时，在毛驴的左边和右边各放着一堆青草。岂料，毛驴在这两堆青草之间犯了难：先吃这一堆，还是先吃那一堆？就这个问题，毛驴一直想来想去，犹豫不决，最终饿死了。

这就是拉·封丹的毛驴，看完这则寓言后，你或许会笑话毛驴的愚蠢与犹豫不决。然而，在我们的现实生活中，我们的孩子也常常上演着拉·封丹毛驴的故事。

故事一：

亮亮8岁了，无论在学校还是邻里间，大家都夸他是个乖巧、听话的孩子。在家里，大人让他做什么，他就做什么，让他怎么做，他就怎么做，表现得十分听话；和小朋友一起玩时，亮亮也顺从别人的领导，很少有自己的想法。最近，亮亮妈妈从老师那里了解到亮亮有个缺点：当老师教了一种解题的方法后，他就不再尝试其他的方法了，这让亮亮妈妈非常担心。

故事二：

海林今年上小学四年级了，可他做事总是不果断、犹豫不决。给他钱让他上超市买零食，他总是挑来挑去，拿不定主意。如果没人催促，可能要挑上十几分钟。有一次去商场给他买衣服，他东挑西选，因为犹豫买蓝色的还是紫色的，来回选了一个上午。作为一个男孩子，这样优柔寡断，真让人担忧。

故事三：

黄婷婷已经是小学六年级的学生了，她的学习成绩很好，但是她对任何事情都没有自己的看法。在家，她经常问妈妈："妈妈，我明天是穿裤子，还是穿裙子呢？"在学校，她经常问老师："老师，你说我是参加活动好，还是不参加活动好？"在生活中也是一样，看到别的同学穿背带裤，她也要求妈妈给她买。但背带裤买回来她才发现，由于她个子矮，根本不适合穿，最后只得送人。

……

以上的这些孩子都有一个共同的特点，那就是遇到事情拿不定主意、犹豫不决、不果断，更有甚者，喜欢人云亦云，表现在人际交往中，就是一味无原则地迎合和迁就别人。这样的孩子往往得不到他人的尊重，常常成为受欺负的对象，长此以往，对孩子的成长与心理健康是不利的。

父母要尽早教会孩子有自己的主见，教会孩子学会对自己负责，锻炼他们"拍板"的能力。为此，家长应做到以下几点。

第一，为孩子做主，为她提供成功的机会。

一位妈妈曾这样介绍了她培养女儿主见的方法：

女儿从幼儿园一直到上小学，她的事情都是我包办，她乐得逍遥自在。可是，在学校这个大集体里，孩子的弱点很快就显现出来了，老师说什么，她就做什么；同学讲什么，她也就信什么。

为了让女儿对事情有自己的见解，我为她提供了许多锻炼的机会。买衣服时，让她自己选择款式、颜色；买书包时，无论是米奇卡通公主系列的，还是史努比减负系列，都由她自己决定；买文具、课外书等也是如此。

开始时，她动不动就问我哪一种更好，我会告诉她："自己的事情自己决定，自己喜欢哪一种就要哪一种。"

就这样从买东西开始，女儿渐渐有了自己的主意。每当我们母女俩的眼光出现差异时，她都会对我说："妈妈，我认为我选的这个样式比较好，因为……"而且还会像个小专家似的说得头头是道。

可见，要想培养孩子有主见的个性，妈妈就应该给孩子提供更多自己做主的机会。

1）吃的自主

在不影响孩子饮食均衡的情况下，妈妈可以让孩子自己选择吃什么。例如饭后吃水果时，妈妈不必强迫孩子今天吃苹果，明天吃香蕉，而让孩子自己挑选。

2）穿的自主

妈妈带孩子外出玩耍时，在保证安全的前提下，可以让孩子自己决定穿什么衣服，切忌随自己喜好而不顾孩子的感受。

3）玩的自主

不少孩子在玩游戏时，并不想让成人教给他们游戏规则，更愿意自己决定游戏的方式，并体验其中的乐趣。妈妈可让孩子自己选择玩具和玩的方法，这样做可以极大提高孩子的自主意识，帮助他成为一个有主见的人。

第二，帮助孩子建立自信心。自信心是一个人对自身力量的认识和充分估计。它是自我意识的重要组成部分。有的孩子看不到自己的能力，认为自己干什么都不行，总觉得不如别人，对自己力量的认识和可能达到的成就估计不足，完全从属于别人的评价。因此，无论什么时候一定要对自己有信心。

第三，不要让孩子觉得你的回答是唯一标准的答案。开启、激活孩子的大脑需要家长的耐心，面对孩子一次次的询问，家长可表现得"无知"一些，让他立即从你那儿得到正确答案的欲望被延迟。如可以这样反问孩子："你想怎么做？"或者多给他选择，"喝水可以用杯子喝，也可以用碗喝，还可以用嘴对着瓶子喝，你想怎么喝？"

第四，提高孩子分辨是非的能力。我们一般是按自己的喜好来判断人物和事物的是非的。控制能力差的孩子往往看别人怎样做，自己就跟着别人学，难免会有没有主见的表现。所以他们要通过成人对自己行为、言语的评价，逐步认识到自己行为的是非，从而提高分辨是非的能力。

第五，让孩子有参与的机会。孩子做事缺乏主见，通常与家长缺乏和孩子的沟通、做事武断、不注意尊重他们的要求有关。因此，妈妈应该给孩子充分表达自己愿望的机会，给孩子独立思考的机会。

第六，为孩子提供及时的帮助。让孩子有主见并不是鼓励他去盲目地做事情，而是让孩子在掌握了事情的发展趋势的情况下再去做。因此，在孩子进行重大决定时，家长可以帮助孩子收集资料，了解和熟悉各选项，这有助于孩子进行科学选择。

如果孩子平时自主性很差，家长也可以和他一起分析资料，找出各选项的利弊，最后了解孩子作出选择的动机。如果孩子平时就很有主见，家长则可以让他自主完成选择。当然，不同年龄阶段的孩子具有不同的自主能力，家长这种把关的尺度也应该不一样。

第七，让孩子学会说"不"。

一位妈妈曾写下了这样一段话：

慢慢地，我意识到，儿子已经是大孩子了，应该有自己的想法了。于是，找了一个合适的时间，我开始与孩子聊天。

"如果你吃饱了，妈妈还让你吃饭，你会怎么做？"我问孩子。

"我告诉妈妈我已经吃饱了，不吃了。"孩子说。

"如果你正在写作业，妈妈过来和你聊天，你会怎么做？"

"我会告诉妈妈我正在写作业，请不要打扰我。"孩子认真地说。

"儿子，今天你的回答都很对，都很精彩。你要记住，不要盲目地相信大人，有自己的想法就要大胆地说出来，大人们不会因为你的拒绝而不喜欢你，相反，我们会认为你是一个很有主见的孩子。"

后来的很多事情都证明，我鼓励孩子学会说"不"是正确的。

从那以后，孩子变得不再盲从。

一个不懂得拒绝别人的孩子，在别人眼里永远都是唯唯诺诺、没有想法的。所以在日常生活中，家长要鼓励孩子说出自己的想法，敢于对不合理的要求说"不"。

当然，值得注意的是，培养孩子有主见不是让孩子不听劝告、一意孤行，而是希望孩子在面临选择时，保持清醒的头脑，不人云亦云，有自己的思考和判断，这样，可以有效避免或减少在成长过程中那些不必要的困难和挫折。

第七章

爱与尊重，从和
孩子做朋友开始

在孩子面前，父母除了扮演好长辈的角色外，还应努力扮演好朋友的角色。父母与孩子一旦成为无话不谈的好朋友，交谈、沟通起来就会容易得多，会对孩子的健康成长起到至关重要的作用。

和孩子做朋友，亲子友谊很宝贵

心理学家认为：追求他人的信任是一种积极的心态，是每个正常人的普遍心理，也是一个人奋发进取、积极向上、实现自我价值的内驱力。信任的心理机制对孩子良好心理品质的形成具有积极的鼓励作用。

现在的孩子大多是独生子女，他们的缺憾之一，是在家庭中没有同龄伙伴，基本上只是同父母交往。加之父母对孩子外出玩耍的限制，这就在客观上使父母充当了同龄伙伴的角色。孩子渴望父母像朋友一样与他们交谈，渴望得到理解和尊重。无论是从本身的义务上，还是从教育的意义上说，父母对孩子的关心，同孩子进行感情上的沟通都是必需的。可是，太多父母往往忽略了这一点，无论说什么，都是一副高高在上、发号施令的样子，从不听孩子的意见，不知道孩子心里想的是什么，更不知道孩子需要什么。

一位父亲说："如果你不花一些时间与你的孩子共同度过，那么再怎么强调要与孩子交流都是白搭。当你与孩子共同分享在一起的快乐时光时，是你与孩子交流的最好机会。"一位母亲说："与孩子在一起是很重要的，我们常一起散步，这样我们就能有很长的时间交谈。这是交谈的好时机。即使你很忙你也一定能够挤出这些时间，因为这也是很容易交谈的一种场合。试想有人要你坐下来，然后说'让我们谈谈'，这是多么的生硬啊。"

有一位家长在一场育儿讲座中说到自己的经历：

很多年前，当我的孩子还在二三年级读书的时候，我曾非常激动地准备"怎样才是好父母和好老师"的讲演稿，但我开始发现，我没有获得和我的孩子融洽相处的结果。最后，我决定休息一天，单独和我的孩子到海滩去。我们玩球、玩海藻，做一切在海滩上能做的事。一天下来，我已筋疲力尽，孩子也累了，但是非常快乐。在回家的路上，他突然说："我们玩得不是很好吗？告诉你，从现在起，你要求我做任何一件事，我都准备去做。"

瞧，这就是这位家长与孩子一起游戏的结果。与孩子相伴、做孩子的朋友对孩子来说很重要。在父母与孩子共同的活动中，两代人可以形成平等交谈、相互沟通的习惯，这样，障碍自会排除，隔膜自能打破。也最容易建立友好亲密的感情。

父母如果不和孩子交流，不相互沟通，就很难发现孩子的内在潜力。要想使孩子成才，就应该了解他们、关心他们、爱护他们，做孩子最知心的朋友。

父母要想成为孩子的朋友，就要把自己和孩子置于平等的位置，敞开心扉，交流互动。要学会倾听，鼓励孩子和你交心，无论对错都要接受、包容。同时要给孩子留有私人空间，不要凡事都问个透，允许他有小秘密。这样他才会找到被尊重、理解的感觉，这样还会拉近父母和孩子心灵的距离。当父母真正把孩子当作朋友去相处，你会发现，教子相长，这是培养孩子的基础，只有你的话他听进去了，才能达到家庭教育的目标。

实际上，父母成为孩子朋友的方式有很多，创新工场创办人李开复在这方面有如下建议：

第一，和孩子打成一片，甚至和他一起胡说八道。不要摆起架子做个"高高在上"的长辈。我的孩子小时候每天听了我"胡诌"的故事后才愿意睡觉。

第二，对孩子说心里话，不要把话闷在肚子里，做一个好的倾诉者。

第三，让孩子知道他对你多重要，告诉他你多么爱他，慷慨地把你的时间分享给他，但是在物质上不要"有求必应"。

第四，如果你要做孩子的朋友，那只有你学习他的语言，而不是要求他学习你的语言。如果你不学新知识，不接触新的思想观念，知识匮乏、思想陈旧，你就不能理解现在孩子的所思所想。父母应该尽量多接触点流行的东西，比如流行的思想、流行的服饰、前沿科学、流行的音乐，以减小代沟，创造彼此信任沟通的渠道。

第五，对孩子宽严相济。要做孩子的朋友，既对孩子严格要求，善于从日常生活中发现问题，随时给孩子引导和指引；又把孩子作为平等的伙伴，与其一起学习一起玩，尊重孩子的一切；还要给孩子切实到位的帮助，让孩子心里踏实、心里安全，健康长大。

事实上，几乎所有感觉与孩子相处愉快、和谐的父母，都肯花时间与孩子在一起做游戏、画画、运动、听音乐、做家务、制作手工、旅游、聊天、探讨问题等，通过与孩子的亲密接触，方可了解孩子在不同年龄段的心理需求，进而被孩子所接纳。

总之，父母应该同孩子们建立起相互信任、相互平等、相互尊重的朋友关系。因为孩子不仅需要能抚养自己长大的父母，也需要愿意倾听，能够给予自己忠告和帮助的"忘年交"。

如果父母还没有和孩子建立起平等尊重的朋友关系，就要采取恰当的方式把彼此的想法告诉对方，这样才能更好地消除隔阂、化解代沟。其实家长慢慢地就能体会到，同孩子做朋友是一件非常有趣，也是非常快乐的事情。

不做专制父母，让孩子当家做主

可以认为，民主和谐的家庭气氛是现代文明家庭的标志。然而，当下的很多孩子在描述自己的家庭时，都流露出了厌恶："家，那简直就是一座牢狱，我甚至不想在那里多待上一会儿。"

上海、天津等 6 市在对 106 所中小学的 11098 名学生进行调查后发现，创造能力强的孩子大多出自气氛民主、自由的家庭。调查通过对子女拆闹钟的反应来分析家长的教育类型。"很生气，训斥我一顿"和"警告我以后别再做这样的事"属"强制型"教育方式；"无所谓，反正都已经拆了"属"溺爱型"教育方式；而"赞许，并加以鼓励"和"陪我一同做，并给我讲解相关知识"属"民主型"教育方式。结果发现，"民主型"占 54.4%，"强制型"占 33.5%，"溺爱型"占 121%。

诚然，在很多家庭里，孩子的事都是父母说了算，孩子的意见不被父母尊重，从小就失去了自主权，很多孩子有被父母压制的感觉，这使得孩子稍大以后，就开始对父母的管制进行反抗，向父母索要尊重、索要民主。

在一些孩子的眼中，父母很霸道，看看他们是怎么刻画自己的父母的：经常怒发冲冠，听不进我的意见，不理解我的喜好，老是说人家的孩子好、看不到我的优点，不尊重我的选择……

还有孩子这样形容父母：父母就像一个怎么也甩不掉的拐棍，父母像警察，而且是刑警队的——专在你做了"坏"事后出现，父母是法官，而我成了被告……

在一次初中家长会上，一个的男孩说："家长除了关爱我以外，是世界上最不把我看成独立存在个体的人，家长永远只凭自己的直觉和自己的需要对我的行为做出判断，因为他们永远只是把我当成他们拥有的一部分。"

是呀，被占有式的爱包围着，孩子永远找不到自我，在家庭中也永远找不到公平和民主。这个男孩子说出了很多孩子的心声，孩子需要被尊重，需要民主的家庭氛围，需要自己独立的空间。没有哪个孩子一站在家长面前就想成为接受审判的对象，孩子们渴望获得在家庭中的发言权，渴望和家长平等对话。

莹莹从会说话的那天起，就喜欢问"为什么"，莹莹不停地问，爸爸妈妈不停地答，不停地学习，与莹莹一起探究世间的奥妙。这种民主的家庭气氛，给莹莹营造了一片思索的天地。莹莹上学后，也喜欢问老师问题。总之，无论在哪里，她都愿意问"为什么"。

一次，莹莹从学校回来，进门就对正在看报纸的爸爸滔滔不断地讲起自己的成绩。原来她在考试前的模拟考试中发挥得很好，数学单科还取得了全年级第一名的好成绩。爸爸拍了拍莹莹的肩膀说："好样的，不愧为你老爸的女儿。"

莹莹非常激动，接着又说了班里的情况，还说了其他同学的成绩。看着女儿兴奋的样子，爸爸实在不愿意打断她的话，心想让她高兴会儿也好，毕竟入学以来她第一次取得这么好的成绩。于是配合女儿激动地讲述，分享女儿快乐的心情。第二天，爸爸才提醒女儿不要太得意，因为马上就要考试了。

莹莹的爸爸不愧是个开明的家长，他在对待孩子的教育问题上，总是"放开手"，从而创建了一个民主和谐的家庭气氛，对莹莹的健康成长真是大有益处。

一个家庭的民主气氛表现在尊重孩子的个性发展，尊重孩子的发言权、参与权，不把孩子当作私有财产，而是把孩子当作一个有独立人格的个体来尊重。在民主平等的家庭氛围中，父母和孩子之间才能相互信任、相互理解、相互尊重。

父母要创建民主和谐的家庭气氛，应从以下几方面做起：

第一，不要滥施家长权威。父母不要老是禁止孩子做这做那，不能要求孩子无条件服从，重要的是鼓励孩子去做有益的活动。

第二，要信任自己的孩子。父母不要胡乱猜测，武断地下结论。如果孩子的同伴告诉你，你的孩子打了人，或是拿了别人的东西，你不要随意搜孩子的口袋，而要耐心听孩子讲出事情的前因后果。否则，孩子会因为受委屈，慢慢地和父母疏远，变得不信任别人，不愿说真话。如果孩子真的做了错事，那就不要放过第一次，要好好进行教育。

第三，要尊重孩子的人格。父母切莫粗暴地伤害孩子的自尊心。有时孩子在同伴面前说说大话，不要一概斥为撒谎、不诚实。由于孩子年龄小，容易把幻想当现实，父母要帮助孩子分清是非。

有时孩子想要修理坏了的玩具，结果没成功，父母不能采用讥笑的态度："你不是有本事吗？……瞧你有多笨！"更不能在陌生人面前让孩子下不了台，伤害孩子自尊心，久而久之，孩子就会变成一个不求上进、自暴自弃的人。

第四，明确告诉孩子拥有的权利和义务。孩子作为一个独立的个体，作为家庭一员，应该拥有自己的权利，同时，也必须承担一定的义务。因此，父母应明确地告诉他，他拥有哪些权利和必须承担的义务。

第五，要多和孩子接触。父母即使很忙，也要抽出一定的时间和孩子坐在一起或晚饭后散步，或在柔和动听的音乐声中，相互交流一天的见闻。也可和孩子一起画画、讲故事、做游戏等，这样家庭气氛会顿时愉快起来。

朋友式沟通，蹲下来和孩子对话

英国教育家斯宾塞曾说："对孩子训话意味着你要求他绝对服从，让他像你一样思考问题。和孩子朋友式地交谈，意味着大家一起寻找方法解决问题，重新衡量自己的观点，搞清楚究竟谁的更符合实际。"

父母总是希望自己的管教能起到立竿见影的作用，可以让孩子下次不再犯同样的错误，可孩子偏偏就是屡教不改，是孩子太顽固了还是家长的教育方式出问题了？

不少家长习惯居高临下，给人一种压抑的感觉。而教育孩子最重要的，是要把孩子当成与自己人格平等的人，给他们以无限的关爱。无数事实也表明，以一种居高临下的姿态去关心孩子，会使孩子产生逆反心理。只有家长转变姿态，像对待朋友那样去关爱子女，才有可能让孩子感受到平等。

知心姐姐卢勤说过："蹲下身，和孩子平视，你会发现另一个世界。"我们知道，只有两头高度差不多，水才有可能在中间的管道里来回流动，如果一头高，一头低，水就只能往一个方向流了。孩子与家长的交流也是相同的道理。蹲下来和孩子说话，家长与孩子才有可能平等地交流。

如果想让孩子理解家长的良苦用心，需要家长与孩子在心灵上的平等交流，家长要设身处地为孩子着想，考虑孩子的感受，就需要我们蹲下来和孩子说话。如果家长们蹲下来，蹲到和孩子一般高时再开口说话，孩子从和他平等的视线交流中看到家长眼中透露出来的爱意、真诚和平等，就会认真地听家长说话。而不会由于不平等而让他在与家长说话时心不在焉。

蹲下来，不只是指在生理的高度上尽量地和孩子保持相同的高度，而更重要的是指在心理上的高度要平等，是以平等的态度和眼光，用认真而亲切的态度，把孩子看成一个需要尊重的独立的人。因为只有在心理上家长不再居高临下，与孩子完全处于平等时，孩子才会把他的真实想法告诉你。这就是孩子为什么喜欢把心里话对自己的朋友说，却不愿与家长说的原因。

一个小男孩不愿进火车站候车厅，惹他妈妈生气了，妈妈很严厉地训斥他，他在一旁低头不语。妈妈看孩子这样更加来气了，很大声地对孩子说："你抬起头来，听我说话！"孩子还是不理。

没多一会儿，孩子的爸爸过来了。看到这样的情景，爸爸蹲在孩子面前，看着他的眼睛，低声地对孩子说："爸爸一直知道你是个聪明、懂事的好孩子，你告诉爸爸你想回老家和正正哥哥玩不？"

"想！"小男孩很高兴地回答。

"回老家和哥哥玩，我们就要坐火车回去，那你说我们现在该怎么办？"

小孩想了一会儿，说："我们现在要去坐火车了。"

"我们坐火车要先进站，要等火车开过来，那我们现在先去候车厅等，好吗？"

小孩很愉快地接受了，和爸爸妈妈手牵手进火车站了。

在对待孩子的问题上，父母二人采取了不同的方法，收到了不同的效果。爸爸采取蹲下来的姿态，和孩子是平等的，孩子觉得爸爸是理解他的，自然就收起了自己的敌对情绪，认真思考爸爸所说的话；而妈妈则采取居高临下的训斥方法，孩子看到妈妈气势汹汹的样子，会感到压抑和恐惧，有话也不敢说出来了。

所以，家长与孩子说话时不妨蹲下身子，设身处地为孩子着想，以一种孩子能够理解、接受的方式平等地与他交流、沟通，这样，不仅可以使家长更全面地了解孩子，而且还可以有效地促进孩子身心的健康发展。

敞开你的心扉，尊重并信赖孩子

很多孩子不轻易向人敞开自己的心扉，特别是那些性格内向的孩子，哪怕是最亲近的人，他们也不愿意与之对话。但是，如果家长主动向孩子敞开自己的心扉，孩子就会受到感染，继而"不同寻常"。

家庭教育专家指出，家长只有向孩子敞开自己的心扉，才能得到孩子的认同，从而促进亲子关系的发展。但中国的家长一般很少向孩子透露自己的内心世界，却希望孩子向自己袒露一切。这种不平等的关系往往成为亲子沟通的一道屏障。

事实上，家长向孩子敞开心扉，表现了对孩子的尊重和信赖。世上没有完美无缺的人。在孩子面前，以一种轻松的方式接受自己的不完美、承认自己的错误，不仅让孩子觉得你更亲近，还能增进亲子之间的感情，而且能把一种坦然、放松的处世态度传达给孩子。

当孩子问家长"你为什么不高兴啊？是不是工作上有了麻烦"的时候，家长就应该认真地考虑一下，是否应该与孩子谈一谈、谈多少、怎么谈。如果搪塞地说"没什么，很好"或"不关你的事，去玩你的吧！"那就等于是将孩子对家长的关心推开。

那么，孩子从家长那里所得到的信息就是：家长如何不关我的事。那就等于家长自己向孩子关闭了沟通的渠道。

有句话说得好："一份快乐与人分享，就会变成两份快乐；

一份痛苦两人分担，痛苦就只有原来的一半。"家长要学会与孩子一起分享喜怒哀乐，在分享的过程中，家长与孩子的关系才会越来越亲密，心与心才会贴得更紧。

每个人都有与别人分享情感的需要，家长要特别关注孩子的心理需求，无论多忙，都应抽空与孩子交流，向孩子敞开心扉，与孩子一起笑、一起悲，成为孩子的知己，这是家庭教育的最高境界。其实，家庭教育的过程就是家长与孩子互相融合的过程，向孩子敞开心扉，意味着家长更多的是展示，而不是灌输；是引领，而不是强制；是平等的给予，而不是居高临下的施舍。

有位家长是长途运输司机，经常出差在外，他对所有人都十分豪爽，唯独对自己的孩子深感内疚，他感叹，尽管给予了孩子丰足的物质生活与优越的家庭环境，却很少与孩子交流、向孩子敞开自己的心扉。比起这位家长，很多家长要"幸运"得多，他们有足够的时间在家里陪伴孩子，可是，他们却不懂得体会孩子的心理感受，他们对孩子总是非打即骂，更不会向孩子敞开心扉。如果因为忙而忽略了与孩子分享情感的需要，也就等于剥夺了孩子健康成长的养料，阻碍了孩子全面发展的进程，还会使孩子造成性格和心理的缺陷，这样的家长不管有什么样的理由，都是不称职的。

那么，作为家长，如何向孩子敞开自己的心扉呢？

第一，让孩子了解你的工作状况。家长应该明确地告诉孩子：我现在做什么工作，我的工作细节有什么，它对整个社会、国家甚至人类有什么意义，等等。现在许多家长的确都很忙，但花点时间陪陪孩子，和孩子说说自己的工作细节，谈谈工作的酸甜苦辣，聊聊成功的幸福体验，对孩子是十分重要的。很多家长埋怨现在的孩子不知道节约、自私、花钱大手大脚等，但是如果孩子不知道家长是如何靠辛勤工作给家里挣钱的话，那么他们就不会把金钱与工作紧密地联系起来。孩子们到了上小学的年龄，家长就应该把自己如何靠努力工作来谋生、如何创造属于自己的事业的道理讲给孩子听了。

第二，告诉孩子你的隐私或秘密。很多家长都认为孩子太小，很多事情不能告诉他们，尤其是自己的隐私或秘密，让孩子知道了，会是一件很丢面子的事情。其实不然，如果孩子知道他是跟你共享隐私或秘密的人，他就会更加地信任你，你也能更容易地走进孩子的心灵深处。

第三，让孩子明白你对他的期望。家长对孩子的期望不能过高，过高了会对孩子造成压力和伤害。应该根据孩子的实际情况，对孩子以合理的期待。但是，最好也能够让孩子明白家长对他的期待并不过分，让他明白家长对他的具体期待是什么。家长如果能够做到这些，那么孩子一定也会从家长的期待中汲取前进的力量，一定会努力不让家长失望的。

总之，家长只有敞开自己的心扉，才能引起孩子感情上的共鸣，从而与孩子建立起一种相互信任的关系，使亲子关系融洽。

当然了，在具体的操作过程中，家长还应当把握住如下三点：

第一，创造合适的机会。"孩子，让我们来谈谈！"如果你的谈话是这样开始的，结果往往是说话的只有你一个人。然而，在你和孩子一起打完篮球、开车回家的路上，或周末一起洗衣服时，往往是孩子滔滔不绝、喋喋不休的时候。要想多了解孩子的生活，就要多创造这些对孩子没有压力，和你一起活动的机会。

第二，提出问题要适当。提太多的问题，最后会让孩子怀疑你的真实目的，间接的做法往往会收到更好的效果。比如，一位妈妈询问心理医生，她的丈夫死后，孩子很伤心，她总想安慰儿子，很想让孩子说出自己的想法，然而，每每提起此事，孩子总是闭口不提，对谁也不谈论此事。在心理医生的建议下，妈妈不再问孩子的感受，而是有时会跟孩子提起自己对爸爸的思念，和孩子一起回忆与爸爸在一起时，一家人的快乐时光。儿子反倒一下子开口了，即分担妈妈的痛苦，他自己也不再那么郁闷了。

第三，控制自己的反应。向孩子敞开心扉的过程中，可能会有很多令你不高兴或失望的事情，你必须很好地控制自己的情绪。比如，尽管你告诉孩子当年你如何发奋读书，但孩子却并不对你的努力表示赞赏，你就可能很失望，但无论如何，你也不能让这种情绪表现出来。孩子都不喜欢让家长失望，如果你过分表现出失望，就会给孩子造成不良的影响。

第八章

『听话』的孩子，

都是夸出来的

赞扬、肯定和亲切的态度能提高孩子的自我感知，相反，批评、指责和冷漠的态度只会降低孩子的自我感知。英国哲学家洛克说：『父母不宣扬孩子的过错，则孩子对自己的名誉就愈看重。』

当众夸奖，在别人面前"秀"一把

经常对孩子赞扬、鼓励，尤其是当着别人的面赞扬孩子，能使孩子产生成功感和荣誉感，从而增强他们对生活的信心。因此，父母应该把对孩子的赏识扩展到别人的面前，要善于当着别人的面赏识和尊重自己的孩子，让孩子充分感觉到父母对他的重视和欣赏，从而激励孩子产生无穷的力量和信心。

有一天，杨信学带着女儿出去散步，在路上偶遇了好友韦凌宇和他的女儿，故友重逢，难免一番客套。一阵寒暄后，他们都将话题转移到了彼此的孩子身上。

杨信学问韦凌宇的女儿："小朋友，你几岁了？"韦凌宇的女儿性格比较外向，一点儿也不惧生，她很高兴地回答说："叔叔，我今年6岁。"杨信学又问："上学了没有？"她回答说："上了，在实验小学一年级一班。"杨信学继续问："老师今天教的什么呀？"韦凌宇的女儿回答说："教的拼音。""能读给叔叔听一下吗？""当然可以！"说着小女孩张大嘴巴，发了一个"a"的音。尽管发音不是很准，但杨信学还是夸赞说："嗯，读得真好！小朋友真棒！"

随后，韦凌宇也亲切地问杨信学女儿问题，她正好也上一年级，与韦凌宇女儿学的是同样的内容。韦凌宇让杨信学的女儿读"o"，她很认真地发了一个"o"的音，尽管读的音很到位，但出于客套，杨信学还是很谦虚地说读得不太好。

接下来，韦凌宇又问了其他几个问题，谁知小朋友一反常态，将脸扭到一边，冷冰冰地回答说："不知道！"韦凌宇自觉没趣，杨信学也觉得很没面子，就圆场说："还是你女儿乖巧懂事，什么都会，要是我女儿能赶上你女儿一半就好了。"说着杨信学无可奈何地叹了口气。韦凌宇安慰说："孩子还小，不用着急，一切慢慢来。"

聊了一会儿，天色渐晚，他们各自领着孩子往回走。临别时，韦凌宇的女儿很有礼貌地对杨信学和他的女儿说："叔叔再见，姐姐再见。"杨信学轻轻地拍了女儿一下，示意她跟别人说再见，可女儿毫不理会，一个人气冲冲地朝前面走去了。杨信学无奈，只得尴尬地跟韦凌宇笑笑，并代替女儿跟他们说再见。

杨信学追上女儿，严厉地教训她说："你看妹妹多有礼貌，哪像你，连招呼都不跟人家打一下就跑了，真是太不像话了。人家比你还小，但什么都比你做得好，你得好好向人家学习学习。"女儿不服气地说："那些问题我都会，只是我不想回答而已。你为什么说话老是偏向别人，一点儿都不像是我的爸爸。"说完，女儿低垂着头，委屈地哭了。

杨信学这才知道，原来因为客套，在韦凌宇面前贬低了自己的女儿，使女儿的自尊心受到了伤害。从那以后，杨信学再也不拿女儿跟别的孩子作比较了。因为无论是别人家的孩子还是自己家的孩子，他们的自尊心都是柔弱的，都需要别人的呵护和赞美。

从事例中可以看出，孩子比成人更爱面子。他们对批评与赞扬是极其敏感的。孩子被父母当众夸奖，是一种莫大的快乐。所以，当跟别人说起自己的孩子时，不管孩子是否在场，都要怀着赏识和尊重的心态去谈论他们。

当然了，当众夸奖孩子也要讲究技巧：

第一，态度必须认真和真诚。不能因为炫耀自己或者敷衍别人而故意吹嘘，夸大孩子的优点。

第二，必须有根有据。要根据孩子平时的表现来赏识孩子，不能因为赏识而赏识，凭空捏造事实，让孩子感觉在作假。

第三，不能犹抱琵琶半遮面。夸奖孩子应该大大方方，有的父母只说一半就停了下来，表现出谦逊、不好意思的样子，这样反而会让人感觉父母在故意卖关子，在夸耀自己有多么的了不起。

第四，要适可而止。父母不要说起来没完，让孩子感觉不自在。要知道，赏识的话并不是越多越好，有时候说得多了反而无益。

赞美要真诚，而且恰如其分

据报道，一项对全国中小学生的调查，设置了这样一个问题：如果你的爸爸妈妈满足你的要求，你最希望得到什么？结果很有意思，有57%的孩子希望自己的爸爸妈妈看到他们的进步，肯定他们；有43%的孩子希望自己的爸爸妈妈别总拿他和别的孩子比，别总说别的孩子比他强。总之，孩子希望父母能听到这样的心声："爸爸妈妈，我不想在否定中长大！"

孩子的答案和呼声让我们看到，任何一个人希望被肯定的要求胜过了对物质的和娱乐的渴望。俗话说，孩子是夸大的。是啊，对孩子的表现应给予肯定、赞赏、鼓励，这样，才会增强孩子的信心，给孩子带来积极的情绪，激发孩子做事的积极性。可是，赞美孩子要遵守一定的规则，要适度，不然会使孩子养成爱吹嘘、是非不分等坏习惯。

赞美孩子必须根据孩子的具体情况，发自内心的、真诚的、由衷的赞美，这就需要父母具有敏锐的洞察力，需要父母具有一颗善良公正的心，需要父母具有宽广的胸怀和气度。

小英 10 岁的时候，有一次，她一个人在家把屋子收拾得干干净净。妈妈回来后，禁不住赞叹："哇，是谁这么勤劳，把屋子收拾得这么干净！"小英从房间跑出来。妈妈说："原来是我的宝贝女儿啊，你可真能干！"妈妈发自内心的夸奖，从此让小英爱上了家务劳动。

真诚的赞美和肯定，可以拉近孩子与父母的心灵距离，真正成为朋友。这不仅吸引着孩子向父母真心靠拢，更自然地倾听父母的教诲，接受父母的人生经验，而且还让父母每时每刻发挥着潜移默化的作用，从积极乐观的一面影响着孩子的生活与成长。

真诚的赞美和欣赏，可以营造宽松、和谐、民主的气氛。无数事实证明，只有在这样的家庭气氛中，才会成长出自信、自律、坦诚、大度、勇于承担责任和人格健全的新一代。这对孩子适应社会生活、保持心理平衡和维护心理健康具有十分重要的意义。

父母唯有实事求是地去赞美孩子，才能抓住孩子的心，激发孩子继续向上的欲望。父母若是赞美不当，就如同隔靴搔痒，不仅起不到作用，反而会让孩子反感，认为父母太虚伪。

一位妈妈听说"赏识教育"后，便决定改变以前的教育方式。女儿每做一件事，无论做得怎么样，她都说："女儿，太好了，你太棒了！"

整整一天下来，女儿被妈妈夸得莫明其妙。

晚上临睡前，女儿摸着妈妈的额头问："妈妈，你没事吧？"

可见，如果父母不分场合、不分情况一味地赞美孩子，孩子往往就会不知所措，最终达不到父母期待的效果。此外，有些父母认为鼓励就是说好听的，或者是简单地戴高帽儿。其实，这一切，都只会适得其反。

赞美是一门艺术，是要讲究技巧的。赞美孩子时要想达到真诚并恰如其分的效果，就应该这样做：

第一，不要对孩子抱有不切实际的期望。面对当今日益激烈的社会竞争，许多父母都想让自己的孩子无所不能、无所不精，各方面都力求胜人一筹。这种过高的期望会导致父母总戴着有色眼镜看待孩子。如此这般，父母就不能对孩子有正确、全面的认识，对孩子的赞赏自然就会有失公正，或根本就是敷衍。

第二，赞美要事出有因。赞美不能泛滥，要具体。只有实实在在的赞美，才最能感动人。很多父母在表扬孩子的过程中，往往会用"你真棒"一句带过，并不对孩子的具体行为做出表扬。其实，这就不是一种正确有效的赞美方式。特别是对一些年龄尚小的孩子来说，父母更应特别强调孩子令人满意的具体行为，表扬的越具体，孩子就越清楚哪些是好的行为。比如，两个小女孩在一起玩，一个不小心摔倒了，另一个赶紧跑过去把她扶起来，帮她拍打身上的土。这时，父母就应表扬得具体一些："你今天把小朋友扶起来，做得真好，妈妈很高兴。以后和小朋友一起玩耍，就要像这样互相关心、互相帮助。"这种具体的表扬方法，既赞赏了孩子，又培养了孩子关心别人、助人为乐的行为习惯。孩子以后再遇到相同的情况，也就更容易做出正确的选择。

第三，赞美要把握时机。孩子取得成绩，渴望父母的赞赏，此时，父母应及时予以肯定，这样，孩子要求进步的动机就会得到强化。否则，孩子就会低估自己的能力，原有的动机也会逐渐消失。

第四，就事"赞"事。赞美孩子不要直接针对其人，而应该赞美孩子的具体行为。例如，当孩子画了一幅不错的画时，千万不能说："真聪明！"而应说："哟！这幅画真不错。"要知道，过分的赞美，会给孩子播下爱慕虚荣的种子。

第五，因人而异。对年龄不同的孩子采用不同的表扬方式。对学龄前的孩子可多用表扬；入学后的孩子因逐渐懂事，不必事事表扬，表扬要针对其事件，且恰如其分；对胆小怕事的孩子可多用表扬，以增强其勇气，树立信心。

孩子的每一点进步，都值得赞扬

每个孩子的成长都是一个漫长的过程，这个过程是由无数细小的进步累积而成的。没有小进步的累积，就不会有成长；没有小成功的累积，就不会有孩子今后的大成功。

然而，在现实生活中，很多家长因为对孩子的期望太高，导致他们无视孩子小小的进步，没有给予及时的表扬与赞美。

小王是少年宫的钢琴老师，这段时间，她正在教一批新学生学钢琴。在这批孩子中，有一个叫亦帆的小男孩，他学钢琴非常刻苦，虽然刚开始的时候入门比较慢，但后来慢慢地进入了状态，弹得越来越好，她觉得这个孩子很有潜力。

可是，小王发现亦帆已经两个周末没有来学琴了。她感到非常奇怪，于是她拨通了亦帆家的电话，接电话的正是亦帆。

"亦帆，这两个周末怎么没有来学琴呢？"

"妈妈不让我去了。"亦帆小声地说。

"为什么不让你来了呢？家里有什么事吗？"

"没什么事，因为妈妈认为我学不好，再学下去也是耽误时间。"

"怎么会呢，你学得很努力，进步也很快，妈妈为什么会这么说？"

"我每次学完琴回家，妈妈总让我弹给她听。每次弹完，她都说弹得不好，一点进步都没有，就不让我学了。"

挂上电话，小王心里悲哀极了！

生活中，像亦帆妈妈这样的家长还有很多，他们往往会因为孩子没有达到"最佳"或自己心目中理想的标准，就全盘抹杀了孩子的成绩，这对孩子的成长而言是一种巨大的伤害！也许在无意中，会因为家长过高的期望而葬送掉一个科学家或艺术家。

其实，每个孩子在学习或者生活中总会有一些让家长不满意的地方。如成绩没有别人好，做事没有别人快，没有别人聪明……但是，孩子一直都在进步，这才是最重要的。作为家长，应珍视孩子的进步，让他有点滴的成功体验。这样，才能让孩子在每一个小小的成功中，积累一分一分的自信。

有这样一个故事：

期末考试成绩下来了，达达只考了第二十名，而他的同桌考了第一名。

回到家，他问妈妈："我是不是比别人笨？我觉得我和同桌一样听老师的话，一样认真地做作业，可是，为什么我考第二十名，而她考了第一名？"

妈妈抚摸着达达的头，温柔地说："你已经比以前进步了，以后会越来越好的。"

第二学期的期末考试，达达考了第十五名，而他的同桌还是第一名。达达还是想不通，又向妈妈问了同样的问题。妈妈还是说："你比上学期又进步了，以后会越来越好的！"

达达小学毕业了，虽然他还是没有赶上他的同桌，但他的成绩一直在提高，已经进入前十名了。

暑假里，妈妈带达达到青岛看大海。母子俩坐在海滩上，看那些在海边争食的海鸟。他们发现，越是体型比较小的鸟越能迅速地起飞；而那些体型比较大的鸟，如海鸥却显得非常笨拙，起飞很慢。这时，妈妈对达达说："儿子，海鸥虽然起飞慢，但是真正能飞越大海、横穿大洋的还是它们。"

初中的时候，达达的成绩已经名列前茅了。到了高中，他成了全校的尖子生，最后以全校第一名的成绩考入了北京大学。

这个故事是耐人寻味的。

发现并赏识孩子的进步，不仅会影响到孩子学习和做事的效果，还会影响到孩子学习和做事的态度。我们发现，孩子喜欢某一门课程，很多时候是因为放学回家后有人愿意了解他们的学习情况，并肯定他们的进步。有的孩子说："我喜欢音乐课，因为回家后可以唱歌给爸爸妈妈听，他们可喜欢听了。"也有的说："我喜欢数学课，因为回家后算数经常得到妈妈的赞扬。"如果我们对孩子的进步不听、不看、不肯定、不赞扬，孩子的学习积极性肯定会受到打击。

因此，随时都要看到孩子的进步，尤其是在孩子表现不好或者成效不明显的时候，不要打击孩子的信心和积极性，而应该善于发现孩子哪怕是一点点的进步，对孩子的表现给予宽容，对孩子的进步给予赏识，这将会让孩子建立或者重新建立做好事情的勇气和信心。

要发现孩子的进步，进而夸奖孩子，家长可以从以下几个方面入手：

第一，家长要有一双善于发现的眼睛。父母对孩子的及时赞誉是他争取更好表现的最大动力。家长千万别忘了对孩子取得的每一个进步与成功及时给予鼓励和称赞。如孩子把自己的玩具收拾好、自己削铅笔、考试比前一次进步了一分等，这都是表扬孩子的良机。

第二，对孩子的每一点小进步都应该有所表示。当我们对孩子的每一点进步都有所表示的时候，可以看到非常显著的效果，话语虽然很简单，但是孩子却可以心领神会，比如可以说："孩子，我非常高兴，你今天把脱下的鞋子摆得很整齐。"就这一句赞美之词，会提醒小孩一连多日都记住把脱下的鞋摆放好。

第三，永远不要打击孩子的积极性。当孩子做事的成效不明显时，不要打击孩子的积极性，要对他说："你每天都在进步，别着急，会好起来的！"孩子受此鼓舞，学习一定会更加努力！

第四，你期望孩子怎么做，你就怎么说。比如，你期望孩子学会收拾自己的房间，就要先从他们会做的事做起。让他们把床铺好，把桌椅摆好。这样一步一步地，不久他们就能掌握收拾房间的技巧。同时要告诉他们，大人看见了他们的每一个微小的进步。"你今天把床铺好了，把桌椅摆好了，你基本上已学会怎样整理房间了。"我们就这样继续鼓励下去，不忘赞美，孩子们也会一点点地取得进步。

及时夸奖，孩子会越来越好

孩子取得了进步或是做出了不凡的表现，父母什么时候夸奖他最合适呢？

众多父母的心得体会是：当即表扬、夸奖孩子效果是最佳的。

是的，当孩子确实值得夸奖时，父母不要吝惜，要及时作出反应，马上就给予孩子积极的评价。要知道，夸奖是有时效性的，如果错过了夸奖的最佳时机，夸奖的效果就会大打折扣，孩子的表现就不会达到父母所期待的目标。

某校曾经做过这样一个试验：期末考试之后，他分别在不同时间内对两个班级考试成绩差不多的两组孩子做出评价。

对第一组孩子，校长在考试成绩出来的当天就表扬了他们："成绩真不错，你们都是聪明的孩子，继续努力吧。"

对第二组孩子，校长一直等到下一个学期开始之后，才对他们说："你们上学期考试成绩不错！"

一个学期以后，第一组孩子因为受到了校长及时的赞扬和鼓励，学习成绩有了明显的提高。他们一致认为是校长的赞扬让他们对学习充满了信心，学习劲头也更足了；而第二组孩子的学习成绩却没有明显进步。虽然校长赞扬了他们，但时间已经相隔太久，他们根本没有察觉到这种表扬，所以他们的学习积极性也没有太大的变化。

　　这个试验表明，孩子是需要父母正确把握赞扬的时机的。因此，当孩子达到了某个既定目标，父母一定要把握机会，及时由衷地赞扬孩子；同时表现出你的喜悦心情，让孩子感受到是他的良好表现使父母感到高兴。这是简单而又能产生显著效果的方法，只要坚持去做，必有喜人的收获。

　　孩子做了好事或有了进步，最好当时就给予夸奖和鼓励，这样孩子的荣誉感和成就感就会及时得到最大的满足，从而把后面的事情做得更好。如果孩子取得了成就，父母无动于衷或反应迟缓，必然会给他的内心造成不良的影响。

　　下面请看两个事例：

　　事例一：

　　"妈妈，我跳高得了第一名。"文发一进门就兴高采烈地对妈妈说。

　　"你身体又不是特别好，运动起来那么上劲干吗？"正在厨房里忙碌的妈妈顺口问道。

　　"今天我们班上体育课，老师组织同学们进行跳高比赛。我是跳得最高的，老师还夸我很有运动天赋呢！"文发跑到厨房门口得意地说着。

　　"哦，知道了。今天有作业吗？快去做作业吧！我这里忙得不可开交，你就不要捣乱了！"妈妈好像没有听到文发说的话，表现出一副无动于衷的样子。

　　听到妈妈这么说，文发刚进门时的高兴劲一下子就没了，闷闷不乐地躲进了自己的房间。

过了一会儿，妈妈做好了饭，她来到文发的房间。

"你是说你跳高得了第一名？"妈妈关切地问。

"啊，那没什么，不值一提。"文发垂头丧气地说，"妈，你先出去吧，我还有很多作业没有完成呢。"

事例二：

"爸爸，我今天抛铅球得了第一名。"达源进门就兴高采烈地对爸爸说。

"呵，真了不起，真没想到你这么棒！"爸爸放下手中的活，表现出一副很惊喜的样子。

这时，达源更开心了，他甚至高兴得手舞足蹈起来。

爸爸接着鼓励道："你在学习上也要努力，如果也能得第一，那就更厉害了！"

达源热情高涨地保证："爸爸，我听你的，我一定会努力的，我要让你知道，我会做得更好的。"

瞧，这是两个截然不同的家长，文发的妈妈面对孩子的成绩时，没有及时表现出兴趣，打击了文发的进取心，而达源的爸爸尽管也很忙，却仍然及时地给予了孩子必要的夸奖，使他的进取心一下子高涨了起来。事实证明，只有及时赏识和赞扬孩子，才能充分调动孩子的积极性，让他们往更高的目标冲刺。如果是事后很长时间再给予赞扬，那么随着时间的流逝，孩子已经不再有什么期待了,而这时夸与不夸其实已没有多大区别了。

每个孩子都希望获得父母的认同。他们通过自己的努力,在学习或者比赛中取得好成绩,这是多么值得父母赏识的事情。这时候,父母应该为孩子感到高兴,应该及时给予热情的赞扬。让他们感觉到父母正在为自己的出色表现感到骄傲。

有时候,孩子需要的不仅仅是父母一句赞扬的话,他们也需要得到父母的重视和关心。如果父母没有对孩子的成绩表示出及时的关注,那么会让孩子感到失望,而这种失望很可能会使他们失去继续努力的动力。

总之,及时赞扬孩子的优点,表现出对孩子真心的赏识和热切的期望,能让孩子感受到一种强大的精神力量,能让孩子更加努力和自信,从而促进其智力发展和身心健康,大大增强孩子对学习和生活的信心和勇气。

间接赞赏,让孩子更自信

父母赏识孩子的方式多种多样,既可以当着孩子的面直接赞美,也可以通过第三方间接赞美。间接赏识分两种情况:其一,父母不直接当面称赞孩子,而是通过与第三者交谈的方式让孩子在"无意"中发现父母的溢美之词。其二,父母充当桥梁,让孩子知道别人是如何为他鼓掌的。

真诚坦白地直接赞美孩子,固然能取得效果,但如果用词不当,就可能使赞美之词成为孩子伤心的缘由,给孩子留下"虚伪"的印象。比起直接赞美,采取间接的赞美方式往往更保险。但要做到从容自如，得心应手地、间接地赞美孩子，就要巧设场景。

一天，赵静的爸爸请几位朋友来家里吃饭。

由于还有作业没有完成，赵静匆匆吃完饭就回房间了。

几杯酒下肚，爸爸和朋友开始谈论起各自教育孩子的心得来。

这时，赵静的爸爸非常兴奋地说道："我还就觉得我们家小静很好，我这女儿既聪明又听话，还特别会关心别人。就说前几天，我干活累了，她还帮我捶肩揉背呢，女儿的小手捶在我的肩膀上，别提有多舒服了！"

说这话的时候，赵静爸爸的几个朋友都用羡慕的眼神看着他，其中有一个朋友说："小静真是个好孩子，我们真羡慕你！"

"其实你们的孩子也都很好，只是你们光挑他们的毛病，却忽略了孩子的优点。"赵静的爸爸对朋友们说。

赵静在自己的房间里听到了爸爸和朋友们的谈话，心里高兴极了，她决心以后更加努力地学习，不辜负爸爸对自己的赞赏！

赵静的爸爸知道孩子就在房间，与朋友交谈赞美孩子，孩子一定能听到。要赞美一个人，当面赞美固然能起到作用，但往往背后赞美的效果更明显。

当然，父母对孩子的赏识更多的是一种主观的评价，往往无法从实际生活中得到对证，而别人对孩子的赏识却大多来自实际的交往，他们没有故意夸奖孩子的义务，因此他们的话要客观得多，孩子也就更在乎别人对自己的评价了。

事例一：